Dr. Margit Brinke
Dr. Peter Kränzle

USA-Texas
Mittlerer Westen

IWANOWSKI´S *i* REISEBUCHVERLAG

Im Internet:

www.iwanowski.de

Hier finden Sie aktuelle Infos zu allen Titeln,
interessante Links – und vieles mehr!

Einfach anklicken!

Schreiben Sie uns,
wenn sich etwas
verändert hat. Wir
sind bei der Aktuali-
sierung unserer
Bücher auf Ihre
Mithilfe angewiesen:
info@iwanowski.de

USA-Texas und Mittlerer Westen
1. Auflage 2012

© Reisebuchverlag Iwanowski GmbH
Salm-Reifferscheidt-Allee 37 • 41540 Dormagen
Telefon 0 21 33/26 03 11 • Fax 0 21 33/26 03 33
info@iwanowski.de
www.iwanowski.de

Titelfoto: Cibolo Creek Ranch, Texas
Heeb / laif

Alle anderen Farbabbildungen: siehe Bildnachweis Seite 463
Layout und Lektorat: Annette Pundsack, Köln
Karten: Klaus-Peter Lawall, Unterensingen
Titelgestaltung sowie Layout-Konzeption: Studio Schübel, München
Redaktionelles Copyright, Konzeption und dessen ständige Überarbeitung: Michael Iwanowski

Gesamtherstellung: B.O.S.S Druck und Medien, Goch
Printed in Germany

ISBN: 978-3-86197-014-9

Überblick

Reiserouten

Reiserouten

Reiserouten

Reiserouten

Reiserouten

Reiserouten

Reiserouten

Weiterführende Informationen zu folgenden Themen

Interessantes

Verzeichnis der Karten und Grafiken

Interessantes

So geht's

Im Kapitel **Land und Leute** erhalten Sie einen Einblick in Geschichte und Kultur sowie andere Aspekte des Reiseziels. Die Gelben Seiten geben **Allgemeine Tipps A–Z** zur Planung und Ausführung einer Reise in die USA (ab S. 85). Was das Reisen in den USA kostet, lesen Sie auf den **Grünen Seiten** (ab S. 134) Im Anschluss folgt der **Reiseteil** (ab S. 138), in dem auf alle wichtigen und wesentlichen Sehenswürdigkeiten eingegangen wird. Reisepraktische Informationen zu Unterkünften, Essen und Trinken, Einkaufen, Aktivitäten, Verkehrsverbindungen finden Sie jeweils im Anschluss an die Ortsbeschreibung. Ein ausführliches Register im **Anhang** (ab S. 460) gibt Ihnen die Möglichkeit, schnell den gesuchten Begriff zu finden.

Über Kritik, Anregungen und Verbesserungsvorschläge freuen wir uns: per E-Mail unter info@iwanowski.de

Legende				
	🏠	wichtiges Gebäude	🏔	Strand
	📖	Bücherei	→🛤	Route mit Nummer
i Information	🚉	Bahnhof	🛣 70	Interstate Highway
⭐ Sehenswürdigkeit	🚌	Busbahnhof	61	US Highway
☩ Kirche, Kapelle	Ⓜ	Metrostation	149	State Highway
⛪ Kathedrale	✈	Flughafen	9	Unterkünfte
Ⓜ Museum	✈	Flugplatz	9	Essen und Trinken

Interessantes

Vorwort

„Prärie – was für ein schönes Wort …," soll einmal eine feine Dame von der Ostküste angesichts des sich endlos ausdehnenden Graslandes im Mittleren Westen Nordamerikas ausgerufen haben. Allerdings fügte sie umgehend hinzu: *„… für so einen trostlosen Ort!"*

Man kann sich heute kaum vorstellen, wie groß der Schock war, den weiße Siedler wie jene Unbekannte auf dem Weg nach Westen, ins „Gelobte Land", erlebten, als sie zum ersten Mal das „Meer voller Gräser" im Zentrum Nordamerikas sahen. Menschen, die an Wälder und an durch Zäune und Hecken begrenztes Land gewohnt waren, standen plötzlich vor endloser Weite ohne optische Grenzen.

Die anfängliche Ehrfurcht und der Schrecken vor den **Great Plains**, wie man die schier grenzenlosen Grasland-Ebenen zwischen Mississippi-Tal und den Rocky Mountains nennt, hielt jedoch nicht lange an. So mancher fand im Zentrum eine neue Heimat und heute lebt hier ein ganz besonderer Menschenschlag: widerstandsfähig und sturköpfig, bodenständig und gastfreundlich. *„Diese Leute sind sonderbar,"* meinte einmal ein New Yorker Freund kopfschüttelnd, *„sie lächeln dich ohne Grund einfach an. Wenn dich in New York jemand anlächelt, will er etwas von dir oder führt etwas im Schilde!".* Im **„Heartland"** hingegen, im Herzen der USA, haben die Menschen einfach ein „angeborenes" Lächeln auf den Lippen.

Noch mehr als im Westen Nordamerikas ist es die Weite – die **Wide Open Spaces** –, die jeden schnell in den Bann zieht. Wie für den Nordwesten war das Jahr 1803 auch für das Zentrum ein Schicksalsjahr: Damals hatte US-Präsident *Thomas Jefferson* für nur $ 15 Mio. von Frankreichs Kaiser *Napoleon* den riesigen Landstrich zwischen Mississippi und Rocky Mountains erworben.

Das *Corps of Discovery*, eine von *Meriwether Lewis* und *William Clark* angeführte Militärexpedition, machte sich 1804–06 daran, das neue **Promised Land** zu erkunden. Ihre Entdeckungen entlang des Missouri in den heutigen Bundesstaaten **Nebraska**, **North** und **South Dakota** trugen dazu bei, dass sich die die *frontier* – die Grenze zwischen europäisch-„zivilisierter" und indianisch-„unzivilisierter" Welt – weiter nach Westen verschob. Rasch entwickelte sich **„Go West, young man"** – eine von *Horace Greeley*, dem Gründer der „New York Tribune", 1865 geprägte Parole – zum Lockruf für Abenteurer, Händler und Siedler. Sie fielen in Scharen und von überallher ins **„Gelobte Land"** ein, um zu siedeln und sich den Boden „untertan zu machen" – auf Kosten der einst hier im Einklang mit der Natur lebenden Indianer.

Weitere Schicksalsjahre waren 1836, als sich die **Republik Texas** von Mexiko die Freiheit erkämpft hatte und 1889, als mit dem **Oklahoma Land Run** das einstige *Indian Territory* zur Besiedlung freigegeben worden war. 1928 war insofern entscheidend, dass man in Oklahoma Erdöl und Erdgas fand und Tulsa zur **Ölmetropole** der Welt aufstieg.

Viele kommen mit dem Zentrum Nordamerikas nur auf der Durchreise zwischen Ost- und Westküste in Kontakt. Da dies vielfach nur vom Flugzeug aus geschieht, spricht man heute von der Region als „**Flyover America**". Doch selbst aus luftiger Höhe kann man immerhin die unermessliche Weite der Great Plains ebenso wie die relativ dünne Besiedlung erkennen. Anders als in den übrigen Regionen der USA dominiert hier eine ganz besondere Landschaft: die Prärie oder, wie man sie auch nennt, die *Plains*. Dieses „Meer aus Gräsern", das vom Tal des Mississippi bis zu den Füßen der Rocky Mountains und von der Küste des Golfs von Mexiko bis hinauf in die kanadische Tundra reicht, ist vielseitiger als man auf den ersten Blick meint und hinterlässt einen nachhaltigen und intensiven Eindruck.

Im vorliegenden Reisehandbuch steht eine Region im Mittelpunkt, die ansonsten unberechtigterweise als Reiseziel wenig Beachtung findet. Dabei ist in den **Great Plains** für eine breite Palette an Attraktionen und Eindrücken gesorgt. Das Gebiet umfasst neben **Texas**, **Oklahoma** und **Kansas** die westliche Region des sogenannten Mittleren Westens, nämlich die Bundesstaaten **Nebraska**, **South** und **North Dakota**, **Minnesota**, **Wisconsin**, **Iowa**, **Illinois** und **Missouri**. Man könnte bei dem beschriebenen Areal auch vom „Heartland USA" oder vom „Zentrum" sprechen, allerdings schien in Analogie zu anderen USA-Reisehandbüchern der Serie der Titel „USA-Texas und Mittlerer Westen" passender.

Auch wenn die Prärie die Dominante in diesem Großraum ist, tragen andere Landschaftsformen zur Vielfalt bei: Hügel-, Wald- und Seenlandschaften, Flusstäler und wüstenartige Steppen. Zudem fühlt man sich hin- und hergerissen zwischen faszinierenden Großstädten wie Houston, San Antonio, Dallas, Kansas City, Oklahoma City, St. Louis oder Minneapolis/St. Paul einerseits und auf den ersten Blick verschlafenen, jedoch reizvollen „Provinznestern" wie Fredericksburg, Lubbock, Amarillo, Tulsa, Wichita, Topeka, Bismarck, New Ulm, Northfield oder La Crosse.

Cowboys werden einem auf der Reise ebenso häufig begegnen wie Indianer, die stolz auf ihre Traditionen sind und Besucher gastfreundlich begrüßen. Riesige Rinder- und sogar wieder Bisonherden tragen zum **Mythos „Wilder Westen"** bei, der nicht nur in Museen, Saloons, in historischen Orten oder Ghosttowns, auf Guest Ranches und durch Wildwestshows am Leben erhalten wird, sondern bei Festen und Rodeos, Powwows und Viehtrieben tatsächlich noch „gelebt" wird. Unvergesslich bleiben nicht nur Landschaften und Städte, sondern vor allem solche Events und Erlebnisse wie eine Wanderung, ein Ausritt, eine Bootstour oder die traumhaften Sonnenuntergänge. Ebenso erinnerungswürdig sind die Steaks und das BBQ, allgemein die Spezialitäten lokaler Herkunft, süffige Biere von Klein(st)brauereien und edle Tropfen von kaum bekannten Weingütern, etwa aus Texas.

Zum Aufbau des Buches

Dieses Reisehandbuch kann nur einen unvollständigen und subjektiven Ausschnitt bieten, soll Anregungen geben und als Leitfaden dienen. Es handelt sich um keine flächendeckende „Enzyklopädie" des Zentrums, sondern um Empfehlungen für individuelles Reisen und Erkunden und um eine Anleitung zum bewussten Erleben und Kennenlernen einer riesigen, wenig bekannten Region.

Wichtig auf der Reise ist es, sich von der Philosophie des „Weniger ist Mehr" leiten zu lassen und nicht zu versuchen, in kurzer Zeit die gesamte Region, die in diesem Band vorgestellt wird, zu erkunden.

Auf eine **allgemeine Vorstellung der Reiseregion**, Ausführungen über „Land und Leute" unter verschiedenen Gesichtspunkten – Geschichte, Geografie, Wirtschaft, Gesellschaft – und einigen Worten zum „Mythos Westen" – folgen **Routenvorschläge** im Überblick.

Farblich abgesetzt sind die **Allgemeine Reisetipps von A–Z** („Gelbe Seiten") zur Planung und Ausführung einer Reise. Die **Reisepraktischen Informationen** zu einzelnen Orten bzw. Regionen befinden sich hingegen im Routenteil, am Ende der jeweiligen Kapitel. Bei den Hinweisen zu Übernachtung, Restaurants, Shopping oder Touren musste zwangsläufig eine Auswahl getroffen werden, die auf persönlichen Erfahrungen beruht. Es wurde darauf Wert gelegt, eher ungewöhnliche Plätze auszuwählen und solche, bei denen Preis und Leistung stimmt; auf die bekannten Kettenhotels und -motels sowie gängige Fast-Food-Ketten wurde weitgehend verzichtet.

Bei den **Beschreibungen im Routenteil** wurde **größtmögliche Aktualität** angestrebt, allerdings kann angesichts der Fülle an Informationen und der Schnelllebigkeit touristischer Angebote keine Gewähr für Korrektheit übernommen werden. Die Autoren sind dankbar um Mitteilung von festgestellten Änderungen.

Die getroffene Auswahl der im Buch beschriebenen Ziele und Routen basiert auf eigenen Reiseerfahrungen und musste sich auch nach dem zur Verfügung stehenden Platz richten. Die **Übersichtskarte** in der hinteren Buchklappe gibt einen Überblick über Haupt- und Nebenrouten. Im Fließtext sind zudem **Routenhinweise** zu finden, die über Alternativstrecken informieren und es werden dem Leser besondere Tipps und Hinweise gegeben. Eingeschobene **Exkurse** („INFO") liefern Hintergrundwissen und bieten fakultativen „Lesestoff".

Nicht versäumen möchten die Autoren, sich an dieser Stelle für die vielfältige Hilfe und Unterstützung auf zahlreichen Reisen zu bedanken: bei staatlichen Fremdenverkehrsämtern und lokalen Tourismusbüros, bei den deutschen PR-Vertretungen der verschiedenen Bundesstaaten und nicht zuletzt bei vielen hilfsbereiten Einzelpersonen bzw. mittlerweile Freunden, die unsere zahlreichen Aufenthalte in den Staaten organisiert, unterstützt, begleitet haben und stets zum unvergesslichen Erlebnis werden ließen. Besonderer Dank gilt Lisa Weigt (OK/KS), Fred Walker (ND), Barbara Stafford (RMI/ND), Paul Sherburne (MN) und Maureen Droz (SD) sowie Wiechmann-Tourism/RMI (Carola Kolmann), TravelMarketing Romberg (Nils Fallack) und Texas Tourism (Claudia Baierl bzw. Katja Krause) sowie den Diamond W Wranglers (Wichita/KS).

Augsburg, im Sommer 2011
Margit Brinke – Peter Kränzle

Die USA im Überblick

Fläche	9.826.675 km², inkl. Alaska, Hawaii und Wasserflächen (Landfläche 664.709 km²) (Weltrang: Nr. 3, vgl. D: 357.104,07 km²)
Staatsland (Public Land)	ca. 32 % = etwa 2,6 Mio. km²
Nationalpark-Land	ca. 320.000 km²
Höchster Punkt	Mt. McKinley (Alaska) 6.200 m
Niedrigster Punkt	Death Valley (California) 85 m (unter Meeresspiegel)
Längster Fluss	Mississippi (zusammen mit Missouri) 6.420 km
Einwohner	308.745.538 (Zensus 2010), 82 % städtische Bevölkerung, 251 Städte mit mehr als 100.000 Einw., neun mit über 1 Mio.
Besiedlungsdichte	ca. 31 Einw./km² (vgl. D: 231 Einw./km²)
Ethnien	79,9 % Weiße (davon 15 % Hispanics), 12,8 % Afroamerikaner, 4,4 % Asiaten, 1,1 % Indianer, Inuit, Hawaiianer, die restl. Bevölkerung ist verschiedenen anderen Ethnien zuzurechnen
Herkunft	ca. 80 % aller Amerikaner mit europäischen Wurzeln: ca. 16 % deutsch, 11 % irisch, 9 % englisch, 5 % italienisch, 4 % skandinavisch
Sprachen	82 % englisch, 11 % spanisch, 4 % andere europäische Sprachen, 3 % asiatische und indianische Sprachen
Hauptstadt	Washington, D.C.
Religionen	ca. 77 % Christen; rund 51 % Protestanten (ca. 17 % Baptisten, 7 % Methodisten, 5 % Lutheraner, 3 % Methodisten), ca. 24 % Katholiken, 1,6 % andere christl. Glaubensrichtungen, 1,7 % Mormonen, 1,7 % Juden, 0,7 % Buddhisten, 0,6 % Muslime, 16 % gehören keiner Glaubensgemeinschaft an.
Flagge	13 waagrechte abwechselnd rote und weiße Streifen für die 13 Gründerstaaten, in der oberen, blauen Ecke 50 weiße Sterne, die die Bundesstaaten repräsentieren
Religion	94,5 % römisch-katholisch
Nationalfeiertag	4. Juli (Independence Day, Tag der Unterzeichnung der Unabhängigkeitserklärung 1776)
Staats- und Regierungsform	Präsidialrepublik mit bundesstaatlicher Verfassung, wobei der Präsident Kabinettsmitglieder ernennen und entlassen kann. Zwei-Kammer-Parlament aus Senat und Repräsentantenhaus.

Die Staaten des Reisegebiets im Überblick

Staat	Abk.	Hauptstadt	Staat seit	Fläche in km²	EW (2010)
Iowa	IA	Des Moines	28.12.1846	145.743	ca. 3 Mio.
Illinois	IL	Springfield	3.12.1818	140.998	ca. 12,8 Mio.
Kansas	KS	Topeka	29.1.1861	213.096	ca. 2,8 Mio.
Minnesota	MN	Saint Paul	11.5.1858	225.181	ca. 5,3 Mio.
Missouri	MO	Jefferson City	10.8.1821	180.533	ca. 6 Mio.
Nebraska	NE	Lincoln	1.3.1867	200.520	ca. 1,8 Mio.
North Dakota	ND	Bismarck	2.11.1889	183.272	ca. 670.000
Oklahoma	OK	Oklahoma City	16.11.1907	181.195	ca. 3,7 Mio.
South Dakota	SD	Pierre	2.11.1889	199.905	ca. 810.000
Texas	TX	Austin	29.12.1845	696.241	ca. 25,1 Mio.
Wisconsin	WI	Madison	29.5.1848	169.639	ca. 5,7 Mio.

2. DIE GREAT PLAINS: LAND UND LEUTE

Great Plains – eine Welt in konstantem Wandel

Das prägende Element des amerikanischen Heartland ist die Prärie. Die **North American Prairie** bedeckt das gesamte Reisegebiet mit Ausnahme einiger Regionen im Süden und Osten von Texas sowie im äußersten Osten Oklahomas und wird auch „Great Plains" oder einfach nur „Plains" genannt.

„**Prärie**" ist der übergeordnete Begriff für die weiten Grasebenen zwischen Rockies und Mississippi-Tal. Aufgrund des ursprünglichen Bewuchses mit unterschiedlichsten Gräsern spricht man auch von **Grassland(s)** oder **Grassland Prairies**. Dabei ist dieses „Meer aus Gräsern" keineswegs einheitlich, auch wenn es auf den ersten Blick so erscheinen mag. Da gibt es die relativ feuchte **Tallgrass Prairie** (auch Central Plains genannt) im Umfeld von Mississippi und Missouri und deren Zuflüssen. Zwischen dieser Erscheinungsform und den Rocky Mountains liegen zwei weitere Formen der Prärie: die trockene **Shortgrass Prairie** im Regenschatten der Rockies und die **Mixed-Grass Prairie** im Zentrum. *Weite Gras-ebenen*

Vor etwa 70 Mio. Jahren waren weite Teile des Kernlandes noch von einem riesigen See bedeckt. Das **Klima** war warm und feucht, es war die Zeit der Dinosaurier, deren Überreste noch heute an vielen Stellen in der Prärie zutage treten. Mit dem Aussterben der Urtiere vor 65 Mio. Jahren verschwand langsam auch der See, die Rocky Mountains entstanden und das Klima wurde trockener. Damals tauchten die ersten **Gräser** auf, die später zu **Leitpflanzen der Prärie** werden sollten. Nachdem die Gletscher der letzten Eiszeit vor etwa 15.000 bis 12.000 Jahren abgeschmolzen waren, tauchten die ersten Menschen in der Prärie auf und die Gräser verdrängten allmählich die Wälder in Flusstäler und Bergregionen.

So mancher moderne Reisende mag dem Dichter *Irving Washington* zustimmen, der im frühen 19. Jh. die Prärie als „unglaublich einsam" und als „Wüstenwelt" beschrieb. Doch viel zutreffender und eindringlicher sind die Worte des Maler *George Catlin*, der fast gleichzeitig von einer „*seelenerwärmenden Landschaft …, wo der Himmel sein reinstes Licht und seine reichsten Farntöne ausschüttet*" schwärmte.

Für viele Amerikaner ist das Zentrum des Kontinents „Flyover America" und sie sehen das Land nur aus der Luft. Dabei hat das Zentrum, das in erster Linie aus flacher Prärielandschaft besteht, eine lange **Geschichte der Zuwanderung**: Indianer wie Apaches, Cheyennes, Sioux, Comanches oder Kiowa fanden hier als erste eine neue Heimat; es folgten Spanier, Mexikaner, Asiaten, Afroamerikaner und Immigranten aus Europa wie Deutsche, Skandinavier und zuletzt Bosnier und Kosovaren.

Für die Plains sind allein aufgrund ihrer Lage im Zentrum des Kontinents konstante Wanderungsbewegungen nichts Ungewöhnliches: Die einen zogen bzw. ziehen nur durch, andere blieben bzw. bleiben und suchen sich ihr privates Fleckchen in der endlosen Weite. Eine Konstante ist die Bewegung und der **dauernd wehende Wind** ist dafür ein bezeichnendes Symbol. Die anhaltende Migration hat das Heartland zu einer vibrierenden und dynamischen Region gemacht – anders, als es viele Außenstehende *Wanderungs-bewegungen*

Endlose Weite in den Great Plains

wahrnehmen. Auch wenn in manchen Gegenden vom „Aussterben der Prärie" die Rede ist, erlebt gemäß dem letzten Zensus 2010 so mancher zentrale Bundesstaat Bevölkerungszuwächse; dabei nimmt gerade der indianische und lateinamerikanische Anteil stetig zu.

Wichtige Rolle der Landwirtschaft

Richtig ist, dass die **Landwirtschaft** als Hauptarbeitgeber ihre bedeutende Rolle eingebüßt hat. Dennoch gilt das Zentrum noch immer als der „Brotkorb der Nation". Im 19. Jh. hatte man noch geglaubt, dass dem Pflug der Regen folge, d. h. die Kultivierung des Bodens mit entsprechend guten Bedingungen belohnt würde. Doch ein Klimawandel in den 1930/40er-Jahren setzte der Euphorie rasch ein Ende. Der *Dust Bowl* – heftige Staubstürme, sogenannte *Black Blizzards*, die über die Prärie fegten ohne den ersehnten Regen zu bringen und dabei Ernten komplett vernichteten und Rinder an Staub und Austrocknung sterben ließen – hatte den Ausschlag gegeben, dass sich Siedlertrecks auf den Weg nach Westen machten. *John Steinbeck* beschreibt in seinem berühmtesten Werk, „Die Früchte des Zorns" („*The Grapes of Wrath*", 1939), für das er 1940 den Pulitzer-Preis erhielt, am Beispiel der Familie *Joad* aus Oklahoma die damalige Situation. Bis 1936 hatten rund 650.000 Farmer im Mittleren Westen ihre Existenzgrundlage verloren. Dieses Ereignis sitzt bis heute in den Köpfen der Menschen fest und erklärt so manche Besonderheit.

Waren um 1900 noch 40 % der Bevölkerung in der Landwirtschaft tätig, sind es heute gerade noch 2 %. Der amerikanische Traum, ein Stück Land zu besitzen, es zu bebauen, eine Familie zu gründen und mit ihr dort glücklich zu werden, ist längst ausgeträumt. So mancher Familienbetrieb versucht sich gegen die zunehmende Industrialisierung in der Landwirtschaft zu wehren. Etliche schufen sich z. B. als „**Bio-Betrieb**" mit dem Angebot „Urlaub auf dem Bauernhof" (Guest Ranches) ein neues Standbein. Diversifizierung, extensive Landwirtschaft und Viehzucht sowie Naturtourismus heißen die Schlagworte heute.

Endlose Weite, ein konstanter Wind und klimatische Extreme bestimmen das Leben im Zentrum Nordamerikas. **Big Sky, Big Blows** – die stets drohenden Tornados, Blizzards und Chinooks – und **Wide Open Spaces** waren für die ersten Siedler gewöhnungsbedürftig. Es ist keine Region, die sich anbiedert und Luxus bietet, teils sind die Gegebenheiten und Lebensbedingungen eher abschreckend, doch sie haben die Bewohner geprägt und ihnen größeren Respekt vor dem Gottgegebenen eingeflößt.

Wide Open Spaces

Die **unterschiedlichsten Menschen** haben hier ein neues Zuhause gefunden. Allein die verschiedenen Sprachen, die man hört, verdeutlichen die Vielfalt: von Deutsch und Spanisch über Ukrainisch und Tschechisch bis hin zu diversen Indianersprachen. Die **Religion** spielte und spielt in diesem „wilden Land" ebenfalls eine wichtige Rolle, doch auch hier ist die Vielfalt das verbindende Element: Es gibt Klöster und heilige Orte, religiöse Erweckungsbewegungen, indianische Glaubensgemeinschaften, mennonitische und jüdische Traditionen und Visionäre wie *Oral Roberts*, *Malcolm X*, *L. Ron Hubbard* oder *Crazy Horse*.

☞ **Geografische Abgrenzung der Great Plains**

Die Definition, welche Regionen zu den Plains zählen, ist nicht eindeutig. Geeinigt hat man sich zumindest darauf, dass folgende zehn Bundesstaaten ganz bzw. teilweise den **Great Plains** angehören: Texas, New Mexico, Colorado, Wyoming, Montana, North Dakota, South Dakota, Nebraska, Kansas und Oklahoma – aber auch die kanadischen Provinzen Manitoba, Saskatchewan und Alberta. Sechs davon stehen deshalb im Mittelpunkt dieses Reisehandbuches – Texas, Oklahoma, Kansas, Nebraska, North und South Dakota –, ergänzt um reisetechnisch naheliegende Regionen in den benachbarten Bundesstaaten Minnesota, Iowa, Illinois und Missouri.

Historischer Überblick
Die ersten Amerikaner

Die Geschichte Nordamerikas ist nicht so kurz, wie Europäer gerne behaupten – aus indianischer Sicht ist Nordamerika vielmehr ein „Alter Kontinent". Wann die Ahnen der Indianer den nordamerikanischen Subkontinent erstmals betreten haben, ist bis dato unklar. Archäologische Funde sowie Radiocarbon-Untersuchungen haben ergeben, dass Einwanderer aus dem fernen Asien eine während der Eiszeiten bestehende Landbrücke benutzten, um den Bereich der Beringstraße trockenen Fußes zu überqueren und so auf den amerikanischen Kontinent zu gelangen. Nach neuestem Forschungsstand lassen sich die **ältesten menschlichen Spuren** in Nordamerika bis in die Zeit um 14.300 v. Chr. zurückdatieren.

Archäologische Funde

Kolumbus, so lernt man in der Schule, habe 1492 Amerika „entdeckt", als er auf der Suche nach einem Seeweg von Spanien nach Indien in der Karibik landete. Er war es auch gewesen, der die Ureinwohner „Indianer" nannte. Die ersten Europäer, die ab dem 16. Jh. Nordamerika erkundeten – zunächst spanische Abenteurer, dann britische Religionsflüchtlinge –, trafen jedoch nicht, wie erwartet, auf „Wilde", sondern fanden Reste indianischer Hochkulturen vor.

Mississippi Culture

Um etwa 1.000 v. Chr. sollen die **umherziehenden Gruppen von Ureinwohnern** sesshaft geworden sein. Es bildete sich eine sehr differenzierte Gesellschaft von Ackerbauern, Jägern und Sammlern heraus – „**Woodland Tradition**" genannt –, deren Siedlungsgebiet zwischen Atlantik, Mississippi und den Großen Seen lag. Um 900 n. Chr. entstand dagegen in den Tälern des Mississippi und seiner Zuflüsse eine **indianische Hochkultur**, die **Mississippian Culture** (s. INFO S. 448). Es handelte sich dabei um Ackerbauern, für die Mais, Kürbis, Bohnen, Süsskartoffeln und Tabak die wichtigsten Kulturpflanzen waren. Die Gesellschaft war hierarchisch gegliedert, man lebte in großen Siedlungen, die von Holzpalisaden umschlossen waren und charakteristische *mounds* im Zentrum aufwiesen. Auf diesen pyramidalen Erdaufschüttungen befanden sich die kultischen und weltlichen Machtzentren – Tempel, Fürstensitze und Versammlungsplätze. Das Ende dieser Kultur fiel mit der **Ankunft der ersten Europäer** zusammen, um die Mitte des 16. Jh. waren viele Siedlungen aufgegeben. Kriege und von den Spaniern eingeschleppte Krankheiten und Seuchen hatten die Indianer zu Tausenden dahingerafft.

Es folgte die Zeit der **historischen Indianerstämme** – mit Irokesen, Cherokee, Comanches, Apaches, Mandan, Sioux oder Nez Perce als bekanntesten Gruppen. So unterschiedlich die Völker waren, so verschieden verhielten sie sich auch gegenüber den Neuankömmlingen: Die einen halfen und waren gastfreundlich, andere zeigten sich abweisend und feindlich. Das Resultat war jedoch in beiden Fällen prinzipiell dasselbe: Dezimiert durch eingeschleppte Krankheiten, vertrieben und verfolgt, überlebten nur wenige Indianer in abgelegenen Regionen.

Zu den unrühmlicher Höhepunkten in der Geschichte der Indianerpolitik gehört eine Umsiedlungsaktion zu Beginn des 19. Jh. Mit dem **Removal Act** von 1830 hatte Präsident *Andrew Jackson* über 16.000 Indianer zur Umsiedlung in das Indianer-Territorium westlich des Mississippi, im heutigen Oklahoma, gezwungen. Diese Aktion, der „**Trail of Tears**", kostete zahllosen Indianern der „Fünf zivilisierten Stämme" – Creek, Cherokee, Chickasaw, Choctaw und Seminoles – das Leben (s. INFO S. 340).

Prärieindianer –
„Warriors and Lords of the Plains"

Ehe noch Forscher die Prärie erkundeten, hatte die europäische Kultur das Leben der Indianer grundlegend verändert. Als 1804 das *Corps of Discovery* unter den Offizieren *Meriwether Lewis* und *William Clark* die nördlichen Plains erkundeten, stellten sie fest, dass die Stämme bereits verschiedenste europäische Handelswaren besaßen. Die einschneidende Neuerung war jedoch das **Pferd**. Die Spanier hatten es im 16. Jh. eingeführt, doch erst nach der Revolte der Pueblo-Indianer 1680 tauchten Pferde in größerer Zahl auch in den Plains auf. Innerhalb von nur einem Jahrhundert besaß jeder Stamm der Prärieindianer Pferde und das Zeitalter der **Warriors of the Plains** war angebrochen. Neben dem Pferd sollte eine weitere europäische „Errungenschaft" die Macht der „Herren der Prärie" festigen: **Waffen**. Neben Schusswaffen spielten Stahlmesser und -äxte eine wichtige Rolle wenn es um Macht oder Ohnmacht eines Volkes ging.

„Herren der Prärie"

In den nördlichen Plains etablierten sich die **Great Sioux Nation** (s. INFO S. 427) oder **Pte Oyate**, die *Buffalo Nation*, zur dominanten Macht neben **Crow** und **Blackfeet**. Nachdem die Sioux im frühen 18. Jh. aus dem Waldlandgebiet um die Großen Seen von anderen Stämmen in die Prärie verdrängt worden waren, gliederten sie sich in drei Gruppen: Im Osten, jenseits des Missouri, lebten die **Santee oder Dakota**, im Westen, zwischen Black Hills und Bighorn Mountains, siedelten die legendären **Teton oder Lakota** und zwischen diesen beiden Gruppen, um den Missouri, lebten die **Nakota oder Yankton**.

Die eigentlichen Herrscher der Plains waren jedoch die **Comanches** (s. INFO S. 264). Fast zwei Jahrhunderte lang, vom Anfang des 18. Jh. bis in die 1870er-Jahre, beherrschten sie militärisch und wirtschaftlich die Region und bauten sich ein „**Comanche Empire**" auf, gegen das Spanier und Mexikaner und lange Zeit auch die USA machtlos waren. Obwohl die Comanches keine hierarischen Strukturen kannten und stets in losen Gruppen durch die südlichen Plains streiften, ließen sie sich ihre Heimat von niemandem streitig machen. Als hervorragende Jäger und gefürchtete Kämpfer sowie als gewiefte Händler, die weite Teile des nordamerikanischen Kontinents mit Reit- und Lasttieren versorgten, avancierten sie zu den wahren „Herren der Prärie" und trugen stolz den Beinamen „**Lords of the Plains**".

Die wahren „Herren der Prärie"

Hohe
Mobilität

Die **Gesellschaftsstruktur** der Plains-Indianer (s. INFO S. 427) basierte auf Kriegerbünden und deren Ehren- und Moralkodex und es gab keine allgemein anerkannten Anführer. Ihr Leben war zudem durch hohe **Mobilität** geprägt: Man folgte stets den Bisonherden, die die Lebensgrundlage darstellten. Nur im Frühjahr und Herbst kamen größere Stammesgruppen, auch befreundeter Nationen, an einem Ort zum Powwow zusammen. Dann wurde gehandelt, gefeiert, politisiert und Familienbande geknüpft.

Erst als der **Siedlungsdruck** nach dem amerikanischen Bürgerkrieg immer größer und die Bisonherden immer kleiner wurden und von Siedlern eingeschleppte Krankheiten wie Masern die Indianer dezimiert hatten, konnte das US-Militär nach langen Kämpfen den Widerstand der *Warriors of the Plains*, zunächst den der Comanches im Süden und zuletzt den der Lakota-Sioux im Norden, brechen. Die Überlebenden wurden im späten 19. Jh. in Reservate gesteckt, wo ihre Nachkommen noch heute als anerkannte unabhängige Nationen leben.

Indianer heute

„… *der weiße Mann, fast ein Gott und doch ein großer Dummkopf …*" – *Plenty-Coup*, ein Crow-Indianer, brachte schon im späten 19. Jh. die Meinung der Indianer über die Weißen nach fast einem Jahrhundert Kontakt auf den Punkt. Verachtung und Wut haben sich mittlerweile gelegt und nach Jahrzehnten der Unterdrückung und Verfolgung entdecken viele indianische Völker, vor allem die junge Generation, ihre Wurzeln und Traditionen neu und entwickeln wieder **Selbstbewusstsein**.

„*Wir sind keine Disney Indians*", meinte einmal *Tex Hall*, Präsident des *American Congress of Indians* und Chef der Mandan-Hidatsa-Arikara-Nation aus North Dakota. Und gerade deshalb ist heute die **Rückbesinnung** auf die eigene Kultur lebensnotwendig. Rückblickend hatten die den Weißen gegenüber stets skeptisch

Rückbesinnung auf Traditionen

gesonnenen Sioux recht behalten: Etwa ein Jahrhundert nachdem die beiden US-Of-fiziere und Forscher *Lewis* und *Clark* den Nordwesten (1804–06) erkundet hatten, waren durch Seuchen und Kriege fast 90 % der indianischen Bevölkerung eliminiert worden. Der Zustrom weißer Abenteurer und Siedler im 19. Jh. hatte sie nicht nur ihres Heimatlandes beraubt und sie in Reservationen verbannt, sondern bedeutete auch das Ende ihrer traditionellen Lebensweise, den Verlust der Identität und ein Leben als resignierte Almosenempfänger auf fast unfruchtbarem Land.

Ein Drittel aller Indianer soll noch immer unter der Armutsgrenze leben und etwa die Hälfte arbeitslos sein. Und es gibt auch heute noch Reservationen, beispielsweise Pine Ridge im Südwesten South Dakotas, die zu den ärmsten Regionen weltweit gehören. Allerdings macht sich selbst hier, wo die Lebenserwartung gerade bei etwa 50 Jahren und die Arbeitslosigkeit bei fast 85 % liegt, ein Aufbäumen bemerkbar, ist das Aufkeimen von Stolz und der Wille zu Veränderungen spürbar.

„Tradition statt Drogensucht" heißt ein beliebter Slogan heute. Die Rückbesinnung auf alte Traditionen, auf Powwows, Trommeln und Tanzen, und das Interesse für die Sprache und Geschichte der Vorfahren haben ein **Revival indianischer Kultur** ein-geleitet und das trägt dazu bei, die Indianer aus ihrer Lethargie zu wecken.

Tradition statt Drogen

Auf die wechselvolle Geschichte der indianischen Völker, auf ihr vielfach gespaltenes Verhältnis gegenüber „Weißen" und ihre ganz spezielle Mentalität wird man während einer Reise durch den Westen (und in diesem Buch) immer wieder stoßen.

Zur Terminologie des Wortes „Indianer"

info

Bei dem Wort „Indianer" oder „Indians" denken die meisten sofort an federge-schmückte Reiter. Derart aufgemacht, liefen lediglich die Mitglieder eines be-stimmten Kulturkreises, nämlich der Prärieindianer herum, zu denen die be-rühmten Lakota oder Comanches gehören. Der Rest kleidete sich Klima und Lebensweise entsprechend, die einen lebten nomadenhaft, andere in Dörfern oder sogar Städten, manche von der Jagd, andere vom Ackerbau oder Fischfang. Die meisten indianischen Völker – allein in den USA sind es über 500 – weisen kaum Gemeinsamkeiten auf und das belegen auch ihre zahlreichen Namen.

Als „political correct" wird die Bezeichnung „**Native Americans**" oder „**Native People**" empfunden – im Deutschen unzureichend mit „Ureinwohner" wiederge-geben. Allerdings ist diese Bezeichnung seitens der so Genannten wenig beliebt. Wie einmal der indianische Chef der Abteilung der Smithsonian Institution in Wa-shington meinte: *„Jeder, der in Nordamerika geboren ist, ist ein ‚Native American', ein gebürtiger Amerikaner. Ich persönlich bin ein Hopi, wer das aber nicht weiß, für den bin ich eben ein ‚Indianer'."* In der Tat ziehen die meisten Indianer, ob Apa-che, Navajo, Nez Perce, Lakota, Comanches oder Ute, „**American Indian**" oder „**Indian**" vor, sofern sie die genaue Stammeszugehörigkeit nicht kennen. Von „In-dianer" zu sprechen, ist also durchaus in Ordnung – besser jedoch, man ver-wendet den Namen des jeweiligen Volkes.

Powwows

„Wenn ich tanze, nehme ich die Zuschauer nicht wahr," erzählte einmal während einer Pause ein Teilnehmer des *Standing Bear Powwow* in Ponca City/OK. „Ich konzentriere mich ganz auf den Tanz, den Rhythmus der Drums und den Gesang … ich tanze dann für meine Familie, mein Volk und ganz besonders für meine Vorfahren – sie alle sehen mir zu." In der Tat prägen hohe **Konzentration und Ernsthaftigkeit** die indianischen Tanz- und Gesangswettbewerbe, die während der Sommermonate zu bestimmten Termi- nen in allen Teilen Nordamerikas stattfinden. Groß und Klein, Alt und Jung sind dann auf den Beinen und selbst die hübsch aufgeputzten Kinder sind ganz bei der Sache – ungewöhnlich für eine Gesellschaft, deren Uhren sonst nach „Indian Time", also ziem- lich ungenau, gehen und deren Nachwuchs alle denkbaren Freiheiten genießt.

Neu erwach- tes Selbst- bewusstsein

Powwows sind in den letzten Jahren zum **Ausdruck eines neu erwachten Selbst- bewusstseins** unter den nordamerikanischen Ureinwohnern geworden. Der Begriff „powwow" oder „pow wow" leitet sich vom Wort „powwaw" – „spiritual leader" – aus der Sprache der Narragansett-Indianer aus Rhode Island (Ostküste) ab. Wieso und wann genau der Begriff seine moderne Bedeutung erhielt, ist unklar. Spricht man heute von „Powwow", meint man zweierlei: einerseits die **traditionelle Form des Zusammentreffens** von Stämmen bzw. Familienverbänden im Spätsommer an einem zentralen Ort, andererseits einen **Tanz-, Trommel- und Gesangswettbewerb**.

Diese zweite Form hat als „Contest Powwow" neues Gewicht erhalten. Im Mittel- punkt stehen die mit Geld- bzw. Sachpreisen dotierten Wettbewerbe. In der Regel sind die beiden Typen aber nicht exakt voneinander zu trennen, denn auch ein tradi- tionelles Treffen war ohne Tänze nicht vorstellbar und die Wettbewerbe heutzutage sind immer noch eng mit **Familientreffen** und alten Gepflogenheiten verknüpft.

Powwow- Start mit Grand Entry

Von nah und fern kommen die Clans meist in einer Reservation zusammen, Zelte wer- den aufgeschlagen und Camper aufgestellt, Picknicks veranstaltet, man hilft sich ge- genseitig beim Anlegen der „Regalia", der wertvollen Kostüme und Accessoires, Kin- der werden gemeinschaftlich beaufsichtigt und Alte ehrenvoll umsorgt. Rings um die Tanzarena gibt es eine „Budenstadt" mit Imbiss-, Kunsthandwerks- und anderen Ver- kaufsständen. Jeden Tag, zu Beginn der **Tanzveranstaltungen**, findet ein *Grand Entry*, der ehrenvolle Einzug der Teilnehmer und Ehrengäste, statt und ein großes Gemein- schaftsessen und spezielle Ehrungen, vor allem für Militärs oder Verstorbene, stehen ebenfalls auf dem Programm. Dazu kommen oft Veranstaltungen wie die Wahl einer „Miss Indian", Rodeos oder Sportturniere.

Meist ein Wochenende lang ertönen Trommeln und Gesänge, hängt BBQ-Duft in der Luft und beleben farbig gekleidete Tänzer und Tänzerinnen das Areal. In der Tanzarena treten die Teilnehmer, **unterteilt nach Geschlecht und Alter**, zu verschiedenen Tänzen an: Senioren und -innen (über 50 Jahre), Männer und Frauen zwischen 18 und 49 Jahren, Teens (13–17 Jahre), Boys und Girls (6–12 Jahre). Jede/r darf nur in einer Tanzkategorie teilnehmen (s. INFO S. 30). Grundsätzlich wird unterschieden zwischen **„Southern"** und **„Northern Dances"** – die einen von den Völkern in und um Okla- homa gepflegt, die anderen von denjenigen aus den nördlichen Staaten um die beiden Dakotas.

Untermalt werden die Tänze von wechselnden **Drums**, wie die Gruppen von mindestens fünf Sängern, darunter ein Vorsänger, genannt werden. Sie sitzen am Rand des Tanzrunds um eine große, meist alte und wertvolle Trommel und begleiten ihren kehligen Gesang mit rhythmischen Schlägen. Die dargebrachten Lieder sind ebenfalls in Kategorien, passend zu den Tänzen, eingeteilt, ihre Interpretation wird reihum gleichfalls von einer Jury bewertet. Im günstigsten Fall kassiert eine „Drum" mehrere Tausend Dollar und damit oft mehr als die Tänzer.

Powwow-Etiquette

info

Auch wenn es bei einem Powwow zuzugehen scheint wie auf einem Rummelplatz, handelt es sich um eine ernste und für die Indianer heilige Angelegenheit – und für diese gibt es durchaus feste Regeln. Der **Master of Ceremonies** ist der Leiter der Veranstaltung, die stets in einem runden Stadion – der Tanzarena – stattfindet; schließlich hat der Kreis elementare Bedeutung in der Gedankenwelt der Indianer. Um den Tanzkreis herum befinden sich Sitzgelegenheiten, manchmal überdacht. Sind Stühle oder Bänke um die Tanzarena mit Decken abgedeckt, sind diese für Teilnehmer oder besonders verdiente bzw. ältere Leute reserviert.

Werden die Fahnen, gleichgültig, ob die der USA oder die Stammesflaggen, präsentiert, erhebt man sich und nimmt die Kopfbedeckung ab. Ebenfalls ist Aufstehen angesagt, wenn der Zeremonienmeister zu Anfang oder Ende des Powwows zum Gebet aufruft. Dazu wird oft ein spezielles Lied gesungen. Kündigt der Master of Ceremonies einen *intertribal dance* an, dürfen auch Zuschauer mittanzen.

Powwows sind Ausdruck des neu erwachten Selbstbewusstseins der Indianer

Dabei müssen Frauen jedoch einen Schal tragen (den man geliehen bekommt). Fotografieren ist in der Regel erlaubt, aber niemals während eines Wettbewerbs und nicht mit Blitz. Auch sollte man bei Einzelaufnahmen und Porträts um Erlaubnis fragen; Videoaufzeichnungen sind meist untersagt. Die „Regalia", das Tanzkostüm und die Accessoires darf man nicht anfassen, sie haben zum einen persönliche Bedeutung und wurden mit viel Liebe, Mühe und Geld hergestellt, zum anderen haftet ihnen spirituelle Bedeutung an. Verliert ein Tänzer eine Adlerfeder, wird der Tanz unterbrochen und ein spezielles Gebet gesprochen. Die Zuschauer müssen dazu aufstehen.

Powwow-Tänze für Männer/Jungen (Auswahl)
• **Traditional Dance**: Komplizierte Bewegungen, die einst der Vorbereitung eines Kriegers auf den Kampf dienten. Sehenswert sind besonders die *Seniors*, die nur an diesem einen Tanz teilnehmen.
• **Grass Dance**: Die Tanzbewegungen ahmen sich im Wind wiegendes Präriegras nach und müssen symmetrisch nach links und rechts ausgeführt werden.
• **Fancy (Feather) Dance**: Bei den Jugendlichen sehr beliebt, da er Raum zur Selbstdarstellung bietet und ausgefallene, individuell gestaltete Kostüme zulässt. Spezielle Lieder *(trick songs)* stellen die Begleitung dar.
• **Chicken Dance**: Die Kleidung ist dem *Traditional Dance* ähnlich. Die Bewegungen gleichen denen eines balzenden Präriehuhns.

Powwow-Tänze für Frauen/Mädchen (Auswahl)
• **Traditional Dance**: Fließende Bewegungen, bei denen die Füße nie ganz den Boden verlassen. So soll die enge Verbindung mit Mutter Erde symbolisiert werden.
• **Jingle Dress Dance** *(Prayer Dance)*: Nach den Ojibwa, die in den 1920er-Jahren den Tanz entwickelt haben, sollen 365 Glöckchen, für jeden Tag eines, das Tanzkleid zieren. Sie klingeln im Takt zu den Trommeln.
• **Fancy Shawl Dance** *(Butterfly Dance)*: Wie Schmetterlinge scheinen die Tänzerinnen zu schweben, jeder Bewegung in eine Richtung muss die Gegenbewegung folgen.

Sonstige Wettbewerbe
• **Drum/Singing Contest**: Eine Gruppe von mindestens fünf Sängern trommelt und singt unter Anleitung des *Lead Singers* nach Aufforderung durch den *Master of Ceremonies* einen speziellen Song zu einem der Tänze und wird dafür bewertet.

Infos zu Veranstaltungen: www.powwow-power.com und www.powwows.com

Der europäische Vorstoß

Die geschriebene Geschichte Amerikas beginnt mit den Fahrten von **Christoph Kolumbus** (1451–1506). Der in Genua geborene Seefahrer stand in spanischen Diensten und wollte im Glauben an die Kugelgestalt der Erde eine **Westroute nach Indien** finden. Als er 1492 auf der Bahamas-Insel San Salvador landete, nannte er ihre Einwohner „Indianer", da er glaubte, sich in Indien zu befinden.

Zu den frühen europäischen Entdeckern zählte auch *Giovanni Caboto* (1450–98). Er stand als Venezianer in britischen Diensten und erkundete als „John Cabot" 1497/98 den Nordosten des Kontinents. Der Florentiner *Amerigo Vespucci* (1451–1512) vertrat erstmals die Ansicht, dass das von *Kolumbus* betretene Land ein bislang den Europäern unbekannter Erdteil sei. Der deutsche Kartograf *Martin Waldseemüller* nannte deshalb zu Ehren *Vespuccis* 1507 den Kontinent nach dessen Vornamen *Amerigo* „**America**". 1513 erreichte der spanische Konquistador *Vasco Núñez* die Landenge von Panama und stellte fest, dass westlich davon ein neues Weltmeer, der Stille Ozean, beginnt. Er lieferte somit den Beleg für *Vespuccis* These.

Der „neue" Kontinent rückte schnell in die Interessensphäre der europäischen Mächte. Anfangs konnten sich die Spanier alle Gebiete, die rund 600 km westlich einer von Pol zu Pol über die Azoren verlaufenden Linie lagen, unter den Nagel reißen: Im **Vertrag von Tordesillas** von 1494 hatten sie sich mit Portugal, damals die zweite bedeutende Seemacht, auf diese Trennung der Interessen geeinigt. Der Vertrag wurde sogar vom Papst, der damals völkerrechtlich bindenden Autorität, bestätigt. Als sich jedoch zu Beginn des 16. Jh. der Reformationsgedanke verbreitete und der Machteinfluss Spaniens nach der Niederlage gegen England (1588) schwand, änderte sich die Ausgangslage und mehrere europäische Nationen rangen fortan um Einfluss auf dem amerikanischen Kontinent.

Der „neue" Kontinent

Spanische Eroberer nahmen den amerikanischen Kontinent für Spaniens Krone in Besitz und diese richtete als erste europäische Macht Kolonien ein. Es handelte sich bei den **Konquistadoren** um Männer aus niedrigem, verarmtem Adelsstand, die versuchten, möglichst schnell zu Ruhm und Reichtum zu gelangen. Dabei gingen sie mit den angetroffenen Kulturen wenig zimperlich um: *Hernando Cortez* (1485–1547) zerstörte das Aztekenreich in Mexiko, *Franzisco Pizarro* (1478–1541) das Inkareich in Peru und *Vasco Núñez de Balboa* (1475–1517) erreichte den Stillen Ozean und erklärte ihn zu spanischem Besitz.

1528 erlitt *Cabeza de Vaca* an der texanischen Küste Schiffbruch. Mit einer kleinen Gruppe Überlebender schlug er sich nach Mexico-Stadt durch und verbreitete die folgenschwere Legende von den „**Sieben Städten aus Gold**" irgendwo im Zentrum Nordamerikas. Daraufhin machte sich *Francisco Vázquez de Coronado* (1510–44) auf die Suche nach Gold und zog durch den Südwesten bis hinauf ins heutige Kansas. Da einige der von den Spaniern mitgeführten Pferde „verloren gingen", hat *Coronado* damit unfreiwillig das zuvor ausgestorbene Pferd in Nordamerika wiedereingeführt. Gold fand er allerdings ebenso wenig wie ihm folgende Abenteurer, beispielsweise *Hernando de Soto* (1500–42). Von der Golfküste Floridas absolvierte er einen langen Irrweg durch den Süden, ehe er vier Jahre später am Mississippi starb.

„Sieben Städte aus Gold"

Obwohl schon um 1519 der Spanier *Alonso Alvarez de Pineda* (1494–1520) Texas zum spanischen Kronbesitz erklärt und eine erste Karte der texanischen Küste gezeichnet hatte, ließen die Spanier diese Region zunächst links liegen. Erst als sich die Franzosen am Mississippi ansiedelten und Interesse bekundeten, begannen die Spanier Texas zu besiedeln. So entstanden ab 1716 erste **befestigte Missionen** im östlichen Texas, 1718 die Mission San Antonio de Valero, die zum Zentrum des spanischen „Tejas" werden sollte. Wie so häufig bei der spanischen Landnahme spielte die katholische Kirche eine Schlüsselrolle: Sie gründete Missionsstationen und „rekrutierte" lokale Indianergruppen. Schulen entstanden und aus den umherziehenden Indianern wurden Bauern und Handwerker, wobei ihre ursprüngliche Kultur und Sprache langsam verloren gingen. Einige der lokalen Indianergruppen – wie Tejano oder Coahuiltec – haben sich allerdings gerne unter den Schutzmantel der Spanier gestellt, um den Übergriffen der „wilden" Apaches und Comanches zu entgehen.

In **Frankreich** hörte man die Geschichten von den Schätzen in Mittel- und Südamerika mit Interesse, ohne jedoch zunächst einen Vorstoß in spanische Sphären zu wagen. Man wandte sich vielmehr dem **Nordosten des neuen Kontinents** zu: 1524 erreichte der Florentiner *Giovanni da Verrazano* (1480–1527) unter französischer Flagge die Hudson-River-Mündung. *Jacques Cartier* (1491–1557) war 1534 noch weiter nordöstlich unterwegs und segelte ins Mündungsgebiet des St. Lorenz-Stroms. Nach ersten Erkundungen fasste Frankreich ganz allmählich auch auf dem nordamerikanischen Kontinent Fuß. Die Besiedlung blieb allerdings dünn, denn die beanspruchten Gebiete waren riesig. Nur ein Netz von verstreuten Stützpunkten – wie das im Jahr 1608 von *Samuel de Champlain* gegründete Québec City – hielt **Neu-Frankreich**, dessen Zentrum in der heutigen kanadischen Provinz Québec lag, zusammen. Französische Pelzhändler drangen über das Gebiet der Großen Seen hinaus weiter nach Westen vor. 1673 gelangten der Jesuit *Jacques Marquette* (1637–75) und *Louis Joliet* (1645–1700) bis zum Mississippi und 1682 erreichte *Robert Cavelier de La Salle* (1643–87) sogar die Mississippi-Mündung. Sie untermauerten damit den französischen Anspruch auf die ganze Region zwischen der Flussmündung in den Golf von Mexiko bis hinauf an die Großen Seen und weiter zur Mündung des St. Lorenz-Stroms. Die Region nannte de *La Salle* **La Louisiane** und nahm sie für König *Ludwig XIV.* in Besitz. 1718 gründete *Jean Baptiste le Moyne, Sieur de Bienville* (1680–1768), schließlich **La Nouvelle Orléans**, das heutige New Orleans.

Neu-Frankreich

Aufgrund der europäischen Verwicklungen war Frankreich nicht in der Lage, langfristig seine Gebietsansprüche gegen die sich von der Küste aus langsam ausbreitenden Engländer zu verteidigen. Im **Frieden von Utrecht** 1713 erhielt England beispielsweise die Gebiete um die Hudson Bay, Neuschottland und Neufundland zugesprochen. Nach dem **King George's War** (1744–48) sowie dem **French and Indian War** (1754–63) übernahm England die kanadischen Gebiete sowie das Territorium östlich des Mississippi.

Anders als Spanier und Franzosen zeigten die **Briten** kein großes Interesse an den Weiten der Prärie. Im Unterschied zu den USA: Die 13 einstigen englischen Kolonien an der Ostküste hatten inzwischen im **Unabhängigkeitskrieg** gegen England (1776–83) die staatliche Autonomie erkämpft und die Basis für die heutigen **Vereinigten Staaten** gelegt. Von Anfang an ließ der neue Staat keinen Zweifel daran, dass er den gesamten Subkontinent vom Atlantik bis zum Pazifik als alleinige Interessenssphäre betrachtete. Im Jahr 1803 verschwand deshalb Frankreich in Amerika ganz von der Bildfläche: Die USA hatten im Rahmen des **Louisiana Purchase** das von Frankreich beanspruchte Gebiet zwischen Mississippi und Rocky Mountains für gerade einmal 15 Mio. Dollar erworben. Da *Napoleon* das Geld dringend für seine Expansionspläne in Europa benötigte, machten die USA das größte Immobilienschnäppchen der Geschichte und verdoppelten ihr Staatsgebiet auf einen Schlag.

Unabhängigkeitskrieg

Als erste Expedition erkundet das Corps of Discovery 1804–06 den Westen

Erforschung und Besiedlung des Westens

Nach einer Forschungsreise (1804–06) der beiden Offiziere *Meriwether Lewis* und *William Clark* mit dem **Corps of Discovery** im Auftrag von Präsident *Thomas Jefferson* begann die Erschließung und Besiedlung des „Wilden Westens" (s. INFO S. 418). Die *frontier*, die Grenze zwischen „weißer Zivilisation" und „indianischer Wildnis", verschob sich seit Entstehung der ersten Kolonien stetig weiter westwärts. Der große Zug nach Westen, über den Mississippi, begann schon Anfang des 19. Jh.: Hohe Geburtenraten in den Staaten an der Ostküste sowie ein nicht abreißender Einwandererstrom aus Europa – 1825 waren über 10.000, 1854 bereits über 4 Mio. Menschen zugewandert – förderten die Besiedlung der Gebiete des mittleren und pazifischen Westens.

Forschungsreise

Die **Inanspruchnahme des Indianerlandes** erfolgte dabei in mehreren Phasen: von Forschern, Trappern und Händlern und Handelsposten bis hin zu „normalen" Siedlern, Bauern und Handwerkern, aber auch Kaufleuten und Abenteurern auf der Suche nach Gold, Silber und anderen Erzen. Hier machte sich der sprichwörtliche Pioniergeist der Kolonisten bemerkbar, denn ausschlaggebend waren nicht Herkunft oder Beruf, sondern Leistung und Durchhaltevermögen: „*The cowards didn't start and the weak didn't make it*" – lautet ein bis heute viel zitiertes Sprichwort.

Abenteurer, Missionare und Händler

Nach der „Entdeckung" Amerikas 1492 blieb der größte Teil des Westens lange Zeit unerforscht und war *terra incognita*. Die verschiedenen Expeditionen ab Anfang des 16. Jh. konzentrierten sich auf die Suche nach Gold. Um 1510 kam erstmals das Gerückt über die Insel „California" auf, wo schwarze Amazonen leben und Goldschätze horten sollten. Auch die Mär vom sagenhaften Goldland „El Dorado" und von den „Sieben Städten aus Gold" wurde von manchem Abenteurer auf den Westen der heutigen USA bezogen.

Zu den Leichtgläubigen gehörte der Portugiese *Juan Rodríguez Cabrillo*, der 1542 von Mexiko entlang der pazifischen Küste nach Norden segelte und als erster Europäer in Kalifornien vor Anker ging. Wichtig für die Entdeckung des Zentrums war aber besonders der spanische Abenteurer *Francisco Vázquez de Coronado*, der 1540 weite Teile des Südwestens bis ins heutige Texas, Oklahoma und Kansas erforschte.

Nach den Abenteurern kamen die Missionare Den Abenteurern folgten die Missionare: Im Laufe des 18. Jh. war eine ganze Reihe spanischer **Missionsstationen** zwischen Kalifornien, Arizona, New Mexico und Texas entstanden. Um diese herum hatten sich, wie in San Antonio, erste Siedlungen entwickelt – oft gegen den erbitterten Widerstand der lokalen Indianervölker wie der Comanches oder Apaches.

Eine wichtige Rolle spielte für das Zentrum Nordamerikas der **Santa Fe Trail**, die Landstraße zwischen dem westlichsten Außenposten der USA, Independence/Missouri, und der nördlichsten mexikanischen Provinzhauptstadt Santa Fe/New Mexico.

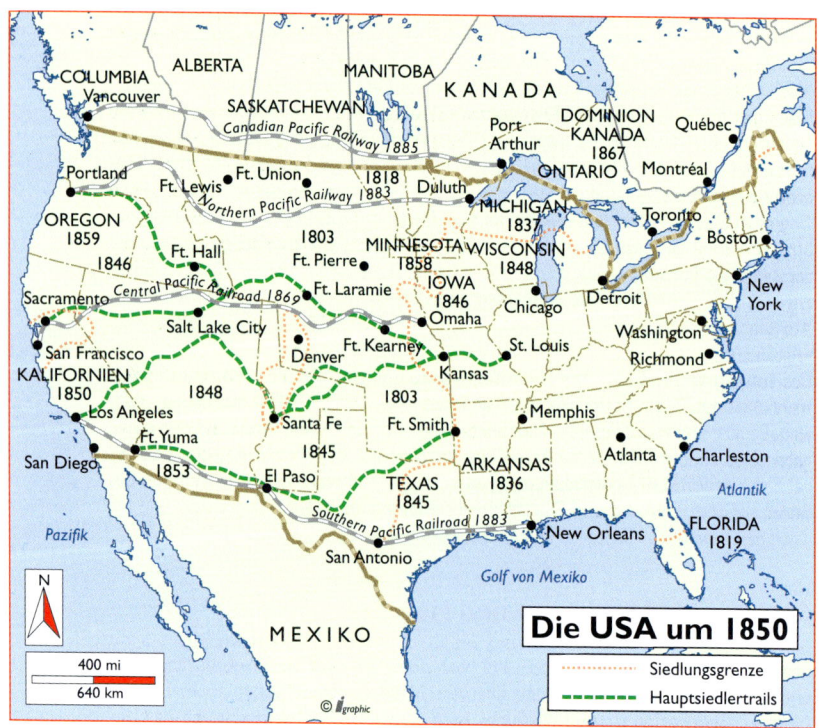

Die USA um 1850

Im 19. Jh. zogen auf den mehr als 1900 km Strecke unzählige **Handelskarawanen** entlang und verbanden Amerikas Osten mit dem Südwesten.

Forscher und Trapper

Nach dem *Louisiana Purchase* 1803 und der folgenden *Lewis & Clark*-Expedition erkundeten zunächst Trapper – **Mountain Men** – im Dienste von Pelzhändlern wie *Manuel Lisa* oder *Johann Jacob Astor*, und US-Offiziere das weite Land. Von besonderer Bedeutung waren dabei die **militärischen Expeditionen** von *Zebulon M. Pike* 1806/07, *Stephen H. Long* 1819/20, *Jedediah S. Smith* 1826–29, *Charles*

Santa Fe Trail – der erste Handelsweg durch das Heartland

Wilkes 1838–42, *John C. Frémont* 1842–45 oder die legendäre Expedition von *Major John Wesley Powell* 1869 entlang dem Green und Colorado River.

Nach der Vorstellung von *Thomas Jefferson* sollte der Westen einerseits als Agrarland genutzt und andererseits als **Jagd- und Indianerland** ausgewiesen werden. Doch schon bald musste sich die US-Regierung dem Druck von Abenteurern, Unternehmern und vor allem Siedlern beugen. Ab 1841 zogen Tausende auf Routen wie dem *Oregon* oder *California Trail* (s. INFO S. 323) westwärts, ins „Gelobte Land". Entlang der Strecke wurde innerhalb kürzester Zeit jedes Stück fruchtbarer Boden vereinnahmt, alles vermessen und jegliches Großwild abgeschossen.

Auf breiter Front eroberten die Weißen den Westen: Den Pelzhändlern und Trappern folgten Holzfäller, Landvermesser, Viehzüchter, Bergleute und schließlich Farmer. Die Besiedlung des Westens ging einher mit wachsenden **Konflikten mit den Indianern**. Ihre Lebensbedingungen hatten sich zusehens verschlechtert, ihre Zahl war dezimiert durch eingeschleppte Krankheiten und man war erschöpft vom verzweifelt geleisteten militärischen Widerstand. Mit der Ausrottung der vormals riesigen Büffelherden hatte man die einst stolzen „Herren der Prärie" ihrer Lebensgrundlagen beraubt; sie wurden in Reservate gepfercht bzw. zwangsumgesiedelt.

Konflikte mit Indianern

Die Bedeutung der Eisenbahn

Bald schon erforderten die neuen Siedlungsräume **Verkehrsverbindungen**, um mit der Zivilisation des Ostens in Verbindung zu bleiben. Um 1850 war die Ostküste großteils durch Eisenbahnlinien erschlossen und man begann, den Westen für erste Überlandlinien zu vermessen. Als am 10. Mai 1869 die **erste Transkontinentalverbin-**

dung mit dem symbolischen Zusammentreffen der Bautrupps von *Union* und *Central* (später *Southern*) *Pacific Railroad* bei Promontory, Utah, gefeiert wurde, war ein weiterer **entscheidender Schritt zur Besiedlung des Westens** getan. Es folgten weitere transkontinentale Strecken im Norden und Süden und auch im Zentrum der USA erschlossen mehr und mehr Eisenbahnlinien das vormals „wilde" Land.

Besiedlung des Westens

Landvermesser, die der vorrückenden *frontier* folgten, teilten das gesamte Land in ein den Himmelsrichtungen entsprechendes Raster auf. Überall dort, wo es das Gelände erlaubte, wurde diese schematische Einteilung praktiziert. Noch heute geht das Rastersystem vieler Städte ebenso wie die schnurgeraden Straßen auf dem Land auf diese Maßnahme zurück.

Der Goldrausch und seine Folgen

Zu jener Zeit, als im Südwesten der amerikanisch-mexikanische Krieg zu Ende ging und die größten Gebiete der heutigen Bundesstaaten Kalifornien, Nevada, Utah, Arizona und New Mexico an die USA fielen, breitete sich ein weiteres Ereignis wie ein Lauffeuer aus: „Gold in Kalifornien!" – aus aller Welt machten sich Tausende von Glücksrittern auf den Weg. Zwischen 1848 und 1851 zog der **California Gold Rush** rund 300.000 Menschen auf dem See- und Landweg an.

Nutznießer des Goldrauschs

Levi Strauss, ein 20-jähriger Immigrant aus Bayern, steht symbolisch für die **Nutznießer des Goldrauschs**: Es waren nämlich nicht die Goldgräber selbst, sondern Unternehmer wie er, Bankiers, Händler und Ladenbesitzer, die die Preise für Unterkunft, Lebensmittel, Ausrüstungsgegenstände und Dienstleistungen nach Belieben diktierten. Während die Schürfer für eine Unze (28,365 g) Goldstaub gerade $ 16 erhielten, mussten sie beispielsweise für eine Holzplanke rund $ 20, für ein Ei mindestens $ 1, für ein Pfund Kaffee $ 5 oder für ein paar Stiefel über $ 100 bezahlen. Das alles konnte den Zustrom an Glücksrittern – besonders als man im Laufe der zweiten Hälfte des 19. Jh. auch in anderen Regionen des Westens Gold und andere wertvolle Mineralien entdeckte – jedoch nicht bremsen; zu verführerisch war der in Aussicht gestellte schnelle Reichtum!

In Kalifornien verflüchtigte sich der Rausch ebenso schnell wie er gekommen war. Viele der Glückssucher zogen weiter nach Colorado, Nevada, Alaska oder Kanada, nach Montana, New Mexico und in die Black Hills (South Dakota), um nach Edelmetallen zu schürfen. Die meisten Abenteurer waren jedoch desillusioniert und ließen sich im Westen zwischen dem Mississippi und den Rocky Mountains nieder und trugen so zur weiteren Besiedlung der Great Plains bei.

Cowboys und Landwirte

Die **Viehzucht** – vor allem Rinder, Schafe und Schweine – spielte von Beginn der Kolonisierung an eine Rolle. Doch erst mit der Vergrößerung des Siedlungsgebiets nach Westen wurde die Zucht bedeutsamer und mit Erreichen der Grasebenen westlich des Mississippi auch zum einträglichen Unternehmen. Gerade nach dem Bürger-

Der Mythos vom Cowboy ist allgegenwärtig

krieg, ab den späten 1860er-Jahren, wurde die Versorgung der Metropolen im Osten mit Fleisch immer wichtiger und daher lukrativer.

Daher spielten bis zu den extrem kalten Wintern in den späten 1880er-Jahren, denen drei Viertel der Viehherden in den nördlichen Plains zum Opfer fielen, die **Cattle Drives** von Texas in den Norden eine zentrale Rolle für die Great Plains. Damals entstanden Ortschaften entlang den Eisenbahnlinien, die als Viehumschlagplätze aufblühten. Und es kam zugleich der **Mythos vom Cowboy** auf – wobei dieser nur eine Figur war unter jenen, die den Westen gestalteten: Trapper, Forscher, Missionare, Soldaten, Schürfer, Eisenbahner, Jäger, Farmer und Rancher.

Mythos Cowboy

Es sollte jedoch der **Farmer** – der Ackerbauer im Unterschied zum Rancher, dem Viehzüchter – sein, der die entscheidende Rolle bei der „Zivilisierung" des Westens spielte. Wo immer Farmen entstanden, verwandelte sich die Landschaft – und die einst endlosen Prärieflächen wurden großteils unter den Pflug genommen. Nur an wenigen Stellen, wo sich Landwirtschaft wegen der Boden- oder Wasserverhältnisse nicht lohnte, wie beispielsweise in den Flint Hills in Kansas, hat sich das urspüngliche Grasland fast unberührt erhalten und gibt noch heute eine gute Vorstellung davon, wie das Land zwischen Mississippi und den Rockies einst ausgesehen hat.

Die **Landwirte** machten sich Grund und Boden untertan und trugen damit gleichzeitig zur Unterdrückung und Verdrängung von Indianern und Natur bei. Sie sorgten jedoch auch für den Einzug der Zivilisation, für Orte, Straßen, Eisenbahnen, Kirchen, Schulen und Behörden. Eine zentrale Rolle bei der Besiedlung des Westens hatte die leichte Erhältlichkeit großer Landmassen gespielt. Seit dem **Homestead Act** von 1862 genügte es, sich bei der nächsten Behörde anzumelden, eine Hütte zu bauen und das Land zu bestellen – schon war man Landbesitzer. Damit wanderte im Laufe des

19. Jh. die *frontier*, die Grenze zwischen Wildnis und Zivilisation, immer weiter nach Westen. 1893 erklärte der Historiker *Frederick Jackson Turner* (s. unten) diesen Abschnitt der Geschichte dann für abgeschlossen, der „Wilde Westen" war Geschichte.

Das Ende der „Frontier"

Wie eine Bombe schlug 1893 ein Aufsatz ein, der anlässlich des jährlichen Treffens der *American Historical Association* während der Weltausstellung in Chicago bekannt wurde. „The Significance of the Frontier in American History" hieß die Publikation des bis dato unbekannten jungen Historikers *Frederick Jackson Turner* (1861–1932). Er äußerte die Meinung, dass die Besonderheit der USA auf die kontinuierliche **Interaktion von Zivilisation und Wildnis** an der *frontier* zurückzuführen sei. „Die Existenz freier Landflächen, ihr steter Rückzug und das Vorrücken amerikanischer Siedlungen nach Westen erklärt die Entwicklung Amerikas", schrieb er damals.

Zivilisation und Wildnis

Nur dieser **stete Kampf mit der Natur** habe den USA „eine Position außerhalb der üblichen Regeln und Gesetze der menschlichen Geschichte verliehen". Zudem hatte *Turners* Ansicht nach die *frontier* zugleich als soziales Ventil fungiert: Sobald sich die Bedingungen im Osten verschlechterten, blieb die Aussicht auf einen Neuanfang im Westen. Gleichzeitig war der Autor davon überzeugt, dass dieser Prozess Ende des 19. Jh. abgeschlossen und die *frontier* damit Geschichte geworden war.

Der Nord-Süd-Konflikt

Parallel zur infrastrukturellen Erschließung des Landes verlief der wirtschaftliche Aufschwung, der sich zunächst auf die Nordost- und Oststaaten beschränkte: Der Überseehandel blühte auf, ebenso Schiffsbau und Fisch-, vor allem Walfang. In den **Neuengland-Staaten** entwickelte sich eine produktive Textilindustrie und in Massachusetts gab es bereits 1814 eine Spinnerei und Weberei. Hier erfand 1793 *Eli Whitney* die Baumwollentkörnungsmaschine, welche ab 1800 in Serie ging, und *Cyrus McCormick* die Erntemaschine – beides wichtige Impulse für die expandierende Landwirtschaft.

Mit dem Aufblühen der industriellen und landwirtschaftlichen Produktion wuchs zugleich die **Diskrepanz zwischen Nord- und Südstaaten:** Im Süden herrschte ein aristokratisch gesonnener Landadel, dem riesiger Grund gehörte und der auf pompösen Landsitzen residierte. Auf Großplantagen wurden, basierend auf der billigen Arbeitskraft der Sklaven, Baumwolle, Tabak und Zuckerrohr angebaut. In den nördlichen Staaten war die Gesellschaftsstruktur differenzierter: Hier lebten Geschäftsleute, Industrielle, Bankiers, Industriearbeiter und Farmer und demokratisches Gedankengut war fester verankert.

Sklavenfrage als Streitpunkt

Zum **zentralen Streitpunkt** zwischen Nord und Süd eskalierte die **Sklavenfrage**. Die ersten Präsidenten der USA hatten noch gehofft, das Problem würde sich von selbst lösen. *Washington* hatte in seinem Testament die Freilassung seiner Sklaven bestimmt und *Jefferson* 1808 den Sklavenhandel verboten. 1619 erstmals nach Amerika verschifft, lebten zu diesem Zeitpunkt aber schon über 1 Mio. Sklaven in den USA; sie stellten ein Viertel der Gesamtbevölkerung! 1818 existierten in den Vereinigten Staaten zehn Bundesstaaten mit Sklavenhaltung und elf „sklavenfreie" Bundesstaaten.

Die zwiespältige Haltung in der Sklavenfrage wurde deutlich, als 1821 Missouri als 24. Bundesstaat in die Union aufgenommen werden sollte. Um das Gleichgewicht zwischen sklavenfreien Nord- und sklavenhaltenden Südstaaten aufrechtzuerhalten, traf man den **Missouri-Kompromiss**: Maine war kurz zuvor, 1820, als „sklavenfrei" aufgenommen worden, Missouri wurde es daher erlaubt, Sklaven zu halten. Darüber hinaus wurde für künftige neue westliche Bundesstaaten der 36. Breitengrad als Trennung zwischen Nord- und Südstaaten festgelegt – zuvor hatte die 1763–67 gezogene **Mason-Dixon-Line** entlang dem 39. Breitengrad als Trennlinie gedient.

Suche nach einem Kompromiss

1854 wurde durch den **Kansas-Nebraska Act** der 36. Breitengrad als Grenze wieder aufgehoben, weshalb es bei der Frage, ob das Missouri benachbarte **Kansas Territory** als sklavenfreier oder Sklavenstaat in die Union aufgenommen werden sollte, zu bürgerkriegsähnlichen Zuständen – als *Border War* bzw. *Bleeding Kansas* in die Ge-

schichte eingegangen – führte. Nach einer Volksbefragung und der anschließend verabschiedeten Verfassung wurde Kansas 1861 als sklavenfreier Staat aufgenommen.

Neben **Kansas** schloss sich auch **Missouri** den Nordstaaten an, **Texas** dagegen wurde Teil der Konföderation der Südstaaten. Damals zwar nur im Osten und Südosten besiedelt – weite Areale waren Teil des *Comanche Empire* (s. INFO S. 264) –, gab es hier eine einflussreiche Plantagenbesitzer-Oberschicht. Lediglich die Spanisch sprechenden Texaner und die deutschen Zuwanderer weigerten sich, den Südstaaten beizutreten und wurden deshalb verfolgt.

Der amerikanische Bürgerkrieg (Sezessionskrieg)

1832/33 waren erste Gruppen von „**Abolitionisten**", d. h. Zusammenschlüsse von Gegnern der Sklavenhaltung, entstanden, die 1854 die Republikanische Partei gründeten. Die Abschaffung der Sklaverei wurde zum heißen Eisen, und vor allem Staaten mit großen Plantagen (Virginia, Georgia, North und South Carolina) waren um ihr wirtschaftliches Wohl besorgt.

Als 1860 der Republikaner **Abraham Lincoln** zum Präsidenten gewählt wurde, brach der Konflikt in aller Schärfe aus. Aus Protest gegen seine Wahl schied zunächst Ende 1860 South Carolina aus der Union aus. Im ersten Halbjahr 1861 folgten Mississippi, Florida, Alabama, Georgia, Louisiana, Texas, Virginia, Arkansas, Tennessee und North Carolina. Formell wurde die Spaltung am 4. Februar 1861 vollzogen, als sich die Abtrünnigen zu den **Konföderierten Staaten von Amerika** zusammenschlossen und *Jefferson Davis* zum Präsidenten wählten; Hauptstadt wurde zunächst Montgomery (Alabama), dann Richmond (Virginia).

Fort Sumter als Auslöser

Als die Konföderierten am **12. April 1861 Fort Sumter** (Charleston/SC) angriffen und die Unionstruppen von dort vertrieben, war der Bruderkrieg unabwendbar. Anfangs wurde die Auseinandersetzung noch als „sportlicher Wettstreit" betrachtet, doch der zahlen- und materialmäßig überlegene Norden musste rasch feststellen, dass der zusammengewürfelte Haufen der *Confederates* sich bravourös wehrte und seine Erfolge vor allem genialen Schachzügen von erfahrenen Befehlshabern wie *Robert E. Lee* oder „*Stonewall*" *Jackson* zu verdanken hatte.

Der Sezessionskrieg zog sich insgesamt über **vier Jahre**, bis zum April 1865, hin und stellte auf allen Gebieten der Kriegführung, von der technischen Ausrüstung bis hin zu den Menschenverlusten, alles bislang Dagewesene in den Schatten. Frappierend waren vor allem die **Brutalität der Kämpfe** und das Elend in den Kriegsgebieten. Von den etwa 260.000 Soldaten der Konföderierten, die im Bürgerkrieg starben, kamen „nur" 94.000 im Kampf ums Leben, die große Masse starb an Krankheiten, Erschöpfung oder in Gefangenschaft. Nach neuesten Forschungen wurde von 40 Soldaten nur einer im Kampf getötet, einer von zehn starb an einer Krankheit, ein Zehntel wurde gefangen genommen und jeder siebte Gefangene überlebte die primitiven Haftbedingungen nicht.

Beide Seiten waren nicht auf einen derart langen Krieg vorbereitet gewesen, doch letztlich brachten die 23 unionstreuen Bundesstaaten die besseren Voraussetzungen mit, allein zahlenmäßig: Im Norden lebten 22 Mio. Menschen, im Süden nur 9 Mio. Zudem war die Rüstungsindustrie schwerpunktmäßig im Norden ansässig und auch Kapital stand dort reichlicher zur Verfügung. Je länger die Auseinandersetzungen dauerten, umso stärker konnten die Unionstruppen ihre Überlegenheit ausspielen, erst recht, als auf Unionsseite ab 1863 **General Ulysses S. Grant** als Oberbefehlshaber dem Konföderierten-Chef **General Robert E. Lee** gegenüber stand.

Die **Einnahme von Vicksburg** und die **Schlacht bei Gettysburg** ließen das Jahr 1863 zum Schicksalsjahr werden. Der berühmt-berüchtigte Marsch von General *William T. Sherman* von Tennessee durch Georgia an die Küste – der „**March to the Sea**" – von Mai bis Juli 1864 und die damit verbundene Zerstörung der Nachschubbasis der Konföderierten, Atlanta, brachen den Widerstand endgültig. Die auseinanderfallende

Der Bürgerkrieg – nachgestellt in Re-enactments

Konföderation und deren Heer unter General *Lee* **kapitulierte** schließlich nach langwierigen Rückzugsgefechten am **9. April 1865 in Appomattox**, Virginia, nahe der alten Südstaaten-Hauptstadt Richmond.

Wiederaufbau nach dem Sezessionskrieg

Die Sklaverei war nominell abgeschafft. Im Jahr 1863 erklärte *Abraham Lincoln* im **Emancipation Act** alle 3 Mio. Sklaven in den Südstaaten für frei. Doch der Süden als politischer und wirtschaftlicher Verlierer auf der einen Seite und der triumphierende Norden auf der anderen Seite waren nach Kriegsende nicht automatisch versöhnt. Abgesehen von den hohen Verlusten an Menschenleben auf beiden Seiten war das Land in eine Finanz- und Wirtschaftskrise gestürzt und die Phase des Wiederaufbaus, der „**Rekonstruktion**", wie die Jahre von 1865 bis 1877 genannt werden, gestaltete sich schwierig.

Am 14. April 1865 wurde **Präsident Abraham Lincoln**, der stets auf Ausgleich bedacht war, von einem fanatischen Südstaatler in Washington, D.C. erschossen. Es brach die Zeit der radikalen Republikaner an, die vor allem die Interessen der Großunternehmer und des Kapitals vertraten. Die **politische Szene in den Südstaaten** änderte sich schlagartig, man fiel in die frühe Kolonialzeit zurück. *Carpetbaggers*, Geschäftemacher aus dem Norden, *Scalawags*, mit ihnen kooperierende Südstaatler, freie Schwarze, die weder des Schreibens noch des Lesens kundig waren, aber in politische Ämter drängten, und das Nordstaatenmilitär beherrschten das Land – häufig mit dubiosen Mitteln. Folgen waren eine **Verarmung des Landvolkes** und eine starke Op-

Attentat auf den Präsidenten

position in der alten Oberschicht. Der **Klu-Klux-Klan**, ein Geheimbund, entstand, verübte Terroranschläge und versetzte die afroamerikanische Bevölkerung in Angst und Schrecken.

Eine politische Wende und das Ende der Besatzung ermöglichten 1876 die **Rückkehr der Südstaaten in die Union**. Sofort begannen die konservativen Kräfte, die alten Plantagenfamilien, wieder die Macht an sich zu reißen, unterstützt von einer neuen Schicht von Händlern und Kaufleuten. Es kam zur Aufspaltung in Mittel- und Kleinbetriebe. Auch ärmere Weiße und befreite Sklaven konnten nun, zumindest theoretisch, Grund erwerben, zumeist bewirtschafteten sie das Land jedoch nur als **rechtlose Pachtbauern** *(share-cropper)*. Es ging ihnen häufig nicht viel besser als zuvor – sie erhielten keinen Lohn, lediglich Unterkunft und Gerät sowie einen Ernteanteil.

Viehzucht und Getreideanbau

Die **Landwirtschaft** erholte sich allmählich wieder, zur Baumwolle kam die Textilindustrie und der Tabakanbau wurde intensiviert. Besonders im Zentrum entwickelten sich die Viehzucht und der Getreideanbau zum einträglichen Geschäft. Es galt die wachsenden Großstädte im Osten mit Lebensmitteln zu versorgen. Ein allmählicher Anschluss an die Nordstaaten schien in Aussicht zu stehen, doch letztlich verstanden es die Konservativen, die aufgehobenen Rassenschranken wieder aufzurichten – unter dem Motto „**seperate-but-equal**" („gleich, aber getrennt").

Der „Wilde Westen" wird zivilisiert

Die Entwicklung der Vereinigten Staaten wurde nach Beendigung des Bürgerkriegs durch die zunehmende Erschließung des Westens geprägt. Der **wirtschaftliche Aufschwung** nahm in der zweiten Hälfte des 19. Jh. ungeahnte Formen an: wachsender Verkehr und vermehrte Verkehrswege, riesige Rohstoffvorkommen, eine durch Einwanderung erhöhte Zahl an Arbeitskräften, ein großer Binnenmarkt und staatliche Schutzzölle ließen den **freien Wettbewerb** explodieren.

Erfindungen

Viele **Erfindungen** sorgten zusätzlich für Dynamik: Der Telegraph von *Samuel F. B. Morse* (1837), das Telefon (*Alexander Graham Bell*, 1876), die Schreibmaschine (*Christopher L. Sholes* für *Remington*, 1873) und die wegweisenden Erfindungen von *Thomas A. Edison*. *Henry Ford* stellte 1892 das erste Auto vor und *John B. Dunlop* erfand 1888 den pneumatischen Reifen.

Im **Westen und Zentrum** der USA entwickelte sich aus den anfangs chaotischen Verhältnissen des „Wilden Westens" im Laufe der zweiten Hälfte des 19. Jh. ein zivilisiertes Gemeinwesen. Die Infrastruktur wurde „nachgeliefert": Man kartierte die Region, installierte Postkutschenlinien und Eisenbahnen, baute Städte und Dörfer. Für die immensen Bauvorhaben, gerade im **Eisenbahnbau**, griff man auf chinesische Arbeiter zurück, von denen nach Abschluss viele im Land blieben.

Die neu gebauten Eisenbahnlinien brachten Tausende von Einwanderern aus Europa und aus den Staaten östlich des Mississippi in den Westen. An den Verkehrsknotenpunkten entstanden – wie vormals rings um die Forts – neue Siedlungen, die Immig-

Eine wichtige Rolle bei der Erschließung des Landes spielte die Eisenbahn

ranten anlockten. Die Leidtragenden der weißen Expansion waren die **Indianer**, denen die kargsten Gebiete als Reservationen zugewiesen wurden. Diese wurden dann auch noch im Zuge des sogenannten *Dawes Act* 1887 in Parzellen unterteilt und teilweise von den Behörden an Weiße verpachtet oder verkauft. Setzten sich Indianer zur Wehr, schlug die US-Armee brutal zurück.

Indianer als Leidtragende

Der Westen machte in der zweiten Hälfte des 19. Jh. eine **rasante Entwicklung** durch. Während in manchen Regionen noch Indianerkriege tobten, besuchten die ersten Touristen bereits Naturwunder wie den Yellowstone National Park. Die Besiedlung wurde dichter und einzelne Gebiete bemühten sich um die **Aufnahme in die Union** als eigenständige Bundesstaaten.

Die politischen Staatsorgane und ihre Aufgaben

info

Die **Verfassung** der Vereinigten Staaten von Amerika wurde 1787 vom Verfassungskonvent in Philadelphia verabschiedet und zwei Jahre später als rechtsgültig erklärt. Die Frage, ob der Staat zentralistisch oder föderalistisch organisiert werden solle, führte zu einer Kompromisslösung, einer **Interessen- und Machtteilung zwischen Zentralregierung und Bundesstaaten**. Diese führt bis heute oft zu Diskussionen und wird vielfach außerhalb den USA nicht verstanden.

Mit der Einführung der **Gewaltenteilung** in Exekutive, Legislative und Jurisdiktion, d. h. der Trennung von ausführender, gesetzgebender und rechtsprechender Macht, ist die amerikanische Verfassung **Wegbereiter der modernen Demokratie**. Darüber hinaus führte sie die **Trennung von Kirche und Staat** ein und das Prinzip der **Volkssouveränität**, die durch die demokratischen **Grundrechte** *(Bill of Rights)* gewährleistet ist.

Präsident – Exekutive

Der Präsident wird auf vier Jahre über Wahlmänner *(electoral delegates)* und nicht direkt vom Volk gewählt. Eine Wiederwahl ist nur einmal möglich und bei seinem Tod rückt der Vizepräsident automatisch nach. Der US-Präsident ist gleichzeitig **Staats- und Ministerpräsident**. Er ist für die **Bildung der Regierung** verantwortlich und kann dabei auch auf qualifizierte Personen anderer Parteien oder Parteilose zurückgreifen. Der Präsident ist auch **Oberbefehlshaber des Militärs**, allerdings ist eine eventuelle Kriegserklärung Sache des Kongresses.

Die beiden großen Parteien, Demokraten und Republikaner, bestimmen auf den Nationalkonventen im Sommer des Wahljahres ihre Präsidentschaftskandidaten. Die Bundesstaaten schicken ihre Wahlmänner, die zuvor durch Wahlen *(Primaries)* oder Parteitreffen *(Caucuses)* bestimmt und auf einen Kandidaten eingeschworen wurden. Ihre Zahl hängt von der Größe des jeweiligen Bundesstaates (insgesamt 50) ab.

Kongress – Legislative

Der Kongress setzt sich aus Senat *(Senate)* und Repräsentantenhaus *(House of Representatives)* zusammen. Unabhängig von seiner Größe entsendet jeder Bundesstaat für jeweils sechs Jahre zwei Senatoren in den **Senat**, insgesamt also 100. Alle zwei Jahre wird jeweils ein Drittel der Senatoren direkt vom Volk neu gewählt. Der Senat hat insbesondere in **außenpolitischen Fragen** eine starke Stellung. Der US-Präsident benötigt eine Zweidrittelmehrheit im Senat, um internationale Verträge abschließen zu können und auch die Benennung hoher Beamte sowie Richter bedarf der Senatszustimmung.

Im **Repräsentantenhaus** werden die Bundesstaaten proportional zu ihrer Bevölkerungsgröße vertreten. Die Zahl von 435 Abgeordneten ist seit 1912 konstant, soll jedoch in Kürze den sich bei der Volkszählung 2010 ergebenen neuen demografischen Gegebenheiten angepasst werden. Gewählt werden die Abgeordneten jeweils für zwei Jahre. Die Wahlen finden stets am ersten Dienstag im November eines Jahres mit gerader Zahl statt. Das Repräsentantenhaus hält aufgrund seiner Stimmenmehrheit insbesondere bei **Budget-Verhandlungen** eine Schlüsselstellung inne.

Gerichtswesen – Jurisdiktion

Dem unabhängigen Gerichtswesen steht der **Oberste Gerichtshof** *(Supreme Court)* vor. Er kann im Bedarfsfall die Verfassungsmäßigkeit aller politischen Entscheidungen überprüfen und ist damit die Kontrollinstanz gegenüber Präsident und Kongress. Der Präsident benennt die Richter des Obersten Gerichtshofs in Beratung und mit Zustimmung des Senats.

Präsidenten der Vereinigten Staaten von Amerika

info

Nr.	Name	Amtszeit	Partei
1	George Washington (1732–1799)	1789–1797	Föd.
2	John Adams (1735–1826)	1797–1801	Föd.
3	Thomas Jefferson (1743–1826)	1801–1809	Dem.-Rep.
4	James Madison (1751–1836)	1809–1817	Dem.-Rep.
5	James Monroe (1758–1831)	1817–1825	Dem.-Rep.
6	John Quincy Adams (1767–1848)	1825–1829	Dem.-Rep.
7	Andrew Jackson (1767–1845)	1829–1837	Dem.
8	Martin van Buren (1782–1862)	1837–1841	Dem.
9	William H. Harrison (1773–1841)	1841	Whig
10	John Tyler (1790–1862)	1841–1845	Whig
11	James K. Polk (1795–1849)	1845–1849	Dem.
12	Zachary Taylor (1784–1850)	1849–1850	Whig
13	Millard Fillmore (1800–1874)	1850–1853	Whig
14	Franklin Pierce (1804–1869)	1853–1857	Dem.
15	James Buchanan (1791–1868)	1857–1861	Dem.
16	Abraham Lincoln (1809–1865)	1861–1865	Rep.
17	Andrew Johnson (1808–1875)	1865–1869	Dem.
18	Ulysses S. Grant (1822–1885)	1869–1877	Rep.
19	Rutherford B. Hayes (1822–1893)	1877–1881	Rep.
20	James A. Garfield (1831–1881)	1881	Rep.
21	Chester A. Arthur (1830–1886)	1881–1885	Rep.
22	Stephen G. Cleveland (1837–1908)	1885–1889	Dem.
23	Benjamin Harrison (1833–1901)	1889–1893	Rep.
24	Stephen G. Cleveland (1837–1908)	1893–1897	Dem.
25	William McKinley (1843–1901)	1897–1901	Rep.
26	Theodore Roosevelt (1858–1919)	1901–1909	Rep.
27	William H. Taft (1857–1930)	1909–1913	Rep.
28	Thomas Woodrow Wilson (1856–1924)	1913–1921	Dem.
29	Warren G. Harding (1865–1923)	1921–1923	Rep.
30	Calvin Coolidge (1872–1933)	1923–1929	Rep.
31	Herbert C. Hoover (1874–1964)	1929–1933	Rep.
32	Franklin Delano Roosevelt (1882–1945)	1933–1945	Dem.
33	Harry S. Truman (1884–1972)	1945–1953	Dem.
34	Dwight D. Eisenhower (1890–1969)	1953–1961	Rep.
35	John F. Kennedy (1917–1963)	1961–1963	Dem.
36	Lyndon B. Johnson (1908–1973)	1963–1969	Dem.
37	Richard M. Nixon (1913–1994)	1969–1974	Rep.
38	Gerald R. Ford (1913–2006)	1974–1977	Rep.
39	James E. Carter (1925–)	1977–1981	Dem.
40	Ronald W. Reagan (1911–2004)	1981–1989	Rep.
41	George H. W. Bush (1924–)	1989–1993	Rep.
42	Bill J. Clinton (1946–)	1993–2001	Dem.
43	George W. Bush (1946–)	2001–2009	Rep.
44	Barack H. Obama (1961–)	2009–?	Dem.

Abk.: Föd. = Föderalisten; Dem.-Rep. = Demokratische Republikaner; Dem. = Demokraten; Rep. = Republikaner; Whig = Partei der Gegner des Demokraten Andrew Jackson.

Geografischer Überblick

Geografisch lässt sich das Gebiet der USA in **acht markante Regionen** gliedern, im Einzelnen sind das:

➤ die **Atlantische Küstenebene**, die sich vom Cape Cod im Nordosten bis nach Florida im Südosten zieht. Sie erreicht kaum Höhen über 100 m.

➤ das **Appalachengebirge**, das sich parallel zur Atlantischen Küstenebene von Kanada im Nordosten bis nach Alabama im Süden über 4.000 km erstreckt. Es gliedert sich in mehrere unterschiedlich hohe Gebirgszüge, deren Gipfel kaum 2.000 m erreichen. Die höchsten sind Mt. Mitchell nordöstlich von Asheville/NC (2.037m) und Mt. Washington in New Hampshire (1.916 m).

➤ die **Golfküstenebene/Coastal Plains** umfasst den Unterlauf des Mississippi vom Zusammenfluss mit dem Missouri bei St. Louis bis zum Golf. Das Mississippi-Tal ist über 1.000 km lang und zwischen 40 und 200 km breit. Im Laufe der Zeit haben der Mississippi und seine Nebenflüsse dieses breite Tal mit fruchtbaren Sedimenten bedeckt. Nach St. Louis noch recht schmal, weitet sich die Talebene Richtung Golfküste aus und erstreckt sich von der mexikanischen Küste über Texas bis nach Florida.

➤ Das **Zentrale Tiefland** dehnt sich um die Großen Seen (*Great Lakes*) aus und geht im Süden und Westen unmerklich zunächst in das **Oak Woodland** und dann in die Prärien, das Mississippi-Delta und die Golfküstenebene über. Im Osten wird es durch die Appalachen begrenzt. Dieses Gebiet ist in verschiedenen Eiszeiten geformt worden, weshalb es kaum Berge, sondern nur abgeschliffene Hügel und eine Vielzahl von Seen gibt. Man bezeichnet diesen Landtyp auch als „kuppiges Moränenflachland".

➤ Die **Great Plains** bestehen aus endlos erscheinenden, leicht gewellten Ebenen westlich des Mississippi und reichen von Texas nordwärts bis nach Kanada. Das Gebiet steigt von Osten her langsam von 400 m auf 1.800 m nahe den westlich anschließenden Rocky Mountains an. Der Anbau von Monokulturen auf riesigen Feldern und intensive Viehzucht haben seit der zweiten Hälfte des 19. Jh. die Entstehung eines z. T. sehr kargen Landschaftsbildes mit sich gebracht. Eingeteilt werden die Plains in drei Regionen: die relativ feuchte **Tallgrass Prairie** im Umfeld von Mississippi und Missouri, die hochwüstenartige **Shortgrass Prairie** östlich der Rocky Mountains und die dazwischen sich ausbreitende **Mixed-Grass Prairie**.

➤ Die **Rocky Mountains** nehmen den Ostteil der Nordamerikanischen Kordilleren ein und erreichen Höhen bis zu 4.400 m. Auf einer Länge von 4.800 km ziehen sie sich von Nordwesten nach Südosten. Sie sind wie die Alpen relativ jungen Ursprungs und erst vor etwa 100 Mio. Jahren entstanden; tertiäre Hebungen und Aufwölbungen sowie Brüche und Aufschiebungen haben sie geformt. Flüsse, wie der Colorado River, haben sich in das Gestein eingeschnitten und Canyons gebildet.

➤ Die **intermontanen Becken (Great Basin)** liegen zwischen den Rockies und dem pazifischen Gebirgssystem. Diese Beckenlandschaft ist nahezu abflusslos, und viele der Flüsse, die sie durchqueren, trocknen fast vollständig aus. Es gibt eine Reihe von Salz-

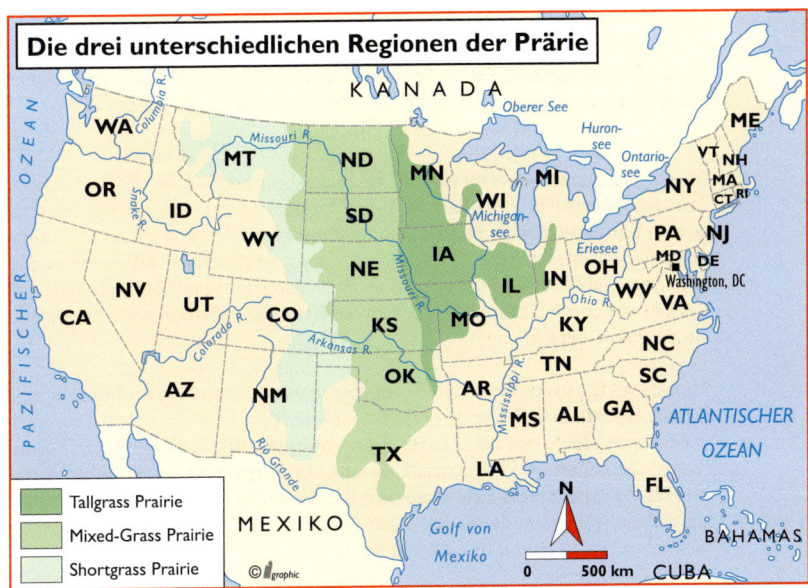

Die drei unterschiedlichen Regionen der Prärie

tonebenen, die davon zeugen, dass sich hier früher einmal Seen befanden, die inzwischen ausgetrocknet sind – ein Schicksal, das langfristig auch dem Great Salt Lake droht.

➤ Das **pazifische Gebirgssystem** schließlich gliedert sich in zwei Hauptketten: in die Gebirgszüge der **Cascade Range** und der **Sierra Nevada** im Osten sowie der Küstenbergketten/**Coast Ranges** im Westen direkt am Pazifik.

Geografie und Geologie in Texas und dem Mittleren Westen

Die Prärie mag auf den ersten Blick gleichförmig erscheinen, doch die *rolling hills* der Great Plains werden durch Flusstäler und Berge abwechslungsreich; dazu kommen die verschiedenen Vegetationsstufen des Graslandes. Auch innerhalb der hier befindlichen Bundesstaaten sind unterschiedliche geografische Regionen festzustellen. *Abwechslungsreiche Great Plains*

So wird **Texas** etwa in vier große geografische Gebiete aufgeteilt: die *Coastal Plains* entlang der Küste des Gulf of Mexico, die *Central Plains* im Herzen des Staates und die sich westlich anschließenden *High Plains* sowie die Region *Mountains and Basins* in der äußersten südwestlichen Ecke.

In **Oklahoma** unterscheidet man sogar sechs Gebiete: *Central* oder *Frontier Country* (Mixed-Grass), *Northeast* oder *Green Country* (hügelig, bewaldet), *Northwest* oder *Red Carpet Country* (Shortgrass), *South Central* (Wald und Seen), *Southeast* oder *Kiamichi*

Country (Wald) und *Southwest* oder *Great Plains Country* (Mixed-Grass und Shortgrass). Je weiter man nach Norden kommt, um so dominanter wird die Prärie. Daher kennt man in **Kansas** nurmehr drei geografische Regionen: *Wooded Hills* im Osten, *Tallgrass Prairie* im Zentrum und *High Plains* im Westen. In **Nebraska** gibt es die *Dissected Till Plains* im Osten und die *Great Plains* im Westen.

Ähnlich strukturiert wie Nebraska sind die beiden Dakotas: Im Osten finden sich noch Teile der *Tallgrass Prairie*, der Rest wird von *Mixed-Grass Prairie* geprägt. Hier fallen sowohl in **South** als auch in **North Dakota** die sogenannten *Badlands* auf – eine von tiefen Rinnen zerschnittene Landschaft mit Canyons, Schluchten und Hoodoos, entstanden in den Flusstälern der nördlichen Plains durch Erosion, Wind und Wetter. Im Westen von South Dakota ragen zudem die *Black Hills*, eine bewaldete Hügelkette, aus der Prärie heraus.

Minnesota fällt etwas aus dem Rahmen, ebenso wie die Staaten **Iowa**, **Missouri** und **Illinois**, die zwischen Prärie, den Tälern des Mississippi und Missouri und dem Wald- und Seenland der Great Lakes liegen. Zwar haben sich hier noch Reste der *Tallgrass Prairie* – besonders im Südwesten Minnesotas – erhalten, doch prägen neben Agrarland Mischwälder und Seen die Landschaft. Besonders der Norden Minnesota besteht aus dichten Wäldern, in denen sich unzählige Seen verbergen – man nennt Minnesota nicht ohne Grund „**Land der 10.000 Seen**".

Land der 10.000 Seen

Flora und Fauna in den Great Plains

Während der Osten der Vereinigten Staaten ursprünglich aus ausgedehntem Waldgebiet bestand, finden sich im Westen der Appalachen zunächst lichte Wälder und jenseits des Mississippi dann **offenes Grasland**. Entscheidender Faktor für dessen Aussehen ist, ob die Niederschläge hauptsächlich während der Vegetationsperiode (also im Frühjahr und Sommer) fallen. Der Boden wird dann tief durchfeuchtet und hochwüchsige Präriegräser erhalten genügend Wasser für ihre Entwicklung. Die Gräser

können bis zu 2 m hoch werden, man spricht auch von der **Tallgrass Prairie**. Im Herbst, wenn der Wasservorrat des Bodens erschöpft ist und die Pflanzen austrocknen, kann ein Blitzschlag oder ein durch Menschen verursachtes Feuer verheerende Folgen haben. Dabei spielten Brände andererseits stets eine wichtige Rolle für die natürliche Erneuerung des Ökosystems Prärie.

Gräser sind die prägende Pflanzengattung in der Prärie

Von Osten nach Westen nehmen die Niederschläge stetig ab. Besonders jene Gebiete, die im Regenschatten der Rocky Mountains liegen, bekommen kaum bzw. nur unregelmäßig Regen. Da nur die obersten Bodenschichten feucht sind, beschränkt sich die Vegetation überwiegend auf niedrigwüchsige Pflanzen wie Kakteen und *Sagebrush* (Beifuß) – man nennt diese Landschaftsform **Shortgrass Prairie**.

Zwischen den beiden Extremen des zentralen Graslandes erstreckt sich eine Übergangszone, in der je nach jährlichem Niederschlag niedrige und hohe Gräser gedeihen können. Sie heißt **Mixed-Grass Prairie**.

Das Wetter in den Great Plains

info

Zu den eindrucksvollsten Erlebnissen einer Reise durch das Zentrum Nordamerikas gehören die Wetterphänomene. Konstant wehender Wind ist eines der prägenden Elemente und daraus können sich wahre Monster entwickeln: heftige Stürme, deren Varianten kombiniert mit heftigen Gewittern über Hagelstürme bis hin zu **Tornados** im Frühjahr oder **Blizzards** im Winter reichen können. Dabei ist die Stärke eines Sturms unvorhersehbar – ein Sommergewitter kann sich wenige Kilometer entfernt zu einem heftigen Hagelsturm entwickeln.

Dass es zu Stürmen und Tornados kommen kann, liegt an der **Lage der Plains**: Das Zentrum liegt ungeschützt – es gibt keinen bremsenden Gebirgszug in Ost-West-Richtung – zwischen polaren Kaltluftströmungen im Norden und warmen, feuchten Luftmassen vom Golf von Mexiko. Es gibt keine andere Region auf der Erde, die derart ungehindertes Aufeinandertreffen zwei so unterschiedlicher Luftmassen erlaubt. Stoßen sie aufeinander, entstehen, speziell entlang eines geografischen Streifens zwischen Nord-Texas, Oklahoma, Kansas, Nebraska und South Dakota, den man „**Tornado Alley**" nennt, heftige und häufig verheerende Stürme. Tornados entstehen bevorzugt im Frühjahr – besonders im April/Mai – wenn feuchtwarme Luftmassen in Gewittern in starke Aufwinde geraten.

Im Allgemeinen präsentiert sich der **nördliche Bereich der Plains** im Sommer kühler als der Süden. Auch sind hier die Winter meist sehr streng, frostig und schneereich, die Blizzards im Norden sind gefürchtet und sorgen immer wieder einmal für *white outs*, sozusagen „Blackouts" im öffentlichen Leben. Dann geht überhaupt nichts mehr und man sieht vor lauter Schnee nurmehr weiß. Auch im **Süden** sind Schneestürme keine Seltenheit, doch in der Regel ist es hier auch im Winter mild. Selbst wenn es in der Plains-Region im Sommer häufig Wolken gibt, regnet es in vielen Regionen nicht allzu häufig und Wassermangel kann in den Sommermonaten zum Problem werden.

In den **südlichen Plains** sind die Frühjahrsmonate März bis Mai sowie der Herbst zwischen September und November die besten **Reisezeiten**. In Texas kann man in den Gebieten nahe dem Golf schon im Februar angenehme Temperaturen bekommen. In den **nördlichen Plains** sind der Frühsommer, Sommer und Frühherbst, also die Monate zwischen (Ende) Mai und Oktober, die geeignetsten.

Gräser und Blumen

Es sind vier Dinge, die das Grasland zum Fortbestand braucht: regelmäßiges Feuer um Neuaustrieb zu ermöglichen, den Wechsel zwischen Trockenheit und Niederschlägen, konstanten Wind und regelmäßige Beweidung. Letztere hatten einst die Bisons gewährleistet, heute sind es die Rinder. Dabei achtet man auf extensive Viehhaltung, hat aus den Folgen unkontrollierter Überweidung gelernt. In vielen Naturschutzgebieten setzt man zudem wieder auf Bisons, die in den letzten Jahren vermehrt – auch als Zuchttiere – in ihre alte Heimat zurückgekehrt sind.

300 Gras-arten

Einige tausend Pflanzen finden sich in den Weiten der *North American Prairie*, es sollen allein um die **300 Grasarten** sein. Generell werden diese nach ihrer Höhe drei Gattungen zugeordnet, die auch die drei Ökosysteme der Prärie ausmachen: *Tallgrass*, *Mixed-Grass* und *Shortgrass* (s. oben).

Zu den typischen **Tallgrass-Arten** gehören *Big Bluestem (Andropogon gerardii)*, *Indiangrass (Sorghastrum nutans)*, *Switchgrass (Panicum virgatum)*, *Little Bluestem (Schizachyrium scoparium)* und *Prairie Cordgrass (Spartina pectinata)*. **Shortgrass-Arten**, die immerhin mit etwa neun Monaten Trockenheit und steppenartigen Gegebenheiten zurecht kommen müssen, rechnet man *Blue Grama (Bouteloua gracilis)*, *Buffalo Grass (Bouteloua dactyloides)*, *Sideoats Grama (Bouteloua curtipendula)*, *Junegrass (Koeleria macrantha)*, *Western Wheatgrass (Pascopyrum)*, *Needle-and-Thread Grass (Hesperostipa comata)* oder *Indian Ricegrass (Oryzopsis hymenoides)* zu. Wie der Name andeutet, findet sich in der **Mixed-Grass Prairie** ein Gräsergemisch, wobei die Artenvielfalt je nach genauer Lage und Bodenverhältnissen variiert.

Viele **Blumen der Prärie** sind auch hierzulande wohlbekannt: *Echinacea, Rudbeckia, Helianthus, Anemone, Penstemon, Ratibida, Gaillardia, Salvia, Coreopsis, Callirhoe, Dalea, Monarda, Achillea, Solidago, Verbena* oder *Yucca* – alles blühende Stauden, die mittlerweile auch in europäischen Gärten Einzug gehalten haben. Sie sorgten in den Weiten der Grasebenen für Farbtupfer, besonders im Frühjahr und Herbst, und machen dann eine Reise in den Great Plains zur botanischen Entdeckungstour der besonderen Art.

Bison/Buffalo

Bekanntestes Tier Nordamerikas

Der Bison (amerikanisch *buffalo*) (s. INFO S. 423) ist das bekannteste Tier des nordamerikanischen Kontinents und eine endemische Art. Er ist mit dem europäischen Wisent verwandt und sein Lebensraum reichte zu Beginn des 19. Jh. noch von den Appalachen bis zu den intermontanen Ebenen der westlichen Gebirgsketten und vom Norden Kanadas bis in den Norden Mexikos. Damals gab es schätzungsweise 50 bis 60 Mio. Bisons; um 1900 zählte man hingegen nur noch wenige hundert Tiere!

Für die **Vernichtung der riesigen Bisonbestände** durch die Weißen gab es verschiedene Gründe: Einerseits galten sie als Nahrungskonkurrenten für das Vieh (zumeist Rinder und Schafe) und gefährdeten die Getreideernte, andererseits waren sie Instrument zur Unterwerfung der Indianer. Um sie zu schwächen, wurde ihre wirtschaftliche Lebensgrundlage fast ausgerottet. Hinzu kommt, dass seit 1870 die Nach-

Das bekannteste Tier der Prärie: der Bison

frage an Bisonfellen gewachsen ist, da man aus ihnen haltbare Riemen für Industriemaschinen fertigen konnte. Dank Schutzmaßnahmen und Zuchtfarmen ist die Zahl heute wieder auf fast eine halbe Million angestiegen.

Der Bison ist das **größte Landsäugetier Nordamerikas** – Bullen können ein Gewicht von über 1.000 kg erreichen. Einst weideten die Bisons in kleinen Trupps von 20 bis 200 Tieren und fanden sich nur zu ihren Wanderungen zu riesigen Herden von bis zu einer Million Tieren zusammen. Im Frühjahr, wenn die Great Plains von Süden nach Norden zu grünen begannen, zogen auch die Bisonherden auf Nahrungssuche nordwärts und kehrten erst mit den ersten Schneefällen wieder nach Süden, bis hinunter nach Texas, zurück.

Es entstanden **Buffalo Trails** – Pfade, auf denen die Bisons den Leittieren folgten und die als unübersehbare Furchen die Landschaft prägen. Eine weitere Eigenart der Bisons formte das Land: Da die Bisons mit ihrem dicken Fell die Sommerhitze nicht mochten, nutzten sie jede sich bietende Gelegenheit, sich zur Erfrischung auf feuchten Böden zu wälzen und diese mit ihren Hörnern umzuwühlen. Nach und nach entstanden sich vergrößernde „Wannen" oder Suhlen – *Buffalo Wallows* –, in denen sich dann das in den trockenen Sommermonaten lebensnotwendige Wasser sammelte.

Kojote und Wolf

Enge Begleiter der Bisonherden waren die **Kojoten** (*Canis latrans*), die sich von altersschwachen und kranken Bisons ernährten. Heute gelten sie vielfach als Plage, da sie sich in die Städte vorwagen und Müllcontainer plündern. Für die Indianer haben die

Tiere dagegen eine besondere Bedeutung: In ihrer Mythologie erlebte der Kojote als Schlitzohr und „Trickster" zahllose Abenteuer und teilte seine Lebensweisheiten dem Menschen mit.

Der **Wolf** *(Lupus lupus)* ist in ganz Nordamerika von Alaska bis Nord-Mexiko verbreitet. Da er vor allem in ausgedehnten Waldgebieten lebte, die heute großteils zerstört sind, ist sein Bestand stark zurückgegangen. Wölfe leben in Rudeln und können Tiere bis zur Größe von Rentieren erlegen. Der Hauptteil ihrer Nahrung besteht jedoch aus kleineren Tieren, und sogar Obst und Beeren werden nicht verschmäht. Wölfe außerhalb von Schutzgebieten zu sehen, ist heute absolute Glückssache.

Präriehunde

Der Präriehund *(Arctomys ludivicianus)* oder *prairie dog* – ein Verwandter des Murmeltiers – lebte in vielen hundert Millionen Exemplaren in Kolonien, **Prairie Dog Towns**, auf weiten Flächen der Prärien. Die aufgeworfenen Hügel der neugierigen Nager waren und sind charakteristisch für diese Landschaft.

Die ersten Siedler sahen jedoch nur den Schaden, den sie angeblich anrichteten. Die Tiere durchwühlten den Boden, und man vermutete, dass 260 Präriehunde so viel Nahrung zu sich nehmen wie ein Rind. Ein rücksichtsloser Vernichtungsfeldzug gegen die Tiere setzte

Präriehunde bauen unterirdische Städte, Prairie Dog Towns

ein und beinahe zu spät erkannte man die nützliche Funktion der Tiere: Sie lockern nämlich nicht nur den Boden, sondern fressen auch tierische Schädlinge. Dazu fand man heraus, dass ihr Futter zu 70 % aus Unkräutern und Samen giftiger Pflanzen, die das Vieh ohnehin verweigert, besteht.

Schwarzbären

Black Bears *(Ursus americanus)* sind anders als der nur in den westlichen Gebirgsketten heimische größere Grizzly oder Braunbär *(Ursus horibilis)* weit verbreitet. Schwarzbären sind prinzipiell, sofern sie sich nicht bedroht fühlen, für den Menschen ungefährlich. Die schwarzen bis zimtfarbenen Tiere, die oft einen weißen Fleck auf der Brust tragen, werden im Schnitt etwa 1,30 m (auf allen Vieren) groß und 90 kg schwer – die Männchen sind größer und wiegen bis zu 200 kg.

Schwarzbären sind nicht nur gute Schwimmer und Kletterer, sondern auch sehr schnell (bis zu 50 km/h). Sie leben in Wäldern und bewaldeten Bergregionen und halten in Höhlen Winterschlaf, ehe die erwachsenen Weibchen im Januar, Februar Junge zur Welt bringen, die bis zu 20 Monate bei der Mutter bleiben. Wenn die Bären im Frühjahr aus ihren Höhlen herauskommen, haben sie zunächst nur eines im Sinn: fressen. Bären sind **Allesfresser**, ernähren sich jedoch überwiegend vegetarisch. Da sie von ihrem extrem feinen Geruchssinn geleitet werden und mit großer Intelligenz ausgestattet sind, beginnen hier oft die Konflikte, wenn menschliche Abfälle oder Nahrungsquellen in der Nähe sind.

Bären sind Allesfresser

Weitere Säugetiere

Auch wenn man es angesichts der Monokulturen und der teils sehr eintönig wirkenden Landschaft kaum glauben mag: in den Plains sind zahlreiche Tiere zu Hause. Zu den größten Säugetieren gehören **Elk** (Rotwild), **Mule Deer** (Maultierhirsch) und **White-tailed Deer** (Weißwedelhirsch); Letztere sind in manchen Regionen sogar regelrecht zur Plage geworden.

Ungewöhnlich sind die **Pronghorns**, eine Antilopenart (Gabelantilope), die in den Weiten des Graslandes zu Hause ist. In Bergregionen lassen sich **Bighorn Sheep** (Dickhornschaf) und **Moose** (Elch), aber auch **Mountain Lion** (Puma) sehen. Kleinere Raubtiere sind **Fuchsarten** *(Swift Fox, Red Fox)*, **Dachs** *(Badger)* oder **Vielfrass** *(Wolverine)* sowie **Erdhörnchen-** *(Ground Squirrel)* und Mäuse-Arten. Besonders häufig Opfer des Straßenverkehrs werden **Amardillos** (Gürteltiere) und die weit und penetrant stinkenden **Skunks** (Stinkktiere).

Schlangen und Amphibien

Schlangen sind weit verbreitet, aber überwiegend harmlos, da menschenscheu und nachtaktiv. Von November bis März/April halten Schlangen Winterschlaf, zumeist in Scharen in warmen Höhlen. Die giftigen Arten gehören der Gattung der **Rattlesnakes** (Klapperschlangen) an, die jedoch durch Rasseln auf sich aufmerksam machen. 90 % der Unfälle mit Klapperschlangen sind vermeidbar, wenn man Abstand hält und ihnen die Flucht ermöglicht. Vorsicht ist in felsigem Gelände geboten, wo man z. B. zum Klettern Hände und Füße einsetzt. Ein Biss ist für gesunde Erwachsene selten tödlich, da in der Hälfte der Fälle wenig oder gar kein Gift injiziert wird.

Gefährliche Klapperschlangen

Die häufigste Klapperschlangenart im Zentrum ist die **Western Rattlesnake**. Zu den Schlangen, deren Bisse schmerzhaft, aber nicht giftig sind, gehören *Gopher Snake* – sie ahmt die Klapperschlange nach und gilt als deren natürlicher Feind –, *Kingsnake* – von Farmern als Mäusefänger sehr geschätzt –, *Garter Snake* oder *Racer*.

Neben Fröschen, die besonders im Frühjahr nahe Feuchtgebiete gut zu hören sind, gibt es verschiedene Eidechsenarten und Schildkröten in den Grasebenen. Vor den **Snapping Turtles** sollte man sich in Acht nehmen, ihr Biss ist nicht nur schmerzlich, sie können ganze Fingerglieder abbeißen.

Vögel

Wappentier der USA

Die mächtigen Adler sind die auffallendsten Vertreter einer vielfältigen Vogelwelt. Der Weißkopf-Seeadler – **Bald Eagle** *(Haliaeetus leucocephalus)* – ist das nationale Wappentier der USA und verdient allein deshalb Erwähnung. Obwohl er inzwischen unter strengem Schutz steht, ist er selten geworden. Sein Verbreitungsgebiet reichte von Alaska bis Florida, heute finden sich besonders in den Wintermonaten zahlreiche Exemplare zum Überwintern am Oberlauf des Mississippi ein (s. S. 456). Erkennbar ist der Bald Eagle an seinem weißen Kopf, ansonsten ist das Gefieder braun. Der **Golden Eagle** dagegen ist ganz braun mit goldfarbenem Schnabel. Weitere Greifvögel ziehen ihre Kreise über dem endlosem Himmel: *hawks* (Habichte), *falcons* (Falken) oder *owls* (Eulen). Besonders auffällig sind in der Prärie die **Laufvögel**, wie verschiedene Arten von *prairie chicken* (Präriehühner), *turkeys* (Truthähne), *pheasants* (Fasane) oder *sandpipers* (Schnepfenvögel). Zu den Singvögeln, die mit ihren Melodien das Pfeifen des Windes übertönen, gehören *meadowlarks* (Wiesenstärling), *sparrows* (Ammern) und *lark bunting*, eine Lerchenart.

info

National Parks und andere Schutzgebiete

1872 war mit dem Yellowstone der erste Nationalpark der Welt eingerichtet worden, inzwischen gibt es **58 Nationalparks** und insgesamt 392 „Units", unter Schutz gestellte Landschaften und Denkmäler. Von den etwa 9,8 Mio. km² US-Landfläche sind immerhin fast 2,6 Mio. km² als „Public Land" ausgewiesen; über ein Viertel der USA ist damit öffentliches Land, im Westen sind es sogar fast zwei Drittel der Landfläche. Allerdings unterstehen davon nur rund 320.000 km² dem **National Park Service** (NPS), der 1916 als Staatsbehörde (dem Innenministerium unterstehend) eingerichtet worden ist. Die meisten Nationalparks konzentrieren sich auf den Westen der USA, doch auch im Zentrum und im Osten steht eine Reihe sehenswerter Landschaften bzw. historischer Orte unter Schutz.

Zusätzlich zu den benannten Nationalparks wurden nämlich **weitere Kategorien von Schutzgebieten** geschaffen: Es gibt z. B. *National Sea- und Lakeshores, National Monuments, National Wildlife Refuges, National Historic Sites* bzw. *Battlefields.* Bei *National Forests* handelt es sich um große Natur- und Waldgebiete im Umkreis eines Nationalparks, in denen in begrenztem Umfang kommerzielle Nutzung (wie Holzwirtschaft oder Fischfang) erlaubt ist; über 150 gibt es in den USA. Sie unterstehen dem *United States National Forest Service* (USFS) oder dem *Bureau of Land Management* (BLM).

Weitere **Schutzzonen** sind *National Preserves*, meist große besiedelte Regionen, in denen geregelte wirtschaftliche Aktivitäten erlaubt sind. *National Recreation Areas* sind Naturregionen, die der Öffentlichkeit unter strengen Regeln zur Erholung dienen. *National Historic Sites* sind meist einzelne Häuser oder Monumente, die unter Denkmalschutz gestellt wurden, und *National Heritage Areas* dienen dem Schutz ungewöhnlicher geografisch und historisch geschlossener Regionen und den Hinterlassenschaften ihrer Bewohner. Nach dem Zweiten Weltkrieg entstand darüber hinaus das *National Wilderness Preservation System*, das etwa 600 Areale mit über 420.000 km² umfasst. Verwaltet werden diese zumeist vom *United States Fish & Wildlife Service*, dem auch die *National Wildlife Refuges* unterstellt sind.

Anders als im Westen gibt es im **landwirtschaftlich geprägten Zentrum** nur wenige vom NPS betreute Areale, neben National Parks wie den Big Bend NP (s. S. 251) auch Naturschutzgebiete und historische Monumente wie den San Antonio NHP/TX (s. S. 234), den L.B. Johnson NHP/TX (s. S. 245), die Chickasaw NRA/OK (s. S. 375), die Washita Battlefield NHS/OK (s. S. 285), die Tallgrass Prairie National Preserve/KS (s. S. 305), die Fort Larned NHS/KS (s. S. 293), der Missouri NRR/NE/SD (s. S. 430), die Knife River Indian Villages NHS/ND (s. S. 417), die Mississippi NRRA/MN (s. S. 389) oder historische Trails (Santa Fe, Oregon – California – Mormon, Pony Express).

Informationen und Hinweise
NPS Headquarters: www.nps.gov (mit Links zu allen Units).
In jedem National Park befindet sich in der Nähe der Zufahrt ein **Visitor Center**. Dort erhält man zusätzlich zu einem übersichtlichen Faltblatt mit Plan bei Bezahlung des Eintritts Auskünfte. Meist gehören eine kleine Ausstellung und/oder Film/Diashow zu Flora und Fauna, Landschaft bzw. Geschichte dazu, manchmal gibt es einen Verkaufsstand (Bücher, Karten, Souvenirs etc.). In den Parks sind Park Ranger für alle Belange zuständig. Sie üben Polizeigewalt aus, stellen die nötigen *permits* (Erlaubnisscheine) für Wanderungen und Zelten im Hinterland aus, überwachen Campingplätze und leiten vielerlei Aktivitäten wie Touren oder Vorträge. Der Eintritt kann frei sein oder kostet pro Pkw inklusive Insassen $ 5–25 (Ticket mehrere Tage gültig). Wer mehrere Parks besuchen möchte, sollte den Kauf eines **National Park Passes** (12 Monate freier Eintritt in alle Parks) erwägen (derzeit $ 80 pro Pkw).

Tallgrass Prairie National Preserve in den Flint Hills von Kansas

Wirtschaftlicher Überblick

Haushalts-
defizit

Lange galten die USA als Wirtschaftsmacht Nummer eins und war der amerikanische Lebensstandard der höchste der Welt. Im Zuge der Wirtschafts- und Finanzkrise sind die USA in den letzten Jahren auf den Ranglisten abgerutscht. Die militärischen Aktionen von Präsident *George W. Bush* nach dem 11. September 2001 haben das Haushaltsdefizit, das unter Präsident *Bill Clinton* fast abgebaut worden war, wieder in astronomische Höhen schnellen lassen. Großstädte sind hoch verschuldet und Arbeitslosigkeit, Immobilienkrise und Bankensterben, Börsencrash und Rezension in aller Munde. Doch Resignation ist unbekannt und wie Präsident *Barack Obama* in seiner Antrittsrede versicherte: Man wird auch weiterhin alles daran setzen, die wohlhabendste und mächtigste Nation der Welt zu bleiben.

Wer das erste Mal in die USA kommt, wird einige Besonderheiten bemerken. Dazu gehört das fast unüberschaubare Angebot an Gütern aller Art in Supermärkten, in Malls (Einkaufszentren), auf Märkten oder in Spezialgeschäften. Größere Shops stehen in gnadenlosem Konkurrenzkampf, werben aggressiv und überall, überbieten sich mit Rabatten und Dienstleistungen. Auffällig ist aber auch die große Kundenfreundlichkeit und das wesentlich ausgeprägtere Service-Bewusstsein. Der Kunde ist hier tatsächlich noch König und wird entsprechend hofiert.

Wirtschaftsmentalität und -bedingungen

Der Amerikabesucher wird schnell bemerken, dass sich nicht nur Wirtschaftsstruktur oder gewisse Einzelaspekte von europäischen Verhältnissen unterscheiden, sondern in hohem Maße auch die zugrunde liegende **Mentalität**. Gilt es in vielen europäischen Ländern als verpönt, über Verdienst oder Gewinne zu reden, ist es in Amerika wichtig zu wissen, wie viel Geld jemand macht. Während man in Europa Spitzenverdienern oft ambivalent, wenn nicht unverhohlen neidisch gegenübersteht, zollt man ihnen in Amerika öffentliche Anerkennung und Bewunderung.

Warum wirtschaftlicher Erfolg einen solchen Stellenwert hat, kann mit dem historischen Erbe der frühen puritanischen Siedler erklärt werden, mit der Pionierzeit, in der alle materiellen Werte aus eigener Kraft geschaffen wurden. Deswegen ist der Respekt auch für diejenigen am höchsten, die ohne einen Cent in der Tasche aufgestiegen sind und die klassische „Vom-Tellerwäscher-zum-Millionär"-Karriere durchliefen.

Einstellung
zum Beruf

Auch die **Einstellung zum Job** unterscheidet sich signifikant. Anders als in der „Alten Welt" gab und gibt es kaum sichere Arbeitsplätze. Nach dem Prinzip des *hire and fire* können Kandidaten für nahezu jeden Job kurzfristig eingestellt und genauso schnell wieder entlassen werden. Es zählen der aktuelle wirtschaftliche Erfolg und der persönliche Einsatz, weniger Loyalität oder Verantwortung den Mitarbeitern gegenüber. Sehr viel schneller als in Europa werden in den USA selbst hochrangige Manager oder ganze Spezialabteilungen entlassen. Jeder Mitarbeiter ist zudem **Repräsentant seiner Firma** und deshalb werden strenge Arbeitsdisziplin, korrekte Kleidung und höfliche Umgangsformen erwartet. Das **Qualifikationsniveau** ist niedriger, der **Spezialisierungsgrad** höher. Komplexe Arbeitsvorgänge, die bei uns zum Repertoire eines bestimmten Berufsstandes gehören, werden in den USA aufgeteilt und delegiert. Der Vorteil liegt in der schnelleren Beherrschung der Handgriffe – nur einzelne Arbeitsschritte sind zu erlernen; Nachteil ist das fehlende berufsspezifische umfassende Allgemeinwissen.

Der **Prestigewert** bestimmter Arbeiten ist unerheblich. Es gibt keine „guten" oder „schlechten" Berufe an sich, sondern nur Jobs, die Erfolg bringen oder nicht. Deswegen ist das gesellschaftliche Ansehen eines Lehrer oder Piloten nicht größer als das einer Fabriknäherin oder eines Lastwagenfahrers. Dementsprechend bunt kann die Palette der Arbeiten sein, die ein und dieselbe Person im Laufe ihres Lebens ausführt. Die **Fluktuation** ist entsprechend groß. Da der Verlust des Arbeitsplatzes keine Seltenheit ist, Prestige eine geringere Rolle spielt als Erfolg und man bei lukrativen Angeboten sofort zugreift, wechseln Amerikaner ihren Arbeitsplatz viel häufiger als europäische Kollegen. Dabei spielt wiederum **größere Mobilität** eine Rolle. Von ihren Firmen auf einen Außenposten versetzt oder auf der Suche nach besser bezahlten Jobs, ziehen Familien quer durch die USA. Der Besitz bzw. Verlust von Land oder Wohnraum spielt dabei keine Rolle: Amerikaner sind bereit, wenn nötig, ihr Eigenheim kurzfristig aufzugeben und sich eine neue Bleibe zu suchen.

Fluktuation und Mobilität

Wirtschaftliche Grundlagen und natürliche Ressourcen

Dass es mit den Vereinigten Staaten von den Gründerzeiten an wirtschaftlich steil bergauf ging, war vor allem den ersten Einwanderer-Generationen zu verdanken. Ihr hohes Sendungsbewusstsein war eng verknüpft mit einer soliden Lebensführung und entsprechender Arbeitshaltung. Disziplin, Fleiß, Qualitätsbewusstsein und Sparsamkeit prägten die Puritaner und ließen florierende Wirtschaftszentren entstehen. Die „Neue Welt" war grundsätzlich prädestiniert zur Besiedlung. Nicht nur hinreichend **große Flächen** waren vorhanden, man verfügte auch über nahezu alle für die industrielle Produktion nötigen **Rohstoffe**, war diesbezüglich also weitgehend autark. Die Böden waren im Allgemeinen gut, das Klima gemäßigt und wo Wasser fehlte, baute man Staudamm- und Kanalsysteme oder wählte neu gezüchtetes Saatgut.

Erdölförderung spielt in Texas und dem Mittleren Westen eine wichtige Rolle

Infrastruktur

Anders als an der Westküste, die erst 1869 durch die Eisenbahn an den Rest des Landes angebunden wurde, begann man im Osten schon früh mit dem **Ausbau der Infrastruktur**. Das Meer stellte die Verbindung zwischen Europa und Nordamerika her und diente zusammen mit den großen Flüssen in den USA als eine Art „Straßensystem". Frachter und Passagierschiffe brachten Güter und Menschen mühelos von Boston nach New York und Philadelphia. An der Atlantikküste entstanden nach Ankunft der ersten europäischen Siedler **Häfen** und in Neuengland wurden Schiffe gebaut, die auf den Weltmeeren kreuzten und Handel – schwerpunktmäßig von Sklaven, Holz und Rum – betrieben.

Den ersten Siedlern, die die Appalachen überwunden hatten, folgte die Anlage eines **Straßensystems** und der Ausbau von **Schifffahrtswegen ins Landesinnere**. 1825 wurde der Erie-Kanal eröffnet, der die Atlantikküste mit den Großen Seen verband und damit eine wirtschaftliche Erschließung des Mittleren Westens begünstigte. Für den entscheidenden Aufschwung in der Industrie sorgte jedoch erst die **Eisenbahn**: Zwischen den späten 1820er-Jahren – als eine der ersten Linien eröffnete die *Baltimore & Ohio Railroad* 1827 – und der Eröffnung der Transkontinentallinie 1869 lagen jene wichtigen Jahrzehnte, in denen das Land mit einem dichten Netz von Schienen überzogen wurde. Bis in die 1960er-Jahre hinein blieb die Eisenbahn das wichtigste Transportmittel und sie spielt heute beim Abtransport der Bodenschätze und des Getreides im Zentrum noch immer eine zentrale Rolle. Endlos lange **Güterzüge**, deren Pfeifen meilenweit zu hören ist, gehören in den Weiten der Prärie zur optischen und akustischen Kulisse.

Bodenschätze und Industrie

Noch immer sind die USA das Land mit der größten Vielfalt und Menge an Bodenschätzen und nach wie vor gehören sie zu den größten Exporteuren. Trotzdem ist man auf die Einführung bestimmter Rohstoffe, vor allem Erdöl, angewiesen.

Texas und Oklahoma spielen seit dem frühen 20. Jh. eine bedeutende Rolle in der **Erdölförderung**. Nach den ersten Funden, die manche Spekulanten reich machten, folgte in den 1970/80er-Jahren einen neuerlicher Boom, unsterblich geworden durch die TV-Serie „Dallas". Inzwischen wird wieder verstärkt nach **Erdöl** und **Erdgas** gesucht und man sieht bei der Fahrt durch das Zentrum auf Viehweiden oder Feldern häufig kleine Bohrpumpanlagen stehen. Gerade **North Dakota** und das benachbarte **Montana** sind reich an Erdgas und Erdöl aus der sogenannten **Bakken Formation** (www.theoildrum.com/node/3868) und diese Funde tragen in letzter Zeit zu wachsendem Wohlstand bei. Auch **Kohle** wird in vielen Präriestaaten noch gefördert und auf den charakteristischen, endlos langen Güterzügen transportiert.

Suche nach alternativen Energien

Gleichzeitig ist ein **Umdenken** bemerkbar: Man sucht nach **alternativen Energien**, Sonnenenergie und Windkraft kommen verstärkt zum Einsatz. In Texas bei Abilene befindet sich der größte Windpark der Welt. Viehzüchter nutzen zum Zusammentreiben oder Umsetzen der Rinder wieder Pferde statt benzinschluckende Pick-ups Mit **Wasser** wird sparsam umgegangen; es ist in der Prärie ein kostbares Gut. Und die Umstellung auf Bio-Ethanol und Hybrid-Autos ist in vollem Gange.

Landwirtschaft

Offenbar herrschte im 19. Jh. in den **Great Plains** eine Phase günstigen Klimas, die den Siedlern Hoffnung auf eine ertragreiche landwirtschaftliche Nutzung der Prärie-region machte. Als es dann jedoch ab den 1920er-Jahren zu Trockenperioden kam, war der Traum vorbei und man erkannte, wie risikoreich die Landwirtschaft hier ist. Viele Farmer gaben während des sogenannten **Dust Bowl** auf und zogen weiter nach Westen, überwiegend nach Kalifornien.

Im Nachhinein hatte damit *Major Stephen Long* Recht erhalten, der von der Regierung in den 1820er-Jahren zur Erforschung des Mittleren Westens losgeschickt worden war und geschrieben hatte: „*Dieses Land ist für die Kultivierung gänzlich ungeeignet und natürlich auch für Menschen, die von der Landwirtschaft leben, unbewohnbar.*"

Die ersten weißen Siedler hatten vor 300 Jahren noch **vielversprechende Gegebenheiten** vorgefunden. In den östlichen und südlichen Landesteilen gab es genügend Niederschläge, gute, für den Getreideanbau geeignete Böden waren vorhanden und man hatte Platz für großflächigen Anbau. In den vergangenen Jahrzehnten hat die Landwirtschaft in Amerika einen **rapiden Wandel** durchlaufen. Oberflächlich gesehen, hat sich wenig geändert: Auf den riesigen Flächen zwischen den Bundesstaaten Texas, Oklahoma, Kansas, Iowa, Minnesota, Missouri, Nebraska, North und South Dakota, Wisconsin sowie Teilen Montanas und Wyomings prägt neben der **Viehzucht** immer noch ein endloses Meer von **Weizen-, Mais- und Sojabohnenfeldern** das Bild.

Vielversprechende Gegebenheiten

Begonnen hatte alles mit der typischen schachbrettartigen Aufteilung des Landes: Ursprünglich war jedem Siedler eine Viertelquadratmeile Land, ca. 65 ha *(family size)*, zugeteilt worden. Man begann früh, für den Markt zu produzieren, **Monokulturen** entstanden und die für intensive Bewirtschaftung nötigen Investitionen in Geräte, Dünger, Schädlingsbekämpfung und Hochleistungssaatgut schaukelten sich hoch. Und dann sanken angesichts der Überproduktion die Preise – der Ruin war für viele kleine Bauern unabwendbar.

Während sich die Zahl der Farmen halbierte, stieg die durchschnittliche Größe der Betriebe auf beinahe das Doppelte an. Heute wird die Landwirtschaft von Großbetrieben, vom „**Agrobusiness**", beherrscht. Amerika ist nicht nur **weitgehend Selbstversorger**, sondern auch einer der **größten Exporteure der Welt** in Bezug auf Getreide und Grundnahrungsmittel. Gesunkene Weltmarktpreise, Überproduktion sowie der allgemeine Werteverfall der entsprechenden Betriebe hatten in den letzten Jahrzehnten zahlreiche Konkurse und zunehmende Verarmung in der Landbevölkerung zur Folge. „*The ones the wolves pull down*" – so beschrieb 1990 der bekannte Country-Sänger *Garth Brooks* das Ende vieler Kleinbauern durch den Druck der „Wölfe", Industrie und Banken.

Krise der Landwirtschaft

In den zentralen Gebieten der Prärie hat der Mensch die **natürliche Vegetation stark verändert** und zum Großteil sogar zerstört. Wenn in Trockenjahren die Samen nicht aufgehen und der Boden ungeschützt der Sonne und dem Wind ausgesetzt ist, kommt es zu enormer **Bodenerosion**. Ähnliche Probleme ergeben sich, wenn in-

Ein relativ neues Standbein der Landwirtschaft: der Weinbau in Texas

tensive **Weideviehhaltung** betrieben und die Grasdecke durch die Tiere zerstört wird. Heute versucht man, durch verschiedene Maßnahmen wie den Anbau von Alfa Alfa, Renaturierung oder extensive Viehzucht den Schäden entgegenzuwirken. In manchen Teilen der Great Plains fruchten die Bemühungen bereits, es wird verstärkt **extensive und nachhaltige Viehwirtschaft** betrieben, wobei auch die Bisons wieder zurückgebracht wurden, entweder wild lebend in Schutzgebieten oder in Form von Zuchtherden.

Ökologischer Landbau

Ausgehend von den Küsten, speziell den Neuengland-Staaten und Kalifornien, ist in den letzten Jahren ein Zuwachs an **ökologisch wirtschaftenden Betrieben** festzustellen. Besonders in den Großstädten macht sich ein gestiegenes Ernährungsbewusstsein in der Bevölkerung bemerkbar und ist die Nachfrage an regionalen, saisonalen und biologisch hergestellten Produkten gestiegen. In Spezialläden, Bio-Supermärkten und auf Wochen- bzw. Farmers'-Märkten kann man inzwischen Obst und Gemüse, aber auch Fleisch- und Backwaren sowie Käse und andere Spezialitäten der Region frisch und nach ökologischen Richtlinien erzeugt erwerben. Ökologischer Landbau und nachhaltige Viehzucht sind für manchen Bauern heute ein Instrument, um sich gegenüber das *Agrobusiness* im großen Stil zu behaupten.

Außenhandel

Nach wie vor gelten die Vereinigten Staaten als größte Handelsmacht der Welt, auch wenn ihre einst unangefochtene Stellung in Anbetracht der gestiegenen Wirtschaftskraft der EU-Staaten sowie der Asiaten (besonders China) längst nicht mehr so souverän ist. Seit Beginn der 1980er-Jahre wuchs das **Handelsdefizit** – nur kurz unterbrochen von einem Aufschwung während der *Clinton*-Präsidentschaft – und stieg der

Import gegenüber dem Export. Besonders gravierend war der **Rückgang beim Export von Fertiggütern**, wohingegen die Einfuhr von Autos, Unterhaltungselektronik, Eisen, Stahl und Bekleidung – vor allem aus Asien – wuchs. Zollschranken und Quoten traten mit wechselndem Erfolg und abhängig vom Dollarkurs in Kraft. Die wichtigsten **Exportmärkte** der USA liegen heute nicht mehr in Europa, sondern bei den Nachbarn, in Kanada und Mexiko, Lateinamerika und Asien, vor allem aber in Südkorea, Hongkong und Taiwan. Die USA exportiert noch immer die meisten Fertigwaren – Flugzeuge, Rüstungsgüter, Computer – wohingegen im Bereich der landwirtschaftlichen Erzeugnisse ein deutlicher Rückgang zu konstatieren ist.

Während die Staaten an den Großen Seen mit den Ballungsräumen Chicago und Milwaukee sowie die Regionen um Minneapolis durch Schwerindustrie, Maschinen- und Fahrzeugbau, Elektronik- und Elektroindustrie geprägt sind und in diesem Sektor einen relativ hohen Stellenwert in den USA einnehmen, steht im Großteil des Zentrums die **Landwirtschaft** (s. oben) im Vordergrund. Texas und Oklahoma sowie North Dakota gehören aber auch zum sogenannten **Overthrust Belt**, der sich von Montana bis nach Arizona zieht und von Erdöl- und Erdgasvorkommen in großen Tiefen und weiten Kohlefeldern geprägt ist.

Landwirtschaft im Vordergrund

Gesellschaftlicher Überblick
Die Mär vom „Schmelztiegel"

Oft wird die amerikanische Gesellschaft als „Schmelztiegel" oder **Melting Pot** bezeichnet – von den über 308 Mio. Menschen gehören rund ein Drittel einer Minderheit an: rund 50 Mio. sind Hispanics, knapp 39 Mio. Afroamerikaner, gut 14 Mio. Asiaten, 3 Mio. Indianer/Alaskans und knapp eine halbe Million Hawaiianer und Inselbewohner. Doch genau genommen, kann von einer Verschmelzung nicht die Rede sein. Vielmehr setzt sich die amerikanische Nation aus einer **Vielzahl von Ethnien** zusammen, die ihre Eigenarten beibehalten haben. Der Dichter *Walt Whitman* (1819–92) sprach schon Mitte des 19. Jh. von einer „Nation of Nations".

Resultat von fast 400 Jahren Siedlungsgeschichte in Nordamerika ist ein einzigartiges **Kulturgemisch**, das besonders in den Großstädten lebendig ist: Einmal glaubt man sich ins ferne China versetzt, dann mitten in eine pulsierende mexikanische Metropole oder eine süditalienische Kleinstadt. Und wenige Straßen weiter steht man in einem typisch modernen Geschäftszentrum.

Einzigartiges Kulturgemisch

Die einzelnen Ethnien – allen voran Afroamerikaner, Latinos und Asiaten, aber auch Südeuropäer – bildeten **eigene Enklaven**, verfügen über eigene Infrastrukturen und Traditionen, pflegen ihre Sprache – Spanisch ist nach Englisch die am häufigsten gesprochene Sprache der USA –, ihre Feiertage, Feste, Bräuche und ihre Religionen. Eines haben sie jedoch alle **gemeinsam**: die Liebe und den Stolz auf ihre neue Heimat. Obwohl nämlich die Weigerung, die eigene Identität abzulegen, kulturübergreifend ist und **kulturelle Differenzierung** wichtiger ist als oberflächliche Integration, sind

Die USA – ein Vielvölkerstaat

die amerikanische Flagge, die Hymne und die Verfassung **verbindende Symbole**. So gesehen handelt es sich um einen bunten Flickenteppich aus vielen Einzelteilen, die zwar für sich stehen, in der Gesamtschau aber eine Einheit bilden.

Siedlungsstruktur und Bevölkerungsgruppen

Dünn besiedeltes Zentrum

Die Ostküste gehört neben Kalifornien, dem bevölkerungsreichsten US-Bundesstaat (über 37 Mio. Einw.), und der Nummer zwei, Texas (über 25 Mio. Einw.), zu den am dichtesten besiedelten Gebieten der USA. Dagegen ist das Zentrum – abgesehen von einigen Metropolregionen – **dünn besiedelt**.

Insgesamt zog und zieht es die Menschen vermehrt an die Küste und so lebt die Hälfte der US-Amerikaner an oder nahe den Küsten von Pazifik, Atlantik oder Golf. Während in der urbanen Region zwischen Washington, D.C. und Boston an der Ostküste sowie an der Pazifikküste zwischen Kalifornien, Oregon und Washington über die Hälfte aller US-Bürger zu Hause sind, finden sich in den meisten Staaten des Zentrums unter 5 Mio. Menschen. Je weiter man sich ins Landesinnere bewegt, desto dünner wird die Besiedlung und umso weniger ist die Landschaft zersiedelt.

Die **ländliche Siedlungsstruktur im Zentrum** weicht von mitteleuropäischen Verhältnissen ab: Es gibt keine eigentlichen Dörfer, sondern verstreute Einzelgehöfte (Farmen). An Verkehrsknotenpunkten sind zentrale Orte entstanden, die die Versorgungsfunktion für ein größeres ländliches Gebiet übernehmen. Wie in anderen Industriestaaten setzte um die Wende zum 20. Jh. auch hier eine **Verstädterung** ein. Heute leben mehr als drei Viertel aller Amerikaner in den Städten. Die Verstädterung verstärkte in der zweiten Hälfte des 20. Jh. jedoch auch das soziale Gefälle und Wohlhabende zogen hinaus ins Grüne, bevorzugt in citynahe Gebiete – in die **Suburbs** –, während sich in den Innenstädten die Wohnbedingungen verschlechterten und die Slumbildung gefördert wurde. Seit einigen Jahrzehnten laufen in vielen Städten jedoch **Renovierungs- und Sanierungsprojekte**, die für eine **Wiederbelebung der Downtowns** sorgen. In vielen Fällen ist das bereits gelungen und in den Stadtzentren entstanden neue begehrte Wohnareale, einhergehend mit einer entsprechenden Infrastruktur. Gute Beispiele im Zentrum bilden Metropolen wie Dallas (nach New York, Los Angeles und Chicago die viertgrößte Metropole der USA), Houston (sechstgrößte US-Stadt), Austin, Wichita, Kansas City, St. Louis oder Minneapolis/St. Paul.

Wiederbelebung der Innenstädte

Die Indianer

Die Angaben darüber, wie viele Indianer es in den Vereinigten Staaten heute gibt, variieren stark, abhängig davon, wer als „Indianer" gezählt wird bzw. sich als solcher registrieren ließ oder lässt. Fasst man jene zusammen, die sich selbst so bezeichnen und entsprechend bei den Behörden gemeldet sind, leben offiziell etwa 2,9 Mio. in den Vereinigten Staaten – am meisten in Kalifornien (ca. 410.000), Arizona (ca. 290.000) und Oklahoma (ca. 280.000).

Wie viele Indianer es **vor dem Auftauchen der Europäer** ursprünglich einmal auf dem nordamerikanischen Kontinent gegeben hat, ist unklar: Schätzungen bewegen sich zwischen einer und 18 (!) Millionen. Heute sind 564 Stämme offiziell als unabhängige Nationen von der Bundesregierung in Washington, D.C. anerkannt. Ungefähr die Hälfte der Indianer lebt in Reservaten, die z. T. autonom verwaltet werden und dem *Bureau of Indian Affairs* unterstehen.

Das größte Reservat ist das **Navajoland**, das sich über Gebiete der Bundesstaaten Arizona, New Mexico und Utah erstreckt. Die größte indianische Nation bilden die aus drei Stämmen bestehenden **Cherokee** mit über 300.000 Mitgliedern. Die meisten davon leben seit ihrer erzwungenen Umsiedlung in Oklahoma. Spätestens mit dem „Removal Act" der 1830er-Jahre und der Vertreibung der Cherokee drei Jahre später aus ihrem Heimatland in den Appalachen nach Oklahoma war die indianische Bevölkerung im Osten fast verschwunden. Nur vereinzelt hatten sich dort in abgelegenen Winkeln Indianer behaupten können, da sie derart vehement Widerstand geleistet haben, dass eine Vertreibung aus ihrer Heimat nicht gelang.

„Removal Act"

Westlich des Mississippi sollten nach der Vorstellung des US-Präsidenten *Thomas Jefferson* große Gebiete den Indianern als Siedlungsland zugestanden werden; der Rest war als Agrarland für weiße Siedler vorgesehen. Im Laufe des 19. Jh. wurde diese **Idealvorstellung** jedoch schnell von der Realität überrollt. Der zunehmende Siedlungsdruck und die gewinnversprechende Suche nach Bodenschätzen drängte die Indianer an den Rand. Einige – wie Comanches, Apaches, Kiowa, Sioux oder Cheyenne – wehrten sich heftig, mussten sich jedoch am Ende der Überlegenheit der Eindringlinge beugen. Andere, kleinere indianische Völker wie Ponca oder Pawnee wurden gewaltsam in das sogenannte **Indian Territory**, das heutige Oklahoma, umgesiedelt – einer der

Powwows sind Ausdruck der Rückbesinnung der Indianer auf ihre alten Traditionen

Gründe, weshalb heute fast 12 % der Bewohner in Oklahoma indianische Vorfahren haben. Auf das Schicksal einzelner Völker und auf spezielle Geschehnisse wird an passenden Stellen im Reiseteil eingegangen.

Nachdem 1988 durch ein Gesetz *(Indian Gaming Regulatory Act)* die **Eröffnung von Spielcasinos** auf dem Gebiet von Indianerreservaten legalisiert wurde, versuchen viele indianische Nationen, diese Geldquelle für sich zu nutzen. Inwieweit die Einnahmen jedoch tatsächlich dazu beitragen, die Situation der Indianer zu verbessern, ist lokal verschieden. Es gibt Stämme wie die Cherokee, die mit dem Geld ihre Kultur wiederbeleben, bessere Infrastrukturen schaffen, Programme ins Leben rufen und neue Perspektiven eröffnen. Aber es gibt auch solche, bei denen es in erster Linie die Indianer selbst sind, die in den Casinos ihr Geld verspielen. Dennoch lässt sich insgesamt im ganzen Land ein Umdenken und eine **Rückbesinnung** der Indianer auf ihre **Geschichte**, **Sprache** und alten **Traditionen** beobachten. Ein Ausdrucksmittel sind z. B. die in den letzten Jahren wieder beliebt gewordenen Powwows.

*Rückbesin-
nung auf
Traditionen*

Afroamerikaner

Afro(-)Americans, wie die schwarze Bevölkerung politisch korrekt genannt wird, waren nicht freiwillig in die „Neue Welt" gekommen: 1638 hatte man in Boston die ersten „Leibeigenen" bestaunt, die auf den West Indies (Karibik) gefangen und auf Schiffen hertransportiert worden waren. Der **organisierte Sklavenhandel** blühte nach 1660 auf und erlebte im 18. Jh. seinen unrühmlichen Höhepunkt. Schwerpunktmäßig arbeiteten die Schwarzen auf den Plantagen des Südens, wo sie auch die Bevölkerungsmehrheit bildeten. Gegen Ende des 18. Jh. initiierte Neuengland die **Befreiung der Afroamerikaner aus der Leibeigenschaft**: Massachusetts war Mitte des 19. Jh. Vorkämpfer in der Frage der Sklavenbefreiung. Bereits im **Bürgerkrieg** und besonders nach der gesetzlichen Abschaffung der Leibeigenschaft durch Präsident *Lincoln* 1865 zog, wer konnte, in den Norden oder Westen. Dort gab es nicht nur schwarze Militäreinheiten – die legendären *Buffalo Soldiers* –, sondern auch zahllose dunkelhäutige Cowboys.

In Zeiten wirtschaftlicher Flauten waren und sind die Afroamerikaner immer als Erste und am härtesten betroffen. Bis heute liegt der Lebensstandard unter dem der Weißen, während die Arbeitslosenquote im Vergleich höher ist. Oberflächlich betrachtet, scheint sich die **Situation der Afroamerikaner** verbessert zu haben: Statistiken sprechen von mehr gemischt-ethnischen Ehen, von Gleichberechtigung am Arbeitsplatz und im gesellschaftlichen Leben. Aber dennoch scheint für viele der Teufelskreis kaum zu durchbrechen sein: Farbige Frauen bekommen oft sehr jung und unverheiratet Kinder, dadurch sinken die Chancen auf eine Berufsausbildung, auf einen guten Arbeitsplatz und eine annehmbare Wohnung – der soziale Abstieg ist vorprogrammiert, auch für die Kinder. Noch immer sind schwarze Wohnviertel isoliert, gibt es rein schwarze Schulen, Kneipen und Kirchen. Und wer den Aufstieg geschafft hat, zieht in die Nobelviertel und vergisst oft seine Herkunft. Vereinzelt können **erste Erfolge** verbucht werden, verbesserten sich die Lebensumstände und sozialen Bedingungen in einzelnen Vierteln, was vielfach von Initiativen kirchlicher Institutionen, von Gemeindezentren und Selbsthilfeaktionen der Anwohner ausgeht. Und nicht zuletzt hat die Wahl von *Barack Obama* zum **ersten afroamerikanischen Präsidenten** die Afroamerikaner dazu ermuntert, den Kampf um Gleichberechtigung fortzusetzen.

Heutige Lage der Afroamerikaner

Im **Zentrum der USA** sind die Afroamerikaner nur in Texas in größeren Zahlen vertreten. Besonders in den Ballungszentren Dallas und Houston stellen sie die stärkste ethnische Gruppe. Auch in Kansas City, St. Louis und Minneapolis gibt es höhere Anteile, während sie im ländlichen Mittleren Westen nur eine kleine Minderheit bilden.

Lateinamerikaner

Von den geschätzt über 50 Mio. Menschen aus Lateinamerika, die in den Vereinigten Staaten leben, sind fast ein Drittel „**Chicanos**", d. h. mexikanischen Ursprungs. Sie leben hauptsächlich in Texas und im Südwesten der USA, während die Lateinamerikaner, die „**Latinos**", angeführt von der Gruppe der Puerto-Ricaner und der Exil-Kubaner, sich eher im Osten (New York) und um Chicago angesiedelt haben. **Spanisch** ist in Texas und angrenzenden Bundesstaaten neben Englisch alleine schon aus historischen Gründen die zweitwichtigste Sprache.

Spanisch als zweitwichtigste Sprache

Bedingt durch die schlechten wirtschaftlichen Verhältnisse im Heimatland, sehen viele Mexikaner in einem illegalen Grenzübertritt eine Chance, ihre Lebensqualität zu verbessern. Diejenigen, die es geschafft haben, die über 3.000 km lange Grenze zu überwinden, suchen bei Landsleuten am Stadtrand von Los Angeles, San Diego, Tucson, Santa Fe, Phoenix oder in Texas Unterschlupf, um sich dann eine (schlecht bezahlte und selten versicherte) Arbeit zu suchen. Über 6 Mio. illegale Einwanderer, vor allem aus Mexiko, leben in den USA. Kein Wunder, dass eine neue Einwanderungspolitik heftig diskutiert wird und das Problem mit den Illegalen in aller Munde ist. Sicher ist, dass man gerade in der Landwirtschaft nicht mehr auf die Mexikaner verzichten kann.

Gewaltige Veränderung

Da der Strom dieser **Wirtschaftsflüchtlinge** aus Mexiko und Lateinamerika in absehbarer Zeit nicht abreißen wird und die Geburtenrate weit über amerikanischem Durchschnitt liegt, nimmt die spanischsprachige Volksgruppe in den USA deutlich zu und wird bald ein Viertel der Gesamtbevölkerung ausmachen. Eine **gewaltige gesellschaftliche und politische Veränderung** zeichnet sich ab, wobei die Latinos inzwischen eine von Politikern umworbene Bürgergruppe sind, deren Stimmen eine Wahl entscheiden können. Zudem drängen Latinos in höhere Posten in Firmen und übernehmen mehr und mehr auch wichtige politische Ämter. Im Kulturbereich – Kunst, Literatur und Musik – bilden sie schon lange einen wichtigen Part. Auch im Zentrum, speziell im grenznahen Texas, ist der mexikanisch-spanische Einfluss neben dem „Mythos Cowboy" und den Indianern nicht wegzudenken.

Amerikas deutsche Wurzeln

Größte ethnische Gruppe

Zwischen dem 17. und 19. Jh. suchten zahlreiche Deutsche Zuflucht in der Neuen Welt und wollten sich hier neues Leben in Wohlstand aufbauen. Nach neuesten Ergebnissen des *US Census 2010* gibt es etwa 50 Mio. US-Bürger, die **deutschsprachige Wurzeln** haben – damit bilden die **German-Americans** die **größte ethnische Gruppe** der USA.

Ursprünglich waren die Zuwanderer vielfach Mitglieder verfolgter religiöser Gruppen, wie der Mennoniten oder Amischen, die sich bevorzugt in und um Pennsylvania und im Mittleren Westen der USA niederließen. Die Einwanderer waren jedoch nicht ausschließlich Deutsche nach heutiger Definition, es gehörten auch Schweizer, Österreicher, Polen, Niederländer, Franzosen und Tschechen, die Deutsch sprachen, dazu.

Gerade in **Texas** (s. INFO S. 242) und im **German Triangle** zwischen **St. Louis** (s. S. 454), **Milwaukee/Wisconsin** und **Cincinnati/Ohio** sowie in Bundesstaaten wie **Minnesota** und **North Dakota** entstanden große deutsche Siedlungen. In diesen Regionen im Mittleren Westen bilden sie bis heute die größte ethnische Gruppe.

Natürlich durfte in der neuen Heimat **Vertrautes** nicht fehlen: **Vereine**, wie die Auswanderungs- oder die Rhein-Bayerische Gesellschaft, Gesangs- und Turnvereine wurden gegründet, Wohltätigkeitstreffen veranstaltet. Man pflegte das Brauerei- und Destillierwesen, forcierte die Druckkunst, baute Fachwerkhäuser, kochte heimische Gerichte, feierte **traditionelle Feste** wie Maitanz oder Oktoberfest und hielt, zumindest bis um 1900, an der **eigenen Sprache** fest.

Dennoch waren es letztlich die deutschsprachigen Einwanderer, die sich gründlicher als andere Gruppen assimilierten. Speziell während der beiden Weltkriege verheimlichten viele Amerikaner ihre deutsche Herkunft und erst in den letzten Jahrzehnten erinnert man sich wieder mit Stolz daran. In Orten wie beispielsweise **Fredericks-**

burg (s. S. 244) oder **New Braunfels** (s. S. 236) in Texas, **New Ulm** (s. S. 400) in Minnesota, **La Crosse** (s. S. 453) in Wisconsin oder in ganz **North Dakota** (s. S. 411) ist das deutsche Element noch heute stark vertreten.

Soziale Situation

Ausländischen Besuchern erscheinen die USA auf den ersten Blick als reiches Land, als „Paradies auf Erden". Erst auf den zweiten Blick nimmt man die „Homeless People" in den Innenstädten oder die verarmten Farmer auf dem Land wahr, sieht die Baracken- und Wohnwagensiedlungen oder „bad neighborhoods" und bemerkt die missliche Lage in den Indianerreservaten. Auch hinsichtlich der sozialen Lage sind die USA nämlich ein **Land der Kontraste**.

Immer mehr Menschen in den USA geht es statistisch zu Beginn des neuen Jahrtausends schlechter als Ende der

Die Deutschamerikaner entdecken ihre Wurzeln wieder

1970er-Jahre. Von den Amerikanern lebten im Jahr 1970 insgesamt 12,6 % unter der **Armutsgrenze** *(poverty line)*, 1982 waren es 15 % und 2010 etwa 23 %. Die Zahl der Sozialschwachen hat sich dabei in allen ethnischen Gruppen vergrößert, allerdings am stärksten bei Hispanics und Afroamerikanern. Die Kluft zwischen Arm und Reich wächst. Die zunehmend ungleiche Verteilung der Einkommen sorgt für Sprengstoff: Das wohlhabendste eine Prozent der Bevölkerung konnte in 20 Jahren sein Einkommen im Schnitt um 120 % steigern, während die Reallöhne des Großteils der Arbeitnehmer im gleichen Zeitraum um 20 % sanken.

Krankenversicherung

Während des Arbeitslebens sind, zumindest derzeit noch, die meisten Amerikaner gezwungen, sich selbst, d. h. sich privat zu versichern. Nicht jeder kann sich das leisten, und da **keine Versicherungspflicht** wie hierzulande besteht, nehmen viele das Risiko einer Krankheit und die damit verbundenen Kosten in Kauf. Arbeitgebern ist immer noch freigestellt, ob und in welcher Höhe sie sich an der Krankenversicherung beteiligen. Mehr und mehr größere Firmen kümmern sich heute verstärkt um eine soziale und gesundheitliche Absicherung ihrer Mitarbeiter, wohingegen die meisten Staats- und städtischen Bediensteten schon immer dieses Privileg genießen.

Keine Krankenversicherungspflicht

Bislang gewährt der Staat Sozialhilfeempfängern und Rentnern eine **Krankengrund-versorgung**, die *Medicaid* bzw. *Medicare* genannt wird. Diese Versicherung wird wie die Sozialversicherungsbeiträge je zur Hälfte von Arbeitgeber und Arbeitnehmer finanziert. Allerdings müssen die Patienten – mit Ausnahme der finanzschwachen *Medicaid*-Versicherten – einen Eigenanteil an Krankenhaus-, Arzt- und Behandlungskosten leisten.

*Staatliche
Kranken-
versicherung*

Präsident Barack Obama versucht derzeit die Einführung einer **staatlichen Krankenversicherung für alle** umzusetzen und hat 2010 ein entsprechendes Gesetz in die Wege geleitet. Ob es sich allerdings realisieren und vor allem finanzieren lässt, steht noch in den Sternen. Zu kompliziert – oft undurchschaubar –, zu unterschiedlich sind die bundesstaatlichen und lokalen gesetzlichen Vorlagen, sodass sich mit einem Gesetz keine übergreifende Regelung finden lassen wird.

Gerade in dieser Frage wird eine **Besonderheit der USA** deutlich: In vielen Bereichen hat die zentrale Regierung in Washington, D.C. einen schweren Stand gegenüber den vielfach selbstständig agierenden Bundesstaaten. Diese wiederum sind nicht geneigt, ihre Autonomie aufzugeben, selbst wenn es am Ende um das Wohlergehen der Allgemeinheit geht. Gerade in Texas und im Mittleren Westen lässt man sich einerseits nicht gerne Vorschriften von der US-Regierung machen, andererseits ist man hier noch stark der alten **Pionierhaltung** verpflichtet: Man hilft sich selbst oder verlässt sich in Notlagen auf Familie, Nachbarn oder die Gemeinschaft.

Rentenversicherung

*Social
Security Act*

1935 waren mit dem **Social Security Act** die Rentenversicherung, ein Sozialhilfeprogramm und einzelstaatliche Arbeitslosenversicherungen in den USA eingeführt worden. Heute sind die meisten Arbeitnehmer rentenversichert. Die **Altersbezüge** sind jedoch gering, da auch die Beiträge niedrig sind – ein Grund dafür, dass viele *retirees* auch im hohen Alter noch Nebenjobs annehmen. Die Rente, weniger als die Hälfte des letzten Nettoeinkommens, wird über die *Social Security* finanziert, in die anteilig Arbeitnehmer und Arbeitgeber einzahlen.

Im Gegensatz zur deutschen Rentenversicherung basiert die amerikanische Sozialversicherung auf einem stetig wachsenden **Rentenfonds**. Das Rentenalter liegt je nach Zahl der Einzahlungsjahre zwischen 63 und 67 Jahren, es besteht allerdings die Möglichkeit, unter Inkaufnahme von Abschlägen früher in Rente zu gehen. Diejenigen, die finanziell dazu in der Lage sind, haben meist zusätzlich private Rentenversicherungen bzw. Lebensversicherungen abgeschlossen, um im Alter ihren Lebensstandard halten zu können.

Arbeitslosen- und Sozialhilfe

Lange Jahre lag die **Arbeitslosenquote** in den USA unter 4 %, während der letzten Wirtschaftskrise stieg die Zahl auf 9,5 % (Ende 2010) und liegt damit derzeit sogar höher als in Deutschland zum gleichen Zeitpunkt (derzeit ca. 7,5 %). Afroamerikaner und Lateinamerikaner sind am stärksten betroffen: Hier liegt die Arbeitslosenrate mit 15–20 % erheblich über dem Durchschnitt. Arbeitslose werden in den USA weniger großzügig unterstützt als hierzulande. Es gibt 26 bis maximal 39 Wochen lang finanzielle **Unterstützung**, die zwischen 30 und 50 % des letzten Arbeitslohns beträgt. Genau wie bei der Arbeitslosenversicherung variieren die Leistungen der Sozialhilfeprogramme von Staat zu Staat jedoch gravierend.

Sozialhilfe *(workfare)* wird jenen gewährt, deren Einkommen unter der offiziellen Armutsgrenze liegt. Dazu gehören etwa ein Drittel der Afroamerikaner und ein Viertel der Latinos. Neben *Medicaid* erhalten die Bedürftigen *food stamps* (Lebensmittelmarken), Kostenbefreiung für Kindergarten- und Schulbesuch und Mietzuschuss.   *Sozialhilfe*

Kein Bürger darf länger als fünf Jahre Sozialhilfe aus Bundesmitteln empfangen und jeder Empfänger ist verpflichtet, nach zwei Jahren mindestens 20 Wochenstunden zu arbeiten. Dauer und Höhe von Arbeitslosenversicherung und Sozialhilfe haben zur Folge, dass die Betroffenen auch **schlecht bezahlte Jobs** annehmen. Immerhin verfügen die USA über ein **Mindestlohngesetz**, das staatlich bei $ 7,25 (in Deutschland sind gegenwärtig 8,50 € angestrebt) liegt.

Bildungswesen

Die Wurzeln des amerikanischen Bildungswesens liegen in Neuengland. Die erste höhere Schule – die „**Boston Latin School**" – wurde 1635 in Boston gegründet. 1637 eröffnete das „Newtowne College", das ein Jahr später in „**Harvard University**" umbenannt wurde und heute als eine der renommiertesten Hochschulen der Welt gilt.

Auf die großen Universitäten an der Ostküste folgten Mitte bis Ende des 19. Jh. nicht nur Unigründungen an der Westküste – wie die berühmte *University of California* (1871 in Berkeley) oder die *Stanford University* (1885) –, auch in Texas und dem Mittleren Westen wurden Hochschulen etabliert: 1851 entstand die *University of Minnesota* (Minneapolis), die *University of Kansas* in Lawrence 1865, die *University of Texas* (Austin) 1883 und die *University of Oklahoma* (Norman) 1890.

Das amerikanische Bildungssystem war von Anfang an auf **Pragmatik** ausgerichtet, man hing weit weniger einem abstrakten, akademischem Bildungsideal nach als in Europa und erhob nie Anspruch auf eine humanistisch geprägte Allgemeinbildung. Den Siedlern und Pionieren genügten sogar noch die **Three R**: reading, writing, arithmetic (Lesen, Schreiben und Rechnen).   *Die „Three R"*

Schulen

Das Schulwesen lag von Anfang an in den Händen der Stadt oder der Gemeinde, was erklärt, wie es zu der immensen Zersplitterung in etwa 16.000 **Schuldistrikte** kam. Hinzu kommt, dass Eltern auf Antrag ihre Kinder selbst unterrichten dürfen *(homeschooling)* und dies gerade in abgeschiedenen ländlichen Regionen mit wenigen bzw.

schlecht ausgestatteten Schulen ziemlich häufig praktiziert wird. Die **Qualität der Schulen** hängt in erster Linie von der sie umgebenden Sozialstruktur und dem Wirtschaftsgefüge ab. Da Schulen aus der Grundsteuer finanziert werden, sind solche in „guten Wohngegenden" besser ausgestattet, verfügen über qualifiziertere (und höher bezahlte) Lehrer als solche in armen Vierteln mit geringem Steueraufkommen. Die großen Qualitätsunterschiede im Bildungsangebot haben in Amerika zu einer **Bildungsmisere** geführt, die sich in **geringer Allgemeinbildung** und Wissensdefiziten äußert.

Positiv zu bewerten ist hingegen, dass während der Schulzeit ein Schwerpunkt auf die **Förderung des Sozialverhaltens** gelegt wird – naheliegend in einem Einwanderungsland wie den USA, wo von Anfang an vielerlei Nationalitäten und Kulturen miteinander auskommen mussten. Außerdem werden in den Ganztagsschulen „**außerschulischen Aktivitäten**" wie Sport, Musik, Moral- und Benimmkursen oder Verkehrserziehung eine weit größere Rolle zugemessen als hierzulande.

Das Schuljahr

Aufgrund der Größe des Landes konzentrieren sich die Lerninhalte logischerweise überwiegend auf den eigenen Kontinent und die eigene Sprache. Das **Schuljahr** umfasst nur rund 180 Tage (es gibt aber zusätzliche Sommerkurse) und statt des deutschen dreigliedrigen Systems mit Grund-/Hauptschule, Realschule und Gymnasium herrscht ein **einheitliches Zwölf-Klassen-System**, das Chancengleichheit gewährleisten soll.

Mit sechs Jahren besucht ein Kind die sechsklassige **Elementary (Primary) School**. Die *grades* 7 bis 9 werden **Middle School** und 10 bis 12 **High School** genannt. Im Alter von ca. 18 Jahren geht es dann weiter auf ein *College* oder eine *University*, für normalerweise vier Jahre bis zum ersten Abschluss.

Universitäten

In den USA gibt es etwa **3800** miteinander konkurrierende **höhere Bildungseinrichtungen**. Der Großteil davon sind *Junior Colleges* und *Colleges*, an denen keine höheren Abschlüsse als *Bachelor Degrees* möglich sind. Generell gibt es keine allgemein gültige staatliche Regelung oder Kontrolle des Bildungswesens, keine gesetzlich vorgeschriebene staatliche Anerkennung der Hochschulen. Es herrscht **akademische Selbstverwaltung** und die Aufnahmebedingungen seitens der Unis unter-

Auf dem Campus der University of Oklahoma in Norman

scheiden sich ebenso wie ihr Niveau. Aufnahmetests spielen meist eine geringere Rolle als das persönliche Vorstellungsgespräch, Noten sind oft weniger wichtig als Charakterstärke, Engagement und Neigungen, und Vermögen wird weniger Bedeutung zugemessen als beispielsweise der Tatsache, ehemalige Studenten *(alumni)* in der Familie zu haben. Eine Pflicht zur Aufnahme besteht generell nicht.

Rund 40 % aller *Colleges* und *Universities* befinden sich in öffentlicher Hand, d. h. erhalten Zuschüsse von Bundesstaaten, Gemeinden oder Städten. Die Mehrzahl stellen **private Hochschulen**, die meist einen besseren Ruf als die staatlichen genießen, jedoch auch beträchtlich höhere **Studiengebühren** *(tuition)* erheben. Unterschiede werden dabei auch nach dem Herkunftsort gemacht: Studenten aus dem gleichen Bundesstaat zahlen weniger als Ortsfremde. Angesichts der hohen Studienkosten, die übers Jahr auf mehrere Zehntausend Dollar belaufen können, mag man den Kopf schütteln, sollte aber bedenken, dass amerikanische Universitäten seit jeher als Wirtschaftsunternehmen nach dem Prinzip „Leistung – Gegenleistung" und „Der Kunde ist König" arbeiten.

Private Hochschulen

Nicht staatliche Unis werden komplett **privatwirtschaftlich als Dienstleistungsunternehmen** betrieben. Sie finanzieren sich in erster Linie aus Studiengebühren, Stiftungsvermögen, Spenden und Einnahmen – z. B. aus TV-Übertragungsrechten für Sportveranstaltungen – und verfügen im Allgemeinen über ansehnliche Etats, die eine gute personelle und materielle Ausstattung der Einrichtungen erlauben. Die Stiftungsvermögen sind hoch, Gelder werden reinvestiert und hauptberuflich agierende *Fundraiser* werben um Spenden und erschließen neue Geldquellen. Die Hochschulen konkurrieren um die besten Professoren, die begabtesten Studenten und die großzügigsten Sponsoren. Dies führte zur Herausbildung sogenannter **Eliteuniversitäten** wie Yale, Harvard, Brown, Princeton oder Stanford.

Das elterliche Vermögen spielt keine allein bestimmende Rolle. Mit der Aufnahme in eine Universität wird ein „**Finanzierungsplan**" erarbeitet. Abgesehen von den angebotenen zinsgünstigen Krediten gibt es eine Vielzahl verschiedenster **Stipendien** *(scholarships)*, um die man sich bewerben kann, außerdem eine breite Palette an **Nebenjobs**. Anders als hierzulande befinden sich z. B. Verwaltung, Bibliotheken oder Dienstleistungsbetriebe in studentischer Hand.

Stipendien und Nebenjobs

Die Universität bzw. der Campus stellt eine **eigene Stadt** dar, mit kompletter Infrastruktur und einem breiten Angebot im akademischen und nicht akademischen Bereich; dazu gehören etwa Sport- und Freizeiteinrichtungen, Kurse und Veranstaltungen. Der Campus bietet zugleich Rundum-Versorgung – z. B. ein Gesundheitszentrum, Job-Service, Kinderbetreuung, Beratungsstellen und Finanzhilfe – und fördert so zweifellos die Konzentration aufs Studium.

Studium

Normalerweise schließt sich an die *High School* ein **College-Studium** in einem der klassischen Ausbildungsgänge an. Die Einrichtungen unterscheiden sich hinsichtlich Studiendauer, -angebot und Spezialisierungsgrad, wobei viele Universitäten ein Col-

*College-
Studium*

lege-Studium und viele Colleges *Master*-Studiengänge wie an Universitäten anbieten. Das College-Studium wird auch als **Undergraduate Studies** bezeichnet und dauert zwei oder vier Jahre. Rund 1400 *Community (Junior) Colleges* sind von den Kommunen betriebene öffentliche Einrichtungen, die eine zweijährige, praxisorientierte Ausbildung ermöglichen.

Während dieser Zeit – die Ausbildung gleicht vom Niveau her etwa der deutschen gymnasialen Oberstufe – wird der Student auf den Berufseinstieg vorbereitet. Der hier erreichte Abschluss ist der **Associate of Arts** (A.A.) bzw. **Associate of Science** (A.S.). Oft werden die ersten beiden Jahre an einem dem Wohnort nahegelegenen, preiswerten *Community College* absolviert und der erlangte *Associate/Transfer Degree* genutzt, um nach zwei weiteren Studienjahren an einem College oder einer University das insgesamt vierjährige *Undergraduate*-Studium mit einem **Bachelor-Abschluss** zu beenden.

An einem „regulären" oder **4-year College** können Studenten aus verschiedenen *undergraduate programs* wählen und durchlaufen die vier Stufen **Freshman**, **Bachelor**, **Junior** und **Senior**. Die ersten beiden Jahre der *Lower Division* dienen dem **Allgemeinstudium** *(General Studies)* in Naturwissenschaften, Englisch und Sozialwissenschaften. Dazu kommen Grundkurse im jeweils selbst gewählten Fachbereich *(Major)*.

Die *Upper Division* geht dann mit einer Spezialisierung im gewählten Fachbereich einher. Der Abschluss nach vier Jahren – die dem deutschen Grundstudium entsprechen –, der erste *College Degree*, ist der **Bachelor**, je nach Richtung ein „B.A." *(Bachelor of Arts)* in den Geisteswissenschaften, ein „B.S." *(of Science)* in naturwissenschaftlichen Fächern, „B.B.A." *(of Business Administration)* in Wirtschafts- oder ein „B.Ed." *(of Education)* in Erziehungswissenschaften oder ein „B.A.A.S." – *Bachelor of Applied Arts and Sciences* – für den Einstieg ins Berufsleben.

*Universitäts-
abschlüsse*

Über 80 % der amerikanischen Studenten steigen nach dem *Undergraduate*-Studium ins Berufsleben ein, knapp ein Fünftel setzt die Ausbildung mit einem **(Post-) Graduate-Studium** fort, meist an der *Graduate School* einer Universität, da Unis über bessere Forschungseinrichtungen verfügen. Absolviert wird hier ein vertieftes, wissenschaftlich ausgerichtetes Studium in einer bestimmten Fachrichtung. Die sogenannten *Postgraduate Studies* enden in der Regel nach zwei zusätzlichen Jahren mit dem Verfassen einer *thesis* – vergleichbar mit Diplom-, Magister-, oder Staatsexamensarbeit – und bringen dem Studierenden einen **Master's Degree**, einen Magisterabschluss, ein, der „M.A." *(Master of Arts)* oder „M.S." *(Master of Science)* abgekürzt wird.

Der dritte Studienabschnitt wäre ein **Doctorate Program**, das sich, je nach Uni, auch unmittelbar an den Bachelor anschließen kann. Nach mindestens dreijährigem *Postgraduate*-Studium und Verfassen einer Doktorarbeit wird der Titel eines *Doctor of Philosophy* (Ph.D.), *Doctor of Science* (D.Sc.), *Doctor of Education* (D.Ed.) oder *Doctor of Music* (D.Mus.) verliehen. Eine **Habilitation** ist in den USA nicht vorgesehen – bei entsprechender Leistung und hoher jährlicher Punkte-Bewertung durch die Studenten steigt man vom *Assistant Docent* zum *Professor* auf.

Religion – „God's own Country"

Mit der Verankerung der Religionsfreiheit und der Trennung zwischen Staat und Kirche in der Verfassung wurden die USA zu **„God's Own Country"**, zu einem Land, in dem jeder seinen Glauben ausleben kann, solange er Gesellschaft oder Staat nicht schadet. Dieses *Disestablishment*, als erster **Verfassungszusatz** *(Amendment I)* 1791 in die Verfassung aufgenommen, führte zu mehr Mobilität und Konkurrenz. Im 19. Jh. erreichte die **Vielfalt an Glaubensgruppen** bzw. Sekten in den USA ihren Höhepunkt und bis heute ist die religiöse Zersplitterung nirgendwo sonst so stark wie hier.

Zahlreiche Glaubensgruppen

Trotz der strikten **Trennung von Kirche und Staat** ist das Leben der Amerikaner vom Glauben bzw. der Kirchengemeinde geprägt – was hierzulande oft unterschätzt wird. So gilt in vielen Teilen der USA der Sonntag immer noch als „Heiliger Tag", an dem man sich gut gekleidet und in feierlicher Stimmung in der Kirche trifft. Und die Bibel ist weiterhin das meistgelesene Buch.

Zufluchtsort religiöser Gruppen

Die ersten europäischen Siedlungen in Nordamerika wurden von verschiedenen Gruppen **religiöser Flüchtlinge** aus Europa gegründet. Als Erste träumten die in den 1560er-Jahren in Großbritannien aufgekommenen **Puritaner** den Traum vom *Promised Land,* vom „Gelobten Land". Sie sahen sich als *The Chosen People*, als Auserwählte, die von Gott den Auftrag erhalten haben, ein „neues Jerusalem" zu schaffen. 1620 waren die ersten Puritaner, die sogenannten **Pilgerväter**, mit der „Mayflower" nach Amerika gesegelt und hatten sich im heutigen Neuengland angesiedelt.

Durch die erfolgreichen Koloniegründungen in Nordamerika zu Beginn des 17. Jh. stieg die Zahl religiös motivierter Auswanderer stetig an. Zu den meistbeachteten Versuchen, ein neues „Gelobtes Land" zu schaffen, gehört das von *William Penn* gegründete **Pennsylvania**. Als Mitglied der in den 1650er-Jahren in England entstandenen *Religious Society of Friends*, besser bekannt als **Quäker**, schlug *Penn* auf der Suche nach Freiheit den Weg nach Nordamerika ein und legte die Regeln des Zusammenlebens in der 1701 von ihm verfassten *Charter of Privileges* fest. Pennsylvania wurde fortan zum Zufluchtsort vieler religiöser Gruppen aus Europa. Dazu zählte auch eine Gruppe um den Schweizer Prediger *Jacob Amman*, die **Amischen** *(Amish People)*, eine Splittergruppe der **Mennoniten**, die 1536 unter Führung des charismatischen Niederländers *Menno Simons* entstanden war.

Quäker und Mennoniten

Wiedererweckungs-Bewegungen

Religiöse **Wiedererweckungs-Bewegungen** *(Great Awakenings)* spielten in den USA eine zentrale Rolle. Das **erste Great Awakening** griff zwischen 1720 und 1750 auf die englischen Kolonien in Nordamerika über. Zu den damals herausragenden Figuren zählte der Prediger *George Whitefield*, der zum Führer der calvinistisch-protestantischen Gemeinschaft der Methodisten aufstieg. Erstmals rückte dabei die individuelle religiöse Erfahrung statt des Gemeinschaftserlebnisses in den Mittelpunkt. Auf frucht-

Great Awakening

baren Boden fiel diese Bewegung auch im Mutterland England: 1747 gründete sich in Manchester die *United Society of Believers*, die als **Shaker** nach ihrer Flucht 1774 in Nordamerika regen Zulauf verzeichneten. Zwischen 1795 und den 1840er-Jahren kam es zu einem **zweiten Great Awakening**. Evangelisten wie *Charles G. Finney* propagierten den freien Willen jedes Menschen und die Vergebung der Sünden für alle. Am folgenreichsten erwiesen sich jedoch die Visionen des *Joseph Smith* (1805–44) im September 1823, die sieben Jahre später die Basis des *Book of Mormon* bildeten und in der Gründung der **Church of Jesus Christ of Latter-Day Saints** mündeten. Wachsende Ablehnung trieb die **Mormonen** jedoch immer weiter nach Westen, bis Ende der 1840er-Jahre *Brigham Young* die damals rund 17.000 Gemeindemitglieder in ihre neue Heimat am Great Salt Lake führte, wo der **Mormonenstaat „Deseret"** (Biene), das heutige Utah, entstand.

Jedem das Seine

Catholic, Baptist, Methodist, Presbyterian, Pentecostal, Episcopalian, Latter-Day Saints, AME/ African Methodist Episcopal, Church of Christ, Jehovah's Witness, Jewish, Muslims, Seventh-Day Adventist – die Liste der Glaubensgruppen und Kirchen ist wie überall in den USA auch im Mittleren Westen vielfältig. Als Teil der Südstaaten und damit des **Bible Belt**, dem gottesfürchtigen Zentrum der USA, ist man gläubig-konservativ und der sonntägliche Kirchgang gehört zum Ritual.

Die meisten sind, streng genommen, **protestantische Gruppen**, hierzulande großteils unter dem Begriff „Evangelische Freikirchen" zusammengefasst, und die größte unter ihnen bilden die **Baptisten**. Die 1845 gegründete *Southern Baptist Convention* gilt als rigoros fundamentalistische Organisation, die die Allmacht der Bibel, einen traditionellen Moralbegriff sowie eine eher informelle Art der Gottesverehrung – man denke an Gospelmessen – vertritt. Als fortschrittlicher gelten die **Presbyterianer** und die **Methodisten**, quantitativ ebenfalls stark vertreten sind **Pentecostal** und **Episcopal Church, Lutherans** und die **Churches of Christ**.

„God's own Country"

Ein Amerikaner gehört nicht unbedingt sein ganzes Leben lang ein und derselben Religionsgemeinschaft an: Bei einem Umzug kann es durchaus sein, dass ein Episkopaler zum Methodisten wird, sofern diese Gemeinde näher zur Wohnung liegt oder das Angebot an Kinderbetreuung, Alten- und Krankenpflege, Familienprogrammen oder Veranstaltungen mehr überzeugt. Da es weder **Steuern noch Kirchengeld** gibt und auch der Pfarrer nicht beamtet ist, lässt sich die Kirche diese Art von Service natürlich bezahlen. Es gilt der *blessing pact*: Gott liefert den Segen, der Besucher das Geld – und darf dafür in „God's own Country" nach eigenem Gusto glücklich werden.

Der „American Way of Life"

Hot Dogs und Hamburger, Jeans und Cowboystiefel, Turnschuhe und Kaugummi, anonyme Vorortsiedlungen und vielspurige Autobahnen, Shopping Malls und Outlet Center, „How are You" und Duzen, Oberflächlichkeit und Smalltalk, Macht des Geldes und

Jagd nach ewiger Jugend – was ist es eigentlich, was den „**American Way of Life**" ausmacht?

Natürlich lassen sich die alten Vorurteile über Amerika und die Amerikaner nicht ausrotten – Gleiches gilt vice versa z. B. in Bezug auf die Verbindung zwischen Deutschen und Sauerkraut, Autobahnen, Königsschlössern oder Kuckucksuhren. Doch der aufmerksame Beobachter wird eine derart vielfältige und oft gegensätzliche Welt vorfinden, dass er in Zukunft nicht mehr von einen universellen „American Way of Life" sprechen wird. Er wird lernen, dass es das **Klischeebild vom typischen Amerikaner** nicht wirklich gibt, sondern lediglich spezifische Züge und Gemeinsamkeiten, aber auch grundlegende Unterschiede zum europäischen Lebensstil. Im Folgenden sollen zwei Aspekte des vielschichtigen „American Way of Life" herausgegriffen werden, die besonders deutlich die Verschiedenheiten aufzeigen.

Nur ein Klischeebild

Aus dem Vollen schöpfen

Fast Food ist zwar keine amerikanische Erfindung – schon im alten Rom gab es Garküchen an jeder Straßenecke –, doch in den USA wurde die „schnelle Küche" zum Kult und zum lukrativen Geschäft. Andererseits findet man heute kaum ein Land mit einer derart **kreativen und vielfältigen Küche**, die von frischen, lokalen Ingredienzien und variablen, einfallsreichen Kombinationen und Zubereitungsweisen lebt. Der multiethnische Faktor, wachsendes Gesundheitsbewusstsein, Fantasie und Innovationsgeist haben dazu beigetragen, dass sich die amerikanische Küche zu etwas Besonderem entwickeln konnte und dass viele Restaurants heute mit den Gourmettempeln der französischen Haute Cuisine konkurrieren können. Die zahlreichen **Wochenmärkte** haben ein breit gefächertes Angebot an frischen, lokalen Produkten und selbst Supermärkte bieten mittlerweile eine breite Palette an Bioprodukten, Obst- und Gemüsesorten, Fisch und Meeresfrüchten an.

Die **Küche der USA** – im Reiseteil wird auf lokale Besonderheiten und Spezialitäten hingewiesen – kann man mit einem Eintopf vergleichen, in den die unterschiedlichsten Zutaten geworfen werden, um zu einem schmackhaften Gan-

Da läuft einem das Wasser im Munde zusammen: BBQ Ribs

zen zu verkochen. So verdankt man den **Indianern** eine Vielfalt lokaler Gemüse- und Obstsorten, Wild und Fisch, das Maismehl und nicht zuletzt Chilis und Bohnen. Die **Zuwanderer** aus anderen Teilen der Welt führten Pflanzen wie Oliven, Trauben (Wein), Datteln, Nüsse oder Zitrusfrüchte ein, trieben den Fischfang zur Perfektion und entwickelten sich zu Meistern in der Viehzucht und -haltung.

BBQ und
Steaks

Die Menschen im *Heartland* verbindet eine große Leidenschaft, das Grillen oder **BBQ** (s. INFO S. 288 und 320). **Barbecue** (auch „*Bar-B-Que*", „*Barbeque*" oder „*BBQ*") ist eine Garmethode, bei der marinierte Fleischstücke in speziellen *Smokern* (Räucher-fässern oder -öfen) über Holzfeuer langsam bei mäßiger Temperatur weich gegart werden. Zwischen Texas und den Dakotas findet man auch Rindersteaks der Extra-klasse, von denen man hierzulande, auch preislich, nur träumen kann: abgehangenes **T-Bone**, **Sirloin**, **Filet Mignon**, **Strip** oder **Ribeye**, „medium well" oder „medium" gebraten, denn nur mit einem rosa Kern entfaltet das Fleisch seinen vollen Geschmack.

Andere Spezialiäten des Zentrums sind **Chicken Fried Steak**, ein in Mehl gewälz-tes oder paniertes Schnitzel mit *gravy* (Bechamelsauce) – ein Erbe der deutschen Ein-wanderer –, und natürlich Burger verschiedener Varianten, z. B. empfehlenswert und gesund aus Bisonfleisch. Es wird natürlich auch Fleischloses geboten: Okra, Kürbis, Bohnen oder Maisgerichte wie **Grits**, eine Art Polenta, oder **Cornbread**, Maisbrot. Und ohne **Biscuits** (Backpulverbrötchen) oder das **Weizenbrot** aus Kansas wäre ein Mahl unvollständig.

Die angeblich schönste Nebensache

Eine Nebensache ist Sport in den USA keineswegs, im Gegenteil, er spielt im Alltag der Amerikaner eine zentrale Rolle. Außerdem ist Sport ein **wichtiger Wirtschafts-faktor** und ein bedeutenden **Teil des Showgeschäfts**. Seit über 100 Jahren gilt das passive Miterleben sportlicher Wettkämpfe als **Bestandteil des Kulturkalenders** einer Stadt oder Region. Man zahlt einen mehr oder weniger hohen Preis für ein Ti-cket und erwartet dafür mehrstündige Rundum-Unterhaltung für die ganze Familie.

Lange Sport-
tradition

Sport in Nordamerika – neben American Football, Baseball, Basketball und Eishockey sind NASCAR-Autorennen und Fußball *(soccer)* beliebt – ist fest verankert in Ge-schichte, Kulturleben und sogar im Kalender. Kein Wunder, reichen die Wurzeln vie-ler Sportarten doch ins 19. Jh. zurück und können selbst Profiligen und -teams häufig auf eine **jahrhundertelange Tradition** verweisen. So interessiert beispielsweise nie-manden der kalendarische Frühlingsbeginn, wenn jedoch der US-Präsident Anfang April, am „Opening Day", die Baseballsaison eröffnet, dann ist für die Amerikaner das Frühjahr da. Bis in den Herbst hinein werden nun das Schlagspiel mit dem kleinen Le-derball und die *Boys of Summer* Gesprächsthema Nummer eins sein. **Baseball** ist nicht einfach nur ein Sport – es ist das National Game und damit Teil der amerikanischen Geschichte, Kultur und Lebensphilosophie.

Färben sich die Blätter gelb, werden die Tage kürzer und die Abende kühler, hört man überall die Blechinstrumente und Trommeln der *Marching Bands*: Der Herbst ist die Jahreszeit des **American Football**. Die Profi-Football-Liga **NFL** (*National Football*

League) gilt als die florierendste Sportliga der Welt. Daneben ziehen auf dem „flachen Land", dort wo die meisten Universitäten angesiedelt sind, die American Football-Mannschaften der Hochschulen Millionen von Fans in ihren Bann. **College Football** lockt in Hochburgen wie Texas, Tennessee oder Florida genauso viele Fans in die Stadien wie die NFL. Sportstudenten, mit Stipendien versehen, stellen vier Semester lang die Kader der Uniteams, um danach – sofern gut genug – in das Profisportgeschäft zu wechseln.

Fußball im Kommen

Kommen Kälte und Schnee, dann pilgert man in die Hallen, um **Eishockey** der weltbesten Liga, der **NHL** (National Hockey League) oder **Basketball** zu sehen. Neben der weltberühmten **NBA** (National Basketball Association) ist auch **College Basketball** beliebt.

In den letzten Jahren hat sich eine weitere Sportart zum Volkssport entwickelt: Fußball, in den USA **Soccer** genannt. Haben einst nur Zuwanderer aus Hochburgen wie Südamerika und Südeuropa dem Fußball gehuldigt, kickt heute in den USA fast jedes Kind und die Bedeutung der Profiliga **MLS** (Major League Soccer) wächst stetig.

Der Westen und damit auch die Region zwischen Texas und den Dakotas hat seinen eigenen **Nationalsport: Rodeo**. Im Sommer vergeht selbst in kleinen, verschlafenen Ortschaften im Hinterland selten ein Wochenende ohne Rodeo oder *Barrel Racing*; die bedeutendsten Rodeos finden in Texas (San Antonio, Fort Worth, Houston) statt.

Acht Sekunden Hölle – Rodeo, Nationalsport der Cowboys

info

Plötzlich herrscht Stille im weiten Rund der Arena und die Anspannung wächst. Dann schnellt das Holzgatter zur Seite und der Brahma-Bulle springt wie vom Teufel besessen aus der engen Box. Doch der Cowboy lässt sich nicht abschütteln. Sekunden lang klebt er wie eine Klette auf dem Rücken des wilden Stiers und die Zuschauer sind aus dem Häuschen.

Publikumsmagneten des Rodeo sind das **Bareback** und **Saddle Bronc Riding** – auf wilden Mustangs mit und ohne Sattel – sowie das **Bull Riding** (auf wilden Stieren). Es gilt, sich acht Sekunden auf dem Rücken des zugelosten Tieres zu halten: „**8 Seconds of Hell**". Doch das fachkundige Publikum weiß auch die „harmloseren" Disziplinen zu würdigen, z. B. das **Roping**, wo ein Kalb bzw. junger Stier von einem Cowboy oder einem Team möglichst schnell zu Pferd gefangen und gefesselt wird. Zu den härtesten Disziplinen zählt das **Steer Wrestling**: Aus vollem Galopp wirft sich der Cowboy auf einen jungen Stier, packt ihn bei den Hörnern und wirft ihn zu Boden. Einst waren Frauen an allen Disziplinen beteiligt, heute betreten sie nur mehr zum **Barrel Race** die Arena und sind sonst in einer eigenen Rodeo-Vereinigung zusammengeschlossen. Beim *Barrel Race* gilt es, möglichst schnell einen Parcours um drei Fässer abzureiten.

Rodeos gehören in den Städten und Ortschaften von Texas bis hinauf nach North Dakota zwischen Frühjahr und Herbst zum Alltag, Rodeo ist der **Nationalsport**

Acht Sekunden Hölle: Bull Riding, Höhepunkt des Rodeos

der Cowboys. Schon zu Blütezeiten in der zweiten Hälfte des 19. Jh. gönnte man sich an Wochenenden auf den Ranches und in den Ortschaften etwas Ablenkung vom harten Farmalltag mit *Bronc Riding*, Pferderennen und anderen Geschicklichkeitswettbewerben aus dem Alltag der Cowboys. Zu Beginn des 20. Jh. entwickelten sich aus den lokalen Vergnügungen geregelte Rodeo-Wettbewerbe. Zu den legendärsten gehören das 1909 erstmals ausgetragene *Pendleton Round-Up* in Oregon, die seit 1912 den ganzen Westen in den Bann ziehende *Calgary Stampede* oder die als *Daddy of 'Em All* bezeichneten *Cheyenne Frontier Days*. In Texas finden wichtige Rodeos im Frühjahr in Fort Worth, San Antonio und Houston statt.

Längst sind die Wettbewerbe mehr als nur ein Freizeitspaß für übermütige, junge Cowboys. Rodeo ist zum **Berufssport** geworden und die Teilnehmer sind in der *Professional Rodeo Cowboys Association* (PRCA, www.prorodeo.com) organisiert. Da es Preisgelder von insgesamt $ 150.000 und mehr zu gewinnen gibt, finden sich die besten professionellen Rodeo-Cowboys aus ganz USA – vor allem aus Nebraska, Idaho, Texas, Arizona und Oklahoma –, Kanada und sogar Australien zu den Wettbewerben ein. In rund 40 US-Bundesstaaten werden jährlich über 600 Rodeos in verschiedenen Klassen veranstaltet. Die besten Rodeo-Cowboys treffen sich schließlich im Dezember zum großen Finale in Las Vegas.

Doch nicht nur die Cowboys stehen dabei im Mittelpunkt, auch die Mustangs und Stiere werden gehegt und gepflegt – ihr Auftritt macht ja schließlich die Hälfte der Punktewertung aus, die ein Teilnehmer erreichen kann. Eine medizinische Abteilung kümmert sich um die Blessuren der Reiter, aber auch für die Tiere stehen Tierärzte und Fachpersonal zur Verfügung.

„Wilder Westen" – Mythos und Legende

Nirgendwo stellt sich die Frage nach einer einheitlichen Kultur stärker als in den USA. Zwar hat seit der Gründung der Vereinigten Staaten die angloamerikanische Mehrheit ihre Normen gesetzt, doch andererseits definieren sich die USA bis heute als **Summe von Minderheiten**. Ungeachtet allen Wandels und aller Vielschichtigkeit gibt es **kulturelle Konstanten**, die sich seit der Kolonialzeit herauskristallisiert haben: der Glaube, im „Gelobten Land" zu leben, Tugenden wie Unabhängigkeit, Optimismus, Selbstvertrauen, Risikofreude, Fortschrittsglaube, Individualismus, Toleranz, Erfolgsstreben, Mobilität und schließlich die Sehnsucht nach *Wide Open Spaces*.

Charakteristikum für die gesamte Region ist das **Phänomen „Westen"**. Bereits unter den ersten Siedlern, die sich im 17. Jh. an der Ostküste niederließen, befanden sich Unruhegeister, die neugierig Richtung Westen blickten. Ihnen ist es zu verdanken, dass sich die *frontier* – die Grenze zwischen „europäisch-zivilisierter" und „indianisch-unzivilisierter" Welt –, allmählich westwärts verschob und sich der Mythos vom „Gelobten Land" im „Wilden Westen" verbreitete. 1845 subsummierte der New Yorker Verleger *John L. O'Sullivan* diesen Drang, sich den nordamerikanischen Kontinent untertan zu machen, unter dem Begriff **„Manifest Destiny"** und *Horace Greeley* erfand 1865 in der „New York Tribune" die dazu passende Parole: **„Go West, young man!"**

Phänomen „Westen"

Grandiose Landschaften, Cowboys und Indianer

Es war der Historiker *Frederick Jackson Turner,* der 1893 festgestellt hatte, dass die *frontier*-Tage Vergangenheit seien. Seit diesem Zeitpunkt begann sich jene Epoche als Mythos in den Köpfen der Menschen festzusetzen. Eine „Auswirkung" ist die **Western Art**. Sie hat nicht nur Indianer und Pferde, Cowboys und Ranchalltag zum Thema, sie zeigte sich auch fasziniert von der landschaftlichen Vielfalt und Weite des Westens.

Thomas Moran (1837–1926) war beispielsweise der erste Künstler, der die majestätische Landschaft des Yellowstone festhielt und damit nicht unerheblich dazu beitrug, dass der US-Kongress die Region zum Nationalpark erklärte. Später entdeckte er den Grand Canyon als Bildmotiv. *Moran* war dabei nicht an einer exakten Naturwiedergabe interessiert, sondern wollte die der Landschaft innewohnende Kraft zum Ausdruck bringen, ebenso wie der deutschstämmige Maler **Albert Bierstadt** (1830–1902) oder der weltberühmte Fotograf **Ansel Adams** (1902–84).

Erste Künstler im Westen

Für andere Künstler, z. B. **Karl Bodmer** (1809–93, s. INFO S. 434), **George Catlin** (1796–1872), **Frederic Remington** (1861–1909, s. INFO S. 174) oder **Charles M. Russell** (1864–1926, s. INFO S. 274) standen dagegen Cowboys und Indianer im Vordergrund. Vor allem *Remington* preiste mit seinen Werken, großteils kleinformatige Bronzeskulpturen, das heroische Leben der weißen Siedler und glorifizierte Cowboys und Indianer. „Die Zivilisation ist der größte Feind der Natur," soll *Russell* einmal gesagt haben. *Russell* gilt neben *Remington* als *der* Wildwest-Künstler schlechthin, hatte lange selbst als Cowboy gearbeitet und während der einsamen Stunden auf den Weiden seine Liebe zur Malerei entdeckt.

Die Westernliteratur geht neue Wege

Der Ursprung des Westerns und damit der Beginn der Mythologisierung des Westens liegt im Jahr 1902: Damals erschien „The Virginian" von **Owen Wister** (1860–1938). Wie sein Freund, der spätere Präsident *Theodore Roosevelt*, war der Harvard-Absolvent vom Westen fasziniert gewesen. Mit seinem Roman schuf er den Prototypen des Westernhelden und zugleich ein Genre, das bis heute gerade in den USA große Bedeutung hat. Zumeist spielen die Abenteuer im letzten Drittel des 19. Jh., irgendwo westlich des Mississippi, wo Gesetz und Gerechtigkeit durch Anarchie bedroht sind und nicht nur Gute gegen Böse kämpfen, sondern auch der Konflikt zwischen Individuum und Gemeinschaft immer wieder thematisiert wird.

Rangliste wichtiger Schriftsteller

Während *Wister* sich längst einen Platz in der Rangliste wichtiger amerikanischer Schriftsteller erkämpft hat, haben auch andere Westernautoren wie **Zane Grey** (1872–1939), **Louis L'Amour** (1908–88, s. INFO S. 424) oder **Max Brand** (das bekannteste Pseudonym von *Frederick Shiller Faust*, 1892–1944) inzwischen ihren Ruf als „Groschenromanautoren" abgelegt und einige ihrer Romane werden als Meilensteine der Literatur des Westens angesehen. In ihre Fußstapfen sind Autoren getreten, die dem Genre des Westerns neue Impulse gegeben und ihn in die Moderne geführt haben. Dazu gehören die beiden Texaner **Larry McMurtry** (geb. 1936) und **Elmer Kelton** (1926–2009).

McMurtry hat mit dem Bestseller „Lonesome Dove" (1985) einen Markstein in der modernen Westernliteratur geschaffen. „Lonesome Dove" und die weiteren Romane um die Texas Ranger *Augustus McCrae* und *Woodrow Call*, „Dead Man's Walk" (1995), „Comanche Moon" (1997) und „Streets of Laredo" (1993) wurden zudem als TV-Serie u. a. mit *Robert Duvall* und *Tommy Lee Jones* verfilmt.

Bedeutende Western-autoren

Zu den bedeutendsten Westernautoren zählt der 2009 verstorbene **Elmer Kelton**. Selbst auf einer Ranch als Sohn eines Cowboys aufgewachsen, hat er das Leben des Cowboys in zahlreichen Romanen ebenso geschildert wie historische Ereignisse in seiner Heimat Texas. Gerade der Übergang vom alten „Wilden Westen" in die moderne Industrieepoche spielt in vielen seiner Bücher eine wichtige Rolle. Und auch die Indianer genießen seine unverholene Sympathie. Zu seinen besten Romanen gehören u. a. „The Day the Cowboys Quit" (1971), über den Streik der Cowboys um bessere Arbeitsbedingungen im Texas Panhandle 1883, oder „Massacre at Goliad" (1965), das den Kampf um die texanische Unabhängigkeit zum Thema hat. In „The Good Old Boys" (1978) erlebt ein Cowboy den Anbruch der Moderne und „The Wolf and the Buffalo" (1980) ist eine fesselne Parallelerzählung über einen Comanche-Indianer und einen schwarzen Kavallerie-Soldaten.

Zur modernen Generation der Western-Autoren gehört der Texaner **Mike Blakely**, der sich auch als Musiker einen Namen gemacht hat. Für Furore hat zuletzt *Charles Portis* gesorgt, dessen schon 1968 erschienener Western „**True Grit**", der im *Indian Territory*, dem späteren Oklahoma, spielt, 2010 verfilmt wurde. Aber auch Krimiautoren wie *Tony Hillerman, James Doss, Peter Bowen, C. J. Box* oder *James Lee Burke* haben dem modernen Western eine neue Dimension gegeben. Weltbekannt ist der Autor **Cor-**

mac McCarthy – er hat die Westernliteratur zu neuen Höhen erhoben. Sein Western „Blood Meridian" von 1985 gilt neben *Herman Melvilles* „Moby Dick" zu den Meisterwerken amerikanischer Literatur.

Der Western lebt!

In *John Fords* Film „Der Mann, der Liberty Valance erschoss" gesteht ein US-Senator *(James Stewart)* einem Zeitungsredakteur, dass er vor 30 Jahren jenen Verbrecher gar nicht erschossen hätte. Die Heldentat, die ihm als Sprungbrett für seine Politikerkarriere gedient hatte, sei eine Lüge gewesen. Als der Zeitungsredakteur die Geschichte gehört hatte, erklärte er nur: „*Das ist der Westen, Sir, und wenn die Legende zur Wirklichkeit wird, drucken wir eben die Legende ab.*" Besser lässt sich der „**Mythos Westen**" nicht beschreiben.

Legenden werden Wirklichkeit

Die Mythologisierung des Westens war bereits weit fortgeschritten, als die ersten **Westernfilme** überhaupt gedreht wurden. Noch ehe die Leinwandhelden in den Sonnenuntergang hineinreiten durften, hatten Groschenromane, Theaterstücke und Wildwest-Shows, wie die legendäre Schau eines *William Frederick* „**Buffalo Bill**" **Cody** (1846–1917), die Vorstellungen geprägt. Der Film eröffnete lediglich ein neues Medium für ein bereits populäres Genre.

Auch wenn der Westernfilm nach seiner Blüte unter Regisseuren wie *John Ford* und *Clint Eastwood* und legendären Schauspielern wie *John „The Duke" Wayne* (1907–76) in den letzten Jahrzehnten nicht mehr gefragt schien und Western-TV-Serien wie „Bonanza" oder „Rauchende Colts" nur noch in der älteren Generation bekannt sind, zeichnet sich in jüngerer Zeit ein Wandel ab: Filme mit *Kevin Costner* wie „**Der mit dem Wolf tanzt**" oder „Open Range" sowie der 2005 aufsehenerregende Film „**Brokeback Mountain**" zeigen, dass der Western noch lebt. Auch die Western von 2007 „3:10 to Yuma" und „The Assassination of Jesse James", die geplante Verfilmung von *Cormac McCarthys* „Blood Meridian" und der sehenswerte Oscar-nominierte Western „**True Grit**" legen davon Zeugnis ab.

Der Westen lebt!

Die Welt der Country- und Western Music

Längst ist **Countrymusic** zu einem weltweiten Phänomen geworden, Verkörperung des Traums von Freiheit und Abenteuer, Romantik und wahrer Liebe, harten Männern und schönen Frauen, Freundschaft und edlen Tugenden. Dabei hat die Musik ursprünglich mit dem Cowboy-Image wenig zu tun. Ihre **Wurzeln** liegen vielmehr in der englisch beeinflussten Volksmusik des Südostens, der spanisch-mexikanischen Musik des Südwestens und Texas' und im Blues der schwarzen Landbevölkerung Mississippis.

Countrymusic gibt es in unterschiedlichsten Varianten

In den 1920er-Jahren wurde Countrymusic erstmals populär, dank der *Carter*-Familie aus Virginia und dem unvergessenen *Jimmy C. Rodgers* aus Mississippi. Radiosendungen, vor allem aus der legendären *Grand Ole Opry* in Nashville, waren damals Straßenfeger. In den 1930er-Jahren brachten die *Texas Playboys* nicht nur die Geige ins Spiel, sondern sorgten auch dafür, dass erstmals das Cowboy-Image in die Konzerte einfloss und zum Markenzeichen von Musikern wie *Gene Autry* oder *Roy Rogers* wurde.

Waren es in den 1950er-Jahren Namen wie *Roy Acuff, Ernest Tubb, Kitty Wells, Minnie Pearl* oder *Hank Williams*, deren Hits jedes Kind kannte, schickte sich in den 1960er- und 1970er-Jahren **Country & Western** („C&W") an, sich als Popmusik-Richtung zu etablieren. Zu den unvergessenen Legenden jener Tage gehören **Willie Nelson** (*1933) und **Johnny Cash** (1932– 2003), der *Country & Western* um ein gesellschaftskritisches Element bereichert hat. Unvergessen sind die Auftritte des „Man in Black" in den Gefängnissen San Quentin und Folsom oder seine Alben, die den *Old West* oder die Probleme der Indianer thematisierten: „Ride this Train", „Bitter Tears", „Ballads of the True West" oder „America" sind Beispiele aus seinem breiten Repertoire.

Längst ist Nashville nicht mehr das alleinige Mekka der Countrymusic, in zunehmendem Maße als innovativ erweisen sich Orte wie Bakersfield in Kalifornien oder Austin, die Hauptstadt von Texas. Die Entstehung dieser neuen Zentren forcierten Musiker wie *Merle Haggard, Cash* oder *Nelson*, die auch den derzeit weltweit populären **„Country Rock"** prägten. *Emmylou Harris, Dolly Parton, Kenny Rogers, Reba McEntire*,

Ricky Skaggs, George Strait, Toby Keith oder *Randy Travis* gelten heute als „**New Traditionalists**", da sie den *Country Rock* mit altbewährten Elementen mischen.

Daneben sorgen Stars wie *Martina McBride, Tim McGraw, Kenny Chesney* oder die **Dixie Chicks** mit ihrer stark vom **Pop** beeinflussten Musik für ungeahnte Popularität gerade in der jungen Generation. Neben *Cash* und *Nelson* war es besonders der 1962 in Tulsa, Oklahoma, geborene **Garth Brooks**, der Countrymusic einem breiten Publikum nähergebracht hat; diese drei Stars verkörpern perfekt all das, was in Country steckt – von schnulzigen Balladen bis hin zu Protestsongs.

In letzter Zeit beginnen Künstler und Bands sich wieder der Wurzeln zu besinnen, dabei werden moderne Einflüsse nicht ignoriert, sondern geschickt eingesetzt und verwendet. **Red Dirt Music** nennt man diese Musikrichtung zwischen Texas und Oklahoma, in die neben Folk, Rock 'n' Roll, Western Swing, Bluegrass, Blues und Country einflossen. Die bekanntesten Repräsentanten des *Red Dirt* sind *The Flaming Lips, Hinder* oder *Cross Canadian Ragweed*. Sie begeistern derzeit zwischen Texas, Oklahoma und Kansas die Jugend in Amerikas Heartland.

Gerade die texanische Hauptstadt **Austin** (s. S. 182) hat sich unter Musikfreunden einen Namen als Mekka der alternativen Musikszene gemacht. Wer etwas erreichen will, muss hier in einem der zahllosen Clubs aufgetreten sein. Die angesagteste Band aus der alternativen Musikmetropole ist **Reckless Kelly**, eine Band, die zwischen *Red Dirt, Country, Western Music* und *Rock* beheimatet ist.

Aber auch Countrymusic selbst erlebt eine Rückbesinnung auf die historischen Wurzeln. Musiker wie der Texaner *Cody Jinks* versuchen an vergangene Größen wie *Hank Williams* anzuschließen. Auch die **Western Music** erfreut sich vieler Fans: Anders als die daraus entstandene Countrymusic hält sich Western Music eng an traditionelle Volksmusik des Westens, beeinflusst von Zuwanderern, den Liedern der Cowboys und der mexikanischen Volksmusik. Im Mittelpunkt der Lieder steht so gut wie immer das Leben der Cowboys. Viele der **Cowboy Songs** sind längst Klassiker, die in den Great Plains jeder mitsingen kann: „Riders in the Sky", „Cowboy Song", „They Do Run", „Tom Dooley", „Cattle Call" oder „Whoopee Ti Yi Yo" sind einige. Kein Wunder, dass bei Konzerten von Bands wie den **Diamond W Wranglers** aus Kansas (s. INFO S. 299) – derzeit eine der besten Western-Music-Bands – die Stimmung überschwappt.

Rückbesinnung auf die Wurzeln

Allgemeine Reisetipps von A–Z

 Hinweis

In den **Allgemeinen Reisetipps von A–Z** finden Sie – alphabetisch geordnet – reisepraktische Hinweise für die Vorbereitung Ihrer Reise und für Ihren Aufenthalt in Texas und im Mittleren Westen der USA. Auf den anschließenden **Grünen Seiten** (ab S. 134) werden Preisbeispiele für Ihren USA-Aufenthalt gegeben. Im anschließenden **Reiseteil** (ab S. 138) erhalten Sie dann bei den jeweiligen Orten und Routenbeschreibungen detailliert Auskunft über Infostellen, Sehenswürdigkeiten mit Adressen und Öffnungszeiten, Unterkünfte, Restaurants, Einkaufen, Nachtleben, Verkehrsmittel, Touren und Sportmöglichkeiten.

Die Angaben in diesem Buch wurden sorgfältig recherchiert, sollten sich dennoch einige Details geändert haben, freuen wir uns über Ihre Anregungen und Korrekturen: info@iwanowski.de.

Abkürzungen

Abgesehen von den geläufigen Abkürzungen für Tage, Monate, Zeiten etc. sind nachfolgend einige häufig gebrauchte Abkürzungen zusammengefasst, die in diesem Buch benutzt werden:

a.m.	ante meridiem (vormittags)	Pkwy.	Parkway
A	Österreich	p.m.	post meridiem (nachmittags)
Ave.	Avenue	Rd.	Road
Bldg.	Building	Rte.	Route
Blvd.	Boulevard	RV	Recreational Vehicle (Wohnmobil)
CVB	Convention & Visitors Bureau (Tourismusamt)	S	South
		SP	State Park
D	Deutschland	SR	State Road
Dr.	Drive	St.	Street
DZ	Doppelzimmer	VC	Visitor Center (Besucher-informationsstelle)
E	East		
Frwy.	Freeway	W	West
HS	Hauptsaison (Memorial–Labor Day, letzter Montag im Mai bis 2. Montag im Sept., s. auch „NS")	/	bei Adressangaben Hinweis auf eine Straßenecke
		–	Hinweis auf die Straßen, zwischen denen ein Punkt liegt
Hwy.	Highway		
I	Interstate (Autobahn)	**Staatenabkürzungen**	
N	North	IA	Iowa
mi	mile (Meile), 1,6 km	IL	Illinois
mph	miles per hour	KS	Kansas
Mt.	Mount	MN	Minnesota
Mtn.	Mountain	MO	Missouri
NRA	National Recreation Area	NE	Nebraska
NF	National Forest	ND	North Dakota
NHS	National Historic Site	OK	Oklahoma
NM	National Monument	SD	South Dakota
NP	National Park	TX	Texas
NS	Nebensaison (s. auch „HS")	WI	Wisconsin

Alkohol

Der Verkauf und Ausschank von Spirituosen ist bundesstaatlich geregelt. Das Mindestalter für Alkoholkonsum (AMA – *Minimum Legal Drinking Age*) liegt bei 21 Jahren in allen Staaten. Häufig muss man in Supermärkten oder Bars einen Ausweis bzw. Führerschein (Letzteres ist in den USA das gängige Identifikationsdokument) vorzeigen.

In der Öffentlichkeit ist der Konsum von Alkoholika (einschließlich Bier) generell verboten, gekaufte Dosen und Flaschen sollten in Papiertüten (*brown bags*) verpackt im Kofferraum verstaut werden. Niemals geöffnete Flaschen/Dosen im Fahrgastraum transportieren. Je nach Staat bzw. County bekommt man Alkohol (manchmal nur Bier und Wein) in Supermärkten und Tankstellen, manchmal auch nur in *Liquor Stores* (vor allem Hochprozentiges). Einfachere Lokale, besonders Fast-Food-Restaurants verfügen häufig über keine Alkohollizenz. In Indianerreservaten darf nur in Casinos Alkohol ausgeschenkt werden.

Anreise

ⓘ *siehe unter „Einreise"*

Auto fahren

ⓘ *siehe auch „Mietwagen"*

Im Allgemeinen fährt man in den USA weniger aggressiv und sehr viel rücksichtsvoller als in Europa. Man bewegt sich gemächlich vorwärts, aktiviert die *Cruise Control* und überholt wenig. Abgesehen von städtischen Ballungsgebieten ist die Verkehrsdichte geringer. Und trotz einer (je nach Staat unterschiedlichen) Höchstgeschwindigkeit von im Schnitt 65–70 mph (ca. 105–112 km/h) kommt man über Land zügig voran. Das Fahren in und um große Städte kann hingegen Zeit und Nerven kosten, vor allem während der Rushhour, d. h. etwa 7–9/10 bzw. 17–20 Uhr.

▶ Amerikanische Wagen

Komfort und Bequemlichkeit spielen bei amerikanischen Pkws eine große Rolle. *Cruise Control* (Tempomat), Klimaanlage (AC), Servolenkung und -bremsung, mehrere Airbags, Zentralverriegelung, automatisches Fahrtlicht etc. gehören meist zur Grundausstattung, ebenso **Automatikgetriebe**. Dabei ist zu beachten, dass die beiden vorhandenen Pedale für Bremse und Gas ausschließlich mit dem rechten Fuß bedient werden und dieser immer bremsbereit sein muss, da das Standgas sonst das Auto langsam in Bewegung setzt. Je nach Fahrzeugkategorie befindet sich der Schalthebel zwischen den Vordersitzen oder (seltener) rechts am Lenkrad. Die Handbremse ist im zweiten Fall als kleineres Pedal im Fußraum ganz links außen angebracht.

Die **Symbole des Automatikgetriebes** bedeuten:

P Park – Parken (blockiertes Getriebe, zum Starten des Wagens bzw. zum Abziehen des Schlüssels)
N Neutral – Leerlauf (Bremsen!)
R Reverse – Rückwärtsgang
D Drive – Fahrstufe. Ein eingerahmtes D steht für normale ebene Strecken, einfaches D für hügeliges bzw. ansteigendes Terrain. Um schnell zu beschleunigen: das Gaspedal durchdrücken.
2 – zweiter Gang, bei mittleren Steigungen (kurzzeitig) zu empfehlen. Eine Höchstgeschwindigkeit von 50 mph sollte nicht überschritten werden.
1 oder **L** (Low) entspricht dem ersten Gang und wird genutzt bei steilen Steigungen und Gefällen und langsamer Geschwindigkeit (max. 25 mph).

▶ Fahrweise

Bei Überlandfahrten passt man sich dem Verkehrsfluss an. Amerikaner wechseln die Spuren nicht häufig und selten abrupt. Ungewohnt ist das erlaubte **Rechtsüberholen** bei mehreren Spuren. Im Stadtbereich hält man sich an die zweite oder dritte Spur von rechts, auch um auf **Linksabfahrten** vorbereitet zu sein. Bei nur zwei Fahrspuren wird nur ausnahmsweise überholt; es wird erwartet, dass der Langsamere die nächste Gelegenheit zum kurzen Herausfahren wahrnimmt.

Car Pools sind speziell ausgewiesene Fahrbahnen für Fahrgemeinschaften (meist ab zwei Personen), Taxis oder Busse. Da sie weniger Abfahrten aufweisen und gelegentlich von Mauern oder Zäunen begrenzt werden, die einen Spurwechsel unmöglich machen, ist Vorsicht geboten.

Auf- und Abfahrten auf Interstates *(Exits)* sind entweder nach Meilen zur Staatsgrenze beziffert oder durchnummeriert. Sie können sich auch links befinden. Oft führen mehrere Exits in eine Stadt, wobei Ankündigungsschilder meist nur Straßennummern, keine Orte nennen. Vorheriges Kartenstudium ist erforderlich. Am Straßenrand listen blaue Schilder vor Ausfahrten zur Verfügung stehende Serviceeinrichtungen wie öffentliche WCs, Tankstelle, Imbiss, Rastplatz etc. auf.

▶ Straßentypen und -nummerierung

Highway ist der übergeordnete Begriff für Straßen. Es wird unterschieden zwischen autobahnähnlichen Interstates, übergeordneten bundesstaatlichen, oft vierspurigen **US Highways** und untergeordneten **State oder County Highways**, die meist zweispurig sind und in manchen Staaten auch **Route** (Rte.) genannt werden. *State-Highway*-Schilder zeigen meist außer der Nummer die jeweilige Staatskontur, *County Highways* werden durch kleinere Schilder, meist mit Nennung des County (Landkreises), markiert. *Gravel* oder *Unpaved Roads* sollten möglichst gemieden werden, erst recht *Dirt Roads* (fast Feldwege).

Interstate Highways werden durch rot-blaue Schilder angekündigt. Ungerade ein- oder zweistellige Straßennummern signalisieren einen Nord-Süd-, gerade Nummern Ost-West-Verlauf. Zubringer oder Nebenstrecken tragen korrespondierende dreistellige Nummern (z. B. I-180 als Zubringer zur I-80). Bei gerader erster Ziffer handelt es sich um eine Stadtumgehung, bei ungerader um eine Stichstraße. Interstates heißen im städi-

Auf Amerikas Highways unterwegs

schen Großraum gelegentlich auch *Freeway* oder *Expressway* und sind mindestens vierspurig. Gelegentlich werden Interstates im Stadtgebiet bzw. als Umfahrung zu gebührenpflichtigen *Toll Roads* oder *Turnpikes*.

Am Straßenrand listen Schilder vorhandene **Serviceeinrichtungen** wie öffentliche WCs, Rastplätze etc. auf.

▶ Tanken

1 Gallone (3,8 l) des für die meisten Mietwagen ausreichenden Normalbenzins *(gas)* kostet im Mittleren Westen der USA zwischen $ 3,40 und 3,80 (Stand: Sommer 2011). Üblich ist *self-service*, gezahlt wird bar *(cash)* oder mit Kreditkarte *(credit)* direkt an der Zapfsäule. Gelegentlich muss, vor allem nachts, vor dem Tanken bezahlt werden *(pay cashier first)*, manchmal kann die nötige Eingabe einer Postleitzahl bei Kartenzahlung an der Zapfsäule Probleme bereiten.

Die **aktuellen Preise** in einer bestimmten Region/Stadt sind unter http://gasbuddy.com abzurufen.

▶ Automobilclub AAA

Die *American Automobile Association* – **AAA** („Triple A") – ist auch für ausländische Besucher eine gute Einrichtung. Mit einem deutschen ADAC- oder AvD-, einem österreichischen ÖAMTC- oder Schweizer TCS-Ausweis erhält man vor Ort gratis **aktuelle Karten und Stadtpläne**, außerdem hilfreiche **Tour- und CampBooks**, in denen Sehenswürdigkeiten, Unterkünfte und Restaurants aufgelistet sind. Man kann in den Büros auch Reiseschecks tauschen und sich bei der Routenplanung helfen lassen. Jede größere Stadt verfügt über eine AAA-Niederlassung (www.aaa.com), in der man sich am besten gleich zu Reisebeginn mit allen nötigen Karten, Stadtplänen und *TourBooks* eindeckt. In Deutschland gibt es einen Teil der hilfreichen *TourBooks* auch gegen Gebühr beim ADAC.

▶ Pannen- und Notfälle

Notruf ist 911.

Mietwagenfirmen haben eigene Telefonnummern für den Fall einer Panne oder eines Unfalls und sollten als Erste informiert werden. Man ruft Hilfe per *Mobil Phone* oder an der Notrufsäule. Ein kostenloser zentraler **Notruf in deutscher Sprache** (ADAC) ist erreichbar unter ☎ **1-888-222-1373**, im Sommer rund um die Uhr, sonst 8–18 Uhr.

Der **AAA-Pannendienst** *(AAA Emergency Road Service*, ☎ 1-800-222-4357) hilft ebenfalls weiter.

Bei kleineren Defekten kann ein Mietwagen unkompliziert an der nächsten Verleihstation umgetauscht werden. Als nicht beteiligter Dritter Vorsicht mit der Leistung von Erster Hilfe bei Unfällen, da Gefahr besteht, in einen Schadensersatzprozess wegen „nicht sachgemäßer Hilfeleistung" verwickelt zu werden. Besser, per *Mobil Phone* sofort einen Notruf absetzen.

▶ Parken

Parken, vor allem in Parkhäusern, kann in Metropolen, aber auch in Hotels höherer Kategorien, teuer werden. Auf Überlandstraßen und Autobahnen darf nur in Notfällen abseits der Fahrbahn angehalten werden; in Städten sind Hydranten und **Tow Away-** bzw. **No Parking-Zonen** ein absolutes Tabu.

Auf Straßen signalisieren **farbige Randsteinmarkierungen** die Parkregeln:

Rot: absolutes Halteverbot
Gelb/Gelb-Schwarz: Liefer-/Ladezone, über Nacht ist das Parken erlaubt
Grün: 10-Minuten-Parken
Weiß: Anhalten zum Ein-/Aussteigen erlaubt
Blau: Behindertenparkplätze

Verkehrsschilder

Häufiger tragen Schilder Worte als Symbole und **Farben** signalisieren zudem, um welche Art von Regel es sich grundsätzlich handelt. Dabei bedeutet

Gelb: Warnung (Kurvengeschwindigkeit, Kreuzung etc.)
Weiß: Gebot (Höchstgeschwindigkeit, vorgeschriebene Fahrtrichtung, Abbiegeverbot etc.)
Braun: Hinweise (Sehenswürdigkeiten, Naturparks etc.)
Grün: Hinweise, z. B. nächste Ausfahrten oder Entfernungen
Blau: Hinweis auf offizielle und Serviceeinrichtungen (Rastplätze, Tankstellen etc.)

Vielfach erfolgen **Warnungen** nicht in Symbol-, sondern in Schriftform:

Yield – Vorfahrt achten
Stop – Halt
Speed Limit/Maximum Speed – Höchstgeschwindigkeit
MPH – *Miles per hour* (Meilen pro Stunde; 1 mi = 1,6 km)
Dead End – Sackgasse
Merge – Einfädeln, die Spuren laufen zusammen
No U-Turn – Wenden verboten
No Passing/Do not pass – Überholverbot
Road Construction *(next … miles)* oder **Men working** – Baustelle auf den nächsten … km
Detour – Umleitung
Alt Route – Alternative Route oder Umleitungsstrecke
RV – *Recreation Van* (alle Arten von Wohnmobilen, Campern)
Railroad X-ing (= Crossing) – Bahnübergang
Ped X-ing – Fussgängerüberweg

Besondere Verkehrsregeln und Tipps

- **Ampeln** hängen ungewohnt hoch, mitten über der Kreuzung und schalten unmittelbar von Rot auf Grün.
- „Rechts vor links" ist in den USA prinzipiell unbekannt, stattdessen gibt es in Ortschaften, wenn Ampeln fehlen, **Four-way Stops** – d. h. Stoppschilder in allen Fahrtrichtungen. Wer zuerst kommt, fährt zuerst – und das wird auch genau befolgt, falls nötig, mit Handzeichen geregelt.
- **Rechtsabbiegen** bei roter Ampel ist erlaubt, sofern gefahrlos möglich und kein Schild „*No turn on red*" vorhanden ist.
- Orangefarbene **Schulbusse** dürfen, wenn sie Zeichen (Blinklicht/Kelle) geben, nicht überholt werden, auch nicht in Gegenrichtung. In Schulnähe gilt bei Blinklicht verringerte Höchstgeschwindigkeit.

- Auf mehrspurigen Straßen darf **rechts überholt** werden.
- Die **Höchstgeschwindigkeit** variiert je nach Bundesstaat, liegt in der Reiseregion meist bei 70 oder 75 mi/h (112/120 km/h) auf Autobahnen (Interstates), bei 55–65 mph (88–104 km/h) auf Landstraßen (US/State Hwy.), im Stadtgebiet bei 30 mph (48 km/h). Auf die Schilder achten!
- **Rasen** *(speeding)* wird schärfer überwacht und härter bestraft als hierzulande. Kontrollen erfolgen durch geschickt am Straßenrand oder auf dem Mittelstreifen verborgene Polizeiwagen mit Radargeräten, die sich hinter einem Verkehrssünder einreihen und ihn per Signal zum Halten zwingen. Ggf. sofort halten, im Auto sitzen bleiben, Papiere bereithalten und den Strafzettel widerspruchslos hinnehmen und (bar) bezahlen.
- Wer einen **Strafzettel** bekommen hat, z. B. wegen Falschparkens, kommt auch bei einem Mietwagen nicht umhin, diesen zu bezahlen, meist über die Seite der Stadtverwaltung im Internet möglich.
- **Alkohol** immer im Kofferraum transportieren. Gesetzlich gelten 0,5 Promille und Verstöße werden streng geahndet.
- Nie den Tank komplett leer fahren, in ländlichen Regionen können die **Tankstellen** weit auseinander liegen.
- Achtung bei **Nachtfahrten** bzw. bei Dämmerung: **Wildwechsel**!

Besondere Gesellschaftsgruppen

▶ Behinderte

Insgesamt gelten die USA als sehr behindertenfreundlich. Rampen an Zugängen, abgesenkte Bordsteinkanten, Lifts, eigene Parkplätze, Telefonzellen und WCs, spezielle Motelzimmer und Leihwagen, Blindeneinrichtungen, kostenlos zur Verfügung gestellte Rollstühle sowie ein „Helping-Hand-Service" erleichtern *handicapped people* das Reisen. In Detailfragen helfen die regelmäßig aktualisierten Handbücher „**Handicapped Driver's Mobility Guide**" vom Automobilclub AAA oder die Stadtverwaltungen weiter. Infos erteilt außerdem **SATH** *(Society for Accessible Travel & Hospitality)*, www.sath.org. Ebenfalls hilfreich ist die Internetseite www.usatourist.com/english/traveltips/handicapped-travel-tips.html

▶ Senioren

Meist ab 65 Jahren, gelegentlich auch schon früher, genießt man in den USA gegen Vorlage von Führerschein oder Pass als „*senior (citizen)*" **Sonderkonditionen**. Abgesehen von zuvorkommender Behandlung, z. B. an Flughäfen, gibt es zahlreiche Rabatte, etwa bei Fluggesellschaften, bei der Eisenbahn, bei Tourveranstaltern, in Motels und Hotels oder auch in Museen und Sights.

▶ Kinder

Amerika ist **kinder- und familienfreundlich**. Es gibt vielerlei **Vergünstigungen**, sei es im Flugzeug, in der Bahn oder in öffentlichen Verkehrsmitteln. In vielen Unterkünften übernachten Jugendliche bis 18 Jahre kostenlos im Zimmer der Eltern. Restaurants bieten Kindersitze und -menüs an, in Fast-Food-Lokalen oder Parks gibt es Spielplätze. Neben Swimmingpools für Erwachsene sind Planschbecken die Regel. Größere Sights und Parks stellen oft Kinderwagen zur kostenlosen Benutzung bereit. Öffentliche Picknickplätze sind verbreitet, ebenso Toiletten mit Wickeltischen.

Botschaften und diplomatische Vertretungen

(i) *siehe auch „Einreise und Visum"*

Die ausländischen Botschaften und Konsulate im Heimatland sind in erster Linie für die Erteilung von Visa zuständig, nämlich

▶ in Deutschland
Amerikanische Botschaft, Pariser Platz 2, 14191 Berlin, ☎ (030) 83050; **Konsularabteilung** (Visa): Clayallee 170, 14191 Berlin, Terminabsprachen: ☎ 0900-1-850055 (Mo–Fr 7–20 Uhr, 1,86 €/Min.), http://germany.usembassy.gov
US-Generalkonsulat Frankfurt, Gießener Str. 30, 60435 Frankfurt/Main, ☎ (069) 7535-0
US-Generalkonsulat München, Königinstr. 5, 80539 München, ☎ (089) 2888-0

▶ in Österreich
Amerikanische Botschaft, Boltzmanngasse 16, A-1090 Wien, ☎ (01) 31339-0,
Visaabteilung: Parkring 12, A-1010 Wien, ☎ 0900-510300 (2,16 €/Min.), www.usembassy.at

▶ in der Schweiz
Amerikanische Botschaft, Sulgeneckstr. 19, 3007 Bern, ☎ (031) 357-7011,
Visa-Terminabsprachen: ☎ 0900-878472 (CHF 2,50/Min.), http://bern.usembassy.gov

@ Visa-Informationen im Internet
http://germany.usembassy.gov/visa – *hilfreiche Informationen der US-Botschaft in englischer Sprache*
http://travel.state.gov/visa/visa_1750.html – *Informationen des Bureau of Consular Affairs, auf Englisch*

▶ Botschaften in den USA
Embassy of the Federal Republic of Germany, 4645 Reservoir Rd. NW, Washington, D.C. 20007-1998, ☎ (202) 298-4000, www.germany.info
Austrian Embassy, 3524 International Court NW, Washington, D.C. 20008, ☎ (202) 895-6700, www.austria.org
Embassy of Switzerland, 2900 Cathedral Ave. NW, Washington, D.C. 20008-3499, ☎ (202) 745-7900, www.eda.admin.ch/eda/en/home/reps/nameri/vusa/wasemb.html

▶ Die wichtigsten Konsulate im Reisegebiet
... für deutsche Staatsbürger
Generalkonsulat/German Consulate General Houston, 1330 Post Oak Blvd., Suite 1850, Houston/TX, ☎ (713) 627-7770
Honorarkonsulat San Antonio, 2201 Tower Life Bldg., 310 S. St. Mary's Street, Suite 2201, San Antonio/TX, ☎ (210) 226-1788
Honorarkonsulat Dallas, c/o Hart & Power, 325 N. St. Paul St. 2300, Dallas/TX, ☎ (214) 752-3684
Honorarkonsulat Kansas City, 8014 State Line, #203, Leawood/KS, ☎ (913) 642-5134
Honorarkonsulat Oklahoma City, 5801 N. Broadway, Suite 120, Oklahoma City/OK, ☎ (405) 842-0100

Honorarkonsulat Minneapolis, 60 S. 6th St., Suite 2800, Minneapolis/MN,
☏ (612) 342-9899
Honorarkonsulat St. Louis, 330 Wenneker Dr., St. Louis/MO, ☏ (314) 567-4601

… für Österreicher
Honorarkonsulat Houston, 800 Wilcrest, Suite 340, Houston/TX, ☏ (713) 773-9979,
www.austrianconsulatehouston.org
Honorarkonsulat Kansas City, 7th Floor, Harzfield Bldg., 1111 Main St., Kansas
City/MO, ☏ (816) 474-3000
Honorarkonsulat St. Louis, 100 Ungerböck Park, O'Fallon/MO, ☏ (636) 688-2000
Honorarkonsulat St. Paul, 10700 Hwy. 55, Suite 300, Plymouth/MN, ☏ (763) 543-0109

… für Schweizer
Consulate of Switzerland Dallas, 2501 N. Harwood St., Suite 1400, Dallas/TX,
☏ (214) 965-1025
Consulate Houston, 11922 Taylorcrest Rd., Houston/TX, ☏(713) 467-9887
Conulate Kansas City, 5018 Main St., Kansas City/MO, ☏ (816) 561-3440
Consulate Minneapolis, 18250 39th Ave. N., Minneapolis/MN, ☏(763) 478-3018
Consulate Oklahoma City, 3201 Durango Way, Edmond/OK, ☏ (405) 285-6660

Busse

Zwar etwas billiger, aber weniger bequem als mit der Eisenbahn, gelangt man mit den Bussen der führenden amerikanischen Busgesellschaft **Greyhound** ans Ziel. Die Überlandbusse galten früher als preiswertes, alternatives Transportmittel für Aussteiger und Weltenbummler, inzwischen sind die Preise jedoch deutlich gestiegen und die Klientel hat sich verändert. Die Busbahnhöfe liegen selten zentral und in guten Vierteln. Vor allem bei nächtlicher Ankunft ist es ratsam, ein Taxi zu nehmen und eine Unterkunft im Voraus zu arrangieren.

Die **Netzkarte „Greyhound Discovery Pass USA"** berechtigt den Besitzer zu beliebig vielen Fahrten und Unterbrechungen während eines Zeitraums von 7, 15, 30 oder 60 Tagen. Die Wochen-Variante ist für derzeit rund 220 € zu bekommen. Die Pässe können nur von international Reisenden im Heimatland, nicht aber in den USA erworben werden. Einzelfahrten sind relativ teuer.
Greyhound USA: ☏ 1-800-231-2222, www.greyhound.com
Buchung in D ist möglich bei **Flug- und Reiseservice Hageloch & Henes**, Lindenstr. 34, 72764 Reutlingen, ☏(07121) 330-184,1 330-657, www.buspass.de, oder im Reisebüro über DERTOUR.

Camping und Camper

ⓘ *siehe auch „Nationalparks"*

Camping ist ein Stück Weltanschauung, der eine mag's, der andere nicht. Grundsätzlich sind die **Bedingungen in den USA sehr gut**. Für eine Tour durch das amerikanische Zentrum kann ein Camper, auch *motorhome* oder übergreifend „RV" *(Recreational Vehicle)* genannt, als

Transportmittel durchaus eine Alternative sein. Die Beweglichkeit ist zwar gegenüber dem Pkw eingeschränkt (vor allem in Städten), die Reisegeschwindigkeit ist insgesamt niedriger und die Kosten sind höher. Dennoch könnte ein Camper für **Kleingruppen oder Familien** mit Kindern, die sich die ständige Hotelsuche sparen, sich selbst verpflegen und dem Naturerlebnis den Vorrang geben möchten, ideal sein.

Bei der Entscheidung zu bedenken sind die wesentlich **höheren Kosten**, selbst in Vergleich zu Mietwagen plus Unterkunft: Zu den Mietkosten addieren sich der hohe Benzinverbrauch und die Stellplatzkosten. Ein kleiner *Van Camper* kostet pro Tag inkl. 100 Freimeilen mindestens 70 €, dazu kommen Übergabe-, Endreinigungsgebühren, Kosten für Wartung, Zubehör, Zusatzversicherungen und ggf. Wochenendgebühren. Ebenfalls nicht jedermanns Sache sind die konstant anstehenden **Wartungsarbeiten** (wie Wassertanks füllen, Abwasser entsorgen etc.) und die nötige strategische Vorausplanung (wie das Finden geeigneter, schöner Campingplätze und deren Vorreservierung in der HS).

Buchung im Voraus ist immer sinnvoll, in der HS unabdingbar, wobei die Camper-Preise Mitte Oktober bis Anfang April am günstigsten sind. Noch mehr als beim Mietwagen ist es aufgrund der komplizierten Miet-, Versicherungs- und Haftungskonditionen sinnvoll, einen Camper bereits zu Hause, z. B. im Reisebüro, zu buchen. Größte Anbieter sind *El Monte RV*, *Cruise America* oder *Moturis*. Es gibt auch kombinierte Angebote mit Flug.

Bei den **Fahrzeugtypen** wird unterschieden zwischen *Camper Van*, *Motorhome* (die Busgröße erreichen können) und *Pick-up-* bzw. *Truck-Campern* (Kleinlastwagen mit Campingaufsatz). Die zuletzt genannten beiden Typen verfügen über ein Doppelbett über der Fahrerkabine und meist eine tragbare Chemie-Toilette. Je größer das Fahrzeug, umso komfortabler ist es, umso höher ist jedoch auch der Benzinverbrauch, umso mehr Technik und damit Wartung und Anfälligkeit sind im Spiel und umso eher sind entlegene (romantische) Plätze, aber auch Großstädte tabu. Erfahrung mit dem Fahren eines solchen Fahrzeugs ist nicht unbedingt erforderlich; man gewöhnt sich relativ schnell an Dimensionen und Fahrweise.

⚠ Tipps für Camper

Hilfreich bei der Campingplanung sind die **AAA CampBooks** für die verschiedenen Regionen und der **Rand McNally Campground & Trailer Park Guide**, ansonsten helfen zur Vorabinformation über Modelle, Angebote, Saisonzeiten: die **Websites** www.adventuretouring.com, www.cruiseamerica.com, www.elmonterv.com und www.rvamerica.com

www.recreation.gov, ☏ 1-877-444-6777 oder (518) 885-3639 – Seite des **National Recreation Reservation Service** (NRRS); hier können Campingplätze aller Art und überall reserviert werden. Es gibt ein Suchprogramm nach dem passenden Platz mit weiteren touristischen Infos.

www.reserveamerica.com – Campground Directory für Park- und private Campgrounds, die dem Reservierungssystem angeschlossen sind.

http://koa.com, ☏ (406) 248-7444, 1-888-562-0000 – KOA-Campingplätze mit Reservierungsmöglichkeit.

www.camping-usa.com – ein hilfreicher Campgrounds Directory, der über 12.000 Campingplätze in Parks, privat u. a. verzeichnet.

Bei **Übernahme vor Ort** – im Allgemeinen am Tag nach der Ankunft – d. h., es ist eine Übernachtung nötig – genügt die Vorlage eines normalen Pkw-Führerscheins und die Kreditkarte für die Stellung einer Kaution. Im Normalfall beträgt das Mindestalter 21 Jahre. Camper-Verleiher holen ihre Kunden in der Regel im Hotel (selten am Flughafen) ab und geben zunächst eine mehr oder weniger gründliche **Einweisung**; zusätzlich gibt es unterschiedlich umfangreiche Bedienungsanleitungen. Sinnvoll ist es, das gesamte Fahrzeug auf Schäden bzw. Verschmutzungen hin zu prüfen und diese protokollieren zu lassen.

Bei der Übernahme ist es üblich, ein **Ausrüstungspaket** *(convenience kit)*, ab $ 50 pro Person, zu erwerben, das Geschirr und Kochutensilien beinhaltet. Hinzu kommen die Kosten für die erste Gasfüllung und Toilettenreinigung (ca. $ 40–70) sowie eine per Kreditkarte zu stellende **Kaution** von ca. $ 500. Um hohe Endreinigungskosten zu vermeiden, sollte der Camper besenrein, mit entleerten Abwassertanks und gefülltem Frischwassertank in äußerlich ordentlichem Zustand zurückgegeben werden.

▶ Campingplätze
Campingplätze sind meist leicht zu finden, unterscheiden sich aber in Ausstattung und Lage, Preis und Größe. Allen gemeinsam ist, dass sie **meist sauber, gepflegt und großzügig proportioniert** sind. Man unterscheidet grundsätzlich zwischen kommerziellen und privaten bzw. staatlichen Plätzen, wobei jene in den Nationalparks besonders begehrt und nicht unbedingt preiswert sind. In den meisten *State Parks*, *National* oder *State Forests* gibt es einfache *campgrounds (campsides)* in landschaftlich reizvoller Lage. Oft besteht auch die Möglichkeit zu kostenlosem *backcountry camping* nach Einholen einer Erlaubnis *(permit)* in einer Ranger Station.

Relativ teuer, aber in der Regel gut ausgestattet sind die **kommerziell betriebenen Plätze**, speziell jene von **KOA** – mit sogenannten *hook-ups*, d. h. Wasser-, Stromanschluss und Abwasserentsorgung *(dump station)* sowie Luxus-Sanitäreinrichtungen, Laden und anderen Gemeinschaftseinrichtungen. Sie liegen meist in Straßennähe, allerdings oft wenig idyllisch. Bei privaten Plätzen ist der Standard sehr unterschiedlich. Die Preise beginnen etwa bei $ 15–20.

Einreise und Visum

ⓘ *siehe auch „Botschaften und diplomatische Vertretungen"*

27 Staaten, darunter Deutschland, Österreich und die Schweiz, sind am **Visa Waiver Program** (VWP) beteiligt, was bedeutet, dass es bei einer Aufenthaltsdauer bis 90 Tage keine Visumspflicht gibt. Außer einem Rückflugticket muss der maschinenlesbare, bordeauxrote **Europapass** vorgelegt werden, mindestens die gesamte Aufenthaltsdauer gültig. Alte Kinderausweise und Einträge in den Reisepass der Eltern sind nicht mehr gültig. Die neuen „ePässe" (10 Jahre Gültigkeit) enthalten biometrische Daten wie die digitale Speicherung des Gesichts und Fingerabdrücke.

Nur wer keinen neuen Europapass besitzt bzw. länger als 90 Tage im Land bleiben möchte (z. B. als Schüler, Student oder Mitglied bestimmter Berufsgruppen) oder Staatsbürger eines Landes ist, das nicht am VWP teilnimmt, muss sich der aufwendigen und teuren Prozedur der **Visumsbeschaffung** unterziehen. Dazu ist persönliche Vorsprache in den Konsulaten

(siehe „*Diplomatische Vertretungen*") nach vorheriger Terminvereinbarung nötig. Über das aktuelle Prozedere informiert die Botschaft ausführlich unter:
http://german.germany.usembassy.gov/visa

▶ ESTA und Secure Flight

Seit Januar 2009 müssen sich alle Bürger, egal, welchen Alters, die ohne Visum einreisen, spätestens 72 Stunden vor Abflug online bei **ESTA**, dem **Electronic System for Travel Authorization** registrieren. Dieser Vorgang kostet einmalig $ 14 (kursabhängig umgerechnet in Euro) und kann bereits im Reisebüro oder aber im Internet erfolgen:

@ **ESTA**
Registrierungsantrag ESTA unter https://esta.cbp.dhs.gov
Deutsche Erläuterungen und Link unter http://german.germany.usembassy.gov/visa/vwp/esta

Erfragt werden dabei prinzipiell dieselben **Angaben** wie auf dem früher im Flugzeug ausgeteilten grünen I-94 W-Formular zur Befreiung von der Visumspflicht: Name, Geburtsdatum, Adresse, Nationalität, Geschlecht, Passdetails, erstes Hotel, Zweck und Dauer der Reise etc. Wer einmal registriert ist, kann innerhalb von zwei Jahren ohne Extrakosten mehrfach einreisen, sofern der Pass solange gültig ist. Wer ein Visum besitzt, braucht kein ESTA, muss aber dafür im Flugzeug das weiße I-94-Formular ausfüllen.

Seit dem 1. November 2010 müssen die Fluggesellschaften im Rahmen von **Secure Flight** 72 Stunden vor Abflug alle maßgeblichen Passagierdaten zur Weiterleitung an die TSA (*Transportation Security Administration*) vorliegen haben: voller Name gemäß Reisepass, Geburtsdatum, Geschlecht. Normalerweise werden diese Angaben bereits bei Flugbuchung gefordert. Die erste Adresse in den USA kann beim Check-in nachgereicht werden.
Infos: www.tsa.gov/what_we_do/layers/secureflight/faqs.shtm

▶ Sicherheit

Seit September 2001 sind **verschärfte Kontrollen** an den Abflughäfen in Deutschland und in den USA üblich. Reisende sollten daher genügend Zeit für Check-in bzw. Umsteigen einplanen. Abgesehen von gelegentlichen Handdurchsuchungen des Gepäcks (Koffer nicht abschließen!) und Körperinspektionen (per Hand oder „Körperscanner") wird häufig das Ausziehen der Schuhe und das Aktivieren von Laptops und Kameras verlangt.

Alle Art von **spitzen und gefährlichen Gegenständen**, auch Taschenmesser, Pinzetten, Nagelscheren etc., müssen in den Koffer gepackt werden. Die Mitnahme von Waffen, Gaskartuschen, Feuerzeugen und ähnlichen als gefährlich eingestuften Objekten ist streng untersagt. **Gels und Flüssigkeiten** (Getränke, Shampoo, Zahnpasta, Cremes etc.) dürfen nur noch in Kleinbehältern bis 100 ml in einer durchsichtigen und wiederverschließbaren 1-Liter-Plastik-Ziptüte im Handgepäck mitgeführt werden. Sie müssen separat aufs Gepäckband. Ausgenommen sind dringend benötigte Medikamente und Babynahrung. **Auskünfte** erteilen die Fluggesellschaften bzw. gibt es unter: www.tsa.gov/travelers/airtravel/assistant/index.shtm

☞ **Gepäckregeln**
*Auf Linienflügen nach und von Nordamerika dürfen Economy-Class-Passagiere nur **ein Gepäckstück bis 23 kg** als Freigepäck aufgeben. Ein zweites Gepäckstück kostet 50 € (bzw. $ 50). Außerdem darf ein **Handgepäckstück** von begrenztem Gewicht (meist 6–8 kg) und genau de-*

finierter Größe *(je nach Fluggesellschaft variabel und unterschiedlich streng kontrolliert)* mit an Bord genommen werden, dazu eine Hand-, Foto- oder Laptoptasche.

▶ Immigration (Einreisekontrolle)

Bei Ankunft am ersten Flughafen in den USA muss der Reisende zunächst durch die *Immigration* (Einreisekontrolle), was je nach Flughafen mehr oder weniger lange Schlange stehen bedeutet. An einem der Schalter werden dann von einem *Immigration Officer* der Pass geprüft, elektronische Fingerabdrücke (beide Daumen und die vier Finger jeder Hand) genommen und ein digitales Foto gemacht. Dies alles geschieht, während der Pass gescannt wird und der *Officer* Fragen zu Reiseroute, Zweck der Reise, Beruf, Bekannten oder Freunden in den USA, gelegentlich auch zu den Finanzen stellt. Daraufhin wird die Aufenthaltsdauer auf normalerweise drei Monate festgelegt und in den Pass eingestempelt.

@ **Einreisebestimmungen**
Infos zu den aktuellen Einreisebestimmungen findet man im Internet unter http://travel.state.gov/visa/temp/without/without_1990.html

▶ Zollerklärung

Zusätzlich muss pro Familie im Flugzeug schon ein weißes Zollformular – die **Customs Declaration** – ausgefüllt werden. Auf diesem sind ggf. über die Richtwerte hinaus eingeführte Waren und Devisen anzugeben. Streng verboten ist die Einfuhr von Frischprodukten aller Art (Obst, Gemüse, Wurst etc.), Samen, Drogen/Medikamente, Waffen, Tiere etc. *(siehe „Zoll").*

▶ Gepäck und Zollabfertigung

Danach geht es Richtung **Gepäckband** *(baggage claim)*, auch wenn ein Weiterflug gebucht ist. Letzte Station: der **Zoll** *(customs).* Beim Ausgang mit der Aufschrift *„Nothing to declare"* wird die Zollkarte abgegeben und abgestempelt; gelegentlich finden schon vorher, am Band, Kontrollen mit Hunden und Stichproben statt. Bei inneramerikanischem Anschlussflug muss anschließend das **Gepäck neu eingecheckt** werden. Sofern man am Endflughafen angelangt ist, sieht man sich entweder nach *Car Rental* (Autovermietung) oder *Ground Transportation/Public Transport* (Öffentlicher Nahverkehr) bzw. nach einem Taxi um. Alles ist im Ankunftsgebäude im Allgemeinen gut ausgeschildert und leicht zu finden.

Eintritt

Je nach Art (staatlich/städtisch/privat) und Größe der Einrichtung unterscheiden sich die Eintrittspreise, wobei sie in der Reiseregion meist moderat sind. Wenige **Museen** sind gratis, wenn, dann sind dies meist staatliche. Einige, vor allem in Städten, bieten an bestimmten Tagen oder zu bestimmten Zeiten freien Eintritt. Manchmal wird eine freiwillige Spende *(suggested donation)* erwartet, die Amerikaner in der Regel auch genau bezahlen. In Städten mit zahlreichen Sights gibt es manchmal Kombitickets bzw. einen *CityPass* zum vergünstigten Preis.

Für häufige **Nationalparkbesuche** lohnt sich der Erwerb eines **National Park Pass** (*„America the Beautiful"* oder *„Interagency Annual Pass"*) für derzeit $ 80. Er gilt für ein ganzes Jahr in allen amerikanischen Nationalparks u. a. staatlichen Naturschutzgebieten für drei Insassen eines Fahrzeugs über 16 Jahren; für Kinder unter 15 Jahren gratis. Der Pass kann im Internet unter http://store.usgs.gov/pass gekauft werden.

Eisenbahn

Eisenbahnreisen in den USA mit der halbstaatlichen Eisenbahngesellschaft Amtrak ist eine bequeme und gesellige Art, große Strecken z. T. im Schlaf und überaus bequem zurückzulegen und dabei unterschiedlichste Landschaften und Staaten sowie Menschen kennenzulernen. Im Unterschied zum Flugzeug besteht die Möglichkeit, die Reise beliebig oft gratis zu unterbrechen und so **CityHopping** zu praktizieren. Im Vergleich zum Mietwagen bietet die Bahn den Vorteil, lange Wege stressfrei und unter Einsparung evtl. fälliger Rückführgebühren zurücklegen zu können.

Der Preisunterschied zwischen Bahn und Flugzeug ist auf längeren Strecken nicht sehr groß, allerdings kommt man bei frühzeitigem Ticketkauf (im Internet) preiswerter weg. Wer den Zug mehrmals benutzen möchte, für den ist Bahnfahren mit einem **Bahnpass (Rail Pass)**, den ausschließlich Nichtamerikaner über deutsche Reisebüros (s. unten) bekommen, preiswerter. Der Pass gilt im „Sitzwagen" *(coach)*, Aufpreise fallen für Schlafwagenabteile an. Maximal zwei Kinder von 2–15 Jahren zahlen den halben Preis, ein jüngeres Kind fährt kostenlos mit. Da in den Fernzügen Reservierungspflicht besteht und täglich bzw. sogar wöchentlich nur ein oder zwei Züge bestimmte Strecken frequentieren, ist genaue **Vorausplanung und Vorreservierung** nötig. Die eigentlichen Tickets holt man sich unter Vorlage von Reisepass und Reservierungsschein am ersten Bahnhof in den USA ab. *Metroliner, Acela Express* u. ä. Züge können mit einem solchen Pass nicht benutzt werden.

Allgemeine Informationen: **www.amtrak.com**

 ## Preise Rail Pass (Stand Juni 2011)

Seit 2009 gibt es ein vereinfachtes Passsystem auf dem Gesamtstreckennetz mit Segmenten. Ein **Segment** entspricht dabei einer zurückgelegten Bahnstrecke (ohne Zwischenstopp, vom Einsteigen bis zum Aussteigen).

15 Tage/8 Abschnitte: $ 389/ca. 290 €
30 Tage/12 Abschnitte: $ 579/ca. 431 €
45 Tage/18 Abschnitte: $ 749/ca. 557 €

Erworben werden können die Tickets z. B. bei:
Meso-Amerika-Canada Reisebüro, Wilmersdorfer Str. 94, 10629 Berlin, ☎ (030) 212-34190, www.meso-berlin.de/usa/zug
North America Travelhouse/CRD International, Stadthausbrücke 1-3, 20355 Hamburg, ☎ (040) 300-6160 bzw. RD Amtrak-Hotline, ☎ (040) 300 61623, www.crd.de
Flug- und Reiseservice Hageloch & Henes, Lindenstr. 34, 72764 Reutlingen, ☎ (07121) 330-184, www.buspass.de

---

▶ **Zugverbindungen für die beschriebenen Reisegebiete**
• **California Zephyr**: von Chicago über Omaha (Nebraska) und Denver nach San Francisco
• **Empire Builder**: von Chicago über Minneapolis und North Dakota nach Seattle bzw. Portland

- **Heartland Flyer**: von Oklahoma City nach Ft. Worth
- **Southwest Chief**: von Chicago über Kansas (Kansas City, Dodge City) nach Los Angeles
- **Sunset Limited**: von New Orleans über Texas (Houston/San Antonio) nach Los Angeles
- **Texas Eagle**: von Chicago über St. Louias und Little Rock nach Texas (Dallas/Ft. Worth)

Essen und Trinken

Gleich vorweg: Die amerikanische Küche besteht nicht nur aus Hamburgern und Hot Dogs, Budweiser und Coke, und die Amerikaner ernähren sich nicht ausschließlich von Dosen und Tiefkühlfertigkost. In den letzten Jahren hat sich das kulinarische Angebot in den USA enorm zum Positiven gewandelt. Texas und der Mittlere Westen dürften nicht unbedingt die perfekte Destination für Vegetarier sein, da Steaks und BBQ (Grillfleisch) die Speisekarten dominieren. Details zu den Spezialiäten von Texas und dem Mittleren Westen finden sich in der Einleitung (S. 75) und im Reiseteil zu Texas (S. 192) und den Great Plains (S. 288).

Die amerikanischen **Essenszeiten** unterscheiden sich kaum von den unsrigen: Mittagessen *(lunch)* gibt es zwischen 12 und 14 Uhr, Abendessen *(dinner)* etwa von 18 bis 21 Uhr, wobei die spätere Variante auch *supper* genannt wird. Abends isst man sogar oft noch etwas früher als hierzulande.

Günstig und gut: Drive-ins und Diners gehören wie BBQ zum Mittleren Westen

▶ **Schnelle Küche**
Fast Food ist nichts „typisch Amerikanisches", sondern ein weltweites Phänomen seit der Antike. Garküchen waren schon damals verbreitet und heute denke man nur an Döner-Stände, Asia-Imbiss, Pizzaschnitten oder Bratwurstsemmeln. Die Palette an Fast Food in den USA ist groß und man überbietet sich mit **Sonderangeboten und Werbeaktionen**. Die meisten Fast-Food-Restaurants sind von frühmorgens bis Mitternacht oder sogar rund um die Uhr geöffnet. Alkohol gibt es hier nicht, dafür preiswerte Softdrinks, die manchmal sogar gratis nachgefüllt werden können *(free refill)*.

Diners servieren in der Regel das „bessere Fast Food", z. B. „richtige" Hamburger, Sandwiches oder Pommes, die zwar etwas mehr kosten, dafür aber auch besser schmecken.

Food Courts oder **Eateries** in Einkaufszentren umfassen Imbissstände verschiedenster Küchen mit einem gemeinsamen Essbereich. Es gibt internationale Gerichte (Pizza, Asiatisches, BBQ, Hühnchen, Sandwiches, Gyros), Salate, Sandwiches, aber auch Kaffee, Gebäck oder „Pretzels" zum gleich Essen oder Mitnehmen.

Selbstversorgung ist ebenso kein Problem. Supermärkte sind meist hervorragend sortiert und verfügen häufig über Salatbars und Imbisstheken. Auch die Obst- und Gemüseabteilungen bieten eine breite Palette und die Auswahl an Naturkost *(Health Food)* ist mittlerweile ordentlich. Es gibt *Mini Marts* in Tankstellen oder Wochenmärkte mit großer Auswahl.

▶ Essen im Restaurant

Selbst im Hinterland wird man immer wieder überrascht von kleinen, oft unscheinbaren Lokalen, die bodenständige Küche in anständiger **Qualität und großen Portionen** oder sogar Haute Cuisine zu vernünftiger Preise bieten. Zum Lunch gibt es in vielen Lokalen spezielle, preiswerte Mittagskarten und *Lunch Specials* mit leichten Gerichten – vor allem Salate, Sandwiches oder Suppen. Teurer ist meist ein *Dinner à la carte* am Abend.

In besseren Restaurants ist es, speziell an Wochenenden, ratsam, einen Tisch zu **reservieren**. Die Amerikaner sind bekannt für ihre stoische Geduld beim Schlangestehen vor einem bestimmten Lokal, doch das ist nicht jedermanns Sache, und wer reserviert hat, ist im Vorteil. Essen in einem Lokal der gehobenen Kategorie (ggf. nach Kleidervorschriften erkundigen!) ist verhältnismäßig teuer, dafür sind Service und Qualität des Essens hervorragend und die Portionen im Allgemeinen groß.

Nach dem **Prinzip „wait to be seated"** wird dem Gast ein eigener Tisch zugewiesen und die Speisekarte *(menu)* überreicht. Die Bedienung *(server)* stellt sich am Tisch vor und zählt die Tagesgerichte *(daily specials)* auf; Brot und Eiswasser kommen (meist vom *busboy*) unaufgefordert auf den Tisch. Man beginnt mit der Vorspeise, **Appetizer**, geht dann zum Hauptgericht, **Entrée**, über, wobei ein Salat, wenn er zum Menü gehört ggf. ebenfalls als Vorspeise serviert wird. Den Abschluss bilden der Nachtisch, **Dessert**, und der Kaffee. Selbst ein mehrgängiges Menü wird schnell serviert; man sitzt nicht im Restaurant, um gemütlich mit Freunden zu plaudern. Dazu geht man in eine Bar oder einen Pub.

In amerikanischen Lokalen gibt es viel **Servicepersonal**, wobei die Aufgaben streng geteilt sind. Arbeitskräfte sind schlecht bezahlt und leben zum Großteil von Trinkgeldern. Daher sollte man nach der Schlussfrage, ob alles in Ordnung war, und nach dem unaufgeforderten Erhalt der Rechnung *(cheque)* in einem Ledermäppchen oder auf einem Tellerchen unbedingt mindestens **15 % Trinkgeld** addieren. Selten, in einfacheren oder Familienrestaurants, wird die Rechnung an einer Kasse *(cashier)* beglichen.

Da die Portionen oft sehr reichlich bemessen sind, ist Einpacken von Essensresten in ein **doggy bag**, heute meist eine Styropor-Box, selbst in einem Feinschmeckerrestaurant üblich. Auch isst kein Amerikaner die Pizza, ein Hähnchen oder Seafood mit Messer und Gabel.

☞ **Hinweis**
In den Reisepraktischen Informationen am Ende der jeweiligen Textkapitel wurden bei Lokalen immer dort die Telefonnummer angegeben, wo es sinnvoll sein könnte (vor allem abends bzw. an Wochenenden) einen Tisch zu reservieren.

▶ Getränke

Restaurants verfügen im Allgemeinen über eine **Schanklizenz** *(liquor license)*, die meisten Fast-Food-Lokale und einfache Diner oder Kneipen hingegen nicht. Sie bieten nur Softdrinks, Milchgetränke, Tee und Kaffee an. An Sonn- und Feiertagen darf in manchen Staaten generell kein **Alkohol** verkauft bzw. nur zu genau definierten Zeiten ausgeschenkt werden. In Lokalen wird am Tisch gefragt, ob etwas „von der Bar" gewünscht sei. Da jedoch **(Eis-)Wasser** automatisch zum Essen gehört und dieses auch ständig unaufgefordert nachgeschenkt wird, ist man nicht gezwungen, ein zusätzliches Getränk zu bestellen.

Ein Glas Bier oder Wein, auch ein Cocktail vorweg, sind bei einem guten Abendessen durchaus üblich, möchte man allerdings mehr, geht man in eine **Cocktail Lounge**, Bar oder Pub, wo Cocktails, Wein und Bier die beliebtesten Getränke sind. Harte Sachen werden, mit Ausnahme von Whiskey, selten konsumiert. **Brew Pubs** und **Sports Bars** sind gute Alternativen, um den Abend gemütlich ausklingen zu lassen, wobei gerade Erstere oft auch gute, preiswerte Gerichte servieren und *Sports Bars* die Gelegenheit bieten, Sportübertragungen auf Großbildschirmen zu verfolgen.

Inzwischen werden in vielen Teilen der USA, auch im Osten, **hervorragende Weine** produziert, allerdings dominieren auf Weinkarten vielfach leider immer noch europäische neben (durchschnittlichen) kalifornischen Weinen. Wie in Sachen **Kaffee** – es gibt nicht nur *Starbucks!* – hat sich auch, was das **Bier** angeht, in den letzten Jahren viel getan. Ausgehend von der Westküste schossen sogenannte *Microbreweries* überall wie Pilze aus dem Boden und produzieren Biere, die ihresgleichen suchen. Die Kleinbrauereien betreiben oft eigene Pubs, in denen vom Fass ausgeschenkt wird. Es gibt mittlerweile beinahe in jedem größeren Ort eine solche Kleinbrauerei und auch Supermärkte und *Liquor Stores* sind zunehmend besser sortiert. Sie bieten neben den Bieren von Großfirmen mehr und mehr, in pfandpflichtigen Wegwerfflaschen (0,35 l) auch (teurere, aber empfehlenswertere) Produkte lokaler Brauereien an.

Erfrischungsgetränke – *soft drink*, *pop* oder *soda* genannt – werden eiskalt getrunken. Gute Durstlöscher sind *ice tea* oder *lemonade*, probieren sollte man das kaugummiartig schmeckende *root beer* (antialkoholisches Getränk, ursprünglich aus der Wurzelrinde des Sassafrasbaums) oder *smoothies* (Frucht-Milchmischgetränke).

Einkaufen

Es gibt in den USA zwar **kein verbindliches Ladenschlussgesetz**, aber dennoch stimmt das Märchen von endlos geöffneten Läden nicht. Die meisten „normalen" Geschäfte, vor allem außerhalb der Städte, auf dem Land, sind auch in den USA nur zwischen etwa 9 und 18 Uhr geöffnet. In ländlichen Regionen werden abends die Gehsteige besonders früh hochgeklappt. Kaufhäuser, Einkaufszentren und Supermärkte/Drugstores haben **verlängerte Öffnungszeiten**, erstere vor allem an Wochenenden. Supermärkte sind gelegentlich auch rund um die Uhr offen, Buchläden oft bis 22 Uhr. Größere Läden öffnen meist auch sonntags, allerdings erst ab 11 oder 12 Uhr und nur bis etwa 17 Uhr.

Zu den angegebenen Preisen kommt in den USA die **Sales Tax**, eine Art Mehrwertsteuer, die jedoch in jeder Stadt bzw. jedem Staat unterschiedlich hoch ist. Sie ist im beschriebenen Reisegebiet relativ niedrig, z. B. in KS 5,3 %, in OK 4,5 % und in TX 6,25 %.

Das meiste ist beim derzeitigen Dollarstand **preiswerter als zu Hause**, vor allem Freizeitkleidung und -zubehör, Jeans, Sportschuhe und -artikel und, für den, der sich auskennt,

Für einen Einkaufsbummel sollte Zeit sein, denn vieles ist preiswerter als hierzulande

technische Geräte wie Laptops, Kameras, I-Pods etc. Zu beachten ist bei solchen Einkäufen, ob die Garantie weltweit gilt, dass bei Computern z. B. die Tastaturbelegung anders ist und dass Elektrogeräte auf 110 V laufen und Adapter bzw. andere Stecker nötig sind.

Am günstigsten bekommt man vieles in sogenannten **Factory Outlets** oder **Outlet Malls**, einer Ansammlung von Shops, in denen Markenartikel bestimmter renommierter Firmen zu enorm reduzierten Preisen angeboten werden. Sie befinden sich häufig weit außerhalb von Städten günstig an einer Interstate oder einem viel befahrenen Highway. Die größten Betreiber, auf deren Webpages sich die einzelnen Standorte finden lassen, sind: Prime Outlets – www.primeoutlets.com; Tanger – www.tangeroutlet.com; VF Outlets – www.vfoutlet.net.

Shopping Malls oder **Shopping Centers** sind im Normalfall Mega-Einkaufs- und Kommunikationszentren mit verschiedenen, oft stark spezialisierten Läden, großen *Department Stores* (Bekleidungsgeschäften) und Kaufhäusern – wie *Macy's, Neiman Marcus, Nordstrom* oder *JC Penney* unter einem Dach. Außerdem verfügen sie über andere Einrichtungen wie Friseur, Kinos, *Food Court* bzw. *Eatery* (Imbissstände) und Restaurants. **Strip Malls** hingegen befinden sich meist am Stadtrand und sind lose Konglomerate verschiedener Shops, meist mit einem großen wie *Wal-Mart* oder *Safeway* im Zentrum, und Serviceeinrichtungen wie Banken, Schlüsseldienst, Reinigung, manchmal auch mit Tankstelle und immer mit großem gemeinsamen Parkplatz.

Supermärkte – wie *Albertsons* oder *Safeway* oder der **Bio-Supermarkt** *Whole Foods* – und **Drugstores** – z. B. *Walgreen* oder *Duane Reade* – befinden sich meist an Ausfallstraßen am Stadtrand im Rahmen von **Malls** und sind umgeben von großen Parkplätzen. Die meisten Supermärkte führen Zeitungen, Schreib- und Haushaltswaren, Drogerieartikel und je nach County/Region auch alkoholische Getränke (ab 21 Jahre, oft kein Verkauf am Sonntag), in Drugstores gibt es außer Drogerieartikeln auch Reformkost, Snacks, Softdrinks, Schreib-, manchmal Haushaltswaren und dazu einen Schalter für ärztliche Verordnungen.

In Stadtzentren finden sich häufiger kleinere **Lebensmittelgeschäfte** – *Convenience, General Stores* oder *Delis* – eine Art Gemischtwarenladen. Große Tankstellen bieten ebenfalls ein breites Lebensmittelangebot, allerdings keine Frischprodukte. *Sears, Kmart, (Super)Target* oder *Wal-Mart (Superstore)* sind **Kaufhäuser**, die preiswert Kleidung, Haushaltswaren, Möbel etc., in letztgenannten drei Fällen auch Lebensmittel führen. Große **Baumärkte** sind *Home Depot* und *Lowe's; Office Depot* oder *Staples* führen **Schreibwaren** und Büroartikel. Zu den großen **Buchläden** mit zahlreichen Filialen gehören *Barnes & Nobles* und *Border's.* Meist gehören ein gemütliches Café und eine große Zeitschriftenabteilung dazu, manchmal auch eine Musikabteilung.

Größentabelle Kleidung

Herrenbekleidung
Deutsche Größe (z. B. 50) minus 10 ergibt amerikanische Größe (40)

Herrenhemden

D	36	37	38	39	40/41	42	43
USA	14	14,5	15	15,5	16	16,5	17

Herrenschuhe

D	39	40	41	42	43	44	45
USA	7	8	8,5	9,5	10	10,5	11,5

Damenbekleidung:

D	36	38	40	42	44	46
USA	6	8	10	12	14	16

Damenschuhe

D	36	37	38	39	40	41	42
USA	6	6,5	7,5	8,5	9	9,5	10

Kinderbekleidung

D	98	104	110	116	122
USA	3	4	5	6	6x

Feiertage und Veranstaltungen

Da Amerikaner im Schnitt **nur zwei Wochen Jahresurlaub** bekommen und auch die Zahl der Feiertage, der *public holidays*, gering ist, werden einige Feiertage (Ausnahme: Weihnachten, Ostern und 4. Juli) auf einen Montag gelegt, damit ein verlängertes Wochenende entsteht. Anders als hierzulande ist an Feiertagen nicht grundsätzlich alles geschlossen; Supermärkte, Museen und andere Attraktionen sind häufig geöffnet, zumindest ab mittags.

Aktuelle **Veranstaltungskalender** finden sich im Internet bzw. sind in den CVBs oder Besucherzentren der einzelnen Städte bzw. Bundesstaaten (Welcome Center) erhältlich und können regionalen Tageszeitungen und Szene-Magazinen entnommen werden. Wichtige Feste im Jahreskalender wurden in den Reisepraktischen Informationen beim jeweiligen Ortskapitel aufgeführt.

Gesetzliche Feiertage

- 1. Januar: **New Year's Day** – Neujahr, vorausgeht **New Year's Eve** – Silvester (kein eigentlicher Feiertag)
- 3. Montag im Januar: **Martin Luther King's Birthday**
- 3. Montag im Februar: **President's Day** (George Washington's Birthday) – Gedenktag zu Ehren aller Präsidenten
- Ende März/April: **Easter Sunday** (Ostersonntag); **Good Friday**, Karfreitag, gilt nur eingeschränkt als Feiertag, Ostermontag ist unbekannt.
- Ende Mai/Juni (50 Tage nach Ostern): **Pentecost** (Pfingstsonntag) – ist kein besonderer Feiertag
- Wochenende vor dem letzten Montag im Mai: **Memorial Day Weekend** (zu Ehren aller Gefallenen) – Beginn der Ferienzeit
- 4. Juli: **Independence Day** (Tag der amerikanischen Unabhängigkeit) – Nationalfeiertag
- Wochenende vor dem 1. Montag im September: **Labor Day Weekend** (Tag der Arbeit) – Ende der Ferienzeit
- 2. Montag im Oktober: **Columbus Day** (Erinnerung an die Entdeckung Amerikas)
- 31. Oktober: **Halloween** (kein offizieller Feiertag)
- 11. November: **Veterans' Day** (Ehrentag für die Militärveteranen)
- 4. Donnerstag im November: **Thanksgiving Day** (Erntedankfest), das große Familienfest
- 25. Dezember: **Christmas Day**. Keine Feiertage sind der Heilige Abend *(Christmas Eve, Holy Night)* und der 2. Weihnachtstag.

Flüge

Es kann verwirrend sein, den passenden Flug in die USA zu finden. Eine schier unüberschaubare Zahl konkurrierender Reiseveranstalter, Internetbroker und verschiedener Airlines stehen zur Auswahl. Dazu kommen unterschiedliche Bedingungen, Saisonzeiten, Abflugorte und Routenführungen, ein Wust an Sonder- und Spezialpreisen, Last-Minute- und Internetangeboten. Gerade deshalb ist es sinnvoll, sich vor der Buchung gründlich zu informieren. Das kann im Internet oder anhand von Reisekatalogen geschehen. Um zu Anfang eine grobe Preisvorstellung zu bekommen, hilft beispielsweise ein Blick ins Internet auf www.expedia.de oder ähnliche Seiten.

Die meisten **Linienfluggesellschaften** bedienen die USA täglich oder mehrmals wöchentlich und unterhalten Codesharing-Verträge, d. h., sie kooperieren mit anderen Gesellschaften und erweitern dadurch ihr Angebot. Die wichtigsten Allianzen im Nordamerika-Bereich sind das **Sky Team** (www.skyteam.com) u. a. mit *Delta, AirFrance/KLM, Alitalia*, die **Star Alliance** (www.star-alliance.com) mit *Air Canada, Austrian, Lufthansa, United/Continental, US Airways, SAS* und *Swiss* oder aber **One World** (www.oneworld.com) mit *Air Berlin, American Airlines, British Airways* und *Iberia*. Für Leute, die regelmäßig mit einer bestimmten Gesellschaft (bzw. Gruppe) fliegen, lohnt es sich, (gratis) Mitglied eines *Frequent Flyer*-Programms zu werden.

Individuell Reisen

America Unlimited ist ein kleiner Nordamerika-Spezialist, der ungewöhnliche Miet-
wagenrundreisen mit oder ohne Flug anbietet. Das Besondere ist, dass die Routen individuell abgeändert werden können und der Wunsch des Kunden oberstes Gebot ist.
Neben Ranch-Aufenthalten in Oklahoma und Kansas sind z. B. die interessanten Touren „Discover KS &O K", „Winning the West", „Taste of Texas" oder „Route 66" zu buchen.
America Unlimited, Leonhardtstr. 10, 30175 Hannover, ☏ (0511) 37444750 und Me-
xikoring 27–29, 22297 Hamburg, ☏ (040) 530348-34, www.america-unlimited.de

▶ **Hauptflughäfen**
Internationale Hauptflughäfen für die im Buch beschriebene Reiseregion sind **Dallas/Ft.
Worth**, **Houston**, **Chicago** und **Minneapolis**. Mit Umsteigen sind auch andere Flughäfen
im Mittleren Westen erreichbar, z. B. **Oklahoma City**, **Tulsa**, **Wichita**, **Kansas City** oder
St. Louis. Nur einige Ziele werden von bestimmten Flughäfen, meist Frankfurt, nonstop an-
gesteuert, z. B. von *Lufthansa* (bzw. dem Partner *United Airlines*) sind es Dallas/Ft. Worth, Houston und Chicago. Ansonsten ist bei allen anderen Flügen mindestens **einmaliges Umsteigen** nötig, sei es noch in Europa, z. B. in London, Paris oder Amsterdam, oder aber bei amerikanischen Fluggesellschaften je nach Gesellschaft z. B. in Atlanta, Chicago, Washington oder
Minneapolis. Bei einem gewählten Zwischenstopp in Europa bleibt einem der Gepäckcheck
am ersten US-Flughafen erspart.

Linienflüge starten in Europa meist am Vormittag oder Mittag und man erreicht am Nachmittag bzw. frühen Abend Ortszeit seinen Zielort. In der Regel beträgt die reine **Flugzeit 10
bis 12 Stunden**. Die meisten Verbindungen von unterschiedlichen deutschen Flughäfen nach
Texas und in den Mittleren Westen bieten *Lufthansa/United Airlines/US Airways, Delta/Air
France/KLM* sowie *BA/American Airlines*.

▶ **Preise und Bedingungen**
Die **Flugpreise** hängen von mehreren Faktoren ab, wobei generell Flüge in der NS, vor allem
im zeitigen Frühjahr oder im Herbst preisgünstiger sind als in der HS. Auch Ferienzeiten bzw.
Feiertage sollte man möglichst meiden und es kann sogar Preisunterschiede je nach Reise-
tag geben. Als **Hauptreisezeit** gelten im Allgemeinen die Sommermonate (ab Mitte Juni/An-
fang Juli bis Ende August/Anfang September), als Zwischensaison die Zeit um Pfingsten und
Weihnachten sowie die Monate September und Oktober, allerdings variiert das je nach Ziel.

Zubringerflüge bzw. Bahntickets für die Anreise zum Flughafen sind nicht automatisch inklusive und die neu eingeführte **Ticket Handling Fee** (niedriger bei Internetbuchung), die
Höhe von Umbuchungs- und Stornierungskosten, bestimmten Zuschlägen sowie Service und
Alter des Fluggeräts schwanken. Die **Preise für einen Flug** in den Mittleren Westen beginnen inklusive Steuern und Versicherungen im günstigsten Fall und in der NS bei ca. 400 €.
Im Allgemeinen muss man eher mit Summen um die 500–700 € rechnen, wobei die Unterschiede zwischen den oben genannten Hauptflughäfen eher geringfügig sind.

Fluggesellschaften unterscheiden sich nicht nur darin, von wo aus sie wohin, wann und wie
oft fliegen, sondern auch darin, wie viele und welche **Zwischenstopps** sie einlegen. Davon
abhängig ist wiederum die Höhe der Steuern und Gebühren. Unterschiedlich wird überdies

gehandhabt, ob bzw. zu welchem Aufpreis **Gabelflüge und Stop-over** möglich sind – wichtig, wenn man eine Rundreise plant und auf teure Inlandsflüge verzichten möchte. Diese Möglichkeiten auszuschöpfen, ist normalerweise günstiger, als **Flugcoupons** *(Air Passes)* zu kaufen. Diese werden von verschiedenen Gesellschaften angeboten, umfassen eine bestimmte Anzahl an Gutscheinen (Coupons) für eine bestimmte Zielregion und Dauer und müssen außerhalb den USA, oft zusammen mit dem Transatlantikflug, erworben werden.

Sondertarife sind das ganze Jahr über zu bekommen, allerdings unterschiedlich in Kontingentierung und Bedingungen. Die angepriesenen Schnäppchen aus Internet oder Reisezeitschriften erweisen sich häufig als Flop, da nur geringe Platzkapazitäten zur Verfügung stehen, diese oft an strikte Bedingungen gebunden sind oder die Flüge mehrmaliges Umsteigen und lange Zwischenaufenthalte erfordern. Immer häufiger, vor allem in der NS, bieten die Linienfluggesellschaften selbst im Internet bzw. über Zeitungsannoncen **Sonderkonditionen** an, die nur über einen meist kurzen Zeitraum gebucht werden können. Auch die Reise muss bis zu einem festgelegten Datum angetreten werden. Es lohnt sich auf alle Fälle, erst einmal die Webpages der Fluggesellschaften (s. unten) zu checken!

Preiswerte **Last-Minute-Flüge** offerieren spezialisierte Reisebüros (s. Telefonbuch), z. B. *Travel Overland* (www.travel-overland.de) oder www.mcflight.de, im Internet bieten oft auch „Broker" wie www.expedia.de oder www.opodo.de günstige Tarife. Über **Ermäßigungen** für Jugendliche und Studenten sowie über die unterschiedlich gehandhabten Bedingungen für Kinder informieren Fluggesellschaften bzw. Reisebüros.

Die wichtigsten Fluggesellschaften im Internet

Air France – www.airfrance.de   **American Airlines** – www.americanairlines.de
Austrian Airlines – www.austrian.com   **British Airways** – www.britishairways.com
Continental – www.continental.com   **Delta** – http://de.delta.com
KLM – www.klm.com   **Air Berlin** – www.airberlin.com
Lufthansa – www.lufthansa.com   **Swiss** – www.swiss.com
United Airlines – www.united.com   **US Airways** – www.usairways.com

Hinweise

- siehe auch „Einreise"
- Es gibt keine Papiertickets mehr und beim Check-in genügt die Vorlage des Passes bzw. der Buchungsnummer.
- Man sollte sicherheitshalber die Zeit des Rückflugs rechtzeitig checken, entweder im Internet oder per Anruf bei der Fluggesellschaft.
- Es wird empfohlen, bei internationalen Flügen drei Stunden vor Abflug einzuchecken. Sitzplätze können im Vorfeld reserviert werden und oft kann man schon an Vortag im Internet einchecken. Dennoch muss das Gepäck, auch bei Check-in am Automaten, an einem Schalter, manchmal an speziellen Expressschaltern, abgegeben werden.
- Genügend Zeit für Check-in bzw. Umsteigen einplanen, da strenge und mehrmalige Sicherheitskontrollen üblich sind. Die von den Fluggesellschaften als hinreichend angegebenen Umsteigezeiten können sich je nach Flughafen – London und Paris sind diesbezüglich berüchtigt – als Flop erweisen.

Fotografieren

Kameras und Zubehör sind in den USA preiswerter als hierzulande; beim Kauf ist allerdings zu prüfen, ob die Garantie weltweit gilt und ob die Stromspannung von Netzgerät und sonstigem Zubehör passt bzw. angepasst werden kann. Zum annoncierten Preis muss noch die Steuer addiert werden, außerdem u. U. Zoll am deutschen Einreiseflughafen. **Speicherkarten, Batterien und Akkus** für Digitalkameras sind in Fotoläden, Elektronikshops und mittlerweile auch in den Fotoabteilungen von Drugstores und Supermärkten zu bekommen. Dort gibt es häufig auch digitale Druckservices, *photo kiosks*. Mitgebrachte **Ladegeräte** müssen „reisetauglich", d. h. der anderen Spannung angepasst sein, zudem ist ein Adapter für die anderen Steckdosen nötig.

In **Museen und anderen Sehenswürdigkeiten** sowie im Umkreis von militärischen Anlagen ist Fotografieren verboten bzw. nur zu Privatzwecken, ohne Blitz und Stativ, erlaubt. Bei Personenaufnahmen ist Respekt oberstes Gebot.

Geldangelegenheiten

Währung

1 Dollar ($) = 100 Cent (c.) An **Münzen** gibt es Penny (1 c.), Nickel (5 c.), Dime (10 c.), Quarter (25 c.); selten sind hingegen 50 c. (Half Dollar) und Dollarmünze. An **Scheinen** sind $ 1, 5, 10, 20, 50, 100 und – theoretisch – auch $ 500 und $ 1.000 in Umlauf. Scheine über $ 20 sind den meisten Amerikanern suspekt, und es kann Probleme geben, mit einer $ 50-Note bar zu bezahlen. Quarter (und Dollarscheine) sollte man sammeln, da sie für Automaten aller Art bzw. als Trinkgeld benötigt werden.

Aktuelle Wechselkurse im Internet unter **www.oanda.com**

Bargeld

Obwohl man heute tatsächlich nur noch in wenigen Situationen Bargeld benötigt, sollte man einen gewissen Dollarbetrag, vor allem **Kleingeld**, in der Tasche haben, z. B. um am Flughafen eine Zeitung kaufen zu können, für den Gepäckwagen oder den Getränkeautomaten. Der Umtausch von € oder CHF in $ ist an Flughäfen, speziellen Wechselstellen oder in Banken grundsätzlich kein Problem, lediglich können die Kurse ungünstiger sein, Gebühren anfallen und die ganze Prozedur zeitaufwendig sein. Größere Summen Bargeld kann man sich dann in den USA mit Reiseschecks oder (teurer) am Automaten per Karte beschaffen.

Maestro/EC-Karte und Post-Sparcard

An über 200.000 Geldautomaten kann man in den USA Geld abheben, wobei Voraussetzung ist, dass das **Maestro-Zeichen** am „ATM", der *Automated Teller Machine*, vorhanden ist und man seine PIN-Nummer weiß. Auch an vielen Kassen mit Maestro-Zeichen ist mittlerweile Zahlung mit der **EC-Karte** möglich.

Die Gebühr für eine Automatenabhebung variiert je nach Bank, beträgt bis zu 5 € und ist abhängig von der Höhe der Abhebung (meist max. 500 € pro Tag). Die **Postbank SparCard** ist an VISA-Plus-Automaten einsetzbar, und zwar zehnmal jährlich sogar gebührenfrei. Wenn die EC-Karte abhanden kommt, sollte man sie sofort sperren lassen (Sperrnummer s. unten); dazu ist die Kontonummer nötig.

Kreditkarten

Als Tourist kommt man ohne Kreditkarte nicht aus, denn nur damit gilt man in den USA als kreditwürdig und kann z. B. eine verbindliche Zimmerreservierung vornehmen, Tickets via Telefon kaufen oder die nötige Kaution für einen Mietwagen stellen. **Euro/MasterCard** und **VISA** sind die verbreitetsten Kreditkarten, seltener werden *American Express* und *Diners Club* akzeptiert.

Die „Plastikkarten" müssen rechtzeitig bei Bank oder Unternehmen wie dem ADAC beantragt werden. Zweitkarten sind preiswerter, „Goldkarten" beinhalten oft Versicherungen und Notfallservice. Die getätigten Ausgaben werden unter Aufschlag einer Umrechnungsgebühr von meist 1 % von einem eigens eingerichteten Konto abgebucht, auf dem für Notfälle immer ein Guthaben deponiert werden sollte. Gegen Gebühr von bis zu 5,5 % oder mindestens rund 5 € lässt sich mit einer Kreditkarte an beinahe jedem Bankautomaten auch Bargeld ziehen.

Kreditkarten sind versichert und bei Verlust oder Diebstahl sorgt die Gesellschaft nach einem Anruf unter ihrer **Notfallnummer** (s. Kartenrückseite bzw. Merkblatt – vor der Reise notieren!) für Sperrung und raschen Ersatz (Infos auch unter **www.kartensicherheit.de**).

 Kartensperrung

In Deutschland gibt es eine **einheitliche Sperrnummer** ☎ **0049-116116** und vom Ausland zusätzlich ☎ **0049 (30) 4050-4050**. Sie gilt mit wenigen Ausnahmen für alle Arten von Karten (auch Maestro/EC-Karten) und Banken sowie Mobilfunkkarten. Details unter **www.sperr-notruf.de**.

Für Karten von bisher nicht angeschlossenen Kreditinstituten und für **österreichische** und **Schweizer Karten** sind die gültigen Notrufnummern dem mit der Karte erhaltenen Merkblatt zu entnehmen oder bei der jeweiligen Bank vor der Reise zu erfragen und zu notieren.

Reiseschecks

Außer der Kreditkarte empfiehlt es sich, (ebenfalls versicherte) Reiseschecks – am besten in $ 50-Stückelung – mitzunehmen. **American Express Travel(l)ers Cheques** (TC) werden auch von *Travelex* ausgegeben. Man muss sie in der Bank vorbestellen oder erhält sie z. B. auch beim ADAC. Schneller und unkomplizierter als in Banken, wo außer dem Reisepass manchmal ein Fingerabdruck gefordert wird und Gebühren anfallen können, lassen sich die Schecks in den USA in *American-Express-* oder *Travelex*-Agenturen eintauschen.

Am einfachsten ist es aber, im Hotel einen Scheck einzulösen („*to cash a cheque*"), wobei normalerweise maximal $ 50 pro Tag ausbezahlt werden, oder gleich damit zu bezahlen. In Läden, sogar in Supermärkten, gelten die **Schecks als Zahlungsmittel**, mit denen selbst Kleinstbeträge beglichen werden können. Restsummen werden bar herausgegeben.

Gegen Angabe der Seriennummern (vorher notieren!) werden Reiseschecks innerhalb von 24 Stunden ersetzt. Dazu ist **bei Verlust oder Diebstahl** umgehend Meldung bei *American Express* bzw. *Travelex* nötig: Telefonnummern und Hinweise erhält man zusammen mit den gekauften Schecks. Ggf. wird ein Polizeiprotokoll gefordert und muss ein Rückerstattungsformular ausgefüllt werden.

☞ **Sperrung AmEx Reiseschecks**
Sperrung in Deutschland: ☏ *0800-101 2362 (kostenfrei); in Österreich:* ☏ *0043 (1) 5450120; in der Schweiz:* ☏ *0041 (1) 7454020.*
In den USA *hilft das deutschsprachige AmEx-Kunden-Service Center unter* ☏ *1-888-412-6945 (gratis) weiter.*

Gesundheit

ⓘ *siehe auch „Notfälle" und „Versicherungen"*

USA-Reisende sind **keinen besonderen Gesundheitsrisiken** ausgesetzt. Ernährungsbedingte Umstellungsprobleme sind selten, das Leitungswasser kann unbesorgt getrunken werden, besondere Impfungen sind nicht nötig. Häufig sind Erkältungen aufgrund der Vollklimatisierung der Räume – **Air Conditioning** (A/C). Eine Strickjacke oder ein Pullover in der Tasche können ganzjährig nützlich sein.

Sauberkeit wird großgeschrieben, und ein eigenes Badezimmer gehört zu jedem noch so billigen Motel, ein passables WC zu jeder Raststätte oder Tankstelle. Allerdings sollte man nie nach der toilet fragen, ein **WC** heißt *restroom, ladies' room* oder *men's room, bathroom* oder *powder room.*

Im **Krankheitsfall** ist in den USA für rasche und effektive Behandlung gesorgt. An qualifizierten Ärzten *(physicians)* bzw. Zahnärzten *(dentists)* besteht kein Mangel; der Spezialisierungsgrad ist hoch, die Konkurrenz groß. Namen und Adressen von Ärzten können leicht an der Hotelrezeption bzw. über die Gelben Seiten des Telefonbuchs herausgefunden werden. Hausbesuche sind unüblich und meist helfen in größeren Orten bzw. Städten *Health Care* oder *Family Centers*, Gemeinschaftspraxen ohne Terminvereinbarung („walk-in") weiter.

Arzt-, Medikamenten- und Krankenhauskosten sind hoch und jeder Patient wird zunächst als Privatpatient behandelt. Daher wird auch bei Besuchern der Nachweis der Zahlungsfähigkeit durch **Kreditkarte** vorausgesetzt und für jeden Arztbesuch muss sofort bezahlt werden. Zu Hause erstattet die Versicherung nach Überprüfung und gegen **ausführliche Bescheinigung und Quittungen** über Diagnose, Behandlungsmaßnahmen und Medikamente die Kosten zurück. Bei schweren Erkrankungen oder Unfällen sind zusätzlich der Notfallservice der Versicherung und ggf. Botschaft bzw. Konsulat zu kontaktieren.

Außer dringend benötigten (rezeptpflichtigen) **Medikamenten** (bei größeren Mengen ist eine englischsprachige Bescheinigung für den Zoll mitführen) sollte auch die übliche kleine Reiseapotheke mit dabei sein. **Pharmacies** (Apotheken) existieren eigentlich nur in Form von Spezialschaltern *(Prescriptions Counter)* in **Drugstores**. Dort löst man ärztliche Verordnungen ein und erhält Beratung durch einen Apotheker. Zudem gibt es, wie auch in Supermärkten, preiswert und rezeptfrei ein Grundsortiment an Arzneimitteln, Standardmedikamente gegen Schmerzen, Durchfall oder Erkältungen.

Es empfiehlt sich, leichte **(Baumwoll-) Kleidung** mitzunehmen und diese ggf. in Schichten übereinander zu tragen. Regenschutz und feste Schuhe, aber auch Sonnenbrille, Mütze oder Hut gehören in den Koffer, außerdem ggf. Insektenschutzmittel *(bug revelant)* und Sonnenschutzmittel mit hohem Lichtschutzfaktor, vor allem im Westen hat es die Sonne in sich, auch wenn der Himmel bedeckt ist.

Notfall
Im Notfall ruft man die **Ambulanz** ☎ **911** *oder fährt zur* **Notaufnahme** *des nächsten Hospitals (Emergency Room).*

Informationen

Deutsch-Amerikanische Institute bzw. Zentren existieren derzeit in Freiburg, Hamburg, Heidelberg, Kiel, Köln, München, Nürnberg, Saarbrücken, Stuttgart und Tübingen. Daneben gibt es beim **ADAC** allgemeines Informationsmaterial und Karten über die verschiedenen US-Regionen.

Informationen im Internet
Allgemeine reisepraktische Infos gibt es im Internet unter **www.usa.gov/visitors/travel.shtml** *oder auf der offiziellen Reise- und Tourismus-Internetseite der USA,* **www.discoveramerica.com** *(deutsch).*

Vor Ort helfen **Visitor Information Centers**, **Convention & Visitor Bureaus (CVB)** oder **Chambers of Commerce** weiter, an den Staatsgrenzen (Interstates) gibt es **Welcome Center** – Besucherzentren, die Prospektmaterial, Karten etc. bereithalten, z. T. auch bei der Zimmerreservierung behilflich sind und in denen „Coupon-Hefte" (vor allem für Rabatte in Hotels) ausliegen. Infos und Adressen sind beim jeweiligen Ort aufgeführt.

Alle im Reisegebiet liegenden Staaten sind auch durch **deutsche PR-Agenturen** vertreten, die im Allgemeinen auch für Österreich und für die Schweiz zuständig sind. Des Weiteren sind nachfolgend die maßgeblichen **Adressen und Webseiten der einzelnen US-Bundesstaaten** angegeben.

▶ Texas (TX)
Texas Tourism, c/o Mangum Hills Balfour GmbH, Maximilianstr. 54, 80538 München, ☎ (089) 2323 2650, www.traveltex.com/german (deutsch, mit herunterladbarem Reiseführer) bzw. www.traveltex.com (engl.).

▶ Kansas (KS) und Oklahoma (OK)
Kansas/Oklahoma Travel & Tourism, Landaustr. 26, 38112 Braunschweig, ☎ (0531) 231-1644, reiseinfo@travelKSOK.com.
Eine deutsche Broschüre kann unter *http://travelksindustry.com/DocumentView.aspx?DID=163* gratis heruntergeladen werden.
Infos im Internet: www.travelks.com (Kansas) bzw. www.travelok.com (Oklahoma)

▶ Iowa (IA), Nebraska (NE) und Missouri (MO)

Es gibt für diese Staaten derzeit keine deutsche Repräsentanz. Infos finden sich auf folgenden Webseiten:

Iowa (IA): www.traveliowa.com
Nebraska (NE): www.visitnebraska.gov
Missouri (MO): www.visitmo.com

▶ North Dakota (ND) und South Dakota (SD)

RMI-Germany (Rocky Mountains International), c/o Wiechmann Tourism Services, Scheidswaldstr. 73, 60385 Frankfurt/Main, ☎ (069) 25538-230, www.rmi-realamerica.de
RMI USA: www.rmi-realamerica.com bzw. www.rockymtnintl.com
South Dakota (SD): www.travelsd.com
North Dakota (ND): www.ndtourism.com

▶ Minnesota (MN), Wisconsin (WI) und Illinois (IL)

Great Lakes of North America, c/o TravelMarketing Romberg, Schwarzbachstr. 32, 40822 Mettmann, ☎ (02104) 797451, www.greatlakes.de
Fremdenverkehrsamt Illinois/Chicago, c/o Wiechmann Tourism Services, Scheidswaldstr. 73, 60385 Frankfurt/Main,
☎ (069) 25538-280, www.gochicago.de und www.enjoyillinois.com
Minnesota (MN): www.exploreminnesota.com
Wisconsin (WI): http://tourism.state.wi.us

Kartenmaterial

Neben der diesem Reiseführer beigelegten Reisekarte empfiehlt sich der „**Rand McNally Road Atlas: United States/Canada/Mexico**", der auch hierzulande erhältlich ist, außerdem gibt es beim **ADAC gratis Regionalkarten** sowie allgemeine Infos („TourSets") zu Autoreisen in den USA. **Geo Center** (www.geocenter.de) vertreibt topografische und geophysische Karten unterschiedlicher Maßstäbe; sie sind in gut sortierten Buchhandlungen erhältlich.

In den USA angekommen, sollte die erste Fahrt zu einem **AAA-Büro** führen (s. „Auto fahren") um dort *Maps* sowie *AAA TourBooks* mit Motel- und Hotelverzeichnissen, Restaurants, Attraktionen und anderem Wissenswerten, außerdem ggf. *CampBooks*, zu besorgen. Manche *TourBooks* sind auch beim ADAC gegen Gebühr erhältlich.

Überblickskarten der einzelnen Bundesstaaten bzw. einzelner Städte gibt es im Internet bzw. bei Fremdenverkehrsämtern, VCs, Welcome Centers oder CVBs.
Bei Mietwagen kann auch ein **Navigator** dazugebucht werden.

Im Internet helfen bei der **Planung** weiter:
http://maps.google.com
www.mapquest.com
www.randmcnally.com
www.nationalatlas.gov (zahlreiche Spezialkarten)

inheiten

abelle *siehe unter „Einkaufen"*

Hohlmaße
1 fluid ounce = 29,57 ml
1 pint = 16 fl. oz. = 0,47 l
1 quart = 2 pints = 0,95 l
1 gallon = 4 quarts = 3,79 l
1 barrel = 42 gallons = 158,97 l

Längen
1 inch (in.) = 2,54 cm
1 foot (ft.) = 12 in. = 30,48 cm
1 yard (yd.) = 3 ft. = 0,91 m
1 mile = 1760 yd. = 1,61 km

Flächen
1 square inch (sq.in.) = 6,45 qcm
1 sq.ft. = 929 cm^2
1 sq.yd. = 0,84 m^2
1 acre = 4840 sq.yd. = 4046,8 m^2 oder
       0,405 ha
1 sq.mi. = 640 acres = 2,59 km^2

Gewichte
1 ounce = 28,35 g
1 pound (lb.) = 16 oz. = 453,59 g
1 ton = 2000 lb = 907 kg

Temperaturen
Umrechnung: (Grad F - 32) x 0,56 = Grad C

20 °F	-7 °C	32 °F	0 °C
40 °F	4 °C	50 °F	10 °C
60 °F	16 °C	70 °F	21 °C
80 °F	27 °C		

Medien

An jeder Straßenecke für 75 c. erhältlich ist die einzige wirklich überregionale, optisch gut aufgemachte Tageszeitung „**USA Today**", die vor allem nationale Geschehnisse behandelt und über einen hervorragenden Sportteil und ausführlichen Wetterbericht verfügt. Renommiert und überall erhältlich ist die überregionale Tageszeitung „**New York Times**".

Große Buch- und Zeitschriftenläden in Städten oder an Flughäfen und Bahnhöfen führen meist auch **deutsche Zeitungen** und Zeitschriften, allerdings teuer und meist nicht aktuell. Amerikanische Zeitungen und Zeitschriften sind preiswerter und in größerer Auswahl als hierzulande erhältlich. Beliebte überregionale **Wochenmagazine** sind „Time", „Newsweek" und „Fortune"; „Ebony" gibt z. B. einen Einblick in die afroamerikanische Szene und „Sports Illustrated" und „Sporting News" in die Welt des Sports.

▶ TV und Radio

Obwohl jedes noch so billige Motelzimmer über einen Fernseher verfügt, unterscheiden sich Empfang und Senderzahl enorm. Gängige überregionale Sender sind PBS, NBC, CBS, ABC und Fox, darüber hinaus gibt es Kabel- und Satellitensender, die je nach gekauftem „Paket", unterschiedlich in Angebot und Zahl sind. Im Stundentakt laufen auf festen Programmschienen dieselben Sendungen zur selben Zeit und am selben Tag.

Viele Sender haben sich dabei auf bestimmte Genres spezialisiert haben, z. B.

- **Spielfilme**: HBO, Hallmark Movie Channel, Fox Movie Channel
- **Soap Operas**: TNT, TBS, Soap
- **Sport**: ESPN
- **Nachrichten**: CNN, Bloomberg TV, ABC News
- **Wetter**: Weather Channel
- **Natur, Abenteuer, Outdoors**: Discovery Channel, National Geographic, Animal, Travel
- **Geschichte**: History
- **Kochen**: Food Network, Cooking Channel
- **Comics/Cartoons**: Disney Channel, Cartoon
- **Musik**: MTV, Great American Country
- **Kinder**: Nickelodeon

Im **Radio** dominieren die privaten Sender. Sie sind mehr oder weniger stark spezialisiert, z. B. auf Country, Jazz, Rock, Klassik, Sport, Talkshows oder Nachrichten, und je nach Finanzlage unterschiedlich stark von Werbung abhängig. Ein überregionaler Sender mit breit gefächertem Angebot ist *National Public Radio* (npr).

Mietwagen

(i) *siehe auch „Auto fahren"*

Finanzielle und sicherheitstechnische Vorteile sprechen dafür, einen **Mietwagen bereits zu Hause zu buchen**, im Reisebüro oder über das Internet, besonders wenn die Mietdauer mindestens eine Woche beträgt. In der Regel sind die Tarife günstiger, vor allem weil in Europa die Versicherungspauschalen und sonstigen Gebühren bereits im Preis enthalten sind.

Normalerweise muss ein Wagen an ein- und demselben Ort abgeholt und abgegeben werden, ansonsten fallen **Rückführgebühren** an, die sich je nach Veranstalter und Strecke unterscheiden. Ggf. sollte man vor Buchung prüfen, ob es am Ankunfts- bzw. Abflugsort, vor allem an Bahnhöfen bzw. in Städten, tatsächlich eine Mietstation gibt und ob diese zur betreffenden Zeit geöffnet ist. **Zahl und Verteilung der Mietstationen** unterscheiden sich je nach Firma.

Im Laufe der letzten Jahre haben sich die Anbieter bezüglich der **Preise und Mietbedingungen** weitgehend angeglichen und alle sind dazu übergegangen, **Pakete** anzubieten (z. B. *A/Sparpaket/Preiswert&Gut* oder *B/All/Super/Fully Inclusive*). Es gelten außerdem manchmal spezielle (höhere) *Rates* für „Jugendliche" unter 25 Jahren. Alle Pakete schließen **Vollkasko** (CDW/LDW – *Collision/Loss Damage Waiver*), pauschale Erhöhung der Haftpflicht-Deckungssumme (ALI – *Additional Liability Insurance*) und sämtliche Steuern und Zusatzgebühren *(taxes and fees)* sowie *unlimited milage* (freie Fahrmeilen) ein.

Bei den (selten nötigen) „**Super-(Luxus-)Versionen**" sind u. a. die Kosten für einen Zusatzfahrer und oft eine Tankfüllung im Preis enthalten, außerdem Zusatzversicherungen (Insassen- bzw. Gepäckversicherung, PAI – *Personal Accident Insurance*, oder PEC – *Personal Effects Coverage*), die oft jedoch schon durch bestehende Versicherungen oder den Versicherungsschutz von Gold-Kreditkarten abgedeckt sind (vorher prüfen!). Es gibt außerdem Fahrzeuge mit Navigator (GPS) zu buchen. **Unter 21-Jährige** zahlen oft erhöhte Mietpreise.

Die gekoppelte Buchung von Flug und Mietwagen oder Camper – **Fly & Drive** – kann eine Alternative sein. Reiseveranstalter bieten oft günstige Varianten an. Man sollte jedoch speziell in der NS, wenn Flüge billig sind, das Angebot mit den Einzelpreisen vergleichen. Eine Vielfalt an **Auto-Rundreisen**, wird ebenfalls in den Katalogen vieler Veranstalter angeboten, z. B. bei *America Unlimited* (s. S. 105, 131) mit individuell veränderbaren Routen.

▶ Fahrzeugkategorien

Die großen Vermieter verfügen über neuwertige **Fahrzeugflotten** meist spezieller Marken. Ein bestimmter Wagentyp kann nicht reserviert werden, doch geht man an vielen Flughäfen dazu über, Kunden aus einer Reihe gleichkategorisierter Autos wählen zu lassen. Alle Wagen haben Automatik, Airbags, Klimaanlage und CD-Player, meist zudem *Cruise Control* (Tempomat), Servolenkung und -bremsung, oft auch Zentralverriegelung und automatisches Tages-Fahrlicht.

Die Palette reicht mit **unterschiedlichen Bezeichnungen** von Klein *(Economy)* über Mittel bzw. *Midsize (Compact, Intermediate* oder *Standard)* bis Groß *(Full Size)*, dazu gibt es eine Luxusversion *(Premium* o. Ä.) und je nach Firma *Minivan* oder *Station Wagon, SUV/4-wheel-drive* oder *Cabriolet* und *Pick-up*. Bei der Wahl der Kategorie sollten vor allem Personenzahl, Art und Menge des Gepäcks und geplante Streckenlänge bzw. Fahrzeiten bedacht werden.
Im Allgemeinen dürfte für zwei bis drei Personen ein Fahrzeug der **mittleren Kategorie** genügen, zumal in amerikanischen Büros, vor allem in Stadtbüros, wesentlich pauschaler unterschieden wird und die Zahl der Türen dort beispielsweise selten eine Rolle spielt. Mit etwas Glück erhält man statt der gebuchten Kategorie ohne Aufschlag einen größeren Wagen.

☞ Günstige Mietwagen

Abgesehen von den überregionalen großen Anbietern wie **Avis**, **Alamo** oder **Hertz**, **Budget** und **National** gibt es Mietwagen-Broker, die oft günstige Konditionen, vor allem im Internet, bieten. Leicht vergleichen lassen sich die Preise auf: **www.mietwagen-broker.de**.

- www.holidayautos.de
- www.autoeurope.de
- www.tui.de/mietwagen
- www.adac.de/autovermietung
- www.sunnycars.de
- www.driveFTI.de
- www.dertour.de (Link „Mietwagen")

▶ Wagenübernahme

An jedem internationalen Flughafen befinden sich Niederlassungen der großen Mietwagenfirmen, häufig gibt es nur einen Schalter im Flughafen, an dem die Formalitäten erledigt werden und von wo aus kostenlose Shuttlebusse den Kunden zum Parkplatz des Unternehmens bringen. *Rental Car Return* ist an allen Flughäfen gut ausgeschil-

Ideal für eine Rundreise im Mittleren Westen: ein Mini-SUV

dert und die Rückgabe verläuft meist unkompliziert und schnell, meist direkt am Auto per Handcomputer.

Am **Schalter** muss außer der Reservierungsnummer bzw. dem Voucher eine Kreditkarte zur Stellung der Kaution und Begleichung sonstiger anfallender Kosten vorgelegt werden. Dazu kommen der Führerschein (ein internationaler ist kein Muss und alleine ungültig!) und die Heimatadresse, dazu Mobil-Phone-Nummer und die erste Adresse in den USA. Man vereinbart, sofern nötig, vor Abfahrt noch Zusatzversicherungen und mietet Sonderzubehör wie Navigator, Kindersitz oder Dachgepäckträger. Das vielfach angebotene „günstige" *Upgrading* (Buchen einer höheren Klasse) und das Angebot, eine Tankfüllung im Voraus (teuer) zu bezahlen, lehnt man besser ab und tankt stattdessen vor Abgabe noch einmal selbst.

Der **Mietvertrag** muss mehr oder weniger umständlich per Initial (z. B. Ablehnung von Zusatzversicherungen oder Tankfüllung) und/oder Unterschrift bestätigt werden. Sicherheitshalber sollte man einen Blick auf die auf dem Mietvertrag angegebene **Rückgabezeit** werfen, da sich hier gerne „Fehler" einschleichen. Jede Verspätung von mehr als einer halben Stunde geht nämlich ins Geld.

Mit Stadtplan und leider meist nur einem (bzw. zwei bombenfest miteinander verbundenen) Autoschlüssel(n) geht es zur **Abholung** zu dem auf dem Umschlag mit Mietvertrag angegebenen Stellplatz bzw. zur entsprechenden Reihe mit gleichkategorisierten Autos. Bei freier Auswahl sollte man auf möglichst geringen Tachostand, Reifenzustand, Kofferraumkapazität und *Cruise Control* achten.

Vor Fahrtantritt sollte kurz der äußere Zustand, vor allem die Reifen, die Sauberkeit (auch innen) sowie die **Funktionstüchtigkeit** von Lichtern, Blinker, Scheibenwischern, Gurten, Fensterhebern und Zentralverriegelung gecheckt werden. Auch ist es sinnvoll, gleich nach Motorhauben- und Kofferraumöffner, Sitzverstellhebel sowie Tankverschluss Ausschau zu halten sowie Ersatzreifen und Tankanzeige zu prüfen. Es gibt meist nur eine sehr knapp gehaltene Bedienungsanleitung im Auto.

▶ Direktbuchung vor Ort

Ein Leihwagen kann auch kurzfristig vor Ort, gleich am Flughafen (Servicetelefone) oder in der Stadt, gechartert werden; Mindestalter ist meist 21 Jahre (unter 25 fällt ein Aufschlag an). Direktbuchung ist im Allgemeinen teurer, wobei man trotzdem wegen Service, Sicherheit, Fahrzeugflotte und Netz die großen Anbieter kleineren, lokalen Firmen vorziehen sollte. Vor allem ist darauf zu achten, ob *unlimited milage* und CDW/LDW *(full coverage)* im genannten Preis enthalten sind. Man sollte auf alle Fälle nach „**Specials**" (z. B. *Weekend/Senior/AAA Special*) fragen.

Telefonische Reservierung ist sinnvoll (1-8 . .-Nummern gebührenfrei in USA):
- **Alamo:** ☏ 1-877-222-9075, www.goalamo.com
- **Avis:** ☏ 1-800-230-4898, www.avis.com
- **Budget:** ☏ 1-800-527-0700, www.budget.com
- **Dollar:** ☏ 1-800-800-3665, www.dollar.com
- **Enterprise:** ☏ 1-800-261-7331, www.enterprise.com
- **Hertz:** ☏ 1-800-654-3131, www.hertz.com
- **National:** ☏ 1-877-222-9058, www.nationalcar.com

Museen und andere Sights

ⓘ siehe „Natur- und Nationalparks", „Eintritt" und „Öffnungszeiten"

Der Mittlere Westen ist reich an Kultur, Museen verschiedenster Ausrichtung sind überall zu finden: Kunstmuseen, historische Museen – dazu gehören auch sogenannte *Living History* (Openair-) Museen – und naturwissenschaftliche Museen, meist *hands-on*, d. h. mit interaktiven Ausstellungsstücken.

Dazu kommen **Spezialmuseen** wie Indianermuseen, Route-66-Museen, Sports Hall of Fames, Raumfahrtmuseen, Planetarien, aber auch Geburts- und Wohnhäuser *(Historic Homes)* berühmter Persönlichkeiten (z. B. Schriftsteller oder Politiker), Plantagenhäuser und Gartenanlagen. Ein Schwerpunkt in der Reiseregion sind **von Indianern betriebene Museen** bzw. **Cultural Centers**. Überdies widmen sich viele Museen allem, was mit Cowboys und Geschichte zu tun hat.

Nahverkehr

Der öffentliche Nahverkehr ist in den Städten von Texas und dem Mittleren Westen unterschiedlich gut ausgebaut und bietet sich nur punktuell statt eines Autos zur Besichtigung an. So gibt es in **Houston und Dallas** Straßenbahnen und zwischen **Dallas und Fort Worth** eine S-Bahn. Hier könnte man den Mietwagen bei der Stadtbesichtigung kurzzeitig auf dem Hotelparkplatz stehen lassen.

Voraussetzung für die **Benutzung von Bahnen und Bussen** ist ein Routenplan und etwas Ortskenntnis bzw. ein Stadtplan, außerdem Kleingeld, da Tickets meist vorher am Automaten gekauft oder der Betrag abgezählt beim Fahrer bezahlt werden muss. Für Transfers gibt es eigene verbilligte Zusatztickets, außerdem in vielen Städten ermäßigte Tages-, Mehrtagestickets oder Wertkarten. Bei Bussen wird zwischen *Express* (schneller, weniger Stopps) und *Local* unterschieden. Details finden sich nach Bedarf in den „Reisepraktischen Informationen" am Ende der jeweiligen Stadtbeschreibungen.

Natur- und Nationalparks

ⓘ siehe auch „Camping"

Das amerikanische **National Park System** umfasst über 390 *National Parks, Forests, Monuments, Battlefields, Historic Sites, Recreation Areas* u. a. geschützte Areale. Rechtzeitige **Vorausbuchung von Unterkünften bzw. Campingplätzen** ist dort vor allem in der HS (Juli/August) nötig.

In jedem Nationalpark gibt es eine oder mehrere **Zufahrten**, dort wird die Gebühr kassiert und gibt es ein Faltblatt mit Basisinfos. Zusätzlich befindet sich fast immer in der Nähe der Zufahrt ein **Visitor Center** (Besucherzentrum); dort informieren **Park Ranger** über Programme, Angebote und Besonderheiten, Unterkunfts- und Wandermöglichkeiten im Park. Zu den VCs gehören häufig **Ausstellungen** bzw. sogar **Museen mit Filmvorführung** und/

oder Diashows zur spezifischen Flora und Fauna, Geologie und Geografie, Geschichte oder anderen Besonderheiten des jeweiligen Parks. Meist gibt es auch einen Shop oder Verkaufsstand mit Literatur, Karten u. a. Souvenirs.

Informationen zu den National Parks

www.nps.gov – *Offizielle Seite des National Park Service mit Links zu einzelnen Parks.* **www.nationalparks.org** – *Webpage der National Park Foundation.* **www.ohranger.com** – *Infos zu allen Parks und Public Lands online, eher Blog mit Fragen und Antworten, nach Staaten sortiert (☏ 212-581-3380).*

Eintritt

Der Eintritt wird im Allgemeinen pro (Privat-)Fahrzeug berechnet, im Regelfall inklusive vier Insassen. Die Gebühr liegt bei $ 5–25 je nach Park und mit dem erhaltenen Kassenbon an der Windschutzscheibe darf man im Allgemeinen sieben Tage im Park bleiben bzw. beliebig ein- und ausfahren. Wer mehrere Parks besuchen möchte, sollte einen **America the Beautiful (Annual) Pass** kaufen(im Internet unter http://store.usgs.gov/pass). Er kostet derzeit $ 80 und gilt ein ganzes Jahr in allen amerikanischen Nationalparks u. a. staatlichen Naturschutzgebieten für drei Insassen eines Fahrzeugs über 16 Jahren; Kinder unter 15 Jahren haben freien Eintritt.

Übernachten

In den meisten National Parks oder Forests gibt es kostenpflichtige **Campgrounds** oder **Campsides** unterschiedlicher, meist einfacher Ausstattung in reizvoller Lage, darüber hinaus besteht oft die Möglichkeit zu kostenlosem **Backcountry Camping** nach Einholen einer Erlaubnis *(permit)* in einer Ranger Station. Teurer und besser ausgestattet sind meist die kommerziell betriebenen Plätze, speziell jene von KOA. Sie befinden sich nie in den Parks, sondern im Umfeld.

Die **Hotels/Lodges** in den (großen) Parks werden meist wie Läden, Outfitter, Busbetreiber u. a. von Privatunternehmen wie *Xanterra Parks & Resorts* verwaltet. Bei weitem nicht alle Parks verfügen über Herbergen innerhalb des Parks, doch sofern solche oft rustikalen Unterkünfte (Lodges) vorhanden sind, müssen diese langfristig vorher gebucht werden. Darüber hinaus bieten sich meist preiswertere Unterkünfte in den am Parkrand gelegenen Orten an.

Informationen zu Camping/Unterkunft in den Parks

Infos zu Camping- und anderen Unterkunftsmöglichkeiten in den Parks finden sich bei den einzelnen Parks: **www.nps.gov/...**, *s. dazu auch das jeweilige Reisekapitel.* **www.nationalparkreservations.com**, *☏ 1-866-875-8456 (gratis) bzw. +1 (406) 862-8190. Viele, aber bei weitem nicht alle NPs sind diesem privaten, gebührenpflichtigen Reservierungssystem angeschlossen.* **www.nationalparkhotelguide.com** – *Where to stay in America's National Parks? – eine Unterkunftsliste sortiert nach Staaten und Parks, vorwiegend Hotels/Motels in Randgemeinden. Mit Sofortbuchungsmöglichkeit.*

Notfall, Notruf

ⓘ *siehe auch „Auto fahren", „Geldangelegenheiten", „Gesundheit", „Sicherheit", „Versicherungen"*

Im **Notfall**, egal welcher Art, hilft ein **Polizist** *(cop)*, das nächste **Polizeirevier (Operator 0)**, die gebührenfreie **Emergency Number** ☏ **911** (Notrufzentrale) oder die deutschsprachige **Notfall-Telefonnummer des ADAC**: ☏ **1-888-222-1373**.

Bei **Diebstahl oder Verbrechen** ist im nächsten Polizeirevier Anzeige zu erstatten, denn nur bei Vorlage eines Polizeiprotokolls ersetzen Versicherungen den erlittenen Verlust. Ebenfalls zu melden ist der Vorfall bei der betreffenden Stelle, wie Fluggesellschaft oder Bank, möglichst mit Nummern bzw. Kopien der entsprechenden Papiere.

Bei **Verlust der Kreditkarte** oder der Reiseschecks muss umgehend die Sperrung bei der auf der Kartenrückseite oder auf dem zugehörigen Merkblatt angegebenen und vorher notierten Notfallnummer veranlasst werden *(siehe „Geldangelegenheiten")*. In Deutschland gilt für alle Arten von Karten und Banken (mit wenigen Ausnahmen, siehe www.sperr-notruf.de) die **einheitliche Sperrnummer** ☏ **0049-116116** bzw. im Ausland zusätzlich ☏ **0049 (30) 4050-4050**. Eine Ersatzkarte wird normalerweise innerhalb von 24 Stunden zur Verfügung gestellt. Bei Schecks sind die Vorlage des Kaufnachweises und die Nummern der ausgegebenen Schecks nötig.

Im **Notfall** hilft dank ihres Verfügungsrahmens und des schnellen Ersatzes die **Kreditkarte** weiter, wobei allerdings mit dieser wie auch mit Maestro-Karte pro Transaktion bzw. Woche nur ein festgelegter Höchstbetrag bar abgehoben werden kann. Je nach ausgebender Bank und Art der Karte bzw. Konditionen gilt ein Tageslimit von ca. 500–1000 €, so lange, bis der vorgegebene Kreditrahmen ausgeschöpft ist.

Wer dringend größere Geldsummen benötigt, kann sich weltweit über **Western Union** Geld von zu Hause schicken lassen. Der Sender muss bei einer *Western Union*-Vertretung (z. B. Postbank oder ReiseBank an vielen Bahnhöfen, Flughäfen etc.) ein Formular ausfüllen und den Code der Transaktion telefonisch oder elektronisch in die USA übermitteln. Mit dieser Nummer und Reisepass erhält man in einer beliebigen Vertretung von *Western Union* nach Ausfüllen eines Formulars das Geld binnen Minuten ausgezahlt (www.westernunion.com, ☏ 0800-181-1797).

Bei schwerer Erkrankung, Unfall oder schwerwiegenden Verbrechen sind außer dem **Notfallservice** der Versicherung ggf. Botschaften bzw. Konsulate zu informieren. Sie stellen bei Passverlust nach Klärung der Identität ein Ersatzdokument aus und sind auch sonst vermittelnd behilflich.

 Checkliste für die Reise

- Reiseschecks und Dollars besorgen, Notrufnummern notieren, Geld auf dem Kreditkarten-Konto deponieren.
- Reiseversicherung, vor allem Auslandsreise-Krankenversicherung bzw. Reise-Notfall-Versicherung abschließen.
- Einen Satz **Kopien** aller wichtigen Dokumente (Pass, Versicherungsscheine, Führerschein, Flugticket etc.) anfertigen und sämtliche wichtige **Nummern** und Telefonnummern aufschreiben.
- Originaldokumente am sichersten am Körper (Brustbeutel, Gürteltasche o. Ä.) tragen oder, wenn möglich, im **Hotelsafe** deponieren.

Öffnungszeiten

ⓘ *siehe auch „Einkaufen"*

In den USA gibt es kein verbindliches Ladenschlussgesetz und vielfach gilt sogar „24/7", d. h. Betrieb rund um die Uhr an sieben Wochentagen. Selbst an Sonn- und Feiertagen sind viele Läden, vor allem Supermärkte und Malls (Einkaufszentren), sowie touristische Shops geöffnet. Geschäfte sind je nach Art und Größe sowie Ort und Viertel von 9/10 bis mind. 18 Uhr, oft länger, geöffnet.

Als „Regelzeiten" gelten die folgenden:
- **Läden**: meist von 9/10–18 Uhr
- **Kaufhäuser/Malls**: 10–19/20 Uhr, So meist 11/12–17/18 Uhr
- **Restaurants**: ca. 12–15 und 18–22 Uhr warme Küche
- **Supermärkte**: mind. 8–20 Uhr, manchmal 24 Std.
- **Bürozeiten**: Mo–Fr 9–17 Uhr
- **Banken**: werktags 10–14/15 Uhr
- **Postämter**: Mo–Fr 8/9–17, Sa oft bis 13/14 Uhr
- **Tankstellen und Fast-Food-Ketten**: mind. 8–20 Uhr, oft bis Mitternacht oder sogar 24 Std.
- **Museen und Sehenswürdigkeiten**: 10–17 Uhr (oft Mo geschl.).

Detaillierte Öffnungszeiten finden sich in den jeweiligen Ortskapiteln im Reiseteil. Dort bezieht sich bei Angabe mehrerer Öffnungszeiten der längere angegebene Zeitraum auf die HS von *Memorial Day* (letzter Mo im Mai) bis *Labor Day* (1. Mo im Sept.), der kürzere auf die NS.

Post

Postämter sind nicht immer leicht zu finden, aber man benötigst sie normalerweise auch nur einmal zum Kauf einer größeren Menge **Briefmarken**. Diese sind zwar auch an Automaten erhältlich, dort allerdings oft in ungünstigen Stückelungen und mit Preisaufschlag. Ein Brief oder eine Karte nach Europa benötigt im Schnitt eine Woche. Standardsendungen *(First-Class Mail)* sind preiswerter als die schnellere *Priority Mail* oder *Express*. Bei **amerikanischen Adressangaben** müssen Bundesstaat sowie die Postleitzahl hinter dem Ortsnamen angegeben werden. Briefkästen sind blau-rot mit der Aufschrift „USMAIL".

Postlagernde Sendungen werden im General Post Office, der Hauptpost, 30 Tage lang bereitgestellt und können gegen Vorlage des Passes abgeholt werden. Sie müssen folgendermaßen adressiert sein:
Name – Poste Restante – c/o General Delivery – Stadt, Staat, Zip Code (Postleitzahl)

Für **Eilsendungen** gibt es eigene Kurierdienste wie FedEx, UPS oder DHL. Telegramme oder Geldanweisungen gibt man bei Western Union auf *(siehe „Notfälle")*.

Postgebühren (Stand Sommer 2011):
Europa: Karten und Briefe bis 1 oz (28 g) 98 c. (jede weitere oz: 84 c.); **Inland** *(Standard* oder *First-Class)*: Briefe bis 1 oz (28 g) 44 c., jede zusätzliche oz kostet weitere 17 c., Karten 28 c.

Rauchen

Raucher haben in Amerika kein leichtes Leben: Das Rauchen ist auf den meisten öffentlichen Plätzen, in öffentlichen Gebäuden und Einrichtungen, in Nahverkehrsmitteln, Zügen, Taxis und Flugzeugen, in Büros, Geschäften, Theatern, Museen oder Kinos, aber auch in Restaurants und Bars verboten und unter Strafe gestellt. Selbst in offenen Sportstadien ist Rauchen, wenn überhaupt, nur in markierten Arealen *(designated areas)* erlaubt. Hotels, die 100 % *nonsmoking* sind, gibt es vermehrt, und Inns oder B&Bs erlauben Rauchen nur im Freien. Zu finden sind – je nach Ort – noch Raucher-Lounges, Clubs oder Bars mit Patios, auf denen Rauchen möglich ist.

Reisezeit

ⓘ *siehe auch „Geografischer Überblick" im Kapitel „Land und Leute"*

Im Vergleich zu denselben Breitengraden in Europa herrschen im Mittleren Westen der USA **extremere Temperaturunterschiede**. „Big Sky, Big Blows" – endloser Horizont und konstanter Wind prägen das Prärieland in Texas und dem Mittleren Westen, aber auch klimatische Extreme in Form von *Tornados* (Wirbelstürme), *Blizzards* (Schneestürme), Gewitter und Hagelstürme können vorkommen. Hier im Zentrum Nordamerikas treffen kalte und warme Luftmassen ungehindert aufeinander, wodurch speziell in der „Tornado Alley", die sich von Texas bis hinauf nach Minnesota zieht, heftige Stürme entstehen können.

Im Allgemeinen sind die **Sommer** warm oder sogar heiß und Wassermangel ist nichts Ungewöhnliches; deshalb gibt es zahlreiche Stauseen. Die **Winter** sind in der Regel in den südlichen Regionen – besonders in Texas – eher mild, im Norden kann der Schnee jedoch in Massen fallen und auch länger liegen bleiben. Gerade die Dakotas, Minnesota und Wisconson sind für ihre langen und kalten Winter bekannt.

Angesichts der Größe des Reisegebiets können kaum pauschale Empfehlungen zur „besten" Reisezeit gegeben werden. In den meisten Fällen dürften das Frühjahr und der Herbst – speziell die Monate **Mai/Juni** bzw. **September/Oktober** – die geeignetste Reisezeit sein. Das Frühjahr gebärdet sich häufig launischer als der Herbst, für den längere Schönwetterperioden und höhere Wassertemperaturen sprechen, andererseits sind aber die Tageslicht-Stunden dann weniger. Je weiter man nach Norden kommt, umso später ins Frühjahr bzw. früher in den Herbst sollte der Reisetermin gelegt werden.

Eine Rolle bei der Zeitplanung spielt auch die **Art des Reisens**: Wer zeltet oder im Camper unterwegs ist, wird anders planen als ein Hotelgast, der vor allem Städte besucht. Gleiches gilt für sportlich Aktive, für Wanderer und Wassersportler, Baderatten oder Golfer. Zu bedenken ist überdies, dass in der NS Flüge, Leihwagen oder Camper preiswerter sind als in der HS und dass dann und während der **amerikanischen Ferienzeit** vom letzten Montag im Mai *(Memorial Day)* bis zum ersten Montag im September *(Labor Day)* und über lange Wochenenden Hotels, Strände, Campingplätze, Naturparks und andere Sights gerne überfüllt sind.

Es empfiehlt sich, **pflegeleichte Kleidung** mitzunehmen und diese ggf. in Schichten übereinanderzutragen. Hut oder Mütze und Sonnenbrille, festes, bequemes Schuhwerk und Regenschutz, aber auch warme Pullover bzw. Anoraks sind empfehlenswert, ggf. auch Insekten-schutzmittel *(bug revelant)* und Sonnenschutzmittel *(sun protection)*. Jeans und Freizeitkleidung und -schuhe aller Art lassen sich jedoch auch preiswert in den USA kaufen.

Sicherheit und Verhaltensregeln

ⓘ *siehe auch „Notfall, Notruf"*

Die USA sind nicht krimineller oder gefährlicher als jede andere Reiseregion. Locker bau-melnde Handtaschen und aufwendige Fotoausrüstungen, dicke Brieftaschen oder lose Scheine in Gesäßtaschen und teurer Schmuck sowie unbeaufsichtigtes Reisegepäck stellen überall auf der Welt ein potenzielles Risiko dar. Originaldokumente sollten am sichersten am Körper (Brustbeutel, Gürteltasche o. Ä.) getragen oder, wenn möglich, im Hotelsafe deponiert wer-den. Es empfiehlt sich, nur eine **kleine Bargeldmenge** mit sich herumzutragen. Sinnvoll ist es, **Kopien aller wichtigen Dokumente** (Pass, Versicherungsscheine, Führerschein, Flug-ticket etc.) anzufertigen und sämtliche Nummern und Telefonnummern in einer Art „Notfall-Pass" aufzuschreiben.

Bei **Massenveranstaltungen**, Menschenaufläufen oder in öffentlichen Verkehrsmitteln ist Taschendiebstahl *(pick pocket)* ein häufiges Delikt. Mit voll gepacktem **Mietwagen** (auf ge-schlossenen Kofferraum und nicht sichtbares Gepäck achten!) sollte man möglichst über-wachte Parkplätze bzw. -garagen aufsuchen; bei langsamer Fahrt, speziell bei Nacht, die Türen des Wagens verriegeln und die Fenster schließen. Ein Navigator bzw. gutes Kartenmaterial und dessen Studium *vor* der Abfahrt sollten selbstverständlich sein.

In **Motels/Hotels** sollte man Spione, mehrfache Schließanlagen, verschließbare Verbin-dungstüren sowie das Angebot, Wertgegenstände im Safe zu deponieren, nutzen. Service-schilder (wie *„Service, please!"*) besser nicht an die Türklinke hängen, da sie lediglich anzeigen, dass niemand im Zimmer ist.

Bad neighborhoods erkennt man an leeren Straßen, verfallenen Häusern, Schrottautos und herumlungernden Gestalten. Solche Viertel sollte man ebenso meiden wie Parks, dunkle Parkgaragen und Unterführungen **nach Einbruch der Dunkelheit** (besonders allein) und lieber Umwege oder Taxikosten in Kauf nehmen.

Sport und Freizeit

Sportfans kommen im amerikanischen Westen voll auf ihre Kosten – von Wassersport aller Art, Surfen und Angeln über Wandern und Biking, Climbing und Skifahren bis hin zu Reiten, Golf und Tennis ist alles geboten. Ein besonderes Erlebnis ist der Besuch einer großen Sport-veranstaltung, und da ist die Palette ebenfalls breit.

▶ Zuschauersport
Es gibt in den Metropolen Profiteams der vier „Nationalsportarten" – American Football, Baseball, Basketball und Eishockey – außerdem *College Sport* und natürlich auch viel Fußball *(soccer)*. Der Besuch einer Sportveranstaltung bedeutet Spaß für die ganze Familie, mehrere

Basketball der Spitzenklasse bieten Oklahoma City Thunder mit Kevin Durant

Stunden Unterhaltung und Show mit Wettbewerben und Verlosungen, Musik, Tanz, *Tailgate-Parties*, Hot Dogs oder BBQ.

American Football: Profiteams der **NFL** *(National Football League)* spielen Sept.–Dez. an Sonntagen in Arlington (Dallas/Ft. Worth), Houston, Kansas City, St. Louis und Minneapolis. In der Region besonders beliebt ist **College Football**.

Baseball: Profiteams der beiden Ligen (**AL** – *American League* und **NL** – *National League*) des MLB *(Major League Baseball)* tragen ihre Spiele April–Okt. in Arlington (Dallas/Ft. Worth), Houston, Kansas City, St. Louis und Minneapolis aus. Zudem lohnt ein Besuch bei einem Spiel der zahlreichen *Minor League*-Mannschaften (Nachwuchs-Profiteams) der drei Klassen A, AA und AAA, die es fast in jeder größeren Stadt gibt.

Basketball: Profiteams der **NBA** *(National Basketball Association)* sind Okt.–April in Dallas, Houston, Oklahoma City, San Antonio und Minneapolis zu sehen. Die Teams der Frauen-Profiliga **WNBA** *(Women's National Basketball Association)* spielen Mai–Sept. in Minneapolis, Tulsa und San Antonio. Auch **College Basketball** ist überaus beliebt und füllt große Unihallen.

Eishockey: Die Profiteams der weltbesten Liga **NHL** *(National Hockey League)* sind Okt.–April in Dallas, St. Louis und St. Paul (Minneapolis) zu sehen. Im Norden der Region, vor allem North Dakota und Minnesota, hat **College Hockey** eine große Fangemeinde (s. INFO S. 395).

Soccer: Profiteams der **MLS** *(Major League Soccer)* spielen Mai–Okt. in Dallas, Houston und Kansas City.

Details zu den einzelnen Profiteams und sehenswerten Universitätsmannschaften finden sich in den „Reisepraktischen Informationen" beim jeweiligen Ort.

Sport aktiv

Reiter finden in Texas und im Mittleren Westen ideale Verhältnisse vor. **Guest Ranches** (jeweils unter den „Reisepraktische Informationen" aufgeführt) bieten Reitprogramme für Anfänger wie für Fortgeschrittene, **Working Ranches** sind eher für erfahrene Reiter geeignet und geben Gelegenheit auf einer Ranch mitzuarbeiten und kurzzeitig den Traum vom Cowboy oder Cowgirl auszuleben (s. unten, „Unterkunft").

Angeln/Fischen ist eine beliebte Freizeitbeschäftigung der Amerikaner. Es gibt in nahezu jedem Ort Angeln und Zubehör zu kaufen, vor allem **Fly fishing** (Fliegenfischen) – mit biegsamerer Rute und künstlichem Köder in Form einer Fliege – und **Catch-and-relase** (Zurückwerfen der Fische nach dem Fang) sind beliebt. Lizenzen stellen in der Regel Parkbehörden, Ranger, Gemeindebehörden und Touristenämter aus, in kleinen Orten manchmal auch Tankstellen und Geschäfte.

Kanu-, Kajak- und Floßfahrten sind ebenfalls beliebt. Im Besonderen **Wildwater Rafting** (Schlauchboot-Wildwassertouren) steht ganz oben in der Popularität. Kajaktouren werden in unterschiedlichen Schwierigkeitsgraden angeboten, besonders im „Land der 10.000 Seen" Minnesota. In der Nähe attraktiver Outdoorgebiete finden sich zahlreiche *Outfitter*, die nicht nur Ausrüstung verkaufen oder vermieten, sondern auch Touren organisieren bzw. leiten.

Für **Golfer** stellen Texas und der Mittlere Westen, speziell seine warmen, südlichen Regionen, ein Eldorado dar.

Sprache und Verständigung

Es dürfte schwierig sein, in den USA ganz ohne Englisch auszukommen, doch vermutlich ist eine Verständigung dort eher möglich als an vielen anderen Orten Europas. Die Fremdsprachenkenntnisse der Amerikaner sind gering, dafür sind Geduld und Freude über selbst rudimentäre Englischkenntnisse stark ausgeprägt.

Das **Amerikanische** weicht in mehreren Punkten vom Schulenglisch ab, es gibt **Unterschiede in Wortschatz, Grammatik und Aussprache.** Auffällig ist vor allem, dass viele Substantive auf *-re* (wie *centre* oder *theatre*) im Amerikanischen auf *-er* enden *(center, theater)* und *ou* zu *o* wird *(color, harbor)*. Doppellaute *(travelling)* werden im Amerikanischen vereinfacht und es heißt *traveling*. Oft wird geschrieben wie gesprochen, z. B. *nite* für *night*.

Wo möglich, wird **abgekürzt**, z. B. *Xmas (Christmas), Xing (Crossing), u (you)* oder *4 (for)*. Außerdem unterscheiden sich bestimmte Vokabeln vom Oxford-Englisch, z. B. wird (engl.) *baggage* zu *luggage* (Gepäck), die *bill* zum *check* (Rechnung), der *policeman* zum *cop* (Polizist), *autumn* zu *fall* (Herbst), der *ground floor* zum *first floor* (Erdgeschoss), *petrol* zu *gas* (Benzin), *trousers* zu *pants* (Hosen) oder *holidays* zu *vacation* (Ferien, Urlaub).

Es gibt gewisse **Universalfloskeln**, die man sich angewöhnen sollte, da sie zum guten Ton gehören: „*How are you today?*" ist nicht nur die Frage nach dem Befinden, sondern eine **Begrüßungsformel,** auf die ein „*fine*" oder „*good*" meist genügt. Wer höflich ist, stellt die Gegenfrage. „*Have a nice day (trip)*" dient der Verabschiedung, ebenso wie „*it was a pleasure to meet/meeting you*". „*I would appreciate it*" meint Bitte und Aufforderung zugleich, während man sich mit „*I (really) appreciate it*" für einen Gefallen bedankt. „*See you*" ist weniger eine Einladung als ein legerer Abschiedsgruß.

Small Talk ist ein beliebter Zeitvertreib. Man beginnt eine Unterhaltung über das Wetter, über die letzten Sportergebnisse oder über Herkunft und Reisen. Europäer sind ungeachtet aller Kontroversen in den letzten Jahren beliebt, „*Good Old Europe*" ist ein (selten realisiertes) Traumziel vieler Amerikaner.

Was die **Anrede** betrifft, sind viele Amerikaner sehr altmodisch: Frau Miller wird möglicherweise nach der Heirat offiziell mit Vor- und Nachnamen ihres Mannes: „*Mrs. Edwin L. Miller*" angesprochen. Dabei wird *Mrs.* (Frau) nicht prinzipiell für verheiratete Frauen verwendet, gebräuchlicher ist, gerade bei jüngeren Frauen, *Miss* oder im Schriftverkehr neutral „*Ms.*" zu verwenden.

Strom

Der amerikanische Haushaltsstrom hat eine Wechselspannung von 110–115 V (60 Hz). Daher müssen mitgebrachte Geräte umstellbar sein. Die besondere Form amerikanischer Steckdosen erfordert zudem einen Adapter, den man am besten schon von zu Hause mitbringt. Föns und oft auch Bügeleisen stehen in Hotels/Motels zur Verfügung.

Taxifahren

In den Innenstädten von Metropolen wie Dallas, Houston, Oklahoma City, Minneapolis oder St. Louis findet man genügend Taxis. Sammelstandplätze wie hierzulande gibt es nur vereinzelt, z. B. an Bahnhöfen, vor großen Hotels oder am Flughafen, ansonsten kann man Taxis, sofern sie frei sind und ein Herausfahren möglich ist, auch auf der Straße herbeiwinken („*to hail a taxi*"). In Hotels bestellt man ein Fahrzeug an der Rezeption bzw. beim *Bellboy*. Die Preise variieren und sind ggf. bei den jeweiligen Großstädten angegeben.

Telekommunikation

Das Telefonwesen ist in den USA in den Händen privater Gesellschaften und das Telefonnetz ist das dichteste der Welt. Es gibt grundsätzlich mehrere Möglichkeiten, innerhalb der USA bzw. nach Europa zu telefonieren: von **öffentlichen Apparaten** – was sich nur für Ortsgespräche bzw. mit **Calling Card** (s. unten) anbietet, da sonst zu viel Kleingeld nötig ist –, vom **Hotel** aus (was ohne Calling Card, mit Ausnahme von Ortsgesprächen, teuer kommen bzw. unmöglich sein kann) oder per „Handy" – korrekt: **Mobile** oder **Cell Phone**. An Airports, Bahnhöfen oder in Malls ist es häufig auch möglich, mit Kreditkarte zu telefonieren, wobei die Preise höher liegen als mit Calling Card.

Formal wird bei den Gesprächen unterschieden zwischen *local calls* (Ortsgespräche, meist 50 c.), *non-local* oder *zone calls* (im gleichen bzw. benachbarten Bundesstaat), *long-distance* (innerhalb USA) und *oversea calls* (z. B. nach Europa).

Ein **internationales Gespräch** kostet im Schnitt $ 1–2 pro Minute, Anrufe von Deutschland in die USA sind vielfach günstiger. In jedem Hotelzimmer gibt es Telefonbücher: ein *General Directory* (Weiße Seiten) und ein *Classified Directory* (*Yellow Pages* – Gelbe Seiten). Um eine Außenleitung zu bekommen, muss im Allgemeinen eine 9 oder 8 vorgewählt werden.

☞ **Amerikanische Telefonnummern**
Amerikanische Telefonnummern bestehen aus einem **dreistelligen Area Code**, *der in manchen Bundesstaaten einheitlich ist, dann die normalerweise* **siebenstellige Rufnummer**, *manchmal als werbewirksame Buchstabenkombination angegeben:*
2 – ABC • 3 – DEF • 4 – GHI • 5 – JKL • 6 – MNO • 7 – PRS • 8 – TUV • 9 – WXY

Gebührenfrei, aber regional (oft auf den Bundesstaat) begrenzt, sind 1-800-, 1-866-, 1-877-, 1-888- sowie 1-855-, 1-844- und 1-833-Nummern. Diese können auch von Deutschland aus, allerdings dann kostenpflichtig, gewählt werden. Von Hotels/Motels aus kosten diese Nummern höchstens so viel wie ein Ortsgespräch, vielfach sind Letztere aber sogar frei.

▶ Telefonkarten

Telefonkarten sind bezüglich ihrer Kosten, Gültigkeit und Bedingungen schwer durchschaubar. Grundsätzlich wird zwischen **Calling Cards** und **Prepaid** oder **Phone Cards** unterschieden, bei den meisten handelt es sich um wiederaufladbare Karten. Sie können über eine Hotline, gegen Belastung der Kreditkarte, nachgeladen werden. Anbieter solcher Karten sind u. a. *Telekom* (www.teltarif.de/a/telekom/card.html) oder *AT&T* (www.fonecards.de./telefonkarte-usa.htm). Besonders günstig ist z. B. die **US-CallingCard** (www.us-callingcard.info). Mittels persönlicher Geheimnummer (PIN) und Einwahlnummer (USA: 1-800-… kostenfrei) lässt es sich einfach (auch ohne Karte) von jedem Apparat aus telefonieren.

In den USA gibt es Telefonkarten auch in Supermärkten oder Tankstellen zu kaufen. Bedingungen (Einwahlgebühren, Zuschläge, Gebühr, Glütigkeitsdauer) bzw. Einsatzmöglichkeiten unterscheiden sich jedoch gravierend und viele sind für Überseegespräche ungeeignet.

▶ Mobil Phone und Internet

Mobile oder **Cell(ular) Phones** funktionieren in der *Triband-* oder *Quadband*-Version mit dem in den USA nötigen 1900-Mhz-Band erfahrungsgemäß gut, vor allem in den Einzugsbereichen größerer Metropolen. Man sollte sich vor Reiseantritt bei seinem Provider nach Roamingpartnern erkundigen und diese durch manuelle Netzauswahl voreinstellen. Die Rufumleitung auf die Mailbox sollte aus Kostengründen auf alle Fälle deaktiviert werden.

Die hohen Roamingkosten können mit einer eigenen **amerikanischen SIM-Karte** vermieden werden. Eine solche gibt es ohne Grundgebühr, Mindestumsatzverpflichtungen oder Aktivierungsgebühren z. B. bei *Cellion* (www.cellion.de). Man erhält eine amerikanische Rufnummer, unter der man für jeden erreichbar ist. Anrufer aus Deutschland können bereits für wenige Cent zu einer amerikanischen Handynummer telefonieren.

Falls das **Mobiltelefon verloren geht** oder gestohlen wird, sollte man die Nutzung der SIM sofort beim Provider sperren lassen.

Mit dem eigenen Laptop stellt **Internetnutzung** kein Problem dar. WLAN/WiFi ist in Hotels üblich, oft gratis, manchmal kostenpflichtig. Auch stehen des Öfteren Gästecomputer zur Nutzung zur Verfügung oder man kann in Internetcafés, öffentlichen Bibliotheken, Buchläden oder Elektronikshops gegen Gebühr bzw. umsonst ins Internet gehen.

 Wichtige Telefonnummern

- von den **USA**
  nach **Deutschland**: 01149 + Ortsvorwahl (ohne 0) + Teilnehmernummer
  nach **Österreich**: Ländervorwahl 01143 + Ortsvorwahl (ohne 0) + Teilnehmernummer
  in die **Schweiz**: Ländervorwahl 01141 + Ortsvorwahl (ohne 0) + Teilnehmernummer
- von Deutschland **in die USA**: 001 + Ortsvorwahl (dreistellig) + Teilnehmernummer (siebenstellig)
- **Operator** (Vermittlung): 0

Trinkgeld

Trinkgeld – *tip* oder *gratuity* – ist in den USA nicht inklusive. Da die Löhne der Beschäftigten im Dienstleistungsgewerbe extrem niedrig sind, sind diese auf Trinkgelder angewiesen. Amerikaner achten genau auf die korrekte Höhe von **mindestens 15 %**, die man bei Restaurantbeträgen zu der Gesamtsumme ohne *tax* addiert. Etwa denselben Bonus erwarten Taxifahrer, und *bellboys* in Hotels bekommen im Schnitt \$ 1 pro transportiertes Gepäckstück. Für das Bereitstellen des Pkws in Hotels ist ebenfalls ein Trinkgeld fällig, auch an der Bar oder für das Zimmermädchen (ca. \$ 2 pro Tag).

Umgangsformen

ⓘ *siehe auch „Sprache und Verständigung"*

Schlüsseleigenschaften der Amerikaner im Allgemeinen sind Freundlichkeit, Hilfsbereitschaft, Toleranz, Aufgeschlossenheit und Kontaktfreudigkeit. Man stellt sich ordentlich an, ist rücksichtsvoll und lässt anderen den Vortritt oder die Vorfahrt, wartet geduldig und gibt hilfsbereit Auskunft. Freundliche Gesichter in Läden sind für uns ebenso ungewohnt wie ehrlich gemeint – in den USA ist der Kunde noch König und wenn auch ein paar freundliche Worte nur Floskeln sind, machen sie immerhin das Klima angenehmer und erleichtern den Umgang. **Händeschütteln** ist eher nicht üblich, dafür werden gleich die Vornamen benutzt.

Die **amerikanische Art zu Essen** unterscheidet sich von unserer: Amerikaner schneiden mit dem Messer portionsweise vor und benutzen dann nur noch die Gabel. Statt beidhändig „europäisch" zu essen, bleibt eine Hand unter dem Tisch. Andererseits würde es keinem Amerikaner einfallen, Pizza oder Meeresfrüchte mit Messer und Gabel zu essen, nicht einmal in einem Top-Restaurant, wo man zudem eine **doggy bag** (meist eine Styroporbox) ohne schiefe Blicke – ebenso wie Leitungswasser als einziges konsumiertes Getränk – bekommt. **Alkohol in der Öffentlichkeit** zu konsumieren, und sei es auch nur eine Dose Bier, ist verpönt und im Auto darf ebenfalls nichts offen herumstehen.

Bei Einladungen und in Restaurants achtet man in den USA, vor allem in den großen Städten, an sich streng auf **Kleidervorschriften** – *formal* (elegant), *smart/business casual* (ordentlich mit Hemd/Sakko) oder *casual* (leger). Im Mittleren Westen wird das meist lässiger gehandhabt und selten geht man, speziell in ländlichen Regionen, im Sakko oder Kostüm zum Essen.

Genau nimmt man es aber auch hier mit dem **Trinkgeld**: Es wird meist auf den Cent genau, oft anhand von Tabellen, berechnet: Mindestens 15 % auf den Basispreis ohne *tax* sind üblich. Gibt es in einem **Museum** eine *suggested admission* (einen vorgeschlagenen Eintrittspreis), würde kaum ein Amerikaner es wagen, weniger zu bezahlen.

Unterkunft

In bestimmten Fällen kann es von Vorteil sein, ein Zimmer **im Voraus**, z. B. im Internet, **zu buchen**: bei später Ankunft in einer Stadt, während Großveranstaltungen, Messen oder an Feiertagen, im Umkreis von Top-Attraktionen und besonders in Nationalparks während der

HS. Da sich zudem das Angebot der Reiseveranstalter auf Mittelklasse bis gehobene Kategorie, mit Schwerpunkt Standard- und Kettenhotels/-motels, konzentriert, und daher die Kosten häufig höher sind, sollte man diese Alternative nur in obengenannten Fällen wählen. Preiswerter und flexibler kommt man meist mit Buchung vor Ort weg.

▶ **Zimmersuche vor Ort**

Im „Normalfall" gibt es kaum Probleme, spontan ein Zimmer zu finden. Zum einen häufen sich an den Ausfallstraßen von Städten oder in der Nähe von Flughäfen die Leuchtreklamen und Plakate von Motels und Hotels unterschiedlichster Kategorien (das Schild *„Vacancy"* bedeutet, dass es noch freie Zimmer gibt), zum anderen helfen die Unterkunftslisten in den *AAA TourBooks* weiter – manche Häuser gewähren sogar Vergünstigungen für Autoclub-Mitglieder. Auf alle Fälle lohnt es sich, nach *Special Rates* (z. B. auch für Senioren) zu fragen.

Auch in Welcome oder Visitors Centers gibt es Informationen, Hotellisten und Broschüren; manchmal wird die Reservierung gleich für den Besucher vorgenommen. Ideal für Sparsame sind die dort erhältlichen **„Couponhefte"**. Anhand dieser Hefte, nach Orten bzw. Regionen sortiert und mit Stadt- und Lageplänen versehen, kann man vor allem in der NS und an Werktagen günstige Schnäppchen, sogar in Hotels gehobener Kategorien, für eine Nacht machen. Man muss lediglich vorher telefonisch mit Hinweis auf den Coupon anfragen bzw. reservieren. Wer **telefonisch im Voraus** ein Zimmer reservieren möchte, muss häufig die Kreditkarte bereithalten. Sie garantiert das Zimmer und dem Motel/Hotel das Geld. Bei Nichterscheinen wird der Zimmerpreis abgezogen. Eine späte Ankunft („late arrival") sollte man ankündigen, denn ohne Kreditkarten-Garantie verfällt eine **Reservierung** meist nach 18 Uhr.

Die **Übernachtungspreise** schwanken naturgemäß je nach Lage, Ort und Qualität der Unterkunft. Auch saisonale Unterschiede – lokal unterschiedlich und auch von Veranstaltungen abhängig – können enorm sein. Die Übergänge zwischen den einzelnen Herbergstypen sind fließend und eine Kategorisierung nach Bezeichnungen ist kaum möglich.

▶ **Unterkunfts-Know-how**

Motels und Motor Inns sind im Allgemeinen preiswerter (aber schlichter) als Hotels. Zahlreiche Hotels verfügen über eigene Gastronomie und Extras wie Fitnesscenter, Wäscherei/Reinigung, Tageszeitung, eine größere Zahl von TV-Programmen, ggf. kostenlosen Flughafentransfer etc.

🛏 Klassifizierung der Unterkünfte

Die Preiskategorien der im Reiseteil empfohlenen Unterkünfte verstehen sich pro Standard-Doppelzimmer (DZ), sofern nicht anders angegeben, ohne Frühstück und Steuer. An Wochenenden, in der Nebensaison, mit Rabattcoupons, bei Sonderaktionen etc. können z. T. erheblich abweichende Tarife gelten.

$	unter $ 60 (einfacher Standard)
$$	$ 60–100 (Mittelklasse)
$$$	$ 100–200 (gehobene Mittelklasse)
$$$$	$ 200–300 (First-Class-Hotel)
$$$$$	über $ 300 (Luxushotel)

Hotelbroker

Am preiswertesten ist meist Buchung im Internet z. B. bei:
- **www.allhotels.com/browse/usa** – Hotels der mittleren bis gehobenen Kategorie, auch B&Bs sowie Ketten
- **www.expedia.de/hotels**
- **http://de.hotels.com** – 24.000 Hotels weltweit, mit **www.hoteldiscount.com** kooperierend
- **www.hotelbook.com** – Hotelreservierung in diversen amerikanischen Städten
- **www.hrs.de** – weltweite Hotelreservierungen, außerdem Auskünfte zu Airports, Fluggesellschaften etc.
- **www.quikbook.com** – landesweite Hotel-„Schnäppchen" zum Sofortbuchen
- **www.roomsusa.com** – Zimmersuche und Informationen allgemeiner Art (Restaurants, Touren, Geschichte, Sights, Pläne)

Zum **Grundpreis**, der sich in Motels (nicht in Hotels!) häufig auf eine Person bezieht (geringer Aufpreis für die zweite und weitere), kommt die **Tax** (Steuer). Ein Zimmer darf mit maximal vier Personen belegt werden; Kinder und Jugendliche bis zu einem gewissen Alter dürfen gratis im Elternzimmer übernachten. Bei Motels ist **Check-in** ganztags möglich, wohingegen in Hotels die Zimmer häufig erst ab 15 Uhr freigeben und in B&Bs von etwa 16–20 Uhr bezogen werden können. **Check-out** ist normalerweise am Mittag. Im Motel muss in der Regel gleich beim Einchecken, nach Ausfüllen des Anmeldebogens, bezahlt werden, im Hotel wird die Kreditkarte gespeichert und die entsprechende Summe bei Abreise inklusive eventueller Extras *(incidentials)* abgerechnet. *Local calls* sind häufig gratis, Internetnutzung wird verschieden gehandhabt.

Für relativ wenig Geld bekommt man in den USA im Allgemeinen ein sauberes und großes, wenn auch (vor allem in Motels) uniformes und funktional-schlicht ausgestattetes Zimmer mit Badezimmer (meist Dusche), genügend Handtüchern, mehr oder weniger lauter Klimaanlage, Telefon und Fernsehen sowie manchmal (kleinem) Swimmingpool. In Motels mit Außenkorridoren kann man zwischen *first* oder *second floor* wählen, wobei das Erdgeschoss zwar weniger Gepäckschlepperei bedeutet, aber andererseits lauter ist, da sich die Parkplätze direkt vor der Tür befinden. Man bekommt meist zum gleichen Preis *one bed* (king size 1,95 m) oder *two beds* (zwei *queen size*-Betten von 1,40–1,50 m). Bei nur einem Bett bleibt meist Platz für Tisch und Stühle oder Couch.

In vielen Motels/Hotels gibt es mittlerweile ein kostenloses kleines **Frühstück** mit Kaffee und Gebäck („Continental Breakfast"), manchmal handelt es sich sogar um ein richtiges kleines Frühstücksbuffet mit *waffles, eggs, bacon, toast/bagels* etc.

Kettenmotels und -hotels
Die **Qualität** der Motels/Hotels kann selbst innerhalb derselben Kette, abhängig vom Alter des Hauses bzw. vom Ehrgeiz des Pächters, schwanken, je nach Ort und Zustand auch preislich. Im Allgemeinen sind billige Kettenhotels den unabhängigen superbilligen Einzelmotels vorzuziehen. Die **Verteilung und Dichte** von Hotels und Motels verschiedener Ketten ist ebenfalls unterschiedlich.

Verbreitet sind z. B. Mittelklasse-Motels/-hotels wie **Days Inn** (www.daysinn.com), **Comfort Inn**, **EconoLodge** oder **Quality** (www.choicehotels.com), **Howard Johnson** (www.hojo.com), **Ramada** (www.ramada.com), **Best Western** (www.bestwestern.com), **Travelodge** (www.travelodge.com), **Radisson** (www.radisson.com) oder **Holiday Inn** (www.holiday-inn.com).

Zur preiswerten Motelkategorie zu rechnen sind z. B. **Motel 6** (www.motel6.com), **Red Roof Inn** (www.redroof.com), **Sleep Inn** (www.sleepinn.com) oder **Super 8** (www.super8.com). Eine Liste der wichtigsten Ketten mit Links findet sich im Internet unter: **www.us-infos.de/tourtips-motels.html**

▶ Inns und Lodges

Historic Inns bzw. **Country Inns** sowie **Historic Hotels** (www.historichotels.org) sind Hotels bzw. ehemalige Gasthäuser mit Geschichte. **Lodges**, meist malerisch in der Natur gelegene mehrteilige Hotelanlagen oder Resorts (Ferienanlagen mit Sportmöglichkeiten), können preislich nicht pauschaliert werden. In manchen Fällen ist Halbpension oder Pension – *(Modified) American Plan* (MAP oder AP) – im Preis enthalten. Eine Übersicht gibt auch: www.innbook.com, die Seite der *Independent Innkeeper's Association*.

▶ Bed & Breakfast

Bed&Breakfast – **B&B** – hat in den USA nichts mit „Zimmer mit Frühstück" zu tun, es ist wesentlich komfortabler und luxuriöser. Persönlicher Touch und oft sehr liebevolle Möblierung und Ausstattung mit Antiquitäten und vielerlei Schnickschnack sind typisch. Das **Spektrum** reicht von historischen oder modernen Privathäusern mit zwei oder drei Gästezimmern bis hin zu **B&B Inns** mit bis zu zehn Zimmern, von einfachen Häusern mit Familienanschluss bis hin zu intimen Luxus-Inns und aufwendig restaurierten **Historic Homes**. B&Bs sind teurer als Motels, bieten neben individuellem Service persönlichen Kontakt, denn die Besitzer sind meist Vermieter aus Passion und daher sehr kontaktfreudig und ortskundig. Ein üppiges Frühstück, manchmal auch Extras wie Nachmittagstee, freie Softdrinks, Kekse, Betthupferl, Abend-Häppchen oder Sherry sind üblich, ebenso die Nutzung von Gemeinschaftseinrichtungen wie Bibliothek, Musikzimmer o. Ä. Manchmal fehlen hingegen ein Fernsehgerät und ein Telefon im Zimmer, und kleine Kinder werden vielfach nicht aufgenommen.

Infos: www.abba.com (American Bed&Breakfast Association) – B&Bs nach Staaten, Orten und Zusammenschlüssen sortiert. **www.bedandbreakfast.com**, **www.bbexplorer.com** oder **www.bbonline.com** – umfassende Listen nach Staaten und Regionen mit Sofortbuchungsgelegenheit.

Übernachtung im Western Style bieten die Sayles Ranch Guesthouses in Abilene/TX

Der besondere Tipp – Ranch-Aufenthalt

Aufenthalte auf Ranches sind in der Reiseregion beliebt und empfehlenswert, in der Regel sollte man dazu aber mindestens eine Woche einplanen. Man unterscheidet sogenannte *Dude* und *Working Ranches*. **Dude Ranches** sind ganz auf Urlauber ausgerichtet und haben den landwirtschaftlichen Betrieb eingestellt; die Unterkünfte und Angebote sind eher luxuriös und breit gefächert und dementsprechend hoch im Preis. Noch eine Kategorie darüber stehen **Ranch Resorts**. Dementgegen sind auf **Working Ranches** handfeste Rancharbeit und Reiten kombiniert, die Unterbringung ist eher rustikal, in Cabins oder auch Zimmern, Mahlzeiten (und Familienanschluss) sind eingeschlossen.

Reisezeit: Während beispielsweise die Ranches in nördlichen Regionen nur von April bis November geöffnet sind und die ideale Zeit der Sommer ist, sollte man im Süden im Herbst oder Frühjahr anreisen; im Sommer ist es hier oft zu heiß. Langfristige Vorausbuchung ist wegen der meist geringen Schlafplatzkapazitäten sinnvoll, speziell während der Ferienmonate. In der Nebensaison kann es auch Rabatte geben. Viele Ranches bieten nur wochenweise Buchung an, manche ermöglichen ein „Hineinschnuppern" bei z. B. dreitägigem Aufenthalt.

Voraussetzungen: Ranchurlaub ist auch für **Reitanfänger** geeignet. Das Programm wird im Allgemeinen an die eigenen Kenntnisse und Wünsche angepasst und es stehen meist gut trainierte Pferde zur Verfügung, die von den Ranchbetreibern mit Kennerblick individuell für den jeweiligen Gast ausgewählt werden. Besonders **Guest** und **Dude Ranches** sind auch auf wenig erfahrene Reiter eingerichtet. **Cattle Drives** sind etwas für erfahrene Reiter, da man oft mehrere Tage, jeweils fünf bis acht Stunden, im Sattel sitzt und sich auch selbst um sein Pferd kümmern muss.

Unterkunft und Verpflegung: Die Unterkunft kann von spartanisch über rustikal bis komfortabel reichen. Meist gehört zum Ranchurlaubspaket die Verpflegung in Form von Vollpension und man sitzt im Allgemeinen zum Essen mit der Familie und den Cowboys am Tisch. Für Gäste werden manchmal spezielle Events veranstaltet wie *Chuckwagon Cooking* oder BBQ am Lagerfeuer, gemeinsame Rodeobesuche oder botanische Exkurse.

Ausrüstung: Man trägt im Westen den Cowboyhut nicht als modisches Accessoire. Nur so übersteht man einen Tagesritt unter sengender Sonne oder bei strömendem Regen. Sinnvoll sind ein Regen-Reitmantel und Chaps, Handschuhe, Wasserflasche und natürlich Stiefel bzw. Boots, Halstuch, bequeme Jeans, langärmlige Baumwollhemden, warme Unterwäsche, Taschenmesser und Taschenlampe.

Kosten: Im Preis enthalten sind meist alle auf der Ranch stattfindenden Aktivitäten, Unterkunft und Essen wie angegeben. Bei Resorts kann es sein, dass *Trailrides* o. ä. Programmpunkte gesondert berechnet werden. Jeder Cowboy/-girl auf Zeit muss einen **Waiver** unterschreiben, der besagt, dass Reiten oder die Arbeit auf der Ranch auf eigene Verantwortung erfolgt.

Cowboy oder -girl auf Zeit während eines Ranchaufenthalts

Einen **längerfristigen Ranchurlaub** bucht man bereits in Deutschland, an verschiedenen Stellen in den einzelnen Kapiteln wird auf spezielle Ranches hingewiesen. Darüber hinaus gibt es spezialisierte Reiseunternehmer, die Ranchaufenthalte im Angebot haben:

America Experience by Sareiter Reisen, ☎ (08022) 6327, www.sareiter.de/sareiter/reise-usa-ranch.asp

America Unlimited, ☎ (0511) 374447 50, www.america-unlimited.de/usa/ranches/c-450-index.html

Argus Reisen, ☎ (05594) 804949-0, www.argusreisen.de („Ranchurlaub in Nordamerika")

CANUSA, ☎ (0180) 530 4131 (14 €/Min.), www.canusa.de/autoreisen/ranch-reise-oklahoma-kansas.html

Pegasus Reisen/EQUITOUR AG, ☎ 0800-505-1801 (gratis), www.reiterreisen.com

Sonstige Infos im Internet: www.ranchweb.com, www.guestranches.com, www.duderanch.org

▶ **Jugendherbergen u. Ä.**

Ein internationaler Jugendherbergsausweis – zu Hause besorgen über den DJH (www.jugendherberge.de) bzw. seine Pendants in Österreich (www.oejhv.or.at) und der Schweiz (www.youthhostel.ch) – macht sich in **American Youth Hostels**, Mitglied von *Hostelling International* (HI) bezahlt. Dabei können nicht nur Jugendliche die Herbergen nützen. **YMCA/YWCA** – kurz „**The Y**" genannt – sind weitere Alternativen, wobei Erstere auch gemischtgeschlechtliche Gäste aufnehmen.

Eine ausführliche **Liste von Hostels** und sonstigen „Billigunterkünften" (Hotels) mit Beschreibungen, Wertungen und Sofortbuchungsmöglichkeit findet sich unter: www.hostels.com; www.hostelnorthamerica.com; www.hiusa.org oder www.hihostels.com/dba/country-US.de.htm (deutsch)

Versicherung

ⓘ *siehe auch „Gesundheit, Ärzte und Apotheken"*

Am unkompliziertesten, wenn auch nicht am billigsten, ist es, gleich bei Reisebuchung oder übers Internet eines der angebotenen **Versicherungspakete** unterschiedlicher Gültigkeitsdauer (z. B. *RundumSorglos*- oder *Vierjahreszeiten-Paket*) abzuschließen, das Kranken-, Unfall-, Gepäck- und Haftpflicht-, manchmal auch Reiserücktrittsversicherungen einschließt. Für Leute, die viel reisen, gibt es **Jahresversicherungen**, für Familien preiswertere Familienvarianten. Gold-Kreditkarten-Besitzer sollten Bedingungen und Leistungsumfang der in der Karte enthaltenen Versicherungen prüfen.

Fest steht, dass der gezielte **Abschluss einzelner Policen**, z. B. bei Banken, freien Versicherungsmaklern oder dem ADAC, meist günstiger ist. Nicht immer sind nämlich alle Versicherungen auch wirklich nötig und sinnvoll, und oft sind z. B. **Unfall- und Haftpflicht** schon durch bestehende Versicherungen abgedeckt. Eine **Gepäckversicherung** hat viele Haken, so sind z. B. „Sonderausstattung" (Laptop, Foto-, Sportgeräte etc.) oder Campinggeräte im Allgemeinen nicht versichert und eine Mitschuld beim Verlust muss ausgeschlossen sein. Auch bei **Reiserücktrittsversicherungen** gibt es viele Einschränkungen. Dazu lohnt sich eine solche meist nur bei Buchung mehrerer (teurer) Leistungen.

Die einzige Versicherung, auf die man auf keinen Fall verzichten sollte, ist die **Reisekrankenversicherung**. Banken, vor allem aber Privatversicherer wie *Debeka* oder *Universa* bieten günstige Tarife, wobei auf Vollschutz ohne Summenbegrenzung, Verlängerung der Versicherung im Krankheitsfall und ggf. Rücktransport zu achten ist. Europäische Krankenkassen – mit Ausnahme einiger Privatversicherer – übernehmen die hohen medizinischen Kosten in den USA nicht. Krankenversicherungen erstatten hingegen gegen **Vorlage ausführlicher Bescheinigungen und Quittungen** (mit Datum, Namen, Bericht über Art/Umfang der Behandlung, Medikamente etc.) zu Hause die Kosten.

 Tipp
Für alle abgeschlossenen Versicherungen Notfalltelefon- und Policenummern notieren!

Zeit und Zeitzonen

Im Mittleren Westen gelten zwei Zeitzonen, die **7–8 Stunden Zeitverschiebung** zur mitteleuropäischen Zeit (MEZ) bedeuten. Ist es in Deutschland 18 Uhr mittags, ist es in Dallas erst 11 Uhr vormittags und in westlichen Regionen von Kansas, Nebraska, South und North Dakota erst 10 Uhr. Auch in den USA ist die Umstellung auf Sommerzeit, **Daylight Saving Time** (DSL), üblich, allerdings dauert sie länger: vom 2. Sonntag im März bis zum 1. Sonntag im November. Zeitzonen:

Central Time (IA, IL, KS, MN, MO, ND, NE, OK, SD, TX, WI): MEZ minus 7 Std.
Mountain Time (westliche Teile von KS, NE, SD und ND): MEZ minus 8 Std.

In den USA werden die **Stunden** nicht bis 24 durchgezählt, sondern in *ante meridiem*, abgekürzt **a.m.** (vormittags), und **p.m.** – *post meridiem* (nachmittags) – unterteilt. So entspricht 6 a.m. unserer Morgenzeit 6 Uhr, dagegen entspricht 6 p.m. 18 Uhr am Abend. 12 Uhr mittags heißt **noon** (12 p.m.), 12 Uhr Mitternacht **midnight** (12 a.m.) Das Datum wird in der Reihenfolge Monat-Tag-Jahr angegeben, z. B. July 22, 2011 oder kurz 7-22-11.
Beim Hinflug erreicht man den Westen meist am Nachmittag oder frühen Abend und der **Jetlag** spielt kaum eine Rolle, sofern man die innere Uhr sofort an die Ortszeit anpasst. Schwieriger ist es beim Rückflug, da man nach meist durchwachter Nacht am Morgen oder Vormittag in Deutschland ankommt.

Zoll

Im Flugzeug werden weiße Zollerklärungen *(customs forms)* – eine pro Familie – verteilt, auf denen anzugeben ist, ob und welche Waren mitgeführt werden. Eine Devisenbeschränkung gibt es nicht, lediglich Summen über $ 10.000 müssen deklariert werden. **Einfuhrbeschränkungen** bestehen z. B. für Tiere, Pflanzen, Arzneimittel, Betäubungsmittel, explosive Materialien, Lebensmittel, Raubkopien, bestimmte Schriften (Hetzschriften, Pornografie etc.), Waffen und Munition; in Österreich auch für Rohgold und in der Schweiz für CB-Funkgeräte.

Nähere Informationen liefern folgende Stellen:
Deutschland: www.zoll.de, Zollinfocenter, ☏ (069) 46997600
Österreich: www.bmf.gv.at, Zollamt Villach, ☏ (04242) 33233
Schweiz: www.ezv.admin.ch, Zollkreisdirektion Basel, ☏ (061) 2871111

▶ Einfuhr in die USA
Mitgebracht werden dürfen 1 l Alkohol bzw. 200 Zigaretten oder 100 Zigarren (keine kubanischen), dazu Geschenke im Wert bis $ 100. Verboten sind alle tierischen und pflanzlichen Frischprodukte/Lebensmittel sowie Samen und Pflanzen, außerdem Klappmesser und andere gefährliche Objekte. Bei Medikamenten in größeren Mengen empfiehlt es sich, ein ärztliches Attest dabei zu haben, da die Einfuhr von Rauschmitteln untersagt ist. Weitere Details unter: **www.customs.gov**

▶ Einfuhr nach Europa
Bei der Rückreise nach Europa gelten folgende Bestimmungen:
• Tabakwaren (über 17-Jährige in EU-Länder und die Schweiz): 200 Zigaretten oder 100 Zigarillos oder 50 Zigarren oder 250 g Tabak
• Alkohol (über 17-Jährige in EU-Länder): 1 l über 22 Vol.-% oder 2 l bis 22 Vol.-% und zusätzlich 2 l nicht schäumende Weine;
 in die Schweiz: 2 l (bis 15 Vol.-%) und 1 l (über 15 Vol.-%)
• Andere Waren für den persönlichen Gebrauch (über 15-Jährige): Waren bis zu 430 €. In die Schweiz dürfen andere Waren bis zum Wert von CHF 300 eingeführt werden.

Das kostet Sie das Reisen im Zentrum der USA

– Stand Sommer 2011 –

Die „Grünen Seiten" sollen einen groben Anhaltspunkt für die Kosten einer Reise durch das Zentrum geben. Die Angaben sind lediglich als Orientierungshilfen zu verstehen und erheben keinerlei Anspruch auf Aktualität oder Vollständigkeit.

Der relativ günstige Dollarkurs macht die USA zu einem erschwinglichen Reiseziel. Unterkünfte, Restaurants, Touren und Eintritte liegen im Durchschnitt sogar unter europäischem Preisniveau. Gerade der Mittlere Westen gehört zu den preiswerten Regionen Nordamerikas, vor allem was Lebenshaltungskosten und Restaurants, aber auch was Hotels betrifft. Ausnahme bilden, wie üblich, Großstädte wie Houston, Austin, Dallas, St. Louis oder Minneapolis. Die Flugpreise haben sich – trotz aller zusätzlichen Steuern und Gebühren – im Vergleich zu vor 10, 20 Jahren nur wenig erhöht, die Grundpreise liegen meist sogar niedriger.

Generell sind Waren in den USA ohne Steuer ausgezeichnet, die **Tax** (MwSt.) wird auf Güter wie auch auf Dienstleistungen nachträglich aufgeschlagen. Sie liegt im beschriebenen Reisegebiet relativ niedrig, beträgt z. B. in KS 5,3 %, in OK 4,5 % und in TX 6,25 %. Hotels können zusätzliche Steuern *(room tax)* bzw. Aufschläge erheben.

Wechselkurs (Sommer 2011): aktuell unter www.oanda.com
1 € = $ 1,44; $ 1 = 0,70 €; CHF 1 = $ 1,11; $ 1 = CHF 0,90

Beförderung

▶ Flüge
(siehe „Allgemeine Tipps A–Z" unter „Flüge")

Das Angebot an Transatlantikflügen ist nahezu unüberschaubar. Als Richtlinie kann gelten, dass während der HS die Preise nach Houston, Dallas/Ft. Worth, Oklahoma City, Tulsa, Wichita, Kansas City, St. Louis oder Minneapolis/St. Paul in der Regel um die 700/800 € liegen. Während der Zwischensaison und besonders in der NS kann man dagegen gut Flüge für rund 500/600 € bekommen.

Spartipp
Sondertarife sind das ganze Jahr über erhältlich, oft auf den Websites der Fluggesellschaften oder per Zeitungsannonce. Sie sind allerdings unterschiedlich in Kontingentierung und Bedingungen. In der NS bieten Fluggesellschaften vielfach günstige Tickets an.

▶ Mietwagen
siehe „Allgemeine Tipps A–Z" unter „Mietwagen"

Einen Mietwagen schon zu Hause im Internet bzw. im Reisebüro bei einem der überregionalen großen Anbieter wie *Avis, Alamo, Hertz* oder *Budget* zu buchen, ist bei einer Mietdauer von einer Woche und länger im Allgemeinen wesentlich günstiger als vor Ort, vor allem, weil es zu Hause Inklusivpreise gibt. Zu prüfen sind ferner die Tarife von Mietwagen-Brokern. Direktbuchung vor Ort kann teuer kommen, da meist Versicherungen, manchmal auch Meilen, gesondert berechnet werden.

Mitunter ist es vorteilhaft, Flug und Mietwagen als Kombination, **Fly & Drive**, zu buchen. Diese Kombinationen sind jedoch genau mit den Einzelpreisen zu vergleichen und auf die Personen umzulegen; zudem gelten sie zumeist nur ab zwei Personen. Die Kombination Flug und Mittelklassewagen kostet – je nach Reiseveranstalter – pro Person ab 700 € für eine Woche.

Bucht man direkt bei den Mietwagengesellschaften, kostet ein Mittelklassewagen *(Compact/ Midsize)* ab etwa 180 € pro Woche im „Sparpaket". Bei Abgabe des Fahrzeugs an einem anderen Ort als dem Abholort können Rückführungsgebühren anfallen. Diese fallen von Veranstalter zu Veranstalter unterschiedlich hoch aus und sind zudem distanzabhängig: zwischen $ 100 und 500.

▶ Camper

Generell sprechen die komplizierten Miet-, Versicherungs- und Haftungsbedingungen für eine Buchung zu Hause. Wohnmobile oder „RVs" kosten je nach Größe, Ausstattung und Saison zwischen etwa 60 € und 250 €/Tag. Der Preis hängt stark vom gewählten Modell bzw. dessen Größe, ein wenig auch vom Anbieter und – stärker – von der Saison ab. HS ist im Allgemeinen die Zeit von Ende Juni bis Ende August, am preiswertesten sind die Fahrzeuge von November bis März.

Zum Grundpreis addieren sich beachtliche **Nebenkosten**: für Zusatzausstattung, Endreinigung und gelegentlich Übergabe, ggf. auch für Zusatzversicherungen, Wochenendzuschläge und gefahrene Meilen (meist keine oder nur wenige inklusive). Die **Campingplätze** schlagen gesondert zu Buche: Für ein Campmobil inklusive zwei Personen sind mindestens $ 20 für den Stellplatz zu rechnen. Eine Kostenersparnis gegenüber einem normalen Mietwagen und Übernachtungen in Motels ergibt sich damit kaum.

▶ Eisenbahn
siehe „Allgemeine Tipps A–Z" unter „Eisenbahn"

Günstige Preise erhält man bei Kauf eines **Rail Pass**, der für einen Zeitraum von 15, 30 oder 45 Tagen gültig ist. Die Railpässe kosten z. B. für 15 Tage (8 Abschnitte) $ 389 oder ca. 290 € (kursabhängig), sie werden nur außerhalb den USA verkauft und vor Ort an den AMTRAK-Schaltern gegen Bahnfahrkarten eingetauscht. Ein Reiseabschnitt beginnt mit dem Einstieg in einen Zug und endet mit dem Aussteigen, unabhängig von der Reisedauer. Lange Strecken sollten im Voraus reserviert werden.

▶ Bus
siehe „Allgemeine Tipps A–Z" unter „Busse"

Greyhound bietet eine Gesamt-Netzkarte „**Greyhound Discovery Pass USA**" an, die für eine Reisedauer von 7 bis 60 Tagen gelten. Der Pass kostet derzeit für 7 Tage $ 246, für 15 Tage $ 356. Die Pässe können nur von international Reisenden im Heimatland, nicht aber in den USA erworben werden. Einzelfahrten sind relativ teuer.

Aufenthaltskosten

▶ Übernachtung
siehe „Allgemeine Tipps A–Z" unter „Unterkunft"

Es ist schwer, genaue Preise anzugeben, denn vor Ort bestimmen Angebot und Nachfrage, Saison und Wochentag, Lage und Stadtnähe, Specials und gewährte Rabatte die Preise. Entlang der Highways versuchen Hotels und Motels verschiedener Kategorien mit **Specials** (Sonderangeboten) und **Coupons** Kunden zu ködern. Generell berechnet sich der Preis in den USA für das Zimmer, unabhängig von der Belegung bzw. bei nur geringem Aufpreis für mehr als zwei Personen.

In den großen Städten ist für ein gutes **Hotelzimmer** mit rund $ 200 und aufwärts zu rechnen (besonders in Dallas und Houston). Dafür gibt es in abgelegeneren Regionen durchaus gute Unterkünfte, in denen man unter $ 150 nächtigen kann. Wer die preiswerte Kategorie bekannter **Motelketten** (wie *Budget Inn, Red Roof Inn, Comfort Inn* oder *Motel 6*) wählt, kann sogar mit ca. $ 60–80 fürs Doppelzimmer, oft inklusive kleinem Frühstück, wegkommen. In der Mittelklasse (z. B. *Days Inn, Howard Johnson, Holiday Inn, Best Western, Hampton Inn*) beginnen die Preise je nach Lage bei etwa $ 100.

In Deutschland vorab zu buchen, sei es im Reisebüro oder im Internet, lohnt nur in Ausnahmefällen wie eventuell am Ankunfts- bzw. Abflugtag sowie im Umkreis viel besuchter Attraktionen und in den großen Metropolen.

☞ Spartipp
*In vielen staatlichen und städtischen Tourismusbüros, Visitor Information Centers, CVBs und vor allem in den Welcome Centern an Staatsgrenzen, liegen kostenlose **Couponhefte** aus, mit denen Kurzentschlossene Zimmer für eine Nacht zu günstigen Preisen – oft bis zu 50 % ermäßigt – erhalten. Vorher anzurufen kann nötig sein, um zu reservieren, ansonsten legt man den Coupon beim Check-in vor.*

▶ Verpflegung
Generell liegt das Preislevel für Lebensmittel in etwa auf europäischem Niveau. (Ausländische) Feinkost ist teurer, Fertigkost aller Art, Fleisch und Fisch, Softdrinks und Drogerieartikel sind großteils billiger. Fast Food ist erheblich preiswerter als in Europa. Die Preise der unteren und mittleren Restaurantkategorie entsprechen trotz zu addierender *tax* (Steuer) und *tip* (Trinkgeld) in etwa den unsrigen, wobei Qualität und Service besser und die Portionen größer sind. In ländlichen, weniger touristisch geprägten Regionen sind die Preise sogar deutlich niedriger als hierzulande. Durchschnittlich dürfte in einem „normalpreisigen" Lokal für eine Mahlzeit mit Getränk, alles inklusive, mit ca. $ 20–30 pro Person zu rechnen sein.

▶ Eintritt
siehe „Allgemeine Tipps A–Z" unter „Eintritt" und „Natur- und Nationalparks"

Wer viel herumfährt und sich viel anschauen möchte – gerade die Metropolen bieten eine breite Palette außergewöhnlicher Museen und Attraktionen –, sollte genügend Geld für Eintritte einplanen. Speziell Zoos, Aquarien, Vergnügungsparks, Filmstudios und spektakuläre Museen sind teuer.

Auch die Parkplatzgebühren, die häufig bei Attraktionen, in Großstädten und vor allem in Stadthotels anfallen, addieren sich.

Hinweis
Alle genannten Eintrittspreise im Reiseteil beziehen sich auf den Eintritt eines Erwachsenen; Kinder- und Seniorenermäßigungen sind die Regel, oft gibt es auch reduzierte Familientickets.

▶ **Benzin**
Normalbenzin *(regular)* genügt für die meisten Mietwagen und kostet – abhängig von der Region – pro Gallone (3,8 l) zwischen $ 3,40 und 3,80 (Stand: Sommer 2011). Das kommt einem Literpreis von max. 0,70 € gleich.

Gesamtkostenplanung

Die Kostenplanung, die mehr oder weniger alle anfallenden Reisekosten für eine Reise zusammenfasst, ist für zwei Personen bzw. eine dreiköpfige Familie kalkuliert, die zwei bzw. drei Wochen unterwegs sind und bei den Übernachtungen auf günstige Mittelklasse-Motels zurückgreifen (**Angaben in €** und gerundet für 13 bzw. 20 Übernachtungen bzw. 14/21 Tage). Nicht berücksichtigt wurden hier Kosten für Versicherungen, Parken und Trinkgelder, Extragetränke und andere persönliche Zusatzausgaben und Einkäufe. Bei den Flugpreisen wurde ein Mittelwert gewählt, variieren sie doch je nach Saison erheblich.

Aufenthalt:		2 Wochen	3 Wochen
Zwei Flugtickets		1.400	1.400
Mietwagen Standardpaket, Mittelgröße		400	600
Benzin (2000 bzw. 3000 km bei ca. 9 l/100 km und $ 3/Gallone)		150	220
Unterkunft (Mittelklasse, durchschnittl. $ 120/DZ, 13/20 Nächte)		1.560	2.400
Verpflegung – Sparversion mit Selbstverpflegung/Fast Food (pro Tag/Pers. $ 20)		280	420
Verpflegung mit regelmäßigen Restaurantbesuchen (pro Tag/Pers. $ 40)		560	840
Eintritte (geschätzt, stark variabel)		150	250
Gesamt (2 Personen) (je nach Verpflegung):	ca.	3900–4200	5300–5700

Für **ein Kind im Alter von unter elf Jahren** kämen noch folgende Kosten hinzu (Übernachtung im Zimmer der Eltern):			
Flugticket (65 % des Normalpreises)		900	900
Unterkunft (zusätzlich $ 20/Tag)		260	400
Verpflegung (Sparversion, halbe Summe)		140	210
Verpflegung (bessere Version, ca. 50 %)		250	400
Eintritte (geschätzt)		50	100
Gesamt Kind (je nach Verpflegung):	ca.	1.300–1.500	1.600–1.800
Gesamt Eltern mit Kind (je nach Verpflegung):	ca.	5.200–5.700	6.900–7.500

4. REISEN IM ZENTRUM DER USA

Vorbemerkungen

Angesichts der **Wide Open Spaces** in den Great Plains zwischen Texas und dem Mittleren Westen kann man schnell die Orientierung und das Zeitmaß verlieren. Gerade hier gilt es die Dimensionen nicht zu unterschätzen – dennoch: Da viele Regionen nur dünn besiedelt und die Überlandstraßen meist gut ausgebaut sind, kann man mühelos große Distanzen überbrücken. Das Fahren im *Heartland* der USA ist keineswegs anstrengend, sondern eher gemütlich – sieht man von den Ballungszentren und den dichter besiedelten Regionen von Texas ab, wo schon mal das mexikanische Temperament durchkommt.

Die Größe des Areals macht eine flächendeckende Beschreibung unmöglich, deswegen werden nachfolgend **drei Hauptrouten** und einige **Alternativrouten** vorgeschlagen, auch aus reisetechnischen Gründen. Die **drei großen Areale**, die unterschieden werden, sind:

Haupt- und Alternativrouten

- der Bundesstaat **Texas**,
- das Kerngebiet der **Great Plains** zwischen **Kansas** und **Oklahoma**
- und die Region zwischen den **Great Rivers** Mississippi und Missouri mit den Bundesstaaten **Minnesota**, **North** und **South Dakota**, **Nebraska**, **Iowa**, **Kansas**, **Missouri**, **Illinois** und **Wisconsin**.

Jeder dieser Komplexe bietet sich für eine **eigene Reise** an, zumal sich in jedem Abschnitt mindestens ein großer Flughafen befindet, der als Ausgangspunkt dienen kann: In **Texas** sind es Dallas-Fort Worth und Houston, in den **Great Plains** Oklahoma City, Tulsa oder Kansas City und zwischen den **Great Rivers** Minneapolis, Kansas City und St. Louis. Eine Rundreise in jeder dieser drei Großregionen würde **etwa drei Wochen** in Anspruch nehmen, doch es sind auch „überlappende" Routen denkbar. So lassen sich die Great Plains und Texas gut kombinieren, ebenso die Great Plains und Great Rivers-Region. Das gesamte Gebiet zu erforschen ist allerdings kaum möglich – 1.400 mi (2240 km) liegen alleine zwischen Houston (Texas) im Süden und Bismarck (North Dakota) im Norden!

Rundreisen im Zentrum

Um die Planung zu erleichtern, nachfolgend einige Vorschläge, die als **Anregungen** zu verstehen sind und helfen sollen, eine eigene Reiseroute „zusammenzubasteln". Oberstes Gebot ist dabei, die **Entfernungen richtig einzuschätzen** und zu beachten, um welche Art von Straßen es sich handelt. Nebenstrecken nehmen beispielsweise mehr Zeit in Anspruch als Autobahnfahrten.

Wegen des **geringen Verkehrsaufkommens** und trotz relativ niedriger (streng überwachter) Höchstgeschwindigkeit, können Überlandfahrten durchaus erholsam sein. Auf alle Fälle sollte man nicht jeden Tag riesige Strecken zurücklegen, denn nur wer sich Zeit nimmt für Pausen, für Abstecher und Stopps, lernt Land und Leute auch wirklich kennen.

Gute Vorbe-
reitung ist
wichtig

Das weite Land im *Heartland* will auch heute noch „erobert" und „erfahren" werden. Das bedeutet in erster Linie **gute Vorbereitung**: Wichtig sind z. B. der richtige Ausgangs- und Endpunkt, eine überlegte Auswahl der sonstigen Stationen und eine ungefähre Festlegung der Fahrtroute. Da alle größeren Städte leicht per Flugzeug erreichbar sind, bezieht sich die Frage nach **Ausgangs- und Endpunkt** in erster Linie auf die persönlichen Vorlieben: **Cowboys und Indianer** sind überall präsent, **größere Städte** dagegen finden sich gehäufter in Texas, weiter im Norden sind es neben Oklahoma City noch der Großraum Kansas City, St. Louis und schließlich Minneapolis/St. Paul. **Naturerlebnis und Landschaften** sind ebenfalls überall zu finden, wobei es im Süden eher wüstenartig und heiß ist. Der Norden – ab Kansas – verkörpert dagegen stärker das typische Bild der Prärie mit Grasland und endloser Weite.

Als Leitfaden in diesem Reiseführer dienen die in der Umschlagklappe **rot gekennzeichneten drei Hauptrouten**. Einzelne Streckenabschnitte davon können auch miteinander kombiniert werden und es ist möglich, Alternativen bzw. **Streckenvarianten** (in der Karte grün gekennzeichnet) zu integrieren. Die einzelnen Routen können im vorliegenden Band nicht bis ins letzte Detail beschrieben werden, das würde den Rahmen sprengen.

Natürlich sind auch **One-way-Strecken** möglich, doch fallen für solche bei den Mietwagenfirmen meist hohe Rückführgebühren an. Überdies stehen **Busrundreisen** ebenso wie organisierte **Mietwagen-Rundreisen** im Angebot. Dabei werden die Unterkünfte im Voraus festgelegt und es existiert die Möglichkeit, sich eine Reise nach eigenem Gusto von Fachleuten durchplanen und buchen zu lassen (z. B. *America Unlimited*, www.america-unlimited.de).

Texas/Oklahoma-Rundreise

Eine der drei im Reiseteil vorgestellten Routen durch das *Heartland* führt durch Texas und die südlichen Teile von Oklahoma. Ideal wäre eine Reisedauer von etwa **drei Wochen**, doch gibt es auch Vorschläge für eine **ein-** und **zweiwöchige Rundreise**.

Dreiwöchige Rundreise

Als Ausgangspunkte bieten sich wegen des internationalen Flughafens sowohl Dallas-Fort Worth (DFW) als auch Houston an.

➤ **Dallas-Fort Worth** – über Waco nach Austin – entlang dem *BBQ Trail* über Shiner nach Houston – entlang der Golfküste (über Galveston und Corpus Christi) nach San Antonio – Fredericksburg und in das Hill Country – über Abilene in die Texas Panhandle Plains (Lubbock, Palo Duro Canyon und Amarillo) – *Route 66* nach Oklahoma City – entlang dem *Chisholm Trail* (über Norman, Wichita Mountains, Duncan, Arbuckle County) zurück nach Dallas-Fort Worth.

➤ Diese Route lässt sich auch von **Houston** aus realisieren: Houston – Golfküste – San Antonio – Hill Country – Texas Panhandle – Oklahoma City – Dallas-Fort Worth – Austin – Houston

Zweiwöchige Rundreise

➤ **Dallas-Fort Worth** – Austin – Houston – entlang der Golfküste nach San Antonio – Fredericksburg und ins Hill Country – zurück über Austin nach Dallas-Fort Worth
➤ von **Houston** entlang der Golfküste über Galveston und Corpus Christi nach San Antonio – Hill Country – Austin – Dallas-Fort Worth – Houston

Einwöchige Rundreise

➤ **Dallas-Fort Worth** – Austin – Fredericksburg und das Hill Country – Dallas-Fort Worth
➤ **Houston** – San Antonio – Golfküste – Houston

Great-Plains-Rundreise

Die zweite Hauptroute im Reiseteil verläuft durch die Great Plains und deren zentrale Bundesstaaten Kansas und Oklahoma. Auch hier wäre ein **dreiwöchiger Trip** ideal, doch auch eine **zweiwöchige Rundreise** ist noch gut machbar. Eine Woche ist für eine Erkundung hingegen zu kurz.

Dreiwöchige Rundreise

Als Ausgangspunkte für eine Great-Plains-Rundreise eignen sich sowhl Oklahoma City (OKC) als auch Tulsa. Von Kansas City (KC) kann man die gleiche Route abfahren.
➤ **Oklahoma City** – *Route 66* westwärts bis Elk Ciry – Kansas und Dodge City – ostwärts entlang dem *Santa Fe Trail* – Hutchinson – Wichita – über die Flint Hills in den Großraum Kansas City – entlang dem Grenzgebiet Kansas/Missouri in den Nordosten von Oklahoma mit Tahlequah (Cherokee Nation) und Tulsa – über die Osage Hills und Bartlesville nach Ponca City – zurück nach OKC
➤ von **Tulsa** aus: Tulsa – Bartlesville – Ponca City – OKC – Elk City – Dodge City – Wichita – Flint Hills – KC – Tulsa
➤ von **Kansas City**: KC – Tulsa – Bartlesville – Ponca City – OKC – Elk City – Dodge City – Wichita – Flint Hills – KC

Zweiwöchige Rundreise

➤ **Oklahoma City** – *Route 66* westwärts bis Elk City – Kansas und Dodge City – ostwärts entlang dem *Santa Fe Trail* – Hutchinson – Wichita – Ponca City – über die Osage Hills und Bartlesville nach Tulsa – Abstecher nach Talequah – zurück nach OKC
➤ **Tulsa** – Tahlequah – Bartlesville – Ponca City – Wichita – Hutchinson – Dodge City – Elk City (Route 66) – OKC
➤ **Kansas City** – Flint Hills – Wichita – Ponca City – Bartlesville – Tulsa – OKC – Wichita – Topeka – KC

Zwischen den Great Rivers

Die dritte Hauptroute verläuft zwischen den Great Rivers Missouri und Missis-sippi. Wie schon zuvor: **drei Wochen sind empfehlenswert**, zwei Wochen können eine Alternative sein.

Dreiwöchige Rundreise

Als Ausgangspunkte eignen sich neben den Twin Cities (Minneapolis/St. Paul) St. Louis und KC.

➤ **Twin Cities** – südwestliches Minnesota mit New Ulm und Pipestone – ins Tal des Red River of the North über Fargo nach Grand Forks – durch den Nordosten von North Dakota nach Minot – entlang dem Missouri südwärts über Mandan/Bis-marck(ND), Pierre (SD), Yankton (SD), Omaha (NE), Atchison (KS), Fort Leavenworth (KS), den Großraum KC nach St. Louis – entlang dem Mississippi nordwärts über East St. Louis (IL), Hannibal (IA), Galena (IL), La Crosse (WI), Wabasha (MN) und North-field (MN) zurück in die Twin Cities

➤ die Route ab **St. Louis**: St. Louis – Galena – La Crosse – Twin Cities – New Ulm/Pipestone – Fargo – Grand Forks – Minot – Mandan/Bismarck – Pierre – Omaha – KC – St. Louis

➤ von **Kansas City**: KC – St. Louis – Galena – La Crosse – Twin Cities – New Ulm/Pipestone – Fargo – Grand Forks – Minot – Mandan/Bismarck – Pierre – Omaha – KC

Zweiwöchige Rundreise

➤ **Twin Cities** – ins Tal des Red River of the North über Fargo nach Grand Forks – durch den Nordosten von North Dakota nach Minot – entlang dem Missouri süd-wärts über Mandan/Bismarck(ND), Pierre (SD), Yankton (SD) – südwestliches Minne-sota mit Pipestone und New Ulm – über Northfield (MN) zurück in die Twin Cities

➤ **St. Louis** – Galena – La Crosse – Twin Cities – New Ulm/Pipestone – Omaha – Atchison – Fort Leavenworth – KC – St. Louis (auch von KC aus möglich)

 Hinweis zu den Routen

Natürlich lassen sich die vorgeschlagenen Routen auch anders herum abfah-ren. Zudem können im Baukastensystem verschiedene Routenabschnitte be-liebig kombiniert werden. Bei der Reiseplanung bilden die auf der Karte **rot ge-kennzeichneten drei Hauptrouten** die Basis. Unter Zuhilfenahme der **Routenvarianten** (gestrichelt) können davon ausgehend andere Touren zu-sammengestellt werden. Als Hilfe dienen überdies die „Hinweise zur Route", die im Reiseteil vorkommen und nicht nur Tipps, sondern auch Entfernungen in Meilen und Kilometer anführen.

Zeiteinteilung und touristische Interessen

Gebiet	Seite	Unternehmungen/ Reiseziele	Tage	Touristische Interessen
Dallas-Fort Worth	149	Stadtbesichtigungen	3–4	Attraktionen, Kunst & Kultur, Stadtleben, Cowboy-Flair
Central Texas	178	Waco, Austin, BBQ-Trail, Shiner	2–3	Attraktionen, Stadtleben, Kulinarisches, Musikszene (Austin)
Texas Gulf Coast	216	Houston, Galveston, Corpus Christi	4–5	Attraktionen, Stadtleben, Landschaft, Strand, Geschichte
San Antonio	227	Stadtbesichtigung	2	Attraktionen, Stadtleben, mexikanisches Flair
Texas Hill Country	241	Fredericksburg, Wine Road	2	Attraktionen, Landschaft, Weinprobe, deutsches Flair
Texas Panhandle Plains	253	Abilene, Lubbock, Palo Duro Canyon, Amarillo	3–4	Attraktionen, Stadtleben, Landschaft, Wild-West/Cowboy-Flair
Oklahoma City	275	Stadtbesichtigung	2	Attraktionen, Stadtleben, Geschichte, Cowboy-Flair
Südliches Oklahoma	367	Norman, Wichita Mountains, Chisholm Trail, Arbuckle Mountains mit Turner Falls	2–3	Universitätsleben, Attraktionen, Landschaft, Geschichte, Indianer, Wild-West/Cowboy-Flair
Nördliches Oklahoma	331	Route 66, Tulsa, Tahlequah, Bartlesville, Ponca City, Guthrie	3–4	Attraktionen, Landschaft, Geschichte, Indianer, Cowboy-Flair
Kansas	286	Dodge City, Kansas Wetlands, Hutchinson, Wichita, Flint Hills, Großraum Kansas City	4–5	Attraktionen, Landschaft, Stadtleben, Geschichte, Kulinarisches, Wild-West/Cowboy-Flair
Twin Cities	382	Stadtbesichtigung	2–3	Attraktionen, Stadtleben, Kulinarisches, Shopping, Kunst & Kultur
Südwestliches Minnesota	400	New Ulm, Pipestone	2	Attraktionen, Landschaft, Geschichte, Indianer, deutsches Flair
North Dakota	406	Fargo, Grand Forks, Devils Lake, Intern. Peace Garden, Minot, Mandan/Bismarck, Jamestown	5–6	Attraktionen, Landschaft, Geschichte, Indianer, Wild-West-Flair, Stadtleben
South Dakota	425	Native American Scenic Byway, Pierre, Champerlain	2–3	Attraktionen, Landschaft, Geschichte, Indianer
Unterlauf des Missouri	431	Omaha, Council Bluffs, St. Joseph, Atchinson, Fort Leavenworth, St. Charles	3–4	Attraktionen, Landschaft, Geschichte, Stadtleben
Oberlauf des Mississippi	451	St. Louis, Galena, La Crosse, Wabasha, Northfield	4–5	Attraktionen, Landschaft, Geschichte, Stadtleben, Kulinarisches, Shopping, Kunst & Kultur

Hin nach Texas! hin nach Texas!
Wo der Stern im blauen Felde
Eine neue Welt verkündet,
Jedes Herz für Recht und Freiheit
Und für Wahrheit froh entzündet –
Dahin sehnt mein Herz sich ganz.

Es war nicht *Karl May,* der hier von Texas schwärmte, es war ein anderer deutscher Dichter, der mit seinem Gedicht „Der Stern von Texas" schon 1845 den Traum vieler Deutscher in Verse gefasst hatte: *August Heinrich Hoffmann* (1798–1874), besser bekannt als „Hoffmann von Fallersleben", wollte, wie viele Deutsche Mitte des 19. Jh., nach Texas auswandern. „Raus, raus, raus und raus – aus Deutschland muß ich raus: Ich schlag mir Deutschland aus dem Sinn und wand're jetzt nach Texas hin," schrieb er in einem weiteren Gedicht, doch auch er konnte, wie so mancher Landsmann, seinen Traum nicht verwirklichen (s. INFO S. 242).

Dennoch ist die **deutsche Tradition** bis heute in Texas präsent, schwerpunktmäßig im Hill Country um das Städtchen Fredericksburg (s. S. 244) zwischen San Antonio und Austin. Neben dem Spanisch-Mexikanischen ist das deutsche Erbe einer der wichtigsten Mosaiksteine, die Texas' bunte Vielfalt ausmachen.

Deutsche Traditionen

„**Everything is bigger in Texas**" – dieser Satz verfolgt Besucher in Texas auf Schritt und Tritt. Er kündet vom Selbstbewusstsein und Stolz der Texaner auf ihre Heimat. Auch der Slogan *„Don't mess with Texas",* der einst vom Verkehrsministerium des Bundesstaats als Aufruf zur Abfallvermeidung kreiert wurde, hat sich zum Leitspruch und Ausdruck des texanischen Selbstbewusstseins entwickelt, frei übersetzt etwa: *„Leg' Dich nicht mit Texas an!".*

Die Texaner haben Grund, stolz zu sein, ist doch Texas nach blutig erkämpfter Selbstständigkeit als **einziger unabhängiger Staat** mit erhobenem Haupt 1845 den USA beigetreten. So trägt man seither einen einzelnen Stern in der Flagge und bezeichnet sich als „**Lone Star State**". Dazu kommt, dass Texas nach Alaska mit seinen knapp 700.000 km^2 Fläche der zweitgrößte und mit über 25 Mio. Bewohnern nach Kalifornien der zweitbevölkerungsreichste Staat der USA ist.

Texas – wer denkt da nicht an Wilden Westen, Lagerfeuer und Cowboys, saftige Steaks und Countrymusic, Öl und Pioniergeist? Cowboys und Rinder sind jedoch nur ein Aushängeschild des Staates, was ihn ebenso prägt, ist seine kaum bekannte **landschaftliche Vielfalt**. Sie reicht von den Sumpfgebieten im Osten und der Küstenregion am Golf von Mexiko über das zentrale, von Deutschen besiedelte Hügelland, die endlose Prärie und das bizarre Tal des Rio Grande bis hin zu den Wüstenregionen des sogenannten *Llano Estacado* im Westen.

Landschaftliche Vielfalt

Natürlich hat Texas auch ein **modernes Gesicht**: Glitzermetropolen mit spektakulären Skyscrapern, vielspurigen Autobahnen und diversifizierter Industrie. Doch das spanisch-mexikanische Erbe dringt überall durch. Ungeachtet der reichen Ölvorkommen spielt beispielsweise die **Viehzucht** wie in alten Tagen noch immer eine große Rolle. Zwar sind die Zeiten vorbei, als riesige Viehherden von mexikanischen

Vaqueros und Cowboys jeglicher Hautfarbe zu den Eisenbahn-Knotenpunkten im Norden getrieben wurden und die berühmten *Texas Longhorns* eine ganze Nation mit Fleisch versorgt haben. Dennoch sind **Cowboys** wie Pferde und Rinder ein omnipräsenter Faktor geblieben und machen einen Teil des **Mythos von Texas** aus.

👉 Hinweis

Das **geografisch** in vier Regionen – Central, Coastal und High Plains sowie Mountains & Basins – unterteilte Texas, gliedert sich **touristisch in sieben Gebiete**: Prairies and Lakes, Piney Woods, Gulf Coast, South Texas Plains, Panhandle Plains, Hill Country und Big Bend Country.

„Don't mess with Texas" – texanische Geschichte im Überblick

info

1519: *Alonso Álvares de Pineda* kartierte nicht nur die Golfküste, er nahm die Region gleich auch für Spanien in Besitz.

1528: Nachdem der spanische Abenteurer *Cabeza de Vaca* und seine Männer beim heutigen Galveston Schiffbruch erlitten hatten, marschierten sie quer durch Texas zurück nach Mexico-Stadt und setzten Gerüchte von den „Sieben goldenen Städten" in die Welt.

1659: El Paso del Norte, das heutige Ciudad Juárez (Mexiko), entstand als erste spanische Siedlung am Rio Grande.

1685 bzw. 1691: Nachdem die Franzosen *(Robert Cavelier de la Salle)* in Ost-Texas vergeblich versucht hatten, eine Siedlung zu gründen, entstand die **Mission San Francisco de la Espada** am Zusammenfluss von Trintiny und Red River. Doch auch dieser Versuch scheiterte.

1718: Mit der **Mission San Antonio de Valero** entstand die erste europäische Siedlung in Texas.

Anfang des 18. Jh. entsteht das „**Comanche Empire**" – die Comanches beherrschten militärisch und wirtschaftlich bis in die 1870er-Jahre weite Teile der südlichen Plains.

1803: Nach dem *Louisiana Purchase* kam es zum Streit zwischen Spanien und den USA über die **Grenzen** der Interessenssphären. 1819 wurde der Sabine River als Grenze festgelegt.

1821: Mit der Unabhängigkeit Mexikos wurde Texas als alte spanische Provinz Teil des neuen Staates.

1823 erlaubte die mexikanische Regierung den Zuzug von Nicht-Spaniern. So erhielten *Moses Austin* und sein Sohn *Stephen F. Austin* eine Landzuweisung *(land grant)* und es entstand eine **erste Kolonie** mit etwa 300 anglo-amerikanischen Familien – die „Old Three Hundred" – am Brazos River. Sie sollte als „Puffer" zwischen Mexiko und Comanches dienen. Im Laufe der Zeit wanderten Siedler aus anderen Nationen zu, darunter Deutsche, die unter der Ägide des **Mainzer Adelsvereins** eine eigene Kolonie gründen wollten (s. INFO S. 242).

1835: *Antonio López de Santa Anna* wurde Präsident von Mexiko und führte ein strenges, zentralistisches Regime ein. Sein Agieren hatte Unruhen in den Provinzen Chicuahua, Zacatecas, Yucatán und schließlich auch in Texas zur Folge.

2. Oktober 1835 bis 21. April 1836: Nach der **texanischen Revolution** mit zahlreichen Schlachten wie der *Battle of Gonzales* (2.10.1835), dem *Goliad Massacre* (27.3.1836), der *Battle of the Alamo* (23.2.–6.3.1836) und der entscheidenden *Schlacht bei San Jacinto* (21.4.1836) wurde Texas zur Republik.

1836–45: Die **Republik Texas** wird als unabhängige Nation von Frankreich und Großbritannien offiziell anerkannt. Von den beiden politischen Strömungen, den Nationalisten um *Mirabeau B. Lamar*, die weiterhin Unabhängigkeit anstrebten, und der Gruppe um das erste Staatsoberhaupt *Sam Houston*, die sich um Anschluss an die USA bemühte, setzte sich Letzere durch. Zudem forcierten finanzielle Probleme, die latente Gefahr eines mexikanischen Einmarschs und der Dauerkonflikt mit den Comanches den Anschluss von Texas am 29.12.1845 als eigener Bundesstaat.

1846–48: Der fortdauernde Konflikt mit Mexiko mündet im **amerikanisch-mexikanischen Krieg**. Nach militärischer Niederlage musste Mexiko nach dem

info

Vertrag von Guadalupe Hidalgo große Teile des heutigen Südwestens und Kaliforniens an die USA abtreten.

1850: Die **Grenzstreitigkeiten** innerhalb der neuen US-Gebiete im Südwesten wurde beigelegt und Texas erhielt seine heutigen Grenzen. Beanspruchte Teile im Westen wurden Colorado und New Mexico zugewiesen.

1861–65: Texas wurde im **Bürgerkrieg** als „Südstaat" Teil de Konföderation und nach dem Ende des Bürgerkriegs bis zum 15.2.1876 unter Kriegsrecht verwaltet. Als letzter der Südstaaten wurde Texas 1870 wieder als Bundesstaat in die Union aufgenommen.

1866 bis 1880er-/90er-Jahre: Während der sogenannten **Cattle Drives** trieben Cowboys Rinderherden von Texas in den Norden zu Bahnstationen zum Weitertransport oder in die Indianerreservate als staatlich zugesicherte Versorgungsrationen.

28. September 1874: Die *Fourth US Cavalry* unter Colonel *Ranald Mackenzie* zerstörte das letzte freie Camp der Comanches im Palo Duro Canyon und tötete 1.500 Indianerpferde. Die Vernichtung der wirtschaftlichen Grundlage zwang die letzten freien Comanches und Kiowas in eine Reservation im heutigen Oklahoma– das **Comanche Empire** war beendet (s. INFO S. 264).

1901: Erste **Ölfunde** in Texas.

1930: Mit der Entdeckung des **East Texas Oil Field** setzte der Öl-Boom richtig ein.

22. November 1963: US-Präsident *John F. Kennedy* wurde während eines Autokorsos durch Dallas erschossen. Vize-Präsident *Lyndon B. Johnson*, ein Texaner, bekleidete bis 1969 das Präsidentenamt.

1995–2000: *George W. Bush*, ein zugezogener „Yankee" – geboren in New Haven, Connecticut und im Nordosten aufgewachsen –, wurde zum 46. Gouverneur von Texas gewählt, als fünfter Republikaner.

2001–2009: *Bush* im Amt des US-Präsidenten.

2. November 2010: *Rick Perry* (Republikaner) wird zum dritten Mal zum *Governor* gewählt – was vor ihm noch keiner geschafft hat.

 Hinweis zur Route

Idealer Ausgangspunkt einer Rundreise durch Texas ist der Metroplex **Dallas-Fort Worth** (DFW), auch, weil sich hier ein internationales Flughafendrehkreuz befindet, das vielfach von Europa angeflogen wird. Von Dallas-Fort Worth geht es zunächst nach **Central Texas** mit **Waco** und der Hauptstadt **Austin**, dann in den Großraum **Houston**.

Die Route führt weiter entlang der **Golfküste** von **Galveston** nach **Corpus Christi** und zurück ins Landesinnere nach **San Antonio**. Über **German Texas**, das **Texas Hill Country** um die Ortschaft **Fredericksburg** erreicht man schließlich im Nordwesten die **Texas Panhandle Plains** mit **Abilene**, **Lubbock** und **Amarillo**.

Von Amarillo zurück nach Dallas-Fort Worth wählt man am besten die legendäre **Route 66** über Oklahoma City (S. 283 „Great Plains"). Genaue Routendetails finden sich im jeweiligen Kapitel/Abschnitt.

Metroplex Dallas-Fort Worth (DFW)

Ein Großteil der etwa 23,5 Mio. Texaner lebt heute in den Großstädten Houston, San Antonio und im sogenannten **Metroplex Dallas-Fort Worth**. In diesem Städtekonglomerat sind über 6 Mio. Menschen auf einem Areal von etwa 24.000 km² zu Hause. Viele Besucher kennen „DFW" nur wegen des internationalen Flughafen-Drehkreuzes Dallas-Fort Worth, dabei bildet der Metroplex mit fast 6,4 Mio. Einw. den viertgrößten Ballungsraum in den USA.

Obwohl verwaltungstechnisch zusammengefasst, präsentiert sich das Areal höchst unterschiedlich. Während **Dallas** eine imponierende, schick aufpolierte, moderne Metropole ist, lebt die etwa 50 km entfernte Schwesterstadt **Fort Worth** scheinbar von der Wildwest-Vergangenheit: Hier machten in der zweiten Hälfte des 19. Jh. nicht nur unzählige Rinderherden auf ihrem Weg nach Norden – auf den legendären *Cattle Drives* – Station, sondern die *Stockyards* im Norden der Stadt dienten bis ins 20. Jh. auch als bedeutender Viehumschlag- und Handelsplatz.

Dallas – „Big D"

Dallas oder „**Big D**", wie die Einheimischen ihre Stadt kurz nennen, hat mit dem „gewöhnlichen" Texas, mit Rindern, Cowboys und Pferden, wenig gemeinsam. Das erkennt man bereits bei Annäherung an die Stadt: Am Horizont taucht eine beeindruckende Skyline aus blitzendem Stahl und Glas auf – eine typisch-amerikanische, moderne und etwas sterile Glitzermetropole –

Redaktionstipps

Sehens- und Erlebenswertes
➤ in Dallas: das **Six Floor Museum** (S. 153), das **Dallas Museum of Art** (S. 158) und das **SMU Meadows Museum** (S. 161) sowie das historische Viertel **West End** (S. 156)
➤ in Fort Worth: die **Stockyards** (S. 169) sind ein Muss, dazu die sehenswerten **Museen im Cultural District** (S. 172)
➤ ein Footballspiel – oder zumindest eine Stadiontour – im riesigen **Cowboys Stadium in Arlington** (S. 163)

Übernachten
➤ Allein schon wegen seiner Lage und Architektur lohnt das **Belmont Hotel** (S. 164) in Dallas

Essen und Trinken
➤ Steaks der Extraklasse genießt man im **Y.O. Steakhouse** in Dallas (S. 165)

Nachtleben
➤ In den angesagten Vierteln in Dallas (S. 156) wird einiges an Nightlife geboten.

Einkaufen
➤ in Dallas lohnt der Bummel in **West End** (S. 156) – ein Besuch im **Wild Bill's Western Store** ist ein Muss (S. 157) – und im **Bishop Arts District** (S. 165)
➤ im **Justin Boots Outlet** in Fort Worth (S. 176) gibt es Cowboystiefel zu Schnäppchenpreisen

mit 1,2 Mio Einw. Doch auch dieser erste Eindruck täuscht, es gibt durchaus auch historische Viertel, z. B. das renovierte Historic West End, das sich bescheiden zwischen die Hochhäuser duckt. Es erinnert an Zeiten, als sich hier ab 1873 zwei wichtige Eisenbahnlinien kreuzten.

Ins Blickfeld der Nation rückte Dallas unfreiwillig am **22. November 1963**: Gegen 12.30 Uhr wurde damals **Präsident John F. Kennedy** bei einer Autoparade durch die Innenstadt im Cabrio von einem Attentäter mit mehreren Kugeln ermordet. Ein unrühmliches Ereignis, an das man heute eindrucksvoll in dem Six Floor Museum er-

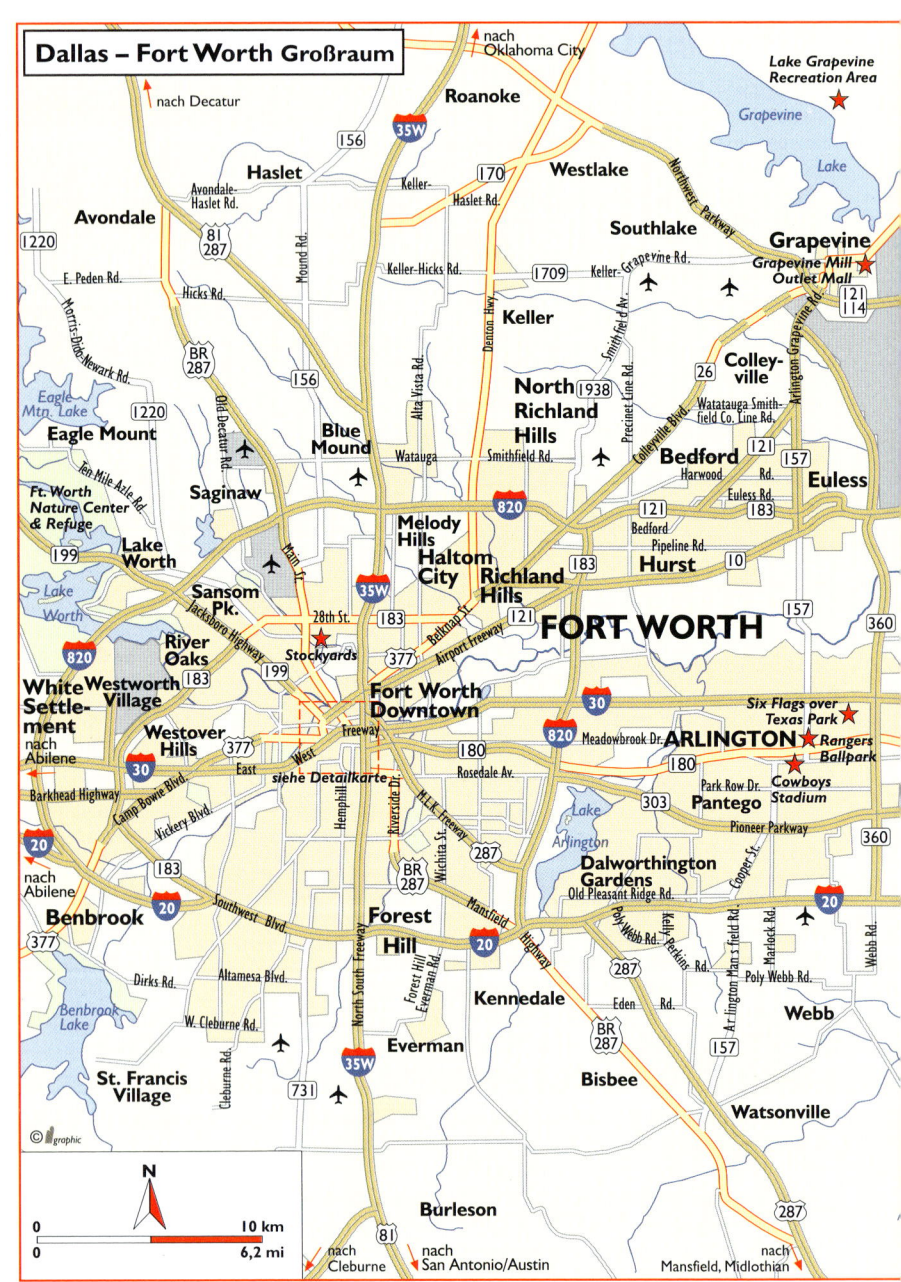

Dallas – Fort Worth Großraum

innert. Weltberühmt wurde „Big D" vor allem durch die **TV-Serie „Dallas"** (1978–91) mit der *Southfork Ranch* als Schauplatz und *J.R. Ewing* als Hauptakteur. Die Ranch, die einem Viehzüchter gehört, liegt nahe dem nördlichen Vorort Plano, und diente bis 1989 als Kulisse für die Außenaufnahmen.

Die **Wurzeln der Stadt** reichen jedoch viel weiter zurück: 1841 eröffnete hier *John Neely Bryan* (1810–77) aus Tennessee einen kleinen Handelsposten, anfangs bekannt als „*Bryan's Bluff*". Allmählich ließen sich erste Siedler nieder und 1855 entstand in der Nähe eine von Franzosen, Belgiern und Schweizern gegründete utopische Künstlerkolonie. Nur zwei Jahre überlebte „La Reunion", dann zogen die verbliebenen Künstler in die kleine Ortschaft Dallas, die um den Handelsposten *Bryan's Bluff* entstanden war. Die Gemeinde wuchs dank des steten Zuzugs – auch aus Deutschland – schnell an.

Geschichte von Dallas

1871 wurde Dallas zur Stadt erhoben und es ließen sich wegen des Arbeitsplatzangebots in den Lagerhäusern um den Bahnhof viele freigelassene Sklaven nieder. Seit 1873 kreuzten sich hier zwei Bahnlinien – *Houston & Texas Central, Texas & Pacific* – und durch sie stieg die Stadt zum Handelszentrum auf. Als 1930 *Columbus Marion „Dad" Joiner* dann im etwa 160 km östlich gelegenen Kilgore erstmals auf Öl stieß, änderte sich alles: Dallas wurde zum **Finanzzentrum der neuen Ölbarone** von Texas – und hier setzte die TV-Serie „Dallas" an. Heute hat Dallas nicht mehr viel mit Öl zu tun, die Stadt gilt vielmehr als **Hightech-Zentrum** und man spricht von „Texas' Silicon Valley" oder von der „Silicon Prairie".

Das moderne Dallas – **Downtown** wird weithin sichtbar durch seine moderne Skyline um den signifikanten Reunion Tower markiert – ist vielseitiger als es auf den ersten Blick wirkt. Der nördliche Bereich der Innenstadt – die man mühelos zu Fuß bzw.

Beeindruckende moderne Skyline von Downtown Dallas

mit der neuen Straßenbahn erkunden kann – widmet sich ganz der Kunst. Höhepunkt dieses sogenannten **Arts Districts**, der 19 Straßenblocks umfasst und als größter Kunstraum in einer amerikanischen Stadt gilt, ist das Dallas Museum of Art. Im gegenüberliegenden Nasher Sculpture Center ist dann moderne Plastik der Extraklasse zu sehen. Die neueste Errungenschaft ist jedoch das Dallas Center for the Performing Arts, ein mehrteiliger Theater- und Veranstaltungskomplex mit großem Park, der $ 338 Mio. gekostet haben soll.

Westlich schließt sich an den Arts District das **West End** an. Hier sind in die renovierten alten Lagerhäuser des Bahnhofs Läden und Lokale eingezogen. Wie auch im nördlich angrenzenden Viertel **Victory** um die Sporthalle (s. unten) ist hier das Nachtleben besonders verlockend.

Arts District und West End

Am südöstlichen Rand der Innenstadt liegt das zweite kulturelle Zentrum der Stadt, **Fair Park**. Sein weithin sichtbares Symbol ist eine 16 m hohe Cowboy-Figur, genannt „**Big Tex**". Hier fanden 1886 die erste *State Fair of Texas* sowie 1936 die *Texas Centennial Exposition* zum 100. Geburtstag des Staates statt. Auf diesem Areal sind ebenfalls einige interessante Museen vereint, z. B. das ungewöhnliche Women's Museum: An Institute for the Future oder das Railroad Museum.

 Nahverkehr

In Dallas sollte man in der Innenstadt das Auto im Hotelparkhaus bzw. auf einem der großen Parkplätze nahe der Union Station abstellen. Neben **DART Rail** (Straßenbahn, derzeit drei Linien: Blau, Orange und Grün) verbindet die **Buslinie 8** viele Punkte in der Innenstadt. Darüber hinaus verkehrt die **M-Line Streetcar** (McKinney Avenue Trolley) zwischen Arts District und Uptown/West Village. Infos: **www.dart.org**.

Downtown Dallas

Sixth Floor Museum (1)
„*History, after all, is the memory of a nation!*" – diese Worte stammen von US-Präsident *John F. Kennedy*. Mit dem Sixth Floor Museum hat Dallas ihm ein ungewöhnliches und erlebenswertes Erinnerungsmal geschaffen. Seit 1989 pilgern über 320.000 Besucher jährlich, darunter immerhin 15 % internationale, in dieses meistbesuchte Museum der Stadt und informieren sich in den oberen Etagen eines alten Lagerhauses in einer beeindruckenden Ausstellung über den Präsidenten, seine Zeit und seine Ermordung.

„Memory of a Nation"

Aus einem der Fenster im *Sixth Floor* des Gebäudes, das damals zur Lagerung von Schulbüchern diente, hatte an jenem unvergessenen 22. November 1963 *Lee Harvey Oswald* gegen 12.30 Uhr mehrmals auf den 35. Präsidenten geschossen. *John F. Kennedy* erlag wenig später seinen Verletzungen. Der wenige Stunden später als Tatverdächtiger festgenommene *Oswald* wurde zwei Tage später, noch bevor ihm der Prozess gemacht werden konnte, unter Polizeigewahrsam von dem Nachtclubbesitzer *Jack Ruby* erschossen. Bis heute kursieren deshalb die verschiedensten Verschwörungstheorien

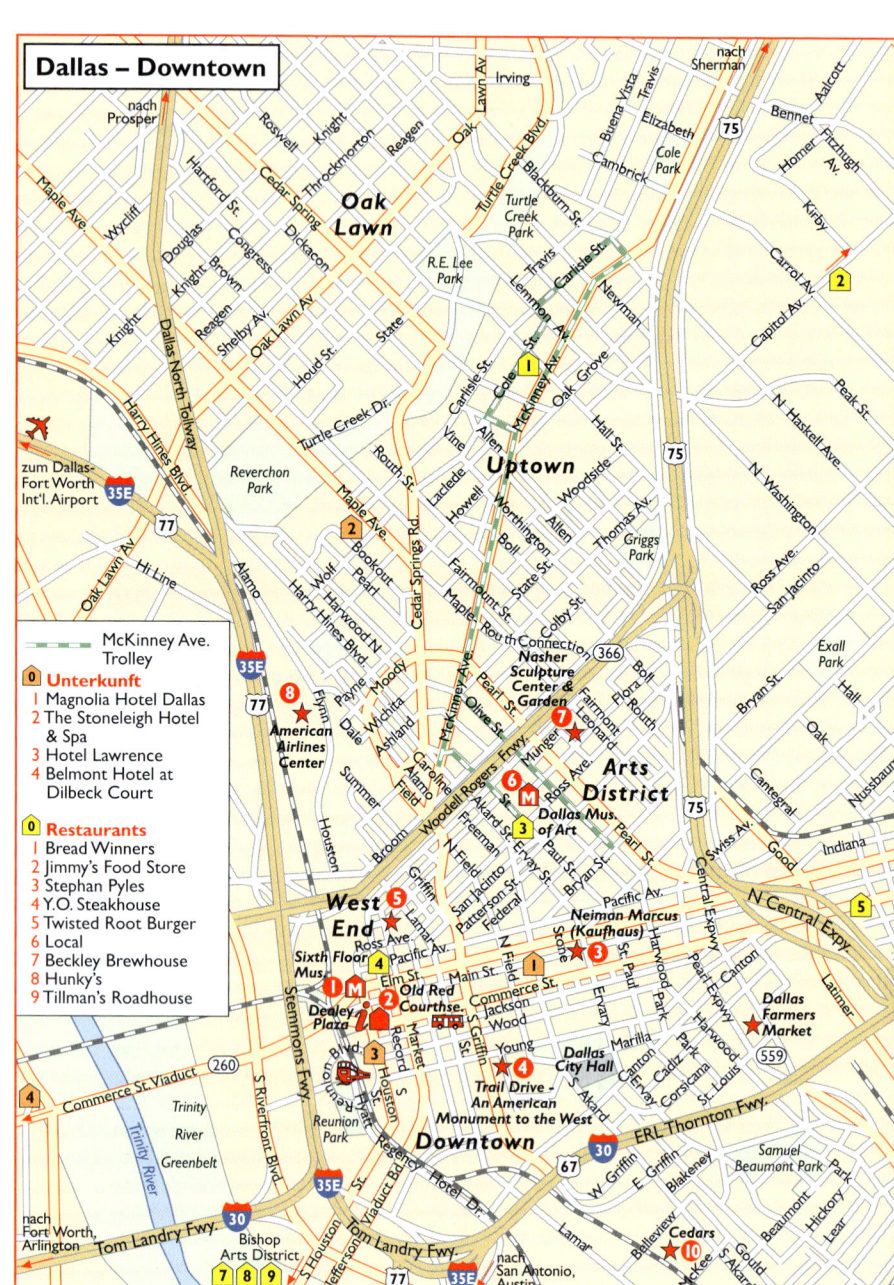

Dallas – Downtown

McKinney Ave. Trolley

Unterkunft
1 Magnolia Hotel Dallas
2 The Stoneleigh Hotel & Spa
3 Hotel Lawrence
4 Belmont Hotel at Dilbeck Court

Restaurants
1 Bread Winners
2 Jimmy's Food Store
3 Stephan Pyles
4 Y.O. Steakhouse
5 Twisted Root Burger
6 Local
7 Beckley Brewhouse
8 Hunky's
9 Tillman's Roadhouse

um *Kennedys* Ermordung: Handelte es sich um einen Einzeltäter oder steckte eine Verschwörung dahinter? Im Museumsladen im Erdgeschoss gibt es neben Souvenirs auch weiterführende Literatur zum Thema.

Sixth Floor Museum at Dealey Plaza, *411 Elm St., www.jfk.org, Mo 12–18, Di–So 10–18 Uhr, $ 13,50.*

Main Street Dallas

Die Main Street führt auf nur kurzer Distanz quer durch die Geschichte der Stadt. Gegenüber dem Sixth Floor Museum erhebt sich unübersehbar das **Old Red Courthouse (2)**. 1892 erbaut, handelt es sich bei diesem ehemaligen Gerichtsgebäude um einen der ältesten erhaltenen Bauten der Stadt. 2007 renoviert, beherbergt er heute nicht nur das Besucherzentrum, sondern auch ein interessantes historisches Museum. Instruktiv aufbereitet, geht es um die Geschichte der Stadt von prähistorischer Zeit bis heute, um Wirtschaft, Naturgeschichte, Sport und Prominente; dazu kommen Wechselausstellungen.

Historisches Gerichtsgebäude

Old Red Courthouse Museum, *100 S. Houston St., www.oldred.org, Mo–Fr 9–17, Sa/So 9–18 Uhr, $ 8.*

Hinter dem Courthouse liegt die **John F. Kennedy Memorial Plaza**. Schon 1970 wurde hier ein gigantischer Betonraum (ohne Dach) geschaffen. Hinter den 9 m hohen und 15 m breiten Wänden verbirgt sich ein schlichter Kenotaph (eine Art Leergrab oder Erinnerungsmal). In der Abgeschlossenheit dieses Raumes findet man sogar im Trubel der Stadt Ruhe. Gegenüber der Kennedy Memorial Plaza liegt die **Dallas County Historical Plaza** mit der **John Neely Bryan Cabin**. Das nachgebaute Blockhaus erinnert an die Anfänge der Stadt, als *John Neely Bryan* 1841 im nahen West End (s. unten) einen Laden eröffnete.

Im Zentrum Einige Blocks weiter östlich erheben sich die modernen Hochhäuser von Dallas. Das Zentrum des Hochhaus-Konglomerats liegt an der **Pegasus Plaza**, der Kreuzung zwischen Main und Akard Street. Hier befindet sich mit **Neiman Marcus (3)** ein 1907 eröffnetes und noch heute sehenswertes Luxuskaufhaus. *Herbert Marcus*, seine Schwester *Carrie* und deren Mann *A.L. Neiman* hatten das Unternehmen gegründet. Doch es war erst *Herberts* Sohn *Stanley Marcus*, der aus dem Kaufhaus einen bis heute berühmten und landesweit durch Filialen vertretenen Shoppingtempel der gehobenen Kategorie gemacht hat.

Die Skulpturengruppe „Trail Drive"

Zu den Attraktionen der Innenstadt gehört die Skulpturengruppe **Trail Drive – An American Monument to the West (4)** im Park vor dem Dallas Convention Center. Die beeindruckende Gruppe von 40 Longhorns, die von drei Cowboys in Lebensgröße sehr realistisch durch einen Creek getrieben werden, schuf zwischen 1992 und 1997 der texanische Bildhauer *Robert Summers*. Werke von ihm werden aufmerksamen kunstinteressierten Besuchern in Texas häufig begegnen.

West End Historic District

Im Schatten der Wolkenkratzer erstreckt sich **West End (5)**. Hier steht die Wiege der Stadt: *John Neely Bryans* erste **Trading Post** (Handelsstation). Als 1872 die *Houston & Texas Central* *West End* *Railroad* die Stadt erreichte, entwickelten sich zahlreiche Lagerhallen und Läden zur Versorgung der Arbeiter und Reisenden. Während der Modernisierung und Reanimierung der Innenstadt in den späten 1970er-Jahren erinnerte man sich der alten Bauten und renovierte sie. Im Bereich zwischen Lamar und Market Street sind mittlerweile verschiedenste Geschäfte und Lokale eingezogen (Infos: www.dallaswestend.org) und, speziell am Abend, pulsiert das Leben. Die Innenstadt von Dallas erhielt dadurch eindeutig positive Impulse, erst recht, nachdem auch in anderen Regionen, wie dem sich nördlich anschließenden **Victory**, neue Wohnareale entstanden sind.

Das **Dallas World Aquarium**, dessen Schwerpunkt auf bedrohten Tierarten liegt, ist eine der Attraktionen von West End. Es befindet sich in zwei historischen Lagerhäusern aus den 1920er-Jahren. Ein Übergang zwischen beiden verbindet zugleich den Süß- und Salzwasser-Bereich miteinander.

Dallas World Aquarium, *1801 N. Griffith St., www.dwazoo.com/d, tgl. 9–17 Uhr, $ 20,95.*

Alles für den City-Cowboy

Bill Dewbre ist eine imposante Figur, ein texanischer „Cowboy-Gentleman" mit festem Handedruck, markantem Profil und nie ohne Hut und Boots anzutreffen. Der knapp 60-Jährige ist in der texanischen Metropole Dallas eine stadtbekannte Persönlichkeit. Seine erste Million soll er bereits mit Anfang zwanzig verdient haben. Und Berühmtheiten aller Genres, Politiker und Firmenbosse, zählen zu seinen Freunden und Kunden.

Seit *Dewbre* zwölf Jahre alt war, hatte er mit Westernwear und Leder zu tun. Sein Vater war ein Meister der Lederbearbeitung und auch er lernte damit umzugehen, arbeitete zunächst als Verkäufer und übernahm dann das väterliche Geschäft. Seit über 40 Jahren verkauft er jetzt in Downtown Dallas Westernwear, seit einigen Jahren in einem ehemaligen Drugstore, ein über 100 Jahre altes Gebäude in Westend.

Verkaufstechnisch gilt bei **Wild Bill's** die Devise „*Buy right, buy Texan*", denn *Bill Dewbre* versteht sich auch als Repräsentant und Botschafter von Dallas und Texas. Überregional bekannt ist er für seine „*custom fitted and designed*", d. h. nach Maß bzw. auf Kundenwunsch gefertigten Hüte und Boots, die nach eigenem Design oder nach Kundenentwurf von Fachleuten in El Paso hergestellt werden. Dazu kommen Groß- und Spezialaufträge, z. B. Hüte, Gürtelschnallen oder Stiefel für Unternehmen oder für Special Events. Bill richtet nämlich auch Partys und andere Veranstaltungen aus, auch im Western Store. Besondere Buckles und Brandeisen – als Souvenir – liegen im Regal und es gibt Kleidung und Schmuck lokaler Künstler, z. B. von der texanischen Schmuckdesignerin *Paige Wallace*.

Aushängeschild von Wild Bill's Western Store sind jedoch die **Boots** – alle aus hochklassigem Leder, großteils nach alten Entwürfen von *Dewbre Senior*. Wer Stiefel ordert, dessen Füße werden erst einmal genau vermessen und dann folgt die Qual der Wahl, was Material, Farbe, Design, Ferse, Spitze, Schafthöhe und viele

andere Kleinigkeiten angeht. Wenn auch nicht ganz billig, sind *Bills* Cowboystiefel Kunstwerke, in denen viel Handarbeit steckt, und von einer Qualität, die gut noch ein paar folgende Generationen genießen können.

Hüte sind bei Bill's ebenfalls eine Wissenschaft. Fachmännisch werden die Kundenwünsche angehört, Form und Farbe festgelegt, dann der Hut mit Dampf in Form gebracht. Stars

Bill Dewbre, Besitzer von Wild Bill's Western Store

wie *Garth Brooks* haben schon vorbeigeschaut und *Britney Spears* legendärer *Pink Stetson* stammt ebenfalls von hier. Nein, billig sind auch die Hüte nicht, doch viele Cowgirls und Cowboys greifen angesichts der Schwemme an minderwertiger Ware aus Fernost heute gerne etwas tiefer in die Tasche.

Wild Bill's Western Store, *311 N. Market St./West End, www.wildbillswestern. com, Mo–Fr 10–21, Sa 10–22, So 12–18 Uhr.*

Dallas Arts District

Nordwestlich von West End breitet sich der **Arts District** aus, eines der größten städtischen Kulturareale in den USA. Höhepunkt für Besucher sind das Dallas Museum of Art und das gegenüberliegende Nasher Sculpture Center. Neuester Bestandteil ist das Dallas Center for the Performing Arts, ein Konzert- und Theaterkomplex, der von einem großen Park umgeben wird.

Fünf „Kunst- und Kultur- tempel"

Fünf der „Kunst- und Kulturtempel" dieses 19 Straßenblocks umfassenden Kulturareals wurden von weltberühmten Architekten erbaut: das Morton H. Meyerson Symphony Center von *I.M. Pei*, das Nasher Sculpture Center & Garden von *Renzo Piano*, das Margot and Bill Winspear Opera House sowie der Annette Strauss Artist Square von *Sir Norman Foster* und das Dee and Charles Wyly Theatre von *Rem Koolhaas*.

Weitere hier befindliche Kultureinrichtungen sind die Museen Trammell & Margaret Crow Collection of Asian Art und Dallas Contemporary sowie das Dallas Children's Theatre und die DISD's Booker T. Washington High School for the Performing and Visual Arts.

Dallas Museum of Art (6)

1903 gegründet, präsentiert das Dallas Museum of Art heute an die 23.000 Kunstwerke aus aller Welt, die einen Zeitraum von rund 5.000 Jahren abdecken. Schwerpunkte der Sammlungen liegen auf der Kunst aus dem prähistorischen Amerika, aus Afrika und Asien, Europa und Nordamerika. Dazu zeigt das Museum immer wieder aufsehenerregende Sonderausstellungen. Die Kunstwerke befinden sich in großzügig bemessenen und modern gestalteten Ausstellungsräumen, die sich auf vier Etagen verteilen.

Dallas Museum of Art, *1717 N. Harwood St., www.DallasMuseumofArt.org, Di/Mi sowie Fr–So 11–17, Do 11–21 Uhr, $ 10. Kombiticket mit Nasher Sculpture Center $ 16*

Nasher Sculpture Center & Garden (7)

Gegenüber dem Dallas Museum of Art wird im Nasher Sculpture Center die Privatsammlung von *Raymond* und *Patsy Nasher* ausgestellt. Mit Immobilien und im Bankenwesen zu Geld gekommen, trug das Ehepaar eine der besten Sammlungen moderner und zeitgenössischer Plastik zusammen. Diese ist seit 2004 in einem luftigen Bau von *Renzo Piano* und in einem angeschlossenen Park zu sehen. Zudem werden regelmäßig interessante Sonderausstellungen gezeigt.

Nasher Sculpture Center & Garden, *2001 Flora St., www.nashersculpturecenter.org, tgl. außer Mo 11–17 Uhr, $ 10. Kombiticket mit Dallas Museum of Art $ 16.*

Weitere sehenswerte Viertel

Einen Steinwurf von West End entfernt, liegt am nordwestlichen Innenstadtrand **Victory**. Hier sind zahlreiche neue Apartmentbauten entstanden, dazu Lokale, Cafés und Shops, alles rund um das **American Airlines Center (8)**. In dieser 2001 eröffneten Sporthalle spielen die heimischen Eishockey- und Basketballprofis. Der herausragende Spieler und das Aushängeschild der *Dallas Mavericks* (NBA, Meistermannschaft von 2011) ist der deutsche Basketball-Nationalspieler *Dirk Nowitzki*. Die *Dallas Stars*, die ebenfalls hier antreten, zählen zu den Topteams der Eishockeyprofiliga NHL.

Im Norden der Innenstadt befinden sich die besseren Wohnviertel wie **Uptown**, **West Village** und **Highland Park**. In Letzterem lohnt das kleine Shoppingareal um die Preston Road (Hwy. 289) einen kurzen Abstecher.

Deep Ellum (9) (DART Rail Green) liegt östlich der Innenstadt. Schon in den 1920er- und 1930er-Jahren war das Viertel als **Hotspot für Jazz und Blues** berühmt geworden. Musiker wie *Blind Lemon Jefferson, Robert Johnson, Huddie „Leadbelly" Ledbetter* oder *Bessie Smith* spielten in den legendären Klubs dieses schwarzen Wohnviertels – im „Harlem" oder „Palace", Einrichtungen, die es längst nicht mehr gibt. Heute genießt Deep Ellum vor allem den Ruf als das **Künstlerviertel** der Stadt, aber auch das Nightlife ist dank vieler Bars und Kneipen lebhaft. Berühmt und sehenswert sind überdies die Graffiti, die Unterführungen und Bauten schmücken.

Musik und Nightlife

Wie Deep Ellum erlebt auch das südlich gelegene **Cedars (10)** derzeit einen Boom in Sachen Nachtleben – mit bekannten Bars wie „Gilley's Dallas" oder „Poor David's Pub" – sowie als Künstlerrefugium. Der Besitzer des Basketballteams, *Mark Cuban*, hat an der Lamar Street Grundstücke aufgekauft und plant nun die Errichtung eines neuen Entertainmentkomplexes.

Jenseits des Trinity River, im Westen der Stadt, liegt der derzeit angesagte **Bishop Arts District** im Stadtviertel **Oak Cliff**, um die namensgebende Bishop Avenue. Auch hier leben und arbeiten zahlreiche Künstler, und die kurze Straße hat einige ausgefallene Läden und nette Restaurants und Cafés zu bieten.

Fair Park

Der Fair Park, ein Ausstellungs- und Messegelände, geht auf die erste texanische *State Fair* 1886 und die Hundert-Jahr-Feier des Staates, 1936, zurück. Während von der ersten *State Fair* nichts mehr übriggeblieben ist, haben sich aus den 1930er-Jahren zahlreiche Art-déco-Bauten erhalten. In einige davon sind sehenswerte **Museen** (s. unten) eingezogen. Daneben gibt es Konzertbühnen und finden Veranstaltungen wie alljährlich im Herbst die *State Fair*, eine Landwirtschaftsausstellung, statt. Wahrzeichen der State Fair ist seit 1952 **„Big Tex"**, eine fast 16 m hohe Statue eines Cowboys, der den Kopf und den Mund bewegen kann und daher auch für Ansagen verwendet wird.

Ausstellungs- und Messegelände

2012 wird ein neuer Vergnügungspark, der **Summer Place Park**, neu dazukommen und zahlreiche Attraktionen bieten.. Markantes Symbol des neues Parks soll der 150 m

Women's Museum im Fair Park

hohe **Top of Texas Centennial Tower** werden, der als Aussichtspunkt zugänglich sein wird.

Big Tex – State Fair of Texas, *alljährlich Sept./Okt., www.bigtex.com/sft und www.fairpark.org.*

Women's Museum: An Institute for the Future (11)

Das einzigartige Museum ist in Zusammenarbeit mit der *Smithsonian Institution* (Washington, D.C.) entstanden. Es widmet sich ganz der Rolle der Frau in der Geschichte Nordamerikas und befindet sich im ersten *Coliseum* der Stadt, einer 1910 erbauten Veranstaltungshalle, die sowohl für Viehauktionen als auch für Opern und Konzerte genutzt wurde. In dem komplett renovierten Gebäude präsentiert das Museum auf drei Stockwerken multimediale Ausstellungen, teils wechselnd, teils permanent. Zu Letzteren gehören die Abteilungen „Women in History", „Thought & Expression" (Künstlerinnen), „Breaking Boundaries", „Women's Health" oder „Business & Technology".

Women's Museum, *3800 Parry Ave., Fair Park, www.thewomensmuseum.org, Di–So 12–17 Uhr, $ 5.*

Rolle der Frau

Museum of the American Railroad (12)

In einem renovierten Bahnhofsgebäude informiert das Museum nicht nur über die Bedeutung der Eisenbahn für Dallas, sondern für die ganze Region und für Texas. Seit 45 Jahren befindet sich die „**Age of Steam**"-Ausstellung im alten „Depot", die Hauptattraktionen stehen jedoch auf den Gleisen im Freien, vor dem Bahnhof. Hier sind neben Wagen aus verschiedenen Epochen zahlreiche sehenswerte und seltene Lokomotiven aufgestellt, wie ein „**Big Boy**", eine der wenigen erhaltenen riesigen Dampfloks der *Union Pacific*, die in den 1940er-Jahren Züge über die Rocky Mountains zogen. Auch Dieselloks wie die „Centennial" der *Union Pacific*, eine „FP 45" von *Santa Fe Rail-*

way sowie eine E-Lok, die legendäre „GG1" der *Pennsylvania Railroad* von 1943 wurden liebevoll restauriert. Aufgrund der Platzknappheit strebt das Museum einen Umzug in den nördlichen Vorort Frisco an. Als erster Schritt wurde im dortigen neuen **Frisco Heritage Museum** eine kleine Eisenbahn-Dauerausstellung initiiert. In die benachbarten Bauten soll dann einmal das neue Eisenbahnmuseum einziehen.
Museum of the American Railroad, *1105 Washington St., www.dallasrailwaymuseum. com, Mi–So 10–17 Uhr, $ 7.*

Weitere Museen im Fair Park

Das **African-American Museum of Dallas (13)** widmet sich seit 1974 der kulturellen und historischen Bedeutung des afroamerikanischen Bevölkerungsanteils in der Stadt. Zur Sammlung gehören auch afrikanische Kunstwerke, daneben gibt es eine Vielzahl an Veranstaltungen.
African-American Museum, *3536 Grand Ave., www.aamdallas.org, Di–Fr 11–17, Sa 10–17 Uhr, frei.*

Das **Museum of Nature & Science (14)** ist dreiteilig und besteht aus dem **Dallas Museum of Natural History**, dem **Dallas Children's Museum** und dem **Science Palace**. Das naturkundliche Museum mit seinen vielen interaktiven „Hands-on"-Abteilungen ist besonders für Familien interessant, zumal es neben einem **IMAX-Kino** auch noch ein **Planetarium** gibt. Interessant ist mit Kindern überdies das **Dallas Aquarium**, das sich seit 1936 im gleichen Art-déco-Bau befindet. Derzeit ist ein Umbau zum **Children's Aquarium at Fair Park** im Gange. *Naturkundliches Museum*
Museum of Nature & Science, *3535 Grand Ave., www.natureandscience.org, mit IMAX-Theater, Mo–Sa 10–17, So 12–17 Uhr, $ 10, Kombiticket mit IMAX $ 16.*
Children's Aquarium at Fair Park, *1462 First Ave., www.dallaszoo.com/aquarium/ aquarium.htm, derzeit im Umbau.*

Sonstige Attraktionen in Dallas

SMU Meadows Museum

Zu den wenig bekannten Juwelen der Stadt gehört das **Southern Methodist University's Meadows Museum**. Die Kunstsammlung ist Teil der Southern Methodist University (SMU), deren Campus sich im Norden der Stadt erstreckt. Gegründet wurde die SMU 1911 von der Methodist Episcopal Church – einer evangelischen Gruppe – und heute zählt man dort etwa 11.000 Studenten. *Universitäts-Kunstsammlung*

Schon der Zugang zum Museum ist sehenswert und macht einen der Schwerpunkte der Sammlung klar: **Skulptur**. Auf der von dem Schweizer Architekten *Thomas Krähenbühl* neu gestalteten Plaza stehen Werke von *Jacques Lipchitz, Henry Moore, Isamu Noguchi, Claes Oldenburg, Firtz Wotruba* und *Jaume Plensa*. Im Museum selbst finden sich weitere Plastiken, z. B. von *Giacometti* oder *Rodin*.

Daneben glänzt das Museum mit einer herausragenden Sammlung **spanischer Malerei**. Sie gilt als größte außerhalb Spaniens und ist dem Ölmillionär *Algur Meadows* und seine Frau zu verdanken; er hat sie in den 1970er-Jahren der Uni vermacht. Heute werden außerdem regionale Kunst und Werke der Studenten präsentiert. Eine inte-

SMU Meadows Museum der Southern Methodist University

ressante Abteilung widmet sich den Funden der von der Uni betreuten archäologischen Grabungen in Italien. Das **Mugello Valley Archaeological Project** (MVAP, http://smu.edu/poggio) der SMU unterstützt die italienischen Kollegen bei Ausgrabungen zur etruskischen Geschichte.
SMU Meadows Museum, *5900 Bishop (SMU-Campus), http://smu.edu/meadowsmuseum, Di–Sa 10–17, Do bis 20, So 12–17 Uhr, $ 8 (Do ab 17 Uhr frei).*

Southfork Ranch

Legendäre TV-Serie

1970 von *Joe Duncan* als Haupthaus seiner Ranch erbaut, erlangte die Villa erst durch die TV-Serie „Dallas" weltweite Bekanntheit. 1978–89 wurden auf der Southfork Ranch die Außenaufnahmen für die Serie gedreht, heute befindet sich hier ein *Event & Conference Center*. Es werden Touren über das Gelände und durch die Ewing Mansion für Fans der TV-Serie angeboten.

Immerhin brachte es „Dallas" in 13 Jahren auf 356 Episoden und gehört damit zu den am längsten ausgestrahlten Serien in der TV-Geschichte. Abgesehen von der Ausstellung „Dallas Legends" mit Memorabilien aus der Sendung wie *Lucys* Hochzeitskleid, den Familienstammbaum oder *Jocks* Lincoln Continental gibt es Touren über die Ranch zur Mansion, dem *„Most famous White House west of D.C."*. *Miss Ellie's Deli* sorgt fürs leibliche Wohl und im *Ranch Round-up* im Visitors Center gibt es allerhand Souvenirs zu kaufen.
Southfork Ranch, *3700 Hogge Rd., Parker/TX (ca. 40 km nordöstlich der Innenstadt), ☎ 1-800-989-7800, www.southforkranch.com, Touren tgl. 9–17 Uhr, $ 9,50 (plus tax), mit großem Souvenirladen und Museum.*

Dallas Arboretum and Botanical Garden

Auf über 260.000 m² breitet sich östlich der Innenstadt am Südostufer des White Rock Lake der sehenswerte **Botanische Garten** aus. Von hier aus bieten sich stets aufs Neue schöne Ausblicke über das Grün des Parks mit der Skyline der Stadt im Hintergrund. Die Anlage besteht aus einer Reihe unterschiedlicher Abteilungen wie einem Sunken Garden, dem Woman's Garden, dem Jonsson Color Garden oder dem Bowell Family Garden.

Ausgangspunkt des Rundgangs ist das neue Visitor Center mit Laden. Die Anlage geht auf den Privatbesitz des Geophysikers *Everett Lee DeGolyer* (1886–1956) und seiner Frau *Nell* zurück, die auf ihrer hier gelegenen *Rancho Encinal* ausgedehnte Gärten anlegen ließen. Im ehemaligen, architektonisch spanisch-beeinflussten Wohnhaus der *De-Goylers* befindet sich heute das **Garden Café**.

Dallas Arboretum & Botanical Garden, *8525 Garland Rd., www.dallasarboretum.org, tgl. 9–17 Uhr, $ 10*

Trinity River Audubon Center

Im Süden der Stadt befindet sich das Trinity River Audubon Center inmitten des ausgedehnten **Great Trinity Forest** im Tal des gleichnamigen Flusses. Der Wald gilt als einer der größten innerhalb einer Großstadt und ist Heimat einer vielseitigen Flora und Fauna im Überschneidungsgebiet von Wald, Feuchtgebiet und Prärie. Neben einem Besucherzentrum mit Ausstellung, dem sogenannten **Green Building**, führen verschiedene Trails in das Naturschutzgebiet hinein. *Größter Stadtwald*

Trinitiy River Audubon Center, *6500 S. Loop 12 (südlich der Stadt), www.trinityriver audubon.org, Di–Sa 9–16, So 10–17 Uhr, $ 6, 3. Do im Monat 9–21 Uhr, frei.*

Cowboys Stadium & Rangers Ballpark

In den frühen 1990er-Jahren holten die *Dallas Cowboys* mit ihren Stars, Quarterback *Troy Aikman* und Runningback *Emmitt Smith*, dreimal den Meistertitel nach Dallas; insgesamt schlagen seit Vereinsgründung fünf Meisterschaften (1971, 1977, 1992, 1993 und 1995) zu Buche. Seit 2009 spielt das beliebte Team „standesgemäß" im nagelneuen **Cowboys Stadium**, das 100.000 Fans (!) Platz bietet und sich in der Ortschaft **Arlington** befindet, etwa auf halbem Weg zwischen Dallas und Fort Worth. Das Cowboys Stadium verfügt über ein Schiebedach, denn, so sagt man in Texas, Gott möchte von Zeit zu Zeit einen Blick auf seine Lieblingsmannschaft werfen. Und, so fügen böse Zungen hinzu, auf die legendären, sexy Cheerleaders … *Gigantisches Stadion*

Cowboys Stadium, *900 E. Randol Mill Rd. (I-30/Exit 28B), http://stadium.dallas cowboys.com, Touren Mo–Sa 10–18 und So 11–17 Uhr (nicht an Spieltagen, Reservierung im Internet sinnvoll), $ 17,50, VIP-Touren $ 27,50.*

Nur einen Steinwurf entfernt, steht die Spielstätte der Baseballer, der *Texas Rangers*: der **Rangers Ballpark at Arlington**. Im postmodernen Stil erbaut, wurde es 1994 umgeben von einer Parkanlage eröffnet.

Rangers Ballpark, *1000 Ballpark Way (I-30, Exit 29), http://texas.rangers.mlb.com/tex/ ballpark/index.jsp, tgl. Touren 9–16 Uhr, an Spieltagen nur bis 14 Uhr, in der Nebensaison Mo–Sa 10–16 Uhr, $ 10.*

 Spartipp

Wer mehrere Attraktionen und Museen im Großraum Dallas-Fort Worth besuchen möchte, für den ist der **Dallas/Fort Worth & Beyond Attraction Pass** ein Tipp. Neben freiem Eintritt in sieben Attraktionen (Dallas Museum of Art, Dallas Zoo, Fort Worth Stockyards Experience, International Bowling Museum, Modern Art Museum of Fort Worth, Sixth Floor Museum, Southfork Ranch) erhält man Rabatte für weitere Sehenswürdigkeiten und Shopping Malls.

1/2/3-Day Pass: $ 25/38/59. Infos und Bestellung: http://dfwandbeyond. com/save

Reisepraktische Informationen Dallas/TX

i Information

Dallas Tourist Information Center, *im Old Red Courthouse* (2), *100 S. Houston St.,* ☎ *(214) 571-1300, Event-Hotline:* ☎ *(214) 571-1301, www.VisitDallas.com, tgl. 9–17 Uhr, Infos, Broschüren und Karten.*

Notfallnummern

Polizei, Feuerwehr und Notarzt *(Notfälle):* ☎ *911*
Dallas Police Department: ☎ *(214) 670-5116*
Dallas County Sheriff: ☎ *(214) 749–8641*

Unterkunft

Hotel Lawrence $$–$$$ (3), *302 S. Houston St.,* ☎ *(214) 761-9090, www. hotellawrencedallas.com. Überraschend preiswertes Boutiquehotel in einem renovierten historischen Bau von 1925; am Rande von West End und gegenüber der Union Station zentral gelegen; Specials bei Internetbuchung!*

Magnolia Hotel Dallas $$$–$$$$ (1), *1401 Commerce St.,* ☎ *(214) 253-0077, www.magnoliahoteldallas.com. In einem sehenswerten alten Hochhaus, dem sogenannten „Pegasus – The Flying Red Horse" (Nachtbeleuchtung!), das sich Mobil Oil 1921 als Firmensitz errichtet hat, befindet sich eines der besten Boutiquehotels der Stadt. 330 komfortabel ausgestattete Zimmer und Suiten, im Historic Floor (24. Stock) gibt es historische Einbauten aus der Gründerzeit. Inklusive „Evening Reception" (Wein/Häppchen) und Frühstück; mitten in der Stadt.*

Belmont Hotel at Dilbeck Court $$$–$$$$ (4), *901 Fort Worth Ave.,* ☎ *(214) 393-2300, www.belmontdallas.com. Westlich der Innenstadt, jenseits des Trinity River gelegenes Boutiquehotel auf einem Hügel über der Stadt (traumhafter Blick auf die Skyline!). Liebe- und geschmackvoll renoviertes ehemaliges Motel aus den 1950er-Jahren mit Hauptgebäude und ringsum weiteren Bauten im Stil eines kleines Dorfs; insgesamt 68 unterschiedliche, moderne Gästezimmer. Mit Restaurant „Smokehouse" – ein Geheimtipp!*

The Stoneleigh Hotel & Spa $$$$ (2), *2927 Maple Ave.,* ☎ *1-800-921-8498, www.stoneleighhotel.com. Neu renovierter Art-déco-Bau in Uptown. Elegantes Hotel mit großen Zimmern, auch Suiten. Eigene Spa- und Wellnessabteilung, Restaurant und Bar.*

Restaurants

Beckley Brewhouse (7), *1111 N. Beckley Ave., nahe Bishop Arts District. Hausbrauerei und Restaurant in renoviertem Wohnhaus. Gemütliche Atmosphäre, auch Freiplätze, gutes Bier und leckere Burger, Panini und Pizza.*

Bread Winners (1), *3301 McKinney Ave. (Uptown), www.breadwinnerscafe.com. Bäckerei mit Bistro, die selbst gemachte, leckere Backwaren, Brote und üppiges Frühstück anbietet. Drei weitere Filialen in der Stadt.*

Hunky's (8), *321 N. Bishop Ave. (Bishop Arts District). Diner im Stil der 1950er-Jahre im Bishop Arts District, ausgezeichnete Burger und Sanchwiches in Selbstbedienung.*

Jimmy's Food Store (2), *4901 Bryan St. (East Dallas). Nicht nur italienischer Feinkostladen, sondern auch erstklassiger Imbiss mit leckeren Sandwiches!*

Local (6), *2936 Elm St. (Deep Ellum),* ☎ *(214) 752-7500. Im alten Boyd Hotel bereitet Chefköchin Tracy Miller kreative Gerichte aus lokalen Produkten.*

Stephan Pyles (3), *1807 Ross Ave. (Arts District),* ☎ *(214) 580-7000. Kleine, schicke*

Tapasbar, lebhaft und gemütlich. Chef Pyles serviert neben Tapas auch ausgezeichnete Südwest-Gerichte.

Tillman's Roadhouse (9), 324 W 7th St. (Bishop Arts District), ☎ (214) 942-0988, www.tillmansroadhouse.com. Historisch aufgemachte gemütliche Gaststätte mit Holz-Wild an den Wänden und Muranoglas-Kerzenlüstern. Schmackhaft-sättigende texanische Hausmacherkost sowie Wildgerichte.

Twisted Root Burger (5), 2615 Commerce St. (Deep Ellum), weitere Filiale am Campus von SMU (5609 SMU Blvd.).

Bummeln im Bishop Arts District

Die wohl besten Burgers weit und breit, unbedingt auch Sweet Potato Chips oder die Twisted French Fries probieren!

Y.O. Steakhouse (4), 702 Ross Ave./Market St. (West End), ☎ (214) 744-3287. Tony Streets Lokal ist bekannt für die Steaks, speziell vom Angusrind. Das Lokal arbeitet mit der Y.O. Ranch im Hill Country zusammen, ein Betrieb, der seit 1880 im Besitz der deutschstämmigen Schreiner-Familie ist.

🎁 Einkaufen

Bishop Arts District, N. Bishop Ave., www.bishopartsdistrict.com. Lebendige Bummelstraße mit zahlreichen ungewöhnlichen kleinen Shops, Cafés und Lokalen.

Dallas Farmers Market, 1010 S. Pearl Expressway (Downtown), www.dallasfarmersmarket.org, tgl. 8–18 Uhr. Besonders am Wochenende einen Besuch wert, da einer der größten Bauernmärkte in den USA; Frischprodukte, Obst und Gemüse, aber auch Fleisch, Käse, Eingemachtes u. a. Feinkost sowie Pflanzen und Blumen.

Galleria Dallas, 13350 Dallas Pkwy. (I-635/Dallas North Tollway), www.galleriadallas.com. Das Aushängeschild unter den Einkaufszentren der Stadt mit mehr als 200 Läden. Architektonisch im Stil der Mailänder Einkaufsmeile Vittorio Emanuelle.

Grapevine Mills, 3000 Grapevine Mills Pkwy., Grapevine (nordwestlich Dallas, nahe Flughafen), www.simon.com/Mall/?id=1248. Zweitgrößtes Einkaufszentrum der Region mit über 200 Läden und Lokalen.

Highland Park Village, 47 Highland Park Village, www.hpvillage.com. 1931 als erstes Einkaufszentrum der USA eröffnet, heute unter Denkmalschutz. In Bauten im spanischen Kolonialstil befinden sich heute Nobelboutiquen, Restaurants und ein Kino.

Mockingbird Station, 5321 E. Mockingbird Lane, DART-Station (Blue/Red Line) nahe SMU, www.mockingbirdstation.com. 1997 erbaute Straßenbahnhaltestelle, die zugleich als Zentrum des Viertels dient; zahlreiche Läden, Restaurants und Kino.

Neiman Marcus, 1618 Main St. (Downtown) 1907 eröffnetes Nobelkaufhaus, das allein schon wegen der Architektur einen Besuch wert ist.

NorthPark Center, 1030 NorthPark Center (NW Hwy./N. Central Expwy.), www.northparkcenter.com. Rund 100 Läden meist bekannter Nobelmarken, derzeit Expansion im Gange.

The Soda Gallery, *408 N. Bishop Ave., www.thesodagallery.com. Kleiner Laden im Bishop Arts District, in dem es fast 200 verschiedene Limo-Sorten zu kaufen gibt.*
West Village, *3699 McKinney Ave., www.westvil.com. Kleines Einkaufszentrum in Uptown, das besonders bei Jüngeren wegen der „hippen" Designerläden beliebt ist.*
Wild Bill's Western Store, *311 N. Market St. (Historic West End), s. INFO, S. 157..*

Nachtleben

Adair's Saloon, *2624 Commerce St. (Deep Ellum), www.adairssaloon.com. Tagsüber geht man hierher zum Burger-Essen, abends wird der Saloon zum Honky Tonk, zur Good Old Dancehall, außerdem gleicht das Innere fast einem Museum.*
BarBelmont, *im gleichnamigen Hotel, s. oben, 901 Fort Worth Ave., www.belmontdallas. com. Livemusik lokaler Band und Musiker auf der Dachterrasse, zudem „Barefoot Poolside Outdoor Concerts" jeweils ab Mitte März und Freiluftkino am Pool im Sommer.*
Blue, *1930 Pacific Ave. (Downtown). Nachtclub in minimalistisch-coolem Dekor, berühmt für den riesigen Dance Floor.*
Gilley's, *1135 S. Lamar St. (Downtown), www.gilleysdallas.com. Hier erlebt man Texas pur: Countrymusic und Tanz, dazu texanische Spezialitäten.*
Lee Harvey's, *1807 Gould St. (Downtown), www.leeharveys.com. Legendärer, über 50 Jahre alter Pub mit „Biergarten". Immer voll, tolle Stimmung und im Ausschank das beliebte texanische Shiner-Bier.*
Monica's Aca y Alla, *2914 Main St. (Deep Ellum), ☎ (214) 748-7140, www.monicas. com. Beliebtes mexikanisches Restaurant, am Wochenende Livemusik und mittwochs „Margarita-Night" (Drinks 50 c.).*
Poor David's Pub, *1313 S. Lamar St. (Downtown), www.poordavidspub.com. Pub/Club mit hochkarätigen Livemusik-Veranstaltungen.*
Purgatory, *2208 Main St. (Downtown), www.purgatorydallas.com. Ungewöhnliche Disko auf fünf Ebenen, dazu Martini Bar und VIP Lounge.*

Unterhaltung & Veranstaltungen

*Mehr **Infos** gibt es unter: www.visitdallas.com (unter: arts & entertainment) oder* **Veranstaltungskalender** *unter www.visitdallas.com/visitors/events*
Dallas Symphony Orchestra, *www.dallassymphony.com. Über 100 Jahre altes weltberühmtes Orchester unter Leitung von Jaap Van Zweden. Auftritte im Morton H. Meyerson Symphony Center (2301 Flora St.).*
Taste of Dallas, *Juli, Fair Park, www.tasteofdallas.org. Festival rund um die texanische Küche, mit Verkaufsständen der lokalen Restaurants auf dem weitläufigen Gelände des Fair Park.*
Texas State Fair, *Ende Sept.–Anfang Okt., Fair Park, www.bigtex.com. Größte Messe in den USA mit Buden, Achterbahnen, verschiedenen Veranstaltungen und Landwirtschaftsschau; zwei Wochen lang, über 3 Mio. Besucher.*

Zuschauersport

*Dallas ist in allen großen Profiligen mit eigenen Mannschaften vertreten. Das Aushängeschild sind die **Cowboys** (American Football), aber auch die **Mavericks** (Basketball) genießen weltweites Ansehen. Daneben bieten die **Texas Rangers** Baseball, die **Dallas Stars** Eishockey und der **FC Dallas** Fußball – alles auf höchstem Niveau.*
Dallas Cowboys *(Am. Football – NFL), Spiele Sept.–Anfang Jan. im* **Cowboys Stadium** *im westlichen Vorort Arlington, 900 E. Randol Mill Rd. (I-30/Exit 28B), www.dallascowboys.com.*
FC Dallas *(Fußball/Soccer – MLS), März–Okt. im* **Pizza Hut Park** *im nördlichen Vorort*

Frisco, Frisco Soccer & Entertainment Complex, 9200 World Cup Way, www.fcdallas.com.
Dallas Mavericks *(Basketball – NBA), Spiele Nov.–April im* **American Airlines Center**, *2500 Victory Ave. (Victory – Downtown), www.nba.com/mavericks.*
Dallas Stars *(Eishockey – NHL), Okt.–April im* **American Airlines Center**, *s. oben, http://stars.nhl.com.*
Texas Rangers *(Baseball – MLB), Spiele April–Okt. im* **Rangers Ballpark at Arlington**, *1000 Ballpark Way (I-30/Exit 29), http://texas.rangers.mlb.com.*

Touren
Dallas Arts District Architecture Walking Tour, ☎ *(214) 742-3242-www.dallascfa.com. 90-minütige architektonische Walkingtouren durch den Arts District oder den Main Street District, $ 10.*

Verkehrsmittel und Anreise: Flughafen
Der **Dallas-Fort Worth International Airport – DFW** *– liegt ziemlich genau zwischen beiden Metropolen Dallas und Fort Worth und ist mittels Texas* **Hwy. 183** *an beide Städte angebunden. Die meisten europäischen Besucher kommen im* **International Terminal D** *an. Die einzelnen Terminals, innerhalb des Sicherheitsbereichs, verbindet der* **Skylink**, *eine computergesteuerte Bahn. Außerhalb des Sicherheitsbereichs gibt es den* **Terminal Link**, *einen Bus-Shuttle.* **Infos**: *www.dfwairport.com.*
Das **Rental Car Center** *(Mietwagen) befindet sich am südlichen Flughafenrand (nahe Hwy. 183) und dorthin verkehren von jedem Terminal Shuttlebusse der verschiedenen Firmen.*
Taxis und Busse *bringen Reisende in die Innenstadt. Taxis kosten $ 40 ins Zentrum von Dallas, $ 43 nach Fort Worth. Viele Hotels bieten einen eigenen Shuttle-Service an, dazu benutzt man die Telefone in der Empfangshalle (Ground Transportation).*
Daneben gibt es den **Airporter** *von GO Yellow Checker Shuttle (☎ 214-841-1900, www.yellowcheckershuttle.com), Kleinbusse, die alle 20–30 Minuten zu jeder beliebigen Adresse fahren (ca. $ 20). Darüber hinaus pendelt der* **Trinity Railway Express (TRE)**, *s. unten, eine S-Bahn zwischen Dallas und Fort Worth (Stopp „CentrePort/DFW", außer So, $ 3,50). Es ist jedoch etwas umständlich, da zwei Shuttlebusse nötig sind, um zur Bahn zu kommen (Terminal–Remote South Parking Lot–Bahnhof).*

Taxi
Verschiedene Unternehmen betreiben in Dallas Taxi-Service, darunter **Cowboy Cab**, **Yellow Cab** *und* **Executive Taxi**. *Zum Grundpreis von $ 2,25 kommen 20 c. für jede 1/9 mi. (ca. 200 m), $ 2 für jeden weiteren Passagier.*

Nahverkehr
Ideal für Besucher der Innenstadt ist **DART Rail**, *eine Straßenbahn, die derzeit mit vier Linien – Blau, Rot, Grün sowie Orange – viele Punkte in der Innenstadt und an ihrem Rand verbindet. Ein Ausbau ist geplant. Auch die* **Buslinie 8** *dient der schnellen Verbindung zwischen den innerstädtischen Attraktionen.*
Die **M-Line Streetcar** *(McKinney Avenue Trolley) pendelt zwischen Arts District und Uptown/West Village und eignet sich perfekt für Besucher, die hier einen Bummel oder Restaurantbesuch planen. Zwischen der Innenstadt von Dallas (Union Station) und dem Zentrum von Fort Worth pendeln die* **S-Bahnen** *des „T" oder* **TRE** *(Trinity Railway Express) mit mehreren Stopps unterwegs. Sie fahren Mo–Sa ca. 6–24 Uhr.*
Infos: *www.dart.org und www.trinityrailwayexpress.org*

Fort Worth – „City of Cowboys and Culture"

Cowboys, Pferde und Rinder – lange Zeit dominierten sie das Leben in Fort Worth. Heute kennen viele die Stadt nur wegen des internationalen Flughafen-Drehkreuzes Dallas-Fort Worth. Anders als Dallas lebt Fort Worth in erster Linie von seiner Vergangenheit: Hier machten in der zweiten Hälfte des 19. Jh. nicht nur unzählige Rinderherden auf ihrem Weg nach Norden, auf den **Cattle Drives**, Station, sondern dienten die *Stockyards* im Norden der Stadt sogar bis ins 20. Jh. hinein als bedeutender Viehumschlagplatz.

Schlendert man heute durch die **Exchange Avenue**, die Hauptstraße des Stockyard Districts, scheint die Zeit stehen geblieben zu sein. Und dabei stehen die Pferche und Koppeln heute weitgehend leer. Im historischen Stock Exchange Building wird Vieh nur noch „virtuell", d. h. übers Internet, versteigert. Lediglich alte Fotos und Dokumente im Museum dort zeigen, wie alles wirklich einmal war. Um Bilder vergangener Zeiten wachzurufen, findet für Touristen seit 1999 zweimal täglich ein **Show-Cattle-Drive** statt. Dafür schlüpfen städtische Angestellte in ihre Cowboy-Kluft und treiben recht zahm wirkende Longhorns über den Asphalt.

Cattle Drive
für Besucher

Viel „authentischer" wirkt dagegen Ende Januar die legendäre **Fort Worth Stock Show and Rodeo**: Seit Ende des 19. Jh. werden drei Wochen lang Vieh und Pferde gehandelt, Zuchtschauen und Rodeos abgehalten. Aus Platzgründen wurde bereits 1936 dafür im Westen der Stadt ein eigenes Messegelände geschaffen. Kernbau ist das im gleichen Jahr eröffnete, architektonisch auffällige **Will Rogers Memorial Center** im Art-déco-Stil – benannt nach dem legendären Cowboy, Comedian und Schauspieler *William Penn Adair „Will" Rogers* (1879–1935).

Rund um dieses Messeareal entstand zugleich ein völlig anderes Fort Worth, ein „**Cultural District**" mit fünf sehr verschiedenen, aber gleichermaßen sehenswerten Museen. Während das einzigartige und überaus interessante, multimedial aufgemachte National Cowgirl Museum and Hall of Fame und das Amon Carter Museum mit einer hochkarätigen Sammlung an Western und American Art die „Cowboy"-Vergangenheit der Stadt wachrufen, verkörpern das Kimball Art Museum und das Modern Art Museum of Fort Worth die moderne Seite der Stadt. Beliebt bei Jung und Alt ist das Fort Worth Museum of Science and History.

Revitalisiertes
Stadt-
zentrum

Auch im revitalisierten Stadtzentrum um den **Sundance Square** bewahrheitet sich das Motto der Stadt, „**City of Cowboys and Culture**" zu sein. Während ein monumentales Wandbild an den *Chisholm Trail*, einen der legendären Cattle Drives, erinnert, begeistert wenige Schritte davon entfernt die moderne **Bass Performance Hall** mit Konzerten, Musicals und Theateraufführungen. Zudem hat sich die Innenstadt um Sundance Square und Main Street zur beliebten Wohnadresse und zum Treff mit zahlreichen Lokalen und Cafés, Bars und Shops gemausert. Geplant ist, die Uferpromenade des zwischen Innenstadt und Stockyards fließenden **Trinity River** zu renaturieren und zum attraktiven Grünstreifen umzuwandeln.

Wie das benachbarte Dallas wurzelt auch Fort Worth bereits in der Mitte des 19. Jh.: 1849 war an einer Biegung des Trinity River ein kleines Dorf entstanden, das etwa 20

Der Westen lebt: täglicher Cattle Drive in den Fort Worth Stockyards

Jahre später zum wichtigen Zwischenstopp für die Viehtriebe auf dem **Chisholm Trail** (s. INFO S. 373) nach Norden werden sollte. Als mit Ankunft der Eisenbahn 1876 die Viehtriebe nach Norden weniger und in den 1880er-Jahren ganz eingestellt wurden, mauserte sich die Stadt zu einem wichtigen **Viehumschlagplatz** für das texanische Umland. Zudem entstanden Anfang des 20. Jh. eigene Schlachthäuser und die **Stockyards** wuchsen zu immenser Größe an.

Inzwischen lebt die etwa 700.000-Einw.-Stadt zwar immer noch von Cowboys und Vieh, aber nicht mehr als Handels- und Verteilerpunkt oder Schlachthof, sondern touristisch: Man nutzt die Wildwest-Vergangenheit, um alljährlich über 5 Mio. Besucher anzulocken. Die Stadt wirbt damit, das „Tor zum Wilden Westen" zu sein, der Punkt „**Where the West begins!**"

„Tor zum Wilden Westen"

Fort Worth Stockyards National Historic District (1)

Nördlich der Stadtzentrums liegen die **Stockyards**, die heute als *National Historic District* unter staatlichem Schutz stehen. Seit 1999 erinnern Cowboys, die zweimal täglich eine kleine Herde von Longhorn-Rindern über die Straßen treiben, an die Tage der **Cattle Drives**, der Viehtriebe, die zwischen den 1860er- und 1880er-Jahren der Stadt zu einer ungeahnten Blüte verhalfen. Der Boom als Viehumschlagplatz und Schlachthof hielt in Fort Worth bis in die 1960er-Jahre an, dann begannen die Stockyards zu verfallen. In den 1970er-Jahren gelang es auf Initiative einer Gruppe historisch interessierter Bürger, den Kern des Areals um die Exchange Avenue unter Denkmalschutz zu stellen und zu restaurieren. **Infos**: *www.fortworthstockyards.org*.

Heute reihen sich entlang der mit Ziegeln gepflasterten **Exchange Avenue** zahlreiche alte Bauten auf, in die Läden und Lokale eingezogen sind, z. B. der legendäre **White Elephant Saloon** oder das historische **Stockyards Hotel** im sogenannten *Cattle Baron Baroque*-Stil. Im Saloon wird alljährlich am 8. Februar eine der legendären Schießereien nachgespielt: 1887 erschoss Saloonbesitzer und Revolverheld *Luke Short* den ehemaligen Marshall *T.I. „Long Hair Jim" Courtwright. Courtwright* wurde mit allen Ehren beerdigt und *Short* zwar angeklagt, aber freigesprochen, da er zur Selbstverteidigung geschossen haben soll.

*White Ele-
phant Saloon*

Zu den dominanten Bauten gehört das **Cowtown Coliseum**, eine 1908 erbaute Rodeoarena. Hier fand das erste Rodeo in einer Halle statt und bis heute wird diese Tradition hochgehalten. Fast jedes Wochenende stehen Rodeos auf dem Programm, daneben aber auch Konzerte. 2010 ist zudem die **Texas Rodeo Cowboy Hall of**

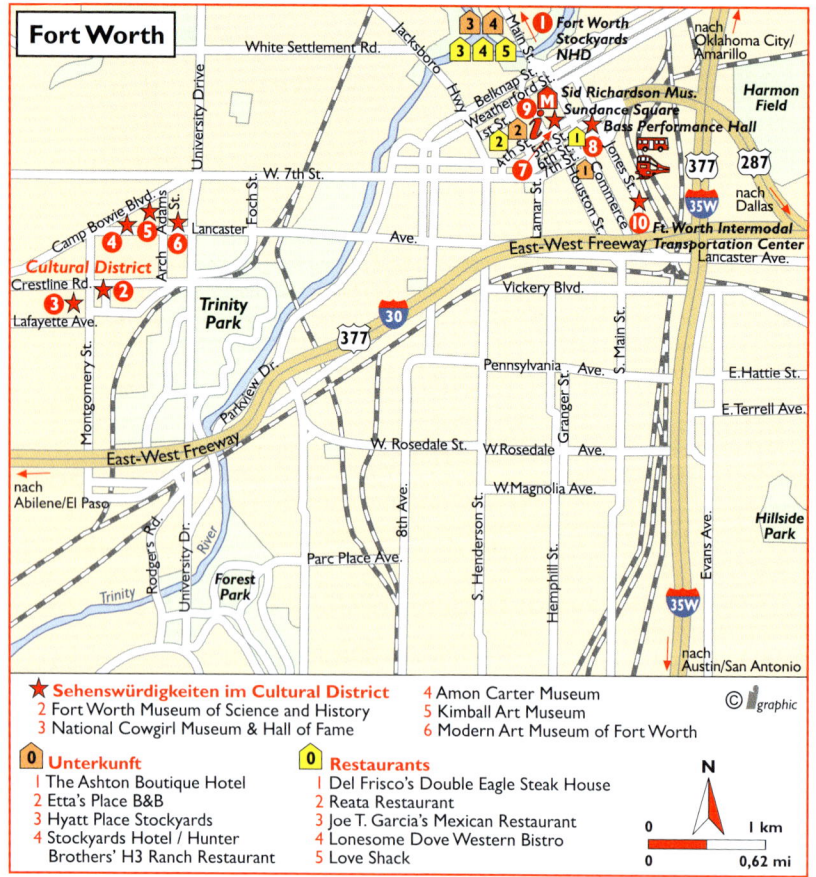

★ Sehenswürdigkeiten im Cultural District
2 Fort Worth Museum of Science and History
3 National Cowgirl Museum & Hall of Fame
4 Amon Carter Museum
5 Kimball Art Museum
6 Modern Art Museum of Fort Worth

⓪ Unterkunft
1 The Ashton Boutique Hotel
2 Etta's Place B&B
3 Hyatt Place Stockyards
4 Stockyards Hotel / Hunter
  Brothers' H3 Ranch Restaurant

⓪ Restaurants
1 Del Frisco's Double Eagle Steak House
2 Reata Restaurant
3 Joe T. Garcia's Mexican Restaurant
4 Lonesome Dove Western Bistro
5 Love Shack

© graphic

N

0   1 km
0   0,62 mi

Fame in den Bau einge- zogen. Die TRCHF erin- nert an die größten Rodeo-Cowboys der Ge- schichte. Inzwischen sind über 350 Persönlichkeiten rund ums Rodeo aufge- nommen worden, unter ihnen auch der legendäre afroamerikanisch-indiani- sche Cowboy *Willie M. „Bill" Pickett* (1870/71– 1932), dessen Statue vor dem Coliseum steht. Mehr zum **Rodeo**, dem Natio- nalsport der Cowboys auf s. INFO, S. 71.

Cowtown Coliseum in den Fort Worth Stockyards

Cowtown Coliseum, *121 E. Exchange Ave., www. cowtowncoliseum.com (Infos, Tickets und Veranstalungskalender).*
Texas Rodeo Cowboy Hall of Fame, *im Cowtown Coliseum, www.TexasRodeo Cowboy.com, Mo–Do 10–18, Fr/Sa 10–19, So 11–17 Uhr, frei.*

Im historischen **Livestock Exchange Building** neben dem Coliseum wird Vieh nicht mehr „live", sondern „virtuell" im Internet gehandelt. Mit diesen Videoauktionen hat die Moderne in der alten Cowboy-Hauptstadt Einzug gehalten. Immerhin erinnert noch das im selben Bau befindliche **Stockyards Collection & Museum** mit alten Fotos und Dokumenten, Relikten und Memorabilien an die Vergangenheit.
Stockyards Collection & Museum, *im Livestock Exchange Building, 131 E. Exchange Ave., www.stockyardsmuseum.org, Mo–Sa 10–17, im Sommer auch So 12–17 Uhr.*

Am Ende der Exchange Avenue liegt die **Stockyards Station**. Hier befand sich einst der Umschlagplatz fürs Kleinvieh, wurden Hühner oder Schafe „zwischengelagert" ehe sie in Güterzügen weitertransportiert bzw. verteilt wurden. Heute sind in den Bau kleine Läden und Lokale eingezogen und werden Veranstaltungen abgehalten. In den nebenan gelegenen **Stockyards Stables** werden Ausritte angeboten *(http://fort worthstockyardsstables.com)* und es gibt eine kleine Arena. Außerdem kann man sich auf einem zahmen Longhorn sitzend fotografieren lassen.

Besuch in den Stockyards

Stockyards Station, *130 E. Exchange Ave., www.stockyardsstation.com. Lokale wie Ris-cky's BBQ oder Trailboss Brugers und Shops wie der Longhorn General Store.*
Fort Worth Herd, *täglicher Viehtrieb auf der E. Exchange Ave. 11.30/16 Uhr, www.fort worthgov.org/pacs/theherd/default.aspx?id=10560*

Interessant ist, ebenfalls in nächster Nähe, die **Texas Cowboy Hall of Fame** in der alten *Mule Barn*. Hier informieren Originale, darunter die 59 Gefährte umfassende *Sterquell Wagon Collection,* und Infotafeln über den „Mythos Cowboys". Diese Spezies trifft man heute noch abends in einem der Saloons oder im legendären **Billy Bob's**, dem weltgrößten Honky Tonk.

Cultural District

Im Westen der Stadt hat sich um das markante, im Art-déco-Stil errichtete Will Rogers Memorial Center, in dem jeden Februar die *Fort Worth Stock Show & Rodeo* stattfindet, der „Cultural District" entwickelt. Mit seinen fünf sehr verschiedenen, aber gleichermaßen sehenswerten Museen ist dieses Areal nach den Stockyards die zweite Hauptattraktion der Stadt.

Fort Worth Museum of Science and History (2)

Geschichts- und Wissenschafts- museum

Das 1941 gegründete Wissenschafts- und Geschichtsmuseum der Stadt erlebte 2009 ein Facelift und ist seither eine der Hauptsehenswürdigkeiten der Stadt. In verschiedenen Abteilungen wird die ganze Familie unterhalten, besonders beliebt ist „Lone Star Dinosaurs", eine unterhaltsame Einführung in Ausgrabungen und die Welt der Dinosaurier. Aktuell und sehenswert ist „Energy Blast". Hier erhalten große und kleine Besucher eine informative Einführung in die Bedeutung der Energie, besonders in Texas. In den USA werden 39 % der Gesamtenergie aus Erdöl gewonnen, 23 % jeweils aus Gas und Kohle, 8 % aus Atomkraft und schon 7 % aus erneuerbarer Energie, mit aufsteigender Tendenz.

Nicht versäumen sollte man im Obergeschoss das **Cattle Raisers Museum**. Es gibt einen ausgezeichneten Überblick über die *Cattle Drives* und die Rinderzucht in Texas bis heute. Das Museum ist multimedial und unterhaltsam aufgemacht, mit Hörproben und Videos. Ganze Szenen sind lebensgroß nachgestellt und erläuternde Texte und Spiele sowie ein guter Einführungsfilm geben Auskunft über Aspekte wie Viehzucht, Rassen, Viehtriebe, Cowboyleben u. Ä.

Fort Worth Museum of Science & History, *1600 Gendy St., http://fortworthmuseum. org,* mit **Cattle Raisers Museum**, *tgl. 10– 17 Uhr, $ 14, Kombiticket mit Omni Theater $ 19, mit Planetarium $ 17, komplett $ 23.*

National Cowgirl Museum & Hall of Fame (3)

Direkt neben dem Museum of Science & History befindet sich in einem mächtigen Art-déco-Bau das ungewöhnliche National Cowgirl Museum & Hall of Fame. Es wird markiert durch die Skulptur „**High Desert Princess**", ein lebensgroßes Cowgirl mit ihrem Pferd, geschaffen 2008 von dem kalifornischen Cowboy Artist *Mehl Lawson* (*1942). 2002 eröffnet, widmet es sich in mehreren sehenswerten Abteilungen auf verschiedenen Ebenen mit Filmen und anderen Medien der Rolle der Frau im Westen. Dabei werden bedeutende Frauen von

„High Desert Princess", Cowgirl Museum

der Kunstschützin *Annie Oakley* und der Expeditionsteilnehmerin *Sacajawea* bis hin zur Schauspielerin *Dale Evans* vorgestellt; *Enid Justin*, Gründerin der *Nocona Boots Company*, oder *Sandra Day O'Connor*, erste weibliche Richterin am Obersten Gerichtshof der USA, ist ebenso dabei wie Rodeo-Cowgirls oder Züchterinnen sowie weniger bekannte Frauen, die „ihren Mann" im Alltag gestanden haben oder stehen. Eine eigene Abteilung bildet die **Hall of Fame**, in die alljährlich Frauen, die das Leben im Westen irgendwie geprägt oder vorangebracht haben haben, aufgenommen werden. Im Erdgeschoss gibt es einen kurzen Einführungsfilm und Sonderausstellungen; zudem lohnt der kleine Laden mit hübschem Kunsthandwerk, Karten, Büchern und Souvenirs.
National Cowgirl Museum & Hall of Fame, *1720 Gendy St., www.cowgirl.net, tgl. 10–17 Uhr, $ 10.*

Cowgirl Hall of Fame

Amon Carter Museum (4)

In dem eher unauffälligen Bau des berühmten Architekten *Philip Johnson* (1906–2005) verbirgt sich eine der hochkarätigsten Sammlungen von **Western und American Art des 19. und 20. Jh.** *Amon C. Carter* (1879–1955), Herausgeber des „Fort Worth Star-Telegram", hatte testamentarisch die Gründung des Museums veranlasst. Alle großen Künstler des Western-Genres von *Thomas Moran* über *Albert Bierstadt* bis hin zu *Georgia O'Keefe* sind hier vertreten, herausragend sind jedoch die (weltweit umfangreichsten) Werksammlungen von *Charles M. Russell* und *Frederic Remington* (s. INFO S. 174). Seit kurzem verfügt das Museum zudem über eine der wenigen erhaltenen kompletten 20-bändigen Ausgaben des einmaligen Fotobandes mit Indianerbildern von *Edward S. Curtis* (1868–1952).
Amon Carter Museum, *3501 Camp Bowie Blvd., www.cartermuseum.org, Di–Sa 10–17, Do bis 20, So 12–17 Uhr, frei.*

Kimball Art Museum (5)

Das Kimball Art Museum hat ebenfalls ein bedeutender Architekt gebaut: *Louis I. Kahn* (1901–74) und daher ist schon das Gebäude sehenswert. Erst recht aber die darin aufbewahrte Kunstsammlung, die zwar nicht sehr umfangreich, aber hochkarätig ist. Sie reicht von der Antike (Ägypten, Griechenland, Rom) bis zur Moderne und umfasst Werke bedeutender Künstler wie *Fra Angelico, Velázquez, Bernini, Rembrandt, Goya, Monet, Cézanne, Picasso, Mondrian* oder *Matisse*. Ein Schwerpunkt liegt auf der italienischen Renaissance und flämischen Meistern des 17. Jh. Daneben gibt es eine große asiatische Sammlung, präkolumbianische, afrikanische und natürlich amerikanische Kunst zu sehen.
Kimball Art Museum, *3333 Camp Bowie Blvd., www.kimbellart.org, Di–Do und Sa 10–17, Fr 12–20, So 12–17 Uhr, frei (Eintritt bei Sonderausstellungen).*

Modern Art Museum of Fort Worth (6)

Das älteste Museum der Stadt hat 2002 ein würdiges Heim bekommen. Der Museumsbau vom Reißbrett des japanischen Architekten *Tadao Ando* besteht aus fünf lang gestreckten, flach gedeckten Glaspavillons um ein Wasserbassin und hat bereits Einzug in viele Architekturhandbücher gehalten. In den geräumigen, hellen Ausstellungshallen befindet sich nicht nur eine der größten Kunstsammlungen moderner Kunst seit dem Zweiten Weltkrieg, das Museum macht auch immer wieder durch ungewöhnliche zeitgenössische Kunstausstellungen von sich reden.
Modern Art Museum of Fort Worth, *3200 Darnell St., http://themodern.org, Di–Sa 10–17, So 11–17 Uhr, $ 10.*

Bedeutende Kunstsammlung

Die Maler des „Wilden Westens"

„Die Zivilisation ist der größte Feind der Natur," soll **C.M. Russell** einmal gesagt haben. Wenn auch der Name *Russell* lediglich in Kunsthistoriker-Kreisen und vor allem in den USA bekannt ist, gilt er zusammen mit *Frederic Remington* als „**Wildwest-Künstler**" schlechthin.

Auch wenn **Frederic Remington** (1861–1909) ein *Yankee* war, lag ihm dank seiner Verwandtschaft zum ersten Maler des Westens, **George Catlin** (1796–1872), der „Wilde Westen" im Blut. Einer seiner aus dem Elsass zugewanderten Vorfahren war zudem Sattelmacher gewesen und die *Remingtons* waren als Pferdekenner und gute Reiter bekannt. 19-jährig zog es *Remington*, der Jounalismus und Kunst an der Yale University studiert hatte, erstmals in den Westen. Er publizierte danach seine ersten Zeichnungen von Cowboys, Indianern und Soldaten der *US Cavalry*.

In den 1880er-Jahren versuchte er sich als Schafzüchter, Laden- und Saloonbesitzer in Kansas, kehrte dann jedoch in den Osten zurück, zog nach Brooklyn und studierte Malerei. Ab 1886 war er als Illustrator für das Magazin „Harper's Weekly" tätig und reiste regelmäßig in den Westen. Seine fesselnden Bilder von Soldaten, Indianern und Cowboys wurden rasch berühmt. Der Durchbruch gelang *Remington*, der sich im Osten als Cowboy stilisierte, mit der ersten Einzelausstellung 1890 in New York. Die US-Offiziere des Westens schätzten den akuraten Maler und luden ihn immer wieder auf die Militärposten ein, damit er ihren Alltag detailgetreu dokumentieren konnte.

Schließlich versuchte er sich auch an plastischen Arbeiten und schuf die heute in keiner *Western Art Collection* fehlenden Skulpturen mit Szenen aus dem „Wilden Westen". Zumeist fertigte er nur Tonmodelle und überließ Firmen die Umsetzung in Bronze – was erklärt, dass es heute ein solche Fülle an „Bronze-Remingtons" im Miniaturformat gibt.

Anders als *Remington* war **Charles Marion Russell** (1864–1926) selbst Cowboy gewesen und hatte während der einsamen Stunden auf den Weiden seine Liebe zur Malerei entdeckt. Gefesselt von der weiten Prärie-Landschaft und angezogen vom Lebensstil der Indianer, machte der Autodidakt den Ende des 19. Jh. nicht mehr ganz so wilden Westen zum Hauptthema seiner Bilder und Skulpturen. Als *Russell* 1896 die 18-jährige *Nancy Cooper* heiratete, machte er sein Hobby zum Beruf und seine Frau übernahm das Amt der energischen Managerin. In Great Falls/Montana richtete er sich neben seinem Wohnhaus ein Studio ein, das *Nancy* nach seinem Tod 1926 mit zahlreichen indianischen Originalstücken zum Museum umgestaltete und das heute Teil des **C.M. Russell Museum, Studio & Home** ist. Die Ölgemälde *Russells* beeindrucken noch heute durch ihre Authentizität und Lebendigkeit, zudem schuf er Kleinbronzen, vor allem Rodeo-, Cowboy-Szenen und Wildlife. Besonders sehenswert sind jedoch *Russells* Zeichnungen und Aquarelle, auch Briefe und Postkarten, die sich durch Lebendigkeit und versteckten Witz auszeichnen.

Sundance Square (7) – Downtown Fort Worth

Die gelungene Revitalisierung von Fort Worth zeigt sich am besten in der Innenstadt, im Areal um Main Street und Court House. Dabei ziehen nicht nur Läden und Restaurants in die alten, renovierten Bauten und in neu errichtete Hochhäuser ein, sondern es entstehen auch mehr und mehr Wohnungen. Neben der **Bass Performance Hall (8)** (Konzerte und Theater) ist das **Sid Richardson Museum (9)** eine ungewöhnliche Attraktion. Das Museum beherbergt eine kleine, aber se-

Sundance Square in Downtown Fort Worth

henswerte Sammlung an Western Art (u. a. *Russell* und *Remington*), zusammengetragen von dem Ölbaron *Sid W. Richardson* (1891–1959) und von ihm der Stadt vermacht. **Sid Richardson Museum**, *309 Main St., www.sidrichardsonmuseum.org, Mo–Do 9–17, Fr/Sa 9–20, So 12–17 Uhr, frei.*

Sehenswert ist ein überdimensionales **Wandbild** von *Richard Haas* aus den 1980er-Jahren am zentralen Sundance Square. An der Südfassade des **Jett Building** (1907) erinnert das Gemälde an die *Cattle Drives* auf dem *Chisholm Trail* 1867–75. Ebenfalls im Umkreis des Platzes befindet sich die **Knights of Pythias Hall** von 1901 und das **Land Title Building** (1889).
Sundance Square, *Infos: www.sundancesquare.com*

Überdimensionales Wandbild

Die wenigen modernen Bauten der Stadt, unter denen die Bass Performance Hall, die äußerlich wie ein Art-déco-Bau wirkt, aber erst 1998 erbaut worden ist, herausragt, konzentrieren sich südlich des Sundance Square. Hier liegt auch der moderne, sehenswerte Bahnhof *(1001 Jones St.)*, das **Ft. Worth Intermodal Transportation Center (10)**, wo neben der S-Bahn nach Dallas auch Amtrak-Züge halten.

Riverwalk

Ein Zukunftsprojekt der Stadt ist die Umgestaltung der am nördlichen Innenstadtrand gelegenen Uferpromenade am **Trinity River**. Das bislang infrastrukturell nur wenig ausgebaute Grünareal soll zum Naturpark umgewandelt werden und einen kleinen Stausee für Wassersportaktivitäten erhalten. In einer nächsten Phase soll der Riverwalk dann, ähnlich wie in San Antonio, zwischen Downtown und Stockyards weiter ausgebaut werden. Zehn Jahre sind insgesamt für diese Maßnahme veranschlagt.

Reisepraktische Informationen Fort Worth/TX

i Information

Downtown/Sundance Square Information Center, *508 Main St.,* ☏ *(817) 698-3300, Mo–Sa 10–18 Uhr. Broschüren, Karten und hilfsbereites Personal.*
Stockyards Visitors Information Center, *130 E. Exchange Ave.,* ☏ *(817) 624-4741, Mo–Sa 9–18, So 10–16 Uhr.*
Cultural District/Zoo Visitors Information Center, *3401 W. Lancaster Ave.,* ☏ *(817) 882-8588, Mo–Sa 9–17 Uhr.*
Im Internet: *www.fortworth.com.*

Unterkunft

Etta's Place B&B $$–$$$ (2), *200 W. 3rd St. (Sundance Square),* ☏ *(817) 654-0267, www.ettas-place.com. Gemütliches B&B in der Innenstadt in einem vierstöckigen Haus; 6 Zimmer und 3 Suiten. Benannt nach Etta, jener mysteriösen Frau aus Fort Worth an der Seite der legendären Banditen Sundance Kid und Butch Cassidy.*
Hyatt Place Stockyards $$–$$$ (3), *132 E. Exchange Ave. (Stockyards),* ☏ *(817) 626-6000, http://stockyards.place.hyatt.com. Neuestes Hotel im Stockyards District mit großen, relativ preiswerten Suiten, Parken frei und Frühstück inbegriffen.*
Stockyards Hotel $$$ (4), *109 E. Exchange Ave. (Stockyards),* ☏ *(817) 625-6427, www.stockyardshotel.com. Das einzige historische Hotel, das im Stockyards District überlebt hat. Obwohl neu renoviert strahlt es historisches Flair aus.*
The Ashton Boutique Hotel $$$$ (1), *610 Main St.,* ☏ *(817) 332-0100, www.the ashtonhotel.com. Ungewöhnliches Hotel in zwei alten, liebevoll renovierten Bauten von 1915 mitten in der Stadt. Im Hotel scheint die Zeit stehen geblieben zu sein, dabei ist historische Eleganz perfekt mit modernem Komfort kombiniert.*

Restaurants

Del Frisco's Double Eagle Steak House (1), *812 Main St.,* ☏ *(817) 877-3999. Wenn die Einheimischen ein ausgezeichnetes Steak essen wollen, kommen sie hierher.*
Hunter Brothers' H3 Ranch Restaurant, *im Stockyards Hotel (s. oben). Bekannt für Grillspezialitäten. Nebenan lockt der White Elephant Saloon (s. unten) zum Absacker.*
Joe T. Garcia's Mexican Restaurant (3), *2201 N. Commerce St. (nahe Stockyards),* ☏ *(817) 626-4356. Großes, legendäres Tex-Mex-Restaurant mit idyllischem grünem Patio, in dem man lokale Spezialitäten in großen Portionen und Margaritas genießt.*
Lonesome Dove Western Bistro (4), *2406 Main St.,* ☏ *(817) 740-8810. In dem Lokal, nach dem berühmten Western vom Cormac McCarthy benannt, serviert Chefkoch Tim Love außergewöhnliche Interpretationen lokaler Cowboy-Küche. Ebenfalls unter seiner Ägide:*
Love Shack (5), *110 E. Exchange Ave. (Stockyards). Imbisslokal, das bekannt ist für seine Hamburger.*
Reata Restaurant (2), *310 Houston St. (Sundance Square),* ☏ *(817) 336-1009. Moderne texanische Leckerbissen, kreativ interpretiert und serviert über den Dächern der Stadt bzw. über dem Sundance Square, mit Ausblick und guten Cocktails.*

Einkaufen

Justin Boots Outlet, *717 W. Vickery Blvd. Der Toptipp für alle, die auf Cowboystiefel der gleichnamigen Firma stehen: Der Fabrikladen im Süden der Stadt bietet Super-Schnäppchen (auch Gürtel u. a. Accessoires).*

Alles für den „Urban Cowboy" bieten zahlreiche Läden im Stockyards District, z. B. **Fincher's General Store, Maverick Fine Western Wear** oder **General Store & Trading Post** *(alle E. Exchange Ave.)* sowie **Leddy's Ranch** *am Sundance Square (410 Houston St.).*

Fort Worth Rail Market, *1401 Jones St., im historischen Santa Fe Warehouse, Di–Sa 10–19, So 11–17 Uhr. Im ehemaligen Güterbahnhof von 1937 findet ein permanenter Bauernmarkt statt. Bauern aus der Umgebung bieten ihre Produkte an, daneben gibt es Feinkost und Imbissbuden (Tipp: „Hot Damn, Tamales!")*

Nachtleben

Billy Bob's, *2520 Rodeo Plaza (Stockyards), www.billybobstexas.com. Der größte Honky Tonk weit und breit mit täglichem Programm, Verkaufsständen, Bars, Tanzfläche, Poolbillard und Spielautomaten, eigener Rodeo-Arena und am Wochenende Countrymusic live.*

Black Dog Tavern, *903 Throckmorton St.,* ☎ *(817) 332-8190. Hier treffen sich die Locals nicht nur zum Bier, sondern auch, um ungewöhnliche Bands zu hören – alles von Funk über Blues bis Jazz.*

White Elephant Saloon, *106 E. Exchange Ave. Berühmtester Hangout der Stadt, wo das süffige lokale Buffalo „Butt Beer" der Rahr & Suns Brewing Company ausgeschenkt wird.*

Tipp: Süffiges Bier

Wem das Bier im White Elephant Saloon geschmeckt hat, sollte die lokale Rahr & Suns Brewing Company besichtigen. Die Kleinbrauerei bietet **Touren und Kostproben** *an:* **Rahr & Suns Brewing Company**, *701 Galveston Ave. (Historic Southside), www.rahrbrewing.com, Touren Mi 17–19.30, Sa 13–15 Uhr.*

Unterhaltung & Veranstaltungen

Ft. Worth Stock Show & Rodeo, *im Will Rogers Memorial Center (Cultural District), www.fwssr.com. Dieses Event Ende Jan./Anfang Feb. zählt zu den größten und ältesten Landwirtschaftsmessen und ist Austragungsort eines hochklassigen Rodeos.*

Nancy Lee and Perry R. Bass Performance Hall, *525 Commerce St.,* ☎ *(817) 212-4200, www.basshall.com. Zwei riesige Engel flankieren die Konzerthalle der Stadt, in der Oper, Symphonieorchester und Ballett zu Hause sind. Auch Popkonzerte und Shows finden hier statt.*

Red Steagall Cowboy Gathering, *www.redsteagallcowboygathering.com. Cowboy-Festival an verschiedenen Orten und Bühnen in den Stockyards, veranstaltet im Oktober vom bekannten Cowboy-Dichter und Musiker Red Steagall.*

Verkehrsmittel und Anreise

s. Reisepraktische Informationen „Dallas", S. 167.

Nahverkehr

Für den lokalen Nachverkehr ist „The T" zuständig. Sie betreibt zahlreiche **Buslinien** *in der Innenstadt und in die Vororte. Für Besucher interessant sind die* **Linie 1** *(Innenstadt – Stockyards) sowie die* **Linien 2 und 7** *(Innenstadt – Cultural District).*
Zwischen der Innenstadt (Jones St.) und dem Zentrum von Dallas (Union Station) pendeln die **S-Bahnen** *des „T" –* **TRE** *(Trinity Railway Express) –, die auch unterwegs Halt (u. a. am DFW) machen. Die Züge verkehren Mo–Sa 6–24 Uhr.*
Infos: *www.the-t.com bzw. www.trinityrailwayexpress.org*

Central Texas

Redaktionstipps

Sehens- und Erlebenswertes
➤ in Waco das **Texas Rangers Hall of Fame & Museum** (S. 179) besichtigen
➤ in Austin: neben dem **Texas State Capitol** (S. 183) und **Bob Bullock Texas State History Museum** (S. 186) sollte man eines der zahlreichen **Musikfestivals** in der Stadt miterleben (S. 189, 190) oder wenigstens ins Nightlife (S. 188, 190) eintauchen
➤ in Shiner braut man in der **Spoetzl Brewery** seit über 100 Jahren ausgezeichnetes Bier (S. 193)

Übernachten
➤ im historischen **The Driskill** in Austin (S. 187) scheint die Zeit stehen geblieben zu sein
➤ ein Resort der besonderen Art ist das **Hyatt Regency Lost Pines Resort and Spa** bei Austin (S. 188)

Essen und Trinken
➤ texanische Grillkunst kann man auf dem **BBQ-Trail** bei Austin (S. 191) kosten

Nachtleben
➤ Unvergleichlich ist die Musikszene in der texanischen Hauptstadt und Unistadt **Austin** (S. 188, 190)

Einkaufen
➤ wer sich einmal im Leben handgefertigte Cowboystiefel – nicht eben billig – kaufen möchte, ist bei **Heritage Boot** in Austin (S. 188) genau richtig

Kaum hat man den Metroplex DFW in südlicher Richtung hinter sich gelassen, nimmt nicht nur die Bevölkerungsdichte merklich ab, sondern es öffnet sich auch der Horizont und man bekommt erstmals ein Gefühl für die Weite der nordamerikanischen Prärie. Die Region zwischen DFW, Austin und Houston wird als „**Prairies and Lakes Region**" bezeichnet, denn Prärie und Seen sind die beiden charakteristischen Landschaftsmerkmale.

Waco

Auf halbem Weg zwischen DFW und der texanischen Hauptstadt Austin passiert man das Universitätsstädtchen Waco (118.000 Einw.). Die Wurzeln der Stadt am Brazos River gehen auf einen Militärposten der **Texas Rangers** von 1837 zurück. Die ersten Siedler ließen noch weitere zwölf Jahre auf sich warten, dann entwickelte sich der Ort rasch und die **fünf** „**C**" bildeten fortan das Fundament: *Cattle, Cotton, Corn, Colleges* und *Culture*. Der Bürgerkrieg 1861–65 hatte eine Wirtschaftskrise und einen Bevölkerungsrückgang zur Folge, doch es ging wieder aufwärts, als zwischen den 1860er- und 1880er-Jahren die Viehtriebe auf dem **Chisholm Trail** die Stadt passierten. Wegen der damals herrschenden rauen Sitten erhielt die Stadt den wenig freundlichen Beinamen „**Sixshooter Junction**".

An die Zeiten der *Cattle Drives* erinnert eine beeindruckende **Skulpturengruppe** von 2009 mit dem Namen „Trail Boss & Longhorn" von *Robert Summers* (der auch in Dallas tätig war) an der alten Brücke über den Brazos River. Die 1870 erbaute **Waco Suspension Bridge** (N. University Parks Dr., Washington–Franklin Ave.) wurde als Wahrzeichen der Stadt renoviert (Fußgängerbrücke) und ist Teil des Park- und Erholungsareals, das sich an beiden Flussufern erstreckt.

Zwei unrühmliche Ereignisse brachten die Stadt in die Schlagzeilen: Während einer Polizeirazzia 1993 war es auf der festungsartig angelegten **Ranch einer religiösen Sekte** in einer nahe gelegenen Ortschaft zu Feuergefechten und Belagerung gekommen. Während der Erstürmung legten die Sektenmitglieder unter Führung von *David Koresh* Feuer, durch das bis auf sieben Mitglieder alle umkamen. Am 5. November 2009 wurde die etwa 100 km südlich gelegene **Militärbasis Fort Hood**, eine der größten der USA, durch den Amoklauf eines Militärpsychologen weltweit bekannt.

Heute genießt Waco als **Universitätsstadt** einen guten Ruf, ist doch hier u. a. die private Baylor University beheimatet. Derzeit erlebt die kleine Innenstadt ein Revival: Geschäfte, Lokale und auch Wohnungen sorgen für eine Wiederbelebung. Neben dem Texas Rangers Museum lohnt vor allem der Besuch des Dr. Pepper Museums und eine Rundfahrt über den Baylor University Campus. Im nahen **Crawford** befindet sich übrigens die Ranch des ehemaligen US-Präsidenten *George W. Bush Jr.* Oft ist er hier allerdings nicht mehr anzutreffen, seit die *Bushs* ein neues Domizil bei Dallas bezogen haben.

Universitätsstadt Waco

Texas Rangers Hall of Fame & Museum

Auch wenn Ausstellung über die legendäre texanische Staatspolizei etwas in die Jahre gekommen ist – ein Neubau ist geplant –, ist der Besuch ein Muss, um die Geschichte des Staates besser zu verstehen. Das Museum liegt am Brazos River, ganz in der Nähe der Stelle, wo 1837 der erste Posten der Rangers erbaut worden war. Es handelt sich dabei um das einzige offizielle Museum der Texas Rangers; ein weiteres, in San Antonio (s. unten), wird hingegen privat betrieben. Neben dem informativen Museum befinden sich hier eine **Hall of Fame**, in die bis dato rund 30 Texas Rangers aufgenommen worden sind, sowie eines der regionalen Büros der Einheit.

Texas Rangers Hall of Fame & Museum in Waco

Das Museum ist zwar nicht groß, doch erwarten den Besucher hier geballte Informationen und Geschichten zu Land und Leuten, zu Rangers und Outlaws wie *Bonnie &* *Clyde*. Dabei kommt die Geschichte der Rangers von der Gründung bis heute, aber auch die Rolle in der „Popular Culture", in Kunst, Film, TV und Literatur, umfassend zur Sprache. So verfügt das Museum über eine umfangreiche Sammlung zur legendären TV-, Buch- und Comic-Serie „Lone Ranger". Das Auditorium wird für Veranstaltungen und Filmvorführungen genutzt. Zum Museum gehört auch eine umfangreiche Forschungsbibliothek.

Rangers und Outlaws

Texas Rangers Museum, *I-35/Exit 335B, Frontage Rd., Fort Fisher Park, www.texas ranger.org, tgl. 9–16.30 Uhr, $ 6.*

Die legendären Texas Rangers

info

Dank der TV-Serie „**Walker, Texas Ranger**" mit *Chuck Norris* in der Hauptrolle kennt man die berühmte Polizeitruppe weit über Texas hinaus. Schon unter mexikanischer Herrschaft hatte der Großgrundbesitzer *Stephen F. Austin* 1823 eine Spezialtruppe gegründet, die offizielle Formierung der **Texas Rangers** erfolgte jedoch erst nach der Unabhängigkeit im Jahr 1835. Die Rangers dienten von Anfang an als Polizeitruppe, die die Siedler vor Banditen und damals auch vor den Comanche-Indianern schützen sollten.

Die Truppe war nie besonders groß, zumeist umfasste sie nur um die 150 Mann. Auch heute gibt es nur etwa 140 Ranger, zehn davon *Captains*, die anderen *Lieutenants* und *Sergeants*. Entstanden als *Frontier Militia* wurde die Einheit zur *Frontier Police* und schließlich nach der Befriedung der Indianer Ende des 19. Jh. zu einer Art Spezialpolizei, einem eigenstaatlichen **texanischen FBI**. Seither kümmern sich die Rangers um Verbrechen, die den Einflussbereich der lokalen Behörden überschreiten. Es ist nicht einfach, ein Ranger zu werden – eine langjährige, erfolgreiche Karriere in der Bundesstaatspolizei ist Voraussetzung.

Die Rangers sind in **sieben regional gegliederte Companies** eingeteilt und jede wird von einem *Captain* angeführt: *Company A* sitzt in Houston, *Company B* in Garland (Großraum Dallas), *C* in Lubbock, *D* in San Antonio, *E* in Midland (dem geografisch größten Areal im Westen), *F* in Waco und *G* in McAllen (Rio Grande-Grenzbereich). Daneben gibt es noch die *Company H*, die das Hauptquartier in Austin bildet.

Nie in ihrer Geschichte haben die Rangers eine eigene Uniform getragen, doch es hat sich ein **spezieller Dresscode** herausgebildet: weißer oder beiger Cowboy-Hut, weißes Hemd mit Krawatte, helle Hose und Cowboystiefel sowie einen speziellen Texas-Rangers-Sheriffstern. Natürlich ranken sich um die Texas Rangers **Mythen und Legenden**, zu den bekanntesten zählt die Geschichte von der Erschießung des Banditenpärchens *Bonnie & Clyde* oder das Fassen der legendären Banditen *Sam Bass* und *John Wesley Hardin*.

Infos: www.txdps.state.tx.us/TexasRangers bzw. www.texasranger.org

Dr. Pepper Museum

Coca Cola und *Pepsi* sind nicht die einzigen Erfrischungsgetränke, die im späten 19. Jh. von Drogeristen erfunden wurden. Auch in Waco wurde seit den 1880er-Jahren im **Old Corner Drug Store** ein erfrischendes Getränk vom *Soda Fountain* ausgeschenkt und dieses ist damit sogar ein Jahr älter als das ähnliche *Coca Cola*: „**Dr. Pepper**" wurde schon 1885 patentiert. Zunächst hieß es allerdings „Waco". Man weiß nicht genau, wer der Limonade ihren späteren Namen gab; vielleicht der Besitzer der Drogerie, *Dr. Charles Alderton*. Er hatte 1885 die Rezeptur verfeinert und damit *Dr. Pepper* zum Hit gemacht. Noch heute ist es das beliebteste Erfrischungsgetränk nach Eistee in Texas – noch vor *Coke* und *Pepsi*!

Älter als Coca Cola

In der ehemaligen Abfüllanlage von 1906 befindet sich heute auf mehreren Ebenen das **Museum zur Firmengeschichte**. Es handelt sich um keine offizielle Einrichtung der Firma, die heute in Dallas beheimatet ist. Und es werden nicht, wie bei *Coca Cola* in Atlanta, kostenlose Proben ausgeschenkt. Dafür kann man in der **zugehörigen kleinen Bar** *Dr. Pepper* in verschiedensten Variationen (auch als „Float" mit Eis!) probieren. Eine Vergrößerung des Museums ist geplant.
Dr. Pepper Museum, *300 S. 5th St., www.drpeppermuseum.com, Mo–Sa 10–16.15, So 12–16.15 Uhr, $ 7, mit Shop und Soda Fountain (Drinks und Snacks).*

Baylor University

Noch während der Unabhängigkeit von Texas wurde die Baylor University 1845 von den Baptisten-Predigern *William Tryon, James Huckins* und *R.E.B. Baylor* gegründet. An der Privatuniversität, die besonders für ihre medizinische Abteilung überregional bekannt ist, studieren heute rund 13.000 Studenten. Zwei Museen lohnen auf dem Campus im Südosten der Innenstadt und südlich des Texas Rangers Museums den Besuch: Die **Texas Sports Hall of Fame** widmet sich berühmten Sportlern und Mannschaften aus dem „Lone Star State". Die Naturwissenschaft und Geschichte der Region präsentiert der **Mayborn Museum Complex** in seinen anschaulichen Abteilungen.
Texas Sports Hall of Fame, *1108 S. University Parks Dr., www.tshof.org, Mo–Sa 9–17, So 12–17 Uhr, $ 7.*
Mayborn Museum Complex, *1300 S. University Parks Dr., www.baylor.edu/mayborn, Mo–Sa 10–17, Do bis 20, So 13–17 Uhr, $ 6.*

Universität mit Sehenswürdigkeiten

Besonders sehenswert ist, auch architektonisch, die **Armstrong Browning Library**, gegründet von einem Universitätsprofessor und Verehrer des Dichterehepaars *Robert Browning* und *Elizabeth Barrett Browning*. In dem sehenswerten Bau im Stil der italienischen Renaissance begegnet man immer wieder Anspielungen auf die Gedichte der Autoren. Auch Reminiszenzen an die italienische Architektur sind zu finden. So sind etwa die Türen den Bronzeportalen *Lorenzo Ghibertis* (um 1378–1455) im Baptisterium San Giovanni von Florenz nachempfunden.

Die 32 sehenswerten **Glasfenster**, in St. Louis gefertigt, bilden die größte Sammlung nicht religiöser Glasfenster in den USA. Besonders grandios ist der zentrale Kuppelraum, daneben lohnt ein Blick in den Lesesaal und in den Saal mit dem Nachlass der

Brownings. Berühmt geworden ist *Elizabeth Barrett Browning* durch das Gedicht „*Sonnets from the Portuguese*", dessen Zeile „*How do I love thee? Let me count the ways*" in der englischsprachigen Welt fast jeder kennt, weil es gerne am Valentinstag benutzt wird. **Armstrong Browning Library**, *Baylor University Campus, 710 Speight Ave., www.browninglibrary.org, Mo–Fr 9–17, Sa 10–14 Uhr, frei.*

Reisepraktische Informationen Waco/TX

Information

Waco Tourist Information Center, *University Parks Dr. (I-35/Exit 335B, neben Texas Rangers Museum),* ☎ *(254) 750-5810, www.wacocvb.com, Mo–Sa 8–17, So 9–17 Uhr, umfangreiche Infos, Karten und Hilfestellungen verschiedenster Art; kleiner Souvenirladen.*

Unterkunft

Hilton Hotel Waco $$–$$$, *113 S. University Parks Dr.,* ☎ *(254) 754-8484, www.waco.hilton.com. Zentral und doch ruhig zwischen Downtown und Brazos River gelegenes modernes Hotel mit großen, geräumigen Zimmern.*
The Cotton Palace $$$, *1910 Austin Ave.,* ☎ *(254) 753-7294, www.thecottonpalace. com. B&B mit 6 Zimmern (davon 2 Suiten), alle mit eigenem Bad, in einem renovierten Wohnhaus von 1910, dazu umgebautes Carriage House. Historisch-gemütlich, mit modernem Komfort und umfangreichem Gourmet-Frühstück.*

Restaurants

Diamond Back's, *217 Mary Ave.,* ☎ *(254) 757-2871. In diesem „Texas Bistro" werden ausgezeichnete Steaks serviert, auch Seafood und Southwest Cuisine.*
Ninfa's Mexican Restaurant, *220 S. 3rd St.,* ☎ *(254) 714-1228. Ausgezeichnete und groß proportionierte mexikanische Gerichte; besonders empfehlenswert sind die Fajitas, aber auch Carnitas, Enchilades, Carne asada und Burritos.*

Austin –
die ungewöhnliche texanische Hauptstadt

„Keepin' It Weird"

Austin, die Hauptstadt von Texas, und seine Bewohner, die *Austinites*, sind ein Fall für sich und nicht unbedingt das, was man klassisch unter „Texas" und „Texaner" versteht. Nicht ohne Grund heißt der Slogan „**Austin – Keepin' It Weird!**", denn diese Stadt kultiviert ihre **Andersartigkeit**. Präsentieren sich viele andere US-Hauptstädte eher steril und beamtenhaft-geschäftig, ist Austin prall gefüllt mit buntem Leben. Das liegt zum einen daran, dass sich hier seit 1883 die University of Texas befindet, zum anderen daran, dass die Stadt ihre Vergangenheit nie ganz vergessen hat. So präsentiert sie sich als ungewöhnlicher **Schmelztiegel** aus Cowboys und Studenten, Musikern und Beamten. Aber anders als beispielsweise in Fort Worth, wo die Stadtverwaltung Rindertriebe durch den alten Stockyards District veranlasst, klammert sich Austin nicht krampfhaft an seine Vergangenheit als *Cowtown*.

Zwar existierten schon im frühen 19. Jh. ein paar Häuser am Nordufer des Colorado River, doch dieses Dorf namens „Waterloo" sollte erst nach der Unabhängigkeit von Texas bekannt werden. Denn ausgerechnet auf diesen Ort einigten sich die Texaner 1836 nach ihrer Diskussion über die **neue Hauptstadt der Republic of Texas**. So wurde Austin aus dem staubigen Boden gestampft und 1838 zu Ehren des „Vaters von Texas" *Stephen F. Austin* benannt. Auch nachdem die Republik Texas 1845 den USA beigetreten war, blieb Austin Hauptstadt, allerdings sollte es Jahrzehnte dauern, bis die *Cowtown* repräsentativ und großstädtisch wurde.

Ein erster Schritt in die Moderne stellte der Anschluss an die Eisenbahn im Jahr 1871 dar. 1883 wurde die Universität gegründet und zwischen 1885 und 1888 entstand das Texas State Capitol. Der Bau erinnert an das Kapitol in der US-Hauptstadt Washington, D.C. Es ist sogar ganze vier Meter höher als das US-Capitol, was wiederum Ausdruck des texanischen Selbstbewusstseins ist. Schließlich war Texas einst als unabhängige Nation freiwillig der Union beigetreten.

Heute ist Austin jedoch nicht nur Regierungs- und Universitätssitz sowie Heimat des berühmtesten Radrennfahrers der Welt, *Lance Armstrong*, sondern ist auch als „**Silicon Hills**" bekannt. In Austin haben zahlreiche bekannte Computerfirmen wie *Apple*, *Hewlett-Packard*, *Intell* oder *Google* Filialen angesiedelt. Aus dem einst winzigen Nest mitten in der Prärie ist inzwischen eine moderne Metropole mit knapp 800.000 Einw. (1,8 Mio. im Großraum) geworden.

Regierungs- und Universitätsstadt

Texas State Capitol (1)

Das die Stadt überragende, 94 m hohe Texas State Capitol wurde am 21. April 1888, dem Jahrestag der siegreichen Schlacht am San Jacinto River – im Unabhängigkeitskrieg gegen Mexiko – eingeweiht. Schon 1876 hat man sich zu diesem Neubau entschlossen, da das 1852 fertiggestellte Colonial Capitol zu klein geworden war. 1882 begannen die Bauarbeiten nach Plänen von *Elijah E. Myers* und unter Bauaufsicht von *Reuben Lindsay Walker*. Im Februar 1888 wurde die Liberty-Statue auf der Kuppel des über $ 3 Mio. teuren Baus mit insgesamt 392 Räumen platziert.

Das State Capitol ist von einer weitläufigen, 1 ha großen Parkanlage umgeben. Zahlreiche Statuen erinnern an verschiedene Ereignisse der texanischen Geschichte. Nach einem Brand wurde das Gebäude 1993 re-

Das Texas State Capitol in Austin

noviert und erweitert, inzwischen steht es unter Denkmalschutz. Flächenmäßig ist es mit 33.000 m² das größte State Capitol der USA und Sitz der Parlaments und des Gouverneurs. In der Südostecke des Parks ist im renovierten ehemaligen General Land Office Building (1856/67) das **Capitol Visitors Center** untergebracht, in dem man mehr über den Bau und die Geschichte erfährt.

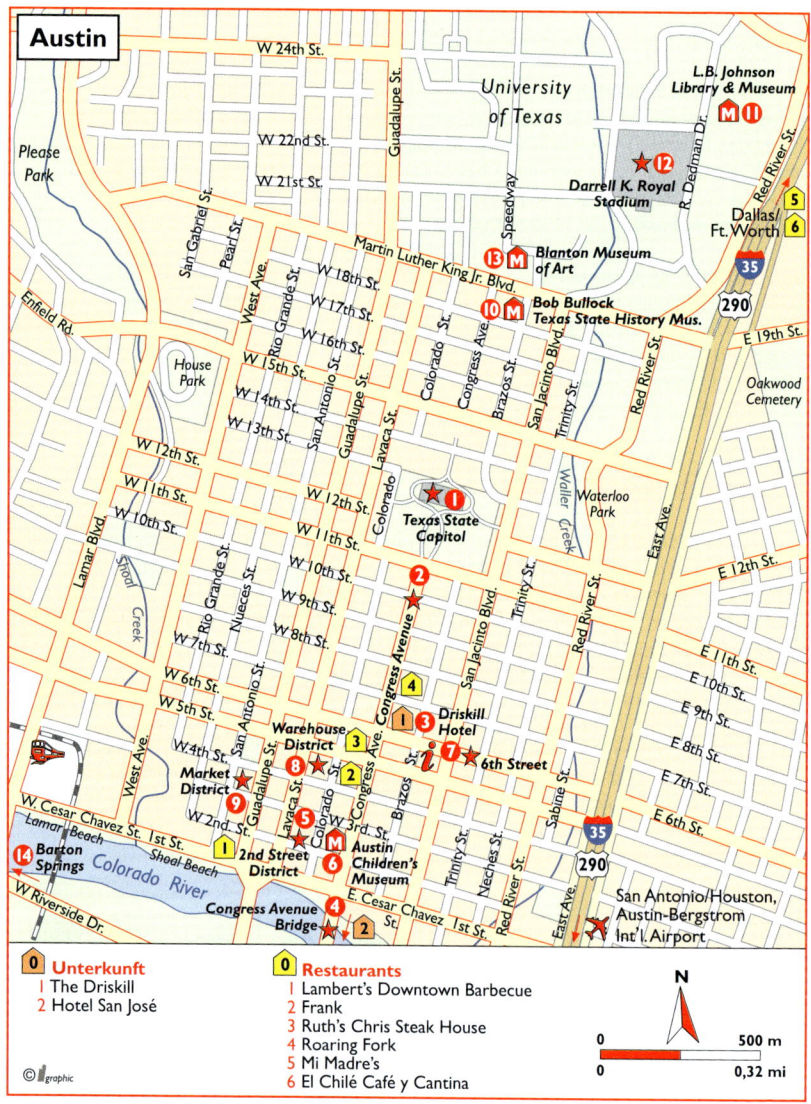

Austin

W 24th St.
W 22nd St.
W 21st St.
W 18th St.
W 17th St.
W 16th St.
W 15th St.
W 14th St.
W 13th St.
W 12th St.
W 11th St.
W 10th St.
W 9th St.
W 8th St.
W 7th St.
W 6th St.
W 5th St.
W 4th St.
W 3rd St.
W 2nd St.

Please Park

University of Texas

L.B. Johnson Library & Museum

Darrell K. Royal Stadium

Blanton Museum of Art

Bob Bullock Texas State History Mus.

Dallas/Ft. Worth

Oakwood Cemetery

House Park

Martin Luther King Jr. Blvd.

Texas State Capitol

Waterloo Park

Driskill Hotel

6th Street

Warehouse District

Market District

Austin Children's Museum

2nd Street District

Barton Springs

Colorado River

Congress Avenue Bridge

W. Cesar Chavez St.
E. Cesar Chavez St.

W Riverside Dr.

San Antonio/Houston, Austin-Bergstrom Int'l. Airport

Enfield Rd.

Lamar Blvd.

Shoal Creek

Waller Creek

Red River St.

Unterkunft
1 The Driskill
2 Hotel San José

Restaurants
1 Lambert's Downtown Barbecue
2 Frank
3 Ruth's Chris Steak House
4 Roaring Fork
5 Mi Madre's
6 El Chilé Café y Cantina

N

0   500 m
0   0,32 mi

© ilgraphic

Texas State Capitol, 11th St./Congress Ave., www.tspb.state.tx.us, Mo–Fr 7–22, Sa/So 9–20 Uhr, 45-minütige Touren Mo–Fr 8.30–16.30, Sa 9.30–15.30, So 12–15.30 Uhr. **Capitol VC**, 112 E. 11th St., Mo–Sa 9–17, So 12–17 Uhr, frei.

Congress Avenue und Downtown Austin

Schlendert man über die zentrale Congress Avenue, die vom State Capitol ins Zentrum führt, kann man sich kaum mehr vorstellen, dass vor nur 100 Jahren hier Staub und Dreck, Saloons und Bars das Bild bestimmten. 1905 hatten die Stadtherren genug und ließen die Hauptstraße mit Ziegeln auslegen – seither ist die **Congress Avenue (2)** Austins Promeniermeile. Neben modernen haben sich zahlreiche historische Bauten aus den Gründungstagen erhalten, z. B. die **Old Bakery** (Nr. 1006) aus den 1870er-Jahren, das **Paramount Theatre** (Nr. 713) oder das legendäre **Driskill Hotel (3)** in einer Seitenstraße (604 Brazos St.). Dieses prunkvolle Hotel wurde 1886 eröffnet und ist seither die angesagte Topadresse der Stadt. Auch wer nicht hier absteigt, sollte wenigstens einen Blick ins Gebäude und seine mondänen öffentlichen Räume werfen, die mit historischen Möbeln und Gemälden ausgestattet sind.

Entlang der Congress Ave.

Die Hauptstraße birgt auch eine ungewöhnliche Überraschung: Unter der **Congress Avenue Bridge (4)** am Colorado River versammelt sich jedes Frühjahr Nordamerikas größte städtische **Fledermauskolonie**, die **Congress Avenue Bats**. An die 1,5 Mio. der kleinen Nager lassen sich nach ihrer Rückkehr vom Winterquartier in Zentralmexiko hier nieder. Bei Einbruch der Dunkelheit, wenn sie auf der Suche nach Nahrung ausfliegen, ist für ein atemberaubendes Schauspiel gesorgt.

An dem südlich der Brücke gelegenen Abschnitt der Congress Avenue befindet sich ein buntes Stadtviertel namens **South Congress** oder kurz **SoCo** (South of Congress Avenue Bridge), ein hippes Viertel mit ausgefallenen Läden, Lokalen, Bars und Kunstgalerien. Am meisten ist hier jeden ersten Donnerstag im Monat los, denn dann öffnen die Laden und Galerien ihre Türen bis spätabends und bieten verschiedene Veranstaltungen an.

Einige Kunstwerke in Gestalt überdimensional großer Gitarren entlang der Congress Avenue erinnern an Austins Bedeutung als Musikstadt. An der Kreuzung mit der 2nd Street steht eine solche Gitarre und sie markiert zugleich den Beginn des **2nd Street District (5)**. Hier befinden sich nicht nur kleine Modeläden und einige Lokale, sondern auch die **City Hall** mit dem alten Glockenturm und das **Austin Children's Museum (6)** mit vielen interaktiven Möglichkeiten zum Spielen und Erforschen. **Austin Children's Museum**, 201 Colorado St., www.austinkids.org, Di–Sa 10–17, So 12–17, Mi bis 20 Uhr, $ 6,50 (ab 2 J.).

Die ebenfalls die Congress Avenue kreuzende **6th Street (7)** dagegen bildet die Hauptachse des Nachtlebens von Austin mit rund 60 Bars und Kneipen. Zwischen der 4th und 6th St. breitet sich westlich der Congress Avenue der sogenannte **Warehouse District (8)** aus und auch hier gibt es etliche alteingesessene Bars und Clubs. Der angrenzende **Market District (9)** verkörpert hingegen eher den „snobistischtrendigen" Teil der Nachtszene – und ist entsprechend teurer.

Bob Bullock Texas State History Museum (10)

Multimedia-Museum

Zwischen State Capitol und dem Campus der Universität erhebt sich der auffällige, um die zentrale Rotunde angelegte Bau des Texas State History Museum. Dieses sehenswerte Multimedia-Museum behandelt ausführlich und unter verschiedensten Aspekten auf mehreren Etagen „**The Story of Texas**". Die Ausstellungen zur Geschichte des Bundesstaates, vielfach mit Originalen und 1:1-Dioramen, beginnen mit den Indianern und der frühen spanischen Besiedlung, von dort geht es in etlichen Stationen auf Zeitreise bis in die Moderne mit dem texanischen Ölboom und seinen Auswirkungen. Am Ende steht ein Ausblick auf die Zukunft, auf derzeitige Probleme und Lösungsversuche. Neben einem Café gibt es einen großen Museumsladen sowie ein **IMAX-Theater**, in dem unterschiedliche Filme laufen.

Im **Texas Spirit Theater** führt der Film „*The Star of Destiny*" in die Geschichte Texas' ein. Sehenswert ist in der Rotunde auch das Bodenmosaik, das man am besten von ganz oben betrachtet. Es zeigt die unterschiedlichen Wurzeln und Ethnien des Staates nach dem Motto: „*Born around the Campfires of our Past – The Story of Texas!*"
Bob Bullock Texas State History Museum, *www.thestoryoftexas.com, Mo–Sa 9–18, So 12–18 Uhr, Museum $ 7, Texas Spirit Theater $ 5, kombiniert $ 10, IMAX $ 7, Gesamtticket $ 15.*

University of Texas

Gegenüber dem Texas State History Museum erstreckt sich der weitläufige Campus der University of Texas mit dem **Blanton Museum of Art**, der **L.B. Johnson Library & Museum (11)** und dem dominanten **Darrell K. Royal Stadium (12)**. Hier trägt die Football-Mannschaft der Universität ihre Heimspiele aus. Wenn die „Longhorns" im Stadion einlaufen, geraten über 100.000 begeisterte Fans aus dem Häuschen – in Texas ist American Football bekanntlich Nationalsport. Die Guadalupe Street begrenzt den Campus nicht nur nach Westen, sie dient auch als „Versorgungsachse" mit Kneipen, Cafés und Co-op-Läden.
L.B. Johnson Library & Museum, *2313 Red River St., www.lbjlibrary.org, tgl. 9–17 Uhr, frei. Infos zur **Uni**: www.utexas.edu/visitors.*

Blanton Museum of Art (13)

Art of the Americas

Das sehenswerte Kunstmuseum der Universität Texas wurde 2006 neu eröffnet. Dabei richtet sich der Bau nach der hier ausgestellten Kunst, beginnend im Foyer, wo *Teresita Fernández'* Kunstwerk „Stacked Waters" aufgestellt wurde. Das Museum beherbergt eine interessante Sammlung **amerikanischer Malerei des 19. und 20. Jh.**, sehenswert sind überdies die Abteilungen zu **Art of the Americas** (moderne Kunst aus Lateinamerika) sowie die zeitgenössische Kunstsammlung. In die zugehörigen „Workspace"-Studios werden regelmäßig zeitgenössische Künstler eingeladen; sie arbeiten im Museum und schaffen Kunstwerke zu einem vorher festgelegten Thema.
Blanton Museum of Art, *200 E. Martin L. King Blvd./Congress Ave., www.blantonmuseum.org, Di–Fr 10–17, Sa 11–17, So 13–17 Uhr, $ 9, am 3. Do im Monat 10–21 Uhr (frei);*

empfehlenswerter Museumsladen und Cafeteria (Mo–Fr 8–16, Sa/So 12–16 Uhr) im gegenüberliegenden Bau.

Barton Springs (14)

Das ist in den USA nicht unbedingt zu erwarten: Mitten in Austin befindet sich ein öffentliches Schwimmbad. Es wird von einer **unterirdischen warmen Quelle** (20° C) gespeist und ist bei den *locals* höchst beliebt. Im

Lake Austin, einer der sieben Seen der Highland Lakes

westlichen Umland der Stadt befinden sich weitere Bademöglichkeiten und an einem heißen Sommertag ist es einfach, eine Gelegenheit zur Abkühlung zu finden.
Barton Springs, *2101 Barton Springs Rd./Zilker Park, www.ci.austin.tx.us/parks/barton springs.htm, tgl. 5–22, Do 9–19 Uhr geschl., $ 3.*

Highland Lakes

Die „**Highland Lakes**" bestehen aus sieben Seen im westlich gelegenen **Central Texas Hill Country** und bieten ein breites Spektrum an Wassersportaktivitäten – wie Segeln und Schwimmen auf dem Lake Travis, wo es auch einen FKK-Strand *(Hippy Hollow)* gibt, Wasserski auf dem Lake Austin oder etwa Paddeln auf dem Lady Bird Lake.
Highland Lakes*: www.highlandlakes.com.*

Reisepraktische Informationen Austin/TX

ℹ️ Information
Austin VC, *209 E. 6th St., ☎ (512) 478-0098, www.austintexas.org, Mo–Fr 9–17, Sa/So 9.30–17.30 Uhr. Infos, Karten und jede Menge Souvenirs.*

🛏️ Unterkunft
Hotel San José $$–$$$ (2), *1316 S. Congress Ave., ☎ (512) 444-7322, www.san josehotel.com. Minimalistisch ausgestattetes In-Hotel für Budget-Traveler. Gegenüber dem Continental Club gelegen und deshalb gerne von dort auftretenden Bands gebucht. Trotz des Retro-Looks mit modernster Technik ausgestattet, etwas laut.*
The Driskill $$$$ (1), *604 Brazos St., ☎ (512) 474-5911, www.driskillhotel.com.* Die „Grand Old Dame" der Stadt wurde 1886 eröffnet. Gäste werden in den historisch eingerichteten, aber mit allem modernen Komfort ausgestatteten Zimmern sowie in den mondänen Lobbyräumen auf eine Zeitreise geschickt. Zu empfehlen sind das **1886 Café** zum Frühstück und der **Driskill Grill** zum Abendessen.

Hyatt Regency Lost Pines Resort and Spa $$$$, *575 Hyatt Lost Pines Rd., Lost Pines,* ☎ *(512) 308-1234, http://lostpines.hyatt.com. 20 km östlich der Stadt traumhaft in einem Waldgebiet am Colorado River gelegenes Resorthotel mit allem Luxus. Es gibt mehrere Restaurants, eine Poollandschaft, Wellnessabteilung und einen eigenen Reitstall.*

🍴 Restaurants

Neuester Trend sind in Austin **Food Trailers – fahrende Verkaufsstände**. *Besonders empfehlenswerte befinden sich in East Austin, z. B.* **Gordous** *oder* **Flip Happy Crepes**. *Siehe auch: http://tastytouring.com.*

Frank (2), *407 Colorado St. Große Auswahl an ungewöhnlichen Hot Dogs, dazu ein kühles Bier.*

Mi Madre's (5) *(2201 Manor Rd.,* ☎ *512-322-9721) und* **El Chilé Café y Cantina (6)** *(1809 Manor Rd.,* ☎ *512-457-9900), sind zwei ausgezeichnete mexikanische Lokale. Ersteres wird vor allem gerühmt für die Breakfast Tacos. In beiden wird authentisch Mexikanisches serviert, nicht das übliche Tex-Mex.*

Roaring Fork (4), *701 Congress Ave. Spezialisiert auf Gerichte vom Holzkohlegrill, besonders empfehlenswert sind die Burger, z. B. der legendäre „Big Ass Burger".*

Ruth's Chris Steak House (3), *107 W. 6th St.,* ☎ *(512) 477-7884. Wohl die besten Steaks der Stadt, nicht billig, dafür aber ausgezeichnete Qualität und große Portionen.*

Lambert's Downtown Barbecue (1), *401 W. 2nd St.,* ☎ *(512) 494-1500, www. lambertsaustin.com. In einem renovierten General Store von 1873 befindet sich dieses „Fancy BBQ"-Lokal. Besonders fein ist das „Brown-sugar-and-coffee-rubbed brisket" oder die „Maple-and-coriander-encrusted pork ribs".*

🎁 Einkaufen

Allen's Boots, *1522 S. Congress Ave. Nicht nur Boots, sondern alles was ein Cowboy/-girl braucht, dazu legendäre T-Shirts mit der Aufschrift „KEEP AUSTIN WEIRD".*

Antone's Record Shop, *2928 Guadalupe St., http://antonesrecordshop.homestead.com. Berühmter Musikladen mit großer Auswahl an lokaler Musik.*

Book People, *603 N. Lamar Blvd. Einer der größten und zweifellos der beste unabhängige Buchladen der Universitätsstadt, über 250.000 Titel aus allen Genres auf Lager, daneben Souvenirs wie T-Shirts und Veranstaltungen (Lesungen).*

Cream Vintage, *1714-A S. Congress Ave. Bekannt für Vintage-Westernhemden.*

Cowboy Cool, *217 W. 2nd St. Ungewöhnliches für Cowboys/-girls.*

Farmers Market, *4th St./Guadaloupe St., www.austinfarmersmarket.org, jeden Sa 9–13 Uhr bieten Bauern aus dem Umland ihre Waren an, dazu Feinkost und Imbissgelegenheiten.*

HatBox, *115 E 6th St. Hüte aller Art.*

Heritage Boot, *117 W. 8th St., www.heritageboot.com. Jerome Ryan und sein Team fertigen ausgefallene, bunte und qualitativ hochwertige Cowboystiefel an. Sie werden in Handarbeit in Mexiko hergestellt. Etwa 800 Paare sind auf Lager, neue nach Maß werden ebenfalls gemacht. Die Preise liegen zwischen $ 300 und 900.*

Whole Foods Market, *525 N. Lamar Blvd., www.wholefoods.com. Inzwischen in ganz USA bekannte Bio-Supermarkt-Kette, die ihren Ursprung in Austin hat. Von hier griff 1981 die Idee auf das ganze Land über. Riesenangebot an biologischen und lokalen Produkten!*

Wild About Texas, *6th St./Brazos St. Superladen, ausgefallene Souvenirs um Musik und Texas.*

🍸 Nachtleben

Antone's, *213 W. 5th St., www.antones.net. Neben Auftritten von Country-Bands wie Austin Lounge Lizards oder Stars wie Willie Nelson ist die Halle berühmt für ungewöhn-*

liche Bands wie Reckless Kelly und für Blueskonzerte.

Broken Spoke, *3201 S. Lamar Blvd., www.brokenspoke austintx.com. Legendäres Western Honky Tonk aus den 1960ern; der beste Country-Club der Stadt mit großer Tanzfläche.*

Continental Club, *1315 S. Congress Ave., www.continen talclub.com. Spezialisiert auf Rock, Rockabilly, Country und New Wave.*

Momo's, *618 W. 6th St., www.momosclub.com. Kleiner Club im Obergeschoss mit Terrasse und Bühne, auf der*

Live-Auftritt im Momo's

meist weniger bekannte Bands und Musiker in familiärer Atmosphäre auftreten; gute Drinks!
Speakeasy, *412 Congress Ave, www.speakeasyaustin.com. Beliebte Bar, in der Singer-Songwriter auftreten.*

Zuschauersport

Texas Longhorns, *die Sportteams der University of Texas gehören in vielen Sportarten zu den besten Amateurteams im Land. Besonders empfehlenswert sind Spiele im College Football, Basketball oder Baseball; Infos und Tickets: www.texassports.com.*

Texas Stars, *Cedar Park Center (im Vorort Cedar Park); das Nachwuchsteam der NHL-Stars aus Dallas bietet Zweitliga-Profi-Eishockey (AHL – American Hockey League) der höchsten Klasse; Infos und Tickets: www.texasstarshockey.com.*

2012 wird die neue **Autorennstrecke Circuit of the Americas** *im Südosten der Stadt fertiggestellt. Sie wird für Formel 1 aber auch für andere Autorennen und Open-Air-Konzerte genutzt (Infos: www.circuitoftheamericas.com).*

Unterhaltung & Veranstaltungen

SXSW – South by Southwest Conferences & Festivals, *10 Tage lang treten im März auf etwa 80 Bühnen über 1.400 Musiker auf, daneben gibt es Filme u. a. Veranstaltungen unter dem Motto „Music, Film interactive, emerging technologies", Infos: http://sxsw.com.*

ACL Fest – Austin City Limits Music Festival, *3 Tage im Sept. im Zilker Park. Bekannte und weniger bekannte Musiker und Bands bieten Musik vom Feinsten, Programm unter www.aclfestival.com.*

Long Center for the Performing Arts, *701 W. Riverside Dr.,* ☎ *(512) 457-5100, www.thelongcenter.org. 2008 eröffneter Bau der Austin Symphony, Austin Lyric Opera und des Ballet Austin; gilt als eine der größten Konzerthallen von Texas mit optimaler Akustik.*

Fahrradtouren

Mellow Johnny's Bike Shop, *400 Nueces St,* ☎ *(512) 473-0222, www. mellowjohnnys.com. 2008 von Lance Armstrong eröffneter Radladen, in dem man Räder* auch leihen kann ($ 20/Tag). Die Mitarbeiter helfen außerdem bei der Planung einer Route auf Austins etwa 30 km umfassendem Radwegenetz.

> **Tipp**
> **Jodi Bart** bietet nur gelegentlich kulinarische Touren an, doch in ihrem Blog „**Tasty Touring**" – http://tastytouring.com – gibt sie hilfreiche Informationen, Geschichten und Berichte über die **Restaurant- und Nightlifeszene** von Austin. Sie listet auch Events und Führungen auf, die von ihr oder anderen veranstaltet werden.

Austin – Live Music Capital of the World

An die 200 Bühnen gibt es über die Stadt verteilt und es vergeht kein Abend ohne Livekonzert. So richtig beginnt das Nachtleben für die „*Austinites*" allerdings nicht vor 21 Uhr, zur Sperrstunde um 2 Uhr scheint dann die ganze Stadt auf den Beinen zu sein. Kein Wunder, dass Austin als „**Live Music Capital**" der Welt gilt. Abgesehen von der **South Congress Avenue** spielt sich das Nacht- und Konzertleben besonders **um die 6th Street**, mitten im Zentrum, ab. Angesichts der zahlreichen Cocktailbars ist es nur gut, dass so viele zu Fuß unterwegs sind oder „Pedicaps" – von Studenten betriebene Fahrradrikschas – nutzen.

Wer glaubt, **Austins Musikszene** bestünde, wie es sich für Texas gehört, nur aus Countrymusic, wird schnell eines Besseren belehrt. Anders als im Countrymusic-Mekka Nashville ist in Austin eher die **Alternativszene** zu Hause. Hier gibt es Bands und Musiker jeglicher Couleur und an einen Abend kann man mühelos mehrere völlig verschiedene Genres, Gruppen und Instrumente erleben.

Man hat noch die Songs der Indie-Band *Po'Girls* im Ohr und die Aussicht über die Dächer von Austin von der Bar und Bühne des **Momo's** vor Augen, da lockt bereits **Antone's**, eine der legendären Bühnen der Stadt. Hier wartet das für Austin typische bunt gemischte Publikum – „City Slickers" und waschechte Cowboys, schicke Girls und coole Boys, ausgeflippte Studenten und biedere Regierungsangestellte – auf einen Höhepunkt der Musikszene: den Liveauftritt der Band *Reckless Kelly*. Die fünf Jungs aus Idaho und Texas zählen mit ihrem bodenständigen Musikstil zwischen Country, Americana und Rock derzeit zu den angesagtesten Bands über die Grenzen von Austin und sogar Texas hinaus.

Doch Austins Musikszene hat weit mehr zu bieten: Bands des sogenannten **New Weird America** wie *Shearwater*, *Red-Dirt*-Musiker wie *Ben Kweller*, Latin Rock mit *Del Castillo* oder Blues von *Jimmie Vaughan*. Er ist der ältere Bruder des legendären *Stevie Ray Vaughan*, der zusammen mit dem unvergleichlichen *Willie Nelson* Austins Ruf als Musikstadt mitprägte. Den besten Überblick erhält man während eines der zahlreichen **Musikfestivals** der Stadt wie dem legendären **Austin City Limits Music Festival** im Herbst oder dem gigantischen **South by Southwest**, einer Mischung aus Musik- und Filmfestival im Frühjahr, bei dem auf etwa 80 Bühnen über 1.400 Musiker auftreten.

Hinweis zur Route

Die Fahrt von Austin nach Houston führt zunäct auf dem **BBQ-Trail** vorbei an Lockhart und Luling nach Gonzales (Hwy. 183, etwa 60 mi/96 km). Von Gonzales sind es auf dem Hwy. 90 ALT etwa 18 mi (30 km) zur Ortschaft **Shiner**, der nächsten Station.

Texas Barbecue Trail

Die kleinen Ortschaften **Taylor**, **Elgin**, **Lockhart** und **Luling**, östlich und südlich der texanischen Hauptstadt Austin, verbindet eine große Leidenschaft: das **Grillen**. Ein Abstecher in eine der Ortschaften macht es möglich, mehr über den „kulinarischen Nationalsport" der Texaner zu erfahren und dazu noch preiswert und gut zu essen. Beispielsweise im **Taylor Café** in der gleichnamigen Kleinstadt oder bei **Louie Mueller Barbecue**. 1949 hatten die deutschstämmigen *Muellers* noch eine Metzgerei betrieben, die zugleich Fertiggerichte verkaufte. Seit 1959 betreibt man das Lokal in einer Lagerhalle, die auf den ersten Blick nicht sehr einladend wirkt. Allein der leckere Duft lockt jedoch unweigerlich in den dunklen Saal, in dem Memorabilien aller Art an den Wänden hängen und die Zeit stehen

Ausgezeichnetes BBQ in schlichtem Ambiente bei Louis Mueller Barbecue

geblieben zu sein scheint. Zudem kündigen leckere Spezialitäten wie *beef brisket, ribs* oder verschiedene *sausages* (Würste) an der Tafel die aktuellen Tagesgerichte an.

Im **City Market** in **Luling** ist man stolz darauf, die Steaks so butterweich auf den Tisch zu bringen, dass man fast kein Messer braucht, und in **Elgin** schwört man in **Meyer's Elgin Smokehouse** auf die Grillwürste, deren Rezept von deutschen Vorfahren stammt. **Lockhart Black's Restaurant** gilt als ältestes BBQ-Familienlokal in Texas. Seit 1932 wird hier das Fleisch vor dem Grillen geräuchert und erhält dadurch sein besonderes Aroma.

Ältestes BBQ-Lokal

In **Lockhart**, einem etwa 50 km südlich von Austin gelegenen Provinzstädtchen, befinden sich gleich zwei weitere BBQ-Legenden: der seit 1900 betriebene **Kreuz Market** und **Smitty's Market**. Nachdem der Kreuz Market in einen neuen Bau gezogen war, eröffnete die Schwester des Besitzers im alten Lokal ihren Smitty's Market.

Lokale am BBQ-Trail um Austin

Black's Barbecue, 215 N. Main St., Lockhart. Das älteste BBQ-Lokal der Region, in Familienbesitz.

Kreuz Market, 619 N. Colorado St., Lockhart. Größtes Lokal am BBQ-Trail.

Luling City Market, 633 E. Davis St., Luling. Das Fleisch ist so zart, dass man kaum ein Messer braucht.

Louie Mueller Barbecue, 206 W. 2nd St., Taylor. Äußerlich sehr schlicht, kulinarisch hervorragend.

Smitty's Market, 208 S. Commerce St., Lockhart. Neues Lokal im alten Stil.

Southside Market & Barbecue, 1212 US 290 E. und **Meyer's Elgin Smokehouse**, 188 US 290 E., beide in Elgin, der „Sausage Capital of Texas".

Taylor Café, 101 N. Main St., Taylor. Seit mehr als 50 Jahren eine lokale Institution.

info

„Holy Smoke" – Barbecue in Texas

Die Zubereitung von Fleisch über offenem Feuer hat in Texas Tradition. Und die Texaner sind sich in ihrer unbeirrbaren „Bescheidenheit" sicher, dass sie das „Barbecue" erfunden haben. Dabei landen vor allem Rinder- und Schweineteile, Steaks und Rippchen auf dem Grill, und, als Erbe der deutschen Einwanderer, Bratwürste. Genau genommen, versteht man unter „Barbecue", „Bar-B-Que" oder „Barbeque" eine **Garmethode**, bei der große Fleischstücke in einer Grube oder in speziellen Tonnen, Fässern oder „Smokern" über Mesquiteholz-Feuer langsam bei mäßiger Temperatur geräuchert und gegart werden. Der Begriff „BBQ" meint aber nicht nur die Garmethode und das so zubereitete Essen, es ist vielmehr ein Stück **Lebenskultur**. Neben Texas sind die gesamten Südstaaten der USA „**BBQ-Country**". Barbecue ist ein wichtiges Element der regionalen Küche und des Identitätsgefühls. Inzwischen wird „Barbecue" weltweit aber auch als Synonym für „Grillen" im Allgemeinen verwendet, hier in Texas und in den Südstaaten nimmt man es jedoch genau.

Egal, wie man es schreibt, jeder Texaner hat sein **Geheimrezept** für das Marinieren, für Grillzeit, -typ, Holzart und Grillgut. Allein der *Grillmaster* weiß, wie er ein enorm großes Fleischstück zart und saftig bekommt. Mindestens genauso wichtig wie das Fleisch ist die **Sauce**, mit der mariniert und gepinselt, die dazu gereicht oder darüber geschüttet wird. Es gibt eine **Vielzahl an Rezepten**, mehr oder weniger scharf, süß, dick oder dünn, und jeder Grillmeister hütet seine spezielle Komposition wie seinen Augapfel.

Wie unterschiedlich das Ergebnis aussehen kann, davon können sich Besucher beispielsweise beim „World's Championship Bar-B-Que Contest" in Houston, einem Wettbewerb, der vor Eröffnung der Houston *Livestock Show & Rodeo* Ende Februar/Anfang März stattfindet, überzeugen oder aber während kleinerer, lokaler Feste. Und natürlich in den Lokalen entlang dem **Texas Barbecue Trail** um die Hauptstadt Austin.

Infos: *www.texasbbqtrail.com, Houston: http://hlsr.com/events/bbq/index.aspx*

Shiner

Die kleine Ortschaft Shiner mit ihren 2.000 Einw. mitten in *Central Texas*, etwa auf halbem Weg zwischen Austin und der Golfküste gelegen, ist ein typisches texanisches Dorf. Besuchenswert ist es einerseits wegen seiner deutsch-tschechischen Geschichte und der legendären **Spoetzl Brewery**, wo *das* Bier von Texas gebraut wird: **Shiner Bock**.

Beliebtes Shiner Bock

Im Tal zwischen Lavaca und Guadalupe River lebten schon Indianer in einer Siedlung, die sie in ihrer Sprache „Half Moon" (Halbmond) nannten. Den Namen übernahm auch ein Postamt, das 1885 hier eingerichtet wurde, doch dann wurde 1888 der Ort in „Shiner" umbenannt, da der Rancher *Henry Shiner* Land gestiftet hatte. Zwischen 1870 und 1900 ließen sich hier bevorzugt deutsche und tschechische Immigranten nieder und sie dominieren bis heute die ethnische Zusammensetzung der Region mit deutsch klingenden Ortschaften wie Shiner, Glecker, Breslau, Witting, Moravia, Vienna, Schulenburg oder Weimar. Über die Geschichte der Region informiert das **Edward Wolters Memorial Museum**, ein Heimatmuseum in Shiner, mit interessantem General Store, Geräteschuppen und dem historischen Herder House.
Edward Wolters Memorial Museum, *306 S. Avenue I, Shiner, www.shinertx.com, Mo–Fr 8–17 Uhr, jeden 2. und 4. So im Monat 14–17 Uhr.*

Die deutschen und tschechischen Zuwanderer gründeten nicht nur Vereine, sondern auch 1909 eine Brauerei in Shiner. Sie waren zunächst mit ihrem Gebräu unzufrieden und engagierten 1915 *Kosmos Spoetzl* (1873–1950), einen weltenbummelnden Braumeister aus Rosenheim. Der Bayer machte die Brauerei unter dem Namen **Spoetzl Brewery** schließlich texasweit bekannt und beliebt. Sie gilt heute als älteste Kleinbrauerei der USA und ist seit 1989 im Besitz des Geschäftsmanns *Carlos Alveros* aus San Antonio, der 1995 den Betrieb modernisierte und expandierte. 80 % der Produktion besteht aus *Shiner Bock*. Dieses beliebteste Spezialbier in Texas

„Shiner Bock" heißt das beste Bier der Spoetzl Brewery

und die Nummer fünf in den USA ist in 41 Bundesstaaten erhältlich. Daneben werden *Shiner Blonde, Shiner Hefeweizen* und verschiedene saisonale Biere gebraut. Der Erfolg von *Shiner* hilft inzwischen auch anderen Kleinbrauereien in Texas wie *Real Ale* (www.realalebrewing.com) in Blanco (Hill Country), *Rahr & Suns* in Fort Worth, *Saint Arnold Brewery* in Houston oder gleich sieben Brauereien in Austin (u. a. *Independence, Live Oak* oder *Black Star Coop*).
Spoetzl Brewery, *603 E. Brewery St./Hwy 95, Shiner, www.shiner.com. Laden Mo–Fr 9–17, Sa 11–13 Uhr (kein Bierverkauf), Touren Mo–Fr 11/13.30 Uhr (frei, inkl. vier Bierproben)*

Reisepraktische Informationen Shiner/TX

i Information

Shiner Chamber of Commerce/Visitor Information, *817 N.Ave E (Hwy. 90-A),* ☎ *(361) 594-4180, www.shinertx.com. Kleine Infostelle mit Heimatmuseum (Green Cabin Museum) in der alten Cigar Factory, Mo–Fr 8.30–16.30 Uhr.*

Unterkunft

Belle Oaks Inn $$, *222 St. Peter St., Gonzales, www.bellsoakinn.com. 1912 erbaut für einen Banker im Stil eines Plantagenhauses, mit großem Garten. Mehrere Gästezimmer, altehrwürdig eingerichtet, aber mit allem modernen Komfort; inklusive üppigem Frühstück.*

Old Kasper House B&B, *219 Ave. C, Shiner, www.oldkasperhouse.com. 1905 erbautes Wohnhaus, das von Mary Ann und Hubert Novak in ein liebevolles B&B verwandelt wurde. Weitere B&Bs derselben Besitzer im Umkreis, ebenfalls in historischen Häusern.*

Restaurant

Shiner Restaurant & Bar, *103 E 7th St., nur Do–Sa 11–22/23, So 10.30–14 Uhr. Amerikanische Gerichte wie Burger und Steaks, aber auch Lokales wie „sausage n'kraut" (Sauerkraut mit Wurst), preiswert und schmackhaft.*

☞ Hinweis zur Route

Wer es gemütlich angehen möchte, fährt auf dem Hwy. 90 ALT (120 mi/190 km), einer Nebenstrecke, **nach Houston**. Die schnelle Verbindung führt zunächst etwa 20 mi (32 km) auf dem Hwy. 95 nordwärts zur Autobahn I-10, die dann direkt nach Houston führt (gesamt ca. 128 mi/205 km).

Houston – Cowboys und Raketen

Südlich an Central Texas schließt sich die **Gulf Coast** an. Halbkreisförmig schmiegt sich die Küste auf etwa 1.000 km Länge an die warmen Gewässer des Golfs von Mexiko. Die von vorgelagerten Inseln und Marschland geprägte Küstenlandschaft reicht bis zu 80 km weit ins Hinterland hinein und erstreckt sich im Osten vom Bundesstaat Louisiana bis zur südlich gelegenen mexikanischen Grenze.

Metropole mit Südstaatenflair

Im Zentrum liegt die **Metropole Houston**, eine interessante, moderne Großstadt mit unübersehbarem Südstaatenflair. Weltweit bekannt geworden ist Houston als Sitz der **Weltraumbehörde NASA**. So war der Name „Houston" das erste Wort, das einst vom Mond zur Erde gefunkt wurde, am 20. Juli 1969 teilte *Neil Armstrong* der Kommandozentrale mit: *„Houston, hier Tranquillity Base. Der Adler ist gelandet."*

Das **Houston Space Center** stellt heute die Hauptattraktion der viertgrößten Metropole der USA dar. Doch Houston hat noch mehr zu bieten: eine grandiose moderne

Skyline etwa, den zweitgrößten **Theaterbezirk** in den USA nach dem Broadway in New York und einen **Museumsdistrikt** mit 18 Museen. Meistbesuchtes Event im Jahreskalender ist das **Houston Livestock Show and Rodeo** im März. Dann mutiert die ultramoderne Shoppingmetropole zur waschechten Wildwest-Stadt.

Vor mehr als 160 Jahren suchten die New Yorker Brüder *Augustus* und *John Allen* ihr Glück in Texas. Nachdem sie Galveston am Golf von Mexiko erreicht hatten, segelten sie den Buffalo Bayou weiter nach Norden. Schon bald entdeckten sie ein passendes Stück Land und Houston war geboren. Seit seiner Gründung ist Houston auf etwa 2,1 Mio. Einw. – 5,9 Mio. im Großraum – angewachsen und ist flächenmäßig mit rund 1.600 km² halb so groß wie der Bundesstaat Rhode Island. Die *Houstonians* gelten als **multikulturell**, es werden heute mehr als 90 Sprachen in der Stadt gesprochen.

Redaktionstipps

Sehens- und Erlebenswertes
➤ ein Muss ist in Houston ein Besuch der Museen im **Museum District** (S. 200)
➤ ein ganz besonderes Erlebnis ist das **Houston Livestock Show and Rodeo** (S. 205, 215)

Essen und Trinken
➤ texanische Grillkunst kann man in Houston bei **Goode Company Bar-B-Q** (S. 213) oder bei **Pizzitola's Bar-B-Cue** (S. 213) kosten

Nachtleben
➤ Houston wartet mit einigen interessante Nightlife-Adressen auf (S. 214)

Der Stadtpark vor der Skyline von Houston

Auch wenn Houston in Texas liegt, präsentiert sich die Stadt eher als Südstaaten-Metropole. Dazu trägt die Lage an der Golfküste bei, wobei das herrschende gemäßigte Klima das ganze Jahr über für farbenprächtig blühende Gärten und immergrüne Eichen mit Spanish-Moss-Behang sorgt. Mit seinen **zahlreichen Parks und Seen** – 430 städtische Parks nehmen eine Gesamtfläche von rund 170 km² ein, Buffalo Bayou, Seen und Teiche rund 5 km² – hat man hier oft das Gefühl, sich im amerikanischen Süden zu befinden. Auch die eher etwas gemächliche und freundliche Art der *Houstonians* untermauert den „Südstaaten-Charakter".

Houstons **moderne Skyline** zählt zu den spektakulärsten in den USA. So ist der **Chase Tower** das höchste Gebäude westlich des Mississippi und der **Williams Tower** das höchste Gebäude außerhalb einer Downtown. Der **Reliant Astrodome**, das erste überdachte Stadion der Welt von 1965, galt sogar einmal als achtes Weltwunder. Immer noch ist viel im Wandel, doch inzwischen machen sich Bemühungen um den Erhalt alter Bausubstanz, besonders in den Wohnvierteln, bemerkbar.

Hafen von Houston Gemessen am gesamten Frachtumschlag ist der **Hafen von Houston** der zweitgrößte in den USA, im internationalen Handel sogar der größte, und weltweit liegt er auf Platz acht. Houstons Wirtschaft boomt und deshalb ist es nicht verwunderlich, dass sich fast zwei Dutzend der 500 größten US-Unternehmen – z. B. *Continental Airlines* und *Compaq Computer* – in der Stadt niedergelassen haben.

 Hinweise zur Orientierung

Die **Orientierung** in Houston ist – trotz des stets hektischen Verkehrs auf 943 km Stadtautobahnen – relativ einfach. Die meisten Attraktionen befinden sich **„inside the loop"**, d. h. innerhalb des Autobahnrings I-610, der kreisförmig um den Stadtkern herumführt.
Durch das Zentrum verlaufen die I-45 (in N-S-Richtung zwischen Galveston und Dallas), die I-10 (Ost-West-Richtung zwischen New Orleans und San Antonio) sowie der US Hwy. 59 (Nord-Süd-Richtung zwischen International Airport und Gulf Coast).
Downtown ist überschaubar und erstreckt sich um den Main Street Square zwischen den Autobahnen I-45, I-10 und dem Hwy. 59. Südwestlich davon liegen weitere für Besucher interessante Bereiche wie der **Museum District** und das Shopping-Areal um die **Galleria** (Uptown), zu der die **Westheimer Road** (mit Läden und Lokalen) führt.

Downtown Houston

Die Innenstadt Houstons hat seit der Eröffnung des Baseballstadions, des Minute Maid Park, im Jahr 2000 ein Revival erlebt, seither kümmert man sich verstärkt um Erhalt und Renovierung historischer Gebäude. Beispielsweise ist in das alte Rathaus von 1936, im Art-déco-Stil, das Besucherzentrum eingezogen. Etwa 12 km unterirdische Wege verbinden die Bürohochhäuser (Zugang: Wells Fargo Plaza, im Stadtzentrum), aber anders als in Kanada nutzt man das **Underground Tunnel System** nicht wegen der Kälte, sondern wegen der Hitze im Sommer. Das Zentrum der Stadt liegt um die Kreuzung Main und Texas Street. Nördlich erstreckt sich auf rund 25 Blocks der **Downtown Historic District** mit alten, großteils renovierten Bauten.

Buffalo Bayou

Wo heute die Innenstadt liegt, haben im Sommer 1836 die beiden Brüder *Augustus* und *John Allen* am Ufer des Buffalo Bayou einen Ort gegründet. Über gut 90 km windet sich der Fluss von Westen (bei der Ortschaft Katy) bis zur Bucht von Houston. Mehrere kleinere Flüsse münden in ihn, wie in Downtown Houston der Whiteoak Bayou. Lange Jahre vernachlässigt, hat man inzwischen begonnen, das Flusstal zu renaturieren. Heute ist der **Sesquicentennial Park (1)** am Rand der historischen Altstadt ein beliebter Treff. Es sind Grünanlagen und Wander-/Radwege entstanden, das Flussufer bietet sich zur Freizeitgestaltung an und der Fluss selbst gilt als Paradies für Paddler. Ein Zeichen der gelungenen Renaturierung ist auch die **Waugh Bridge Bat Colony**: Zahlreiche Fledermäuse leben mitten in Stadt unter dieser Brücke.

Am Buffalo Bayou

Downtown Aquarium (2)

Angrenzend an den Sesquicentennial Park liegt am Nordufer des Buffalo Bayou das sehenswerte Aquarium mit mehr als 400 verschiedenen Arten maritimen Lebens. Dar-

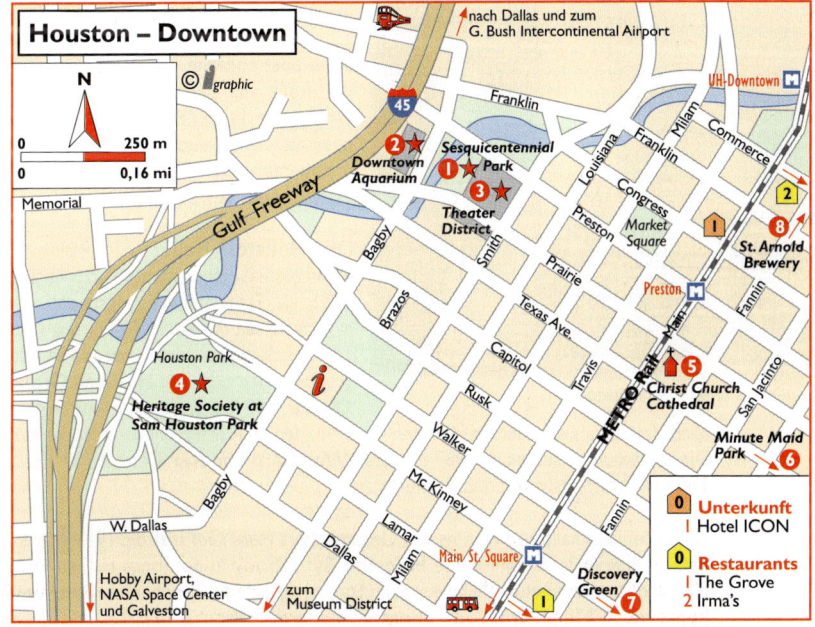

über hinaus lernen Besucher bei einer Dschungeltour unterschiedlichste Reptilien kennen und können echte weiße Tiger in *Maharaja's Tempel* beobachten. Wer zwischendurch Hunger bekommt, isst gut im Restaurant zwischen Haien und anderen Unterwasser-Lebewesen.

Downtown Aquarium, *410 Bagby St, www.aquariumrestaurants.com/downtownaqua riumhouston, So–Do 10–22, Sa/So 10–23 Uhr, $ 16, mit Dive Lounge (Bar) und empfehlenswertem Aquarium Restaurant.*

Theater District (3)

Houston ist eine der wenigen Städte in den USA, die das ganze Jahr über Theater-, Opern- und Ballettaufführungen sowie klassische Konzerte mit ortsansässigen Ensembles zu bieten hat. Die renommierten Institutionen konzentrieren sich an einem Ort: dem Theater District in Downtown. Teil davon ist **Bayou Place** *(500 Texas Ave.,*

Modernes Downtown Houston

www.houston-guide.com), ein Entertainment-Komplex mit dem Verizon Wireless Theater, dem Angelika Film Center, mit Bars und Restaurants wie Harlon's Bayou Blues, Have a Nice Day Café, Bar Houston und Hard Rock Café. Das gegenüberliegende **Alley Theatre** *(615 Texas St., www.alleytheatre.org)* feierte ab 1947 seine ersten Erfolge als kleines Schauspielhaus in einer Nebenstraße von Houston. Inzwischen residiert das Theater in einem für seine postmoderne Architektur von Studio RED viel gerühmten Gebäude in Downtown. In den Pausen können Besucher auf dem Balkon des Theaters den atemberaubenden Blick auf die nächtliche Skyline genießen.

Das **Houston Ballet** *(550 Prairie St., www.houstonballet.org)* wurde ursprünglich 1955 als Tanzakademie gegründet und avancierte seit der ersten Aufführung 1969 zur mittlerweile viertgrößten Ballettgruppe in den USA. Die **Houston Grand Opera** *(510 Preston St., www.houstongrand opera.org)* hat als eine der fünf größten Opern in den USA einen hervorragenden Ruf. Die Vorstellungen finden im 1987 erbauten **Wortham Theater Center** *(501 Texas Ave., www.houstontx.gov/worthamcenter)* statt.

Unter der musikalischen Leitung des Österreichers *Hans Graf* tritt die 1913 gegründete, mittlerweile weltberühmte **Houston Symphony** in der Jones Hall auf *(615 Louisiana St., www.houstonsymphony.org)*. Im Sommer geben die Symphoniker kostenlose Konzerte im **Miller Outdoor Theatre** im Herman Park *(www.milleroutdoorthea-*

tre.com) und im **Cynthia Woods Mitchell Pavilion** (*2005 Lake Robbins Dr.,The Woodlands, www.woodlandscenter.org*). Das **Hobby Center for the Performing Arts** (*800 Bagby St., www.thehobbycenter.org*) wurde nach Plänen von *Robert Stern* erbaut und ist Veranstaltungsort der Reihe „Broadway in Houston"; „Theatre under the Stars" (*www.tuts.com*) findet hingegen im Miller Outdoor Theatre statt.

Heritage Society at Sam Houston Park (4)

In Houstons ältestem Park steht dieses Freiluftmuseum aus **sieben historischen Wohnhäusern** und einer kleinen Holzkirche in einem interessanten Kontrast zu den imposanten Skyscrapern ringsum. Die *Harris County Heritage Society* hat mehrere Gebäude aus der Stadt und Umgebung hierher umsetzen und restaurieren lassen und bietet täglich Besichtigungen an. Dazu gehören außerdem ein **Museum zur Geschichte** des Staates Texas, ein Teesalon und ein Shop mit Handwerkskunst regionaler Künstler.

Freiluftmuseum

Heritage Society at Sam Houston Park, *1100 Bagby, www.heritagesociety.org, Di–Sa 10–16, So 13–16 Uhr, $ 10,Touren Di–Sa 10, 11.30, 13, 14.30, So 13, 14.30 Uhr*

Christ Church Cathedral (5)

Zu den beeindruckenden historischen Bauten in der Innenstadt gehört die Kathedrale der **Episcopal Diocese ofTexas**. Die Kirchengemeinde war 1839, während der texanischen Unabhängigkeit, gegründet worden und gilt als eine der ältesten nicht katholischen Kirchen des Staates. Die erste Kirche, teilweise aus Holz erbaut, stammte aus dem Jahr 1893. Dass der historische, prachtvoll geschnitzte Holz-Lettner ein verheerendes Feuer 1938 überlebt hat, verdankt die Kirche einem weitsichtigen Feuerwehrmann, der ihn geistesgegenwärtig kräftig gewässert hat. Nach dem Brand wurde die Kirche um die gerettete Holzschranke herum wiederaufgebaut. Sehenswert sind neben den Glasfenstern – u. a. von *Tiffany* – die Orgel von 1939 mit ihren 4.470 Pfeifen. 1949 wurde die Kirche zur Kathedrale der Diözese ernannt und seit 1979 steht sie unter Denkmalschutz.

Christ Church Cathedral, *1117 Texas St., www.christchurchcathedral.org, mit Book Store (Mo–Fr 10–14, So 8.45–12.30 Uhr),Touren:* ☎ (713) 590-3334.

Minute Maid Park (6)

Der Minute Maid Park wurde 2000 in der Innenstadt errichtet, an Stelle des alten Bahnhofs, der teilweise in das Stadion integriert wurde. Der Hauptzugang befindet sich in der alten Bahnhofshalle und daher wird das Baseballstadion der *Houston Astros* auch „**Ballpark at the Union Station**" genannt. In Erinnerung an alte Zeiten fährt immer nach einem *Homerun* (ein erfolgreicher Spielzug, bei dem der Ball unerreichbar aus dem Spielfeld geschlagen wird) ein nachgebauter historischer Dampfzug – beladen mit Orangen statt Kohlen als Werbung für „Minute Mate", dem Hauptsponsor und Saftproduzenten – am Spielfeldrand entlang. 40.950 Zuschauer haben in dem im historischen Retro-Stil erbauten Baseballstadion Platz, das mit einem verschließbaren

„Ballpark at the Union Station"

Dach versehen ist. Neben dem Bahnhof befand sich einmal das Nobelviertel Quality Hill, das jedoch der modernen Innenstadt weichen musste.

Minute Maid Park, *501 Crawford St., http://houston.astros.mlb.com/hou/ballpark, Touren Mo–Sa 10, 12, 14 Uhr, $ 9.*

Discovery Green (7)

Grüne Lunge

Südwestlich des Baseballstadions erstreckt sich mit Discovery Green die neue grüne Lunge der Innenstadt. Der über 47.000 m² große, 2008 eröffnete Stadtpark umfasst neben Blumenrabatten und Grasflächen eine Allee mit über 100 Jahre alten Eichen, einen kleinen See und einen Spaßbrunnen, den Gateway Fountain. Dazu verteilen sich Bühnen, Kunstwerke und Sportplätze verschiedenster Art auf dem Grund. Im Sommer finden regelmäßig Veranstaltungen (alle kostenlos) statt. Zwei Restaurants laden zum Essen ein, darunter The Grove (s. unten).

Discovery Green, *1500 McKinney/Avenida de las Americas, www.discoverygreen.com, tgl. 6–23 Uhr, frei.*

Nur einen Block entfernt befindet sich die Sporthalle des lokalen Basketball-Profiteams *Houston Rockets*, das **Toyota Center** mit rund 18.000 Plätzen. Ein paar Schritte weiter nach Westen liegt das Einkaufszentrum **Houston Pavillions**.

Saint Arnold Brewery (8)

Älteste Kleinbrauerei in Texas

Die Saint Arnold Brewery gilt als älteste Kleinbrauerei in Texas, die im Schatten der Wolkenkratzer in einem alten Lagerhaus von 1914 ein Zuhause gefunden hat. Gegründet wurde die Brauerei von *Brock Wagner*, dessen Vorfahren aus dem Elsass einst nach San Francisco ausgewandert waren. Der ehemalige Banker begann mit *Home Brewing* in der Garage und verkaufte aufgrund der Nachfrage 1994 sein erstes Fass. In der neuen Brauerei am Innenstadtrand wird heute nach bayerischem Reinheitsgebot mit deutschem Equipment aus der ehemaligen bayerischen *Klosterbrauerei Raitenhaslach* gebraut. Neben fünf regulären Bieren gibt es fünf saisonale – u. a. *Oktoberfest* oder *Spring Bock* – und eine *Divine Reserve*, dazu wird *Root Beer* hergestellt, ein etwas nach Kaugummi schmeckendes Limogetränk aus Zuckerrohrsirup. Benannt wurde die Brauerei nach dem *hl. Arnulf von Metz* (582?–640?), Stammvater und Hausheiliger der Karolinger und in der französischsprachigen Welt Patron der Bierbrauer.

Saint Arnold Brewery, *2000 Lyons Ave., www.saintarnold.com, Touren Mo–Fr 15, Sa 12, 13, 14 Uhr, $ 7 (Souvenirglas und vier Kostproben inkl.), daneben zahlreiche Events und Brewery Shop (Mo–Fr 14.30–17 Uhr).*

Museum District

Der Museum District bildet das Herz von Houstons Kulturszene. Ein Teil davon ist der **Hermann Park** mit den Houston Zoo, einem Golfplatz, den Japanese Gardens, dem Houston Garden Center, einem Botanischen Garten, und dem Miller Outdoor Theatre, wo man im Sommer beim Picknick kostenlose Theater- und Musikaufführungen erleben kann. Benannt ist der Park mit dem prachtvollen **Meekan Fountain** als Wahrzeichen nach dem deutschstämmigen *George H. Hermann* (1843–1914). Er hatte eine Sägemühle betrieben und war Viehzüchter, ehe er ins Immobiliengeschäft eingestieg, auf einem Stück seines Landes Öl entdeckte und Millionär wurde. Neben Millionensummen vermachte er der Stadt den nach ihm benannten Park.

Spendabler Millionär

Houston Zoo, *www.houstonzoo.org, tgl. 9–18/19 Uhr, $ 11.*

Unter den Museen ist das **MFAH – Museum of Fine Arts Houston** ein Muss, etwas für Familien (aber nicht nur sie) ist das **Museum of Health** und das **Children's Museum**. Spezieller ausgerichtet sind das **Buffalo Soldiers National Museum** oder das **Contemporary Arts Museum**.

MFAH – Museum of Fine Arts Houston (9)

Das im Jahr 1900 gegründete Museum gilt als das erste städtische Kunstmuseum im Bundesstaat Texas. Im März 2000 eröffnete das Museum eine moderne Erweiterung vom Reißbrett des spanischen Architekten *Rafael Moneo*: das **Audrey Beck Building**. Nun verfügt das MFAH über eine Ausstellungsfläche von über 17.000 m² und ist damit das sechstgrößte Museum seiner Art in den USA.

Zu den Höhepunkten der permanenten Ausstellung gehört die **Straus-Sammlung** mit beeindruckenden Werken der Renaissance und des 18. Jh. sowie die **Beck Collection**, die impressionistische und post-impressionistische Bilder, u. a. von Künstlern wie *Henri Matisse, Paul Gaugin, Vincent van Gogh* und *Claude Monet* umfasst. Sehenswert sind zudem die Abteilungen mit antiken Kunstwerken, mit indianischer Kunst, die Sammlung amerikanischer Kunst des 19. und 20. Jh. sowie die Abteilung zur modernen Kunst. Letztere erreicht man durch einen Tunnel, der beide Bauten verbindet. Dieser ist schon eine Attraktion für sich, weil er als Lichtskulptur gestaltet ist.

Skulpturengarten des Museum of Fine Arts Houston

Zum Komplex gehören ein Laden und ein Café sowie ein **Sculpture Garden**. Zwei weitere Museen sind Teil des MFAH, obwohl sie sich an anderen Orten befinden: **Bayou Bend** und **Rienzi**; sie werden nachfolgend vorgestellt.

Museum of Fine Arts Houston, *1001 Bissonnet St., www.mfah.org, Di/Mi 10–17, Do 10–21, Fr/Sa 10–19, So 12.15–19 Uhr, $ 7, Sculpture Garden tgl. 9–22 Uhr, frei.*

Menil Collection (10)

Im parkartigen Stadtteil Montrose, am nordwestlichen Rand des heutigen Museum District, begannen in den 1960er-Jahren *John* und *Dominique de Menil* Grundstücke mit kleinen Wohnhäusern aus den 1920/30er-Jahren zu erwerben und eine „Neighbor-hood of Art", eine **Künstlerkolonie**, zu schaffen. Heute dienen die Häuser im Besitz der *Menil Foundation* als Büros der Gesellschaft und als Wohnhäuser bzw. Studios von Künstlern, aber auch „Normalbürgern". Im Zentrum steht die Kunstsammlung **Menil Collection**. Weitere Teile des weitläufigen Komplexes sind die **Cy Twombly Gallery**, die **Richmond Hall** mit der **Dan Flavin Installation** sowie die **Rothko Chapel** und das **Byzantine Fresco Chapel Museum**.

Der 1987 eröffnete Bau für die wegen ihrer eklektizistischen Kunst bekannten **Menil Collection** stammt von dem berühmten Architekten *Renzo Piano*. Schon allein die segelartige Dachkonstruktion ist bemerkenswert. Die Menil Collection umfasst rund 15.000 Werke von byzantinischer und indianischer Kunst bis zum Kubismus, Minima-lismus und Pop sowie Arbeiten der Surrealisten. Vertreten sind u. a. *Yves Tanguy*, *René Magritte*, *Max Ernst*, *Man Ray*, *Marcel Duchamp*, *Henri Matisse* und *Pablo Picasso*.
The Menil Collection, *1515 Sul Ross St., www.menil.org, Mi–So 11–19 Uhr, frei.*

Die gegenüber im Jahr 1998 eröffnete **Cy Twombly Gallery (11)** zeigt 35 Werke zeitgenössischer Künstler und wurde ebenfalls von *Renzo Piano* entworfen. Die **Rothko Chapel (12)** ließen die *Menils* 1971 zufügen. Sie gilt weltweit als einzigarti-ges Gotteshaus. Das achteckige Gebäude zeigt 14 überdimensionierte, nicht unbe-dingt leicht verständliche, da monochrome Bilder von *Mark Rothko* und zeigt im Haupt-eingang der Kapelle eine Skulptur von *Barnet Newman* zum Gedenken an *Martin Lu-ther King, Jr.* Die Kapelle dient allen Religionen der Welt als Gotteshaus.
Cy Twombly Gallery und Richmond Hall, *www.menil.org/collection/CyTwombly InDepth.php, Mi–So 11–19 Uhr, frei.*
Rothko Chapel, *1409 Sul Ross St, www.rothkochapel.org, tgl. 10–18 Uhr, frei.*

Ein weiterer Teil des Kunst-Campus ist die **Byzantine Fresco Chapel (13)**. Im Mit-telpunkt der modern nachgebauten, lediglich mittels eines Gerüstes angedeuteten by-zantinischen Kapelle stehen zwei Fresken dieser zypriotischen Kirche aus dem 13. Jh., die vor der Zerstörung gerettet werden konnten. Durch ihre Größe und ihren guten Erhaltungszustand gelten die Fresken als einzigartig in der westlichen Hemisphäre.
Byzantine Fresco Chapel, *4011 Yupon/Branard St., www.menil.org/visit/byzantine.php, Mi–So 11–18 Uhr, frei.*

Contemporary Arts Museum (14)

Das Contemporary Arts Museum hat sich der zeitgenössischen Kunst verschrieben und befindet sich in einem extravaganten, sehenswerten parallelogrammartigen Stahl-gebäude von *Gunnar Birkerts*. Das 1972 eröffnete Haus zeigt keine permanente Samm-lungen, sondern nur interessante Wechselausstellungen.
Contemporary Arts Museum, *5216 Montrose/Bissonet St., www.camh.org, Di–Sa 10–17, Do bis 21, So 12–17 Uhr, frei, mit ungewöhnlichem Museumsladen im Untergeschoss.*

Houston – Museum District

Marshall
West Alabama
Marshall
zur Downtown

Menil Collection
10
Mulberry
Rothko Chapel
12
Yupon
Sil Ross
Roseland
Bute
Alabama
3
Travis
Truxillo
Isabella
Travis

University of St. Thomas
Branard

11
M
Cy Twombly Gallery
13
Byzantine Fresco Chapel
West
Main
Jack
527
Brandt
Eagle
Fannin
Loretto
Mandell
Colquitt
Stranford
Greeley
Graustark
Mt. Vernon
San Jacinto
Wheeler

Richmond Avenue
Montrose

Bonnie Brae
Yupon
Oakley
Travis
Main
Wheeler

Miramar
Woodrow
59
Southwest Fwy.

Castle Ct.
Kenwood
zum I-45 nach East Downtown

4
59 Southwest Fwy.
Southwest Fwy.

nach Corpus Christi
Aautrey
Chelsea
Louisiana
Rosedale
Travis
Wentworth
Arbor Pl.
Wentworth

Banks
Banks
Milam
Portland
Portland
Rosedale

Milford
Milford
Roseland
Pinedale
Wichita
Palm

North Blvd.
Barkdull
Oakdale
Southmore

West Blvd.
Bartlett
Yoakum
Bayard
Montrose
Main
Oakdale
Austin
La Branch
Crawford
Wentworth

South Blvd.
Berthea
Park
Prospect
Caroline

Bissonnet
14
M
Contemporary Arts Mus.
Fannin
METRO Rail
San Jacinto
Binz

Bissonnet
9
M
MFAH– Museum of Fine Arts Houston
2
Holocaust Mus.
19
M
Jackson
Chevret
M
18
Buffalo Soldiers Nat'l. Mus.

Mandell
Institute
Dora
Shadow Lawn
Museum District
Ewing
Calumet

Sunset Blvd.
Remington
Longfellow
Fannin
Houston Museum of Natural Science
16
M
Children's Museum of Houston

21
Rice University
Main
Hermann Park/ Rice U.
15
M
Hermann Dr.
17
M
John P. McGovern Museum of Health & Medical Science

South Main
METRO Rail
Hermann Park
Hermann Park Dr.

Golf Course

Texas Medical Center
Zoo Cir. Dr.
Hermann Dr.

20
3
24
Houston Zoo

N

Unterkunft
2 Hotel ZaZa
3 Holiday Inn Astrodome at Reliant Park

Restaurants
3 t'afia
4 Goode Company Bar-B-Q

© graphic

0   500 m
0   0,32 mi

Houston Museum of Natural Science (15)

*Familien-
museum*

Das Museum of Natural Science ist ein besonders bei Familien beliebtes Museum. Zu den Attraktionen gehören die spektakuläre Ausstellung von über 600 verschiedenen Mineralienarten, ein imposantes 21 m hohes Dinosaurierskelett, Artefakte der Urein-wohner Amerikas sowie Astronautenanzüge und Modelle von Raumstationen.

Im **Burke Baker Planetarium** kann man die Geheimnisse des Universums erkun-den. Das zugehörige **IMAX Theatre** zeigt eine große Auswahl an Filmen auf einer sechsstöckigen Leinwand. Im **Cockrell Butterfly Center**, einem kegelförmigen Glas-gebäude, können Besucher über 2.000 Schmetterlinge in einem tropischen Regen-waldambiente mit 12 m hohem Wasserfall, tropischen und medizinischen Pflanzen sowie Mammutbäumen bewundern.
Houston Museum of Natural Science, *5555 Hermann Park Dr., www.hmns.org, Mo, Mi–So 9–18, Di 9–20 Uhr (im Winter bis 17 Uhr), $ 15, IMAX $11/15.*

Weitere Attraktionen im Museum District

Ebenfalls ideal für Familien sind das **Children's Museum of Houston (16)**, dessen buntes und verspieltes Gebäude von dem postmodernen Architekten *Robert Venturi* entworfen wurde, und das **John P. McGovern Museum of Health & Medical Science (17)**, das unterhaltsam über den menschlichen Körper und die neuesten medizinischen Forschungen informiert. Sehenswert ist der **Amazing Body Pavilion**, der einen Spaziergang durch den menschlichen Körper erlaubt.

Children's Museum of Houston, *1500 Binz St., www.cmhouston.org, Di–Sa 10–18, So 12–18 Uhr (im Sommer auch Mo 10–18 Uhr), $ 8.*
John P. McGovern Muse-um of Health & Medical Science, *1515 Hermann Dr., www.mhms.org, Di–Sa 9–17, So 12–17 Uhr, $ 8.*

Das kleine **Buffalo Soldiers National Museum (18)** – ein Neubau ist geplant – wid-met sich der Geschichte der afroamerikanischen Soldaten.
Buffalo Soldiers National Museum, *1834 Southmore Blvd., www.buffalosoldiermuseum.com, Mo–Fr 10–17, Sa 10–16 Uhr, $ 5.*

Children's Museum of Houston

Das **Holocaust Museum (19)** gilt als viertgrößte Institution ihrer Art in den USA. Neben einer ständigen Ausstellung beherbergt das Museum Wechselausstellungen sowie einen Skulpturengarten und ein Kino, in dem ein Film über die Überlebenden des Holocaust aus Houston und deren Befreier gezeigt wird.
Holocaust Museum Houston/Morgan Family Center, *5401 Caroline St., www.hmh.org, Mo–Fr 9–17, Sa/So 12–17 Uhr, frei.*

„Cowtown" Houston

Ausgerechnet in der größten und modernsten texanischen Metropole findet jedes Jahr Anfang März ein **Wildwest-Spektakel der Superlative** statt: Hier treffen sich die weltbesten Cowboys und Cowgirls zum größten Rodeo der Welt, dem **Houston Livestock Show and Rodeo**. Die seit 1932 regelmäßig in der sechstgrößten US-Metropole stattfindende Veranstaltung lockt mit Rodeo-Wettbewerben und einem vielseitigen Rahmenprogramm jährlich über eine Million Zuschauer an. **Infos**: www.hlsr.com.

Fast einen Monat lang verwandelt sich Houston in eine „Cowtown". Nach dem Startschuss mit dem Umzug der Cowboys und ihrer Pferde durch Downtown Houston dreht sich drei Wochen lang alles um Ranchleben und Cowboys. Neben den offiziellen sechs **Rodeo-Wettbewerben** für Männer – *Bareback, Saddle Bronc* und *Bull Riding, Steer Wrestling, Team Roping* und *Tie-Down Roping* – findet für Frauen *Barrel Racing* statt.

Darüber hinaus gibt es zur **Unterhaltung** Wagenrennen und Lassowerfen, Kinder-Rodeos und Bullfighting-Shows, zudem **Auktionen und Viehausstellungen**. Dazu kommt eine **Verkaufsmesse**, auf der von Jeans und Cowboystiefeln über Kunsthandwerk und Gebrauchsgegenstände bis hin zu landwirtschaftlichen Geräten alles nur Erdenkliche angeboten wird. Auch Pferdenarren kommen voll auf ihre Kosten: **Zuchtschauen**, Verkaufsveranstaltungen und eine *NCHA Cutting Horse Competition* stehen auf dem Programm.

Und über allem schwebt der Duft von Gegrilltem. Beim **World's Championship Bar-B-Que Contest**, der am Wochenende vor Eröffnung des Rodeo Houston stattfindet, geht es ebenfalls um Ruhm und Ehre, allerdings darum, Bester einer texanischen Leidenschaft, dem BBQ, zu sein (s. INFO S. 288 bzw. S. 320).

Weitere Attraktionen und Viertel

Texas Medical Center, Rice Village und Reliant Park

Im Südwesten der Stadt liegt mit dem **Texas Medical Center (20)**, bestehend aus 46 verschiedenen Kliniken und Arbeitsstätte von etwa 73.000 Menschen, eines der größten und angesehensten medizinischen Zentren der Welt.

Zwischen der „Medizinstadt" und der „Museumsstadt" (Museum District) erstreckt
Kleine, aber sich der Campus der **Rice University (21)**. In dieser 1912 eröffneten Privatuniver-
feine Uni sität mit rund 5.000 Studenten gilt das Motto „klein, aber fein". Der Geschäftsmann
William Marsh Rice (1816–1900) hatte in seinem Testament die Gründung einer Hochschule mit seinem Vermögen festgelegt. Als **„Havard of the South"** bekannt, zählt
diese heute zu den besten Universitäten des Landes. Sehenswert auf dem Campus ist
die **Rice University Art Gallery**, in die fünfmal im Jahr zeitgenössische Künstler
eingeladen werden, um neue Ausstellungen zu gestalten. Entlang dem Rice Boulevard
hat sich das **Rice Village** entwickelt, mit seinem studentischen Publikum und entsprechender Infrastruktur ein idealer Ort zum Bummeln.
Rice University Art Gallery, *6100 Main St., www.ricegallery.org, Mo–Sa 9–18 Uhr,
frei.*

Südlich vom Medical Center liegt der **Reliant Park (24)** mit seinen beiden Sportarenen. Der **Astrodome** war das erste überdachte Stadion der Welt und als es 1965
nach den Plänen von *Roy Hoffheinz* eröffnet wurde, galt es wegen seiner einzigartigen
Architektur als achtes Weltwunder. Direkt neben dem Dome wurde 2003 das moderne **Reliant Stadion** mit 71.500 Sitzplätzen für Houstons NFL Football-Team, die
Texans, gebaut. Zudem findet hier aber vor allem auch das 1931 ins Leben gerufene und
1932 erstmals ausgetragene **Houston Livestock Show and Rodeo**, das weltweit
größte Rodeo mit jährlich fast 2 Mio. Besuchern statt.
Reliant Park – Reliant Stadium & Astrodome, *8400 Kirby Dr., Infos zu Touren:
www.reliantpark.com/public-tours*

Bayou Bend Collection and Gardens (22)

Bayou Bend ist das ehemalige Wohnhaus der Houstoner Philanthropin *Ima Hogg*
(1882–1975), erbaut 1927/28 für sie und ihre beiden Brüder *William* und *Michael Hogg.*
„Zimmer im Die Besitzerin war selbst verantwortlich für die Anlage der Gärten, die sie als „Zim-
Freien" mer im Freien" betrachtete. 1957 schenkte die Dame Haus und Gärten dem MFAH,
das die Anlage 1966 der Öffentlichkeit zugänglich machte. Neben den Gärten kann
man im Haus 28 historisch ausgestattete Räume sowie eine interessante Sammlung de-
korativer amerikanischer Kunst, von Antiquitäten, Silber und Keramik des 17.–19. Jh.,
bewundern.
Bayou Bend Collection and Gardens, *1 Westcott St., www.mfah.org, Fr–So 13–17
Uhr, $ 10, Touren (1 Std.) Di–Do 10–11.30 und 13–14.45, Fr/Sa 10–11.15 Uhr, $ 10; Garten Di–Sa 10–17, So 13–17 Uhr, $ 3.*

Rienzi Center for European Decorative Arts (23)

Auch das Rienzi ist ein luxuriöses Wohnhaus, dass die Besitzer *Carroll Sterling Masterson* und *Harris Masterson III.* dem MFAH 1997 als Erbschaft vermachten. Der Architekt
John F. Staub, der auch Bayou Bend entworfen hatte, plante diese Villa im schlicht-mo-
dernen International Style 1952. Benannt nach *Rienzi Johnston*, *Mastersons* Großvater,
fungiert das Haus als Ableger des MFAH und präsentiert dessen Sammlung dekorati-
ver europäischer Kunst.

Rienzi Center for European Decorative Arts, *1406 Kirby Dr., www.mfah.org, außer Aug. Mi–Sa Touren 10, 11, 13.30, 14.30, 15.30 Uhr, Reservierung empfohlen, So Touren 13– 17 Uhr ohne Anm., $ 6 (So $ 5); Gärten Mo–So 10–16.30 Uhr, frei.*

Uptown Galleria (25)

Die Galleria im Westen der Stadt (Westerheimer Rd./I-610) ist nicht nur als Ein-kaufsparadies ein Ziel. Die **Water Wall at Williams Tower** (2800 S. Post Oak Blvd.) direkt südlich der Shopping Mall ist eine U-förmige Wasserwand, an der beiderseits pro Minute mehrere tausend Liter Wasser herunterrauschen. Sie stellt eine von Houstons meistfotografierten Sehenswürdigkeiten dar. Der Wolkenkratzer selbst ist ein wegweisender moderner Bau der frühen 1970er-Jahre, geplant von *Philip Johnson*. Nicht nur die Galleria lädt zum Bummel ein, auch die **Westerheimer Road** ist ein loh-nendes Shoppingziel mit Läden, aber auch mit zahlreichen Lokalen, Cafés und Bars.

Meistfotogra-fierte Sehens-würdigkeit

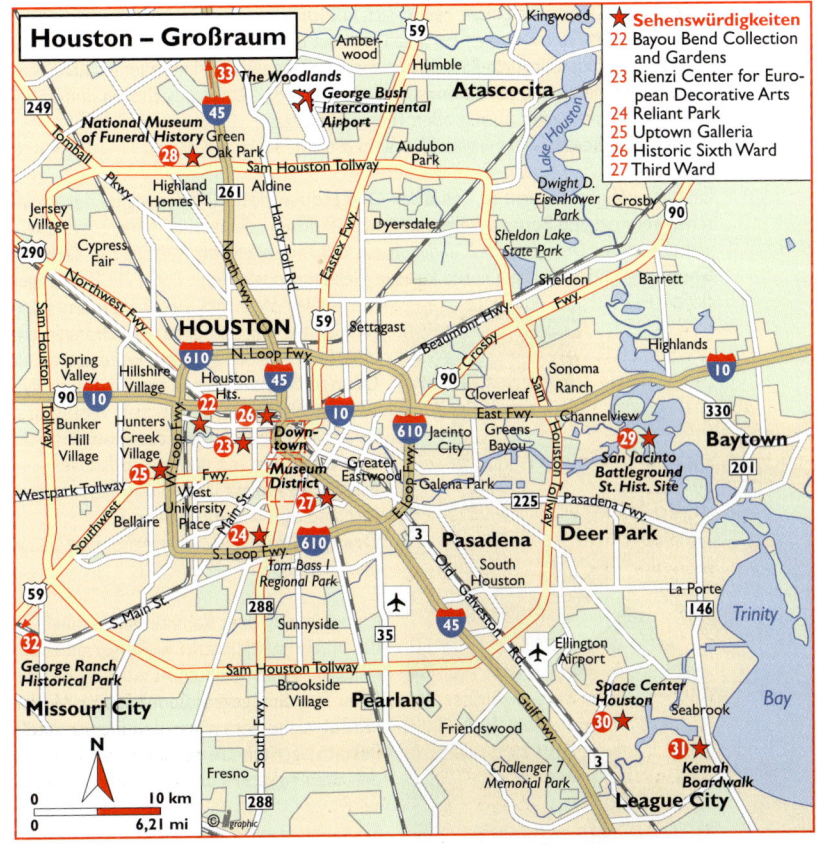

Houston – Großraum

★ **Sehenswürdigkeiten**
22 Bayou Bend Collection and Gardens
23 Rienzi Center for Euro-pean Decorative Arts
24 Reliant Park
25 Uptown Galleria
26 Historic Sixth Ward
27 Third Ward

Die Westerheimer Road ist vor allem in der alternativen und der Gay-Szene beliebt. Wer entspannen möchte, sollte wenige Kilometer weiter nördlich an der I-610 das **Houston Arboretum** besuchen, ein bewaldetes Park- und Naturschutzgebiet von rund 68 ha Größe. Es gilt zugleich als die „gute Stube" der Stadt.

Houston Arboretum, *4501 Woodway Dr., www.houstonarboretum.org, Gelände tgl. Sonnenauf- bis Sonnenuntergang, frei, einzelne Gebäude mind. 10–16 Uhr, frei.*

Stadtviertel und Kuriositäten

Houstons Stadtviertel

Houstons Stadtviertel rings um die Innenstadt sind nur bedingt besuchenswert, da sie nicht mit größere Attraktionen aufwarten. Im Historic Sixth Ward (26), einem historisches Viertel aus dem 19. Jh., siedeln sich derzeit Restaurants und Läden entlang der Washington Ave. an und so entsteht ein neuer Nightspot. Im Third Ward (27) wurden die **Project Row Houses** (2500 Holman St., http://projectrowhouses.org), historische „Shotgun"-Häuser, für Ausstellungen afroamerikanischer Kunst umgebaut. Ausgefallene Läden und Lokale reihen sich in **Montrose** entlang dem Montrose Blvd. auf. Vier kuriose Attraktionen verteilen sich auf das Stadtgebiet: Das **Art Car Museum** ist ein Muss für Auto-Fans. In den verschiedenen Ausstellungsräumen kann man kunstvoll verzierte und mit Leidenschaft „aufgemotzte" Autos besichtigen und es finden Kunstausstellungen zum großen Thema Auto statt.

Art Car Museum, *140 Heights Blvd., www.artcarmuseum.com, Mi–So 11–18 Uhr, frei.*

Ein ungewöhnliches Sight ist das **Beer Can House**, dessen Außenwände der inzwischen verstorbene Besitzer vollständig mit Bierdosen „dekoriert" hatte. Es wird verwaltet von der *Orange Show Foundation*, die 1980 vor allem zur Rettung der **Orange Show** gegründet wurde. Dieses kuriose Gebäudekonglomerat hatte ein Briefträger

namens *Jeff McKissack* eigenhändig als Huldigung an die von ihm geliebten Orangen aus Müll und Schrott gebaut. Heute ist es als **Orange Show Center for Visonary Art** zu besichtigen. Die Gesellschaft veranstaltet als jährliches Hauptevent das **Houston Art Car Weekend** mit der *Art Car Parade*.

Beer Can House, *222 Malone St., www.beercanhouse.org, Sa/So 12–17 Uhr, $ 1.*

Orange Show, *2402 Munger St., www.orangeshow.org, Sa/So 12–17 Uhr, $ 1.*

Komplett aus dem Rahmen fällt schließlich das National Museum of Funeral History (28) mit der größten Ausstellung historischer Begräbnisgegenstände in den USA. Die umfangreiche Sammlung dokumentiert die Bestattungsriten aller großen Kulturen von den alten Ägyptern bis in die heutige Zeit.

Ein Kuriosum in Houston: das Beer Can House

National Museum of Funeral History, *415 Barren Springs Dr., www.nmfh.org, Mo–Fr 10–16, Sa/So 12–16 Uhr, $ 10.*

San Jacinto Battleground State Historic Site (29)

Ein 174 m hoher Obelisk am **Houston Ship Channel**, etwa 35 km östlich der Innenstadt (via Hwy. 225) gelegen, erinnert an die **Schlacht bei San Jacinto** im Jahr 1836. Damals überraschten die Texaner die mexikanische Streitmacht und nahmen den Befehlshaber und Präsidenten *Antonio López de Santa Anna* gefangen. Er musste daraufhin die **Unabhängigkeit von Texas** anerkennen.

An diesen historischen Augenblick erinnern die Texaner mit diesem ungewöhnlichen, mächtigen Monument. In Sockel des Obelisken befindet sich ein **historisches Museum**, dazu gibt es ein **Kino**, in dem die sagenumwobenen 20 Minuten der Schlacht zu neuem Leben erweckt werden. Der Film entsteht durch 42 computergesteuerte Diaprojektoren und die Tonuntermalung stammt von dem berühmten Schauspieler *Charleton Heston*. Mit einem Fahrstuhl gelangt man zur **Spitze des Monuments** und genießt von dort einen wunderbaren Ausblick über das gesamte Umland. Erbaut wurde der Obelisk anlässlich der 100-Jahr-Feier der Schlacht, 1936. Die Idee stammte von *Jesse H. Jones* (1874–1956) aus Houston, einem Unternehmer und bedeutendem Politiker, der unter Präsident *Franklin D. Roosevelt* als Handelsminister fungierte. Wer schon einmal die US-Hauptstadt Washington, D.C., besucht hat, wird sich an die Monumente an der National Mall erinnern fühlen: In der Tat wurde das San Jacinto Monument inspiriert von Lincoln und Washington Memorial, ist jedoch um etwa 5 m höher als Letzteres.

Monument des Freiheitskampfes

Obwohl das **San Jacinto Museum of History** klein ist, vermittelt es einen guten Überblick über die für die Weltgeschichte bedeutsame Schlacht 1836 (s. INFO S. 147). Ausgestellt sind persönliche Gegenstände von Teilnehmern der Schlacht sowie von anderen historischen Persönlichkeiten. Es handelt sich großteils um ungewöhnliche und beachtlich gut erhaltene Originale wie Waffen, Münzen, Uniformen und Dokumente aus der frühen Geschichte der Republik Texas. Insgesamt ist aus Platzgründen nur ein Bruchteil der Sammlung (kaum 1 %) zu sehen, so umfangreich ist sie; dazu gehören im Archiv außerdem rund 24.000 Bücher und unzählige Dokumente.

Auf dem Gelände, der **San Jacinto Battleground State Historic Site** kann man anhand von rekonstruierten Stellungen und Infotafeln den Verlauf der Schlacht nachvollziehen. Am Buffalo Bayou bzw. Ship Channel liegt das **Battleship Texas** vor Anker. Dieses 1914 gebaute Schlachtschiff ist der letzte Zerstörer der sogenannten „Dreadnought"-Bauart, des zu Beginn des 20. Jh. modernsten Kriegsschifftyps. Besucher können die Mannschaftskabinen, den Maschinenraum und die Versorgungsdecks sowie die Brücke und die Waffensysteme besichtigen.

San Jacinto Monument & Museum, *3523 Battleground Rd., bei La Porte, www.sanjacinto-museum.org, tgl. 9–18 Uhr (Film stündl. 10–18 Uhr, Battleship 9–17 Uhr), $ 2 für San Jacinto Battleground SHS, $ 4,50 Film, $ 4 Aussichtspunkt, $ 5 Museum, $ 12 Kombiticket für Monument, Museum und Schiff.*

info

„Remember the Alamo! Remember Goliad!"

Mit diesem Schlachtruf auf den Lippen stürmten die wild entschlossenen Truppen der texanischen Freischärler unter dem Oberbefehl von _Sam Houston_ gegen die mexikanischen Truppen des Generals und Diktators _Santa Anna_. Am Nachmittag des 21. April 1836 sollte sich in nur 20 Minuten der **Freiheitskampf der Texaner** entscheiden. Südlich des heutigen Houston am Buffalo Bayou standen sich unvermittelt die beiden Truppen gegenüber. Zuvor hatte die mexikanische Armee die Freischärler immer wieder bezwungen und alle wichtigen Widerstandsnester überrollt.

Noch bevor offiziell die **Texas Declaration of Independence** am 2. März 1836 verabschiedet wurde, waren die mexikanischen Truppen unter _Santa Anna_ in Texas einmarschiert, um nach der mexikanischen Provinz Zacatecas die zweite abtrünnige Provinz zur Räson zu bringen. Obwohl sich die Texaner erbittert zur Wehr setzten, konnten sie die militärisch überlegenen Mexikaner nicht aufhalten.

Dabei unterliefen jedoch General _Anna_ zwei entscheidende Fehler: Beim Sturm auf **Alamo** am 6. März 1836, das von nur 180 bis 250 Texanern unter _William B. Travis, Davy Crockett_ und _Jim Bowie_ verteidigt wurde, verschonte er niemanden und ließ alle Texaner töten – nur einige Zivilisten überlebten. Bei der anschließenden Belagerung der Ortschaft **Goliad** Ende März zeigte sich _Anna_ erneut rachsüchtig. _Colonel James Fannin_ und etwa 350 Texaner hatte sich der mexikanischen Übermacht ergeben, doch _Anna_ ließ zum Entsetzen seiner Offiziere die Gefangenen am 27. März allesamt erschießen.

Die mexikanischen Truppen trieben die verbliebenen texanischen Freischärler vor sich her Richtung Osten. Dabei versuchten sie auch, Politiker der abtrünnigen Provinz, die sich um den ersten texanischen Präsidenten _David G. Burnet_ (1788–1870) geschart hatten, zu fassen. Diese konnten jedoch im letzten Augenblick aus **San Felipe de Austin**, westlich des heutigen Houston gelegen, entkommen. Schließlich holten die mexikanischen Truppen an der Fähre am Buffalo Bayou, wo heute das **San Jacinto Monument** steht, die Texaner ein.

Am Morgen des 21. April 1836 waren die letzten mexikanischen Truppen im Hauptquartier von General _Anna_ eingetroffen. Vertrauend auf die über 1.300 Mann zählende Einheit, ließen die Mexikaner jegliche Vorsicht außer Acht und merkten nicht, dass sich ausgerechnet während der Siesta die verbliebenen 900 Texaner an ihr Lager heranmachten. Um 16.30 Uhr griffen die Freischärler die verblüfften Mexikaner an und schlugen in nur 20 Minuten die mexikanischen Truppen in die Flucht.

Am Ende waren 630 Mexikaner ums Leben gekommen und an die 700 gefangen genommen worden – darunter auch General _Anna_. Die Texaner hatten nur neun Mann verloren – und konnten, nachdem General _Anna_ die Friedensbedingunen von _Sam Houston_ angenommen hatte, die **Unabhängigkeit** feiern. Bis zum 17. Juni hatte der letzte mexikanische Soldat Texas verlassen.

Im Space Center Houston

Houston Bay Area – Space Center Houston (30)

Im **Space Center Houston**, dem Besucherzentrum des **Johnson Space Center** der NASA, können Besucher alles über die Vergangenheit, Gegenwart und voraussichtliche Zukunft der bemannten Raumfahrt erfahren. Neben ausgestellten Weltraumkapseln, -anzügen und echtem Mondgestein kann man im Space Center **IMAX-Filme** anschauen, eine Space Shuttle-Simulation mitmachen oder einen Raketenabschuss am Computer simulieren. Höhepunkt der Besichtigung ist jedoch die **Tram-Tour** über das Gelände. Dabei geht es u. a. zur ehemaligen **Mission Control**, einst Kommandozentrum der *Apollo*-Programme, zur **Space Vehicle Mockup Facility**, wo die Raumfahrzeuge getestet werden, oder zum **Rocket Park**, der um die originale *Saturn V*-Rakete errichtet wurde. Auch die Trainingsanlagen der Astronauten sind auf der Tour zu sehen.

Alles über die Raumfahrt

Space Center Houston, *1601 NASA Parkway, ca. 40 km südl. Houston an der I-45, www.spacecenter.org, Mo–Fr 10–17, Sa/So 10–16 Uhr, $ 21.*

Houston Bay Area – Kemah Boardwalk (31)

Der Kemah Boardwalk am Übergang der Trinity Bay zur Galveston Bay ist ein Vergnügungsareal mit einer großen Auswahl an Restaurants in einer Bucht direkt am Wasser gelegen. Es gibt Shops, Karusselle und andere Fahrgeschäfte, Straßenkünstler und Shows sowie das Hotel Boardwalk Inn. Das ganze Jahr über finden zudem verschiedenste Veranstaltungen statt.

Kemah Boardwalk, *215 Kipp Ave. (I-45/Exit 518, dann Hwy. 2094), Kemah, www.kemah boardwalk.com, Vergnügungspark: Mo–Do 12–21, Fr 12–22, Sa/So 10.30–22 Uhr.*

George Ranch Historical Park (32)

Auf dieser rund 3 km² großen historischen Working Ranch werden Besucher auf eine Zeitreise geschickt. Kostümierte Darsteller entführen sie auf dem Gelände des Freiluftmuseums in die Zeit zwischen 1824 und 1939 und demonstrieren das Leben im texanischen *Fort Bend County*. Man kann einen Blick in die historischen Gebäude werfen und Vorführungen zum Pionierleben, z. B. in der alten Schmiede oder auf dem Bauernhof, erleben. Bei den **Texian Market Days** im Oktober „spielen" Darsteller in historischen Kostümen die texanische Geschichte nach; dazu werden Marktstände aufgebaut und ein Unterhaltungsprogramm findet statt.

George Ranch Historical Park, *10215 Hwy. 762, Richmond, www.georgeranch.org, Di–Sa 9–17 Uhr, $ 9; Texian Market Days am letzten Okt.-Wochenende $ 10, Kinder $ 5.*

The Woodlands (33)

Nobelvorort Woodlands

Im Norden der Stadt (ca. 28 mi/45 km via I-45) liegt der Nobelvorort **The Woodlands**. *George P. Mitchell* (* 1919), ein aus Galveston stammender Geschäftsmann und Immobilienmakler, der auch in seiner Heimatstadt mit seinem Geld viel bewegt hat, ließ ab 1974 den Vorort Woodlands als architektonische Mustersiedlung anlegen. Dabei kamen schon damals umweltfreundliche und alternative Baumethoden zum Einsatz und wurde und viel Wert auf „natürliches Ambiente" gelegt. Im Zentrum steht das **Woodlands Town Center**, das um einen Kanal, vergleichbar mit dem San Antonio Riverwalk, angelegt wurde und Einheimische wie Besucher mit Läden und Lokalen zum Bummeln anlockt.

Woodlands Town Center, *www.thewoodlandscvb.com.*

Reisepraktische Informationen Houston/TX

ℹ️ Information
Houston VC, *901 Bagby St. (Downtown),* ☎ *(713) 437-5200, www.visithouston texas.com. Großes Besucherzentrum im historischen Rathaus von 1939. Informationen und Karten, Computer mit Tipps und Veranstaltungshinweisen, Kurzfilm über die Stadt und Souvenirladen.*

☞ Spartipp
Der **Houston CityPass** *erlaubt freien Eintritt in fünf Top-Attraktionen (Space Center, Downtown Aquarium, Houston Museum of Natural Science, Houston Zoo oder The Health Museum, Museum of Fine Arts oder Children's Museum Houston). Erhältlich im Houston VC, bei den teilnehmenden Attraktionen oder im Internet: www.citypass.com/houston ($ 39).*

🛏️ Unterkunft
Die meisten Hotels befinden sich im Westen im Umfeld der Galleria (Uptown), in Downtown und im Museums District – die beiden letztgenannten Viertel sich ideal, da sie an die Metro angeschlossen sind und so auch eine Besichtigung ohne Auto ermöglichen.

Holiday Inn Astrodome at Reliant Park $$–$$$ (3) *(Karte Museum District, S. 203), 8111 Kirby Dr. (neben Sportstadien),* ☎ *(713) 790-1900, www.hotelhoustontexas.com. Große Zimmer mit modernem Komfort, relativ preiswert und mit kostenlosem Parkplatz.*

Hotel Derek $$$, *2525 W. Loop South Fwy. (im Westen der Stadt/I-610),* ☎ *(713) 961–3000, www.hotelderek.com. Ungewöhnliches Boutiquehotel der Stadt mit mediterranem Flair, elegante, aber gemütliche und komfortable Zimmer. Für Frauen gibt es speziell ausgestattete „Lady Pink Rooms".*

Hotel ICON $$$–$$$$ (1) *(Karte Downtown, S. 197), 220 S. Main St., Downtown,* ☎ *(713) 224-4266, www.hotelicon.com. Boutiquehotel in renoviertem alten Bankgebäude mit geräumigen Zimmern in interessanter Mischung aus altehrwürdig und modern.*

Hotel ZaZa $$$$ (2) *(Karte Museum District, S. 203), 5701 Main St.,* ☎ *(713) 526-1991, www.hotelzazahouston.com. Hotel, in dem stets namhafte Persönlichkeiten absteigen. Gute Lage am Rand des Herman Park; mit großzügigen, optimal ausgestatteten Zimmern.*

🍴 Restaurants

Mit mehr als 8.000 Restaurants bietet Houston eine große Auswahl an kulinarischen Köstlichkeiten aus aller Welt. Die kulinarischen Schwerpunkte liegen entlang der Westheimer Rd., in Upper Kirby, im Rice Village, in Montrose und im Downtown Historic District.

Benjy's on Washington, *5922 Washington Ave. (Historic Sixth Ward),* ☎ *(713) 868-1131. Nicht nur wegen der Drinks beliebt, auch die eklektische Küche lohnt sich.*

Empire Cafe, *1732 Westheimer Rd. (Montrose). Café und Treffpunkt besonders für jüngere Leute. Köstliche Desserts und Sandwiches sowie sehr gute Kaffeespezialitäten.*

The Grove (1) *(Karte Downtown, S. 197), 1611 Lamar St. (Discovery Green Park),* ☎ *(713) 337-7321. Schickes Restaurant, in dem ausgezeichnete Gerichte von Chefkoch Robert del Grande serviert werden. Im Obergeschoss:* **The Treehouse**, *eine Bar mit grandiosem Ausblick auf Park und Skyline.*

Goode Company Bar-B-Q (4) *(Karte Museum District, S. 203), 5109 Kirby Dr. (nahe Rice Uni),* ☎ *(713) 522-2530, www.goodecompany.com. Houston ist stolz auf seine großartigen BBQ-Lokale und dieses Familienlokal zählt dazu. Über Mesquiteholz gegrillte Fleischspezialitäten; serviert in lockerer Atmosphäre.*

Houston's This is It, *2712 Blodgett St. (Third Ward),* ☎ *(713) 521-2920. Soulfood-Spezialitäten, serviert im Cafeteria-Ambiente, u. a. Innereien, Ochsenschwanz, Geflügel und Hackbraten. Die Wände zieren Werke afroamerikanischer Künstler sowie Fotos berühmter Gäste.*

Irma's (2) *(Karte Downtown, S. 197), 22 N. Chenevert St. (Downtown),* ☎ *(713) 222-0767. Mexikanische Köstlichkeiten und hausgemachte Limonade in familiärer Atmosphäre; gilt als „der Mexikaner" der Stadt!*

Joe's Crab Shack, *2621 South Loop W.,* ☎ *(713) 666-2150. Ausgezeichnete Meeresfrüchte in gemütlichem Ambiente.*

Pizzitola's Bar-B-Cue, *1703 Shepherd Dr. (Uptown, I-10/Exit 765),* ☎ *(713) 227-2283. Ein weiteres legendäres BBQ-Lokal der Stadt, 1934 eröffnet, alles „hickory smoked" über dem alten „open pit".*

t'afia (3) *(Karte Museum District, S. 203), 3701 Travis St.,* ☎ *(713) 524-6922. Küchenchefin Monica Pope zaubert „neue amerikanische Küche" aus frischen lokalen Produkten.*

Taste of Texas, *10505 Katy Fwy. (Uptown, I-10/Exit 755),* ☎ *(713) 932-6901. Seit 1977 – eines der besten Steakhäuser der Stadt; Angusfleisch und ausgezeichnete Weinliste.*

Tony's, *3755 Richmond Ave. (Uptown),* ☎ *(713) 622-6778. Eine Legende in Houston. Von Tony Vallone gegründetes Feinschmeckerlokal mit Gerichten aus der Küche Südfrankreichs und dem Norden Italiens.*

Einkaufen

Die Shopping-Areale erstrecken sich entlang der **Westheimer Rd.** (u. a. Highland Village), um die **Galleria** (Uptown) und im **Rice Village**.

Central Market, 3815 Westheimer Rd. (Uptown). Riesiger Biosupermarkt mit unglaublicher Produktauswahl. Filialen in DFW, Austin und San Antonio (Infos: www.centralmarket.com).

Galleria, 5085 Westheimer/Post Oak Ave. (Uptown), www.simon.com. Houstons größtes und weltbekanntes Einkaufszentrum mit rund 370 Läden und Lokalen – von mehr als 24 Mio. Menschen jährlich frequentiert!

River Oaks Shopping Center, W Gray St./Shepherd Dr. (Montrose), www.riveroaks shoppingcenter.com. 1937 gegründet und damit ältestes Einkaufszentrum der Stadt.

Houston Premium Outlets, US Hwy. 290/Exit „Fairfeld Place Dr.", Cypress, www. premiumoutlets.com/houston. Hier im Nordwesten der Stadt befinden sich rund 120 Läden bekannter Marken.

Rice Village, viele Läden und Lokale entlang der Rive Ave. im Umfeld der Rice University (nahe Museum District). Infos: www.ricevillageonline.com.

Tejas Custom Boots, 208 Westheimer Rd. (Uptown), www.tejascustomboots.com. Große Auswahl an handgefertigten Cowboystiefeln.

Tootsie, 4045 Westheimer Rd. (Uptown), www.tootsies.com. Einer der ausgefallensten Modeläden der Stadt.

Traders Village Flea Market, 7979 N. Eldridge Rd. (im NW, Hwy. 290), www.traders village.com. Über 800 Trödler bieten jedes Wochenende ihre Waren an. Benachbart ist ein Vergnügungspark mit Attraktionen für Kinder, Restaurants und Veranstaltungen wie „Oktoberfest", „Fiesta en el Mercado" oder „British Expo". Der Park ist tgl., der Markt nur Sa und So geöffnet.

Nachtleben

Continental Club, 3700 Main St., www.continentalclub.com. Filiale des legendären Clubs aus Austin, regelmäßig Livekonzerte lokaler Musiker und Bands.

The Flying Saucer, 705 Main St., www.beerknurd.com. Snacks und etwa 100 Biere, dazu verschiedene Veranstaltungen.

Ginger Man, 5607 Monringside Dr. (Rice Village), www.gingermanpub.com. Nicht nur wegen der großen Bierauswahl ein beliebter Treff, auch verschiedene Veranstaltungen (u. a. Sport-TV-Übertragungen) sowie gemütlicher Biergarten.

Red Cat Jazz Café, 924 Congress St., www.redcatjazzcafe.com. Gutes Essen und dazu Bar und Livejazz.

SoVino, 507 Westheimer Rd. (Montrose), www.sovinowines.com. Gemütlich-schlichte, luftig-helle Weinbar, in der auch kleine Gerichte serviert werden.

Touren

Houston Ship Channel Tour, 7300 Clinton Dr., Tor 8, www.portofhouston.com/ samhou/samhou.html. 1,5-stündige Bootsfahrt mit der „MV Sam Houston" auf Houstons Schiffskanal durch den riesigen Hafen, Di, Mi, Fr, Sa 10 und 14.30 Uhr, Do/So nur 14.30 Uhr, frei (30 Min. vorher da sein!).

Houston Greeters: Einheimische führen Besucher kostenlos durch die Stadt, Reservierung nötig; Infos: www.houstongreeters.org

Zuschauersport

Houston ist in allen großen Profiligen mit eigenen Mannschaften vertreten:

Houston Aeros *(Eishockey), Toyota Center, 1510 Polk (Downtown). Das Nachwuchsteam der NHL-Mannschaft Minnesota Wild bietet Nov.–April Zweitliga-Profi-Eishockey (AHL – American Hockey League) der höchsten Klasse, www.aeros.com.*
Houston Astros *(Baseball – MLB), Spiele April–Okt. im Minute Maid Park (Downtown), 501 Crawford St., Infos und Tickets: www.astros.com, Stadiontouren Mo–Sa 10, 12, 14 Uhr, $ 9.*
Houston Dynamo *(Fußball/Soccer – MLS), Spiele März–Okt. im Robertson Stadium südlich Downtown (Campus der Uni Houston), 3874 Holman St.; derzeit Neubau eines Fußballstadions für den zweimaligen Meister (2006, 2007) in Downtown neben dem Minute Maid Park östlich Hwy. 59, www.houstondynamo.com.*
Houston Rockets *(Basketball – NBA), Toyota Center, 1510 Polk (Downtown), Spiele des zweimaligen NBA-Meisters (1994, 1995) Nov.–April, www.nba.com/rockets/index_main.html.*
Houston Texans *(Am. Football – NFL), Spiele der zweiten texanischen Profimannschaft Sept.–Anfang Jan. im Reliant Stadium, One Reliant Park, www.houstontexans.com.*

Unterhaltung & Veranstaltungen
Zu Theater, Oper und Symphony s. oben „Downtown. Theater District".
Houston Livestock Show & Rodeo, *www.hlsr.com. Weltgrößtes Rodeo im März, 20-tägige Veranstaltung mit BBQ-Wettbewerb, Parade, Rodeo und Landwirtschaftsschau im und um das Reliant Stadium, außerdem Countrymusic-Konzerte.*
Houston International Festival, *www.ifest.org. Im April kommen mehr als 1 Mio. Besucher zu diesem großen multikulturellen Fest in Downtown mit Konzerten, Ständen und verschiedensten Veranstaltungen.*
Houston Art Car Parade, *www.orangeshow.org/artcar.html, Mitte/Ende Mai. Es begann 1986 mit einem zum Obstkorb umgestalteten Auto, heute handelt es sich um die verrückteste Parade der Stadt, bei der Künstler Autos in rollende Kunstwerke verwandeln.*
Houston International Jazz Festival, *www.jazzeducation.org. Großes Jazzfest im August im Sam Houston Park.*
Splashtown, *21300 I-45 N, Spring, www.splashtownpark.com (mit Infos zu Öffnungszeiten und Tickets). Der größte Wasserpark in Texas bietet über 35 Attraktionen für Groß und Klein.*

✈ Verkehrsmittel und Anreise: Flughafen
Infos: *www.fly2houston.com/iah*
Aufgrund der Vielzahl an Flügen bietet sich Houston neben DFW als Anreiseziel für das südliche Zentrum an. Der im Norden der Stadt gelegene **George Bush Intercontinental Airport** *gilt als Drehkreuz von Continental Airlines mit direkten Flügen nach Frankfurt und München. Daneben gibt es weitere Flüge von Lufthansa nach Frankfurt sowie von großen europäischen Gesellschaften wie KLM, Air France oder British Air mit Zwischenstopps von/nach Europa.*
Es gibt fünf Terminals, wobei **Terminal E** *der neueste (2003) und zugleich der internationale Terminal von Continental ist. Die internationalen Maschinen anderer Gesellschaften nutzen dagegen* **Terminal D**.
Innerhalb des Sicherheitsbereichs verkehrt zwischen den Terminals B und E **TerminaLink**, *ein automatischer Zug, zum Terminal A pendeln* **Busse** *(ab Terminal B und C). Außerhalb des Sicherheitsbereichs fährt der ebenfalls vollautomatische* **Inter-terminal Train**.
Wer in Houston einen **Mietwagen** *gebucht hat, den bringen spezielle Busse zur* **Consolidated Rental Car Facilty** *(www.iahrac.com) am südlichen Flughafenrand.*

Taxis und Busse *bringen Reisende in die Innenstadt. Taxis kosten $ 45 ins Zentrum. Die großen Hotels bieten einen eigenen* **Shuttle-Service** *(Telefone in der Empfangshalle, Ground Transportation). Daneben fährt der* **Airporter** *von Super Shuttle (☎ 713-523-8888, www.supershuttle.com) alle 20–30 Minuten zu jeder beliebigen Adresse in Downtown ($ 23) und der* **Airport Express Bus** *von METRO (Linie 102, http://ridemetro.org) von Terminal C in die Innenstadt (LaBranch/Gray) für $ 1,25.*

Taxi

Houston besitzt mit etwa 2.200 Fahrzeugen die drittgrößte Taxiflotte der USA. Die Grundgebühr beträgt $ 2,50, für jede zusätzlichen 1/11 mi. (ca. 150 m) sind $ 0,17 zu bezahlen.

Nahverkehr

Die Metropolitan Transit Authority – kurz **METRO** *– befördert mit ihren etwa 1.200 Bussen (132 Linien) und einer Straßenbahnlinie Tag für Tag über 600.000 Fahrgäste. Seit 2004 existiert die Straßenbahnlinie* **METRORail** *(Red Line), die auf etwa 12 km Downtown Houston, den Museum District und das Texas Medical Center mit dem Reliant Park verbindet. Derzeit nutzen etwa 45.000 Fahrgäste täglich die Straßenbahn. Im Bau ist eine Linie zum Flughafen sowie zwei weitere Linien in die Vororte im Südosten und Osten.* **Infos**: *www.ridemetro.org, $ 1,25 für eine Fahrt ($ 2 für Park & Ride in der Zone 1, d. h. innerhalb der I-610).*

👉 **Hinweis zur Route**

Von Houston nach Galveston geht es auf der Autobahn I-45 (ca. 50 mi/80 km).

Die Gulf Coast

Im Osten von Texas tritt das Südstaatenerbe noch am deutlichsten zu Tage. Zwischen den Sandstränden am Golf von Mexiko, der ehemaligen spanischen Hafen- und Piratenstadt **Galveston** und dem östlich angrenzenden Staat Louisiana erinnern Orte wie **Nacogdoches** oder **Jefferson** an Zeiten, als Baumwolle, das „weiße Gold", ein begehrtes Gut war und von hier aus auf dem Schiffsweg nach New Orleans befördert wurde.

Küstenstreifen zwischen Florida und Mexiko

„**Gulf Coast**" nennt man den Küstenstreifen, der sich von Florida bis nach Mexiko hinzieht und dabei auf über 1.000 km Länge den Süden von Texas prägt. Vorgelagerte Sanddünen, weitgehend unberührte **Natur- und Vogelschutzgebiete**, wie Padre Island oder das Aransas National Wildlife Refuge, sowie **attraktive Hafenstädte** wie Galveston oder Corpus Christi, aber auch eher hässliche Chemiefabriken und Raffinerien sowie unzählige Bohrinseln im Golf kennzeichnen diesen Küstenstreifen. Da die **Reize der Küste** überwiegen, beginnt man bald, über die **Ölbohrtürme**, die den freien Blick übers Meer verstellen, und die Industrieanlagen hinwegzusehen, zumal ihre Zahl, je weiter man den Großraum Houston hinter sich lässt, abnimmt.

Galveston

Galveston, die ehemalige spanische Hafen- und Piratenstadt, die in der Mitte des 19. Jh. zu den wohlhabendsten und bedeutendsten Städten an der Golfküste zählte, liegt traumhaft auf einer der Küste vorgelagerten Insel. Die Wurzeln der Stadt gehen auf **Piraten** zurück, die sich hier 1816 einen Rückzugsort einrichteten. Ein Jahr später übernahm der legendärste Freibeuter im Golf von Mexiko das Kommando, **Jean Lafitte** (ca. 1776–ca. 1823). In Südwestfrankreich geboren und in die West Indies ausgewandert, gelangten *Jean* und sein älterer Bruder *Pierre* um 1802 ins *Louisiana Territory*, wo sie unter spanischem Deckmantel ein florierendes Schmuggler- und Pirateriegeschäft betrieben. Gleichzeitig „patriotisch" gesonnen, unterstützten sie aber US-General *Andrew Jackson* während der britischen Invasion im *War of 1812* und hatten mit ihren Männern maßgeblichen Anteil am Sieg der US Army in der *Battle of New Orleans* am 8.1.1815 gegen die Briten. Anschließend verlagerten sie ihre Schmuggelgeschäfte nach Galveston, wurden jedoch 1821 von der US Navy vertrieben.

1825 richteten die Mexikaner in dem verlassenen Piratennest einen **Hafen** ein, der schnell zum wichtigsten von Texas aufstieg. Nach Texas' Unabhängigkeit fungierte Galveston sogar kurzzeitig als Hauptstadt. Am **8. September 1900** wurde Galveston von einem verheerenden Hurricane zerstört, bei dem 6.000 bis 8.000 Menschen ums Leben kamen. Danach wurde die Stadt schnell wieder aufgebaut und seither sichert eine 16 km lange und 5 m hohe Seawall – eine Flutmauer – die Stadt vor größeren Überschwemmungen. Schlimmeres verhinderte der Deich zuletzt am **13. September 2008**, als Hurricane „Ike" über die Insel fegte. Auch von dessen Schäden hat sich der Ort mittlerweile erholt und präsentiert sich heute wieder als malerische **kleine Hafen- und Urlauberstadt**, die etwas an New Orleans erinnert, besonders in historischen Vierteln wie dem East End District.

Verheerende Hurricanes

Trotz aller Katastrophen sind im Stadtgebiet noch einige **Häuser aus der Zeit vor 1900** erhalten (mit Plaketten markiert); besonders sehenswert sind die „**Broadway Beauties**" wie Bishops Palace oder Moody Mansion. Dabei profitiert die Stadt von vermögenden Familien wie den *Moodys* und der von ihnen eingerichteten Stiftung (s. unten) oder *George P. Mitchell* (*1919) und seiner Familie, die u. a. das Tremont House als Hotel eingerichtet haben.

Der **Hafen** war schon immer Galvestons Hauptstandbein und auch heute noch spielt er eine wichtige wirtschaftliche Rolle; immerhin gilt er als viertgrößter *Cruise Ship Terminal* in den USA, als Hauptanlegestelle für Kreuzfahrtschiffe in die Karibik.

Galveston Island Beach

Bis 1916 fungierte die Stadt bzw. **Pelican Island** als wichtiger **Immigration Point**. Besonders **viele Deutsche** betraten hier erstmals amerikanischen Boden. Bereits 1843 hatte das erste deutsche Immigrantenschiff angelegt und so die deutsche Besiedlung von Texas, Oklahoma und Kansas eingeleitet (s. INFO S. 242).

Sandstrände und der Golf machen die Stadt für den Fremdenverkehr interessant, wenn auch bislang nicht seitens internationaler Touristen, und zum beliebten Wohnsitz vieler, die in Houston arbeiten. Dabei versuchen sich die *BOIs* („Born on the Island") klar von den „Zugereisten", den *IBCs* („Islander by Choice") abzusetzen. **Galveston Island**, an deren Ostende die Stadt liegt, gilt als nobles Ferienziel, während das westlich benachbarte und über eine mächtige Brücke erreichbare **Follet's Island** als „Redneck Riviera", als Badeziel der „kleinen Leute" berühmt wurde. Heute lebt die Stadt nicht allein vom *Karneval in* Badetourismus, sondern auch von den Neugierigen, die während der Karnevalszeit, *Galveston* **Mardi Gras**, in die Stadt einfallen. Der Fasching in Galveston gilt neben dem in New Orleans als der ausgelassenste und sehenswerteste in Nordamerika (s. INFO S. 222).

Moody Gardens (1)

Die Moody Gardens sind neben den Beaches die Hauptattraktion. Der große Komplex besteht aus drei ungewöhnlichen Glaspyramiden, von einem Parkgelände umgeben, aus einem Hotel mit Golfplatz, einem *paddlewheeler* (Raddampfer) für Schiffs-

Eine ungewöhnliche Attraktion in Galveston: die Moody Gardens

touren sowie einem eigenen Strand. Eine **blaue Pyramide** beherbergt das **Aquarium** mit vier Ausstellungsbereichen – Nord- und Süd-Pazifik, Süd-Atlantik und Karibik –, in der **weißen Pyramide** hat ein **Rain Forest** (Regenwald) mit Wasserfällen, Höhlen, Regenwaldarten aus verschiedenen Teilen der Erde, exotischen Schmetterlingen, Vögeln, Fledermäusen, Pflanzen und Fischen Platz gefunden. Zudem befinden sich hier ein IMAX-Kino und die Ausstellung „Living in the Stars" der NASA. In einer **rosa Pyramide** schließlich werden interessante Wechselausstellungen unter dem Motto „Discovery" gezeigt. Nebenan liegt eine Filiale der **Schlitterbahn**, des in Texas beliebten Wasservergnügungsparks.

Ungewöhnlicher Komplex aus Pyramiden

Moody Gardens, *Two Hope Blvd., www.moodygardens.com, tgl. 10–18 Uhr, $ 39,95 (1 Tag), $ 47,95 (2 Tage). Schlitterbahn: www.schlitterbahn.com.*

Lone Star Flight Museum (2)

Ein Muss für Flugzeugfans ist das Lone Stare Flight Museum. Dieses Museum in einem Hangar zeigt die größte Ausstellung historisch bedeutsamer und noch flugtauglicher Maschinen im Süden der USA. Zahlreiche Maschinen stammen aus den 1940er und 1950er-Jahren, die meisten davon dank engagierter Ehrenamtlicher in optisch wie technisch hervorragendem Zustand. Besucher können Rundflüge buchen und viele der Fluggeräte nehmen regelmäßig an Flugshows teil.

Lone Stare Flight Museum, *2002 Terminal Dr., www.lsfm.org, tgl. 9–17 Uhr $ 8.*

Galveston Historical Foundation

Die *Historical Foundation* der Stadt, gegründet 1871 und damit eine der ältesten der USA, betreut neben dem **Texas Seaport Museum (3)** mit dem historischen Segelschiff „**Elissa**" (1877) auch den **Bishop's Palace (4)**, eine schlossartige viktorianische Villa, die sich 1893 der Rechtsanwalt und Politker *Walter Gresham* (1832–95) erbauen ließ. Das Texas Seaport Museum informiert nicht nur über die Rolle der Stadt als Immigrationsstation, sondern auch über die verheerenden Stürme in der Vergangenheit. Dazu wird der sehenswerte Film „The Great Desaster" in dem großen Kino gezeigt.

Texas Seaport Museum, *Pier 21, tgl. 10–17 Uhr, $ 8, Touren und Schifffahrten, Infos: www.galvestonhistory.org/Texas_Seaport_Museum.asp.*

Bishop's Place, *1402 Broadway, www.galvestonhistory.org/1892_Bishops_Palace.asp, Mo–Sa 11–16, So 12–16 Uhr, $ 10 (Touren).*

Moody Mansion (5)

Architektonisch aus der Reihe fällt die Moody Mansion. Die prächtige Villa wurde 1895 erbaut, befand sich zwischen 1900 und 1986 im Besitz der Familie *Moody* und wurde dann als Privatmuseum der Öffentlichkeit zugänglich gemacht. Heute erhält man in den rund 20 Zimmern in der vierstöckigen Villa einen guten Eindruck davon, wie eine einflussreiche texanische Familie im 20. Jh. gelebt hat. Die *Moodys* waren zunächst Baumwollhändler, dann Banker, Rancher und schließlich im Versicherungs- und Hotelwesen aktiv. *William Lewis Moody Jr.* (1865–1954) und seine Frau *Libbie Rice Shearn* hatten mit ihrem Vermögen den Grundstein für die *Moody Foundation* gelegt. Diese Stiftung unterstützt – bis heute von Familienmitgliedern betreut – kulturelle und Naturschutz-Institutionen in Texas.

Prächtige Villa

Moody Mansion, *2618 Broadway, www.moodymansion.org, tgl. 11–15 Uhr, $ 7 (Touren).*

Prächtige Moody Mansion in Downtown Galveston

The Grand (6)

Während der Blütezeit der Hafenstadt, Ende des 19. Jh., beschlossen die Bürger, dass sie ein neues, prächtigeres Opernhaus bräuchten. So begann man 1894 mit dem Bau von The Grand, dessen feierliche Eröffnung am 3. Januar 1895 stattfand. Während des Hurricanes 1900 wurde die Oper schwer beschädigt, konnte jedoch bald wieder eröffnet werden. Berühmte Stars wie *Sarah Bernhardt* oder die *Marx Brothers* traten hier auf. In den 1920er-Jahren zum Kinopalast umgebaut, drohte in den 1970er-Jahren der Abriss. Doch dagegen wehrten sich die Bürger der Stadt erfolgreich und letztlich konnte **The Grand 1894 Opera House** im Jahr 1986 in „altem Glanz", neu renoviert, wieder seine Tore öffnen. Seither stehen Konzerte, Shows und Filme auf dem Programm. Das alte Theater hat den zweiten verheerenden Hurricane 2008 übrigens ohne Schaden überstanden.

Historisches Opernhaus

The Grand 1894 Opera House, *2020 Postoffice St., www.thegrand.com, mit Infos zu Touren und Veranstaltungen.*

Reisepraktische Informationen Galveston/TX

i Information
Galveston VC (7), 2328 Broadway, ☎ 1-888-425-4753, www.galveston.com, VC in der historischen Ashton Villa, tgl. 10–17 Uhr.

Unterkunft
The Tremont House $$$$ (1), 2300 Ships Mechanic Row, ☎(409) 763-0300, www.galveston.com/thetremonthouse. Elegantes Hotel mitten in der Stadt in einem restaurierten historischen Häuserblock. Luxuriöser Charme des 19. Jh. verknüpft mit modernem Komfort. Geräumige und gemütliche Zimmer, Bar und Café.
Harbor House $$$$ (3), Pier 21, ☎ (409) 763-3321, www.harborhousepier21.com. Historisches Lagerhaus direkt am Hafen, das in ein Inn umfunktioniert wurde. 39 Zimmer und 3 Suiten sind mit Liebe zum Detail und mit modernem Komfort ausgestattet.
Hotel Galvez & Spa $$$$–$$$$$ (2), 2024 Seawall Blvd., ☎ (409) 765-7721, www.galveston.com/galvez. Historisches mondänes Strandhotel von 1911, neu renoviert mit allem Luxus; mehrere Lokale und eigenes Spa; nur wenige Schritte vom Strand entfernt.

Restaurants & Nachtleben
Gaido's (1), 3900 Seawall Blvd., ☎ (409) 762-9625. Seit 1911 ist dieses Lokal direkt am Strand eine Institution und gilt als eines der besten Seafood-Restaurants an der Küste.
The Spot Restaurant und Tiki Bar (2), 3204 Seawall Blvd., ☎ (409) 621-5237. Prima Seafood, doch bekannt vor allem wegen der besten Burger der Stadt.
Poop Deck (3), 2928 Seawall Blvd., ☎ (409) 763-9151. Eine der beliebtesten Bars in der Stadt, mit schöner Terrasse, von der aus man über Seawall und Strand blickt.

Einkaufen
Galveston Bookshop, 317 23rd St. Buchladen (gebrauchte Bücher, LPs und Comics) mitten in der Stadt
Strand Street (8) – die Einkaufsmeile der Stadt!

Beaches

Auf Galveston Island gibt es an die 50 öffentliche Zugänge zum Strand mit Parkplätzen, meist kostenlos. Nur Strände mit sanitären Anlagen (Umkleiden, WCs etc.) wie **Steward Beach** an der Ostspitze erheben im Sommer eine Gebühr. Ein beliebtes Ziel ist **East Beach**, wo der kleine Nobelferiendorf **Beachtown** (www.beachtown.com) entstanden ist.

Touren

Schiffstouren bietet **Galveston Harbor Tours**, Pier 22, ☎ (409) 763-1877, www.galvestonhistory.org/Harbor_Tours_Aboard_Seagull_II.asp.

Veranstaltungen

Mardi Gras (Karneval) – seit 1865 großer Karnevalsumzug u. a. Vergnügungen. Infos: www.mardigrasgalveston.com.

Sandcastle Competition, an der East Bay wetteifern im Juni große und kleine Sandburgen-Baumeister um die „Golden Shuffle", Infos: www.aiasandcastle.com.

Mardi Gras – Die fünfte Jahreszeit

info

Weltberühmt ist der Karneval in New Orleans, doch auch in anderen einst französisch beeinflussten Orten wie **Mobile/Alabama** oder **Galveston/Texas** hat sich die Tradition des **Mardi Gras** über Jahrhunderte erhalten. „König Karneval" regiert zwischen dem 6. Januar, der *Twelfth Night* bzw. dem *Kings' Day*, und *Mardi Gras*, dem Faschingsdienstag. Rund 250.000 Besucher kommen jedes Jahr zum Karnevalsstreiben nach Galveston, dessen moderne Wurzeln im einem ersten kleinen Umzug und Maskenball im Jahr 1857 liegen. So richtig los ging es erst 1871, als sich die beiden **Krewes** (nach dem englischen „crew"), die Karnevalsgesellschaften *Knights of Momus* und *Knights of Myth*, mit Umzügen und Bällen zu übertrumpfen versuchten. Zwischen 1880 und 1910 wurden die Paraden jedoch zu teuer und nicht mehr abgehalten, nurmehr Bälle fanden statt, bis 1910 die *Krewe Kotton Karneval Kids* die **Tradition der Umzüge** wiederaufgriff. Allerdings ist es der Initiative des lokalen Unternehmers *George P. Mitchell* und seiner Frau *Cynthia* zu verdanken, dass man seit 1985 wieder ausgiebig *Mardi Gras* in der Stadt feiert. Heute existieren wieder **15 Krewes**, darunter die *Krewe of Momus* als älteste, und es finden am Karnevalswochenende und am Wochenende davor um die zehn **Paraden** entlang der Seawall am Strand, aber auch im Uptown Entertainment District, statt. **Infos**: www.mardigrasgalveston.com

Hinweis zur Route

Die schnellste Verbindung zwischen Houston und San Antonio ist die viel befahrene **Autobahn I-10** (ca. 200 mi/320 km). Allerdings empfiehlt es sich, von Galveston aus auf **Nebenstrecken** der Küste zu folgen. Die County Rd. 257 verläuft direkt am Strand nach Surfside Beach, dann folgt man dem Hwy. 332 nach Brazoria und von dort dem Hwy. 36 nach West Columbia. Hier trifft dieser auf den Hwy. 35, der nach Corpus Christi führt (ab Galveston ca. 230 mi/370 km).

Aransas National Wildlife Refuge

Etwa 70 mi (ca. 110 km) vor Corpus Christi sollte man einen kurzen Abstecher (ausgeschildert) in die Aransas National Wildlife Refuge einplanen. Dieses Naturschutzgebiet erstreckt sich auf einer Halbinsel zwischen der San Antonio Bay und der Aransas Bay und gibt nicht nur eine Vorstellung von dem ausgedehnten Marschland an der Golfküste, sondern ist zugleich ein Paradies für Vogelkundler. Das Areal dient nämlich als wichtige Station für Zugvögel und ist als Winterrefugium vieler Vögel, u. a. der seltenen *Whopping Cranes* (Riesenkraniche), bekannt. *Vogelparadies*

Aransas National Wildlife Refuge, *Wildlife Circle, Austwell, www.fws.gov/southwest/ refuges/texas/aransas, tgl. Sonnenauf- bis Sonnenuntergang, mit* **Claude F. Lard VC**, *tgl. 8.30–16.30 Uhr, $ 3.*

Corpus Christi

„*Your Family needs a Break!*" – mit diesem Motto wirbt die alte Hafenstadt Corpus Christi (285.000 Einw.) als **Familienurlaubsziel** an der Golfküste. Man will sich so von den umgebenden Strandkommunen abgrenzen, die besonders während des *Spring Break*, der Semesterferien im Frühjahr, von Studenten überflutet werden. Corpus Christi ist jedoch mehr als ein Strandparadies, hier befindet sich der **fünftgrößte US-Hafen** und zudem vier Erdölraffinerien. *Urlaubsziel für Familien*

Im März und September/Oktober ist der Ort beliebt bei Naturfreunden, besonders bei ornithologisch Interessierten. Die Region ringsum zählt zu den besten **Vogel-**

Im Aransas National Wildlife Refuge

beobachtungsorten in den USA, da sie mitten im Migrationbereich zahlloser Zugvögel liegt. Da zudem stets eine „steife Brise" weht, ist die Region bei **Seglern und
Surfern** beliebt. Zu den begehrtesten Wohnadressen gehören die vorgelagerten Inseln: Hier sind die „Islanders" zuhause, ihre Häuser liegen ebenso malerisch-schön
am Strand, wie sie auch ständig den Gefahren von Stürmen und Überschwemmungen
ausgesetzt sind.

Die Wurzeln der Stadt gehen auf einen 1839 entstandenen **Handelsposten** von Colonel *Henry Lawrence Kinney* zurück, den es als Rancher hierher verschlagen hatte.
1845 hatten US-Truppen hier ihren Standort während des mexikanisch-amerikani-
schen Kriegs. Im Jahr 1852 wurde der Ort in „Corpus Christi" umbenannt und zur
Stadt erklärt. Die Karriere als bedeutende Hafenstadt begann mit dem Bau der Hafen-
anlagen 1926; eine Marinestation wurde 1941 eingerichtet.

Texas State Aquarium

Die Hauptattraktion der Stadt ist das **Texas State Aquarium**, jenseits der Harbor
Bridge am Nordufer des Ship Basin. Das sehenswerte Aquarium bietet einen umfassenden Einblick in das Leben in der Corpus Christi Bay sowie im offenen Meer. Dabei
geht man in den einzelnen Abteilungen auf Entdeckungsreise vom Strand bis hinaus
in die Tiefen des Golfs. Ergänzend gibt es Wechselausstellungen zu maritimen Themen.

*Beliebte
Attraktionen*

Zu den beliebtesten Attraktionen zählt das **Delphinarium** (Dolphin Bay). Besonders
hier, aber auch in **Otter Creek** oder bei der **Wild Flight Show** (Greifvögel) stehen täglich Vorführungen auf dem Programm, die weniger Show als informative Demonstrationen der Tierart sind. Informative Darbietungen finden auch zu den See-
schildkröten (Tortuga Cay, „Turtle Tales") oder zu den Reptilien („Reptile Report")
statt. Die neueste Abteilung „Swamp Tales" widmet sich dem *American Alligator*. Das nötige Wasser, fast 1 Mio. Liter für die verschiedenen Becken, wird der Bucht entnommen und möglichst oft recycelt. Bevor es dem Kreislauf zugeführt wird, wird es dreimal (bio, mechanisch und chemisch) gefiltert.
Texas State Aquarium, *2710 N. Shoreline Blvd., www.texasstateaquarium.org, tgl. 9–
17/18 Uhr, $ 16,95, tgl. Shows, auch Backstage-Touren.*

Vor dem Aquarium liegt mit der „**USS Lexington**" ein stillgelegter und renovierter
Flugzeugträger aus dem Zweiten Weltkrieg, der im Pazifik im Einsatz war. Die einzelnen Decks des riesigen Schiffs können besichtigt werden und geben einen guten Einblick, wie das Leben der Soldaten ablief.
USS Lexington, *2914 N. Shoreline Blvd., www.usslexington.com, tgl. 9–17/18 Uhr, $ 13,95.*

Corpus Christi Museum of Science and History

Südlich des Ship Basin und damit schon in der Innenstadt, wird das Wissenschafts-
und Geschichtsmuseum immer viel besucht, besonders von Schulkindern. Zahlreiche
interaktive Abteilungen laden zum Experimentieren ein. Das Museum wartet zudem

mit einer ganzen Reihe sehenswerter Sammlungen auf, die umfassenden Einblick in die Geschichte der Region geben. Im Zentrum stehen beispielsweise die Funde zweier spanischer Schiffe, die 1554 im Golf untergegangen sind. Von damals vier Schiffen schaffte nur eines den Weg zurück nach Spanien, eines der drei versunkenen Schiffe wurde bis heute nicht gefunden. Weitere Abteilungen beschäftigen sich mit der Lokal- und der Naturgeschichte. Die „Seeds of Change" beleuchten fünf bedeutende Ereignisse, die die Neue Welt verändert haben.

Corpus Christi Museum of Science and History, *1900 N. Chaparral St., www.ccmuseum.com, Di–Sa 10–17, So 12–17 Uhr, $ 12,50.*

Art Museum of South Texas

Nur wenige Schritte entfernt bietet das Art Museum of South Texas eine interessante Sammlung von *Western Art* und moderner Kunst sowie Wechselausstellungen. Die Sammlung besteht aus mehr als 1.300 Kunstwerken aller Gattungen (Malerei, Drucke, Zeichnungen, Skulpturen, Keramik). Dabei liegt der Schwerpunkt auf amerikanischer Kunst und ganz besonders auf Kunst aus Texas. Das 1975 erbaute Museum erhielt 2005 nach Plänen der mexikanischen Architekten *Victor* und *Ricardo Legorreta* ergänzend einen attraktiven Neubau. Wer eine Pause einlegen möchte, kann das gut im **Dobson Café** tun, denn es bietet nicht nur gutes, preiswertes Essen, sondern zugleich Ausblick auf die geschäftige Hafenzufahrt.

Western Art und moderne Kunst

Art Museum of South Texas, *1902 Shoreline Blvd., www.stia.org, Di–Sa 10–17, So 13–17 Uhr, $ 6.*

Uferpromenade

Die Innenstadt selbst erstreckt sich entlang der Uferpromenade und kulminiert an der hier befindlichen Marina. Das **Mirador de la Flor-Monument** erinnert an die legendäre Tejano-Sängerin *Selena Quintanilla-Pérez* (1971–95), die die Latino-Musik in Texas und Mexiko stark beeinflusst hat. Sie stammte aus der Gegend und wurde am 31. März 1995 in Corpus Christi im Streit von ihrer ehemaligen Managerin, die Geld unterschlagen hatte, erschossen.

San Padre Island

Die südlich der Stadt vorgelagerte Nehrung, San Padre Island, steht großteils als **San Padre National Seashore** unter Naturschutz. Es handelt sich um den längsten naturbelassenen Strandabschnitt der USA, hinter dem sich Sanddünen aufbauen. Ein Besucherzentrum nahe der Zufahrt gewährt Einblick in die Geografie und Beschaffenheit des einzigartigen Strandes und informiert über die Tier- und Pflanzenwelt. Vom VC aus darf man mit dem eigenen Pkw nicht weiterfahren, sondern ist auf Rangertouren oder die eigenen Füße angewiesen.

Längster naturbelassener Strand

San Padre National Seashore, *Zufahrt über SR 385 (Park Rd. 22), www.nps.gov/pais, tgl. rund um die Uhr zugänglich, Malaquite VC tgl. 9–17 Uhr, $ 10 pro Pkw, tgl. Ranger-Programme, u. a. Tour 11 Uhr, Vortrag 13 Uhr.*

Reisepraktische Informationen Corpus Christi/TX

ℹ Information

Corpus Christi Visitor Information Center, *1823 N. Chaparral St., www. visitcorpuschristitx.org, Do–Mo 9–17 Uhr. Broschüren, Karten und Informationen, außerdem Besucherkioske verteilt über die Stadt und am Strand.*

🛏 Unterkunft

V Boutique Hotel $$$–$$$$, *701 N. Water St., www.vhotelcc.com,* ☎ *(361) 883-9200. Kleines Boutiquehotel im Obergeschoss eines Baus mitten in der Stadt (nicht direkt am Strand, daher weniger Trubel). Geräumige, modern eingerichtete und gut ausgestattete Zimmer.*

🍴 Restaurants

Vietnam Restaurant, *im Erdgeschoss des V Boutique Hotels (s. oben). Schmackhafte asiatische Gerichte in noblem Ambiente.*
Dobson Café, *im Art Museum of South Texas (s. oben), Di–Fr 11.30–14.30, Sa 11.30– 15.30 Uhr. Kleine Gerichte, gute Salate, Sandwiches u. a., dazu traumhafter Ausblick.*
Pier 99 Restaurant, *2822 N. Shoreline Blvd. (neben dem Aquarium),* ☎ *(361) 887- 0764. Schön am Wasser gelegenes Restaurant mit Terrasse, berühmt für Seafood und Steaks, aber auch Burger, Sandwiches und Salate werden serviert.*

👁 Touren

Bay Cruises, *108 Peoples St., www.yachtingcc.com. Einstündige Bootstouren entlang der Bayfront.*

Besuch auf der King Ranch

Gigantische Ranch

Als *Richard King* (1824–85) 1853 eine Ranch südwestlich von Corpus Christi (Hwy. 77, ca. 40 mi/65 km) gründete, konnte er nicht ahnen, dass diese einmal eine der größten der Welt werden würde. Heute umfasst die King Ranch etwa 3.340 km^2 und erstreckt sich über sechs Landkreise. Dabei handelt es sich nicht um ein einziges zusammenhängendes Stück Land, sondern um vier große Areale. Zunächst betrieb man ausschließlich **Rinderzucht**, 1915 begann dann mit einem Hengst namens *Old Sorrel* die **Pferdezucht**.

Rinder und Pferde sind noch heute Hauptstandbein der Ranch, die inzwischen nicht mehr in Familienbesitz ist, sondern von eine Firma verwaltet wird. Längst werden nicht mehr nur *Quarter Horses* gezüchtet, sondern auch Rennpferde. Über die Geschichte, die wichtige Rolle der Ranch bei der Besiedlung von Texas, die *Cattle Drives* und das heutige Unternehmen informiert das zugehörige Museum.
King Ranch Museum, *405 N. Sixth St., Kingsville, www.king-ranch.com, Mo–Sa 10–16, So 13–17 Uhr, $ 4, auch Touren (1,5 Std., $ 8) über die Ranch ab King Ranch VC, 2205 Hwy. 141 W.*
Infos zum Ort **Kingsville***: www.kingsvilletexas.com*

Hinweis zur Route

Von Corpus Christi aus führt die Autobahn I-35 direkt nach San Antonio (ca. 140 mi/225 km).

San Antonio – „Remember the Alamo"

Das **spanisch-mexikanische Erbe** von Texas konzentriert sich auf den südlichen Teil um San Antonio. Noch heute dominiert in *San Antone* südländisches Flair, gleichermaßen, was das Stadtbild und die Architektur, aber auch die kulinarische Szene, Musik und Bevölkerungszusammensetzung angeht. Die Mehrzahl der rund 1 Mio. Einw. sind mexikanischer Herkunft und entsprechend ist der Charakter der Stadt: temperamentvoll, bunt und laut.

Auch sonst unterscheidet sich diese Stadt von den meisten anderen US-Metropolen. So fehlt hier beispielsweise eine imposante Skyline mit modernen Wolkenkratzern. Lediglich der **Tower of the Americas** im zentralen **HemisFair Park**, eine Reminiszenz an die Weltausstellung 1968, überragt die Innenstadt und bietet vom Aussichtsplateau einen fantastischen Überblick. Als einzigen „echten" Wolkenkratzer kann man das **Tower Life Building** (310 S. St. Mary's St.) bezeichnen. Der 30-stöckige, achteckige Turm (123 m) wurde 1927 im neogotischen Stil errichtet.

Ein Besuchermagnet ist der idyllisch begrünte **Riverwalk** entlang dem San Antonio River, der sich durchs Zentrum schlängelt und das spanisch-mexikanische Flair unterstreicht. Damit gehört San Antonio neben dem europäisch geprägten Boston, dem französisch-karibischen New Orleans und dem geografisch ungewöhnlichen San Francisco zu den vier US-Metropolen, die sozusagen aus dem Rahmen fallen.

1718 war an der Schleife des San Antonio River eine erste spanische Mission gegründet worden, weitere sollten folgen (s. unten). Es waren **spanische Franziskaner**, die nicht nur Pferde nach Texas gebracht, sondern auch die Rinderzucht in Nordamerika eingeführt hatten. Großteils standen Indianer in Diensten der Missionen, viele arbeiteten dort als erste Cowboys, als „**Vaqueros**". Um die Kirchenstationen herum ließen sich Siedler aus Mexiko nieder. Dies veranlasste die spanische Regierung in Mexico City, 1735 eine Zivilverwaltung und einen Militärposten einzurichten: **San Antonio de Béxar**, das heutige San Antonio.

Erste spanische Mission

Damals war das Land noch bevölkert von wilden Tieren und feindlichen Comanche-Indianern. Angesichts dessen waren die Kirchenmänner und Verwaltungsbeamten – und besonders auch die Regierung in Mexiko City – froh, als sich im Laufe des 19. Jh.

Redaktionstipps

Sehens- und Erlebenswertes
➤ in San Antonio die **Missions** (S. 234) besuchen und dem **Alamo** (S. 230) die Ehre erweisen
➤ ein Bummel am **Riverwalk** oder eine **Bootsfahrt** (S. 228)

Essen und Trinken
➤ Tex-Mex-Küche vom Feinsten bietet in San Antonio **Boudro's** (S. 239)

Einkaufen
➤ der größte Markt außerhalb Mexikos ist San Antonios **El Mercado** (S. 240)

vermehrt Gringos niederließen, darunter auch zahlreich Deutsche. An Letztere erinnert noch die **St. Joseph German Catholic Church** (E. Commerce St.).

Unter der ruhigen Oberfläche brodelte es jedoch und die Texaner, ein multikulturelles Gemisch aus Indianern, Mexikanern, zugewanderten Amerikanern und Deutschen, strebten mehr und mehr nach **Unabhängigkeit**: 1835/36 standen sie mehrmals unter ihrem charismatischen Befehlshaber *Sam Houston* den zahlen- und materialmäßig überlegenen mexikanischen Truppen unter General *Santa Ana* mit hartnäckigem Widerstandsgeist gegenüber.

„The Alamo"

Zum Markstein wurde die berühmte Schlacht bei der alten spanischen Mission *San Antonio de Valero*, kurz **„The Alamo"** genannt. Dort lieferten sich 187 Texaner einen erbitterten, letztendlich jedoch vergeblichen Kampf gegen 5.000 Mexikaner. Am 6. März 1836 eroberten die Mexikaner die Mission und die verbliebenen Verteidiger kamen ums Leben. Nur wenige Wochen später schlug dann am 21. April 1836 die Hauptmacht der texanischen Freiheitskämpfer unter *Sam Houston* am San Jacinto River, nahe Houston (s. S. 209), die mexikanischen Truppen unter General *Santa Anna* vernichtend. Kein Wunder, dass The Alamo, mitten im modernen Stadtzentrum gelegen, heute als Pilgerstätte, als **„Shrine of Texas Liberty"**, und Hauptattraktion der Stadt gilt. Die gefallenen Freiheitskämpfer fanden ihre letzte Ruhe in der nahe gelegenen alten **San Fernando Cathedral** am Hauptplatz in der Altstadt.

Downtown San Antonio

The Alamo und der Riverwalk sind die beiden Aushängeschilder von San Antonio. Sie liegen in Downtown, das von drei Autobahnen ringförmig umschlossen wird (I-35, 37, 10). Im Zentrum befindet sich der Historic District mit Alamo und Riverwalk. Die Hauptachse ist die Commerce Street und der HemisFair Park bildet die „gute Stube" der Stadt mit dem modernen Wahrzeichen, dem Tower of the Americas.

Riverwalk – Paseo del Rio (1)

Am San Antonio River

Die Idee zum Riverwalk geht auf den Architekten *Robert Hogman* zurück, der nach einer Flutkatastrophe im September 1921 Pläne für ein Deichsystem auf den Tisch legte. Aufgrund der Wirtschaftskrise sollte es jedoch bis 1937 dauern, ehe diese realisiert werden konnten. Seither wird der Seitenarm des **San Antonio River**, der sich wie ein Hufeisen durch die Innenstadt schlängelt, durch zwei Deiche gesichert, die bei Hochwasser geschlossen werden können. Den ersten Test bestand das neue **Deichsystem** bei der Flut von 1946; sie richtete kaum Schaden an.

Heute ist der Seitenarm etwa 1 m tief, während der eigentliche San Antonio River bis zu 3,5 m Tiefe misst. Er wurde in den 1930er-Jahren in der Innenstadt in ein Betonbett verbannt, das in etwa der **St. Mary's Street** folgt. Mit Hilfe eines unterirdischen Auffangbeckens von 2,5 m Tiefe kann der Wasserstand auch im Sommer auf gleich bleibendem Stand gehalten werden.

Der Ausbau des **Paseo del Rio**, des Riverwalks, zu einer Promenade begann anlässlich der Weltausstellung 1968. Inzwischen wurde der gesamte Verlauf des San Antonio River durch die Stadt in das Projekt einbezogen. Wo es geht, wird der Fluss **renaturiert**, besonders südlich der Stadt soll er auf fast 20 km zum Naturpark ausgebaut werden. Erste Erfolge sind bereits zu beobachten: Der einst tote Wasserlauf ist wieder voller Leben: Fische (vor allem Tilapia), Enten, Schildkröten, Schlangen, Kormorane und Reiher tummeln sich inzwischen im etwa 2 km langen, 2009 neu eröffneten **Oberlauf** zwischen Innenstadt und Museum of Art. Diesen neuesten Abschnitt kann man wie auch den älteren zentralen Part auf Uferwegen erkunden, außerdem gibt es **Rio Taxis** und **Tourboote**. Auf halbem Weg – auf Höhe der Brooklyn Ave. – befindet sich ein **Deich** mit Schleusen und hier kehren die gelben Watertaxis um. Weiter flussaufwärts geht es mit einem roten Watertaxi (Umsteigen nötig!) oder mit Ausflugsbooten, die die ganze Route befahren.

Zum Naturpark ausgebaut

Im Oberlauf, jenseits des Deichs, ist der Fluss verstärkt renaturiert worden. Der Riverwalk reicht über das Kunstmuseum hinaus bis zur ehemaligen Pearl Brewery und zum Pearl Basin – und hier enden auch die Tourboote. Interessant sind in diesem Abschnitt die **Brücken**, denn unter jeder befinden sich Kunstwerke. Am sehenswertesten ist die **Grotto**, der Nachbau einer antiken Grotte, und **F.i.s.h.**, eine moderne Skulptur aus verschiedenen, überdimensional großen, bunten Fischen, die zwischen Brücke und Fluss zu schweben scheinen. Wer die Kunstwerke genießen möchte, sollte wegen der Beleuchtung eine Abendtour wählen.

Spaziergang am San Antonio Riverwalk

Bis 2013 soll der **Ausbau des südlichen Flussabschnitts** bei den Missionen fertiggestellt sein. Dabei wird auch hier der Flusslauf renaturiert (Kanutouren möglich) und sollen Wanderwege das Ufer säumen.
Infos: *www.thesanantonioriverwalk.com*
Wassertaxis und Touren: *Insgesamt sind über 40 Boote auf dem Riverwalk unterwegs. Neben* **River Tours** *(tgl. 9–21 Uhr, 35–40 Min, $ 8,25) sind es die Boote von* **Rio Taxi** *(tgl. 9–21 Uhr) in zwei Linien:* **Gelb**, $ 5 (Einzelfahrt), $ 10 (1 Tag), $ 25 (3 Tage) und **Rot** *(nur Oberlauf), $ 10 (1 Tag), $ 25 (3 Tage); Kombiticket $ 15 (1 Tag), $ 2 (3 Tage), Infos: www.riosanantonio.com.*

The Alamo (2)

Welt-
berühmte
Mission

The Alamo ist *der* Pilgerort der Stadt. Hier war 1718 eine Mission, genannt **San Antonio de Valero**, von spanischen Franziskanern gegründet worden. Heute sind nur noch die Kirche und einige Nebenbauten erhalten. Bis 1821 erfüllte der Ort seine Funktion als spanische Mission, dann übernahm die mexikanische Republik die Verwaltung und die Mission wurde als kirchliche Einrichtung aufgelöst.

Weltberühmt wurde The Alamo, als am **6. März 1836** mexikanische Truppen die von einer Handvoll Freischärlern verteidigte Mission während des texanischen Freiheitskampfes einnahmen. Dieser blutige Sieg im texanischen Unabhängigkeitskrieg, bei dem um die 200 Verteidiger, darunter auch der Kommandeur *William Travis* und die legendären Trapper *David Crockett* und *James Bowie*, sowie über 500 mexikanische Soldaten

Pilgerstätte der Texaner – The Alamo

San Antonio

© graphic

N

| 0 | | 500 m |
| 0 | | 0,32 mi |

getötet wurden, sollte den Mexikanern teuer zu stehen kommen: Wochen später wurden sie von den Texanern in der **Schlacht am San Jacinto** nahe Houston mit dem Ruf „**Remember the Alamo!**" vernichtend geschlagen (s. INFO S. 210).

„Shrine of Texas Liberty" Heute lockt der „**Shrine of Texas Liberty**", wie The Alamo auch genannt wird, alljährlich über 2,5 Mio. Besucher an. Den eigentlichen Kern bildet die wiederaufgebaute **Missionskirche** mit ihrer sehenswerten spanisch-barocken Fassade. Durch die Kirche gelangt man in einen idyllischen, üppig bewachsenen Garten. Er wird umschlossen von den ebenfalls wieder errichteten **Barracks**, in denen Ausstellungen über den Freiheitskrieg und die Schlacht um Alamo informieren. Im Zentrum des Komplexes steht ein eigenes Gebäude mit großem, viel frequentiertem **Souvenirladen**. 1883 von der Kirche an den Staat Texas verkauft, steht The Alamo seit 1960 unter Denkmalschutz und wird von den *Daughters of the Republic of Texas* verwaltet, einer 1893 gegründeten historischen Vereinigung, die an die Tage der texanischen Unabhängigkeit erinnert.

The Alamo, *300 Alamo Plaza, www.thealamo.org, Mo–Sa 9–17.30, So 10–17.30 Uhr (im Sommer Fr/Sa bis 19 Uhr), kostenlose Touren.*

Buckhorn Saloon (3)

„Wer ein Geweih stiftet, bekommt Whiskey oder Bier umsonst!" Mit diesem Motto warb Wirt *Albert Friedrich* um Kunden, als er 1881 den Buckhorn Saloon eröffnete. Kein *Museum und Saloon* Wunder, dass der alte Saloon heute vollgestopft ist mit Geweihen und ausgestopften Tieren und inzwischen eher einem Museum als einer Bar gleicht. Zudem ist *Friedrichs* Kneipe der angeblich älteste Saloon in Texas und hat schon so manchen illustren Gast gesehen, z. B. den späteren Präsidenten *Teddy Roosevelt*, der 1888 hier Leute für seine berühmte Militärtruppe, die *Rough Riders*, rekrutierte. Hinter der Bar wurden inzwischen ein sehenswertes **Westernmuseum** (mit 1:1-Westerntown) sowie ein inoffizielles **Texas Rangers Museum** (s. oben, Waco) eingerichtet. Zudem befindet sich hier eine **Hall of Texas History** mit Wachsfiguren und nachgestellten Szenen. Im Obergeschoss ist der Rest der riesigen Geweih- bzw. Tiersammlung zu sehen.

Buckhorn Saloon, *318 E. Houston St., www.buckhornmuseum.com, Museen, Bar und Laden tgl. 10–20 Uhr (in der NS bis 17 Uhr), Café tgl. 11–15 Uhr, Museen $ 18 (Kombiticket), Rest gratis.*

Nur wenige Blocks südlich soll 2012 neu das **Briscoe Western Art Museum** *(315 E. Commerce, www.briscoemuseum.org)* eröffnen, das sich ganz der Western Art (Schwerpunkt Süd-Texas) widmet.

Zwischen Plaza de las Isles und El Mercato

Nur ein paar Schritte westlich vom Riverwalk liegt um die **Plaza de las Isles** das historische Zentrum. 1770–1890 schlug hier das Herz der Stadt. Die 1755 erbaute San Fernando Cathedral (4) auf dem Platz gilt bis heute als Hauptkirche der Stadt und ist zugleich ein Pilgerort, da sich hier seit 1938 die **Grabmäler der „Helden von Alamo"** befinden. Im Schatten der Kathedrale liegt im Westen die **Plaza de Armas**, auf der das Rathaus und, daneben, ein kleiner, unscheinbarer Adobebau mit malerischem Innenhof stehen. Der für die spanische Kolonialzeit architektonisch typische Bau war alles andere als ein gewöhnliches Haus; vielmehr war es 1749 als **Spanish Governor's Palace (5)**, als Gouverneurssitz errichtet worden.

Spanish Governor's Palace, *105 Military Plaza, www.spanishgovernorspalace.org, Di– Sa 9–17, So 10–17 Uhr, $ 4.*

Ein weiteres wenig auffälliges, kleines Gebäude, auch nur ein paar Schritte entfernt, hat historische Bedeutung: Im **O'Henry House (6)**, das um 1855 der deutsche Einwanderer *John Kush* erbaut hatte, wohnte 1895/96 der Autor *William Sydney Porter* (1862–1910), der unter dem Pseudomyn „O'Henry" weltberühmt wurde. Er war 1882 nach Texas gekommen, arbeitete auf der Ranch seines Freundes *Richard Hall* nahe San Antonio. 1884 zog er nach Austin und verdiente sein Geld zunächst im texanischen Landvermessungsamt, dann in einer Bank. Während seiner Zeit in San Antonio gab er die satirische Zeitschrift „The Rolling Stone" heraus. Da der Erfolg ausblieb, zog *Porter* schließlich 1895 nach Houston, um bei der lokalen Zeitung zu arbeiten. Wegen angeblicher Unterschlagung floh er ein Jahr später nach New Orleans, kehrt jedoch 1897 nach Texas zurück, da seine Frau im Sterben lag. Zu fünf Jahren Gefängis verurteilt, war er im Krankenhaustrakt des Gefängnisses als Apotheker tätig und verbrachte keine Nacht in einer Zelle.

O'Henry House

O'Henry House, *601 Dolorosa St., http://ohenryhouse.org Di–Sa 9–17, So ab 10 Uhr, frei.*

Eine beliebte Attraktion ist der **Historic Market Square** mit **El Mercado (7)** westlich der Kathedrale. Es soll sich um den größten mexikanischen Markt außerhalb von Mexiko handeln. Auf der Farmers Market Plaza hat sich der Großteil der Läden und Lokale dem Geschmack der Touristen angepasst. Auch in der ehemaligen Markthalle El Mercado haben sich neben Imbissbuden vor allem Souvenirstände etabliert. Das Flair auf dem Marktareal ist dennoch mexikanisch bunt und laut, ganz wie zu Zeiten der Gründung im späten 19. Jh.

El Mercado – Historic Market Square, *514 W. Commerce St., www.sanantonio.gov/ dtops/marketsquare, tgl. 10–18/20 Uhr. 1. Sa im Monat: „Primer Sabado" mit Konzerten, Vergnügungen für Kinder u. a. Veranstaltungen (12–18 Uhr).*

San Antonio Museum of Art (SAMA) (8)

Das San Antonio Museum of Art (SAMA) befindet sich im Bau der ehemaligen **Lone Star Brewery**. Die Brauerei, 1884 entstanden, galt als eine der größten in Texas. Während und nach der Prohibition verfiel der Komplex jedoch. Erst in den 1970er-Jahren wurde er zum Museum umgebaut, das 1981 seine Pforten öffnete. 1998 und 2005 wurden weitere Teile des alten Baus integriert und seit 2009 ist auch der unmittelbar zu Füßen gelegene Riverwalk durch eine kleine Promenade an das SAMA angeschlossen.

Museum in ehemaliger Brauerei

Die sehenswerte Sammlung umfasst über 25.000 Objekte aus aller Welt von der Antike bis zur Moderne. Der **Ewing Halsell Wing for Ancient Art** ist der bedeutenden Antikensammlung des Museums gewidmet, im **Lenora and Walter F. Brwon Asian Art Wing** wird hingegen eine der umfangreichsten Sammlungen asiatischer Kunst in den USA gezeigt. Das **Nelson A. Rockefeller Center for Latin American Art** beherbergt eines der besten Kollektionen lateinamerikanischer Kunst und eines der bedeutendsten Studienzentrum für diese Richtung in den USA. Darüber hinaus findet man im Museum hochkarätige Beispiele amerikanischer und zeitgenössischer Kunst.

San Antonio Museum of Art, *200 W. Jones Ave., www.samuseum.org, Di–Sa 10–17, So 12–18, Di bis 21 Uhr, $ 8; mit Rio Taxi oder Tourboats bzw. zu Fuß entlang dem Riverwalk erreichbar.*

HemisFair Park (9)

San Antonios Wahrzeichen

Der sich östlich vom Riverwalk ausbreitetende HemisFair Park erinnert an die Weltausstellung 1968. Übrig geblieben ist noch der **Tower of the Americas (10)**, der damals als Wahrzeichen errichtet worden war und von dessen Spitze sich eine traumhafte Aussicht auf Stadt und Umland bietet. Er ist bis zur Antennenspitze 229 m hoch, das Aussichtsplateau liegt auf 176 m Höhe, das offene Deck auf 170 m und das Restaurant auf 168 m.

Tower of the Americas, *600 HemisFair Plaza Way, www.toweroftheamericas.com, mit Tower Café (unten) und Chart House Restaurant (oben), So–Do 9–22, Fr/Sa 9–23 Uhr, $ 10,95.*

Ein Muss ist ein Besuch des am Parksüdende gelegenen **Institute of Texas Cultures der University of Texas at San Antonio (11)**. Dieses Unimuseum gibt eine gute Einführung in die kulturelle Vergangenheit des Staates mit Modellen und 1:1-Dioramen. Dabei stehen die vier kulturell-gesellschaftlichen „Säulen" von Texas im Zentrum: Indianer, Spanier bzw. Mexikaner, Deutsche und Afroamerikaner. Gestaltet wurden die einzelnen Abteilungen mit Nachbauten, Originalstücken und Schautafeln, die Herkunft und Traditionen der einzelnen Gruppen veranschaulichen.

Institute of Texas Cultures, *801 E. Durango Blvd., www.texancultures.utsa.edu, Di–Sa 9–17, So 12–17 Uhr, $ 8.*

San Antonio Missions NHP (12)

Spanische Missionen

Mit San Antonio de Valero – „The Alamo"– war 1718 die erste spanische Mission gegründet worden, vier weitere sollten bis 1731 folgten. Seit 1978 sind die Überreste dieser vier Kirchenniederlassungen entlang dem **Mission Trail** zum **San Antonio Missions National Historical Park** zusammengefasst. Der Trail führt von The Alamo – übrigens kein Teil des NHP – in den Süden der Stadt, wo sich die Missionen flussabwärts entlang dem San Antonio River aufreihen.

Sie legen noch heute eindrucksvoll Zeugnis von den Wurzeln der europäischen Besiedlung in Texas ab. **Spanische Franziskaner** waren es, die das Land urbar gemacht hatten, wobei allerdings Betrieb und Aufrechterhaltung der Missionen auf der Arbeitskraft der lokalen Indianer beruhten. Diese wurden ausgebeutet, wenngleich sich viele freiwillig in den Schutz der Missionen begeben hatten, um den ständigen Übergriffen der übermächtigen Comaches, aber auch der Apaches, zu entgehen. So betrie-

La Concepción, eine der historischen San Antonio Missions

ben die Missionare, jeweils von zwei oder drei Soldaten geschützt, mit Hilfe der **Coahuiltecan-Indianer** ihre kirchlichen Wirtschaftsunternehmen.

Erste Station auf dem Mission Trail ist die Mission **La Concepción**, die 1731 aus dem Osten von Texas hierher verlegt wurde. Gut erhalten ist noch die mächtige Kirche, die 1755 geweiht wurde. Insgesamt in besserem Zustand präsentiert sich die Mission **San José**, 1720 gegründet und 1782 fertiggestellt. Sie war lange Zeit aufgrund ihrer Größe und der gewinnbringenden Landwirtschaft die Mustermission in Texas. Die „*Queen of the Missions*" beherbergte bis zu 350 Indianer, Herden Vieh und wurde von riesigen Feldern umgeben. Sehenswert ist besonders die Kirche im spanisch-barocken Missionsstil mit ihrer plastisch gestalteten Fensterrose („La Ventana de Rosa") über dem Eingang.

„Queen of the Missions"

Zudem befindet sich neben der alten Mission das **Park Visitor Center** des NHP mit Laden, Einführungsfilm und Ausstellungen. Nachdem San José unter mexikanischer Herrschaft 1821 aufgegeben worden war, versuchten deutsche Benediktiner zwischen 1859 und 1868 die Mission wiederaufleben zu lassen. Sie waren von der *St. Vincent's Archabbey* in Latrobe/Pennsylvania unter Leitung von *Boniface Wimmer* hierher entsandt worden. Auch wenn das Unternehmen selbst scheiterte, ist es immerhin den Benediktinern zu verdanken, dass die Mission vor dem Verfall gerettet wurde.

Nächste Mission ist **San Juan Capistrano**, wie La Concepción 1731 aus dem östlichen Texas hierher verlegt. Sie war lange Zeit die regionale Hauptproduktions- und -zuchtstätte für Obst, Gemüse und Vieh. Die südlichste der Missionen ist **Espada**, ebenfalls zunächst im texanischen Osten, und zwar 1690, als älteste Mission auf te-

xanischem Boden entstanden. Unter dem Namen „**San Francisco de los Tejas**"
sollte sie wie andere Missionen als Bollwerk gegen die sich am Mississippi niederlas-
senden Franzosen dienen. Doch die Abgeschiedenheit und das ungewohnt feucht-
heiße Klima zwangen die Mönche 1731 zum Umzug an den San Antonio River.

San Antonio Missions NHS: *Mission Concepión (807 Mission Rd.), Mission San José
(6701 San José Dr.), Mission San Juan (9101 Graf Rd.) und Mission Espada (10040 Espada
Rd.), www.nps.gov/saan, alle tgl. 9–17 Uhr, frei,* **VC** *neben Mission San José.*

 Mehl und andere Delikatessen

Am südlichen Innenstadtrand liegt das Firmengelände der **C. H. Guenther-
Mühle (13)**. Zwischen den mächtigen Bauten der Großmühle duckt sich das
besuchenswerte **Guenther Haus**, das 1859 erbaute Wohnhaus der Familie von
Carl H. Guenther, die aus dem nahen Fredericksburg hergezogen war. Es
diente als Wohnhaus, Experimentierküche, Lager und Büro.
Carl hatte 1851 die Mühle in Fredericksburg gegründet, um qualitätvolles Mehl
zu erzeugen, war aber schon 1859 nach San Antonio umgezogen und hatte den
Betrieb vergrößert. Die Mühle ist noch aktiv, es werden außer Mehl im Laden
heute auch andere Produkte (wie Backmischungen, Saucen, Sirups und Koch-
utensilien) angeboten. Das alte Wohnhaus kann man besichtigen, da sich hier
neben dem Shop auch ein empfehlenswertes Restaurant befindet.

Guenther Haus, *205 E. Guenther St., www.chguenther.com und www.guenther
house.com, Mo–Sa 8–16, So 8–15 Uhr, frei, Restaurant tgl. 7–15 Uhr.*

Ausflug nach New Braunfels

Anders als in Fredericksburg (s. S. 244), wo das deutsche Erbe allgegenwärtig geblieben ist, ist **New Braunfels** (I-35/Exit 188, etwa 30 mi/48 km) inzwischen zu einem
eher gesichtslosen Vorort von San Antonio geworden. Um 1850 zählte der Ort noch
zu den texanischen Metropolen, heute erinnert fast nur noch der **Gruene Historic
District** an die deutsche Vergangenheit.

Die hier befindliche **Gruene Hall**, 1878 erbaut, hat in der alternativen Countrymu-
sic-Szene einen legendären Ruf: Hier traten und treten die besten Musiker wie *Willie
Nelson*, *George Strait* oder *Lyle Lovett* auf.

Infos: *www.gruenetexas.com und www.nbcham.org.*
Gruene Hall, *1281 Gruene Rd., www.gruenehall.com.*

Anziehungspunkte in New Braunfels sind außerdem das seit 1961 alljährlich veranstaltete legendäre **Wurstfest** in der letzten Oktoberwoche und der **Schlitterbahn
Waterpark**, ein riesiges Erlebnisbad.

Wurstfest, *120 Landa St., www.wurstfest.com; eine Woche beginnend am letzten Fr im
Oktober.*
Schlitterbahn Waterpark, *381 E. Austin St., Infos und Öffnungszeiten unter: www.
schlitterbahn.com/nb.*

Die San Antonio Stock Show & Rodeo

Alljährlich im Februar geht die Metropole San Antonio für zweieinhalb Wochen auf Zeitreise und verwandelt sich während der **San Antonio Stock Show & Rodeo** in eine Westerntown. Vieh- und Pferdezüchter aus dem gesamten Südwesten sowie die besten Rodeo-Cowboys Nordamerikas geben sich seit 1950 in San Antonio die Ehre und machen die Veranstaltung – betreut von 5.000 freiwilligen Helfern – zu **einer der größten Viehzuchtschauen Nordamerikas**. Das als Rahmenprogramm veranstaltete Rodeo gilt seit 2005 zudem als **weltbestes Hallen-Rodeo** und ist Teil des *Pro Rodeo Circuit*.

18 Tage lang im Februar, wenn die texanische Sonne zwar wärmt, aber noch nicht unerbittlich vom Himmel brennt, finden sich anlässlich der **S.A.L.E.**, der „**San Antonio Livestock Exposition**", regelmäßig rund 1,5 Mio. Besucher auf dem Messegelände im Osten der Stadt um das fast 19.000 Zuschauer fassende **AT&T Center** ein.

Es ist vor allem die Landjugend, der Farmernachwuchs, der während der **Zuchtschauen** Rinder und Pferde, Mulis und Esel, verschiedene Schaf-, Ziegen- und Schweinerassen sowie Geflügel vorstellt. Die Kinder und junge, angehende Landwirte haben hier ihren großen Auftritt, wenn sie der Jury und dem Publikum ihre ausgewählten Zuchttiere in über 50 Kategorien präsentieren. Die besten werden zu „Breed Champions" und wiederum innerhalb der Gattung zum „Grand Champion of the Show" gekürt.

„**Education & Agriculture**" heißt die Devise der San Antonio Stock Show. Das erklärt auch die Begeisterung der Kinder und Jugendlichen und die angebotenen **didaktischen Begleitprogramme**, zu denen sich ganze Schulklassen um die Vierbeiner zum praktischen Anschauungsunterricht versammeln. Information und Wissensvermittlung ist das eine, gezielte Förderung der Landjugend das andere. Denn Zuchtschausieger erhalten nicht nur eine Schleife und eine Urkunde, sie bekommen auch ein Hochschulstipendium. 1984 hat S.A.L.E. aus den Erlösen von Auktionen und aus Spenden erstmals solche Stipendien vergeben, mittlerweile wurden auf diese Weise mehr als 1.000 Schülern ein agrarwissenschaftliches Studium an einer von über 60 Hochschulen in Texas ermöglicht.

Gleichzeitig dient die Stock Show als **Forum für die Landwirtschaft**. In einer eigenen Halle informieren die unter dem Slogan „*Go Texan*" zusammengeschlossenen Bauern und Viehzüchter über ihre Produkte und Tiere. „*Respect, recycle, reuse, reduce*" heißt das Motto. Umweltschutz, bewusster Konsum und Umgang mit den Resourcen werden dabei großgeschrieben. So informiert man in der Halle nicht nur über lokale und biologisch hergestellte Produkte, sondern auch über aktuelle Umweltthemen wie dem in Texas wichtigen sorgsamen Umgang mit dem Wasser.

Riesenrad und Bierzelte, Kunsthandwerks- und Imbissstände, an denen BBQ und Steaks, Tortillas und Enchiladas verkauft werden, und dazu Konzerte von mexikanischen Mariachi-Bands, Countrymusic und Blues gehören zum **Begleit-programm**. In einer riesigen Halle sind Verkaufsstände aufgebaut, die alles bieten, was das Cowboy/-girl Herz begehrt.

Eröffnet wird die große Schau mit einem **Cattle Drive** durch die Innenstadt. Der Viehtrieb soll an jene legendären Zeiten in der zweiten Hälfte des 19. Jh. erinnern, als Cowboys Rinder von hier aus hinauf in den Norden, zu den Bahnstationen in Kansas oder weiter nach Colorado, Wyoming, Montana und die Dakotas trieben.

Höhepunkt der Veranstaltung sind die allabendlichen **Rodeo-Wettbewerbe** in der großen Sporthalle, die jeweils mit einem hochkarätigen **Countrymusic-Konzert** abschließen. Die Ergebnisse des Rodeos während der San Antonio Stock Show fließen in die professionelle Wertung ein. Das Finale, an dem die besten Rodeo-Cowboys teilnehmen, wird jeweils im November in Las Vegas ausgetragen. Abgesehen vom unvergleichlichen Lokalkolorit locken Preisgelder zwischen $ 15.000 und 19.000 pro Wettbewerb.

San Antonio Stock Show & Rodeo, *Messegelände (große Parkplätze ausgeschildert), 3201 E. Houston St., ☎ (210) 225-5851 (Tickets), www.sarodeo.com, tgl. 8–22 Uhr, $ 7 (nur Grund), Rodeo und Konzerte extra.*

Bull Riding während der San Antonio Stock Show & Rodeo

Reisepraktische Informationen San Antonio/TX

Information

San Antonio VC, 317 Alamo Plaza, www.visitsanantonio.com, tgl. 9–17/18 Uhr. Außer Infos und Stadtplänen gibt es hier auch eine große Auswahl an Souvenirs.

Spartipp

Das **San Antonio Area Tourism Council** bietet auf der ihrer Website **www. sanantoniotourism.com** diverse „Sparpässe" für Besucher. Diese können nicht nur im Internet, sondern auch im VC erworben werden:
Super San Antonio Pass, gültig eine Woche, freier Eintritt zu den meisten Attraktionen der Stadt und Trolley, $ 89, **Museums Pass**, $ 39, oder **Downtown Pass**, $ 89.

Unterkunft

Drury Plaza Hotel Riverwalk $$–$$$$ (3), 201 N. St. Mary's St., ☎ (210) 270-7799, https://wwwc.druryhotels.com/PropertyOverview.aspx?Property=0130. Am Riverwalk gelegenes Hotel in renoviertem ehemaligen Bankhochhaus. Von der Dachterrasse mit Pool bietet sich abends einen unvergleichlicher Blick über die Dächer der Stadt.
St. Anthony Hotel $$–$$$$ (2), 300 E. Travis St., ☎ (210) 227-4392, www.thest anthonyhotel.com. Altehrwürdigstes Hotel der Stadt von 1909, gediegenes Ambiente und historisches Flair; nur wenige Schritte vom Riverwalk entfernt.
Hotel Havana $$$–$$$$ (1), 1015 Navarro St., ☎ (210) 222–2008, www.havana sanantonio.com. Kleines Boutiquehotel am Riverwalk, 1914 eröffnet, liebevoll renoviert, mit dem Charme alter Zeiten und allem modernen Komfort. 27 geschmackvoll eingerichtete Zimmer verschiedener Kategorien, dazu beliebte Bar im Keller.
Riverwalk Vista $$$–$$$$ (4), 262 Losoya St., ☎ (210) 223-3200, www.riverwalk vista.com. Kleines Boutiquehotel mit 17 Zimmern in historischem, renoviertem Haus. Geräumig, schlicht, aber geschmackvoll eingerichtet, mit Gartenveranda.
Noble Inns, ☎ (210) 223-2353, www.nobleinns.com, umfasst folgende drei empfehlenswerte B&Bs:
• **Oge House – Inn on the Riverwalk $$$–$$$$ (5)**, 209 Washington St. Mansion von 1857 umgeben von einem Garten, zehn historisch eingerichtete Zimmer.
• **Jackson House $$$–$$$$ (6)**, 107 Madison St. Sechs edle Zimmer in einer 1894 erbauten Villa.
• **Aaron Pancost Carriage House $$$–$$$$ (7)**. Drei geräumige Suiten im ehemaligen Carriage House der Villa des Besitzers Don Noble von 1896.

Restaurants

Aldaco's Sunset Station Restaurant (4), 100 E. Hoefgen St., ☎ (210) 222-9481. Restaurant im alten Bahnhof, das als eines der besten Tex-Mex-Lokale der Stadt gilt.
Boudro's (2), 421 E. Commerce St., ☎ (210) 224-8484. Direkt am Riverwalk gelegenes texanisch-mexikanisches Restaurant (mit Terrasse), in dem kreativ-moderne Gerichte serviert werden. Ein Muss ist die Guacamole, die frisch am Tisch – aus Avocados, Tomaten, Zwiebeln, frisch gepressten Zitronen- und Orangensaft, Chili und Petersilie – zubereitet wird.
Casa Rio (3), 430 E. Commerce St., ☎ (210) 225-6718. Gleichfalls direkt am Riverwalk gelegenes, 1946 eröffnetes mexikanisches Restaurant, hier sollte man die Fajitas probieren!
Mi Tierra Cafe y Panaderia (1), 218 Produce Row. Rund um die Uhr geöffnetes Lokal

im Marktareal El Mercado, Tex-Mex-Gerichte wie Enchiladas oder Fajitas, dazu von der Bar viele unterschiedliche Margaritas.

Einkaufen

El Mercado, Produce Row/W. Commerce St., www.sanantonio.gov/marketsquare/. Großes historisches Markareal mit Ständen und Läden (zumeist mexikanische Souvenirs) in der Halle, aber auch kulinarische Spezialitäten und Lokale.

Lucchese Boot Co., 255 E. Basse Rd. www.lucchese.com. Zwischen Downtown und Airport gelegener Laden der legendären texanischen Coybowstiefel-Manufaktur. Neben Boots auch Hüte und andere Accessoires für Cowboys und -girls.

Marti's, 310 W. Commerce St. (neben der Spanish Governor's Mansion). Mexikanische Souvenirs und Kunsthandwerk, nicht billig, dafür aber erlesen.

Rivercenter, 849 E. Commerce St. Großes Einkaufszentrum mit über 100 Läden und Kaufhausfilialen sowie Imbiss und Lokalen am östlichen Rand des Riverwalk.

Unterhaltung & Veranstaltungen

Aztec Theater, 201 E. Commerce St., www.aztecontheriver.com. Architektonisch sehenswertes historisches Theater im aztekisch-mexikanischen Stil, in dem u. a. eine **Classic Countrymusic-Show** dargeboten wird: Fr–Mo 19.30 und Sa 14 Uhr, ab $ 30, www.saroselive.com.

San Antonio Stock Show & Rodeo, s. INFO, S. 237, www.sarodeo.com.

Zuschauersport

San Antonio Spurs (Basketball – NBA), AT&T Center, 1 AT&T Center Parkway (östlich der Innenstadt), Spiele des mehrmaligen NBA-Meisters (1999, 2003, 2005, 2007) Nov.–April, www.nba.com/spurs.

San Antonio Silver Stars (Frauen-Basketball – WNBA), wie die Spurs im AT&T Center, Spiele im Sommer, www.wnba.com/silverstars.

San Antonio Rampage (Eishockey – AHL), Top-Nachwuchs-Profiteam des NHL-Teams aus Phoenix, Spiele Nov.–April im AT&T Center, www.sarampage.com.

 ## Hinweis zur Route

Das **Texas Hill Country** und sein Hauptort **Fredericksburg** sind nach texanischen Vorstellungen nur einen Katzensprung von San Antonio entfernt (70 mi/112 km). Dazu folgt man zunächst der Autobahn I-10 in nordwestliche Richtung bis Comfort (I-10/Exit 523) und von dort geht es auf dem Hwy. 87 nordwärts direkt nach Fredericksburg.

Wer Zeit hat, könnte einen kleinen Umweg über die 1.000 Einw. zählende „**Cowboy Capital of the World**" erwägen: Die Ortschaft **Bandera** liegt an der SR 16, zwischen San Antonio und Fredericksburg, rund 50 mi (80 km) von San Antonio entfernt. Dass sich Bandera „Cowboyhauptstadt" nennt, liegt weniger am Aussehen der Ortschaft als vielmehr an den zahlreichen Ranches im Umland. Da die meisten als *Guest Ranches* Besucher aufnehmen, kann hier jeder für ein paar Tage Cowboy oder -girl spielen.

Von Bandera führt die SR 16 nach weiteren 62 mi (ca. 100 km) direkt nach Fredericksburg. **Infos**: www.banderacowboycapital.com, mit Hinweisen und Links zu den **Dude & Guest Ranches** der Region.

Texas Hill Country – German Texas

Die Region zwischen San Antonio und der Hauptstadt Austin gilt als „**Garten Eden**": Das höher gelegene, hügelige und stellenweise bewaldete **Hill Country** zeichnet ein kühleres Klima und genügend Niederschläge aus, sodass es sich zu einer Agrar- und beliebten Urlaubsregion entwickeln konnte. Kaum hat man San Antonio nordwestwärts verlassen, steht man vor einem Geländebruch, dem sogenannten **Balcones Escarpement**. Das ist der sichtbare Ausdruck einer unterirdischen Verwerfungszone, die vor 300 Mio. Jahren entstanden ist und das nördlich liegende Hill Country anhob. Deshalb ist dieses höher gelegene Plateau klimatisch begünstigt, weniger heiß und zudem wasserreich.

Schon die Indianer schätzten die kühlen Hügel als Siedlungsort und Jagdrevier und waren die Ersten gewesen, die sich im Frühjahr an der **Blüte** der unzähligen Wildblumen erfreuten. Heute pilgern allein deswegen Zehntausende *Flower Peeker* im Frühjahr hierher und im Herbst, wenn das legendären **Oktoberfest** stattfindet, geht es in Fredericksburg

Redaktionstipps

Sehens- und Erlebenswertes
➤ in Fredericksburg die „deutsche" **Main Street** (S. 244) inspizieren
➤ auf der **Wine Road** (S. 247) texanische Weine kennenlernen
➤ auf den ungewöhnlichen **Enchanted Rock** (S. 246) klettern

Essen und Trinken
➤ deutsche Spezialitäten und süffiges Bier gibt es in der **Fredericksburg Brewing Company** (S. 250)

Einkaufen
➤ wer sich einmal im Leben handgefertigte Cowboystiefel – nicht eben billig – kaufen möchte, ist bei der **L.M. Easterling Custom Boot Company** in Fredericksburg (S. 250) genau richtig

Fredericksburg Brewing Company: deutsche Spezialitäten und süffiges Bier

ebenfalls rund. Der Tourismus ist aufgeblüht und unter den zahlreichen Unterkünften gibt es rund 350 B&Bs (Pensionen).

Pfirsiche in Texas

Es ist den Europäern zu verdanken, dass das Hill Country landwirtschaftlich genutzt wurde. Mitte des 19. Jh. hatten **deutsche Siedler** damit begonnen, Pfirsichbäume zu pflanzen, mittlerweile werden um den 1846 von Deutschen gegründeten Hauptort Fredericksburg zwölf (!) verschiedene Sorten angebaut. 40 % der gesamten texanischen Produktion stammt aus dem *Gillespie County* und macht diesen um Fredericksburg gelegenen Landkreis zur **größten texanischen Pfirsichanbauregion**. Zu den süßen Früchten traten und treten vermehrt **Rebflächen** und damit Weingüter. Bereits die Spanier hatten vor über 350 Jahren erkannt, dass das texanische Klima für den Weinbau ideal ist. Um 1650 sollen erstmals Missionare beim heutigen El Paso Weinreben gepflanzt haben – was Texas zur **ältesten Weinregion der USA** macht.

Geh mit ins Texas – die German Texans

info

Noch heute berufen sich rund 16 % aller Amerikaner auf deutsche Wurzeln. Einen Höhepunkt erlebte die deutsche Zuwanderung in der Mitte des 19. Jh. Eine Hauptantriebsfeder war der **Mainzer Adelsverein**, die Kurzform für *Verein zum Schutz deutscher Einwanderer in Texas*. 1842 war diese Gesellschaft von 21 Mitgliedern des Hochadels gegründet worden. 1844–47 wanderten auf Vermittlung des Vereins etwa 7.400 Deutsche unter dem Motto „**Geh mit ins Texas**" in die damalige Unabhängige Republik aus. Dabei wollte die Gruppe nicht nur die Siedler tatkräftig bei der Um- und Ansiedlung unterstützen, man träumte auch von einer „deutschen Kolonie" in Texas.

Am 1. Juli 1844 war **Carl Prinz zu Solms-Braunfels** als erster Generalkommissar des Vereins in Galveston eingetroffen. Ohne jegliche Ortskenntnisse oder Beziehungen erwarb er erste Ländereien im Herzen von Texas, im heutigen Hill Country. Das Land erwies sich nicht nur als gänzlich unkultiviert, es lag zudem im Einflussbereich der **Comanches** (s. INFO S. 264). Dennoch gelang es ihm, mit den ersten Siedlern im März 1845 **Neu-Braunfels** zu gründen. Doch *Solms* erwies sich als miserabler Geschäftsmann und musste von seinem Nachfolger **Otfried Hans Freiherr von Meusebach** für $ 10.000 aus der Schuldhaft ausgelöst werden. *Solms* kehrte 1845 desillusioniert nach Deutschland zurück und *von Meusebach* oblag es nun, den Verein vor dem Ruin zu bewahren.

Mit dem texanischen Beitritt 1845 in die Staatenunion **platzte der Traum von Neu-Deutschland**, doch *von Meusebach* gelang es trotz wirtschaftlicher Probleme und Seuchen, eine deutsche Siedlung aufzubauen. Zur Stabilisierung der Lage trug 1846 die **Gründung von Friedrichsburg**, dem heutigen Fredericksburg im Hill Country bei. Obwohl der Verein 1848 wegen Zahlungsunfähigkeit in Deutschland aufgelöst wurde, blühten die beiden deutschen Siedlungsgebiete um New Braunfels und Fredericksburg auf und wurden zu Zentren des **German Belt** in Texas; hier hört man heute gelegentlich noch „Friedrichsburger Deutsch". Es ist dieses neue Siedlungsgebiet, das auch **Hoffmann von Fallersleben** in seinen „Texanischen Liedern" (s. „Einleitung") gepriesen hat, obwohl er selbst nie dort war. Immerhin wollte er 1846 mit seiner Angebeteten *Elvira Detroit* nach Texas auswandern. Da ihn die Dame jedoch auf Distanz hielt, blieb es beim Traum.

Freiherr von Meusebach, der sich nun **John Meusebach** nannte, gelang 1847 ein weiterer Coup, der für den *German Belt* den Durchbruch bedeutete: Er konnte mit den Comanches einen **Friedensvertrag** aushandeln, der den Deutschen freies Siedlungsrecht im Hill Country zugestand. Dieser sogenannte *Meusebach-Comanche Treaty* gilt als einer von wenigen Verträgen, die in der US-Geschichte bis heute von keiner Seite gebrochen wurde.

Zwischen 1850 und 1890 schwappte die „**deutsche Welle**" besonders stark ins Hill Country über. Unter den Neusiedlern befanden sich neben liberalen Politikern, die nach der gescheiterten Revolution in Deutschland fliehen mussten, auch Künstler wie der Maler *Richard Petri* (1824–1857) oder der Maler und Fotograf *Hermann Lungkwitz* (1831–1891). Dank des Friedens mit den Comanches konnte sich das Hill Country zur fruchtbaren Agrarregion entwickeln und die Blüte unterbrach auch der **Bürgerkrieg** 1861–65 nur kurzzeitig. Zwar versuchten sich die Deutschen aus diesem Nord-Süd-Konflikt herauszuhalten – sie waren im (sklavenhaltenden) Südstaat Texas als freiheitsliebende Auswanderer nämlich gegen die Sklaverei eingestellt –, aber es kam dennoch zu unschönen **Auseinandersetzungen**. Die texanischen Behörden wollten die Deutschen zum Beitritt in die Südstaatenarmee zwingen; deshalb machten sich 61 Bürger aus Fredericksburg 1862 auf die Flucht nach Mexiko. Sie wurden jedoch kurz vor der Grenze am Nueces River von konföderierten Truppen eingeholt – und 34 der Flüchtenden wurden erschossen. An dieses „**Nueces Massacre**" erinnert heute das **Treue der Union Monument** in **Comfort** auf halbem Weg zwischen San Antonio und Fredericksburg.

Auch nach dem Bürgerkrieg wurden die Deutschen noch lange Zeit von vielen Texanern wegen ihrer Treue zur Union schief angesehen, doch sie verschafften sich als erfolgreiche Viehzüchter und Landwirte bald wieder Respekt. Neben dem Wein- und Pfirsichanbau blühte auch die Ziegen-, Rinder- und Pferdezucht im Hill Country wieder auf. Heute spielt ebenso der **Tourismus** im Herzen von „**German Texas**" eine wichtige Rolle.

Eine Skulpturengruppe erinnert in Fredericksburg an den Friedensvertrag der Deutschen mit den Comanches

Fredericksburg

Deutsches
Erbe

Das 1846 von **John Meusebach** für den *Mainzer Adelsverein* gegründete Fredericksburg ist bis heute stolz auf sein deutsches Erbe und hat sich deshalb zu einem der Top-Sommerurlaubsziele und Wochenenddestinationen in den USA gemausert. Das Zentrum der kleinen Ortschaft (ca. 11.000 Einw.) erstreckt sich um den parkartig angelegten **Marktplatz**. Hier wird der Maibaum aufgestellt und findet im Herbst das Oktoberfest statt. Die historische, 1847 als Oktogon erbaute **Vereins-Kirche** am Marktplatz ist der älteste Bau der Stadt. Im **Pioneer Garden** dahinter wird mit einer Statuengruppe an den legendären Friedensvertrag zwischen *von Meusebach* und den Comanches erinnert.

Fredericksburg Historic District

Der *Historic District* erstreckt sich jeweils zwei Straßen nördlich und südlich der Main Street. Beim Rundgang passiert man öffentliche Bauten wie das **Nimitz Hotel** (328 E. Main St.) von 1860, die **Vereins-Kirche** am zentralen **Marktplatz** (1847), den **White Elephant Saloon** (242 E. Main St.), einen der schönsten Bauten der Stadt von 1888, das **Old Gillespie County Courthouse** (115 W. Main St.) von 1882 oder die **Zion Lutheran Church** (424 W. Main St.), erbaut 1853/54.

Zu den interessanten Wohnhäusern gehören die sogenannten **Sunday Houses**, die einst Rancherfamilien als Unterkunft dienten, wenn sie am Wochenende zu Geschäften, gesellschaftlichen Verpflichtungen oder zum Kirchgang in die Stadt kamen. Ein gutes Beispiel ist das **Metzger Sunday House** (406 W. San Antonio St.) von 1898. Zu den ältesten Bauten der Stadt gehören einige an der W. Creek Street: z. B. die **Pape Log Cabin** (Nr. 213, 1846), das **Kuenemann House** (Nr. 413, 1847) oder das **Walter Home** (Nr. 605, 1846).

Hauptachse im Zentrum des historischen Fredericksburg ist die **Main Street**. Hier reihen sich nette Läden, Galerien und Boutiquen, Cafés und Lokale wie die *Fredericksburg Brewery*, *Lindenbaum* oder *Ausländer* aneinander, die auch deutsche Kost auf den Speisekarten stehen haben.

Main Street Fredericksburg/Texas

Lesetipp
*Wer sich für die historischen Hinterlassenschaften der Stadt interessiert, sollte sich im VC die kostenlose Broschüre „**Walking Tour of Historic District**" besorgen.*

Weitere Sehenswürdigkeiten im Ort

Das **National Museum of the Pacific War**, das sich im ehemaligen Nimitz Hotel und einem neu gebauten Annex befindet, informiert über den Zweiten Weltkrieg im Pazifik.
National Museum of the Pacific War, *340 E. Main St., www.pacificwarmuseum.org, tgl. 9–17 Uhr, $ 12.*

Das Freilichtmuseum **Pioneer Museum Complex** mit seinen historischen Häusern, in denen Mitarbeiter Besucher ins 19. Jh. zurückversetzen, beschäftigt sich mit den deutschen Wurzeln der Stadt und auch das **Vereins-Kirche Museum** befasst sich mit der Gründung und den deutschen Siedlern.
Pioneer Museum Complex, *325 W. Main St., http://pioneermuseum.net, Di–Sa 10–17 Uhr, $ 5 (inkl. Vereins-Kirche).*
Vereins-Kirche Museum, *100 W. Main St. (Marktplatz), Di–Sa 10–16.30 Uhr, $ 2.*

Freilicht-museum

Zu den ungewöhnlichsten Attraktionen zählt das **Gish's Old West Museum**. In einem Schuppen zeigt *Joe Gish* – selbst noch ein echter Cowboy – seine unglaubliche Sammlung zur Cowboy-Kultur zwischen den 1870er- und 1920er-Jahren.
Gish's Old West Museum, *502 N. Miliam St., www.curtrich.com/fr.gish.html, keine regelmäßigen Öffnungszeiten, Anmeldung: ☎ (830) 997-2794.*

Sehenswürdigkeiten im Umland

Lyndon B. Johnson National Historical Park
Zu den Attraktionen im Umland von Fredericksburg gehört der **Lyndon B. Johnson National Historical Park**. Im Zentrum dieses NHP steht die Ranch von *Lyndon B(aines) Johnson* (1908–73), dem 36. US-Präsidenten. Er war zunächst Vize unter *John F. Kennedy*, übernahm dann nach dessen Ermordung 1963 das Amt, wurde wiedergewählt und amtierte bis 1969. Der Texaner war eine umstrittene und ungewöhnliche Persönlichkeit. „*Love him or hate him*", hieß es, denn er amtierte einerseits während des umstrittenen Vietnamkriegs, andererseits war *LBJ* auch der Präsident, der die Bürgerrechte für alle und viele Neuregelungen im Umwelt- und Verbraucherschutz auch gegen Widerstand durchsetzte. Fast ein Viertel seiner Amtszeit verbrachte er auf seiner Ranch und betrieb von hier eine Politik, die berühmt wurde als „Johnson Treatment". In der angenehmen Atmosphäre der abgelegenen Ranch verstand er es vorzüglich, seine Gäste umhegen zu lassen und dabei von seinen Ideen zu überzeugen.

Ranch eines Präsidenten

Nach *LBJs* Tod lebte seiner Frau *Claudia*, bekannt als „*Lady Bird*", weitere auf der LBJ Ranch. Nach ihrem Tod im Jahr 2008 wurden das Wohnhaus und die Ranch hergerichtet und Schritt für Schritt der Öffentlichkeit zugänglich gemacht. Interessant ist besonders das Büro, das als *Oval Office* diente und sich heute im Zustand von 1968 präsentiert. *Johnson* betrachtete die Ranch weniger als wichtig für den Lebensunterhalt als vielmehr als Versuchs- und Showranch – und so wird sie noch heute vom *National Park Service* betrieben.

Lyndon B. Johnson NHP, *Stonewall, Zufahrt: Hwy. 290 E., bei Johnson City, tgl. 9–17 Uhr, www.nps.gov/lyjo; LBJ Ranch VC, tgl. 8–17 Uhr, frei, Touren durch die Villa $ 2.*

Enchanted Rock State Natural Area

Etwa 25 km nördlich von Fredericksburg liegt die **Enchanted Rock State Natural Area**, eine 1979 eingerichtete *Wilderness Area* ringsum den zweitgrößten freistehenden Granitfelsen nach dem Stone Mountain (bei Atlanta/Georgia) in den USA. Der 260 ha große und 556 m hohe Felsen sieht aus der Ferne wie ein riesiger Buckel aus. Das Besondere an ihm ist, dass hier **vier verschiedene Ökosysteme** (Eichenwald, Grasland, Granitfels, Flussaue) vorkommen und dadurch für eine enorme Vielfalt an Flora und Fauna gesorgt ist.

„Where Texas was born"

Zudem gilt die Region als einer der ältesten besiedeltem Plätze in Texas – *„where Texas was born"* – denn der Fels war schon immer ein **Heiliger Platz** für die lokalen Indianer, neben Tonkawa- auch für Apache- und Comanche-Indianer. Kein Wunder, dass sich um den Fels viele Legenden ranken – wie schon der Name andeutet. So soll sich hier der Texas Ranger *John „Jack" C. Hays* (1817–83), der bei einer Patrouille 1841 von Comanches angegriffen wurde, auf den Felsen gerettet haben. Dazu kursieren Geistergeschichten („Sightings") und man sagt, dass irgendwo in einem der vielen Löcher im Fels ein spanischer Goldschatz versteckt sein soll. Etwa 400.000 Besucher zieht es jedes Jahr zu dem Fels, der zum Wandern und besonders zum Klettern ideale Bedingungen bietet. Im Sommer sollte man jedoch früh da sein, da dann oft wegen Überfüllung der wenigen Parkplätze die Zufahrt kurzzeitig geschlossen wird.

Enchanted Rock State Natural Area, *16710 Ranch Rd. 965 (N. Milam St.), www.tpwd.state.tx.us/spdest/findadest/parks/enchanted_rock, kleines VC (tgl. 10–17 Uhr) an der Zufahrt, Park durchgehend geöffnet, $ 6.*

Texas Hill Country Wineries

Schon die Spanier hatten in Texas versucht, Wein zu kultivieren und die deutschen Sielder traten in ihre Fußstapfen, bis die Prohibition in den 1920er-Jahren die Produktion zum Erliegen brachte. Erst in den 1970er-Jahren setzte die Weinproduktion wieder ein. Doch seither haben die Texaner enorm aufgeholt: Nach Kalifornien, Washington State, Oregon und New York ist Texas mit seinen etwa 1300 ha Rebfläche die **Nummer fünf in den USA**, was die Produktionsmengen angeht. Auch die Qualität kann sich inzwischen sehen lassen: Die Weine werden vielfach mit portugiesischen Produkten verglichen und heimsten bereits etliche internationale Auszeichnungen ein. Inzwischen gibt es **rund 160 Winzer** im ganzen Staat, rund 30 davon im Hill Country um Fredericksburg.

Heute werden wieder über 36 verschiedene Rebsorten, allein 15 davon autochthon, d. h. ursprünglich von hier stammend, in Texas angebaut. Der Staat ist in **drei Weinregionen mit acht Appellationen** unterteilt: die **North Central Region** erstreckt sich von New Mexico über den Texas Panhandle bis nach Dallas, die **South Eastern Region** zwischen San Antonio, Austin und Houston – mit dem Hill Country als Aushängeschild –, und schließlich die **Trans-Pecos Region** im Westen, die für rund zwei Drittel der Produktion sorgt. Geerntet wird in Texas wegen der herrschenden Sommertemperaturen schon Ende Juli, also zwei Monate früher als vielerorts in Kalifornien. *Cabernet Sauvignon* und *Chardonnay* sind

Das Weingut Grape Creek Vineyards bei Fredericksburg

die beiden Hauptrebsorten, doch *Chenin Blanc, Sauvignon Blanc, Syrah, Tempranillo, Sangiovese, Viognier* und *Pinot Gris* werden zunehmend beliebt.

Überraschenderweise ist die *University of Texas* der **größte texanische Traubenproduzent**. Nahe Fort Stockton im Westen von Texas bewirtschaftet die Hochschule seit den 1980er-Jahren etwa 400 ha an Rebgärten. Aus den Trauben keltern Studenten unter Anleitung von erfahrenen Winzern aus dem Bordeaux unter den Namen „Ste. Genevieve" und „Escondido Valley" erlesene Tropfen. Ältester und zweitgrößter Betrieb ist die 1976 gegründete **Llano Estacado Winery** in Lubbock, im Nordwesten von Texas (s. unten).

Wein aus Texas

Die größte Dichte mit etwa **30 Weingütern** hat jedoch das **Hill Country**, dazu sind diese für Gäste besonders attraktiv, da überwiegend mit Läden und Probierstuben ausgestattet. Auf dem als **Hill Country Wine Road** ausgewiesenen Hwy. 290 können Besucher mühelos von einem Winzer zum anderen fahren und sich vor Ort von der Qualität des Weins überzeugen. Die Straße bietet auf etwa 50 km zwischen Johnson City, Stonewall und Fredericksburg über 20 *Wineries*. Viele davon bieten Touren an und es finden verschiedene Veranstaltungen mit Verkostungen, Essen, Konzerte oder Familienevents statt.

Aushängeschild der Region sind die 1985 gegründeten **Grape Creek Vineyards**, die zu den größeren Betrieben gehören und sich zuletzt einen Namen für ihren *Pinot* und *Viognier* gemacht haben. Zu den ältesten Winzern der Region gehört **Torre di Pietra** und dort legt man Wert auf Trauben aus eigener Produktion.

Information
Infos zu **texanischen Weinen** bzw. zur **Wine Road** (Hwy. 290):
- www.texaswinetrail.com (Wineries im Hill Country)
- www.wineroad290.com (Weingüter entlang der Wine Road/Hwy. 290)
- www.gotexanwine.org (Infos über Wein in Texas allgemein).

„Everybody's Somebody in Luckenbach"

Everybody's Somebody in Luckenbach

„Dallas war damals nicht auf dem Immobilienmarkt verfügbar," antwortete *Hondo Crouch* auf die Frage, warum er ausgerechnet dieses Nest im „Nowhere" von Texas gekauft habe. 1970 hatte der Exzentriker auf eine wenig aussagekräftige Immobilienanzeige *„Town, population 3 – for sale"* reagiert und für gerade einmal $ 30.000 ein paar Hütten mitten im texanischen Hill Country, östlich der Ortschaft Fredericksburg, erworben. *Crouch* war Entertainer, Rancher, Philosoph, Dichter und Künstler in einer Person, er galt als der „Clown Prince of Luckenbach" und als Volksheld. Ehe er 1976 starb, gelang es ihm, durch eine ganze Reihe von ungewöhnlichen Events den winzigen Ort **Luckenbach/Texas** bekannt zu machen. *Hondo* war es gewesen, der innerhalb nur weniger Jahre die Basis für dieses **Mekka der alternativen Countrymusic** gelegt hatte. Wesentlich beteiligt an der Verbreitung von Ruf und Ruhm waren aber zwei Countrymusic-Legenden, *Waylon Jennings* und *Willie Nelson:* „Let's go to Luckenbach, Texas, with Waylon and Willie and the boys, ... out in Luckenbach, Texas, ain't nobody feeling no pain," sangen sie 1977 und dieses Lied *„Luckenbach, Texas"* machte den Ort über Nacht zur Pilgerstätte der Countrymusic-Avantgarde.

Mekka der Country-musik

In der alten **Luckenbach Dance Hall**, nicht viel mehr als eine größere Holzscheune, treten seither Wochenende für Wochenende berühmte und weniger bekannte, aber talentierte Musiker der Szene auf. So mancher Superstar, wie einst *George Strait* als junger Cowboy aus San Antonio oder der deutschstämmige texanische Liedermacher *Lyle Lovett*, begann in Luckenbach seine Karriere. Zwar kann man in Luckenbach auch große Konzerte ausrichten, doch eigentlich ist man stolz auf die familiäre Atmosphäre;

das Motto heißt seit *Hondos* Tagen: „**Everybody's Somebody in Luckenbach!**" Jeder Besucher kann beispielsweise bei der *Open Session* am Sonntagnachmittag seine Fähigkeiten als Musiker oder Dichter unter Beweis stellen. In Luckenbach wird fast täglich etwas geboten, ob in der Dance Hall oder auf der wacklig wirkenden kleinen Freiluftbühne, wo regelmäßig in der Szene bekannte Musiker wie *Mike Blakely*, *Tommy Alverson* oder *Cody Jinks* auftreten. Legendär geworden und viel besucht sind Events wie das „Hug-In" am Valentinstag. Dann wird bis zum Morgengrauen getanzt und musiziert und viele zelten mangels Unterkünften in der Nähe einfach auf den Rasenflächen ringsum.

In Luckenbach ist immer etwas los

Countrymusic-Fans sind die eine Besuchergruppe, Motorradfreaks die andere. Luckenbach gilt als eine der **Top-Biker-Destinationen** in den USA. Wenn die schweren *Harleys* die schmale Zufahrtstraße nach Luckenbach entlangdonnern, bekommt man beinahe Angst um die alten, teils baufällig wirkenden Bauten auf dem Gelände, wie die Dance Hall oder den sich unter mächtigen alten Bäumen duckenden **General Store** mit Bar. Immerhin trotzt diese unscheinbare Holzhütte schon seit 1851 den Unbilden von Zeit und Wetter. 1849 hatte ein deutscher Wanderprediger hier „Grape Creek" gegründet. Seine Tochter *Minna* und ihr Mann *Albert Luckenbach*, nach dem der Ort 1856 umbenannt worden war, erbauten das Haus für ihren Krämerladen, der zugleich als Postamt und Saloon fungierte. Nach der Unterzeichnung des Friedensvertrags zwischen *von Meusebach* und den Comanches 1847 (s. S. 242) sollen hier sogar einige Indianer Stammkunden gewesen sein.

Während sich im General Store die Besucher drängeln, sucht man den eigentlichen Ort, der 1904 mit fast 500 Einw. seinen Höhepunkt erlebte, vergeblich. Luckenbach ist inzwischen zu einer Art Stadtteil des 15 km entfernten Fredericksburg geworden. Und ist andererseits eine Welt für sich: Hat man die Bretterbude mit der Aufschrift „**U.S. Post Office Luckenbach, Texas**" betreten, vergisst man den Alltag und glaubt sich in alte Zeiten zurückversetzt: Hier im alten Postamt/General Store türmt sich wie in einem Museum allerlei Trödel und Inventar aus vergangenen Zeiten, dazu werden die beliebten Souvenirs wie T-Shirts oder Mützen verkauft. In hinteren Teil schließt sich der **Saloon** an, genau genommen, nur eine Bartheke. Hier ist die Decke übersät von Baseballmützen, die Fans aus aller Welt zurückgelassen haben. Im Freien, an der Rückwand der kleinen Bühne, sind es Autoschilder, die als Souvenirs aufgehängt wurden.

Reisepraktische Informationen Texas Hill Country/Fredericksburg

ⓘ Information
Fredericksburg Visitor Information Center, *302 Austin St., www.fredericksburg-texas.com, Mo–Fr 8.30–17, Sa 9–17, So 12–17 Uhr. Vielerlei Informationsmaterial sowie Hilfe und Tipps vom freundlichen Personal; WC und großer Parkplatz.*
Infos zu **Luckenbach/TX***: www.luckenbachtexas.com.*

🛏 Unterkunft
Infos und Buchungen*: www.FredTexLodging.com*
Magnolia House $$$, *101 E. Hackberry St., ☎ (830) 997-0306, www.magnolia-house. com. Renoviertes Wohnhaus aus den 1920er-Jahren, das seit 1990 als B&B dient. Die Besitzer*

Claude und Lisa Saunders haben die fünf unterschiedlichen Zimmer liebevoll und gemütlich eingerichtet; dazu gehört ein großer Garten.

Inn on Barons Creek Spa and Conference Center $$–$$$$, *308 S.Washington St.,* ☎ *1-866-9900-0202, www.innonbaronscreek.com. Schön am Barons Creek gelegenes Motel mit geräumigen Suiten, Pool und Wellness-Angebot; nur wenige Meter vom Stadtzentrum entfernt.*

Cotton Gin Village $$$–$$$$, *2805 S. Hwy. 16,* ☎ *(830) 990-8381, www.cottongin lodging.com. Inn mit unterschiedlich großen Zimmern und Suiten sowie Cabins in den renovierten alten Bauten einer ehemaligen Mühle südlich von Fredericksburg. Zugehöriges Lokal* **Cabernet Grill***, s. unten.*

🍴 Restaurants

Allgemeine **Infos** *finden sich auf der Seite: www.FredTexFlavors.com*

Fredericksburg Brewing Company, *245 E. Main St. Beliebte Kneipe an der Hauptstraße, die ihr eigenes – ausgezeichnetes – Bier vor den Augen der Gäste braut; dazu Hausmacherkost, teils deutsch, teils amerikanisch (Würste, Burger, Schnitzel etc.).*

August E's, *203 E. San Antonio St.,* ☎ *(830) 997-1585. Ausgezeichnete „Nouveau Texas"-Küche in modernem Ambiente mit kreativen Zubereitungen von Steaks über Sushi bis hin zu Fisch- und Meeresfrüchten; vorwiegend Verwendung regionaler Produkte.*

Cabernet Grill, *2805 S. Hwy. 16 (Cotton Gin Village),* ☎ *(830) 990-5734. Vor allem lokale, meist Bioprodukte auf der Speisekarte, breites Spektrum von Steak bis Rebhuhn oder Wild.*

Cranky Frank's BBQ, *1679 Hwy. 87 S. Typischer texanischer Imbiss mit Grillgerichten, preiswert und gut.*

Porky's, *904 W. Main St. Diner in einem alten Haus am Stadtrand. Ausgezeichnete „richtige" Hamburger und knusprige Onion Rings.*

🎁 Einkaufen

L.M. Easterling Custom Boot Company, *107 N. Adams St., www.easterling boot.com. Bei Mary und Lloyd Easterling sind Boots nicht einfach nur Cowboystiefel, sondern individuell angepasste Kunstwerke. Es gibt auch gute Ware von der Stange.*

Texas Jack Wild West Outfitter, *117 N. Adams St. Alles für Cowboys und -girls, aber auch historische Westernkleidung, Messer und Waffen.*

Rodeo Studio, *208 E. San Antonio St. Sehenswertes Studio und Galerie des lokalen Künstlers John Bennett, dessen Skulpturen zumeist Westernthemen aufgreifen.*

Whistle Pik Galleries, *425 E. Main St., die beste Kunstgalerie der Stadt – auch wer nichts kaufen will oder kann, sollte sich die Räume ansehen, die eher einem Kunstmuseum gleichen.*

 Hinweis zur Route

Von Fredericksburg und dem Hill Country führt der US Hwy. 87 direkt in die **Texas Panhandle Plains** (340 mi/547 km). Empfehlenswerter ist aber die Fahrt über **Abilene**: Bis **San Angelo** mit dem sehenswerten Fort Concho folgt man von Fredericksburg dem **US Hwy. 87** (150 mi/241 km). Von San Angelo erreicht der US Hwy. 277 nach nur 90 mi (145 km) Abilene und von dort erreicht der US Hwy. 84 (bis Roscoe identisch mit der I-20) nach knapp 165 mi (265 km) **Lubbock**, die erste Station in der Region **Panhandle Plains**.

Alternativroute durch das Big Bend Country

Naturfreunde sollte die **alternative Route über den Big Bend National Park** zu den Texas Panhandle Plains einschlagen. Dazu fährt man von Fredericksburg auf dem Hwy. 290 westwärts zur Autobahn I-10 (40 mi/64 km). In Fort Stockton – nach weiteren 220 mi/352 km auf der I-10 westwärts (Exit 259) erreicht – geht es auf dem Hwy. 385 südwärts nach **Marathon** (ca. 60 mi/96 km), dem Ausgangspunkt für den Nationalpark, der aber immer noch 40 mi (64 km) weiter südlich liegt.

Big Bend National Park

Im Südwesten von Texas, dort wo die Besiedlung immer dünner wird und die Natur die Oberhand gewinnt, bestimmen der mächtige **Rio Grande River** und sein tief eingeschnittenes Tal das Landschaftsbild. Der Fluss bildet die natürliche Grenze zwischen Texas und Mexiko und hier in einer Flussschleife liegt auch der **Big Bend National Park**, eines der abgelegensten und schönsten Naturareale des Südwestens. Der mächtige Rio Grande, der sich zwischen Chihuahua-Wüste und den Chisos und Davis Mountains abenteuerlich dahinschlängelt, gab diesem Teil von Texas seinen Namen: „**Big Bend Country**". Der Fluss entspringt in den südlichen Rocky Mountains und mündet nach rund 3.000 km in den Golf von Mexiko. Aufgrund der Nähe zu Texas und Mexiko verschmelzen in diesem Gebiet Kultur und Traditionen der alten spani-

Abgelegenes Natur-paradies

Mountainbiking im Big Bend Country

schen Kolonialmacht mit denen der Ureinwohner. Die wilde, vom Flusstal geprägte Landschaft und atemberaubende Sonnenuntergänge ziehen jedes Jahr über 1 Mio. Besucher an, und das trotz der Abgeschiedenheit der Region.

Infos Big Bend NP: *Hwy. 385, www.nps.gov/bibe, Gelände immer zugänglich,* **Panther Junction VC** *tgl. 8–18 Uhr,* **Chisos Basin VC** *8/9–15.30/16.30 Uhr, $ 20/Pkw.*

Midland und Odessa

Benachbarte Städte

Von Marathon aus geht es auf dem Hwy. 385 nordwärts nach Lubbock (300 mi/480 km). Auf halbem Weg zwischen dem Big Bend NP und den Texas Panhandle Plains passiert man die beiden benachbarten städtischen Zentren des agrarisch geprägten Westens, **Midland** und **Odessa**. Dass auch hier Öl eine wichtige Rolle spielte, erfährt man im **Permian Basin Petroleum Museum** in Midland. Ein hier eher unerwartetes Sight ist das **Globe of the Great Southwest** in Odessa. Das Theater ist eine exakte Kopie von Shakespeares Globe Theatre in London und natürlich werden hier Shakespeare-Stücke aufgeführt, aber auch Bluegrass-Konzerte und Broadway Musicals.

Permian Basin Petroleum Museum, *1500 W. I-20, Midland, http://petroleummuseum. org, Mo–Sa 10–17, So 14–17 Uhr, $ 8.*

Globe of the Great Southwest, *2308 Shakespeare Rd., Odessa, Infos und Tickets: www.globesw.org.*

Reisepraktische Informationen Big Bend Country/Midland/Odessa

ℹ️ Information
Marathon: *www.marathontexas.com*
Midland: *www.visitmidlandtexas.com*
Odessa: *www.odessacvb.com*

🛏️ Unterkunft
Adobe Hacienda Lodges $$, *Marathon, ☎ 1-866-386-424, www.chisosgallery. com. Mexikanisches Flair in kleinen Adobebauten mit allem Komfort.*
Eve's Garden Organic B&B $$$, *Ave. C/N. 3rd St., Marathon, ☎ (432) 386-4165, www.evesgarden.org. B&B mit sieben Zimmern in einem Naturparadies, eine „Urban Hacienda" mit Bio-Mustergarten.*
MCM Eleganté Hotel $$$, *5200 E. University Blvd., Odessa, ☎ (432) 368-5885, http://mcmeleganteodessa.com. Das beste Hotel im westlichen Texas, gediegene Ausstattung, gemütliche Zimmer, Spa und Pool-Bereich.*

🍴 Restaurants
Rockin' Q Smokehouse, *3812 Penbrook St., Odessa, ☎ (432) 552-7105. Hier gibt es typische texanische BBQ-Spezialitäten wie „beef brisket" oder Würste zu probieren. Preiswert und familienfreundlich.*
Dos Amigos Cantina, *4700 Golder St., Odessa, ☎ (432) 368-7556. Bekannt für die Tex-Mex-Spezialitäten, zugleich Veranstaltungsort für Bull Riding und Konzerte (Infos unter http://dosamigoscantina.com); das Motto lautet: „Beer, Babes & Bulls".*

Texas Panhandle Plains

„Zwischen Texas, Arizona, Neu-Mexiko und dem Indianer-Territorium, ..., liegt eine weite furchtbare Strecke Landes, welche die ‚Sahara der Vereinigten Staaten' genannt werden könnte ... Und wie heißt diese Wüste? Die Bewohner der umliegenden Territorien geben ihr verschiedene, bald englische, bald französische oder spanische Namen; weithin aber ist sie wegen der eingerammten Pfähle, welche den Weg bezeichnen sollen, als Llano Estaccado bekannt."

Mit diesen Worten beschrieb **Karl May** in „Winnetou III" (1893) jene Region in West Texas, die heute „**Texas Panhandle Plains**" genannt wird. *May*, der „Vielgelesene" und „Weniggereiste", kannte den Westen der USA nur vom Hörensagen und aus Berichten Dritter und er hätte vermutlich eine völlig andere Beschreibung abgegeben, wenn er den Nordwesten von Texas und ganz besonders den **Llano Estacado** tatsächlich bereist hätte.

Viele waren, wie er, der Meinung, dass der Name *Llano Estacado* auf durch Pfosten markierte Wege zurückgeht, die über die wasserarme Hochebene führen. In Wahrheit aber hatten die ersten spanischen Abenteurer die baum- und strauchlose Grasebene als „mit einer Palisade versehen" beschrieben. 1541 war der Spanier *Francisco Vásquez de Coronado* mit seinen Männern als erster Europäer hier aufgetaucht und hatte der Region ihren Namen gegeben. Kaum hat heute der Reisende das Hill Country im Zentrum von Texas hinter sich gelassen, zeichnet sich am Horizont besagte Hochebene ab und bildet eine Barriere, eine Abbruchkante über der flachen Prärie. Jetzt versteht man, was Coronando mit „**Llano Estacado**" oder „**Staked Plains**" gemeint hatte.

Die Spanier waren auf der Suche nach Gold unterwegs, hatten jedoch außer endloser Weite, unzähligen Bisons und feindlichen Indianern nichts gefunden. Und doch sollte ihr Besuch nachhaltige Wirkung haben: Einige der von den Spaniern mitgeführten Pferde setzten sich im Grasland ab und verwilderten. Die in der Region lebenden Comanche-Indianer fingen diese Tiere ein und zähmten sie – und wurden als beste Reiter des Westens, als die „*Lords of the Plains*", bekannt. Zwischen dem frühen 18. Jh. und den 1870er-Jahren beherrschten sie diesen Teil des Westens und verhinderten erfolgreich die Ausbreitung der Europäer.

Die „Panhandle Plains", mit **Amarillo** und **Lubbock** als städtischen Zentren, ist heute agrarisch geprägt:

Redaktionstipps

Sehens- und Erlebenswertes

➤ in Abilene Zeit im außergewöhnlichen **Frontier Texas** (S. 256) verbringen

➤ in Lubbock lohnt die **Llano Estacado Winery** (S. 262) ebenso wie das **Buddy Holly Center** (S. 259)

➤ ein Besuch im **Palo Duro Canyon** (S. 262)

➤ in Amarillo muss man das **American Quarterhorse Hall of Fame & Museum** (S. 267) gesehen haben

Übernachten

➤ wie daheim: die **Sayles Ranch Guesthouses** in Abilene (S. 258) möchte man am liebsten als „Zweitwohnung" behalten

Essen und Trinken

➤ Steaks der Extraklasse lässt man sich im **Perini Ranch Steakhouse** bei Abilene (S. 258) oder in der **Country Barn** in Amarillo (S. 268) schmecken

➤ mexikanische Spezialitäten und ausgezeichnete Margaritas serviert man in **Abuelo's Mexican Food Embassy** in Lubbock (S. 262)

➤ wer in der **Big Texan Steak Ranch** in Amarillo das gigantische Steak schafft, braucht nichts zahlen (S. 268)

Sowohl ausgedehnte Felder, vor allem Baumwollfelder, als auch riesige Weideflächen dominieren das Landschaftsbild. War es im 20. Jh. vor allem das Öl, das hier gefördert wurde, ist es heute besonders Erdgas. Zudem gewinnen alternative Energiequellen wie Windenergie an Bedeutung. Dabei macht man sich den auf der Grasebene omnipräsenten Wind zunutze.

 Hinweis zur Route

Der direkte Weg von Fredericksburg zur nächsten Station, Abilene, führt auf dem Hwy. 87 nach **Brady**, dann auf dem Hwy. 283 bis **Santa Anna** und schließlich auf Hwy. 84 (175 mi/280 km) zum Ziel. Lohnender, und daher unten beschrieben, ist jedoch die Fahrt auf dem Hwy. 87 bis San Angelo und dann dem Hwy. 277 bis Abilene (240 mi/380 km).

San Angelo – Fort Concho

Fort zum Schutz der Siedler

1848 begann die *US Army* entlang der *Texas Frontier* Militärforts zu errichten, um die Siedler vor Banditen und den Übergriffen der Comanches zu schützen. Am Ende waren es 44 Forts und an die hundert temporäre Posten auf gut 1.100 km Strecke. Heute kann man entlang dem **Texas Forts Trail** dieses historische Gebiet erkunden. Die nachfolgend vorgeschlagene Route folgt von San Angelo nach Abilene ebenfalls diesem historischen Trail.

San Angelo entstand nach der Gründung von **Fort Concho**. Es gilt als eines der besterhaltenen Forts in Texas und war 1867–89 zum Schutz der Siedler gegen die Comanches militärisch besetzt. Der Posten diente aber nicht nur dem Schutz der Siedler, von hier aus wurde auch West Texas vermessen. Neben der *Cavalry* (Reitertruppe) und *Infantry* (Fußsoldaten) waren hier auch Einheiten der berühmten *Buffalo Soldiers*, der *Cavalry*-Truppen afroamerikanischer Soldaten, stationiert. Heute kann man auf dem Grund noch 23 der Bauten im Original bzw. als Nachbau besichtigen und erhält eine gute Vorstellung, wie es hier im „Niemandsland" zu Zeiten der *Indian Wars* (1866–91) aussah.
Fort Concho, *630 S. Oakes St., San Angelo, www.fortconcho.com, Mo–Sa 9–17, So 13–17 Uhr, $ 3.*

San Angelo hat sich zu einem Städtchen mit über 90.000 Einw. entwickelt und liegt am Übergang zwischen den noch relativ feuchten Ebenen von Central Texas und der Wüstenregion von West Texas. Die Stadt ist Zentrum einer großen **Viehzuchtregion**. Die lokale *Livestock Auction* ist die größte Schafsbörse der USA und auch der Rindermarkt gehört zu den Top 5 der USA.

 Information
Infos zu **San Angelo**: *www.sanangelotexas.org*
Infos zum **Texas Forts Trail**: *www.texasfortstrail.com*

Besuch im Freilichtmuseum Buffalo Gap Historic Village

Abilene – Where the Real West Begins

Weite und Leere prägen den Westen von Texas auch heute noch, wie zu Zeiten, als noch riesige Bisonherden und Comanche-Indianer die Grasebene bevölkerten. Bevor man den *Llano Estacado*, der sich am fernen Horizont schwach abzeichnet, erreicht, quert man **„Frontier Texas"**. In diesem Grenzland zwischen Zivilisation und Wildnis, zwischen San Antonio, Fredericksburg und Fort Worth im Osten sowie der **Comancheria**, der Heimat der Comanche-Indianer im Westen, entstanden in den 1870/80er-Jahren erste Ortschaften, z. B. **Buffalo Gap**, heute ein Nest mit etwa 400 Einwohnern südlich der größten Stadt der Region, Abilene.

Abilene ist der zentrale Ort des „**Big Country**", wie West-Texas auch genannt wird. In den 1880er-Jahren galt es als das wahre Tor zum „Wilden Westen" und markierte damit die Stelle „*where the real West begins*" – noch heute das schlagkräftige Motto in Abilene. Der *Texas Forts Trail* beginnt und endet in Abilene. *Im „Big Country"*

Einst verkörperten hier, „**Deep in the Heart of Texas**", Friedensrichter und Sheriffs Recht und Ordnung. Ein in Stein erbautes Court House wie das **Taylor County Court House** von 1879 in Buffalo Gap galt als sichtbares Zeichen für den Einzug der Zivilisation und ermunterte Siedler, sich niederzulassen. Heute breitet sich um den alten Gerichtsbau das **Buffalo Gap Historic Village** aus, ein Freilichtmuseum, in dem Originalbauten aus dem späten 19. und frühen 20. Jh. – eine Schule, Ranchhäuser, ein Bahnhof und eine Bank – versammelt sind und Besucher auf eine Zeitreise geschickt werden. Dabei stehen drei Epochen im Vordergrund: die Gründerjahre der 1880er-Jahre, die Zeit um 1900 mit der Ankunft der Eisenbahn und schließlich der Beginn des Automobilzeitalters in den 1920er-Jahren.

Buffalo Gap Historic Village, *133 N. Williams St., Buffalo Gap, ca. 10 km südlich von Abilene, www.buffalogap.com, Mo–Sa 10–17, So 13–17 Uhr, $ 7.*

Frontier Texas

Beinahe noch eindrucksvoller, da konzeptionell wie multimedial auf modernstem Stand, ist das **Museum Frontier Texas** in **Abilene**. Als 1881 die Eisenbahn den Westen von Texas erreichte, löste Abilene Buffalo Gap als zentrale Siedlung der Region ab. Heute ist Frontier Texas die Hauptattraktion der Stadt und gilt als eines der besten Museen zur Geschichte und Besiedlung des Westens. Es geht es um Cowboys und Longhorns, Soldaten und Forts, Indianer und Händler in der Zeitspanne zwischen 1780 und 1880, einer Zeit des Wandels.

Einzigartige Multimedia-Show

Einzigartig ist die **interaktive Multimedia-Show** mit Special Effects in einem kreisrunden Vorführraum, an dessen Wänden ringsum die Geschichte eindrucksvoll zum Leben erweckt wird. Verschiedene historisch belegte Persönlichkeiten wie der Comanche *Esihabitu*, der Cowboy *George Thomas Reynolds*, der Offizier und Forscher *Randolph Barnes Marcy* oder der freigelassene Sklave *Britt Johnson*, der als Cowboy und Kutscher arbeitete, erzählen lebensecht die **Geschichte und das Leben in West Texas** aus unterschiedlichen Perspektiven.

Durch die **verschiedenen Abteilungen** des Museums mit lebensgroßen Modellen, Schautafeln und Orginalen geleitet den Besucher *Buck Taylor*, alias „*Newly O'Brien*", Star der TV-Serie „Gunsmoke" („Rauchende Colts"). Er stellt die *Spirit Guides*, acht historische Persönlichkeiten, dem Besucher vor, die in der Ausstellung ihre Geschichten erzählen. Zur Einstimmung dienen interaktive Karten und ein 4 m hohes und knapp 140 m langes Wandbild. Dazu gibt ein originalgroßes Tipi eine Vorstellung von der Lebensweise der Comanche und Kiowa im 19. Jh. Zu sehen ist auch ein indianisches Grab. Näher betrachtet werden auch die Forts und das Leben der Soldaten. Themenschwerpunkte sind die Bereiche **Communication** – wie ver-

Das Museum Frontier Texas in Abilene ist spektakulär wegen seiner ungewöhnlichen Ausstellungskonzeption

ständigten sich die Indianer miteinander, was sagen Piktogramme oder Rauchsignale –, um **Information** (Wetter, Geografie etc.), um **Transportation** (Reiten, Kutschen, Trails). In der Abteilung **Documentation** sind Dokumente und Fotos, Zeitungsannoncen und Indianerverträge zu sehen. „Amigo" heißt die authentische Replik eines **Longhorns**, das wegen seiner fast 3 m langen Hörner berühmt geworden ist. Im **Bee Hive Saloon** gibt es zwar keine Drinks mehr, aber er erinnert an die einst 18 Saloons der Stadt. Der **Conrad/Rath Store** versorgte einst Soldaten und Büffeljäger mit den nötigen Waffen und Munition.

Geschichte von West Texas

Einen Flügel des Gebäudes nimmt das moderne **Visitor Centre** mit *Traveler Information Kiosks* ein. Im **General Store** liegen allerhand Souvenirs und Bücher zum Mitnachhausenehmen bereit.
Frontier Texas, *625 N. First St., Abilene, www.frontiertexas.com, Mo–Sa 9–18, So 13–17 Uhr, $ 8, mit VC.*

Downtown Abilene

Mit dem Bau der **Texas & Pacific Railway** entstand an der Eisenbahnlinie 1881 der Ort Abilene, der die Rolle einer *frontiertown* vom südlich gelegenen Buffalo Gap übernahm. Downtown Abilene dehnt sich nördlich des Bahnhofs um die zentrale Cypress Street aus. Noch heute spielt **Ranching** eine bedeutende Rolle, doch inzwischen haben sich in der Stadt mit ihren etwa 116.000 Einw. gleich **drei christliche Hochschulen** – *Abilene Christian University* mit einer sehenswerten Skulptur auf dem Campus (ACU Drive), die „Jacob's Dream" darstellt, *Hardin-Simmons University* und *McMurry University* – und dazu die **Dyess Air Force Base** (*7th Bomb Wing*) angesiedelt.

Neben Frontier Texas und dem **Zoo**, schön am östlichen Stadtrand gelegen, jedoch relativ klein, lohnt ein Spaziergang auf der **Cypress Street** mit zahlreichen, meist renovierten historischen Bauten aus den 1930er-Jahren. Die kostenlose Broschüre „*Historic Downtown Walking Tour*" informiert über die Details zu den einzelnen Bauten, z. B. über das sehenswerte, liebevoll renovierte **Paramount Theater** (Nr. 352), 1930 im spanischen Kolonialstil erbaut. Ein Großteil der Bauten aus den 1920er-Jahren entwarf übrigens ein und derselbe Architekt: *David. S. Castle*, der 1914 ein Büro in Abilene eröffnet hatte.
Abilene Zoo, *2010 Zoo Lane, tgl. 9–17 Uhr, $ 4.*

Historische Bauten

Eine weitere Besichtigungsstation sollte das **Grace Museum** sein. In dem 1909 errichteten und mehrfach umgebauten ehemaligen Hotel sind drei kleine Museen zusammengefasst: das **Art Museum**, das **Children's Museum** und das **History Museum**.
Grace Museum, *102 Cypress St., Di–Sa 10–17 Uhr, $ 6.*

Zum Abschluss sollte man noch einen Blick in das ungewöhnliche **National Center for Children's Illustrated Literature** werfen, denn dort werden oft interessante Ausstellungen gezeigt.
National Center for Children's Illustrated Literature, *102 Cedar St., Di–Sa 10–16 Uhr (nur bei Ausstellungen), frei.*

Reisepraktische Informationen Abilene/Buffalo Gap/TX

i Information

Abilene and Forts Trail VC, im Museum Texas Frontier, 625 N. First St., www.abilenevisitors.com, Mo–Sa 9–18, So 13–17 Uhr. Umfangreiche Informationen zur Stadt und Region sowie Hilfe bei Fragen und Zimmerbuchungen.

Unterkunft

MCM Eleganté Suites $$$–$$$$, 4250 Ridgemont Dr., ☏ (325) 698-1234, http://mcmelegantesuites.com. Seit Jahren das beste Hotel der Stadt, elegant und luxuriös, aber erschwinglich. Ausschließlich Suiten, mit Schwimmbad und Restaurant **Remington's**.
Sayles Ranch Guesthouses $$$–$$$$$, 1001 Sayles Blvd., ☏ (325) 669–6856, www.saylesranch.com. Terry Browder hat in einem der historischen Wohnviertel der Stadt mehrere Häuser erworben, renoviert und geschmackvoll im „Western-Stil" und mit eigenen Kunstwerken ausgestattet. Inzwischen stehen vier verschieden große, allesamt luxuriös ausgestattete Häuser Gästen zur Verfügung.

Restaurants

Perini Ranch Steakhouse, 3002 Hwy. 89, Buffalo Gap, ☏ (325) 572-3464. Ausgezeichnete Schweinerippchen und Steaks, zudem sollte man den „bread pudding" zum Nachtisch nicht versäumen. Tom Perini, zugleich Kochbuchautor, gilt als einer der besten Kenner der wahren „Cowboy-Küche" und vertreibt auch spezielle Gewürzmischungen: www.periniranch.com.
Sharon Riley's Lytle Land & Cattle Co., 1150 E.S. 11th St., Abilene, ☏ (325) 677-1925 Gemütliches Restaurant, wo außer Steaks auch leckere Salate, Suppen und Burger serviert werden.
Cypress Street Restaurant, 158 Cypress St., ☏ (325) 676-3463. Bei Einheimischen beliebtes unkompliziertes Lokal mit Brewpub im 1923 erbauten Compton Building.

Einkaufen

Candies by Vletas, 1201 N. First St. Leckereien für „Schleckermäuler" wie Candies, handgeschöpfte Schokolade etc. im historischen REA Building von 1936, das einst Wells Fargo als Büro diente.

Texas Star, 174 Cypress St. Ungewöhnliche Souvenirs aus Texas im 1890 als „Windsor Hotel" erbauten Cypress Building.
Western Artisans: In der Stadt gibt es eine Reihe von Geschäften, die sich der handgemachten Produktion typischer Westernware verschrieben haben: z. B. **Leddy Boots** (1602 N. Treadaway), Cowboystiefel seit 1949; **Art Reed Custom Saddle** (361 E.S. 11th St.), erstklassige Sättel, Chaps und Gürtel; oder **5D Custom Hats** (742-A Butternut St.), Qualitätshüte von Damon Albus.

Lubbock – Buddy Hollys Heimat

Bevor man sich endlich dem *Llano Estacado* nähert (via I-20/US Hwy. 84, ab Roscoe US Hwy. 84), durchquert man westlich von Abilene erst noch den angeblich größten Windpark der Welt. Fast 300 Windmühlen ragen im sogenannten **Horse Hollow Wind Energy Center** in den Präriehimmel. Solche Einrichtungen stellen in der Region um Abilene einen neuen, viel versprechenden Wirtschaftsfaktor dar. Neben der Viehzucht spielt der **Baumwollanbau** eine wichtige Rolle. Die Region um Lubbock gilt als eines der Hauptanbaugebiete weltweit. Spielte im 20. Jh. noch die Ölförderung die erste Geige, kommen heute in den *Texas Panhandle Plains* besonders dem Erdgas und alternativen Energiequellen, wie eben der Windenergie, größere Bedeutung zu.

Viehzucht und Baumwolle

Hat man die Windmühlen hinter sich gebracht, zeichnet sich am westlichen Horizont die beschriebene **Hochebene** ab. Einer Barriere gleich, erhebt sie sich unvermittelt über die flache Prärie und es wird klar, was der Spanier *Coronado* mit „Llano Estacado" („abgesteckte Ebene") gemeint hat. Oben auf der Hochebene angekommen, fällt der Blick über ausgedehnte Baumwollfelder und riesige Weideflächen, durchsetzt von einigen Rebflächen.

Lubbock befindet sich in einer der größten Baumwollanbauregionen der Welt. Es ist zwar die größte Stadt auf den *Panhandle Plains*, doch für viele ist Lubbock noch ein unbeschriebenes Blatt. Sportfans kennen vielleicht die 1923 gegründete **Texas Tech University**, denn sie stellt eine der besten College-Football-Mannschaften in den USA. Forschungsschwerpunkte der Hochschule sind Medizin, Rechtswissenschaft und Ingenieurtechnik, insbesondere Windenenergieforschung. Rund 30.000 Studenten sind auf diesem Campus heimisch, einem der amerikaweit größten. Sie sind es auch, die in der über 220.000 Einw. zählenden Präriestadt für Leben sorgen und das Entstehen einer Vielzahl von Cafés und Bars, Nightspots sowie multiethnischen Lokalen bewirkt haben. Besonders am **Broadway**, am Rand des Unigeländes, und im **Depot Entertainment District**, geht es am Abend heiß her.

Depot Entertainment District/Buddy Holly Center

Der **Depot Entertainment District** breitet sich in Downtown Lubbock um den alten Bahnhof (heute Buddy Holly Center, s. unten) aus. Dieses Viertel steht ganz im Zeichen des berühmtesten Sohnes der Stadt, **Buddy Holly**. Er wurde 1936 in Lubbock geboren und ist hier aufgewachsen. In den 18 Monaten, die seine Karriere nur dauerte, beeinflusste er mit seiner Band, den *Crickets,* die Rockmusik entscheidend. Hits wie „Peggy Sue", „Oh Boy!" oder „That'll be the Day" sind unvergessen. Ohne *Buddy Holly* sind Bands wie die *Beatles* oder *Rolling Stones* und Liedermacher wie *Bob Dylan* oder *Bruce Springsteen* kaum vorstellbar.

Heimat von Buddy Holly

Buddy Holly starb 1959 bei einem Flugzeugabsturz und wird seither in der Stadt nicht nur mit einer Statue (Avenue Q) geehrt, sondern auch seit 1999 mit einem eigenen Museum, dem **Buddy Holly Center**. Für audio-visuelle Erlebnisse sorgen ein kurzer interessanter Film und Hörbeispiele. Zusammengetragen wurden neben Fanpost, Fotografien, Autogrammkarten, Original-Equipment und Kleidung sogar die private Plat-

Das Buddy Holly Center in Lubbock

tensammlung *Buddy Hollys*. Zum Komplex gehören ein Shop und ein Raum für Wechselausstellungen. Der alte Bahnhof, in dem sich das Museum befindet, wurde 1928–1953 von der *Ft. Worth & Denver South Plains Railway* genutzt und verfiel, nachdem er aufgegeben wurde. Schließlich unter Denkmalschutz gestellt, erwarb ihn die Stadt 1997. Im Sommer werden im Hof auch Konzerte gegeben, von Rock 'n' Roll über Folk, Latin bis zu Pop.

Buddy Holly Center, *1801 Crickets Ave./19th St., www.buddyhollycenter.org, Di–Sa 10–17, So 13–17 Uhr, $ 5, Sommerkonzerte: Fr/Sa „Summer Showcase".*

National Ranching Heritage Center

Lubbocks Wurzeln

Um Lubbocks Wurzeln als Agrarzentrum geht es im sehenswerten National Ranching Heritage Center, das von der *Uni Texas Tech* betreut wird. Der Gang durch das Dorf mit fast 50 originalen bzw. rekonstruierten Gebäuden, von Scheunen über einfache Hütten und Ranches bis hin zu luxuriösen Villen, in denen zeitgenössisch gekleidete Museumsmitarbeiter das Leben auf dem *Llano Estacado* zwischen den 1780er- und 1930er-Jahren demonstrieren, gleicht einer Zeitreise. Im Sommer und zu besonderen Anlässen finden **Re-enactments** (Demonstrationen, Lesungen oder andere Veranstaltungen) statt.

The National Ranching Heritage Center, *3121 4th St., www.depts.ttu.edu/ranchhc, Mo–Sa 10–17, So 13–17 Uhr, frei.*

Weitere Sehenswürdigkeiten

Im **Louise Hopkins Underwood Center for the Arts (LHUCA)** werden wechselnde interessante Kunst- und Kunsthandwerksausstellungen gezeigt. Der kleine Kunstkomplex besteht aus verschiedenen Gebäudeteilen und veranstaltet einen *First Friday Art Trail*, an dem man Gelegenheit erhält, lokale Künstler bei der Arbeit zu beobachten. **Louise Hopkins Underwood Center for the Arts (LHUCA)**, *511 Ave. K, www.lhuca.org, Di–Sa 11–17 Uhr.*

Dagegen ist das riesige **Science Spectrum** eher ein vergnüglicher „Spielplatz" für Familien. Besonders sehenswert ist die Abteilung zum Brazos River und das OMNI-Kino. Schließlich verfügt die Universität selbst ebenfalls über eine Kunstsammlung und diese wird zusammen mit Wechselausstellungen im **Texas Tech Museum** gezeigt.

Science Spectrum, 2579 S. Loop 289. www.sciencespectrum.org, Mo–Fr 10–17, Sa 10–18, So 11–17 Uhr, $ 8, mit OMNI $ 13,50.

Texas Tech Museum, 3301 4th St., www.depts.ttu.edu/museumttu, Di–Sa 10–17, Do bis 20.30, So 13–17 Uhr, frei.

Wer nach all den Museen Erholung sucht, findet Gelegenheit dazu in

Für die ganze Familie ein Erlebnis: das Science Spectrum

einer der über 30 (!) Parkanlagen in der Stadt. Die größte ist der im Nordosten gelegene **Mackenzie Park** (4th St./Parkway). Zu den Besuchermagneten zählt hier **Prairie Dog Town**, ein großes Areal, das Präriehunde komplett für sich beanspruchen. Im **American Wind Power Center** geht es um die Entwicklung und Funktionsweise der Windenergiegewinnung und es sind verschiedene Windmühlentypen zu sehen. Die Landwirtschaft steht im Vordergrund des **American Museum of Agriculture**. Im **Wells Fargo Amphitheater** im Mackenzie Park finden im Sommer abendliche Freiluft-Aufführungen statt.

American Wind Power Center, 1701 Canyon Lake Dr., www.windmill.com, Di–Sa 10–17 Uhr (im Sommer auch So 14–17 Uhr), $ 5.

American Museum of Agriculture, 1501 Canyon Lake Dr., www.agriculturehistory.org, Mi–Sa 10–17 Uhr, frei.

Wells Fargo Amphitheater, 413 E. Broadway Ave./Mackenzie Park: Moonlight Musicals, Fr/Sa Juni–Aug., Infos: www.lubbockmoonlightmusicals.org.

Reisepraktische Informationen Lubbock/TX

i Information

Visit Lubbock, Wells Fargo Center, 1500 Broadway, 6th Floor, ☏ (806) 747-5232, www.visitlubbock.org.

Unterkunft

Hawthorne Suites $$–$$$$, 4435 Marsha Sharp Freeway, ☏ (806) 792-3600, www.hawthornlubbock.com. Boutiquehotel mit luxuriöser Ausstattung zu erschwinglichen Preisen.

Woodrow House $$–$$$, 2629 19th St., ☏ (806) 793-3330, www.woodrowhouse.com. David und Dawn Fleming haben eine historische Ranchvilla von 1878 in ein wunderschönes B&B mit sechs Gästezimmern und Caboose (Güterzugbegleitwagen) umgewandelt.

Restaurants

Triple J Chophouse & Brew Co., *1807 Buddy Holly Ave.*, ☏ *(806) 771-6555. Einzige Kleinbrauerei im Umkreis. Im Angebot sind rund acht verschiedene Sorten Bier, dazu gutes, preiswertes und sättigendes Essen in gemütlicher Atmosphäre.*
Abuelo's Mexican Food Embassy, *4401 82nd St.*, ☏ *(806) 795-6796. Authentisch mexikanisches Essen in großen Portionen und zu günstigen Preisen. Tolle Margaritas von bzw. an der Bar.*

Einkaufen

Canyon West Shopping Center, *6060 Marsha Sharp Fwy. Größtes und neuestes Einkaufszentrum der Region mit kleinen und größeren Läden und Kaufhäusern sowie Lokalen.*
Western Stores: Flint Hat Shop *(3053 34th St.), handgefertigte Hüte, Hutreparaturservice;* **Branding Iron Cowboy Outfitter** *(3320 34th St.), Qualitätsware im Stil des „Old West"; oder* **Boot City** *(6645 W. 19th St.), Stiefel in Hülle und Fülle, dazu alles für große und kleine Cowboys und -girls.*

Tipp: Weingenuss

In der 1976 eröffneten **Llano Estacado Winery**, *die auf die Experimente zweier Uniprofessoren von Texas Tech zurückgeht, wird nach einer informativen Tour durch die Kellerei und dem Tasting klar, warum die Weine von Llano seit 1986 regelmäßig Auszeichnungen bekommen. Sie gehören inzwischen nicht nur zu den besten in Texas, sondern können sich sogar mit edlen Tropen aus Kalifornien messen.*
Llano Estacado Winery, *ca. 12 km südlich von Lubbock, www.llanowine.com.*

Zuschauersport

Die Teams der **Uni Texas Tech**, *die* **Red Raiders**, *bieten erstklassigen Sport (American Football, Baseball und Basketball), Infos und Ticket unter www.texastech.com.*

☞ Hinweis zur Route

Die schnellste Verbindung zwischen **Lubbock** und **Amarillo**, die beiden Metropolen der *Texas Panhandle Plains*, ist die Autobahn I-27. Für die rund 120 mi (193 km) braucht man etwa zwei Fahrstunden. Dabei bietet sich rund 18 mi (29 km) vor Amarillo ein Stopp in der kleinen Ortschaft **Canyon** an, zudem empfiehlt sich von hier aus der kurze Abstecher in den **Palo Duro Canyon**.

Palo Duro Canyon – der „andere" Grand Canyon

In **Canyon**, knapp 30 km südlich von Amarillo, direkt an der I-27, verspricht das **Panhandle Plains Historical Museum** einen lohnenden Museumsbesuch. Anhand von 1:1-Modellen, Filmen und interaktiven Ausstellungsobjekten erhält man Einblick in die verschiedenen **Aspekte des Lebens auf den High Plains**, erfährt Wissenswertes über Geografie und Geologie, Indianer und Siedler, Landwirtschaft, Öl- und Gasförderung. Die Ausstellungen in dem bereits 1932 gegründeten Museum wurden kürzlich neu und modern konzipiert. Viele der gezeigten Kurzvideos sind sehenswert, besonders „Butchering a Bison", in dem heutige Comanche-Indianer die Bedeutung der Jagd und auch das Zerlegen und den Gebrauch der Tiere vorführen.

Palo Duro Canyon, die zweitgrößte Schlucht Nordamerikas

Die Ausstellung beginnt mit den *People of the Plains*. Hierbei geht es nicht allein um Geschichte, sondern es kommen verschiedene Gesichtspunkte zur Sprache, z. B. die Lebensumstände der Indianer und Siedler, auch im Vergleich zur Moderne. Weitere Säle widmen sich dem Automobil, der Windenergie, der Paläontologie, der Geologie (mit Schwerpunkt Palo Duro Canyon) sowie den Öl- und Gasvorkommen und ihrer Ausbeutung (mit Filmen und 1:1-Modellen). Zudem kann man durch eine **Pioneer Town**, den eindrucksvollen Nachbau einer Ortschaft in Originalgröße, mit Originalbauten und Modellen, spazieren. Schließlich rundet eine kleine Kunstsammlung mit Beispielen von **Western Art** den Museumsbesuch ab.
Panhandle Plains Historical Museum, *2503 4th Ave., Canyon, www.panhandle plains.org, Mo–Sa 9–17/18, So 13–18 Uhr, $ 10, mit Museumsladen.*

Nur einen Katzensprung von der Ortschaft Canyon entfernt, wartet ein **Naturschauspiel** der besonderen Art: Fast unvermittelt reißt die eintönige Hochebene auf und man blickt hinunter in die tiefe Schlucht des **Palo Duro Canyon**. Bei diesem fast 200 km langen, bis zu 30 km breiten und über 240 m tiefen Canyon handelt es sich um die **zweitgrößte Schlucht Nordamerikas** nach dem Grand Canyon. Eine **Scenic Route** führt durch den State Park und von ihr zweigen immer wieder Trails ab, die Wanderer tiefer in die Canyonlandschaft und zu spektakuläre Aussichtspunkten hineinführen. Ein Höhepunkt ist die **dreistündige Wanderung zum „Lighthouse"**, einer markante Felsformation im Park. *Naturschauspiel der besonderen Art*

Bis 1874 und dem Angriff der Kavallerie war der Canyon Heimat und Rückzugsgebiet der Comanches. Rund 1.000 Pferde, die ihre Lebensgrundlage darstellten, wurden damals erschossen. Nach dem Abzug der Indianer wurde der Canyon zunächst Teil der J.A. Ranch, die dem berühmten Rinderzüchter und Initiator großer Cattle Drives, *Charles Goodnight*, gehörte. Anfang des 20. Jh. erwarb dann der Staat Texas das Land ringsum den Canyon und erklärte es zum Naturschutzgebiet.
Palo Duro Canyon SP, *SR 217 (ausgeschildert), www.palodurocanyon.com sowie www.tpwd.state.tx.us/spdest/findadest/parks/palo_duro, So–Do 8–18, Fr/Sa 8–20 Uhr, $ 10.*

info

Die „Comancheria" oder das Reich der Komantschen

In Deutschland bekannt geworden sind die **Comanches** unter dem einge-deutschten Namen „**Komantschen**" in den Werken *Karl Mays* als die ewigen Wi-dersacher *Winnetous* und seiner *Apachen*. Darin steckt sogar ein Quäntchen Wahrheit: Seitdem die Comanches, ein Volk, das wie die Shoshones einen Zweig der uto-aztekischen Sprachfamilie bildet, im frühen 18. Jh. aus ihrer ursprüngli-chen Heimat im Great Basin zwischen Rocky Mountains und den Gebirgszügen der Westküste in die südlichen Plains um den Arkansas River eingewandert sind, la-gen sie im Dauerclinch mit den Apaches. Doch anders als bei *Karl May* geschil-dert, waren es die Comanches, die im Laufe der Zeit die Apaches immer weiter nach Süden und Westen verdrängten und selbst zur **bestimmenden Macht in der Prärie** wurden.

Zwischen den ersten Jahrzehnten des 18. Jh. bis in die 1870er-Jahre kontrollier-ten die Comanches die endlosen Ebenen der südlichen Prärie zwischen dem Ar-kansas River im Norden, dem Pecos River im Westen sowie dem legendären *Llano Estacado* im Süden und Osten. Diese riesige Region reichte vom Osten der heutigen Bundesstaaten New Mexico und Colorado über weite Teile von Kansas, Oklahoma und Texas und wurde „**Comancheria**" genannt. So hatten die Spanier die Region bezeichnet, in der die *Nömöne* oder *Nemene* („Menschen"), wie sich die Comanches selbst nannten, in kleinen Gruppen umherstreiften. Dabei untergli-derten sie sich in verschiedene Stämme, die gemeinhin zu **Western** und **Eastern Comanche**, je nach Jagdgebiet, zusammengefasst werden. Die Indianer selbst rechneten sich den **Yamparika** („Kümmelwurzelesser"), **Nokoni** („Wanderer"), **Te-newa** („flußabwärts Wohnende"), **Kwahada** („Antilopen"), **Penateka** („Honigesser") oder **Kotsoteka** („Büffelesser") zu.

Auf dem **Höhepunkt ihrer Macht** lebten nach Schätzungen etwa 45.000 Men-schen in der *Comancheria*. Im Laufe der Jahre hatten sich die Comanches zu her-vorragenden Pferdezüchtern und Reitern gemausert, und das war einer der Gründe für ihre militärische Dominanz: Die „**Lords of the Plains**" kontrollierten bis in die zweite Hälfte des 19. Jh. **Warenverkehr** und **Machtverhältnisse** in den südlichen Plains. Dank ihrer Raubzüge, bis weit ins spanische und später me-xikanische Gebiet hinein, und ihrer Fähigkeiten als Züchter, bauten sie den größ-ten **Pferde- und Maultiermarkt Nordamerikas** auf. Damit versorgten sie nicht nur die anderen Prärieindianer mit Reit- und Lasttieren, auch US-Händler und so-gar die Mexikaner selbst kauften bei den Comanches ein, die sich im Gegenzug mit europäischen Waren und besonders Waffen eindeckten. Jeder Comanche selbst, unabhängig von Alter oder Geschlecht, soll während der Blütezeit mehr als vier Pferde besessen haben – das gibt eine Vorstellung von der Größe der Her-den und der Bedeutung der Tiere für die Indianer. Man schätzt, dass fast 200.000 Tiere laufend frisches Futter und Wasser benötigten.

Ein weitere Faktor untermauerte den Machtstatus der Comanches: der rege **Men-schenhandel**. Sie verkauften nämlich geraubte Indianer oder Mexikaner, be-nutzten sie als Pfand oder hielten sie als Sklaven. Dabei hatten die Komantschen ein anderes Verständnis von „Sklaverei": Die Betroffenen dienten zunächst als mehr oder weniger frei im Familienverband lebende Arbeitskräfte und waren nach einigen Jahren derart in den Stamm intergriert, dass sie volle Mitglieder wurden. Zwischen den 1750er- und 1830er-Jahren schlossen sich sogar Mexikaner und amerikanische Abenteurer freiwillig den Comanches an, da diese ihnen Frieden und Wohlstand in einem sicheren Sippenverband garantierten.

Die Bezeichnung „**Comanche Empire**" für diese Epoche der Dominanz dieser Indianer ist etwas irreführend, da man anders als in europäischen Reichen ohne „Obrigkeit" auskam. Die Macht basierte nicht nur auf militärischen Fähigkeiten, sondern auch auf ihrer wirtschaftlichen Dominanz, dem Handel mit Reit- und Lasttieren, Bisonfellen und daraus hergestellten Waren. Die Comanches folgten in kleinen Gruppen von etwa 200–250 Mann den Büffeln als ihrer Lebensgrundlage und auf der Suche nach neuem Weideland für die großen Reit- und Lasttierherden. Es gab **keine feste Führungskaste**. Durch Handlungsweise und Mut musste eine Führungsrolle stets aufs Neue behauptet werden. Entscheidungen wurden unisono getroffen. Gerade dieses scheinbar endlose „Palavern" verstanden die Europäer nicht, doch nach Comanche-Vorstellung durfte vor dem Treffen einer Entscheidung jeder Einzelne seine Meinung kundtun.

Der **Niedergang** fiel zusammen mit dem wachsenden Siedlerstrom nach Westen nach dem Bürgerkrieg 1865. Doch auch die intensive Weidewirtschaft der Comanches und steigende Jagdintensität auf die Bisons, deren Bestand sich nicht wie gewohnt im Winter erholen konnte, sowie ein Serie von Dürrejahren brachte die wirtschaftliche Grundlage des *Comanche Empire* zum Erliegen. Geschwächt durch eingeschleppte Krankheiten, konnten die Indianer dem Bevölkerungsdruck schließlich nicht mehr standhalten, zumal die Bisonherden nun durch professionelle Jäger weiter dezimiert wurden.

Nach mehreren vergeblichen militärischen Auseinandersetzungen zogen die meisten Comanches und die mit ihnen eng verbündeten Kiowa und Kiowa-Apaches in das noch heute bestehende **Reservat um Fort Sill** im Südosten von Oklahoma. Die **letzte Auseinandersetzung** war der Angriff der *US Cavalry* im September 1874 **im Palo Duro Canyon**, dem letzten Rückzuggebiet (s. oben). Es war nicht die überraschende Attacke, die die Indianer aus der Bahn warf – nur drei fanden den Tod –, sondern der Abschuss von etwa 1.000 Pferden. Damit hatte man ihre wirtschaftliche Lebensgrundlage vernichtet und der letzte Widerstand war gebrochen. Den nötigen Wandel zu Ranchern verkörpert der legendäre Führer *Quanah Parker*: Der Sohn eines Comanche und einer geraubten Weißen wurde vom Krieger zum erfolgreichen und angesehenen Pferde- und Rinderzüchter. Noch im Sommer 1874 hatte er eine Truppe Indianer beim Angriff auf Bisonjäger in Adobe Walls angeführt, kurz darauf gab auch er auf und zog ins Reservat.

Noch heute ranken sich um die *Comancheria* allerhand Geschichten, beispielsweise jene vom deutschen Auswandererkind *Hermann Lehmann* (1859–1932), der als Zehnjähriger von Apaches geraubt und später Aufnahme bei den Comanches fand. Er war unter den letzten Kämpfern im Palo Duro Canyon und blieb trotz der

info

erzwungenen Rückkehr zu seinen Eltern ins Texas Hill Country zeitlebens im Herzen ein Comanche.

 Lesetipps

Pekka Hämäläinen, *Comanche Empire* (Yale University Press, 2008) – das derzeit beste wissenschaftliche Buch über das Reich der Komantschen und ihre politische und wirtschaftliche Machtstellung in den Great Plains.
Bill Neely, *The Last Comanche Chief. The Life and Times of Quanah Parker* (1995) – fesselnde Schilderung des Übergangs vom Comanche Empire in die Moderne am Beispiel des legendären Führers.

 Hinweis zur Route

Von Canyon erreicht die Autobahn I-27 nach etwa 20 mi (32 km) Amarillo.

Amarillo

An der legendären Route 66

Etwa 30 km nördlich des Palo Duro Canyon quert die legendäre **Route 66** Westtexas. Hier liegt die zweitgrößte Stadt der Region, Amarillo mit knapp 200.000 Einw. Ähnlich wie in Lubbock spielen auch in Amarillo neben Ranching und Farming (Weizen, Mais, Baumwolle, Alfalfa, Milo/Sorghumhirse und Sojabohnen) die Erdgas- und Erdölgewinnung eine Hauptrolle in der Wirtschaft.

Amarillo setzt fremdenverkehrstechnisch auf die Pferdezucht und den mythischen Klang der Route 66. Dabei ist in Amarillo, abgesehen von dem Song „*Get your kicks on Route 66*", in dem es vorkommt, von der **Historic Route 66** (s. INFO S. 348) nicht viel übrig geblieben. Hauptattraktion ist die **Big Texan Steak Ranch** (s. unten) mit ihrer von weither erkennbaren Cowboyfigur.

Folgt man der Route 66 (heute I-40) ostwärts Richtung Oklahoma, stößt man in dem Örtchen **Sharmrock** (ca. 90 mi/144 km) noch auf eine berühmte Route 66-Ikone, das **U-drop Inn** (Route 66/Hwy. 83). Das 1936 als Tankstelle und Restaurant erbaute Art-déco-Gebäude ist unübersehbar und wird heute noch als Lokal betrieben.

Sehenswertes in Amarillo

Die beiden sehenswerten Bereiche der Stadt erstrecken sich rings um zwei Straßen: die Sixth und die Polk Street. Die **Sixth Street** zwischen Georgia und Western Street möchte mit Lokalen, Shops und Antiquitätenläden Erinnerungen an die legendären Tage der **Historic Route 66** wachrufen. Gleiches gilt für das Stadtzentrum um die **Polk Street**: Die meisten Bauten, wie das **Paramount Theater** oder das **Sante Fe Building**, stammen aus den 1930er- und 1940er-Jahren und erstrahlen heute, dank Renovierung, wieder in altem Glanz.

Am östlichen Stadtrand, direkt an der I-40, liegt das interessante **Kwahadi Museum of the American Indian**. Der Bau ist wie eine *Kiva*, der traditionelle Versammlungsplatz der Pueblo-Indianer, gestaltet und beherbergt Kunsthandwerk der Pueblo- und Prärie-Indianer, darunter Arbeiten moderner indianischer Künstler. Besonders lohnt der Museumbesuch bei Veranstaltungen: Im Sommer führen die **Kwahadis Dancers** an Freitagen und Samstagen indianische Tänze auf; auch andere indianische Gruppen treten auf einer der beiden Tanzflächen (im Gebäude und im Freien) auf. Hineinschauen sollte man unbedingt auch in den Museumsladen, der **Kiva Museum Trading Post**.
Kwahadi Museum of the American Indian, *9151 I-40 E., www.kwahadi.com, Mi–Sa 11–18, So 13–17 Uhr (Winter Do–Sa 12–17, So 13–17), $ 3.*

Indianisches Kultur-zentrum

Die Heimat des Quarter Horse

Nicht nur unter Fans der Route 66, auch unter Pferdefreunden hat Amarillo einen besonderen Ruf: Hier befindet sich nicht nur Hauptsitz der **American Quarter Horse Association**, sondern zugleich das sehenswerte **American Quarter Horse Museum**. Direkt neben dem Verwaltungsbau der 1940 gegründeten Vereinigung steht der 1991 eröffnete repräsentative Museumsbau, dessen Kernstück die **Hall of Fame** ist. Dort werden seit 1982 verdiente Mitglieder aufgenommen: bedeutende Funktionäre,

American Quarter Horse Museum

Reiter, Trainer und Züchter und seit 1989 auch berühmte *Quarter Horse*-Zuchthengste wie *King P-234* oder *Leo P-1335*.

Neben den Sonderausstellungen im Museum ist die **Education Gallery** interessant. Sie gibt eine multimediale Einführung in die Rasse **American Quarter Horse**, wobei Haltung, Zucht, Aussehen und verschiedene Reitdisziplinen beschrieben werden. Für *Quarter Horse*-Freunde am interessantesten ist jedoch das Obergeschoss, wo es in zwei großen Sälen um die Geschichte des *Quarter Horse* von seinen Anfängen im 18. und 19. Jh. geht. Besondere Zuchthengste wie *Peter McCue* (*1895) – von 11.510 registrierten *Quarter Horses* im Jahr 1948 gehen über 2.300 auf diesen Hengst zurück – oder das legendären Rennpferd *Traveler* (*1880) werden ebenso vorgestellt wie berühmte Zuchthengste der Gegenwart. Daneben stehen die Geschichte und der Werdegang der am 14. März 1940 in Fort Worth gegründeten *American Quarter Horse As-*

Alles über das Quarter Horse

sociation im Mittelpunkt. Wichtige Ereignisse und Personen werden ausführlich beschrieben und in Relation zu Weltereignissen gesetzt.

American Quarterhorse Hall of Fame & Museum, 2601 E. I-40 (Exit 72 „Quarter Horse Dr.“), www.aqhhalloffame.com, Mo–Sa 9–17, im Sommer auch So 12–17 Uhr, $ 6.

Reisepraktische Informationen Amarillo/TX

Information

Amarillo Visitor Information Center, 4th/Buchanan St., ☎ 1-800-692-1338, www.visitamarillotx.com, Mo–Fr 9–18, Sa/So 10–16 Uhr (im Winter So geschl.), mit großem Gift Shop (Souvenirs).

Unterkunft

Big Texan Motel $$–$$$, 7701 I-40 E. (Exit 74/75), ☎ (806) 372-5000, www.bigtexan.com/motel.html. Wie auch das Lokal eine Legende an der Route 66. Im Stil einer Wildwest-Filmkulisse, mit 54 geräumigen Zimmern.

Adaberry Inn B&B $$$, 6818 Plum Creek Dr., ☎ (806) 352-0022, www.adaberryinn. com. Elegantes und doch gemütliches Inn mit neun unterschiedlich gestalteten Zimmern, inklusive üppigem Frühstück.

Ashmore Inn & Suites $$$–$$$$, 2301 I-40 E. (Exit 72-A), ☎ (806) 374-0033, www.ashmoresuites-amarillo.com. Empfehlenswertes Kettenmotel mit großen Zimmern inklusive Küchenzeile und Frühstücksbuffet.

Ambassador Hotel $$$$, 3100 I-40 W. (Exit 68), ☎ (806) 358-6161, www.ambassadoramarillo.com. Gilt als das beste Hotel der Stadt. Geräumige und bestens ausgestattete Zimmer, dazu Pool, Fitnesscenter und Spa sowie zwei Restaurants, Frühstück inbegriffen.

Restaurants

Big Texan Steak Ranch, 7701 I-40 E. (Exit 74/75), www.bigtexan.com. Berühmt für seine riesigen Steaks: Wer das 72 oz (2,2 kg) große Steak mit Beilagen in zwei Stunden schafft, bekommt es umsonst. Groß, laut und etwas „touristisch“.

Country Barn BBQ&Steaks, 8200 I-40/Soncy St. (Exit 64), Großes, aber gemütliches Steakhouse mit Atmosphäre, in dem das besonders magere und schmackhafte Fleisch der Bonsmara-Rinder in angenehmem Ambiente serviert wird. Neben Steaks auch Prime Rib und BBQ, lecker geräuchert. Gute Weinliste.

Big Texan Steak Ranch –
„Everything is Bigger in Texas“

6th Street *(Georgia–Western St.): Hier gibt es eine Reihe empfehlenswerter Lokale wie* **Cowboy Gelato** *(2806 SW 6th St.), Eis und leckere Sandwiches;* **806 Café & Lounge** *(2812 SW 6th), Café und Bar; oder* **Rips n More BBQ** *(2601 SW 6th), bekannt fürs BBQ.*

Einkaufen

Westgate Mall, *7701 I-40/Soncy St. (Exit 64), www.westgatemalltx.com. Größtes Einkaufszentrum der Region mit vielen Läden und Kaufhausfilialen sowie Lokalen.*
Cavender's Boot City, *I-40/Coulter (Exit 65), www.cavenders.com. Große Filiale der bekannten Western-Store-Kette, alles von Boots über Jeans und Hemden bis zum Hut.*
6th Street *(Georgia–Western St.): Zahlreiche Antiquitätenläden, die einen Blick lohnen, z. B.* **Seven Brothers Mercantile** *(ein Muss für Route 66-Fans!) oder ausgefallene Läden wie* **C.a.t.z. uneek boteek.**
Polk Street *– Bummelmeile mit Läden und Lokalen.*

Veranstaltungen

Amarillo Stockyards, *100 S. Manhattan, www.amarillolivestock.com, jeden Di (frei) große Viehauktion, interessant zum Zuschauen.*
Ranch Rodeo, *Ende Nov. im Amarillo Civic Center, 401 S. Buchanan St., www.amarillociviccenter.com. Das Finale der Working Ranch Cowboys Association (www.wrca.org).*

👉 Hinweis zur Route

Von **Amarillo** führt der US Hwy. 287 zurück zum Ausgangspunkt der Texas-Rundfahrt, in den Großraum Dallas-Fort Worth (340 mi/548 km). Doch bietet sich von Amarillo aus Gelegenheit, die Route durch die Great Plains (Kansas/Oklahoma) fortzusetzen. Dazu fährt man über die **Historic Route 66** (I-40) nach Osten Richtung Oklahoma City. Von dort gibt es dann mehrere Möglichkeiten die Region näher kennenzulernen oder zurück nach Dallas zu fahren (S. 283).

Man kann aber auch gleich **Dodge City/KS** ansteuern, wobei die interessanteste Fahrtstrecke von Amarillo dorthin dem US Hwy. 87 Richtung Norden bis Boise City/OK folgt, dann auf dem US Hwy. 64 – entlang dem *Santa Fe Trail* (S. 367) – nordostwärts nach Dodge City (gesamt 275 mi/443 km). Dabei passiert man zwei Naturschutzgebiete: die **Rita Blanca** und **Cimarron National Grasslands** (Infos: www.fs.fed.us/grasslands/index.shtml).

6. THE GREAT PLAINS

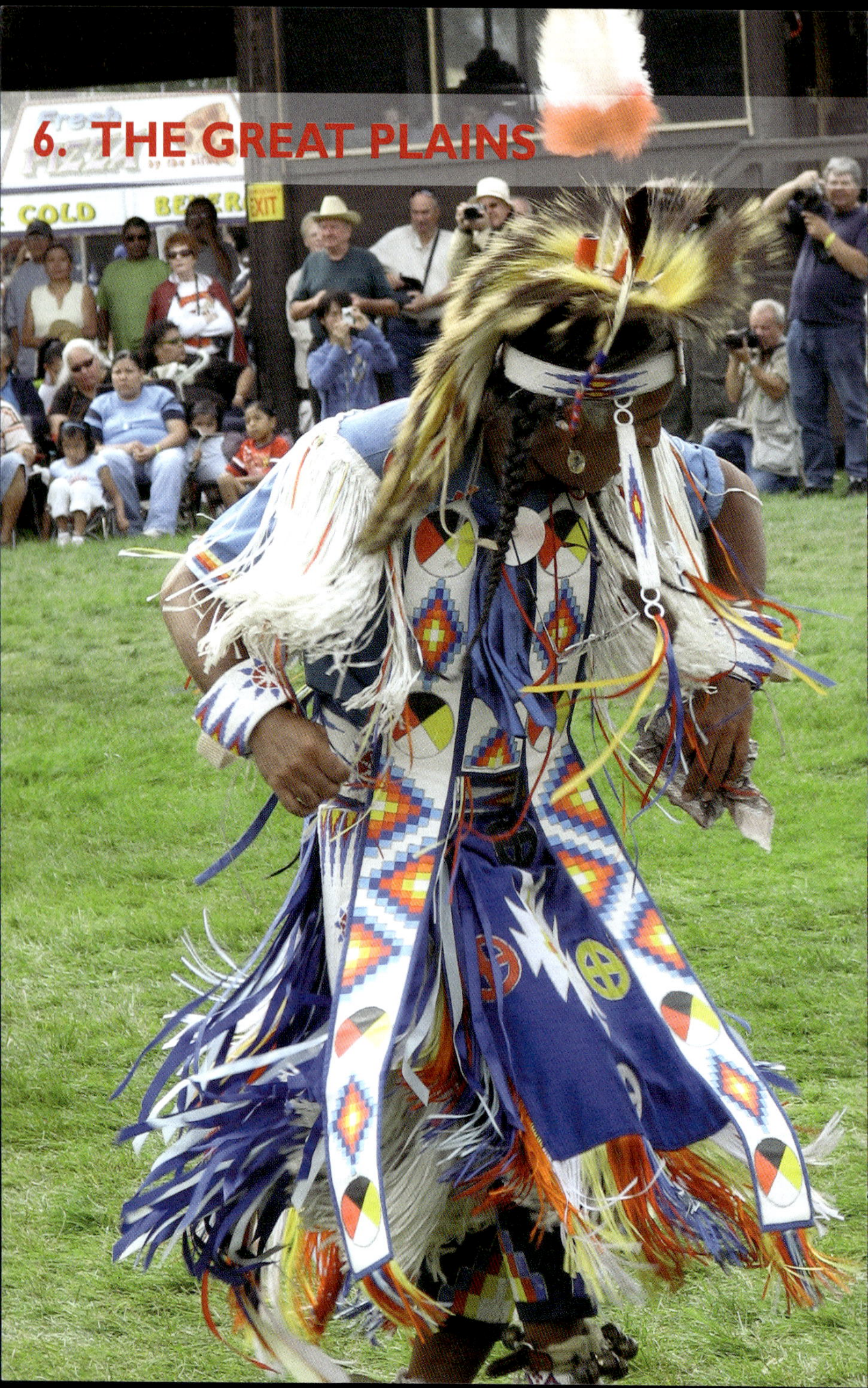

*Away to the Great Plains of America, to that immense Western
short-grass prairie now mostly plowed under!
… Away to the air shaft of the continent, where weather fronts from
two hemispheres meet, and the wind blows almost all the time!
Away to the fields of wheat and milo and sudan grass and flax
and alfalfa and nothing!
… Away to the high plains rolling in waves to the rising final chord
of the Rocky Mountains!*

Eindrücklich wie kein anderer hat der Schriftsteller *Ian Frazier* in seinem Buch „Great Plains" (1989) das „Meer der Gräser", wie man die endlose Grasebene, die *North American Prairie*, auch nennt, beschrieben. Sie ist das landschaftlich prägende Element der beiden *Heartland States* **Oklahoma** und **Kansas**. „Prärie" ist dabei der übergeordnete Begriff für die weiten Ebenen zwischen Rocky Mountains und Mississippi-Tal. Aufgrund des ursprünglichen Bewuchses auch **Grasslands** genannt, sind Gräser verschiedener Typen und Wuchshöhen ein Haupt-Unterscheidungskriterium: kurz *(short)*, hoch *(tall)* oder halbhoch *(mixed)*.

Präriestaaten Kansas und Oklahoma

Man unterscheidet geografisch zwischen den relativ feuchten **Central Plains** bzw. der **Tallgrass Prairie** – im Umfeld von Mississippi, Missouri River und deren Nebenflüssen –, und den **Great Plains**. Letztere erstrecken sich vom Missouri-Tal westwärts bis zu den Rocky Mountains und unterteilen sich in die trockene **Shortgrass Prairie** im Regenschatten der Rockies und die **Mixed-Grass Prairie** im Zentrum.

Kansas und Oklahoma haben keine spektakulären Landschaften wie der Südwesten und keine Glitzermetropolen zu bieten, dafür aber eine breite Palette an **Natur- und Kulturerlebnissen** der nichtalltäglichen Art. Ungewöhnlich ist auch die Bevölkerung hier in den „**Heartlands**", im Zentrum Amerikas: zurückhaltend und warmherzig, gastfreundlich und humorvoll. Hier sind Indianer und Cowboys keine Touristenattraktion, hier sind sie der Alltag.

Besondere Natur- und Kulturerlebnisse

Als „**Menschen des Südwindes**" bezeichneten sich die **Kanza** oder **Kaw**, nach denen der Staat **Kansas** benannt ist. Sie waren durch Pockenepedemien dezimiert und im Laufe des 19. Jh. in immer kleiner werdende Reservate abgeschoben worden. 1873 teilten sie dann das Schicksal vieler anderer Indianervölker und wurden nach Oklahoma zwangsumgesiedelt. „**Okla homma**", „Rote Menschen", nannten die Choctaw-Indianer die Urbevölkerung und gaben damit dem 46. Bundesstaat, der 1907 in die Union aufgenommen wurde, seinen Namen.

Zu Beginn des 19. Jh. von dem Forscher *Zebulon Pike* (1779–1813) noch als „Great American Desert" bezeichnet, entwickelte sich das 1861 in die Union aufgenommene **Kansas** zu „**America's Breadbasket**" – zum „Brotkorb der USA". Eine vielseitige Landwirtschaft, reichend von Viehzucht bis zum Anbau von Getreide und anderen Feldfrüchten, prägt seither den Staat. Nur punktuell, etwa in den **Flint Hills**, hat sich die ursprüngliche Prärie erhalten. Kansas' größte Stadt, **Wichita**, fungiert als wichtiges Flugzeugbauzentrum und liegt nur einen Katzensprung vom südlichen Nachbarn Oklahoma entfernt. Dort leiteten in den 1920er-Jahren **Erdöl- und Erdgasfunde** den Schritt in die Moderne ein.

Indian Territory

Oklahoma galt seit 1803, als US-Präsident *Thomas Jefferson Napoleon* riesige Ländereien zwischen Mississippi und Rocky Mountains abgekauft hatte, als „**Indian Territory**", als indianisches Rückzugsgebiet. Teile des Landes sollten nach dem Willen **Jeffersons** den Ureinwohnern zugestanden werden bzw. erhalten bleiben, doch wie der **Trail of Tears** zeigte, verliefen die Umsiedlungsaktionen nicht immer friedlich und freiwillig. Zu den ersten betroffenen Völkern – Cherokee, Chickasaw, Choctaw, Muskogee (Creek) und Seminole – stießen bald **weitere indianische Völker**; heute leben 39 in Oklahoma, die höchste Zahl in ganz USA. Kurioserweise sind es jedoch nicht die Indianer, sondern die Deutschstämmigen mit rund 14 % in Oklahoma und über 30 % in Kansas, die heute die ethnische Mehrheit bilden.

Oklahoma galt bis zur Aufnahme in die Union 1907 als **Eldorado für Outlaws** – wie *Crawford „Cherokee Bill" Goldsby, William* und *James Cook, Belle* und *Henry Starr*. Es gab hier nämlich keine lokale Justiz, zuständig waren vielmehr die stets überforderten *US Marshals* aus Fort Smith im benachbarten Arkansas. Der durch den Hollywoodfilm bekannt gewordene Roman „True Grit" von *Charles Portis* schildert eindrucksvoll diese Epoche (s. Literaturtipps im Anhang). 1889 waren zudem weite Teile des Landes auf ungewöhnliche Weise zur Besiedlung freigegeben worden: Während und nach dem sogenannten **Land Run** entstanden Orte wie Guthrie oder Oklahoma City und konnten Ranches wie die *101 Ranch* der *Miller Brothers* aufgebaut werden, die sogar eine eigene Wildwest-Show betrieb.

Big Sky, Big Blows – von Wind und Wetter

Klimatische Extreme

Endloser Horizont und konstanter Wind – „**Big Sky, Big Blows**" – prägen Oklahoma und Kansas, aber auch klimatische Extreme wie **Tornados** (Wirbelstürme), **Blizzards** (Schneestürme), Gewitter und Hagelstürme kommen vor. Hier im Zentrum Nordamerikas gibt es keinen bremsenden Gebirgszug zwischen der polaren Kaltluft aus dem Norden und der warmen, feuchten Luft, die über dem Golf von Mexiko entsteht. Wenn die Luftmassen ungehindert aufeinandertreffen, entstehen heftige Stürme, speziell in der „**Tornado Alley**", die sich vom Norden Texas' über Oklahoma, Kansas und Nebraska bis nach South Dakota hinzieht. In Greensburg/KS hat man die Auswirkungen erst unlängst hautnah gespürt: Der Ort wurde im Mai 2007 fast total zerstört, ist inzwischen aber als „grünes Musterdorf" wiederauferstanden *(www.greensburgks.org)*.

Eine Trockenphase und der konstant wehende Wind hatte in den **1930er-Jahren** den **Dust Bowl** zur Folge. In seinem Monumentalwerk „Früchte des Zorns" beschreibt der Literaturnobelpreisträger **John Steinbeck** nicht nur das Elend jener Tage und die Hoffnungen der Menschen auf einen Neuanfang in Kalifornien, sondern er würdigt auch die Bedeutung der legendären **Route 66**, der „Mother Road" oder „Mutter aller Straßen", die einst Chicago und Los Angeles verband. Auf der „Straße eines Volkes auf der Flucht" *(Steinbeck)* zogen Hunderttausende aus dem Mittleren Westen ins „Gelobte Land" Kalifornien. Kein Wunder, dass die „**Dirty Thirties**" die Geschichte der Region und die Mentalität der Menschen bis heute prägen.

„Paradies" im Wandel – Landwirtschaft und Landschaft

Eine scheinbar unbedeutende Erfindung sollte 1874 für den Westen und die Prärieregion einschneidende Bedeutung haben: die **Erfindung des Stacheldrahts**. Sie machte das einst endlose, frei zugängliche Grasland zu eingezäuntem, abgegrenztem Agrarland und den Cowboy zum Viehzüchter. **Getreidefelder** – vor allem Weizen-, Mais- und Sojabohnen – und **Weideflächen** bestimmen bis heute das Landschaftsbild, obwohl in den letzten Jahren wieder verstärkt Wert auf den Erhalt bzw. die Renaturierung typischer Landstriche gelegt wurde.

Bevölkerungsrückgang und die Misere in der Landwirtschaft im Mittleren Westen – eine Region, die einst von Präsident *Thomas Jefferson* als „Paradies einer agrarisch geprägten Demokratie" angesehen wurde – zwingen viele Bauern heute zu einer **diversifizierten Landwirtschaft**. Vielfach laufen *Ranching* (Viehzucht) und *Farming* (Feldbau), Umweltschutz und Tourismus nebeneinander her. Heute sind gerade noch 2 % aller Berufstätigen in der Landwirtschaft tätig – um 1900 waren es noch 40 %!

Diversifizierte Landwirtschaft

Den heute riesigen Agrarflächen des Mittleren Westens liegt die typisch **schachbrettartige Aufteilung des Landes** zugrunde: Einst hatte jeder Siedler eine Viertelquadratmeile Land, ca. 65 ha *(family size)*, erhalten. Während sich zu Anfang die meisten Farmerfamilien mit diesem Land begnügten, verstanden es „Großbauern" nach und nach ihren Besitz auszubauen. Heute sind viele Landstriche im Besitz von Großunternehmen, die den Grund von Bauern, die aufgegeben haben, billig aufkauften.

Die Great Plains, eine Landschaft im Wandel

Schon früh hatte man im Mittleren Westen begonnen, für den Markt zu produzieren und es entstanden **Monokulturen**. Die für **intensive Bewirtschaftung** nötigen Investitionen in Geräte, Dünger, Schädlingsbekämpfung und Hochleistungssaatgut schaukelten sich hoch. Als dann angesichts der Überproduktion die Preise sanken, war der Ruin für viele Kleinbauern vorprogrammiert. Dazu kommt, dass in den letzten 20 Jahren verstärkt Industriebetriebe – Fleisch-, Konserven- und andere Nahrungsmittelhersteller, aber auch Ölkonzerne – in die Landwirtschaft eingestiegen sind und Großfarmen zum Industriebetrieb, zum „**Agrobusiness**", umfunktioniert haben.

Und auch die früheren „**Herren der Prärie**", die Indianer, tragen heute ihren Teil zum Wandel bei. Einst komplett abhängig von den riesigen **Bisonherden** – um 1850 sollen noch an die 13 Mio. Tiere das Grasland bevölkert haben –, besinnen sie sich mittlerweile wieder auf ihre Traditionen. Nachdem um 1883 die weißen Jäger nurmehr ungefähr 200 Bisons übrig gelassen hatten, bemühen sich jetzt Stämme wie die Sioux, ihr „heiliges Tier" durch Zucht wiederzubeleben. Und mit dem Bison kehren auch andere Tiere, wie die *Pronghorns* (Gabelantilopen) oder *Prairie Dogs* (Präriehunde), wieder in die Prärie zurück. Die bis zu 1.000 kg schweren Büffel liefern gesundes und mittlerweile begehrtes mageres Fleisch und verhelfen den Indianern nicht nur zu zusätzlichen Einnahmequellen, sondern geben ihnen auch etwas von ihrem einstigen Stolz zurück.

Bisons, Prärie, weiter Horizont und ein beschaulicher Gang des Lebens, gastfreundliche Bewohner und günstige Preise haben die Great Plains zum attraktiven, noch wenig bekannten Reiseziel gemacht und lassen die Zukunft des „**Empty West**" trotz des Farmensterbens wieder rosiger erscheinen …

 Hinweis zur Route

Idealer Ausgangspunkt für eine Fahrt durch das Heartland ist die Metropole **Oklahoma City** (OKC) – von Amarillo (S. 266) über die *Route 66* (S. 283) oder von Dallas/Fort Worth (S. 149) auf dem *Chisholm Trail* (S. 367) erreichbar. Von OKC geht es zunächst westwärts – der Route 66 folgend – bis **Elk City**, dann nach Norden, nach **Dodge City/KS**.
Ab hier dient der *Old Santa Fe Trail* als Leitfaden. Der ihm folgende **Hwy. 56** führt nach **Hutchinson**. Weiter geht es nach **Wichita** und die **Flint Hills** Richtung **Kansas City**. Entlang der Grenze Kansas–Missouri geht es wieder südwärts in den Nordosten Oklahomas, durch das **Green Country**, vorbei an interessanten Orten wie Tulsa, Tahlequa, Bartlesville, Ponca City und Guthrie, zurück nach **Oklahoma City** – Details zum genauen Routenverlauf finden sich jeweils in den einzelnen Kapiteln.

Oklahoma City –
Horse Show Capital of the World

„*An jenem Montag existierte um 12 Uhr die Ortschaft Guthrie noch gar nicht; bei Sonnenuntergang lebten hier fast 10.000 Menschen, waren Straßen und Grundstücke vermessen und ein Stadtrat gewählt.*" Mit Staunen berichtete ein Reporter von „Harper's Weekly" vom legendären **Oklahoma Land Run** am 22. April 1889, nach dem Oklahoma City, die heutige Hauptstadt des US-Bundesstaats, wie Phoenix aus der Asche auferstanden war. In rasantem Tempo hatten sich rund 50.000 Menschen quasi an einer Startlinie versammelt und waren in alle Himmelsrichtungen ausgeströmt, um sich in den Weiten der Prärie ein Stück Land zu sichern und eine neue Existenz aufzubauen.

An den Land Run erinnert heute in Oklahoma Citys liebevoll restaurierter Altstadt **Bricktown (1)** das **Oklahoma Land Run Monument (2)**. Steht man zwischen den einzelnen

Redaktionstipps

Sehens- und Erlebenswertes
➤ Neben dem **National Cowboy & Western Heritage Museum** (S. 280) lohnt in Oklahoma City unbedingt die **Historic Stockyards City** (S. 276) den Besuch.

Übernachten
➤ im historischen, modern-elegant renovierten **Colcord Hotel** (S. 281).

Essen und Trinken
➤ Steaks der Extraklasse gibt es im **Cattlemen's Steakhouse** (S. 277, 281).

Einkaufen
➤ In **Shorty's Caboy Hattery** (S. 282) warten handgefertigte Cowboyhüte auf neue Besitzer.

Land Run Monument in Oklahoma City

Teilen dieser lebensgroßen von dem lokalen Künstler *Paul Moore* geschaffenen Skulpturengruppe, bekommt man beinahe Angst, von Wagen überrollt und von Pferden zertrampelt zu werden.

Stockyards City (3)

Das neu besiedelte Gebiet war kein unbekanntes Land, schließlich waren schon zwischen 1866 und 1899 unzählige *Cattle Drives* durch das einstige Indianerland gezogen. Noch heute sind es Indianer und Cowboys, die Oklahoma prägen. Obwohl der Staat in den 1920er-Jahren durch Erdöl- und Erdgasfunde reich geworden war, bildet die Viehzucht immer noch ein wichtiges Standbein. Seit 1910 werden Rinder in den **Oklahoma National Stockyards (4)** im Südwesten von Oklahoma City gehandelt. Bis 1961 gehörten zum Areal auch ein Schlachthof und eine Fleischfabrik; geblieben sind Auktionshaus, Büros und Pferche.

Weltgrößter Rinderumschlagsplatz

Heute werden zwar nur noch zweimal wöchentlich – montags und dienstags – Kälber und Mastvieh verkauft, aber immerhin in Stückzahlen von bis zu 10.000. Damit sind die Oklahoma Stockyards der **weltgrößte Umschlagplatz für Fleischrinder** und – anders als in Fort Worth, wo alles über Videoauktionen und im Internet läuft und lediglich für Besucher ein paar Longhorns durch die Main Street getrieben werden – stehen auf dem riesigen Areal am Rand von OKC in einem durchdachten System von Pferchen und Gängen tatsächlich Rinder.

„*Fowty, now fowtyfibe, fowtyfibe – wiyagimme fifty …?*" – als Besucher versteht man in der Auktionshalle der Oklahoma National Stockyards zunächst nur „Bahnhof". Fachleuten ist klar, was der Auktionator da ins Mikrofon murmelt: „*40 Dollar sind geboten, nun*

45, 45, wer bietet 50 …?" Wohlgemerkt, gemeint ist der Preis pro Pfund Lebendvieh und je nach Zahl der Tiere, manchmal handelt es sich um einzelne, manchmal um größere Herden, addiert sich die Summe. Die dezenten Handzeichen der auf der Tribüne sitzenden Händler und Rancher gleichen dabei fast geheimen Signalen.

Kaum ist die Auktion beendet, trifft man sich im **Cattlemen's Café & Steakhouse** am Rand der Stockyards. Dieses Lokal gilt als Institution und existiert seit Gründung der Viehbörse. *T-Bone Steak, Sirloin, Filet Mignon, Strip, Ribeye* – schon ein Blick auf die

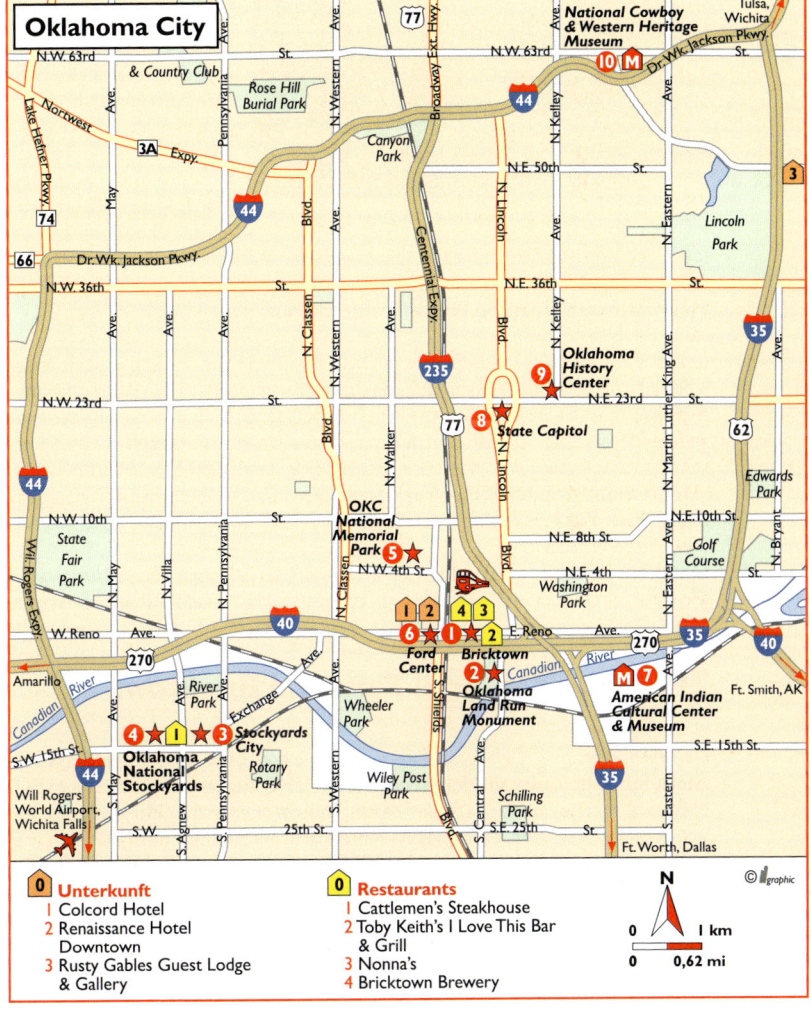

Oklahoma City

❶ Unterkunft	**❶ Restaurants**
1 Colcord Hotel	1 Cattlemen's Steakhouse
2 Renaissance Hotel Downtown	2 Toby Keith's I Love This Bar & Grill
3 Rusty Gables Guest Lodge & Gallery	3 Nonna's
	4 Bricktown Brewery

N

0   1 km
0   0,62 mi

©ilgraphic

Hier geht es noch immer rund: auf den Oklahoma National Stockyards

Speisekarte lässt einem das Wasser im Munde zusammenlaufen. Eine weitere Spezialität wird hier serviert, die im Westen unter verschiedenen Namen bekannt ist: *Lamb Fries, Prairie Oysters, Cowboy Caviar* oder *Swinging Beef* – frittierte Stier- bzw. Kalbshoden.

Doch das Cattlemen's ist nur ein Anziehungspunkt in der **Stockyards City**, einem registrierten *National Historic District*, der sich östlich der Viehkoppeln und der Auktionshalle erstreckt. Einst reihten sich hier Saloons und Bordelle, Schlachthäuser und Lagerhallen auf. Heute sind in die restaurierten alten Bauten Büros, Lokale und Western-Fachgeschäfte eingezogen – wie **Shorty's Hattery** (Hüte), **Little Joe Boots** (Stiefel) oder **Langston's** (Western Wear).

Rinder sind traditionell eine Seite von OKC, Pferde die andere. In der Stadt finden jedes Jahr bis zu 15 bedeutende **Pferdeshows**, darunter die *AQHA World Championship Show* oder die *National Reining Horse Futurity*, aber auch *Barrel Races*, Rodeos und andere Pferde-Zuchtschauen statt. Angesichts so vieler hochkarätiger, weltweit angesehener Veranstaltungen wundert es nicht, dass sich die 550.000-Einw.-Metropole stolz „**Horse Show Capital of the World**" nennt. Die meisten Veranstaltungen finden im **State Fair Park** im Westen der Stadt statt *(Infos: www.okstatefairpark.com oder www.okcchamber.com).*

„Horse Show Capital"

Oklahoma National Stockyards, *Stockyard City (S. Agnew Ave./Exchange Ave.), www.onsy.com. Auktionen Mo/Di ab 8 Uhr, Besucher sind in der Auktionshalle willkommen.*

Zwischen Memorial Park und Bricktown

Natürlich kann man Oklahoma City nicht besuchen, ohne an den Terroranschlag zweier Rechtsradikaler am Morgen des 19. April 1995 erinnert zu werden. Der **OKC National Memorial Park (5)** und das zugehörige interessante **Museum** befinden sich an jener Stelle, wo die Explosion mitten in der Innenstadt nicht nur ein Bürohochhaus zerstörte, sondern zugleich 168 Menschenleben forderte. Wo einst das Gebäude stand, wurde ein Park als Ruheoase geschaffen und an seinem Rand hat ein alter Baum wie ein Wunder den Anschlag überstanden und fungiert heute als „Symbol des Lebens".

OKC National Memorial & Museum, *620 N. Harvey, www.oklahomacitynational memorial.org, Museum Mo–Sa 9–18, So 12–18 Uhr, $ 10, Park frei.*

Außer dem Stockyards District erlebte auch das alte Lagerhausviertel um den zentral gelegenen Bahnhof von Oklahoma City ein Revival. Herzstück ist der sich durch **Bricktown**, so benannt nach dem verwendeten Baumaterial, mäandernde kleine Kanal, auf dem „Taxi-Boote" verkehren. Zwischen den beiden die Altstadt rahmenden Sportarenen, dem **RedHawks Field** (Minor League Baseball) und dem **Ford Center (6)** (Basketball), reihen sich nette kleine Läden auf und lädt das neue, in seiner Art einzige **American Banjo Museum** mit der **ACM** *(Academy of Contemporary Music)* zur Besichtigung ein.

American Banjo Museum, *9 E. Sheridan Ave., www.americanbanjomuseum.com, Di–Sa 11–18, So 12–17 Uhr, $ 6.*

Abends trifft man sich in Lokalen wie **Toby Keith's**. Das Restaurant mit Bar gehört dem aus OKC stammenden Countrymusic-Star und ist besonders vor und nach Spielen der beliebten Profi-Basketballer *Thunder* um Weltstar *Kevin Durant* ein beliebter Treff.

Auch der durch die Stadt fließende **North Canadian River** hat kürzlich ein Facelifting erhalten. Grünanlagen mit Rad- und Wanderwegen machen das Areal um den Fluss inzwischen zum attraktiven Freizeitareal mitten in der Stadt. Der Fluss selbst gilt als Rudermekka und dient u. a. der US-Ruder-Nationalmannschaft als Trainingsgelände. Ein weiteres Sight wird demnächst für noch mehr Attraktivität sorgen: Am Südufer entsteht derzeit das **American Indian Cultural Center & Museum (7)**, an dessen Einrichtung und Betrieb alle 39 Indianervölker aus Oklahoma beteiligt sind.

Facelift am North Canadian River

American Indian Cultural Center & Museum, *American Indian Blvd. (ab S. Eastern Ave., I-35/40, Exit 127), Eröffnung 2014 geplant, Infos: www.aiccm.org.*

State Capitol und Oklahoma History Center

Ein eigenes Stadtviertel bildet der Regierungsbezirk ringsum das unübersehbare **State Capitol (8)** im Osten der Innenstadt. Die schönen Parkanlagen, die mit Skulpturen und historischen Ölbohrtürmen an die Geschichte des Bundesstaates erinnern, laden zum Spaziergang ein. Unter den Regierungsbauten um das Capitol fällt der moderne Komplex des **Oklahoma History Center (9)** auf. Dieses Museum bietet Besuchern eine fesselnde Zeitreise in die Vergangenheit der Stadt und des Bundesstaates.

Vor dem Oklahoma State Capitol

Sehens-
wertes Okla-
homa His-
tory Center

Bereits 1893 war die Sammlung als Teil der staatlichen *Historical Society* gegründet worden. Doch erst seit ein paar Jahren wird sie in einem luftigen, geräumigen Neubau neben dem State Capitol präsentiert. Das umfangreiche Archiv mit etwa 30.000 Manuskripten, 6 Mio. Meilen an Mikrofilmen, 9 Mio. Fotos und unzähligen Büchern bekommen die meisten Besucher nicht zu sehen. Doch schon allein die vier multimedial gestalteten Abteilungen zu den wichtigen Epochen des Staates sind hochinteressant. Es gibt 1:1-Modelle, Videos, Hörproben und natürlich Originalobjekte. Besonders sehenswert ist die Abteilung „ONEOK – We are who we were", die den 39 in Oklahoma beheimateten Indianervölkern gewidmet ist und einen umfassenden Überblick über deren Geschichte und Traditionen gibt.

Oklahoma History Center, *800 Nazih Zuhdi Dr. (gegenüber dem State Capitol), www.okhistorycenter.org, Mo–Sa 10–17 Uhr, $ 7.*

Western-Museum der Extraklasse

Bedeutendes
Western-
Museum

OKC hat noch weitere Superlativen zu bieten, z. B. eines der größten und bedeutendsten Western-Museen der Welt: Das 1965 gegründete **National Cowboy & Western Heritage Museum (10)** wird gemeinsam von den 17 Staaten westlich des Mississippi (ohne Alaska und Hawaii) betrieben. Insgesamt lassen sich in zwölf verschiedenen Abteilungen – *American Cowboy Gallery, American Rodeo Gallery, Art of the American West, Firearms Gallery, Museum of the Frontier West, Native American Gallery oder Western Performers Gallery* – Western Art mit Werken von *Russell, Remington* und *Bierstadt,* Waffen und andere Originalgegenstände vom Sattel über Dokumente und Kleidung bis zum Hut bewundern.

Auch die großen Westernfilme und *John Wayne* sind Thema, Rodeos und Ranches, Cowboys und Cowgirls. Es gibt eine **Hall of Great Westerners** und die nachgebaute **Westernstadt „Prosperity Junction"**.

Zum Museum gehören neben einem **Laden** mit umfangreichem Angebot (auch große Auswahl an Literatur) das empfehlenswerte **Restaurant Persimmon Hill** sowie ein **Research Center**. Wahrzeichen des Museumskomplexes sind die im Foyer aufgestellten Skulpturen **„End of the Trail"** und **„John Wayne"**. Die über-

„End of the Trail" im National Cowboy and Western Heritage Museum

lebensgroße Figur des Westernfilmhelden schuf *Edward J. Fraughton* 2007. „End of the Trail" stellt einen in sich zusammengesunkenen Indianer auf einem Pferd dar. Diese Skulptur war 1915 während der *Panama-Pacific International Exposition* erstmals ausgestellt. Sie stammt von *James Earle Frazer (1876–1953)*, einem der bedeutendsten Bildhauer der USA des frühen 20. Jh. Wegen damaliger Metallknappheit war das lebensgroße Gipsmodell nie in Bronze gegossen worden, dafür erwarb es 1968 das Museum und ließ es restaurieren und in seinen Räumen aufstellen.

National Cowboy & Western Heritage Museum, *1700 NE 63rd St., www.national cowboymuseum.org, tgl. 10–17 Uhr, $ 12,50, mit Shop, Restaurant. Ende Mai: Chuck Wagon Gathering & Children's Cowboy Festival: Family Entertainment mit Old West Show.*

Reisepraktische Informationen Oklahoma City/OK

i Information
OKC Visitor Information Center, *Sheridan Ave., Nordostecke des Cox Convention Center, www.visitokc.com, Mo–Fr 9–18 Uhr.*

Unterkunft
Renaissance Hotel Downtown $$$–$$$$ (2), *10 N. Broadway,* ☎ *(405) 228-8000, www.marriott.com. Mitten im Zentrum, nahe Bricktown gelegenes Hotel mit geräumigen und gemütlichen Zimmern.*
Rusty Gables Guest Lodge & Gallery $$$–$$$$ (3), *3800 NE 50th St.,* ☎ *(405) 424-1015. B&B auf einer American Quarter Horse-Zuchtranch, 5 Min. von Downtown entfernt. Zwei große, geschmackvolle Suiten, Möglichkeit zum Reiten und Superfrühstück inkl.*
Colcord Hotel $$$$ (1), *15 N. Robinson Ave.,* ☎ *(405) 601-4300, www.colcordhotel.com. Boutiquehotel im 1910 erbauten, ersten Hochhaus der Stadt mit moderner Ausstattung und viel Luxus in günstiger Lage mitten in der Stadt.*

Restaurants
Cattlemen's Steakhouse (1), *1309 S. Agnew St., Stockyards City,* ☎ *(405) 236-0416. Die leckeren Steaks lohnen ebenso wie das üppige Frühstück.*
Toby Keith's I Love This Bar & Grill (2), *310 Johnny Bench Dr., Bricktown,* ☎ *(405) 231-0254, www.tobykeithsbar.com. Beliebtes Steakhouse des Countrymusic-Stars.*
Nonna's (3), *1 Mickey Mantle Dr., Bricktown,* ☎ *(405) 235-4410. Feines Restaurant mit ausgezeichneten, mediterran angehauchten, amerikanischen Gerichten.*
Bricktown Brewery (4), *1 N. Oklahoma Ave., Bricktown,* ☎ *(405) 232-2739, www.bricktownbrewery.com. Pub einer lokalen Kleinbrauerei mit hausgebrauten Bieren wie Red Brick Ale, Bison American Wheat Ale oder High Plains Porter.*

Einkaufen
Langston's, *2224 Exchange Ave., www. langstons.com. Seit 1913 betriebener und damit ältester Westernstore des Staates in Stockyards City. Große Auswahl an Jeans, Shirts und Boots.*
Little Joe's Boots, *2219 Exchange Ave., www.littlejoesboots.net. Schuster, der neben Stiefeln auch Kleidung und Messer führt, in der Stockyards City.*
National Saddlery Company, *1307 und 1400 S. Agnew Ave. (Stockyards City), www. nationalSaddlery.com. John D. Rule stellt in der Nr. 1400 seit fast 25 Jahren Sättel her. Außer-*

dem gibt es „tack" (Pferdege-
schirr-Zubehör) und „ropes"
(Seile/Lassos), während in der
Filiale auf Nr. 1307 Ge-
schenke und Rodeozubehör
zu bekommen sind.
Bass Pro Shop, 200 Bass
Pro Dr., Bricktown. Riesiger
Freizeitsportladen mit den
verschiedensten Abteilungen.
**Shorty's Caboy Hat-
tery**, 1206 S. Agnew Ave.,
www.shortyshattery.com. Klei-
ner, aber feiner Hutladen von
Lavonna „Shorty" Koger (s.
INFO) in der Stockyards City.

Blick in Shorty's Caboy Hattery

Veranstaltung

Anfang Juni: **Red
Earth Festival** – Powwow im **Cox Convention Center** mit über 1.200 indianischen
Künstlern und Tänzern von über 100 Stämmen aus ganz Nordamerika (www.redearth.org/
red-earth-festival).

Zuschauersport

Im Ford Center in Downtown spielen die NBA-Profis **Oklahoma City Thunder**
um den Weltstar Kevin Durant zwischen Okt. und April (www.nba.com/thunder).
Die **Barons** spielen als Nachwuchsteam der „Edmonton Oilers" in der AHL (American Hockey League) auf hohem Niveau (www.okcbarons.com).
Baseball bieten die **OKC RedHawks** (Top-Ausbildungsprofiteam der Houston Astros) im
RedHawks Field (2 S. Mickey Mantle Dr.) in Bricktown, Spiele Mai–Sept., Informationen:
http://web.minorleaguebaseball.com/index.jsp?sid=t238.

Flughafen

Infos: www.flyokc.com.
Der **Will Rogers World Airport** liegt im Süden der Stadt, erreichbar über I-44 (Exit 117
A) und Airport Rd. Er wird von allen großen US-Fluggesellschaften angeflogen, es gibt jedoch
bisher keine Direktflüge aus Deutschland. Alle bekannten **Leihwagenfirmen** verfügen
über Filialen am Flughafen.
Es handelt sich um einen überschaubaren Flughafen mit einem Hauptbau und einem direkt
angeschlossenen zweiten Terminal. Es gibt eine **Buslinie nach Downtown** (Nr. 11, nur
Mo–Fr, $ 1,50).

Nahverkehr

Es gibt ein dichtes **Busnetz** in OKC, mit Anschluss zum Flughafen und nach Norman zur University of Oklahoma. Für Besucher empfehlenswert ist der **Downtown Trolley**: Der einer historischen Straßenbahn nachempfundene Bus pendelt kostenlos zwischen
Downtown und Bricktown (tgl. 10–20, Do–Sa bis 23 Uhr, alle 15–30 Min.).
Infos: www.gometro.org, **Tickets**: $ 1,50; Downtown Trolleys kostenlos.

info

Shorty's Caboy Hattery

Lavonna „Shorty" Koger ist unter etwa 30 verbliebenen Hutmachern in den USA die einzige weibliche Meisterin ihres Fachs. Und sie hat seit über 30 Jahren mit Cowboyhüten zu tun, lange bevor sie den jetzigen Hutladen in der Historic Stockyards City übernahm. Längst ist ihre **„Shorty's Caboy Hattery"** – „Caboy" ist Slang für „Cowboy" –, weit über OKC hinaus zum Begriff geworden. Kein Wunder, *Koger* kennt das Leben als Cowgirl aus eigener Erfahrung: Sie stammt von einer Ranch in Oklahoma und nahm selbst in den 1960er- und 1970er-Jahren an Rodeos teil.

Der Laden ist klein, aber wer etwas von Hüten versteht, den wird allein das Wandregal voller Cowboyhüte, Stück für Stück handgefertigt, in verschiedensten Farben und Formen, in den Bann ziehen. Es sind nur an die 1.000 Hüte pro Jahr, die in der kleinen Werkstatt, die sich hinter dem Laden befindet, von einer Handvoll Mitarbeitern, meist weiblich, und *Shorty* selbst hergestellt werden. Dennoch – oder gerade deswegen – gibt es ein enorm breites Spektrum an Formen, Farben, Designs und Dekors. *Shorty's* Hüte zeichnen sich nicht nur durch ihre hohe Qualität und Langlebigkeit aus, sie werden auch wegen ihrer Bequemlichkeit und Leichtigkeit geschätzt – und nicht zuletzt dafür, dass sie in fast allen Situationen fest auf dem Kopf sitzen bleiben.

Auch wenn man für einen „echten Shorty" zwischen $ 500 und 1.000 hinlegen muss, ist das „eine gute Investition", wie sie betont. Immerhin besitzt man dann einen *„Handmade Quality Western Hat Crafted with the Dedication, Trust and Tradition You Thought Was Lost"*, einen Cowboyhut, der ein Leben lang Freude macht.

 Hinweis zur Route

Auch wenn die **Route 66** nicht mehr offiziell erhalten ist, rufen braune Hinweisschilder in OKC und den Ortschaften an der Autobahn die Erinnerung an die legendäre Strecke wach. Man folgt der **Autobahn I-40** westwärts und macht Station in Weatherford, Clinton und Elk City, um den Spuren der Route 66 nachzuforschen (von OKC bis Elk City ca. 110 mi/176 km).

Auf der Route 66 nach Westen

„America's Main Street", „Queen of Highways" oder „Mother Road" – die **Route 66**, Amerikas berühmteste Überlandstraße, hat viele Spitznamen und einen mythischen Klang, der mit *Harleys* und *Classic Cars*, mit endloser Weite und untergehender Sonne in Verbindung gebracht wird. Obwohl sie 1985 offiziell aufgelöst und vom modernen Autobahnsystem geschluckt wurde, ist die „Mutter aller Straßen" in **Oklahoma** mit ganzen 640 km und mit einem kleinen Stückchen im Südosten von **Kansas** noch präsent (s. INFO S. 348).

*Historic
Route 66*

Der **Route 66-Streckenabschnitt in Oklahoma**, der der **Autobahn I-44** von Osten bis Oklahoma City und dann der **I-40** weiter nach Westen folgt, gilt unter Kennern als eines der besterhaltenen Teilstücke zwischen Chicago und Los Angeles. Gemütlich geht die Fahrt über Land, vorbei an neonbeleuchteten Diners, *Mom&Pop Stores* (Tante-Emma-Läden) und alten Tankstellen. Westlich von OKC stößt man noch auf einige alte Straßenabschnitte, z. B. entlang der Opal und 10th Street in **Clinton**. Östlich von Clinton, in der Ortschaft **Weatherford** gibt es außerdem einen noch betriebenen historischen Diner, **Lucille's Roadhouse** (s. Reiseprakt. Informationen).

*Interessante
Museen*

Im **Route 66 Museum** in der kleinen Ortschaft **Clinton/OK** sowie im **National Route 66 Museum** in **Elk City/OK**, beide direkt an der alten Überlandstraße westlich von OKC gelegen, erhält man Einblick in Geschichte und Menschen entlang der Mother Road. In acht Abteilungen mit Fotos, Relikten, Filmen und Nachbauten widmet sich das Route 66 Museum der Geschichte der Straße zwischen den 1930er- und 1970er-Jahren. Das National Route 66 Museum umfasst dagegen in einem mehrteiligen Gebäudekomplex auch ein Transportmuseum, ein Freiluftmuseum namens *Cowtown*, das *Old Town Museum* und das *Farm & Ranch Museum*.

Route 66 Museum, *2229 Gary Blvd., Clinton, www.route66.org, Mo–Sa 9–17/19, So 13–17/18 Uhr, $ 4.*

National Route 66 Museum, *2717 W. Hwy. 66, Elk City, www.elkcity.com, Mo–Sa 9–17, So 14–17 Uhr, $ 5.*

Ebenfalls an der Route 66 finden Raumfahrt-Interessierte in **Weatherford** mit dem **Stafford Air & Space Museum** ein Highlight. Es erinnert an den Astronauten *Thomas Stafford* (*1930), der an der frühen Entwicklung der Raumfahrt (*Gemini* 6 und 9, *Apollo 10* und *Apollo-Soyuz-Test*) beteiligt war. Neben der Raumfahrtgeschichte und Er-

Route 66 Museum in Clinton

innerungen an *Stafford* selbst erfährt der Besucher in dem überraschend umfassenden Museum auch viel zur Geschichte der Luftfahrt.
Stafford Air & Space Museum, *3000 E. Logan Rd., www.staffordmuseum.com, Mo–Sa 9–17, So 13–17 Uhr, $ 7.*

Reisepraktische Informationen Route 66 Clinton & Elk City/OK

Information
Clinton: *www.clintonok.org*
Elk City: *http://visitelkcity.com*
Route 66: *www.historic66.com, www.byways.org/explore/byways/2489, www.national66. com, www.legendsofamerica.com/66-main.html, www.nps.gov/history/nr/travel/route66 bzw. www.nps.gov/rt66*

Unterkunft
Standifer House B&B, *1030 W. 7th St., Elk City,* ☎ *(580) 225-3048, www. bedandbreakfast.com/ok-elk-city-standiferhousebedandbreakfast-details.html. Ann Smith und ihr Ehemann betreiben ein B&B in einem schönen Wohnhaus mitten in der Ortschaft. Gäste wohnen in großen, liebevoll eingerichteten Zimmern und bekommen ein mehrgängiges Frühstück.*

Restaurants
White Dog Hill Restaurant, *22901 N. Route 66 (I-40/Exit 71), Mi–Sa 17.30–21.30 Uhr,* ☎ *(580) 323-6922. Country Club von 1925 östlich von Clinton in malerischer Hügellage mit Blick auf den Ort und die Prärie. Besitzer ist Nelson King, ehemaliger Innenarchitekt, der in liebevoller Handarbeit die Gebäude restauriert und als „Fine dining"-Restaurant eröffnet hat. Kreative Küche und prima Service.*
Lucille's Roadhouse, *1501 N. Airport Rd., Weatherford. Einer der wenigen erhaltenen historischen Diner an der Route 66.*

👉 Hinweis zur Route

Von Elk City erreicht man nach etwa 190 mi (300 km) auf dem **US Hwy. 283** die nächste Station der Rundreise: das legendäre Westernstädtchen **Dodge City** in Kansas.
Alternativ könnte man von Elk City aber auch auf der I-40 (= Historic Route 66) nach Amarillo/TX fahren (ca. 150 mi/240 km) und dort die Texas-Rundreise anschließen (S. 266).

Auf dem Weg von Elk City/OK nach Dodge City/KS passiert man zunächst das **Black Kettle National Grassland**. Hier ist eine über 120 km² große Präriefläche unter Naturschutz gestellt. Mittendrin befindet sich aber auch die **Washita Battlefield National Historic Site**, jener Ort, an dem die *7th Cavalry* unter *Lt. Col. George Custer* im Winter 1868 das friedliche Cheyenne-Indianerdorf unter *Chief Black Kettle* überfiel.

Zwar konnte damit der Widerstand der *Southern Cheyennes* in den südlichen Plains endgültig gebrochen werden, doch die Indianer verziehen *Custer* dieses Massaker nie. Die zu ihren Verwandten, den *Northern Cheyennes*, ins heutige Montana geflohenen Cheyennes spielten eine wichtige Rolle am Little Bighorn, wo die Lakota- und Cheyenne-Indianer *Custer* und die *7th Cavalry* im Sommer 1876 vernichtend schlugen.
Black Kettle National Grassland, *Cheyenne/OK (Hwy. 283/47), kein VC, Infos: www.wildlifedepartment.com/blackkettle.htm.*
Washita Battlefield National Historic Site, *18555 Hwy. 47 A, Cheyenne/OK, www.nps.gov/waba, VC tgl. 8–17 Uhr, frei.*

Dodge City – Queen of the Cow Towns

Redaktionstipps

Sehens- und Erlebenswertes
➤ ein besonderes Erlebnis sind die **Dodge City Days** (S. 291)
➤ „Cowboy oder -girl" auf Zeit" – möglich auf der **Moore Ranch** nahe Dodge City (S. 290)

Übernachten
➤ in Dodge City/KS übernachtet man besonders angenehm im liebenswerten **Boot Hill B&B** (S. 291)

Essen und Trinken
➤ in **Casey's Cowtown** in Dodge City werden erstklassige Steaks serviert (S. 291)

Es war schon ein eigenartiges Gespann, das da im „wilden" Dodge City für Recht und Ordnung sorgte: Der seriöse *US Marshal Matt Dillon* und sein etwas tolpatschiger Gehilfe *Festus Haggan* führten in den 1870er-Jahren unermüdlich ihren Kampf gegen alle Banditen, die Dodge City unsicher machten. Zwischen 1955 und 1975 waren *Dillon (James Arness)* und *Festus (Ken Curtis)* die unvergessenen Titelhelden der langlebigsten TV-Westernserie aller Zeiten: „**Gunsmoke**", hierzulande unter dem Namen „**Rauchende Colts**" bekannt. Diese Filme sorgten dafür, dass Dodge City im US-Bundesstaat Kansas weltweit zu Ruhm gelangte. Über die deutschen Fernsehbildschirme ritten der *Marshal* und sein *Deputy* zwischen 1967 und 1997 in immerhin 228 Folgen, in den USA waren es sogar 635 und dazu wurden noch fünf Spielfilme gedreht.

Dank „Gunsmoke" und dem berühmten Western „Dodge City" von 1939, verfilmt mit *Errol Flynn* und *Olivia de Havilland* in den Hauptrollen, bekam das 25.000-Seelen-Städtchen im Südwesten von Kansas seinen Stempel als *die* **Westernstadt** schlechthin aufgedrückt. Bis heute lebt der Ort davon und wirbt mit dem Motto: „*Get the Heck into Dodge!*" Dabei dauerten die „wilden Zeiten" in „Dodge" in der Realität gar nicht so lange. Die Wurzeln der Stadt reichen zurück bis in die 1860er-Jahre, als eine erste Ranch entstand und *George Hoover* begann, in einem Saloon Geschäfte mit den auf dem **Santa Fe Trail** vorbeiziehenden Händlern und den Soldaten vom nahen **Fort Dodge** zu machen. Wie **Fort Larned** (s. unten) fungierte das östlich der heutigen Stadt gelegene Fort Dodge zwischen 1865 und 1882 als Sicherungsposten am Santa Fe Trail.

„Get the Heck into Dodge!"

Doch erst der Aufbau des Streckennetzes der **Eisenbahn** 1872 sorgte, wie in vielen Orten im Westen, für einen Aufschwung: Zunächst wurden Bisonfleisch und andere Bisonprodukte nach Osten geschickt – die **Büffeljagd** war in den 1870er-Jahren groß in „Buffalo City" –, dann wurde Dodge City zu einer wichtigen **Viehverladestation**.

El Capitan – Denkmal an die Cattle Drives in Dodge City

Aus Texas wurden auf **Cattle Trails** Rinderherden hierher getrieben (s. S. 373). Noch heute zeugt das 1897 erbaute **Depot**, der Bahnhof der Santa-Fe-Eisenbahn, der heute als Dinner-Theater genutzt wird, vom damals herrschenden Wohlstand in der Stadt.

Hatten die Cowboys ihre Herden in Dodge City verladen und ihren Sold erhalten, gab es kein Halten mehr. Man lechzte nach Spaß und Unterhaltung und Dodge City wurde nicht ohne Grund „Little Las Vegas" oder „**Queen of the Cow Towns**" genannt. Saloons wie der legendäre *Long Branch Saloon* und Bordelle wie das *China Doll Brothel* reihten sich an der Main Street auf. Um Schießereien zu vermeiden, mussten die Cowboys am Ortseingang ihre Waffen abgeben und ergänzend stellte die Stadt berühmt-berüchtigte Revolverhelden wie die *Earp*-Brüder, *Doc Holliday* oder die *Masterson*-Brüder als Sheriffs ein. Schießereien standen dennoch auf der Tagesordnung. *Spaß und Unterhaltung*

Die Vergangenheit lebt

Um 1890 endeten die „wilden Zeiten" in Dodge City, und der Ort, in dem viele Deutsche eine neue Heimat fanden, versank in einen **Dornröschenschlaf**. Wiedererweckt wurde Dodge City durch die zunehmende Bedeutung von Rinderzucht und Fleischindustrie, vor allem aber waren es „Gunsmoke" und der legendäre Ruf als Westernstadt, die den Tourismus aufblühen ließen. Erst unlängst wurde die Stadt von dem Magazin „American Cowboy" unter die „**Top 20 Places in the West**" gewählt. Während der **Dodge City Days** Ende Juli, die mit einem Umzug durch die Stadt und auf dem Festplatz südlich der Innenstadt begangen werden, aber auch im **Boot Hill Museum** werden die „wilden Zeiten" der 1870er- und 1880er-Jahre bei Shows zu neuem Leben erweckt. Dann rauchen die Colts wieder, Schießereien werden nachgestellt, Mädchen tanzen in den Saloons und im *Barber Shop* werden Cowboys salo(o)nfähig gemacht. Der Komplex besteht aus einem Laden am Eingang, dem Museum mit al- *Erinnerung an „wilde Zeiten"* lerlei Erinnerungen an die wilden Tage der Stadt, dem **Boot Hill Cemetery**, einem nachgebauten Wildwest-Friedhof, sowie der rekonstruierten **Front Street** aus den 1870er-Jahren inklusive einiger alter Bauten aus der Region.

Boot Hill Museum, *Front St., www.boothill.org, HS: tgl. 8–20 Uhr, NS: Mo–Sa 9–17, So 13–17 Uhr, $ 10.*

„El Capitan" – beliebter Fotospot

Mittlerweile ist die Rede davon, dass das gesamte Stadtzentrum zum *Historic District* erklärt werden soll. Es gibt etliche historische Bauten entlang der Central Ave., einige alte Wohnhäuser und Kirchen. Beliebter Fotospot im Zentrum ist **El Capitan**, ein Denkmal, das an die Zeit der *Cattle Drives* erinnert (2nd/Front St.). Im Umfeld wurden im Stil des *Walk of Fame* in Hollywood Sterne in den Boden eingelassen. Entlang dieses sogenannten **Dodge City Trail of Fame** findet man neben den Sternen auch Informationen über die Geschichte und stößt auf legendäre Figuren wie *Wyatt Earp, Bat Masterson, George Custer* oder Indianerführer wie *Satanta* oder *Dull Knive*, aber auch andere für den Mythos Westen bedeutende Persönlichkeiten wie *Henry Fonda, James Arness* oder *Kevin Costner*. Lebensgroße Statuen lassen berühmte Bewohner wie *Wyatt Earp* lebendig werden.

Infos zum **Dodge City Trail of Fame**: *www.dodgecitytrailoffame.org*

Steaks vom Feinsten

Wirtschaftlich ist immer noch die **Fleischindustrie** das Hauptstandbein der Stadt. Riesige Maststationen befinden sich im Umkreis und zwei der amerikanischen Fleischgiganten betreiben hier ihre Verarbeitungsstätten: *National Beef* und *Cargill*. Aus Dodge City sollen rund drei Viertel der amerikanischen Fleischproduktion stammen, wohlgemerkt in verschiedensten Qualitätsstufen. Gerade hier gibt es nämlich neben Masse auch Klasse, in Gestalt der wohl besten Steaks weit und breit. Neben den großen Schlachtfabriken gibt es nämlich auch kleine Metzger wie die **Kirby Meat Company** von *Tim Kirby*, der im Auftrag von Landwirten schlachtet und lokal vermarktet, außerdem das Fleisch sachgerecht lagert. Neben dem sogenannten *dry aging*, der Lagerung über drei Wochen bei knapp unter 0 °C, wird *wet aging*, ein (kürzeres) Altern von Fleisch, eingeschweißt in Plastik, praktiziert. Welche Methode besser ist, darüber streiten selbst Fachleute. In den **Winter Livestock Stockyards** kann man jeden Mittwoch miterleben, wie heute auf dem Land Vieh gehandelt wird.

Winter Livestock Stockyards, *1414 E. Trail St., www.winterlivestock.com, Auktionen Mi ab 8 Uhr, Zuschauer willkommen.*

---

info

T-Bone, Ribeye oder Swinging Beef?

Neben **BBQ**, **Burger** und **Chicken Fried Steak** – in Mehl gewälztes oder paniertes Schnitzel mit *gravy* (weißer Mehlsauce) als Erbe deutscher Einwanderer –, stehen als kulinarische Leckerbissen des Mittleren Westens Steaks in jeglicher Variation hoch im Kurs. Überall in den Heartlands bekommt man in Lokalen Rindersteaks der Extraklasse: **T-Bone**, **Sirloin**, **Filet Mignon**, **Strip** oder **Ribeye**, um nur die verbreitetsten zu nennen.

Die meisten Steaks stammen aus der **Hochrippe** oder dem **Roastbeef**, dem vorderen Rücken, von feinen Fettäderchen durchzogenes, saftiges Muskelfleisch.

Während es sich beim **T-Bone** um eine ca. 4 cm dicke und bis 700 g schwere Roastbeefscheibe mit T-förmigem Lendenwirbelknochen und kleinem Filetanteil handelt, ist das **Porterhouse** die zartere Verwandte, sozusagen die Luxusversion mit mehr Filet.

Das **Ribeye Steak** wird aus dem hohen Roastbeef, dem mageren Kern der Hochrippe, geschnitten und weist einen Fettkern, das *Eye* auf. Ein **Sirloin Steak** – hierzulande auch als Rumpsteak bekannt, ist ein Lendensteak ohne Knochen und hat im Allgemeinen, da näher am Rumpf gelegen, etwas mehr Biss. Ein **New York** oder **Kansas City Strip** gleicht wiederum dem *Porterhouse* oder *T-Bone*, allerdings ohne Knochen und Filet, wird aus dem flachen oder hohen Roastbeef-Stück geschnitten und von Steakfachleuten wegen seiner Saftigkeit und seines Geschmacks geschätzt. **Filet Mignon** schließlich ist vergleichbar mit *Medaillon* oder *Tournedo*, das Fleisch der Filetspitzen, kreisrund geschnitten und ebenso zart wie das **Tenderloin** (Filetsteak) aus dem Mittelstück des Filets.

Beef brisket, das oft als BBQ serviert wird, ist ein eher zähes, zum Kurzbraten ungeeignetes Bruststück, das daher oft geräuchert und stundenlang über geringer Hitze gegart wird, bis es so zart ist, dass es mit der Gabel zerteilt werden kann. **Prime rib** schließlich ist ein zarter Schmorbraten aus der Hochrippe, der in Scheiben geschnitten mit Bratensauce oder Meerrettich *(horseradish)* serviert wird, innen noch rosa.

Nicht allein der Zuschnitt ist für die Qualität entscheidend, immer mehr achtet man bei der Rinderzucht auf **extensive Haltung und Gras** statt Mastfutter. Doch auch die **Lagerung** spielt eine Rolle. So unterscheidet man zwischen **dry-aging** – das Fleisch wird einige Wochen im Kühlhaus abgehangen – oder **wet-aging** – nur wenige Tage in Plastik eingeschweißt. Das **USDA** *(US Department of Agriculture)* hat eine eigene Kennzeichnung für *Beef* herausgegeben: **US Prime** bezeichnet dabei die höchste Qualität. Alles andere, welches Stück oder wie gelagert, ist Geschmackssache. Mit einem *Ribeye* oder *T-Bone* liegt man nie falsch, 12 oz. (ca. 370 g) genügen in der Regel. Es empfiehlt sich, das Steak „medium well", „medium" oder „medium rare" zu bestellen, denn nur mit einem rosa Kern entfaltet das Fleisch seinen vollen Geschmack. Viele Lokale weigern sich sogar, Steaks „well-done" (komplett durchgebraten) zu servieren.

Doch es muss nicht immer Steak sein. Auch eine andere, etwas „exotische" Spezialität wird in Steakhouses im Allgemeinen serviert: *Lamb Fries, Prairie Oysters, Cowboy Caviar* oder *Swinging Beef* (frittierte Stier- bzw. Kalbshoden).

Rindersteaks der Extraklasse – dafür ist die Reiseregion kulinarisch bekannt

Cowboy auf Zeit auf der Moore Ranch

Der Westen von Kansas wird durch die Rinderzucht geprägt, doch auch Bisons und Longhorns sind auf den weiten Grasebenen der Prärie wieder zu finden. Zu den Ranchern, die Longhorns züchten, gehören auch die *Moores*. *Joe* und *Nancy Moores* Longhorns sind berühmt und werden weniger zur Fleischproduktion als fürs *Cutting* – eine Western-Riding-Disziplin – und fürs Rodeo gezüchtet. Das Ehepaar betreibt mit ihrem Sohn *Laramie* südlich von Dodge City eine **Working Ranch**, wo sie zugleich *Quarter Horses* züchten und zu *Working Cow Horses* ausbilden.

Bei den *Moores* sind Gäste willkommen, für sie stehen fünf rustikale und gemütliche **Cabins** auf dem weitläufigen Areal zur Verfügung. Jedes Häuschen ist im Western-Stil eingerichtet und folgt einem Motto, z. B. Rodeo, Cowboy, Indianer; Dusche und WC gehören dazu, nicht aber Internetanschluss, Fernseher oder Telefon und Mobilphone-Empfang. Zudem gibt es eine Gemeinschafts-Cabin (mit kleinem Shop) und eine *Kitchen Cabin* mit Kochgelegenheit und Kühlschrank.

Auf der Moore Ranch ist man weniger Gast als Teil des „Outfits", des „Personals" und damit der Familie. Wer mag, kann bei der täglichen **Rancharbeit** mithelfen, sei es hoch zu Ross beim Umsetzen der Longhorns auf eine andere Weide, beim Separieren von Kühen und Kälbern, beim *Branding* oder Impfen, oder auch nur

Cowboy auf Zeit auf der Moore Ranch

info

beim Reparieren von Zäunen oder Füttern der Pferde. *Nancy* und *Joe* finden für jeden Gast das richtige Pferd und den geeigneten Job.

Mehrmals im Jahr veranstalten die *Moores* darüber hinaus bis zu dreitägige **Cattle Drives** mit einem *Chuck Wagon*. Dann übernachtet man wie ein richtiger Cowboy nach getaner Arbeit unter freiem Himmel, isst am Lagerfeuer und genießt den weiten Sternenhimmel.

Ranchaufenthalt

The Moore Ranch, Protection (südlich Dodge City/KS), ☎ (620) 826-3649, www.moorelonghornranch.com. **Working Ranch**, die einfache Unterkünfte und vielerlei Aktivitäten rund um Pferde und Rinder inklusive Vollpension anbieten. In Deutschland ist der Aufenthalt u. a. zu buchen bei **America Unlimited** (www.america-unlimited.de) oder **Argus Reisen** (www.argusreisen.de). Kinder sind willkommen. Man kann auch tageweise buchen.

Reisepraktische Informationen Dodge City/KS

Information

Dodge City VC, *400 W. Wyatt Earp Blvd. (neben Boot Hill Museum), www.visit dodgecity.org, tgl. 8.30–18.30 Uhr (in der NS Mo–Fr 8.30–17 Uhr).*

Unterkunft

Dodge House Hotel $$–$$$, *2408 W. Wyatt Earp Blvd., ☎ (620) 225-9900, www.dodgehousehotel.com. Historisches Hotel, in dem schon Legenden wie Wyatt Earp oder Bat Masterson ein- und ausgegangen sein sollen.*
Boot Hill B&B $$$–$$$$, *603 W. Spruce St. (neben Boot Hill Museum), ☎ (620) 225-0111, www.boothilldodgecity.com. Fünf schöne Gästezimmer im historischen Burr House, und liebevolle Betreuung durch die Besitzer Enid und Kurt.*
Boot Hill Casino & Resort $$$$, *4000 W. Comanche St., ☎ (620) 682-7777, www.boothillcasino.com. Zum neuen Casino gehören ein Golfplatz, eine Event-Halle und ein Resorthotel mit 124 Zimmern, Spa und Swimmingpool.*

Restaurants

Casey's Cowtown, *503 E. Trail St., ☎ (620) 227-5225. Hier gibt es preiswerte Supersteaks in Wildwest-Atmosphäre sowie preisgünstige Daily Specials.*
Central Station Club & Grill, *207 E. Wyatt Earp Blvd., ☎ (620) 225-1176. Beliebtes Lokal im alten Güterbahnhof. Auch hier isst man vor allem Steaks.*
Cup of Jones, *909 W. Wyatt Earp Blvd. Kleines, aber stets gut besuchtes Café mit leckerem Kaffee, Kuchen und Snacks (auch zum Mitnehmen!).*

Veranstaltungen

Dodge City Days, *Ende Juli/Anfang Aug., www.dodgecitydays.com. Neben Rodeos finden zehn Tage lang verschiedenste Events wie ein Umzug, BBQ, Countrymusic-Konzerte oder Kunsthandwerkshows – alle im Zeichen des „Wilden Westen" – an verschiedenen Orten statt.*

Auf dem Santa Fe Trail

Sehens- und Erlebenswertes

➤ die **Kansas Wetlands** (S. 293) gehören zu den Naturwundern des Mittleren Westens

➤ in Hutchinson/KS: das **Kansas Cosmosphere & Space Center** (S. 295) und **Kansas Underground Salt Museum** (S. 295)

➤ in Wichita/KS: **Old Cowtown** (S. 298), eines der besten Freiluftmuseen des Westens, und das **Chuckwagon Supper** mit den *Diamond W Wranglers* (S. 298, 299)

➤ die **Tallgrass Prairie National Preserve** (S. 305), ein Stück unberührte Prärie

➤ die **Symphony in the Flint Hills** (S. 308) ist ein Erlebnis, dass man so schnell nicht vergisst

Übernachten

➤ in Wichita/KS das **Hotel at Old Town** (S. 303), eingerichtet in einem alten Lagerhaus

➤ in Cottonwood Falls/KS das **Grand Central Hotel** (S. 308) im Westernstil mit einem ausgezeichneten Steak-Restaurant

Essen und Trinken

➤ BBQ in **DannyBoys Smokehouse** (S. 296) in Hutchinson/KS mit einer Saucen-Bar

Einkaufen

➤ ein Muss für Cowgirls und Cowboys ist **Shepler's Western Store** (S. 303) in Wichita/KS, einer der größten Westernläden der USA

Die Wurzeln von Dodge City gehen wie die vieler anderer Ortschaften in Kansas auf den **Santa Fe Trail** zurück. Anders als die berühmten Trecks in den Westen, z. B. *Oregon* oder *California Trail* handelt es sich dabei nicht um einen Siedlerweg, sondern um eine Handelsroute zwischen dem Kernland der USA und Mexiko bzw. später dem amerikanischen Südwesten.

Der erste dieser „Highways" in den Westen war um 1821 entstanden. *William Becknell* hatte eine Muli-Karawane mit Handelswaren vom Missouri-Territorium ins damals mexikanische Santa Fe (New Mexico) gebracht und war mit beträchtlichem Gewinn und spanisch-mexikanischen Waren zurückgekehrt. Etwa **1.500 km lang** war die Strecke zwischen der Ortschaft **Independence** (heute ein Vorort von Kansas City) und **Santa Fe**, das bis 1848 als Tor nach Mexiko galt. Sie gehörte zu den **bedeutendsten Handelsrouten** der Welt und verlor erst mit der Ankunft der Eisenbahn 1880 an Bedeutung.

Zwischen Dodge City und Wichita

Während der Reisende heute bequem die Strecke im Auto zurücklegt – die Highways 56, 50, 350 und I-25 folgen Abschnitten des Trails von Independence durch Kansas, Oklahoma, Colorado und New Mexico nach Santa Fe –, hatten die Händler und Siedler früher mit den Unbilden der Natur und den hier lebenden Indianern zu tun. Reste der Forts, die zur Sicherung der Route in den 1860er- und 1870er-Jahren betrieben wurden, erinnern ebenso wie historische Marker an den historischen Pfad. An einigen Stellen kann man noch Teile der von Wagenrädern tief gefurchten historischen Route erkennen – beispielsweise westlich von Dodge City bei **Cimarron**, am Hwy. 50. Mehr über den Trail erfährt man in dem informativen **Santa Fe Trail Center**, das nur wenige Meilen von Fort Larned (s. unten) entfernt liegt.

Santa Fe Trail Center, *1349 KS Hwy. 156, Larned, www.santafetrailcenter.org, tgl. 9–17 Uhr, im Winter Mo geschl., $ 4.*

Santa Fe Trail: *www.nps.gov/safe.*

Fort Larned National Historic Site

Einer der am besten erhaltenen Militärposten im Westen ist Fort Larned/KS, 1859/60 als Wachposten am Santa Fe Trail entstanden und bis 1878 in Betrieb. Von Dodge City folgt der Hwy. 56 ostwärts dem Trail und stößt wenige Kilometer westlich der Ortschaft **Larned** (via SR 156) auf die sehenswerte **Fort Larned NHS**.

Nachdem das Fort lange Zeit leer gestanden hatte, wurde es Teil einer Ranch, dann 1966 vom *National Park Service* erworben, renoviert und als **Freiluftmuseum** eröffnet. Dabei wurden die Bauten, die sich im Quadrat um den Paradeplatz gruppieren, wieder in den Zustand von 1866 versetzt. Heute gibt das Fort eine gute Vorstellung davon, wie ein Grenzmilitärposten im 19. Jh. aussah. Im Sommer, wenn Freiwillige das Fort als Soldaten bevölkern und den Besuchern das Leben in einem solchen Posten vorführen, wird der damalige All-

Fort Larned, einer der besterhaltenen Militärposten im Westen

tag im Fort wieder lebendig. Zur Blütezeit waren hier zwischen 250 und 300 Soldaten stationiert. Überwiegend handelte es sich um Infanterie-Einheiten, aber auch eine Kompanie der *Buffalo Soldiers*, der legendären, nur aus afroamerikanischen Soldaten bestehenden Kavallerie-Einheit, lebte hier zeitweise. Die *Commissary* von 1866, die Versorgungszentrale der Forts, ist der älteste erhaltene Bau.

Fort Larned NHS, 1767 KS Hwy. 156, Larned, www.nps.gov/fols, VC im Fort, tgl. 8.30–16.30 Uhr, frei. Ende Mai: Living History Weekend (www.nps.gov/fols/planyourvisit/events.htm).

Kansas Wetlands & Wildlife National Scenic Byway

Dass Prärie nicht nur endloses, ödes Grasland sein muss, zeigen die **Kansas Wetlands** im Zentrum des Bundesstaates. Östlich der Kleinstadt **Great Bend**, die man nach einer halben Stunde Fahrt von Fort Larned aus erreicht (Hwy. 56), breiten sich zwei Feuchtgebiete, Heimat bzw. Rastplatz unzähliger Vögel, aus: zum einen die **Cheyenne Bottoms Wildlife Area**, zum anderen das **Quivira National Wildlife Refuge**, beide zu den „*Original 8 Wonders of Kansas*" (s. S. 296), den Naturhighlights des Staates, zählend.

Zwei Feuchtgebiete

Diese beiden Naturareale werden durch den **Wetlands & Wildlife National Scenic Byway** (ausgeschildert) miteinander verbunden und sind ideal zur Vogel- und Wildbeobachtung. Im **VC von Great Bend** erhält man eine Karte und CD mit Infos zum Marschland und kann damit dem Byway mit mehreren Stopps mühelos folgen. Die Route beginnt in der Ortschaft **Holsington** (ca. 15 km nördl. Great Bend, Hwy. 281) und verläuft auf verschiedenen Nebenstrecken über etwa 120 km durch beide Naturschutzgebiete Richtung Süden. Der Byway endet bei **St. John** und von dort sind es nur noch wenige Kilometer Richtung Süden zum Hwy. 50, auf dem man nach ca. 70 km die nächste Station, **Hutchinson**, erreicht.

Vogel-
paradies

Die beiden Naturschutzgebiete gehören zu den **wichtigsten Raststationen auf dem Zug der Wattvögel**, von Nord nach Süd. In den flachen Gewässern – das Marschland konnte entstehen, da sich hier eine Senke befindet, in dem sich Wasser sammelt – halten sich während der Migrationszeiten im Frühjahr und Herbst Abertausende solcher Wasservögeln auf – ein Paradies für Vogelbeobachter! Mehr als 300 Vogelarten hat man entlang dem Wetlands & Wildlife National Scenic Byway gezählt, darunter auch Prärie- und Waldvögel wie Greifvögel oder *wild turkeys* (wilde Truthähne).

Die fast 165 km² großen **Cheyenne Bottoms** mit Great Bend als Zentrum bilden das **größte Frischwassermarschgebiet** im Inland der USA. Hier rasten vor allem in Frühjahr und Herbst im Schutz der Marschlandschaft *herons* (Reiher), *great egrets* (*ardea alba*, weißer Reiher), *cranes* (Kraniche), *ducks* (Enten) und *geese* (Gänse), *pelicans* (Pelikane), *gulls* (Möwen), *terns* (Seeschwalben) sowie die selten gewordenen *whooping cranes* (Riesenkraniche). Einige Arten bleiben auch den Sommer über, andere, wie die *Canada Geese* sogar das ganze Jahr.
Cheyenne Bottoms Wildlife Area, *www.naturalkansas.org/cheyenne.htm, Zufahrten im Norden (KS Hwy. 4), im Westen (Hwy. 281) und Südosten (KS Hwy. 156), kein VC, Infotafeln an den Zufahrten*

Die etwa halb so große, südlich gelegene **Quivira National Wildlife Refuge** umfasst anders als die Cheyenne Bottoms mit ihrem Süßwasser nur Salzwassermarschland, zieht aber ebenso fast eine halbe Million Wasservögel während ihrer Frühjahrs- und Herbstzüge an.
Quivira National Wildlife Refuge, *1434 NE 80th St., Stafford/KS, VC am Südende des Refuge, www.fws.gov/quivira, Mo–Fr 7.30–16 Uhr.*

> **ℹ** **Information**
> **Great Bend VC**, *3007 10th St., www.visitgreatbend.com.*
> **Wetlands & Wildlife National Scenic Byway**: *www.kansaswetlandsandwildlife scenicbyway.com und www.byways.org/explore/byways/59011, www.fws.gov/quivira*

Hutchinson

Im „Bread-
basket of
America"

Mit seinen über 40.000 Einw. ist „**Hutch**", wie die Einheimischen Hutchinson/KS im Herzen des *Breadbasket of America*, der Getreideanbauzone von Kansas, auch nennen, aufgrund mehrerer ungewöhnlicher Sights einen Besuch wert.

Die erste, etwas kuriose Attraktion von Hutch liegt in der kleinen Ortschaft **Nickelson** wenige Kilometer nordwestlich an der SR 96. Die **Hedrick's Exotic Animal Farm** am Ortsrand wurde von *Joe* und *Sondra Hedrick* gegründet. Beide waren im Rodeogeschäft aktiv und begannen hier mit einem Streichelzoo, der am Rande von Rodeos und *State Fairs* die Kinder bei Laune halten sollte. Daraus entwickelte sich der ungewöhnliche Zoo mit Mini-Kälbern, Schafen, Zebras, Kamelen, Antilopen, Giraffen und Kängurus. Zum Komplex gehört ein kleines Motel im Stil eines Wildwestdorfs und ein Restaurant.

Hedrick's Exotic Animal Farm, *7910 N. Roy L Smith Rd., Nickerson, www.hedricks. com, tgl. 8–17 Uhr, Touren sowie Kamelritte auf Anmeldung.*

Die größere Überraschung, die Hutch für Besucher bereithält, ist das **Kansas Cosmosphere and Space Center**, eines der besten Raumfahrtmuseen der Welt. Ursprünglich als privates Planetarium erbaut, befindet sich hier heute ein Teil der berühmten Weltraumfahrt-Sammlung der *Smithonian Institution* in Washington, D.C. 1997 wurde das Museum um einen neu erworbenen *Blackbird* erweitert, der jetzt im Eingangsbereich zusammen mit der Kopie eines Spaceshuttle aufgestellt ist. Interessant ist das Museum aber nicht nur wegen der Originale, sondern auch wegen der multimedialen Ausstellung mit Fotos, Dokumenten, Relikten und Originalteilen vom Beginn der Raketenzeit mit *Wernher von Braun* bis zum Ende der *Apollo*-Mission.

Spannendes Raumfahrt-museum

Kansas Cosmosphere & Space Center in Hutchinson

Eine Ausweitung auf die moderne Zeit der internationalen Raumstation **ISS** mit einer eigenen Abteilung ist geplant. Die Ausstellungen sind auch deshalb sehenswert, weil sich mit der Zeitgeschichte und relativ ausführlich mit dem ehemaligen sowjetischen Raumfahrtprogramm beschäftigen. Zum Museum gehören außerdem ein **IMAX-Kino**, ein **Hall of Space Museum**, in dem bedeutende Forscher und Ereignisse der Raumfahrtgeschichte näher erläutert werden, und **Dr. Goddard's Lab**, eine interaktive Abteilung für Kinder. Im Sommer veranstaltet das Museum sogar Jugendcamps. Dann werden Jugendliche wie Astronauten trainiert und sollen so für Forschung und Raumfahrt interessiert werden.

Kansas Cosmosphere & Space Center, *1100 N. Plum St., www.cosmo.org, Mo–Do 9–17, Fr/Sa 9–19, So 12–17 Uhr, $ 12 bzw. $ 17 (inkl. aller Abteilungen und Kino).*

Seit Kurzem baut *Siemens* in Hutchinson eine neue Windkraftanlage, die den Ort zu einem Zentrum der alternativen Energiegewinnung machen soll. Jetzt schon gilt Hutch aber als **Salt Capital**, als „Salzhauptstadt". Um das **Kansas Underground Salt Museum** zu sehen, geht es per Aufzug in den Untergrund und mit einem Bähnchen durch Stollen und Höhlen. Dabei erfährt der Besucher, dass sich hier unter der Prärie, in fast 400 m Tiefe, eine gewaltige Salzschicht erstreckt, aus der teils Speisesalz, vor allem aber Streusalz gewonnen wird.

„Salz-hauptstadt" Hutchinson

Streusalz für Metropolen

Drei Firmen nutzen das sogenannte **Hutchinson Salt Bed**, das nicht nur besonders stabil ist, sondern sich unterirdisch gleich über mehrere Bundesstaaten erstreckt. Zwei Unternehmen raffinieren das Salz zum Verzehr (darunter eine deutsche Firma), während die *Hutchinson Salt Co.* Streusalz gewinnt, das im Winter sogar auf den Straßen von Chicago und Detroit zum Einsatz kommt. Die Salzvorkommen wurden 1887 durch Zufall entdeckt, als man nach Erdöl suchte. Aufgrund der gleich bleibenden Temperatur von 20 °C und nur 4 % Feuchtigkeit werden die ausgebeuteten Stollen auch vermietet, an Behörden aus aller Welt und sogar an die Filmindustrie Hollywoods; sie dienen als trockenes Lager für Dokumente und Filmrollen.

Nach der Tour lohnt ein Blick ins **Museum** in einem der Stollen, denn dort sind alte Gerätschaften ausgestellt und gibt es weitere Informationen zum Salzabbau, zu Arbeitsbedingungen und Gefahren. Und ehe man wieder in den Aufzug in die Oberwelt steigt, gibt es natürlich noch einen Laden mit Souvenirs aller Art.
Kansas Underground Salt Museum, *3504 East Ave. G/Airport Rd., www.underground museum.org, Di–Fr 9–17, Sa 9–18, So 13–18 Uhr, Touren $ 13,25.*

 „The Original 8 Wonders of Kansas"

Der Staat Kansas ist stolz auf seine „acht Wunder":
- Big Well, Greensburg (www.bigwell.org/bigwell.html)
- Cheyenne Bottoms/Quivira NWF (s. S. 293)
- Dwight D. Eisenhower Presidential Library and Museum, Abilene (s. S. 309)
- Kansas Cosmosphere & Space Center (s. S. 295)
- KS Underground Salt Museum, Hutchinson (s. S. 295)
- Monument Rocks & Castle Rock, Gove County (www.kansassampler.org/8wonders)
- St. Fidelis Catholic Church – „Cathedral of the Plains", Victoria (www.stfidelischurch.com)
- Tallgrass Prairie NP & Flint Hills (s. S. 304, 305).

Dazu werden jedes Jahr neue dazugewählt (siehe www.kansassampler.org/8wonders)

Reisepraktische Informationen Hutchinson/KS

 Information
Greater Hutchinson CVB, *117 N. Walnut St., www.visithutch.com.*

Unterkunft
Hedrick's Exotic Animal Farm and B&B $$, *7910 N. Roy L. Smith Rd. (Hwy. 96), Nickerson,* ☎ *(620) 422-3245, www.hedricks.com. Verschiedene Zimmer im Obergeschoss einer nachgebauten kleinen Westernstadt.*

Restaurant
DannyBoys Smokehouse, *307 N. Main St., Hutchinson. Auswahl an BBQ – z. B. Ribs, Beef brisket oder Sausages – dazu frei wählbare Beilagen und an der Bar ein riesiges Sortiment an BBQ-Saucen, nach Schärfe sortiert. Preiswert und sättigend.*

Auf Zeitreise in alte Wildwestzeiten in Wichitas Old Cowtown

Wichita – Cowboys und fliegende Kisten

Von Hutchinson ist es auf dem Hwy. 96 ein Katzensprung (ca. 80 km) nach Wichita/KS. Als „Großstadt mit ländlichem (Wildwest-)Charme" könnte man Wichita, das etwa auf *Großstadt* halbem Weg zwischen den Metropolen Kansas City und Oklahoma City liegt, be- *mit Charme* zeichnen. Heute leben über 350.000 Menschen in der größten Stadt des Bundesstaates. Als jedoch in der zweiten Hälfte des 19. Jh. die Cowboys ihre Rinderherden aus dem südlichen Texas auf dem legendären **Chisholm Trail** (s. INFO S. 373) nach Norden trieben und hier Station machten, dürften es nur ein paar Hundert Bewohner gewesen sein. Auch wenn sich die Stadt heute auf den ersten Blick mit Hochhäusern und Highways scheinbar ganz modern präsentiert, werden Besucher in der Hauptattraktion der Stadt, in **Old Cowtown**, in alte Wildwestzeiten zurückversetzt.

1868 als *Trading Post* auf einer Indianerreservation entstanden, mauserte sich Wichita dank seiner geschäftstüchtigen Bewohner schon 1870 zur Stadt. In den 1920er-Jahren sorgte dann ein kurzer Ölboom für Wohlstand, heute dominiert die Flugzeugindustrie das Wirtschaftsleben. In der „**Air Capital of the World**", einem der bedeutendsten Zentren des Flugzeugbaus weltweit, haben Firmen wie *Beechcraft*, *Bombardier* oder *Cesna* Niederlassungen und bauen hier fast die Hälfte der weltweit produzierten kleinen Düsenjets. Auch für *Boeing* und *Airbus* werden in Wichita Teile gefertigt.

Bekannte Persönlichkeiten aus der Stadt sind *Frank* und *Dan Carney*, die 1958 die Imbisskette **Pizza Hut** gegründet haben, oder *Harry L. Shepler* (1914–76). Er hat 1946 den seit 1899 bestehenden *J. W. Gibson Harness Shop* aufgekauft und zu **Harry Shepler Saddle and Leather Company** umgewandelt. Der Laden florierte derart, dass schließlich nicht nur ein neuer *Western Store* am Stadtrand auf 5.000 km² Fläche und mit bislang unbekanntem breit gestreutem Angebot entstanden war, sondern weitere 14 Filialen im ganzen Land. Im Sommer 2007 übernahm eine Firma aus San Francisco die Kette und machte *Shepler's* zu einer der größten Westernwear-Ketten der USA.

Old Cowtown

Das Freiluftmuseum Old Cowtown stammt aus den 1950er-Jahren. Wichita wollte damit die Erinnerung an ein interessantes Kapitel Geschichte wachhalten. Die Ortschaft liegt nämlich nicht nur am alten Viehtrail zwischen Texas und dem Norden, sie wird auch mit vielen legendären Western-Persönlichkeiten in Verbindung gebracht: So wuchs der berühmte *Billy the Kid* hier auf und *Wyatt Earp* fungierte zeitweise als Hilfssheriff.

Sehenswerte Western Town

Old Cowtown Wichita liegt am Arkansas River, in einem weitläufigen Park- und Waldareal abseits der Innenstadt, und zählt zu den sehenswertesten Westerntowns und Openair-Museen in den USA. Entlang der staubigen Main Street reihen sich von anderen Orten hierher versetzte historische bzw. detailgetreu rekonstruierte Gebäude auf. Da steht mit dem **Monger House** von 1868 das älteste erhaltene Haus in Wichita – Postamt, Schule, Hotel, Gemeindzentrum und Saloon in einem. Nur ein paar Schritte entfernt manifestiert das **Murdoch Home**, zwei Jahre später entstanden, den Fortschritt, der mit der Eisenbahn 1870 nach Wichita gekommen war. Der Hausherr, der lokale Zeitungsmacher *Marshal Murdoch*, dessen „Wichita Eagle" noch heute die lokale Tageszeitung ist, ließ Baumaterial und andere Luxusartikel per Bahn heranschaffen und konnte sich so eine komfortable kleine Villa errichten.

Ein Bahnhof, ein Cowboy-Camp, Saloon, *General Store* und Werkstätten machen zusammen mit Kutschen, Ställen und der *DeVore Farm*, einem landwirtschaftlichen Betrieb mit Tieren, die Illusion einer Westernstadt perfekt. Museumsmitarbeiter in historischen Kostümen tragen zu noch mehr Authentizität bei. Old Cowtown diente schon des Öfteren als Kulisse für Westernfilme. Dass das damalige harte Ranchleben auch Vergnügungen bot, kann man am Ortsrand beobachten, wenn an Wochenenden historische Baseballspiele stattfinden, eine Sportart, die in der zweiten Hälfte des 19. Jh. aufblühte. An Wochenenden stehen besondere Vorführungen auf dem Programm, z. B. demonstrieren Siedler mit ihren Wagen die damalige spartanische Lebensweise und bereiten über offenem Feuer Mahlzeiten zu.

Dinner mit Western Music

Abgerundet wird die Zeitreise in den Wilden Westen am Abend mit einem **Chuckwagon Supper** im zum Komplex gehörigen historischen Restaurant. Spezialitäten wie *beef brisket* (geräuchertes, gegrilltes Rindfleisch), Würste, *cowboy beans*, Kartoffeln und *cornbread* werden von waschechten Cowboys, nämlich den Bandmitgliedern der **Diamond W Wranglers**, serviert. Sie steigen dann im Anschluss auf die Mahlzeit auf die Bühne und unterhalten mit ihrer Show Jahr für Jahr Tausende von Besuchern mit klassischer *Western Music*, mit *Cowboy Poetry* und manchmal etwas derbem Cowboy-Humor.
Old Cowtown Museum, *1865 Museum Blvd., www.oldcowtown.org, HS: Mi–Sa 9.30–16.30, So 12–16.30 Uhr, NS: Di–Sa 10–16 Uhr, $ 7,75. Information Center mit Laden sowie*

verschiedene Veranstaltungen wie „Celebrate America" (4. Juli), „American Indian Festival" (Juli), „Victorian Ball" (Aug.), „Age of the Gunfighter" (Sept.), „Victorian Christmas" (Dez.) sowie an Wochenenden historische Baseballspiele („Vintage Baseball").

Chuckwagon Supper im Empire House Theater mit den Diamond W Wranglers Mai–Aug. Do–Sa ab 18.30 Uhr, $ 30, Infos und Tickets: www.diamondwchuckwagon.com.

Die Diamond W Wranglers und die Western Music

info

Die 1999 gegründeten **Diamond W Wranglers** treten nicht nur während des *Chuckwagon Supper* in Old Cowtown Wichita auf, sondern in ganz Kansas und Umgebung, in der Countrymusic-Kapitale Nashville, in der Carnegie Hall in New York, auf Karibik-Kreuzfahrten, in China und zuletzt auch auf der AMERICANA, der größten Westernreitshow in Europa im schwäbischen Augsburg.

Bis 2007 als „Prairie Rose Wranglers" bekannt, versteht sich die Truppe nicht nur als Botschafter ihrer Heimatstadt Wichita und der Nachbarstaaten Kansas und Oklahoma. Ihre Absicht ist es vielmehr, **Western Music** einem breiteren Publikum schmackhaft zu machen. *Western Music* hat nämlich wenig mit der verbreiteteren Countrymusic zu tun. Sie ist eine Art Volksmusik der Cowboys, deren Wurzeln in die Zeiten der Viehtriebe und der harten Alltagsarbeit auf den Ranches in der zweiten Hälfte des 19. Jh. zurückreichen. Im Laufe des 20. Jh. wurde die Western Music zur massentauglichen Musikrichtung, die die Countrymusic mitbeeinflusste und die Bezeichnung *Country & Western Music* aufkommen ließ.

Die Bandmitglieder sind vor einigen Jahren zu „**Official Musical Ambassadors for Kansas**" ernannt worden. Ein Höhepunkt in ihrer Karriere war 2008 die Auszeichnung für den Song „Deep in the Saddle" von der *Western Music Association* als „**Western Music Album of the Year**". Neben Balladen wie „Streets of Laredo" oder Ohrwürmern wie „Ghost Riders in the Sky" präsentieren die *Diamond W Wranglers* auch eigene Songs wie „Deep In the Saddle", „Trail Dust", „Rolling Kansas Plains", „Montana Anna" oder „Cabezon".

Stu Stuart und **Jim Farrell** sind die beiden „Macher" der Band. *Stuart*, Sänger und Gitarrist, kommt aus Kansas und ist mit Western Music großgeworden; sein Vater war ein bekannter Radio-Musikredakteur.

Die Diamond W Wranglers, eine Topband der Westernmusik

„*Tennessee Jim*", der Gitarrist, Sänger und Arrangeur der Band, traf *Stu* in seiner Heimatstadt Nashville. Er gilt als Kenner der Western Music und ist ein in der Szene bekannter Western-Music-Produzent (Jim Farrell Studios). 2005 wurde er von der National Cowboy Hall of Fame zum „*Western Music Producer of the Year*" gekürt. Die beiden anderen Bandmitglieder sind der Schlagzeuger **Steve Crawford** – von Fans als „*King of the Cowboy Drummers*" bezeichnet – und Bassist **Chip Worthington**. *Chip*, das jüngste und neueste Bandmitglied, durchlief eine Musikausbildung an der Wichita State University und sammelte als Chorsänger und Mitglied einer Bluegrass-Band Erfahrungen. Seine Professionalität und Vielseitigkeit brachte neuen Schwung in die Band. Dank seiner Spanischkenntnisse tauchen jetzt auch mexikanische Volkslieder im Repertoire auf.
Infos: *www.diamondwwranglers.com und www.diamondwchuckwagon.com.*

Museums on the River

Old Cowtown liegt im Westen der Stadt am Arkansas River und in nächster Nähe entstand in einer parkartigen Anlage auch das kulturelle Zentrum der Stadt, die **Museums on the River**. Dort wo Arkansas und Little Arkansas River zusammenfließen und man einen schönen Blick auf das moderne Stadtzentrum hat, liegt einerseits **Exploration Place**, ein Naturkundemuseum für die ganze Familie, und ragt andererseits die gut 13 m hohe Skulptur eines Indianers auf einem fast genauso hohen, nachträglich zugefügten Sockel in den Himmel. Dieser **Keeper of the Plains** von dem indianischen

Künstler *Blackbeard Bosin* erinnert Besucher und Einheimische daran, wer hier einst zu Hause war. Um die Skulptur breitet sich ein kleiner Park aus, in dem sich verschiedene Infotafeln verteilen, die die Geschichte der einst hier lebenden Indianer wie die Wichita oder Osage rekapitulieren. Im Sommer um 21, sonst um 19 Uhr, wird die Skulptur jeweils für 15 Minuten illuminiert und „Ring of Fire" genannt.
Exploration Place, *300 N. McLean Blvd., www.exploration.org, So/Mo 12–17, Di–Sa 10–17 Uhr, $ 9,50 (Kino und Plantarium $ 5 extra), mit Laden und* **Water Way Café**.

Detaillierte Informationen über die Prärie-Indianer erhält man im nahen **Mid-American All Indian Center**. Neben Wechselausstellungen finden regelmäßig Veranstaltungen der einst in Kansas lebenden Stämme statt, die heute großteils in Oklahoma angesiedelt sind.

Der „Keeper of the Plains" in Wichita

Mid-American All Indian Center, *650 N. Seneca St., www.theindiancenter.org, Di–Sa 10–16 Uhr.*

Folgt man dem Museum Blvd. weiter westwärts, erreicht man das **Wichita Art Museum**, dessen Sammlung amerikanischer Kunst (u. a. *Russell* oder *Remington*) einen Besuch wert ist. **Botanica – The Wichita Gardens** ist ein sehenswerter Botanischen Garten, der die lokale Flora in den Mittelpunkt stellt.
Wichita Art Museum, *1400 W. Museum Blvd., http://wichitaartmuseum.org, Di–Sa 10–17, So 12–17 Uhr, $ 7.*
Botanica – The Wichita Gardens, *701 N. Amidon St., www.botanica.org, Mo–Sa 9–17 Uhr, So im Sommer 13–17 Uhr, $ 7.*

Old Town

Die Flugzeugindustrie hat der Stadt zu Wohlstand verholfen und so stehen heute an der **Douglas Avenue**, einer der Hauptachsen, zahlreiche historische Gedenktafeln und moderne Skulpturen(gruppen). So erinnert eine bronzene Imbisstheke mit lebensgroßen Figuren an den Sommer 1958, als in Wichita mit den **Lunch Counter Sit-ins** die Bürgerrechtsbewegung in Gang kam. Weitere Denkmäler sind den Indianern oder anderen Persönlichkeiten und Ereignissen aus der Stadtgeschichte gewidmet. Die Douglas Ave. führt westwärts über den Arkansas River, wo im Stadtviertel **Delano**, dem früheren Rotlicht-Distrikt, die angesagten Nightspots der Stadt zu finden sind. Nach Osten geht es in die **Old Town**, zum alten Stadtkern um den Bahnhof.

Alter Stadtkern um den Bahnhof

In die alten, inzwischen renovierten Lagerhallen von Old Town sind Restaurants, Läden, Galerien, Lokale und Nachtclubs eingezogen, aber auch Museen wie das **Great Plains Transportation Museum**, das eine umfangreiche Ausstellung zur Eisenbahngeschichte der Region bietet.
Great Plains Transportation Museum, *700 E. Douglas Ave., www.gptm.us, Sa 9–16, So (im Sommer) 13–16 Uhr, $ 5.*

Ein Kuriosum der besonderen Art ist das **Museum of World Treasures** von *Dr. John* und *Lorna Kardatzke.* Der ehemalige Militärarzt präsentiert hier seine kuriose Sammlung, die vom Dinosaurierskelett und Fossilien, ägyptischen Mumien über antike Münzen und Waffen bis hin zu ungewöhnlichen Originaldokumenten, Fotos und Autogrammen berühmter Persönlichkeiten reicht.
Museum of World Treasures, *835 E. 1st St., www.worldtreasures.org, Mo–Sa 10–17, So 12–17 Uhr, $ 9.*

Great Plains Nature Center

Am nördlichen Stadtrand lohnt ein Blick ins Great Plains Nature Center. Den Naturpark ringsum, den **Chisholm Creek Park**, kann man auf rund 5 km geteerten Trails erkunden, während man im Museumsbau, der **Koch Habitat Hall**, eine informative Einführung in das Ökosystem Prärie erhält. Das Nature Center wird von der Behörde *U.S. Fish & Wildlife*, dem *Kansas Department of Wildlife & Parks* und dem *City of Wichita*

Department of Parks betreut. Ziel ist es, die breite Öffentlichkeit, vor allem auch Kinder, mit Führungen, Vorträgen u. a. Veranstaltungen ausführlich über die Prärie zu informieren.

Great Plains Nature Center, *6232 E. 29th St. N., www.gpnc.org, Mo–Sa 9–17 Uhr, frei.*

info

Jesse Chisholm – Händler und Indianerfreund

Der **Chisholm Trail**, einer der legendären *Cattle Drives*, hat den Händler **Jesse Chisholm** (ca. 1805–68) unsterblich gemacht. Dabei hatte dieser selbst nie Rinder auf diesem Weg getrieben. Vielmehr hatte er den Trail als Handelsroute genutzt, da er jahrzehntelang im *Indian Territory* und in den Grenzregionen in Texas und Kansas als „fahrender Händler" unterwegs war.

Geboren in Tennessee, zog er 1810 mit seiner Cherokee-Mutter nach Oklahoma und lebte lange Zeit bei seinen indianischen Verwandten. Er soll an die 14 indianische Sprachen gesprochen haben und galt unter den Indianern in den südlichen Plains als **verlässlicher Händler und Gesprächspartner**. Unterschiedliche Indianervölker, darunter auch die gefürchteten Comanches, vertrauten ihm als Übersetzer und fairen, objektiven Verhandlungspartner. Auch die US-Regierung schätzte sein Verhandlungsgeschick.

1858 verließ er die Cherokee und ließ sich schließlich auf dem Gebiet der heutigen Stadt Wichitia beim gleichnamigen Indianerstamm nieder. Nach ihm wurde der **Chisholm Creek** benannt, der im Norden durch die Stadt und das *Great Plains Nature Center* läuft. Von hier aus betrieb *Jesse* seine Geschäfte weiter. Während des Bürgerkriegs stand er zunächst als Händler auf Seiten der Konföderierten, ehe er dann für die Union als Unterhändler arbeitete. Danach organisierte er Treffen mit Prärie-Indianern und US-Regierung. Schließlich zog er mit seinen indianischen Freunden vom heutigen Wichita zurück nach Oklahoma und errichtete eine *Trading Post* im heutigen Stadtgebiet von Oklahoma City. 1868 starb er an einer Lebensmittelvergiftung.

Reisepraktische Informationen Wichita/KS

 Information
Go Wichita, *515 S. Main St.*, ☎ *(316) 265-2800, www.gowichita.com.*
Old Town: *www.oldtownwichita.com.*

 Unterkunft
Vermillion Rose $$–$$$, *1204 N. Topeka Ave.*, ☎ *(316) 267-7673, www.vermilionrosebb.com. B&B in liebevoll renovierter Villa von 1887 im ruhigen historischen Midtown. Vier unterschiedlich gestaltete Zimmer, inkl. Frühstück.*
Hotel at Old Town $$$, *830 E. First St.*, ☎ *(316) 267-4800, www.hotelatoldtown.com. In einem aufwendig restauriertem historischen Lagerhaus befindet sich ein Hotel der Extraklasse, mit allen Annehmlichkeiten und großen, luxuriösen Zimmern.*
Castle Inn Riverside $$$–$$$$, *1155 N. River Blvd.*, ☎ *(316) 263-9300, www.castle*

innriverside.com. Luxuriöses Inn im historischen Campbell Castle von 1888, einem schotti-
schen Landschloss nachgebaut. Es gibt 14 unterschiedlich ausgestaltete Zimmer mit allem
Komfort.

Restaurants & Unterhaltung

Club Rodeo, 10001 E. Kellogg Dr., (östl. Downtown), http://clubrodeokansas.com.
Die Cowboy-Bar der Stadt, besonders am Wochenende ein Magnet mit Countrymusic-Kon-
zerten und Bull Riding.
River City Brewing Co., 150 N. Mosley St., Old Town, www.rivercitybrewingco.com. Derzeit einzige Braugaststätte Wichitas, in der erstklassiges Bier zu gutem, preiswertem Essen
und Livekonzerten an Wochenenden ausgeschenkt wird.
Hog Wild Pit Bar-B-Q, mehrere Filialen, u. a. 233 S. West St. BBQ ist ein Muss in Kansas und die drei Filialen von Hog Wild servieren angeblich die besten Rippchen der Stadt.

Einkaufen

Shepler's Western Store, 6501 W. Kellogg St., www.sheplers.com. Topauswahl
an Westernwear, Boots, Hüten u. a. Accessoires zu unschlagbaren Preisen.
Old Town: In die renovierten Lagerbauten zwischen Douglas Ave. und 3rd St. sowie Washington Ave. und Mead St. sind nicht nur Lokale eingezogen, sondern auch zahlreiche kleine
Läden und Galerien.

Veranstaltungen

Anfang Juni: **Wichita Riverfest** – neun Tage lang über 60 Veranstaltungen, Konzerte, Umzug, Kinder- und Sportprogramm, Feuerwerk u. a. am Arkansas River

Flughafen

Infos: www.flywichita.org. Der **Wichita Mid-Continent Airport** liegt sich nur
wenige Meilen vom Zentrum entfernt im Südwesten der Stadt und ist über den Hwy. 400
(W. Kellogg St.) schnell erreichbar. Es gibt keine direkten Flüge aus Europa, doch die großen
US-Gesellschaften verbinden die Stadt mit den großen Drehkreuzen Dallas-Ft. Worth, Atlanta,
Minneapolis oder Chicago.
Die bekannten **Autovermieter** unterhalten am Flughafen Niederlassungen. **EMU Ex-
press**, ☏ (316) 734-0100, bietet vom Main Terminal einen regelmäßigen Shuttle-Service
in die Stadt an. Einziger öffentlicher Bus in die Stadt ist der **Westside Connector** vom
Flughafen (Mo–Sa, Infos: www.wichita.gov/CityOffices/Transit/BusRoutes/WestsideConnector).

☞ Hinweis zur Route

Von Wichita aus bieten sich verschiedene Alternativen an, die Reise fortzusetzen:
1. Die nachfolgend vorgeschlagene **Hauptroute** auf dem *Flint Hills Scenic Byway* und anschließend auf dem *Santa Fe Trail* nach **Kansas City**.
2. Die Autobahn **I-35** führt durch das *Red Carpet Country* (S. 362) zurück nach
Oklahoma City (ca. 160 mi/ca. 260 km).
3. Wer mehr von Kansas sehen möchte, sollte die weiter unten vorgeschlagene
Alternativroute durch das Herz des Bundesstaates nach **Kansas City** wählen.

Über die Flint Hills nach Kansas City

„Meer voller Gräser"

Man kann sich heute kaum vorstellen, wie groß der Schrecken war, den weiße Siedler auf dem Weg nach Westen, ins „Gelobte Land", erlebten, als sie zum ersten Mal das **„Meer voller Gräser"** erblickten. Menschen, die an Wald und an durch Zäune und Hecken begrenztes Land gewöhnt waren, standen plötzlich vor endloser Weite ohne optische Grenzen. Die anfängliche Ehrfurcht und das Staunen der Siedler schwanden jedoch bald und der Großteil der nordamerikanischen Prärie geriet unter den Pflug oder wurde von den Hufen von Rindern oder Schafen zertrampelt bzw. vom Vieh gefressen.

Während der Osten der USA ursprünglich von ausgedehnten Wäldern bedeckt war, geht der Wald im Westen der Appalachen, dem Bergzug parallel zur Ostküste, allmählich in offenes Land über. Erreicht man die **Flint Hills**, eine Hügelkette in Kansas, die sich von Nebraska im Norden über Kansas bis nach Oklahoma im Süden zieht, verschwinden die Bäume komplett – und so weit das Auge reicht: ein Gräsermeer. Unberührte Prärie-Landstriche wie jene in den Flint Hills sind selten geworden, denn von den vormals rund 50 Mio. Hektar **Tallgrass Prairie** sind heute nur noch etwa 4 % im Originalzustand erhalten. In den Flint Hills befindet sich **eines der größten zusammenhängenden Areale**.

Es vermittelt einen unvergleichlichen Eindruck, wie es in den **Great Plains** einmal ausgesehen hat. Steht man hier im ständig wehenden Wind, scheint es nur zwei mögliche Reaktionen zu geben – so glaubt zumindest der indianische Schriftsteller *William Least Heat-Moon* in seiner lesenswerten Liebeserklärung an die Prärie: Die einen sind abgestoßen von der endlosen Eintönigkeit des Gräsermeeres und der Hügelwellen, andere werden von der Weite der *„rolling hills and grasses"* magisch angezogen.

Cottonwood Falls

Der **Flint Hills Scenic Byway** (Hwy. 177) verbindet malerisch auf rund 75 km die beiden größten Ortschaften Cottonwood Falls/KS und Council Grove/KS und führt durch eine Hügel- und Graslandschaft mit der **Tallgrass Prairie National Preserve** im Zentrum.

Cottonwood Falls kann man nicht verpassen, da das **Chase County Courthouse** die Prärie-

Chase County Courthouse

Tallgrass Prairie National Preserve

landschaft meilenweit sichtbar überragt. In einem Landkreis, der kaum 3.000 Einw. zählt, wovon die meisten (über 1.000) in eben diesem Hauptort siedeln, würde man einen derart repräsentativen Bau nicht erwarten. Bürger hatten 1871/72 die „Prairie Princess" errichtet; sie gilt heute als eines der **schönsten Gerichtsgebäude in den USA** und als ältester immer noch betriebener Gerichtsbau westlich des Mississippi. Liebevoll renoviert, ist heute lediglich das Gefängnis nicht mehr in Betrieb, alles andere hingegen wird beinahe unverändert genutzt. Schön ist der Ausblick von ganz oben.

Ein Gericht namens „Prairie Princess"

Cottonwood Falls und das benachbarte **Strong City** sind fast zusammengewachsen, nur durch den Cottonwood River voneinander getrennt. Der Ort hatte nach dem Bau der Eisenbahn in den 1870er-Jahren eine kurze Blüte erlebt; davon zeugt noch die Architektur, z. B. im Zentrum. Hauptachse ist der Broadway, wo sich das Leben abspielt. Hier wartet das **Grand Central Hotel** mit dem besten **Restaurant** der Region auf. Am Broadway liegt auch das **Emma Chase Café**, ein bekannter Treffpunkt, in dem seit über zehn Jahren lokale Musiker Konzerte geben.

Tallgrass Prairie National Preserve

5 mi (8 km) auf dem Hwy. 177 nordwärts stößt man auf ein Naturdenkmal der besonderen Art. Von der historischen **Spring Hill Ranch**, erster Anlaufpunkt für Besucher der *National Preserve*, kann man bei gutem Wetter am südlichen Horizont das Chase County Courthouse sogar noch erkennen. Das Naturschutzgebiet mitten in den Flint Hills umfasst eine Fläche von über 3.600 ha und ist zudem ein wegweisendes Beispiel dafür, wie Naturschutz und extensive Landwirtschaft unter einen Hut gebracht werden können.

Es ist gelungen, auf dem Land der Spring Hill Ranch einen Teil der **Tallgrass Prairie** im Urzustand zu erhalten. Das alte Ranchhouse von 1881, von *Stephen F. and Louisa Jones* ganz in Stein erbaut, ist zu besichtigen. Es vermittelt eine gute Vorstellung von der Lebensweise mehrerer Rancherfamilien Ende des 19. Jh. Von der alten Ranch erhalten sind außerdem mehrere Nebengebäude und eine Schule.

Extensive Rinderzucht

Bis heute sind die drei Faktoren vorhanden, die das Grasland zum Überleben braucht: regelmäßige Brände, einen beständigen Wechsel zwischen Trocken- und Feuchtzeiten und eine konstante, gleichmäßige Beweidung. Deswegen wird bis heute in den Flint Hills nur **extensive Rinderzucht** betrieben; dazu sind seit Kurzem wieder Bisons zurückgekehrt.

Intensiveren Einblick in die Prärielandschaft erhält man während der eineinhalbstündigen **Jeeptouren**, die Ranger zwischen Frühjahr und Herbst mehrmals am Tag anbieten und die ins Naturschutzgebiet hineinführen. Zudem gibt es kurze **Wanderwege** rund um das VC, das sich in einer alten Scheune nahe dem Ranchhouse befindet.
Tallgrass Prairie National Preserve, *Hwy. 177, Strong City, www.nps.gov/tapr, VC tgl. 9–16.30 Uhr, frei, Ranchhouse-Touren tgl. stündl. 9.30–15.30 Uhr sowie Jeeptouren April–Okt., ca. 90 Min. Dauer.*

Council Grove

Versorgungs- station am Santa Fe Trail

Council Grove/KS – knapp 30 km weiter nördlich (Hwy. 177) – nennt sich nicht ohne Grund „**Pioneer Town with a Heritage**". Der gerade einmal 2.200 Einw. zählende Ort wirkt wie ein Museumsdorf. In den Flint Hills gelegen, entstand er 1847 am alten **Sante Fe Trail** als *Trading Post*. Man gibt sich daher heute noch sehr geschichtsbewusst. Viele historisch relevante Stellen und Bauten sind durch Informationstafeln markiert und es sind Bestrebungen im Gange, die lebendige **Main Street** mit ihren Läden und Lokalen einmal gänzlich unter Denkmalschutz zu stellen.

Am **10. August 1825** hatten die Osage- und Kanza-Indianer hier im „Wäldchen" *(grove)* eine Versammlung *(council)* abgehalten und einen Friedensvertrag mit den USA unterzeichnet, der den Händlern auf dem **Santa Fe Trail** freies Geleit zugestand. Daher rührt der Ortsname. Die Route zwischen Santa Fe und Kansas City konnte sich durch diese Vereinbarung bis zum Bau der Eisenbahn Ende des 19. Jh. zur wichtigen Handelsroute entwickeln.

Die Siedlung entstand strategisch günstig an einer Furt über den Neosho River und mauserte sich in den 1840er-Jahren zu einer der wichtigsten **Versorgungsstationen** am Santa Fe Trail. Von der Gründung bis 1873 fungierte der Ort zudem als Zentrum der Kaw (Kanza)-Reservation, dann mussten die Indianer dem Siedlungsdruck weichen und wurden nach Oklahoma umgesiedelt. Darüber erfährt man mehr in der ehemaligen **Kaw Mission**. 1851–54 wurde diese als Indianerschule betrieben, dann als gewöhnliche Schule für weiße Siedlerkinder.

Die **Kanza/Kaw-Indianer** nannten sich selbst *„People of the South Wind"*. Einst an den Großen Seen beheimatet, waren sie schon im 17. Jh. ins heutige Kansas einge-

Denkmal für die Kanza/Kaw-Indianer in Council Grove

wandert. Mit den Weißen schlossen sie gleich **drei Verträge**: 1825 gewährten sie den weißen Händlern die sichere Passage auf dem Santa Fe Trail und erhielten als Gegenleistung ein riesiges Reservat zugestanden. Wachsender Siedlungsdruck führte dazu, dass das Reservat nach einem weiteren Vertrag auf ein kleines Areal um Council Grove zusammenschmolz und 1873 kam es schließlich zur letzten Übereinkunft und zur Zwangsumsiedlung der letzten rund 600 Kaw-Indianer nach Oklahoma, wo sie heute, als eigene Nation anerkannt, um die Ortschaft Kaw City leben.
Kaw Mission SHS, *500 N. Mission St., www.kshs.org/portal_kaw_mission, Mi–Sa 9.30–18 Uhr, $ 2.*

Zu den sonstigen Sehenswürdigkeiten von Council Grove gehört das **Hays Restaurant**, seit 1857 kontinuierlich geöffnet und damit das älteste Restaurant westlich des Mississippi. Auffällig prachtvoll sind das Gebäude der **Farmers & Drovers Bank** von 1882, das **MKT Depot**, der renovierte **alte Bahnhof** (heute Souvenir-/Antiquitätengeschäft) oder das **Ritz**, ein derzeit leer stehendes Art-déco-Kino aus den 1920er-Jahren. Am **Neosho River Crossing**, wo das Flusstal zum Park umgestaltet wurde, erinnern die Statuen der **Madonna of the Trail** an die Bedeutung der Frauen an der *frontier* und der **Guardian of the Grove** an die einst hier lebenden Indianer.

Park am Neosho River

Shirley McClintock und ihr Mann *Ken* stehen für die geschichtsbewussten Bürger des Ortes. Sie haben das 1861 erbaute **Terwilliger Stone Home** vor dem Abriss gerettet, renoviert und als eigenwillige Mischung aus Museum, Café und Lokal eröffnet und „**Trail Days Café**" genannt. Die historischen Bauten ringsum sollen einmal in ein Museumsdorf mit Kulturzentrum umgewandelt werden.

Reisepraktische Informationen Flint Hills/KS

Information

Cottonwood Falls: www.cottonwoodfallskansas.com.
Council Grove: www.councilgrove.com.
Flint Hills Scenic Byway: www.byways.org/explore/byways/2095.

Unterkunft

Cottage House Hotel $$, 25 N. Neosho St., Council Grove, ☎ (620) 767-6828, www.cottagehousehotel.com. Denkmalgeschützer Bau mit 24 historisch möblierten Zimmern.
Grand Central Hotel & Restaurant $$$, 215 Broadway St., Cottonwood Falls, ☎ (620) 273-6763, www.grandcentralhotel.com. Elegantes Hotel im Western-Stil mit ausgezeichnetem Lokal **Grand Central Grill**, das landesweit berühmt ist für seine Steaks.

Shirley und Ken McClintock in ihrem Trail Days Café

Restaurants

Emma Chase Café, 317 Broadway, Cottonwood Falls. Bekannt für gutes, preiswertes Essen wie Catfish Dinner, Bison Burgers und Frühstück; dazu beliebte „Weekend Jam Sessions" (Konzerte).
Trail Days Café, 803 W. Main St., Council Grove. Gemütliches, kleines Lokal im historischen Ambiente des Terwilliger Home, mit hausgemachtem Backwerk und günstigen (indianisch-amerikanischen) Gerichten (Di–Sa 11–20 Uhr).
Hays House 1857 Restaurant & Tavern, 112 W. Main St., Council Grove, ☎ (620) 767-5911. Seit 1857 kontinuierlich betriebenes Restaurant; serviert wird preiswerte Hausmacherküche und es gibt All-you-can-eat-Buffets.

Veranstaltungen

Washunga Days, Indianer-Powwow Mitte Juni in Council Grove in Erinnerung an den gleichnamigen Kanza Chief (http://washungadays.com).
Voices of the Wind, Council Grove, alle zwei Jahre stattfindende historische Open-Air-Aufführung der einst hier lebenden Kanza/Kaw-Indianer, die heute im Norden Oklahomas beheimatet sind (www.voicesofthewindpeople.com).

Tipp: Ein ganz besonderes Event

Mitte Juni lockt die **Symphony in the Flint Hills** Tausende Besucher in die Flint Hills. Das Open-Air-Konzert der Kansas City Symphony findet in malerischer Kulisse auf einer Rasenfläche südwestlich von Cottonwood Falls statt. Zum Rahmenprogramm gehören Planwagenfahrten, Pferdevorführungen und BBQ, Verkaufsstände, Touren und Vorträge. Infos und Tickets: www.symphonyintheflinthills.org.

Lesetipp

William Least Heat-Moon, Prairy Earth (1991) – lesenswerte Schilderung der Landschaft und der Bewohner des Chase County inmitten der Flint Hills.

Hinweis zur Route

Von **Council Grove** folgt man dem Hwy. 177 weiter nordwärts nach Manhattan und erreicht von dort **Topeka** (Hwy. 24), die Hauptstadt von Kansas, und schließlich über die I-70 den Großraum **Kansas City** (ca. 150 mi/240 km). Wer Zeit hat, sollte einen **Umweg** durch den „Breadbasket" via Lindsborg und Salina nach Manhattan einplanen (zusätzlich ca. 190 mi/300 km).

Umweg durch den „Breadbasket"

Hat man Zeit und wählt nicht den direkten Weg (Hwy. 177) nach **Manhattan** (s. unten), kann man von Council Grove dem Santa Fe Trail westwärts (Hwy. 56) bis **McPherson** folgen und von hier der I-135 nordwärts durch den „**Breadbasket**", das Zentrum des weltgrößten Weizenanbaugebiets um **Salina/KS**.

Erster interessanter Stopp ist das Städtchen **Lindsborg/KS**, etwa 20 mi/32 km südlich Salina. Hier werden besonders Kunst- und Antiquitätenfreunde fündig. Die von Schweden gegründete Ortschaft hat sich dank des einst hier lebenden Künstlers *Birger Sandzén* (1871–1954) zu einer kleinen Künstlerkolonie entwickelt. An *Sandzén* wird nicht nur in der **Birger Sandzen Memorial Art Gallery**, sondern auch im **Mingenback Art Center** auf dem Campus des Berthany College erinnert. *Schwedischer Künstlerort*
Birger Sandzen Memorial Art Gallery, *401 N. First St., www.sandzen.org, Di–So 13–17 Uhr, frei.*
Mingenback Art Center, *Ecke E. Olsson/N. 2nd St., www.bethanylb.edu/bldg-Mingenback ArtCenter.html, tgl. 9–18 Uhr, frei.*

Wegen der zahlreichen Kunstgalerien gilt der Ort als kleines, aber feines Kunstzentrum. Zu ihnen zählen das **Red Barn Studio Museum**, das dem lokalen Künstler *Lester Raymer* gewidmet ist, die **Small World Gallery**, die **Courtyard Gallery** oder die **Oil Springs Schoolhouse Gallery**.
Red Barn Studio Museum, *212 S. Main St., www.redbarnstudio.org, Di–So 13–16 Uhr, frei.*

Von **Salina/KS** erreicht man auf der Autobahn I-70 zunächst die ehemalige Cowtown **Abilene/KS**, einst eine wichtige Viehverladestation, und schließlich das Universitätsstädtchen **Manhattan** (ca. 65 mi/104 km). In Abilene sollte man einen Stopp am **Eisenhower Presidential Center** einlegen. Neben der Präsidentenbibliothek kann man hier das Haus besichtigen, in dem der einstige Präsident *Dwight D. Eisenhower* (1890–1969) aufgewachsen ist, und auch sein Grab besuchen. Eine Ausstellung führt durch sein Leben und Wirken. „*Ike*" *Eisenhower* hatte sich als Oberkommandierender der Allierten während des Zweiten Weltkriegs einen Namen gemacht und fungierte zwischen 1953 und 1961 als US-Präsident – als bislang einziger Deutschstämmiger, denn seine Vorfahren stammten aus dem heutigen Saarland. *Präsidentenbibliothek*
Dwight D. Eisenhower Presidential Library and Museum, *200 SE 4th St., Abilene, www.eisenhower.archives.gov, tgl. 9–16.45 Uhr, im Sommer bis 17.45 Uhr, $ 8.*

Tipp: Zentrum der Volkskunst

Die Fahrt in die Ortschaft **Lucas**, ein Stück nordwestlich von Lindsborg/KS gelegen (I-135, I-70 W. und Hwy. 232, ca. 80 mi/130 km) bedeutet zwar einen weiteren Umweg, lohnt jedoch für Kunstfreunde. Lucas bezeichnet sich stolz als Zentrum der Volkskunst, als „**Grassroots Art Capital of Kansas**". Das **Grassroots Art Center of America**, ein Museum für Volkskunst, und der **Garden of Eden**, ein von *Sam Dinsmoor* bis 1933 als Gesamtkunstwerk umgestaltetes Wohnhaus, geben Einblick in die Volkskunst. Die **World's Largest Collection of the World's Smallest Versions of the World's Largest Things Traveling Roadside Attraction and Museum** ist der lange Name für die kleine Volkskunstsammlung der lokalen Künstlerin *Erika Nelson*, die in einem übers Land rollenden Kleinbus zu bewundern ist. Von Lucas führt der Hwy. 18 direkt zur nächsten Station Manhattan (120 mi/190 km).

Grassroots Art Center of America, *213 S. Main St., www.grassrootsart.net, Mo–Sa 10–17, So 13–17 Uhr, $ 6.*

Garden of Eden, *Kansas/2nd St., www.garden-of-eden-lucas-kansas.com, Touren HS tgl. 10–17 Uhr, $ 6.*

World's Largest Collection, *Infos: www.worldslargestthings.com.*

Reisepraktische Informationen Lindsborg/KS und Salina/KS

i **Information**
Lindsborg: *www.lindsborg.org.*
Salina: *www.SalinakanSas.org/visit/index.asp.*

Veranstaltung
Midsummer's Festival, *Mitte Juni in Lindsborg (ein Wochenende) zur Sommersonnenwende mit Essen, Tänzen und Musik.*

Von Manhattan über Topeka und Lawrence nach KC

Knapp 50 mi (80 km) ehe man die Hauptstadt von Kansas, Topeka, erreicht, stößt man am Hwy. 24 auf **Manhattan/KS**, das sich an Anlehnung an die Metropole New York auch „Little Apple" nennt. Die Stadt wird bestimmt durch die Kansas State University mit ihren fast 24.000 Studenten. Schwerpunkt der 1863 gegründeten „K-State" sind Agrarwissenschaften, daneben neuere Studiengänge für alternative Energien, Ernährungswissenschaften, Umweltschutz und nachhaltigen Pflanzen- und Viehzucht.

Kansas State University

Die Wurzeln von **Topeka**, der beschaulichen **Hauptstadt von Kansas** (ca. 130.000 Einw.), gehen auf eine Fähre zurück, die drei französische Trapper in den 1840er-Jahren für die Reisenden auf dem *Oregon Trail* (s. INFO S. 323) eingerichtet hatten. Ringsum entstand bald eine kleine Siedlung, die 1854 zur Stadt ernannt und einer der wichtigen Ausgangsbahnhöfe der 1859 gegründeten **Atchison, Topeka & Santa Fe Railroad** wurde – seit 1995 Teil der den ganzen Westen bedienenden Gütereisenbahngesellschaft **BNSF** *(Burlington Northern Santa Fe Railway)*. Dank seiner Rolle als bedeutender Handelspunkt wurde der Ort nach der Aufnahme von Kansas in die Union 1861 zur Hauptstadt erklärt. Markanter Punkt der Stadt ist deshalb das 1866 erbaute **Kansas State Capitol**, auf dessen weithin sichtbarer Kuppel eine Kanza-Indianerskulptur, genannt *Ad Astra* (zu den Sternen) steht.

Kansas State Capitol, *10th/Jackson, www. kshs.org/portal_capitol, tgl. 8-17 Uhr, Mo–Fr 9–15 Uhr, stündl. kostenlose Touren.*

Umfassende Informationen über die Geschichte und Bevölkerung von Kansas erhält man im **Kansas Museum of History**, das einen Besuch lohnt.

Kansas Museum of History, *6425 SW 6th Ave., www.kshs.org/portal_museum, Di–Sa 9–17, So 13–17 Uhr, $ 6.*

Blick in das Kansas State Capitol in Topeka

Mit der **Old Prairie Town at Ward-Meade Historic Site** wurde ein ganzes

Dorf aus dem späten 19. Jh. mit einigen Originalbauten sowie Rekonstruktionen nachgebildet. Man kann an den Führungen, den *Walk-in Tours*, teilnehmen.

Old Prairie Town at Ward-Meade Historic Site, *124 NW Fillmore St. (1st–Clay St.), www.topeka.org/parksrec/ward_meade.shtml, Touren Mo–Fr 10, 12, 14, Sa/So 12, 14 Uhr, $ 4,50.*

An die Bedeutung der Eisenbahn erinnert die **Great Overland Station**. In dem 1927 erbauten, sehenswerten Bahnhof der *Union Pacific* ist heute ein interessantes Eisenbahnmuseum untergebracht.

Great Overland Station, *701 N. Kansas Ave., www.greatoverlandstation.com, Di–Sa 10–16, So 13–16 Uhr, $ 5.*

Bedeutung der Eisenbahn

Im großen, 1899 eingerichteten **Gage Park** ist nicht nur der **Zoo**, sondern auch ein lohnender **Rheinisch Rose Garden** zu besuchen. Mit etwa 400 Rosensorten gehört er zu den 23 offiziellen Rosen-Testgärten der USA.

Topeka Zoo, *635 SW Gage Blvd., http://topekazoo.org tgl. 9–17 Uhr, $ 5,75.*
Rheinisch Rose Garden, *635 SW Gage Blvd., tgl. 6–23 Uhr, frei.*

Auf halbem Weg zwischen Topeka und der Metropole Kansas City (I-70, ca. 60 mi/ 95 km) lohnt ein kurzer Stopp in **Lawrence**, Heimat der zweiten großen staatlichen Hochschule, der **University of Kansas** (KU). Die Uni betreibt sehenswerte Museen wie das **KU Natural History Museum** mit einer interessanten Abteilung über die Prärie. Das **Spencer Museum of Art** gilt als das beste Kunstmuseum in Kansas. Die Geschichte des Sports an der Uni beleuchtet die **Hall of Athletics**.

KU Natural History Museum, *1345 Jayhawk Blvd., http://naturalhistory.ku.edu, Di–Sa 9–17, So 12–17 Uhr, $ 5.*

Spencer Museum of Art, *1301 Mississippi St., www.spencerart.ku.edu, Di–Sa 10–16, Do bis 20, So 12–16 Uhr, frei.*

Booth Family Hall of Athletics, *1651 Naismith Dr., www.kuathletics.com/facilities/kan-booth-family-hall.html, Mo–Sa 10–17 Uhr, frei.*

Sehenswert in der Stadt ist zudem das historische Stadtzentrum, **Historic Downtown Lawrence** (Massachusetts/Vermont/New Hampshire sowie 6th/11th St.). In Lawrence ist die **Haskell Indian Nations University** beheimatet. Seit 1884 ermöglicht die Universität indianischen Studenten aus ganz Nordamerika eine kostengünstige Ausbildung. Interessant ist überdies das **Haskell Indian Nations University Cultural Center** auf dem kleinen Campus, dessen Dauerausstellung sich dem Thema „*Honoring Our Children Through Seasons of Sacrifice, Survival, Change and Celebration*" widmet. Dazu finden Wechselausstellungen statt, es gibt einen Heilpflanzengarten und ein kultisches „Medicine Wheel".

Indianische Hochschule

Haskell Indian Nations University Cultural Center, *Haskell Campus, 155 Indian Ave., www.haskell.edu/cultural/index.html, Mo–Fr 9–17 Uhr, frei.*

Reisepraktische Informationen Manhattan, Topeka, Lawrence/KS

 Information
Manhattan: *www.manhattancvb.org.*
Topeka: *www.visittopeka.us;* **Lawrence**: *www.visitlawrence.com.*

Unterkunft
The Woodward Inns on Fillmore $$$–$$$$$, *1272 SW Fillmore, Topeka,* ☎ *(785) 354-4166, www.thewoodward.com. Der renovierte Komplex der Family Inns besteht aus sieben historischen Villen. Die Gäste wohnen in den hübschen Häusern unterschiedlichen Stils, in Zimmern oder Suiten. Vorhanden sind Restaurant und Spa.*
Circle S Ranch & Country Inn B&B $$$–$$$$, *3325 Circle S Lane, Lawrence,* ☎ *(785) 843-4124, www.circlesranch.com. 1998 eröffnete und 2008 erweiterte Gästeranch mit Hotel in einer nachgebauten Scheune (Barn), modern ausgestattet. Breites Freizeitangebot und Spa-Betrieb. Schöne Lage und eigenes Restaurant.*

Einkaufen
Rees Fruit Farm, *2476 K4 Hwy. (östlich Topeka), www.reesfruitfarm.com. Hier werden Obst (vor allem Äpfel!) und Gemüse angebaut und im zugehörigen Laden in verschiedenen Formen, frisch, eingemacht, als Säfte oder Cidre angeboten, Mo–Fr 10–18, Sa 9–18, So 11–17 Uhr.*

Veranstaltung
Ende Juni: **Country Stampede**, *Manhattan, großes Countrymusic-Festival (www.countrystampede.com).*

Großraum Kansas City – Wo der Wilde Westen beginnt

Der *Gateway Arch* in der Mississippi-Metropole St. Louis (s. S. 441) mag zwar gemeinhin als „Tor zum Westen" gelten, doch so richtig beginnt der „Wilde Westen" erst viel weiter westlich, nämlich in Kansas City. Für viele ist „**KC**" noch heute die „Cowtown", die sie war, als die Trails Richtung Westen bedeutend wurden und der Ort im 19. Jh. als Viehumschlagplatz fungierte.

Entstanden ist die Metropole aus verschiedenen kleinen Siedlungen am Zusammenfluss von Kansas River und Missouri. Nachdem das *Corps of Discovery* 1804 und 1806 hier vorbeigekommen war und einer der Offiziere, *William Clark*, die ideale Lage erkannt hatte, sollte es doch noch einige Jahre dauern, bis erste Weiße hier auftauchten. Als erster Ort wurde 1827 **Independence** gegründet, das sich zum wichtigsten Ausgangspunkt der Siedlertrecks nach Westen mauserte und heute ein östlicher Vorort der Metropole ist.

Redaktionstipps

Sehens- und Erlebenswertes
➤ in Kansas City: das **American Jazz Museum** (S. 318) mit dem **Blue Room Jazz Club** (S. 327) sowie das **Nelson-Atkins Museum of Art** mit dem Kansas City Sculpture Park (S. 321)
➤ in Independence/MO das **National Frontier Trails Museum** (S. 322)

Essen und Trinken
➤ **BBQ** kann man sich überall in Kansas City (S. 320, 327), der „Hauptstadt des BBQ", schmecken lassen

In den 1830er-Jahren entstand an einer Furt am Missouri **Westport Landing** (heute Downtown Kansas City/MO), das zu einer wichtigen Dampfschifffahrtsstation wurde. 1838 wuchs dann ein Stück westlich davon, direkt am Zusammenfluss von Kansas und Missouri die **Town of Kansas**, die sich 1853 in „City of Kansas" umbenannte. Auf der gegenüberliegenden Seite gründete man 1868 eine Ortschaft gleichen Namens im benachbarten Bundesstaat Kansas; sie wurde 1872 zur Stadt **Kansas City/KS** erhoben.

 Orientierung

Bis heute ist die geografische Abgrenzung der Gemeinden nicht ganz einfach, da sich die **Kansas City Metropolitan Area** inzwischen weit über die Grenzen der beiden Bundesstaaten Kansas und Missouri hinaus erstreckt. Mehr als 2 Mio. Menschen leben in dem Städtekonglomerat bestehend u. a. aus **Kansas City/MO** (460.000 Einw.) im Zentrum, **Overland Park/KS** (175.000 Einw.) und **Olathe/KS** (122.000 Einw.) im Süden bzw. Südwesten und **Kansas City/KS** (146.000 Einw.) im Westen sowie **Independence/MO** (110.000 Einw.) im Osten.

Touristisch interessant ist neben Kansas City/MO – kurz als „**KC**" gezeichnet – besonders das Städtchen **Independence**, in dem das **National Frontier Trails Museum** an jene Tage erinnert, als von hier unzählige Siedler ins „Gelobte Land" im Westen aufbrachen.

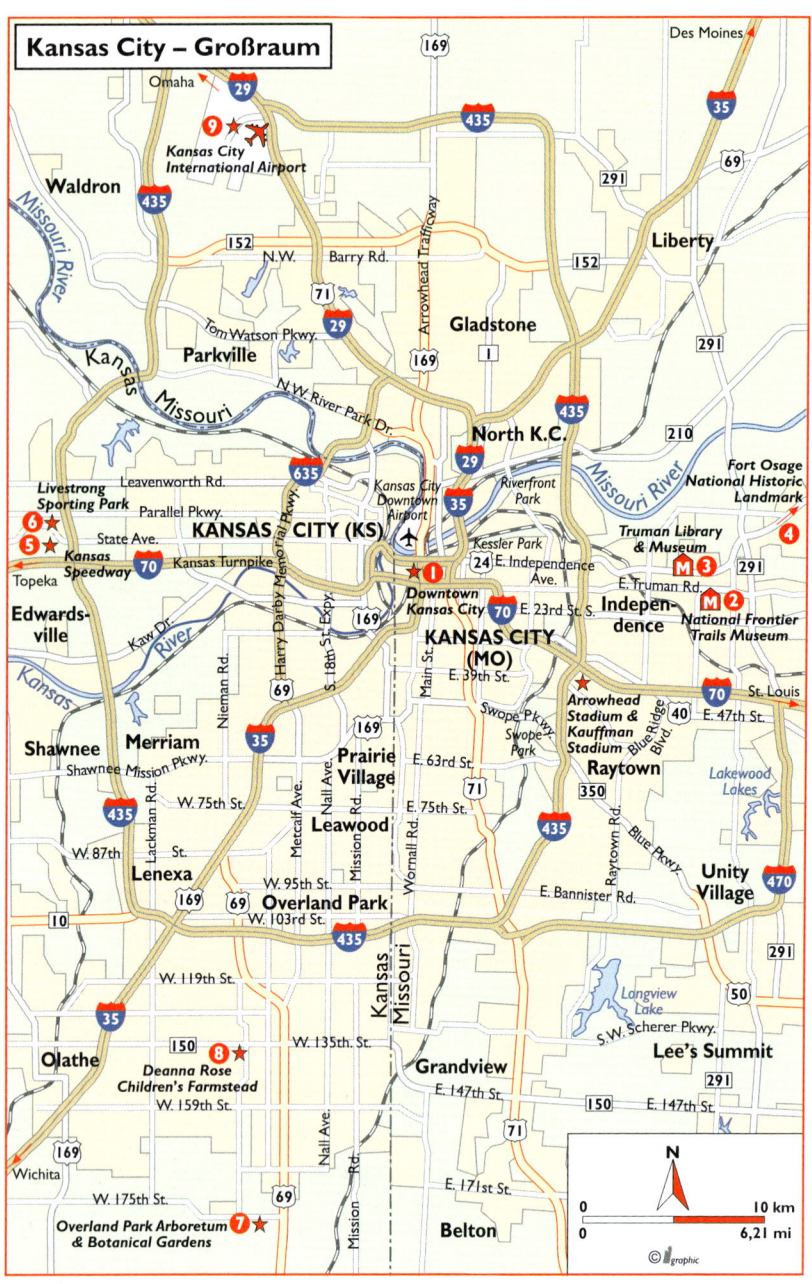

Kansas City – Großraum

Nachdem 1865 die *Missouri Pacific Railroad* die City of Kansas im Bundesstaat Missouri erreicht hatte, ging es weiter aufwärts. 1889 auf 130.000 Einw. angewachsen, nannte man sich nun „**Kansas City/Missouri**" und „schluckte" 1897 auch Westport Landing. Zu Beginn des 20. Jh. stieg die Stadt zum zweitwichtigsten Bahnhof in den USA nach Chicago auf – einen Rang, den KC bis heute nicht verloren hat. Heute wird der Bahnhof allerdings vor allem von Güterzügen aus dem Westen frequentiert, der Personenverkehr spielt nurmehr eine marginale Rolle. *Zweitwichtigster Bahnhof der USA*

Auch im **Bekleidungssektor** machte sich KC einen Namen: In den 1930er-Jahren war die Stadt nach New York der zweiwichtigste Bekleidungsproduzent der USA. Die alten Lagerhäuser und Fabriken mitten in Downtown wurden inzwischen renoviert für Lofts, Büros, Lokale und Läden und haben so zur Wiederbelebung der Innenstadt beigetragen.

Kansas City/MO

 Kartenhinweis: *siehe Karte Kansas City, MO – Downtown, S. 317*

Auf den ersten Blick wirkt **KC** wie eine gewöhnliche moderne Metropole: Autobahnen und Hochhäuser scheinen das Stadbild zu prägen. Erst bei genauerem Hinsehen finden sich interessante und ungewöhnliche Viertel und Sehenswürdigkeiten, die den Besuch lohnen. Sozusagen das Wahrzeichen der Stadt ist dabei „**Sky Stations/Pylon Caps**" – vier 1994 aufgestellte monumentale Metallskulpturen über dem Kansas City Convention Center. Bei Nacht erstrahlen sie weithin sichtbar über der Stadt.

„Landmark City KC"

Einen ersten Überblick erhält man auf dem **Quality Hill (1)** (8th/Jefferson St.), wo sich auch das **Lewis & Clark Monument** befindet. Direkt über dem Zusammenfluss von Missouri und Kansas River gelegen, erinnert es an die Forschungsreise des *Corps of Discovery*, das Ende Juni 1804 und noch einmal, auf der Rückreise, im September 1806 hier Station machte.

KC verfügt über eine Reihe sehenswerter *Landmarks*, Wahrzeichen wie die **Bull Wall** auf dem Gelände des **American Royal Complex (2)** (American Royal Blvd.). Es sieht aus, als würden die Rinder auf den von *Robert Morris* geschaffenen zwei fast 40 m langen Stahlwänden herausspringen. Das Monument erinnert, wie ein weiteres

Lewis & Clark Monument

in der Nähe (Genessee/I-670) mit neun grasenden Bullen aus Stahl, an die Tradition der Stadt als Viehumschlagplatz und an das seit 1899 im September ausgetragene **American Royal Livestock, Horse Show and Rodeo**.

Erinnerung an Charlie Parker An den 1920 in KC geborenen *Charlie „Bird" Parker* erinnert das **Charlie Parker Memorial** (Charlie Parker Memorial Plaza, 18th & Vine Historic Jazz District, s. unten). Der 1955 verstorbene *Parker* gilt als einer der bedeutendsten Jazzmusiker aller Zeiten. Im Zentrum des Parks steht eine 5m hohe Statue mit dem Titel „**Bird Lives**" – eine Nachbildung von *Parkers* Kopf, geschaffen von *Robert Graham* – vor der Skyline der Stadt.

„**The Scout**" ist die sehenswerte Skulptur eines berittenen Indianers, der vom **Penn Valley Park (3)** (Penn Valley Dr., I-35/Exit 1B) im Süden der Stadt auf Downtown blickt. Das Werk war 1915 für die *Panama-Pacific Exposition* in San Francisco entstanden, wurde jedoch auf dem Rückweg an die Ostküste hier aufgestellt. Die Bürger fanden Gefallen an dem Indianer, der an die einst hier lebenden Stämme erinnern soll, und bewirkten den Kauf des Kunstwerks durch die Stadt.

Penn Valley Park Im Penn Valley Park befindet sich überdies das unübersehbare **Liberty Memorial**. Der über 65 m hohe Turm erhebt sich über dem **National World War I Museum**. Zu den *Landmarks* der Stadt gehört auch das **Steeple of Light**, eine Lichtinstallation, die 1940 von *Frank Lloyd Wright* auf dem Dach der **Community Christian Church** (46th/Main St.) angebracht wurde. *Wright* konnte die Lichteffekte nur begrenzt zum Einsatz bringen, denn erst in den 1990er-Jahren war man technisch so weit, die von ihm geplanten *Sky Beams* zu realisieren.
National World War I Museum, *100 W. 26th St., www.theworldwar.org, tgl. 10–17 Uhr, NS nur Di–So, $ 12.*

Neben einer *Memorial Wall* gehören *Reflecting Pools* und Brunnen zu dem sehenswerten **Vietnam Veterans Memorial** am Broadway Blvd. 1986 hatte die Stadt dieses Memorial für alle Vietnam-Soldaten aus der Region errichten lassen.

18th & Vine Historic Jazz District (4)

Zentrum des Jazz Während der 1920er- und 1930er-Jahre galt die **18th Street** als Zentrum des Jazz. Hier befanden sich unzählige Jazzclubs, Kneipen und Bordelle. Unsterblich wurde das heute als „**18th & Vine Historic Jazz District**" ausgewiesene Viertel durch den Jazz-Klassiker „*I'm goin' to Kansas City, Kansas City here I come …*", 1952 von *Jerry Leiber* und *Mike Stoller* komponiert und in einer Version von *Wilbert Harrison* 1959 weltbekannt geworden.

2005 errichtete die Stadt die **Charlie Parker Memorial Plaza** an der Kreuzung **18th/Vine St.**, mit Infotafeln zur Geschichte, zu Musikern und legendären Jazzclubs und dem **Charlie Parker Memorial**. Zugegeben, die Blütezeit ist vorbei, doch noch immer gilt die Kreuzung 18th/Vine Street als Zentrum des afroamerikanischen Kansas City und noch heute finden sich hier und im Umkreis einige Jazzclubs und empfehlenswerte BBQ-Lokale.

Kansas City, MO – Downtown

Liberty, Des Moines

Richard L. Berkley Riverfront Park

Missouri River

169

9

35
29

Lawrence, Topeka

3

70

City Market/ Arabia Steamboat Museum

E. 3rd St.

E. 5th St.

Kansas City Museum

Belvidere Park

35
70

E. 6th St.

E. Independence Ave.

24

8

Kansas City Garment District

W. 6th St.

E. 8th St.

Admiral Blvd.

The Paseo

Washington St.

Broadway

Main St.

W. 10th St.

Ilus W. Davis Park

E. 10th St.

Grand Blvd.

Locust St.

Charlotte St.

Troost Ave.

Woodland Ave.

E. 10th St.

70

35

Quality Hill

W. 12th St.

W. 12th St.

E. 12th St.

K.C. Plaza

Kansas City, KS

670

W. 13th St.

E. 13th St.

St. Louis

1

Kansas Missouri

Mulkey Square Park

W. 14th St.

670

70

Andrew Drips Park

3

W. 17th St.

E. 15th St.

E. Truman Rd.

Crossroads Arts District

Broadway

E. 17th St.

Locust St.

71

Kansas River

2

American Royal Complex

E. 18th St.

E. 18th St.

4

2

18th & Vine Historic Jazz District

Observation Park

Southwest Blvd.

E. 19th St.

Holmes St.

The Paseo

W. 23rd St.

Main St.

Grand Blvd.

E. 22nd St.

Hospital Hill Park

Charlotte St.

E. 22nd St.

Woodland Ave.

5

Union Station

Washington Sq. Park

E. 25th St.

E. 25th St.

35

Pennway St.

Crown Center

Crown Center Square

4

Tracy Ave.

Troost Ave.

Olathe, Wichita

E. 27th St.

Penn Valley Park

3

Union Cemetery

Gillham St.

E. 29th St.

Holmes St.

Troost Lake Park

71

Summit St.

Troost Park

Southwest Blvd.

E. 30th St.

E. 31th St.

Troost Ave.

W. 31th St.

E. 31th St.

Broadway

Grandview, Joplin

5

E. Linwood

Blvd.

The Paseo

W. Linwood Blvd.

E. 33rd St.

Main St.

©graphic

N

E. Armour Blvd.

Nelson-Atkins Mus. of Art & Kansas City Sculpture Park

6

4

Kemper Museum of Contemporary Art

9 10

5

0   500 m
0   0,31 mi

Kansas City war wie Chicago und New Orleans ein Zentrum des Jazz

Von besonderem Interesse sind im Jazz District zwei Museen: Im **American Jazz Museum** erhält man mittels Fotos, Hörstationen und Memorabilien einen umfassenden Überblick über die Musikrichtung und erfährt Wissenswertes über *Louis Armstrong, Duke Ellington, Ella Fitzgerald* oder eben *Charlie Parker*. Konzerte finden im **Blue Room**, einem Jazzclub, sowie im angeschlossenen **Gem Theater** (500 Plätze) statt. Der 1912 erbaute Kino- und Konzertpalast hält mit der Konzertserie „Jammin' at the Gem" die Jazztradition des Viertels wach.

American Jazz Museum, *1616 E. 18th St., www.americanjazzmuseum.org, Di–Sa 9–18, So 12–18 Uhr, $ 8, Kombiticket mit NLBM $ 10.*

Im gleichen Komplex ist das **Negro Leagues Baseball Museum** (NLBM) untergebracht. Da zwischen 1920 und den 1950er-Jahren aufgrund der Segregation Afroamerikaner nicht in der Profiliga mitspielen durften, hatten schwarze Geschäftsleute ihre eigenen „schwarzen" regionalen Profiligen gegründet. Unvergessene „schwarze" Stars wie *Satchel Paige* oder *Josh Gibson* begeisterten damals die Zuschauer auf vollen Tribünen. Als mit *Jackie Robinson* 1947 der erste „scharze" Spieler in der MLB *(Major League Baseball)*, bei den *Brooklyn Dodgers*, einen Vertrag erhielt, war der Bann gebrochen und mehr und mehr Afroamerikaner bekamen Profiverträge. Das war zwar positiv im Hinblick auf die Bürgerrechtsbewegung, negativ aber für die *Negro Leagues*, deren letzte 1958 den Spielbetrieb einstellte.

Negro Leagues Baseball Museum (NLBM), *1616 E. 18th St., www.nlbm.com, Di–Sa 9–18, So 12–18 Uhr, $ 8, Kombiticket mit American Jazz Museum $ 10.*

Downtown KC (1) *(Karte Großraum Kansas City, S. 314)*

Union Station

Westlich an den *Vine Historic Jazz District* schließt sich Downtown an. Am südlichen Innenstadtrand dominiert die **Union Station (5)**, der zweitgrößte Bahnhof der USA nach der New Yorker Central Station. Dabei ist Union Station mehr als ein gewöhnlicher Bahnhof, an dem ein paar Amtrak- und Nahverkehrszüge halten, sondern eher eine Mall mit Lokalen, Läden und sogar Museen: **Science City** ist ein Naturkundemuseum für die ganze Familie, während **KC Rail Experience** einen Leckerbissen für Eisenbahnfreunde darstellt. Hier geht es um die Geschichte und Bedeutung der Bahn für die Stadt und Region. Daneben beherbergt der Bahnhof das **Vic & Helen Regnier Extreme Screen Theater**, ein großes modernes 3D-Kino, das **Gottlieb Planetarium** und die **H&R Block City Stage**, Heimat von zwei Theaterensembles, dem *Theatre for Young America* und dem *Kansas City Actors Theatre*.

Union Station, *30 W. Pershing Rd., www.unionstation.org, detaillierte Informationen zu Museen, Läden und Lokalen auf der Website, geöffnet 9.30–mind. 16 Uhr.*

Der nördliche Innenstadtbereich ist als **Kansas City Garment District (6)** bekannt. Das **Kansas City Garment District Museum** gewährt Einblick in die Zeit zwischen dem späten 19. Jh. und den 1960er-Jahren, als KC ein Zentrum der Bekleidungsindustrie war. Das Museum ist in einem der zahlreichen historischen Fabrik- und Lagerbauten untergebracht, die 1973 um den Broadway Blvd. sowie um 10th St. und I-35/70 unter Denkmalschutz gestellt wurden.

KC Garment District

Kansas City Garment District Museum, *801 Broadway Blvd., www.kcgarment museum.org, Fr 10–15 Uhr bzw. auf Anmeldung unter ☎ (913) 205-8520, frei.*

Die Autobahn I-35/70 durchschneidet wenig attraktiv die nördliche Innenstadt. Hier liegt am Missouri River der **River Market District**, das Handelszentrum der Stadt zu Zeiten der Blüte der Dampfschifffahrt. Seit 1857 befindet sich hier der **City Market (7)**, der am Wochenende den größten Bauernmarkt der Region ausrichtet. Das Marktgebäude ist täglich geöffnet und bietet neben Verkaufsständen mit Obst, Gemüse, Fleisch, Fisch, Backwaren, Käse und Spezialitäten aus aller Welt auch Lokale und Souvenirshops. Daneben finden Flohmärkte und andere Veranstaltungen statt.

City Market, *20 E. 5th St., www.thecitymarket.org, tgl. geöffnet, überwiegend 9–17 Uhr; Farmer's Market Sa/So mind. 8–15 Uhr, Flohmarkt So 9–15 Uhr.*

In einen Teil des City Market ist das interessante **Arabia Steamboat Museum** eingezogen. In dessen Mittelpunkt steht das Dampfschiff „Arabia", das 1856 im Missouri nach einer Kollision mit Treibholz nördlich der Stadt gesunken ist. Da der Missouri immer wieder sein Bett veränderte, entdeckte man das Schiff erst 1988 in einem Maisfeld. Dabei wurde auch die gesamte Ladung gefunden. Auf dieser basierend gibt das Museum eine gute Vorstellung von der Lebensweise der Siedler vor dem Bürgerkrieg.

Dampfschiff „Arabia"

Arabia Steamboat Museum, *400 Grand Blvd., www.1856.com, Mo–Sa 10–17.30, So 12–17 Uhr, $ 14,50.*

Ⓨ Tipp: Bier der Extraklasse

1989 gegründet, „erbraute" sich die **Boulevard Brewing Co.** mittlerweile weit über die Stadtgrenzen hinaus einen guten Ruf. Die Brauerei gilt heute als größte im *Heartland*, dabei hat *John McDonald* ganz klein begonnen. Er braute in einem historischen Lagerhaus am Southwest Blvd. und benutzte dazu ausrangiertes Brauzubehör aus Bayern. Als das erste „Boulevard Pale Ale" abgefüllt war, lieferte es der Besitzer noch persönlich auf seinen Pick-up an die lokalen Kneipen; heute steht es in 19 US-Bundesstaaten zum Verkauf.

Boulevard Brewing Co., *2501 Southwest Blvd., www.boulevard.com, Touren: Mi 15, Do, Fr, So 13 und 15 Uhr, Sa stündl. 10–16 Uhr, frei; mit Laden, aber ohne eigenes Lokal.*

info

BBQ-Hochburg Kansas City

Kansas gilt nicht ohne Grund als BBQ-Hochburg. Wie auch in Texas oder Oklahoma zu beobachten ist, verbindet die Menschen im *Heartland* die Leidenschaft zum Grillen oder **Barbecuing**. Dabei landen vor allem Rinder- und Schweineteile, Steaks und Rippchen auf dem Grill, außerdem – ein Erbe deutscher Einwanderer – Bratwürste.

Besonders bekannt ist das **Kansas City Barbecue**, aber man findet auch in Oklahoma *ribs, pulled pork, beef brisket, smoked sausage, chicken* und *turkey* auf den Speisekarten – alles stets in großen Portionen, reichlich mit Sauce übergossen und mit diversen Beilagen auch in Form der empfehlenswerten gemischten Grillplatten serviert.

Zahlreiche **BBQ Contests** stehen zwischen Mai und September in Kansas im Veranstaltungskalender. Zu den größten zählt das **Kansas Masters BBQ Championship** im Juni in Wichita. Dabei muss der Grillmaster nicht nur das Fleischstück zart und saftig bekommen, es kommt auch auf die **BBQ Sauce** an. Kein Wunder, dass da jeder sein eigenes Rezept hat – mehr oder weniger scharf, süß, dick oder dünn.

Es wären nicht die USA, hätte man nicht für die besten Grillmeister eine Ruhmeshalle – wenn auch nur virtuell – geschaffen. In diese **BBQ Hall of Fame** *(www.barbecuehalloffame.com)* werden jedes Jahr neue Mitglieder aufgenommen, nicht nur die besten Grillmeister, sondern auch Restaurantbesitzer oder andere Persönlichkeiten, die sich um das BBQ verdient gemacht haben.

Rezept: KC-Style BBQ-Sauce

In einem Topf 700 ml Ketchup, 100 g Tomatenmark, 200 g brauner Zucker, 200 ml Apfelessig, 50 ml Wasser, 50 ml Molasse, 1 EL Dijon-Senf, 1 EL Worcestershire Sauce, 2 TL Knoblauchpulver, je 1 TL Salz und Pfeffer und ggf. etwas Chilipulver oder Cayennepfeffer und Paprika mischen und zum Kochen bringen. Bei

geringer Hitze etwa eine Stunde einkochen lassen, dabei oft umrühren und am Ende noch einmal abschmecken. Die Sauce ist Im Kühlschrank ca. zwei Wochen haltbar, am besten im Schraubdeckelglas aufbewahren.
Infos zu BBQ in KC: *www. kansascitybarbecue.com*
BBQ Hall of Fame: *www. barbecuehalloffame.com*

Kansas City ist eine Hochburg des BBQ

KC für Kunstfreunde

Im **North Terrace Park** im Nordosten der Stadt ist in einem imposanten Bau das **Kansas City Museum (8)** untergebracht. In der 1907–10 erbauten **Corinthian Hall**, einem prachtvollen neoklassizistischen Bauwerk, das eher an einen Tempel als an ein Wohnhaus erinnert, lebte einst die Familie von *Robert A. Long*. Dessen Töchter vermachten 1939 das Kalksteingebäude mit seinen 70 Zimmern der *Kansas City Museum Association*. Das Haus und sein Inventar gewähren einen guten Einblick in Lebensweise und Geschichte der Stadt von der Mitte des 19. Jh. bis heute, u. a. mit Möbeln, Kutschen, Trophäen, Dokumenten, Indianerkunst und einer Fotosammlung. Zudem gibt es Sonderausstellungen und zahlreiche Veranstaltungen, Konzerte, Lesungen und Filmvorführungen, meist im **StoryTarium** im früheren Gewächshaus. Zum Komplex gehört auch ein **Museum Visitor Center**.

Kansas City Museum

Kansas City Museum, *3218 Gladstone Blvd., www.kcmuseum100.org, Di–Sa 9.30–16.30, So 12–16.30 Uhr, frei, derzeit Renovierung.*

Ein Highlight für Kunstfreunde stellt das **Nelson-Atkins Museum of Art (9)** mit dem *Kansas City Sculpture Park* dar. Die Sammlung des Nelson-Atkins umfasst beinahe 35.000 Kunstwerke aus allen Epochen und geografischen Regionen – von Afrika über Asien bis Europa, von antiker über dekorative bis indianische Kunst – und man kann hier Stunden verbringen. Zur Stärkung stehen zwei Restaurants zur Verfügung und natürlich fehlt auch ein attraktiver Museumsladen nicht.

Highlight für Kunstfreunde

Ringsum erstreckt sich eine Grünanlage. Teil davon ist der **Kansas City Sculpture Park**. Über 30 moderne Skulpturen sind aufgestellt, allein 13 Werke von *Henry Moore* sowie Skulpturen von *Alexander Calder, George Segal* oder *Isamu Noguchi*. Zum Markenzeichen wurden die „Shuttlecocks" von *Claes Oldenburg* und *Coosje van Bruggen*, vier über 5 m hohe Federbälle.

Die berühmten Federbälle von Claes Oldenburg vor dem Nelson-Atkins Museum of Art

Nelson-Atkins Museum of Art & Kansas City Sculpture Park, *4525 Oak. St., www.nelson-atkins.org, Mi, Sa 10–16, Do, Fr 10–21, So 12–17 Uhr, frei.*

Moderne und zeitge-nössische Kunst

Ebenfalls moderne Skulpturen sind im Park des **Kemper Museum of Contemporary Art (10)** zu bewundern. Der mit einem hohen, luftigen Atrium versehene architektonisch aufsehenerregende Bau wurde 1994 von dem litauischen Architekten *Gunnar Birkerts* entworfen. Er beherbergt eine beachtliche Kollektion moderner und zeitgenössischer Kunst u. a. mit Werken von *Dale Chihuly, Petah Coyne, Morris Louis, Georgia O'Keeffe, Fairfield Porter, Jaume Plensa, Matthew Ritchie, Wayne Thiebaud* und *Andy Warhol*. Daneben finden immer wieder außerordentliche Sonderausstellungen statt.
Kemper Museum of Temporary Art, *4420 Warwick Blvd., www.kemperart.org, Di–Do 10–16, Fr/Sa 10–21, So 11–17 Uhr, frei, mit attraktivem Museumsladen und dem Lokal* **Café Sebastienne**.

Ein weiteres Ziel für Kunstfreunde ist der **Crossroads Arts District (11)**, der sich um die Kreuzung **19th St./Baltimore Ave.** südlich von Downtown erstreckt. In die renovierten alten Lagerhäuser sind neben Lokalen über 60 (!) Galerien eingezogen. Interessant für Besucher ist vor allem der *First Friday*: Jeden ersten Freitag im Monat öffnen viele länger (21 Uhr) und es werden Events und im Sommer auch Open-Air-Konzerte organisiert.
Crossroads Arts District, *19th St./Baltimore Ave., Infos: www.kccrossroads.org.*

Independence/MO

Auch wenn das Städtchen Independence/MO im Schatten der Metropole Kansas City wie eine verschlafenes *Western Town* wirkt, handelt es sich immerhin um die viertgrößte Stadt von Missouri (ca. 110.000 Einw.) und um die älteste Siedlung der Region. Schon 1827 war hier eine Ortschaft entstanden, die sich in den 1840er- und 1850er-Jahren zum wichtigen **Ausgangspunkt der Siedlertrecks** Richtung Westen (s. INFO S. 323) entwickelt hat. Außerdem ist der Ort stolz darauf, die Heimat des 33. US-Präsidenten *Harry S. Truman* zu sein.

Hauptattraktion in der Stadt ist das **National Frontier Trails Museum (2)** *(Karte Großraum Kansas City, S. 314)*. Das hervorragend aufgemachte Museum ist in einem historischen Mühlkomplex, der schon in den 1830er-Jahren entstanden war und einmal als Hauptarbeitgeber des Ortes fungierte. In den 1950er-Jahren geschlossen, wurde die Fabrik 1967 durch eine Explosion und Feuer schwer beschädigt. Ein Teil wurde daraufhin als Museumsbau renoviert und beherbergt seit 1990 das National Frontiers Trail Museum.

Trails in den Westen

Die verschiedenen Abteilungen beschäftigen sich intensiv und multimedial mit den Trails in den Westen: **Santa Fe**, **Mormon**, **Oregon** und **California Trail**. Ein Film führt in die Thematik ein. Der Besucher erfährt alles über die Geschichte der Erforschung und Landnahme des Westens nach der Expedition von *Lewis & Clark*. Einzelne Säle widmen sich den einzelnen Siedlertrails. Dokumente, Ausstellungsstücke, Zitate von Beteiligten und sogar Planwagen illustrieren die Informationen anschaulich.

National Frontier Trails Museum, *318 W. Pacific St., www.ci.independence.mo.us/nftm, Mo–Sa 9–16.30, So 12.30–16.30 Uhr, $ 6.*

Ansonsten wartet der ruhige kleine Ort mit der **Truman Library & Museum (3)** *(Karte Großraum Kansas City, S. 314)* auf. Der 33. US-Präsident *Harry S. Truman* (1881– 1972) und seine Frau *Bess Wallace Truman* (1885–1982) stammten von hier und lebten in einem bescheidenen Haus, das heute besichtigt werden kann. Bibliothek und Museum geben darüber hinaus eine Einführung in das Leben der *Trumans*, informieren aber auch über die damalige Politik und *Trumans* Rolle als Präsident zwischen 1945 und 1957. Es handelt sich hierbei um die erste der sogenannten **Präsidentenbibliotheken**; sie wurde schon 1957 eingerichtet. Heute ist es üblich, jedem aus dem Amt geschiedenen Präsidenten ein derartiges Erinnerungsdenkmal zu widmen.
Truman Library & Museum, *500 W. US Hwy. 24, www.trumanlibrary.org, Mo–Sa 9– 17, So 12–17 Uhr, $ 8.*

Wohnhaus der Trumans

Bound for the Promised Land – Aufbruch ins „Gelobte Land"

„I am bound for the Promised Land," heißt der Refrain eines Kirchlieds, das im Laufe des 19. Jh. zur Hymne für Siedler aus aller Welt wurde. Sie waren aufgebrochen, um in der unendlichen Weite des nordamerikanischen Westens ihr „**Gelobtes Land**" zu finden. Die Trecks, auf denen die Menschen gen Westen zogen, sind mehr als einzelne Personen berühmt geworden. Und diese nahmen ihren Ausgang in **Independence/Missouri**.

Schon unter den ersten Siedlern, die im 17. Jh. an der Ostküste eintrafen, befanden sich Unruhegeister. Kaum hatten sie sich in der „Neuen Welt" häuslich eingerichtet, begannen sie den Blick neugierig westwärts zu richten. Es war im Jahr 1803, als Präsident *Thomas Jefferson* mit dem **Louisiana Purchase** das Schicksal der jungen Nation schlagartig veränderte: Für nur $ 15 Mio. hatten die USA Frankreich ein riesiges Stück unbekannten Landes zwischen Mississippi und Rocky Mountains abgekauft – und damit eine Welle der Zuwanderung ausgelöst.

„**Go West, young man!**" – so lautete der Aufruf von *Horace Greeley* (1811–72), Gründer der „New York Tribune" und einer der politisch einflussreichsten Männer seiner Zeit. Diese Parole entwickelte sich zum Lockruf für Abenteurer, Händler und Siedler. An die von den Siedlern eingeschlagenen Routen ins „Gelobte Land" erinnert eine Reihe von Trails, die heute dem *National Park Service* unterstehen: **Oregon**, **California** und **Mormon Pioneer Trail**.

Ausgangspunkt der „**Highways to the Promised Land**" war Independence, denn hierher gelangten die meisten Siedler an Bord von Dampfschiffen auf dem Mississippi und Missouri; erst jenseits der Ortschaft begann der „Wilde Westen". Steht man heute in den ruhig-beschaulichen Straßen der Kleinstadt, braucht man schon etwas Fantasie, um sich den einst herrschenden Trubel vorstellen zu können: Schwer beladene Planwagen, Rinderherden, Großfamilien verschiedenster Herkunft in fiebriger Erwartung, Staub, Lärm, Gestank – es ging heiß her in jenen

info

Tagen, in denen der Westen noch „wild" war und kaum ein Abenteurer oder Siedler ahnte, was ihn erwartete: eine **monatelange beschwerliche Reise** durch endlose karge Prärie und trostlose Wüsten, über schier unbezwingbare, schneebedeckte Berge und durch reißende Flüsse.

Zwischen einer halben und einer Million Menschen soll **zwischen 1841**, als sich der erste Siedlertreck aufmachte, **und 1869**, als die interkontinentale Eisenbahn in Betrieb genommen wurde, nach Westen gewandert sein; genau gezählt hat man sie nie. Wie viele von ihnen am Ziel angekommen sind, liegt ebenfalls im Dunkeln. Dabei stellten weniger die angeblich so wilden Indianer die Hauptgefahr dar als vielmehr die Strapazen und Krankheiten wie die Cholera, selbst zugefügte Wunden aufgrund mangelnder Erfahrung im Umgang mit Schusswaffen, Mangelernährung oder verseuchtes Wasser.

Im **Frühjahr 1841** war ein **erster Treck** von etwa 60 Abenteurern, angeführt von *John Bidwell*, von Independence nach Kalifornien aufgebrochen. *Bidwell*, der „**Prinz der Pioniere**", überquerte mit seinem Siedlertrupp die Prärie, die Rocky Mountains, das Great Basin und die Sierra Nevada. Zu einer Zeit, als die meisten Reisenden noch zeitaufwendig und gefährlich per Schiffspassage ums Kap Horn nach Kalifornien segelten, stellte die Entdeckung des **California Trails** einen enormen Fortschritt dar. Im Laufe der Zeit startete man auch von anderen Ortschaften entlang dem Missouri River die Reise, z. B. von **St. Joseph** oder **Omaha** aus.

Von Independence nach Kalifornien waren es rund **3.200 km**, für die ein Planwagen etwa 120 Tage brauchte. 1841–48 wurde die Route von kaum 3.000 Siedlern frequentiert, dann änderte 1848 ein Ereignis alles: die **Goldfunde in Kalifornien**. 1849 zogen 25.000, ein Jahr später 44.000 Schatzsucher auf dem *California Trail* gen Westen. Nach dem Goldrausch flaute der Zustrom zwar wieder ab, doch bis 1869 und der Fertigstellung der Transkontinentalen Eisenbahnlinie waren konstant Glücksritter und Siedler auf dem Trail unterwegs.

Nur zwei Jahre nach dem ersten Kalifornien-Treck schlugen Siedler den Weg ins **Oregon Territory** im Nordwesten ein. Vom Ausgangspunkt Independence verliefen beide Routen bis zum Handelsposten *Fort Bridger* in Wyoming

„Bound for the Promised Land" –
Unterwegs ins „Gelobte Land"

identisch, dann trennten sich die Wege: Die einen folgten dem *California Trail* ins Goldland, die anderen suchten ihr „gelobtes Land" im Nordwesten und wählten den **Oregon Trail**.

Nicht auf der gleichen Trasse, aber in Sichtweite, am gegenüberliegenden Ufer des North Platte River, folgte der **Mormon Trail** zwischen *Fort Kearny* in Nebraska und *Fort Bridger* im Südwesten Wyomings dem Verlauf des California bzw. Oregon Trails. Mehr als 70.000 Anhänger der Kirche der *Latter-Day Saints* („Mormonen") zogen zwischen 1847 und 1869 von Nauvoo (Illinois) über Omaha (Nebraska) zum **Great Salt Lake**, wo Kirchenführer *Brigham Young* das ihm verheißene gelobte Land gefunden zu haben glaubte.
California Trail: *www.nps.gov/cali bzw. www.octa-trails.org*
Oregon Trail: *www.nps.gov/oreg oder www.octa-trails.org*
Mormon Pioneer Trail: *www.nps.gov/mopi bzw. http://mormonpioneertrail.com*

Ausflug zum Fort Osage National Historic Landmark (4) *(Karte Großraum Kansas City, S. 314)*

Etwa 17 mi (27 km) östlich von Independence (Hwy. 24) liegt direkt am Missouri die kleine Ortschaft **Sibley**. Hier stand einst **Fort Osage**, der **erste US-Militärposten westlich des Mississippi**. Schon während der Expedition von *Lewis & Clark* im Juni 1804 hatten die Offiziere die strategische Lage des Ortes über dem Missouri erkannt. Deshalb wurde 1808 hier Fort Osage, benannt nach den hier lebenden Indianern, als Militärposten und Handelsstation eingerichtet.

Das Fort diente in erster Linie der **Machtdemonstration** – nach dem Erwerb des Westens 1803 von *Napoleon*, wollte man die Landnahme auch optisch manifestieren –, aber auch als **Handelsposten** zum Warenaustausch mit den Indianern. Bis 1821 war das Fort bemannt, ehe es von dem weiter nordwestlich gelegenen **Fort Leavenworth** abgelöst wurde. Lange Zeit vergessen, war der Platz in den 1940er-Jahren ausgegraben und nach den archäologischen Ergebnissen und historischen Dokumenten originalgetreu rekonstruiert worden. Das VC erläutert anschaulich die frühe Besiedlungsgeschichte der Region und die Geschichte des Forts.

Macht und Handel

Der heute hier befindliche Ort erhielt seinen Namen von *George Champlain Sibley* (1782–1863), der einst den Handelsposten leitete. Interessanterweise wurden in der Frühzeit die meisten der eingetauschten (Biber-)Felle nach Hamburg verschifft, um Zylinderhüte daraus zu fertigen. Die **strategische Bedeutung des Postens** kann man heute kaum mehr nachvollziehen, denn die einst hier befindliche Biegung des Missouri wurde durch die Neuanlage eines schiffbaren Kanals 1975 eliminiert. Auch die hier nun üppig wachsenden Bäume machen eine geistige Zeitreise schwierig, denn einst gab es nur Bäume am Flussufer, während die übrige Landschaft von baumlosem Grasland geprägt war.
Fort Osage National Historic Landmark, *107 Oasage St., Sibley/MO, www.fort osagenhs.com, März–Nov. Di–So 9–16.30 Uhr, sonst nur Sa/So, $ 7.*

Kansas City/KS und Overland Park/KS

 Kartenhinweis
Siehe Karte Großraum Kansas City, S. 314

Zu den wenigen großen Attraktionen in **Kansas City/KS** gehören der **Rosedale Arch**, eine verkleinerte Replik des Pariser Arc de Triomphe, der **Kansas Speedway (5)**, eine der Top-NASCAR-Rennstrecken, sowie der **Livestrong Sporting Park (6)**, das nagelneue Fußballstadion der Profimannschaft *Sporting Kansas City*.

Overland Park/KS dagegen wurde erst 1960 zur Stadt erhoben und dient in erster Linie als Wohnsiedlung. Einen Besuch lohnen hier die weitläufige Parkanlage des **Overland Park Arboretum & Botanical Gardens (7)** sowie **Deanna Rose Children's Farmstead (8)**, ein Bauernhofmuseum für die ganze Familie.
Overland Park Arboretum & Botanical Gardens, 8909 W. 179th St., tgl. 8–17/19.30 Uhr, frei.
Deanna Rose Children's Farmstead, 13800 Switzer St., April-Okt. 9–17 Uhr, Mo–Do frei, Fr–So $ 2.

Reisepraktische Informationen Großraum Kansas City (KS/MO)

Information
Downtown KC Visitor Information Center, City Center Square (11th/Main St.), ☏ 1-800-767-7700, www.visitkc.com, Mo–Fr 8.30–17 Uhr.
Independence: www.visitindependence.com.
Overland Park/KS: www.visitoverlandpark.com.

Flughafen
Der **Kansas City International Airport (KCI) (9)** (Karte Großraum Kansas City, S. 314) liegt etwa 20 mi (32 km) nördlich der Innenstadt und ist schnell über die Autobahn I-29 (Exit 11) erreichbar. Der Flughafen wird von allen großen US-Gesellschaften angeflogen, es gibt jedoch keinen Direktflug aus/nach Europa. **Infos**: www.flykci.com.

Unterkunft
Great Wolf Lodge $$–$$$ (3) (Karte KC-Downtown, S. 317), 10401 Cabela Dr., KC/KS, ☏ (913) 299-7001, www.greatwolf.com/kansascity/waterpark. Motel im Blockhausstil mit eigenem Waterpark sowie Entertainment-Angebot; ideale Bleibe für Familien.
Woodson Guest House B&B $$–$$$, 1604 W. Lexington, Independence/MO, ☏ (816) 254-0551, www.woodsonguesthouse.com. Zwei Zimmer und eine Suite in liebevoll renoviertem Wohnhaus von 1858, umgeben von wildromantischem Garten.
Hotel Savoy $$$ (1) (Karte KC-Downtown, S. 317), 9th/Central, KC/MO, ☏ (816) 842-3575, http://savoyhotel.net. Historisches Hotel in Downtown (1888) mit gemütlichen Suiten im viktorianischen Stil, inkl. üppigem Frühstücksbuffet.
Q Hotel & Spa $$$–$$$$ (4) (Karte KC-Downtown, S. 317), 560 Westport Rd., KC/MO, ☏ 1-800–942-4233, www. theqhotel.com. Das historische „Quarterage Hotel" wurde in ein modernes Boutiquehotel umgewandelt, das als erstes „grünes" Hotel der Stadt gilt.

Southmoreland on the Plaza $$$–$$$$ (5) *(Karte KC-Downtown, S. 317), 116 E. 46th St., KC/MO, ☎ (816) 531-7979, www.southmoreland.com. Zwölf elegante Zimmer in einer renovierten Villa von 1913 inmitten eines Gartens, dazu Suite im Carriage House, inkl. Gourmet-Frühstück sowie Wein und Hors d'œuvres abends.*

Hotel Phillips $$$$ (2) *(Karte KC-Downtown, S. 317), 106 W. 12th St., KC/MO, ☎ (816) 221-7000, www.hotelphillips.com. In der Altstadt gelegenes Luxushotel, das ebenso historisch wie hip ist. Auch die Zimmer bieten eine eklektische Mischung aus moderner Eleganz und historischem Art déco.*

⑪ Restaurants

Barbecue, *kurz* „**BBQ**" – *dafür ist die Stadt berühmt. Schweinerippchen mit Sauce, aber nicht nur das, bieten an die hundert BBQ-Lokale im Großraum, wobei der Restaurateur Henry Perry als „Erfinder" des* **KC Barbecue** *gilt. Er soll 1908 erstmals langsam gegrilltes Fleisch mit einer speziellen Sauce Arbeitern preiswert serviert haben. Inzwischen gibt es eine eigene BBQ-Gesellschaft in KC, die* **American Royal Barbecue**, *die Wettbewerbe und Events ausrichten. Viele der unten angeführten BBQ-Lokale unterhalten Filialen.*

Allgemeine Infos: *www.kansascitybarbecue.com.*

Arthur Bryant's Barbecue (2) *(Karte KC-Downtown, S. 317), u. a. 1727 Brooklyn Ave., KC/MO, sowie 1702 Village West Pkwy., KC/KS. Der Firmengründer galt Mitte des 20. Jh. als bester Grillmeister der Stadt, seine Saucen sind legendär.*

Fiorella's Jack Stack Barbecue (6) *(Karte KC-Downtown, S. 317), u. a. 4747 Wyandotte St., KC/MO, oder 9520 Metcalf Rd., Overland Park/KS. Wegen der Steaks hoch gelobt, aber für viele auch das beste BBQ.*

Gates Bar-B-Q (1) *und* **(5)** *(Karte KC-Downtown, S. 317), u. a. 1221 Brooklyn Ave. und 3205 Main St., beide KC/MO; 1026 State Ave., KC/KS; 10440 E. Hwy. 40, Independence/MO. Alteingesessener Familienbetrieb, BBQ in cafeteriaartigem Ambiente.*

Golden Ox (3) *(Karte KC-Downtown, S. 317), 1600 Genessee St., KC/MO, ☎ (816) 842-2866. Legendäres Steak & Chop House im historischen Stockyards District, das schon seit Beginn des 20. Jh. existiert.*

Three Little Pigs BBQ (4) *(Karte KC-Downtown, S. 317), 2450 Grand Blvd. (Crossroads Arts District), KC/MO, ☎ (816) 421-7447. Bereits Sieger vieler großer BBQ-Wettbewerbe. Chef Chris Marks vertraut auf alte Familienrezepte.*

Ophelia's Restaurant & Inn, *201 N. Main St., Independence/MO, ☎ (816) 461-4525. Restaurant der gehobenen Kategorie; im Obergeschoss befindet sich ein kleines Hotel (www.opheliasind.com/inn).*

⑦ Nachtleben

KC ist berühmt für seine Jazzclubs, nachfolgend einige Tipps:

Blue Room Jazz Club, *1600 E. 18th St., KC/MO, www.americanjazzmuseum.com. Benannt nach einem der früheren legendären Clubs, treten heute im Blue Room im American Jazz Museum (s. oben) Mo, Do, Fr und Sa Jazzstars und -talente auf (ab 19 Uhr, Mo, Do frei, Fr/Sa $ 10).*

The Club at Plaza III, *4749 Pennsylvania Ave., KC/MO, www.plazaiiikcsteakhouse.com. Steakhouse mit Livejazz am Fr/Sa.*

Knuckleheads Saloon, *2715 Rochester St., KC/MO, www.knuckleheadskc.com. In einer „Cowtown" darf ein Honky Tonk nicht fehlen; neben Country auch Blues und andere Americana-Musik in einem über 100 Jahre alten Gebäude mit eigenem Restaurant.*

Einkaufen

Best of Kansas City, 1523 Grand Blvd. (Filiale im Crown Center), KC/MO. Nicht nur Souvernirs, sondern auch kulinarische Spezialitäten und Produkte aus der Region.

Country Club Plaza, 4750 Broadway Blvd., KS/MO. Einkaufszentrum mit 180 Läden und Lokalen, im Stil einer spanischen Stadt angelegt und an die Partnerstadt Sevilla erinnernd. Auch ringsum ist viel geboten und auf der zentralen **Plaza** finden im Sommer Events statt: www.countryclubplaza.com.

Crown Center, 2450 Grand Blvd., KS/MO. Nicht nur Hauptquartier von Hallmark Cards, sondern zugleich Einkaufszentrum mit rund 60 Läden und Lokalen; Events im Sommer auf dem zentralen **Crown Center Square** (www.crowncenter.com).

Great Mall of the Great Plains, 20700 W. 151st St., Olathe/KS. Das größte Einkaufszentrum von Kansas mit ca. 80 Läden und Filialen bekannter Kaufhäuser wie Dillard's.

Legends Outlets Kansas City, 1843 Village West Pkwy., KC/KS. Einkaufszentrum mit etwa 100 Läden, die neue Fabrikartikel zu Schnäppchenpreisen anbieten.

Westport, Westport Rd./Pennsylvania Ave., KS/MO. Am einstigen Treff für Cowboys und Schlachtschauplatz im Bürgerkrieg befindet sich heute ein beliebtes Bummelviertel mit zahlreichen Galerien, Boutiquen, Bars und Lokalen.

Markt

City Market, 20 E. 5th St., www.thecitymarket.org, tgl. geöffnet, überwiegend 9–17 Uhr; Farmer's Market Sa/So mind. 8–15 Uhr, Flohmarkt So 9–15 Uhr. Markthalle mit dem größten Bauernmarkt der Gegend.

Veranstaltungen

American Royal Barbecue. Seit 1980 wird Ende Sept./Anfang Okt. auf dem Rodeo- und Messegelände von KC/MO eine der größten BBQ-Meisterschaften ausgetragen. Etwa teilnehmende 500 Teams kochen und grillen um die Wette und präsentieren ihre Leckereien und Saucen den Juroren und Zuschauern ($ 13 Eintritt). Infos: www.arbbq.com.

American Royal Livestock, Horse Show and Rodeo. Seit 1899 alljährlich im Okt. und Nov. abgehaltene Vieh- und Pferdeschau mit Rodeoveranstaltungen in und um die Kemper Arena, Infos: www.americanroyal.com.

Zuschauersport

Kansas City Chiefs (American Football – NFL), Spiele des 1960 in Texas gegründeten und 1963 nach KC umgezogenen Traditionsclubs von Sept. bis Anfang Jan. im 1972 erbauten und 2007–2010 renovierten **Arrowhead Stadium** (1 Arrowhead Dr., zwischen KC und Independence, I-70/Exit 9); meist sind die 81.000 Plätze ausverkauft. Infos und Tickets: www.kcchiefs.com.

Kansas City Royals (Baseball – MLB), der 1969 gegründete Baseballverein spielt im **Kauffmann Stadium** (40.000 Plätze) direkt neben dem Arrowhead Stadium, Infos und Tickets: www.royals.com.

Sporting Kansas City (Soccer– MLS), der 1995 gegründete Fußballverein hat sich inzwischen eine treue Fangemeinde erspielt und ist seit 2011 im nagelneuen **Livestrong Sporting Park** zu Hause, einem Fußballstadion westlich von Kansas City/KS (18.500 Plätze, Village West Pkwy./State Ave, I-435/Exit 13) nahe dem Kansas Speedway, Infos und Tickets: www.sportingkc.com.

Kansas Speedway, ebenfalls westlich von Kansas City/KS gelegene berühmte Autorennbahn (I-70/Exit 410 oder I-435/Exit 13), www.kansasspeedway.com.

Auf dem Frontier Military Scenic Byway

Zwischen zwei bedeutenden frühen Militärposten im Westen, **Fort Leavenworth** (seit 1827 bis heute in Betrieb) (s. S. 438) und **Fort Scott** (1842–73), entstand ein Trail, welcher der Versorgung und Truppenbewegung diente. Heute kann man diesem alten Weg auf etwa 170 mi (270 km) folgen, und zwar vom Großraum Kansas City auf dem **US Hwy. 69**, der der Staatsgrenze zwischen Kansas und Missouri als „**Frontier Military Scenic Byway**" nach Süden folgt.

Die **Grenzregion** zwischen Fort Leavenworth und Fort Scott spielte aber nicht nur zur Zeit der frühen Besiedlung als Pufferzone gegen Übergriffe der Indianer eine Rolle, 1854–60 tobten hier zudem erbitterte Kämpfe zwischen Nord- und Südstaatlern im sogenannten **Missouri-Kansas Border War**, der auch unter dem Namen „*Bleeding Kansas*" in die Geschichtsbücher eingegangen ist und als Vorläufer des Bürgerkriegs 1861–65 gilt.

Kämpfe zwischen Nord- und Südstaatlern

Zwar diente damals der 36. Breitengrad als Grenzlinie zwischen sklavenfreien und sklavenhaltenden Staaten, doch war Missouri, das nördlich davon liegt, 1820 als **sklavenhaltender Staat** in die Union aufgenommen worden. Als 1854 ein Gesetz den Einwohnern des *Kansas Territory* erlaubte, selbst über ihre Position in der Sklavenfrage abzustimmen, begannen Befürworter und Gegner um Stimmen zu buhlen. Vor allem im Grenzgebiet zwischen Missouri und Kansas kam es zwischen 1855 und 1859 zu **blutigen Auseinandersetzungen** zwischen Milizen und Untergrundkämpfern.

Am Ende waren 56 Tote zu beklagen. *Bushwhackers* oder *Border Ruffins* nannte man die Sklavenbefürworter, *Jayhawkers* oder *Free Staters* die Sklavengegner, zu denen auch

Re-enactment im historischen Fort Scott

der legendäre *John Brown* gehörte, einer der militantesten Gegner. Er hatte 1859 ein Munitionsdepot in Harpers Ferry (Maryland) überfallen, war jedoch gefasst und aufgehängt worden.

1859 kam eine neue Verfassung auf den Tisch, mit der die Sklaverei verboten wurde. Daraufhin wurde Kansas 1861 als „**free state**", als „neutral", in die Union aufgenommen. In Erinnerung an die damaligen Ereignisse wurde das gesamte Grenzgebiet zwischen Missouri und Kansas 2009 als **Freedom's Frontier National Heritage Area** ausgewiesen und dem *National Park Service* unterstellt.

Interessante Sights entlang der Route

Johnson County Museum, 6305 Lackman Rd., Shawnee, www.jocomuseum.org, Di–Sa 10–16.30, So 13–16.30 Uhr, frei. Mit Informationen zur Geschichte der ganzen Region südlich von Kansas City.

Legler Barn Museum Complex, 14907 W. 87th St. Pkwy, Lenexa, www.lenexahistoricalsociety.org, Di–Fr 10–16, Sa/So 13–16 Uhr, frei. Das Museum gibt Einblick in das Leben an der „frontier" im 19. Jh.; zudem sollen sich hier Banditen wie *Jesse James* versteckt haben.

John Brown Museum, 10th/Main St., Osawatomie, www.kshs.org/portal_john_brown, Di–Sa 10–17 Uhr. In der Adair Cabin lebten einst die Sklavereigegner *Samuel* und *Florella Adair* und unterhielt der Abolitionist *John Brown* (1800–59) sein Hauptquartier.

Marais des Cygnes Massacre Park, 16382 Hwy. 69, Pleasanton, und **Mine Creek Battlefield**, 20485 Hwy. 52, Pleasanton, sind zwei wichtige Schlachtfelder im *Missouri-Kansas Border War*.

Fort Scott NHS, Hwy. 69/54, Fort Scott, www.nps.gov/fosc, tgl. 8/9–17 Uhr, $ 3. Gut erhaltener Militärposten, der zwischen 1842 und 1873 besetzt war.

Hotel Stilwell, 7th St./Broadway, Pittsburg. 1889–90 erbaute Herberge, heute nicht mehr als Hotel betrieben.

Wenige Meilen südlich von Pittsburg stößt man auf die legendäre **Route 66**. Auf ihren nur 21 km Strecke in **Kansas**, zwischen **Galena**, **Riverton** und **Baxter Springs**, findet man Sights wie *Four Women on the Route*, ein *Diner* in einer alten Tankstelle in **Galena**, oder das *Café on the Route* in **Baxter Springs**.

 Information
Frontier Military Scenic Byway: *www.byways.org/explore/byways/2096, www.ksbyways.org.* **Freedom's Frontier NHA**: *www.freedomsfrontier.org.*
Route 66 in Kansas: *www.historic66.com/kansas, www.kansastravel.org/route66.htm.*

 Hinweis zur Route

Auf dem letzten Routenabschnitt zurück nach Oklahoma City/OK dient die **Historic Route 66** als Leitlinie. Um die Region im **Nordosten von Oklahoma** besser kennenzulernen, ist es jedoch sinnvoll, die Route 66 immer wieder zu verlassen. So führt beispielsweise die **SR 82** hinein ins **Land der Cherokee** und in deren Hauptstadt **Tahlequah**.
Von dort folgt man dem **Hwy. 62** nach Fort Gibson und dem **Muskegee Turnpike** nach **Tulsa/OK**, die zweitgrößte Stadt im Bundesstaat. **SR 11 und 123** führen weiter nach **Woolaroc** und **Bartlesville** und der **Hwy. 60** anschließend über die **Osage Hills** nach **Ponca City**. Die **I-35** bringt den Reisenden dann über **Guthrie** zurück zur Route 66 bei Arcadia, vor den Toren von OKC, Ausgangs- bzw. Endpunkt der Rundreise.
Wer nicht dorthin zurück möchte, kann von Tulsa bzw. Baxter Springs/KS der Route 66 nach Osten, Richtung St. Louis/MO (S. 441), folgen.

Green Country Oklahoma

„Manche Leute glauben, Oklahoma ist nur baum-
lose Prärie. Sie täuschen sich. Der östliche Teil (…) ist
hüglig und mit Weiß- und Roteichen und anderem
Gehölz bewaldet. Etwas weiter südlich gibt es sogar
ziemlich viele Kiefern …" – so beschreibt die Ti-
telheldin Mattie Ross in Charles Portis' jüngst ver-
filmten Bestseller „True Grit" den Nordosten
Oklahomas. Und tatsächlich wird dieser Landes-
teil im Nordosten auch „**Green Country**" genannt. Der gesamte Osten Oklahomas mit seinen Wäldern und Hügeln, Seen und Flüssen liegt
in einer Übergangszone zwischen Prärie und
Mississippi-Tal.

Nach der Vertreibung der **Cherokee-Indianer**
in den 1830er- und 1840er-Jahren aus dem Südosten der USA wurde diese Region um die
kleine Hauptstadt **Tahlequah** ihre neue Heimat.
Neben den Cherokee sind heute weitere **38 indianische Völker** in „**Okla homma**", im Land
der „roten Menschen", wie einst die Choctaw-
Indianer die Urbevölkerung Nordamerikas nannten, zu Hause. Dass ausgerechnet Oklahoma
zum Rückzugsgebiet für so viele indianische Nationen geworden ist, geht auf Präsident Thomas
Jefferson zurück, der zu Beginn des 19. Jh. Teile
westlich des Mississippi als „**Indian Territory**"
vorgesehen hatte. Friedlich verliefen die Umsiedlungsaktionen allerdings selten (s. INFO
S. 340).

Von Baxter Sorings/KS aus folgt man erneut der
Historic Route 66 zur ersten größeren Ort-
schaft im Nordosten Oklahomas mit bekanntem
Namen: **Miami**. Interessant ist hier neben **Way-
lan's Ku-Ku Burger** (915 N. Main St.), einem
Diner aus den 1960er-Jahren, der bekannt ist für seine Hamburger, und dem **Coleman
Theatre** (103 N. Main St.) aus den 1920er-Jahren, das kleine Heimatmuseum, **Dob-
son Museum**, das auch über die Route 66 informiert.
Dobson Museum, 110 A St. SW, Miami, www.route66memorabilia.org, Mi, Fr, So 13–
16 Uhr.

Auf dem Weg westwärts in die Kleinstadt **Vinita** passiert man die historische **Horse
Creek Bridge** (Afton) und die **Afton DX Station** (12 SE 12th St.), eine histori-
sche Tankstelle mit Memorabilien zur Route 66. Sehenswert in Vinita ist das **Darryl
Starbird's National Rod & Custom Car Hall of Fame Museum**, das sich dem

Redaktionstipps

Sehens- und Erlebenswertes

➤ das **Cherokee Heritage Center** in Tah-
lequah/OK (S. 334)

➤ in Tulsa/OK: das **Philbrook Museum of
Art** (S. 346) und **Gilcrease Museum** (S. 346)

➤ in Bartlesville/OK: **Woolaroc** (S. 353) und
der **Price Tower** (S. 355)

➤ ein buntes, beeindruckendes Indianer-
fest ist das **Standing Bear Powwow** (S.
357, 362) in Ponca City/OK

➤ ein Schloss mitten in der Prärie: die **Marland Mansion** in Ponca City/OK (S. 360)

Übernachten

➤ in Tulsa/OK das wiedereröffnete Art-
déco-Palasthotel, **The Mayo Hotel** (S. 350)
oder aber „Erlebnisurlaub" auf der **Meadowlake Ranch** (S. 350)

➤ in Bartlesville/OK kann man im **Inn at
Price Tower** (S. 356) in einem archtektoni-
schen Juwel nächtigen.

Essen und Trinken

➤ im **Restaurant of the Cherokees** (S.
342) in Tahlequah/OK gibt es indianische
Spezialitäten

➤ beliebtes Lokal an der Route 66: der
5&Diner (S. 351) in Tulsa/OK.

Einkaufen

➤ im **Cherokee Nation Gift Shop** (S. 342)
gibt es indianische Souvenirs und Kunsthandwerk.

Cherokee, Shawnee und Delaware

in den USA beliebten Tuning und Restaurieren alter Autos widmet und daher ein Muss für Autofans und Hobbybastler ist. Im **Eastern Trails Museum** erfährt man mehr über die hier angesiedelten Indianer-Nationen der Cherokee, Shawnee und Delaware. Eine weitere Attraktion im Ort ist das **Historic Hotel Vinita** (107 W. Canadian St.), eine heute nicht mehr betriebene Herberge von 1930, sowie der **Former World's Largest McDonald's**, der wie eine moderne Brücke die Autobahn I-44 überspannt (767 E. I-44, Vinita). Die größte Filiale befindet sich mittlerweile in Orlando/FL.

Darryl Starbird's National Rod & Custom Car Hall of Fame Museum, 55251 E. Hwy 85A, Vinita, www.darrylstarbird.com, März–Okt. tgl. außer Di 10–17 Uhr, $ 8.

Eastern Trails Museum, 215 W. Illinois St., Vinita, www.vinita.com/museum.html, Mo–Sa 13–16 Uhr, frei.

Reisepraktische Informationen Green Country/OK

 Information
Green Country: www.greencountryok.com.
Miami/OK: www.visitmiamiok.com.
Vinita: www.vinita.com.
Historic Route 66 in OK: www.oklahomaroute66.com.

 Restaurant
Clanton's Café, 319 E. Illinois St., Vinita. An der Route 66 gelegener Diner von 1927, dessen preiswerte Hausmannskost weit über Oklahoma hinaus berühmt ist; besonders empfehlenswert ist das „chicken fried steak".

☞ Hinweis zur Route

Von **Vinita** kann man der Route 66 weiter nach Tulsa und OKC folgen. Nachfolgend wird jedoch ein Abstecher in die Bergwelt des nordöstlichen Oklahoma vorgeschlagen, hinein in die Heimat der **Cherokee**. Dazu geht es von Vinita auf der **SR 82** (etwa 70 mi/110 km), die dem durch Dämme zu mehreren Seen aufgestauten Neosho River folgt, nach **Tahlequah**.

„Osiyo" – Willkommen bei den Cherokee

„Schön dich zu sehen!"

„Osiyo!" Die Begrüßung der Cherokee wird zwar einfach als „Hallo" übersetzt, doch genau genommen heißt es: „Schön dich zu sehen!" Schließlich sind die Cherokee seit Jahrhunderten für ihre Gastfreundschaft bekannt. Einst aus ihrer angestammten Heimat im amerikanischen Südosten vertrieben, haben sie sich im einstigen *Indian Territory* Oklahomas eine neue Heimat geschaffen (s. INFO S. 340).

Insgesamt gibt es drei von den USA offiziell anerkannte Cherokee-Völker: die heute in Oklahoma beheimatete **Cherokee Nation** (CN) (etwa 290.000 eingetragene

Stammesmitglieder) und die **United Keetoowah Band** (UKB) (etwa 14.300) – Nachfahren jener *Old Settlers*, die vor der Vertreibung, ab 1831, freiwillig ins *Indian Territory* umgezogen waren – sowie die **Eastern Band of Cherokee Indians** (etwa 13.000) in North Carolina. Insgesamt leben also etwa 317.000 Cherokee in den USA und machen sie damit zum größten indianischen Volk Nordamerikas. Die meisten dieser Indianer leben in Oklahoma um die kleine Hauptstadt **Tahlequah** im Nordosten des Bundesstaates.

Trotz des Traumas der Umsiedlung hatten sich die Cherokee schnell in der neuen Heimat eingelebt und ihre alten Strukturen und Institutionen – wie politische Organisation oder Polizeigewalt – auch im *Indian Territory* wieder eingerichtet. Dafür war zwar an sich die US-Regierung im fernen Washington zuständig, doch sie unterhielt im 19. Jh. nur wenige Außenposten im fernen Westen – **Fort Smith** (Arkansas), 1817, und **Fort Gibson** (s. unten), – um für Recht und Ordnung im *Indian Territory* zu sorgen. Von Fort Smith im benachbarten Arkansas aus versuchten *US Marshals* Banditen und Outlaws dingfest zu machen. Denn die offiziell als Indianerland ausgewiesene, abseits gelegene Region bot dubiosen Gestalten ein ideales Rückzugsgebiet und Versteck. Die geschnappten Banditen wurden vor Gericht gebracht und dem berüchtigten District Judge *Isaac Charles Parker* (1838–96) vorgeführt. In seinen 21 Amtsjahren zwischen 1875 und 1896 verhandelte er über 13.000 Fälle, davon 344 Gewaltverbrechen. Da er 160 Banditen zum Tode verurteilt und 79 tatsächlich gehängt hat, ging Richter *Parker* als „**Hanging Judge**" in die Annalen ein.

Recht und Ordnung

> **Lesetipp**
> Einen spannend zu lesenden Abriss der Ereignisse in der zweiten Hälfte des 19. Jh. im wahren „Wilden Westen" zwischen Fort Smith und dem *Indian Territory* gibt der 2010 verfilmte Roman „**True Grit**" von **Charles Portis** (s. Anhang).

Hauptstadt der Cherokee: Tahlequah

Das Herz der Cherokee schlägt in der kleinen Hauptstadt **Tahlequah/OK**. Der Ort wurde 1839 als Hauptstadt der CN und der UKB gegründet. Trotz der großteils erzwungenen Vertreibung aus der alten Heimat im Südosten, verstanden es die Cherokee, im *Indian Territory* ihre Traditionen schnell wiederaufleben zu lassen. Dank Bildungseinrichtungen, einer Tageszeitung, eines eigenen Gerichts und zahlreicher historischer Bauten versteht sich die kleine Stadt bis heute als „**Athens of the West**"; ein großer Teil der alten Bausubstanz war im Bürgerkrieg 1861–65 zerstört worden.

Cherokee National Capitol

Am Hauptplatz dominiert, umgeben von einem Park, das **Cherokee National Capitol** von 1867. Seit 1994 beherbergt es das *Supreme Court House* der CN. Die Stammesverwaltung ist inzwischen in einen modernen Komplex im Südwesten der Ortschaft umgezogen. Nach dem auch für die Cherokee verheerenden Bürgerkrieg hatten die Führer der einzelnen Gruppen 1867 beschlossen, das Volk wieder zu einer Einheit zusammenzuführen, und das Capitol sollte das weithin sichtbare Zeichen der Einigung sein. Unter den Cherokee in Oklahoma hatte es nämlich sowohl Unionsbefürworter als auch Sympathisanten der Südstaatler gegeben. *Stand Waite*, der Anfüh-

Capitol als Zeichen der Einheit

rer der *Confederate Cherokee*, ging sogar in die Geschichtsbücher ein, weil er als letzter Südstaatengeneral erst am 25. Juni 1865 die Waffen niederlegte – ganze zwei Monate nach der offiziellen Kapitulation der Südstaaten.
Cherokee National Capitol, *100 S. Muskogee Ave., Mo–Fr 8–17 Uhr, frei.*

Cherokee National Supreme Court Museum

Die *Cherokee Nation* plant derzeit, das ganze Areal um das Capitol bis hin zum Tahlequah Creek zum Park und Freilichtmuseum umzugestalten. Zu den jetzt schon fertiggestellten Projekten gehört das **Cherokee National Supreme Court Museum** im ehemaligen Gerichtsgebäude. An der Südostecke des zentralen Platzes war 1844 ein Gerichtsbau entstanden, er brannte in den 1870er-Jahren nieder, wurde gleich wieder aufgebaut und bis 1994 genutzt. Es handelt sich damit um den ältesten Verwaltungsbau Oklahomas. Zwischen 1844 und 1906 residierte hier zugleich der „**Cherokee Advocate**", die Zeitung des Stammes, das erste Blatt in Oklahoma überhaupt. Der „Advocate" war schon in der alten Heimat in Tennessee publiziert worden und erscheint heute als „**Cherokee Phoenix**". Es handelt sich um die erste Indianerzeitung in der eigenen Sprache. In Museum erfährt man heute mehr über das Rechtssystem der Cherokee, über die Zeitungen sowie über Sprache und Schrift.
Cherokee National Supreme Court Museum, *122 E. Keetoowah St., www. cherokeetourismok.com, Di–Sa 10–18 Uhr, $ 5.*

Ältester Verwaltungsbau

Cherokee National Prison

Wenige Schritte entfernt liegt, ebenfalls am Hauptplatz, das **Cherokee National Prison**. Es diente 1875–1901 als das einzige Gefängnis im *Indian Territory*. 2011/2012 soll hier ebenfalls ein neues Museum eröffnen, das **Outlaw Museum**, das über die zahlreichen dubiosen Figuren in der Geschichte des Territoriums informiert.
Cherokee National Prison, *Choctaw/Water Ave., Infos: www.cherokee.org.*

Seminary Hall at NSU

Bereits in ihrer alten Heimat hatten die Cherokee viel Wert auf Bildung gelegt und das sollte sich auch hier im Westen nicht ändern. 1851 wurde deshalb das **Cherokee Female Seminary** als erste Hochschule für Frauen westlich des Mississippi eingerichtet. Nachdem 1887 die alte Hochschule im kleinen südlichen Vorort Park Hill abgebrannt war, wurde 1889 die **Seminary Hall** in Tahlequah errichtet. 1909 wurde die Schule in das Schulsystem Oklahomas integriert. Heute ist der Bau – mit sehenswerten Fresken von indianischen Künstlern aus den 1930er-Jahren im Treppenhaus – Kern des Campus der 1909 in „**Northeastern State University**" (NSU) umbenannten Hochschule.
Seminary Hall at NSU, *600 N. Grand Ave., www.nsuok.edu/centennial*

Erste Hochschule für Frauen

Cherokee Heritage Center

Die Hauptattraktion von Tahlequah ist das **Cherokee Heritage Center**. Es liegt im Vorort **Park Hill**, der 1838, d. h. noch vor der Hauptstadt, gegründet wurde und einst das erste Postamt im *Indian Territory* war. Der heute mehrteilige Museumskomplex war in den 1960er-Jahren als *Cherokee Nation Museum* entstanden. Er nimmt die Stelle des ersten *Cherokee Female Seminary* ein. Von diesem Gebäude sind nur noch drei mächtige Säulen erhalten; sie stehen heute im Eingangsbereich des Cherokee Heritage Centers.

Indianer machen im Cherokee Heritage Center ihre Geschichte lebendig

Das Cherokee Heritage Center selbst besteht aus dem **Cherokee National Museum**, dem **Ancient Village**, dem **Adams Corner Rural Village**, dem **Cherokee Family Research Center** und den **Cherokee National Archives**. Im Museum erhält der Besucher eine Einführung in die Geschichte und Vertreibung des Volkes, den *Trail of Tears*. Nachdem man im Museum die Theorie studiert hat, geht es im angeschlossenen **Ancient Village** um das praktische Leben der Cherokee in der alten Heimat, authentisch nachgestellt von Indianern.

Im **Adams Corner Rural Village** stehen alte und rekonstruierte Gebäude der Cherokee aus dem späten 19. und frühen 20. Jh., die den Wandel vom Leben in Hütten zum „modernen" Leben aufzeigen sollen. Dieses Freiluftmuseum konnte dank einer Spende von *Bud Adams*, selbst Cherokee und steinreicher Besitzer des American-Football-Clubs *Tennessee Titans*, eingerichtet werden. Hier steht das Leben der Indianer nach der Vertreibung ins *Indian Territory* im späten 19. und frühen 20. Jh. im Mittelpunkt. **Cherokee Heritage Center**, *21192 S. Keeler Dr., Park Hill/Tahlequah, www.cherokee heritage.org, Feb.–Dez. Mo–Sa 10–17, So 13–17 Uhr, $ 8,50.* Mit **Cherokee National Holiday Arts & Craft Fair** am „National Holiday" der Cherokee (6. Sept.).

Sehenswertes Freilicht-museum

Murrell Home

Das **Murrell Home**, ein Stück weiter südlich am S. Keeler Dr., gilt als einzige erhaltene *Antebellum Plantation* in Oklahoma. Erbaut wurde sie 1839, also vor dem Bürgerkrieg, im Auftrag von *George Michael Murrell*, einem reichen Plantagenbesitzer aus Virginia. Er hatte *Minerva Ross*, Mitglied einer angesehenen und vermögenden Cherokee-Familie und Nichte des berühmten *Chief John Ross*, geheiratet.

info

Sequoyah – Sprachgelehrter und Allround-Genie

Dass die Cherokee als erstes indianisches Volk eine **eigene Schrift** entwickelt haben, ist einem Mann namens „**Sequoyah**" (1760–1843), auch bekannt als *George Guess* oder *Gist*, zu verdanken. Er hatte nach zwölfjährigem Studium seiner Muttersprache 1821 eine Lautschrift entwickelt und eine Silbentabelle entworfen, die die phonetische Umschreibung von Wörtern und das einfache Erlernen der Schrift ermöglichte.

Ein Resultat seiner Bemühungen war der „**Cherokee Advocat**" – heute „Cherokee Phoenix" –, die erste indianische Zeitung, die bewirkte, dass sich die Indianer schnell den weißen Neusiedlern gleichgestellt, wenn nicht sogar überlegen, fühlten. Immerhin konnten bereits ein Jahr nach Einführung der Sprache 90 % des Volkes lesen und schreiben – eine bis heute kaum erreichte Bildungsrate! Noch jetzt beherrschen trotz der Zwangseinschulung im frühen 20. Jh. über 10.000 Cherokee ihre Muttersprache und vermehrt lernen sie auch junge Leute wieder.

Sequoyah, geboren im heutigen Ost-Tennessee, war aber nicht nur ein Sprachgelehrter, sondern ein vielseitig interessierter, handwerklich geschickter und künstlerisch begabter Cherokee. Er arbeitete als Silberschmied, Händler, Lehrer, Unternehmer, Künstler und Politiker. Sieben Mal verheiratet, scharte er eine riesige Familie um sich.

1818 zog es *Sequoyah* wie viele andere in den Westen, er begann in Arkansas Salz abzubauen und eine Schmiede zu betreiben. Nach einer Reise mit Cherokee-Gesandten nach Washington, D.C., 1828 erkannte er die Zeichen der Zeit, verkaufte seinen Besitz in Arkansas und ließ sich im *Indian Territory* (heute Oklahoma) nieder. Hochbetagt starb er bei einer weiteren Tätigkeit, der er sich zugewandt hatte: der **Erforschung der Stammesgeschichte**. Man erzählte sich nämlich, dass eine Sippe der Cherokee im 18. Jh. in den Südwesten gezogen sein soll. Diesen Gerüchten wollte *Sequoyah* auf den Grund gehen, starb jedoch 1843 auf einer Forschungsreise irgendwo im Südwesten …

Sequoyah – Sprachgelehrter und Allround-Genie

Als die Cherokee 1839 zur Umsiedlung gezwungen wurden, zog *Murrell* mit seiner Familie ins *Indian Territory* und errichtete hier ein neues Heim, das er „Hunter's Home" nannte. Seit 1948 untersteht das Haus der *Oklahoma Historical Society* und gibt als Museum einen guten Einblick in das Leben einer wohlhabenden Cherokee-Familie. Auf dem parkartigen Gelände (ca. 180.000 m²), durchzogen von kurzen Trails, befindet sich auch die **Daniel Cabin**, eine Blockhütte aus der Mitte des 19. Jh., in der Museumsmitarbeiter das Leben der Cherokee um 1850 demonstrieren. *Einblick in den Alltag*

Murrell Home, *19479 E. Murrell Home Rd., Park Hill/Tahlequah, www.okhistory.org/ outreach/homes/mh/visitor.html, März–Okt. Di–Sa 10–17, So 13–17 Uhr, sonst nur Mi–Sa und So, $ 3.*

John Ross Museum

Ebenfalls in Park Hill baut die *Cherokee Nation* derzeit das **John Ross Museum** in der einstigen Volksschule, der **Rural School 51** von 1913. Im Mittelpunkt des Museums steht **Chief John Ross** (1790–1866), der während der Zwangsumsiedlung als *Principal Chief of the Cherokee Nation* fungiert hatte. Zum Museumkomplex wird auch der **John Ross Cemetery** gehören, ein Friedhof, auf dem nicht nur der berühmte Chief, sondern auch andere bekannte Cherokee, in erster Linie aus der *Ross*- und der *Murrell*-Familie, die letzte Ruhe fanden.

John Ross Museum, *22366 S. 530 Rd., Park Hill/Tahlequah, www.cherokeetourismok.com, Eröffnung Ende 2011.*

Fort Gibson Historic Site

Auf der Weiterfahrt Richtung Tulsa passiert man auf dem Hwy. 62 etwa 15 mi (24 km) westlich von Tahlequah kurz vor dem Städtchen Muskogee das **Fort Gibson/OK**. 1824–57 diente es nicht nur als Militärposten, der im *Indian Territory* für Ruhe und Ordnung sorgen sollte, sondern auch als Sitz des offiziellen Regierungsvertreters. Damit gilt der Außenposten zugleich als erste weiße Siedlung in Oklahoma. *Historischer Militärposten*

Das Fort bot bis zu 800 Soldaten Platz, 1833/34 waren sogar die „**Mounted Rangers**", die Vorläufer der *US Dragoons*, gegründet 1833 als erste Kompagnie der Kavallerie, hier stationiert. Zumeist handelte es sich jedoch um Infanterie-Einheiten wie das *39th Infantry Regiment* unter dem ersten Kommandanten *Colonel Matthew Arbuckle*. In den 1830er-Jahren galt Fort Gibson sogar

Historisches Fort Gibson

kurzzeitig als **größter Militärposten** der USA im Westen. Neben berühmten hier stationierten Offizieren wie *Stephen W. Kearny* oder *Robert E. Lee* waren auch **Künstler und Schriftsteller** wie *George Catlin* oder *Washington Irving* zu Gast. Der als texanische Freiheitskämpfer und Politiker berühmt gewordene *Sam Houston* lebte in den 1830er-Jahren zusammen mit seiner Cherokee-Frau in der Nähe des Forts und betrieb einen Handelsposten, ehe er 1832 nach Texas zog. 1829 wurde *Houston* übrigens die Ehre zuteil, in den Stammesverband der Cherokee aufgenommen zu werden.

Bürgerkrieg im Indian Territory

Während des Bürgerkriegs 1861–65 wurde das 1857 aufgegebene Fort von Unionstruppen wieder besetzt und spielte während der bedeutendsten Schlacht im *Indian Territory*, der **„Battle of Honey Springs"** (s. unten), eine wichtige Rolle. Auf Bitten der Cherokee blieben die Soldaten bis 1890, um für Recht und Ordnung in der Region zu sorgen.

Nach dem **Land Run** von 1889 verlor das Fort dann endgültig an Bedeutung, wurde aufgegeben und der CN übergeben, die die Bauten teilweise anderweitig nutzte. Im Laufe der Zeit war um das Fort ein kleiner Ort entstanden. Das historische erste **Holzfort** wurde 1936 nachgebaut, 1960 erklärte man das ganze Fort zum *National Historic Landmark*. Erhalten sind eine Reihe von Steinbauten der 1840–70er Jahre, wie die **Commisionary**. Das Gelände wird heute von der *Oklahoma Historical Society* verwaltet und dient als *Living History Museum*, das die Blütezeit des Forts zwischen den 1840er- und 1870er-Jahren wiederaufleben lässt. Es finden Re-enactments, Veranstaltungen und Führungen sowie jeden Sommer Ausgrabungen statt.

Fort Gibson HS, *907 N. Garrison, Fort Gibson, April–Okt. Di–So 10–17 Uhr, sonst nur Do–So, $ 3, www.okhistory.org/outreach/military/fortgibson.html, VC in ehemaliger Commisionary.*

Abstecher zum Honey Springs Battlefield

Wer Zeit hat und sich für Militärgeschichte interessiert, sollte von Muskogee einen Abstecher zum **Honey Springs Battlefield** einplanen (Hwy. 69, ca. 12 mi/19 km einfach). Am 16. und 17. Juli 1863 feierten hier die Unionstruppen aus Fort Gibson einen wichtigen Sieg über die Konföderierten und sicherten sich damit die Kontrolle über das *Indian Territory*. Insgesamt soll es im Territorium über hundert militärische Auseinandersetzungen während des Bürgerkriegs gegeben haben. Dabei kämpften auf beiden Seiten viele Indianer aus der Region, besonders Cherokee und Creek, sowie Afroamerikaner; die wenigsten Soldaten waren Weiße.

„Gettysburg of the West"

Bei Honey Springs standen sich rund 9.000 Mann gegenüber, neben regulären Truppen auch Indianer auf beiden Seiten. Texaner unterstützten die Südstaaten und die *1st Kansas Colored Volunteers* waren als erstes afroamerikanische Regiment der Nordstaatler beteiligt. Wissenschaftler bezeichnen die Schlacht heute als **„Gettysburg of the West"**, konnte der Norden doch nach dem Sieg nicht nur das Areal kontrollieren, sondern anschließend auch Fort Smith und weite Teile des benachbarten Arkansas besetzen sowie auf diese Weise Druck auf den Südstaat Texas ausüben und diesen von den Versorgungswegen abschneiden.

Honey Springs Battlefield, *1863 Honey Springs Rd., Checotah/OK, www.okhistory.org/outreach/military/honeysprings.html, Di–Sa 8–17, So 13–17 Uhr, frei, mit VC.*

Will Rogers Memorial Museum

Von Muskogee führt der **Muskogee Turnpike** (gebührenpflichtig) schnell nach Tulsa (etwa 50 mi/80 km), doch lohnt ein Umweg über die Ortschaft **Claremore/OK**, um dort dem wohl berühmtesten *Oklahoman* einen Besuch abzustatten. Man folgt ab Muskogee zunächst dem Hwy. 69 nordwärts bis Pryor (ca. 40 mi/65 km) und dann der SR 20 nach Westen (17 mi/27 km). Hier steht auf einem Hügel über dem Ort das **Will Rogers Memorial Museum**. Es ist Oklahomas bedeutendstem Sohn, **Will Rogers** (1879–1935), gewidmet, der 1935 tragisch bei einem Flugzeugabsturz in Alaska ums Leben kam. Bereits drei Jahre später hatte der Staat den Komplex mit einem Memorial eingerichtet – Ausdruck der großen Bedeutung des Mannes für die ganze Region. „**Ropin' Willie**", in dessen Adern zu einem Viertel Cherokee-Blut floss, war zunächst ein gewöhnlicher Cowboy und hatte 1898 an einem der letzten *Cattle Drives* nach Kansas teilgenommen. Da er viel Geschick als Reiter und mit dem Lasso – daher sein Spitzname – an den Tag legte, wurde man bald auf ihn aufmerksam. Seine Karriere begann 1915 mit der *Ziegfeld Follies*-Show in New York. Er war als Komiker und Cowboy bei Radio und Film tätig, als Entertainer, Sänger und Essayist, und wurde schnell weit über Oklahomas Grenzen hinaus berühmt – und schon zu Lebzeiten zur „*American Legend*".

Berühmtester Oklahoman

Kein Wunder also, dass nur kurz nach seinem Tod das sehenswerte Will Rogers Memorial Museum nördlich von Tulsa eröffnete. Der Komplex besteht aus einem mehrteiligen Gebäude und einem Park, in dessen Zentrum, dem *Sunken Garden*, das **Rogers-Familiengrab** liegt. Außerdem gibt es eine Bibliothek und ein Archiv. Das Gelände hatte *Rogers* bereits 1911 für seinen Al-

Wandbild im Will Rogers Memorial Museum

tersruhesitz erworben. Nach seinem Tod vermachte seine Familie das Land und viele Erinnerungsstücke dem Staat. Sie bilden heute mit weiteren Dokumenten und Kunstwerken – vor allem *Western Art*, u. a. von *Russell*, der ein enger Freund *Rogers* war – den Kern der Sammlung. Darüber hinaus werden in interessanten Abteilungen multimedial *Rogers* Leben, sein Aufstieg, die Shows und das Leben der Cowboys und Indianer beleuchtet.

Will Rogers Memorial Museum, *1720 W. Will Rogers Blvd., Claremore, www.willrogers. com, tgl. 8–17 Uhr, Spende.*

info

Die Cherokee und der Trail of Tears

Das **Cherokee Territorium** reichte einmal vom Ohio River im Norden bis nach Georgia und Alabama im Süden. Als erster Weißer hatte der spanische Abenteurer *de Soto* 1549 erstmals diesen Indianerstamm erwähnt, bei dem es sich um ein matriarchalisch strukturiertes Volk handelte, dessen Kerngebiet in den Great Smoky Mountains lag. Seit den ersten Kontakten mit weißen Siedlern betrieben die Cherokee Handel und übernahmen schnell neue Errungenschaften, die sie für nützlich erachteten. So entwickelte sich eine politisch und kulturell aktive Gesellschaft, die sich gegenüber europäischen Neuerungen offen zeigte, aber dennoch fest in den alten Traditionen verwurzelt war. Bald standen die Indianer auf kulturell und wirtschaftlich gleicher Stufe wie die europäischen Kolonien in Nordamerika und hatten sogar eine **eigene Schrift** (s. INFO S. 336).

Die europäischen Siedler, überrascht, keinesfalls ungebildete und kulturlose Ureinwohner vorzufinden, akzeptierten bzw. ignorierten die Cherokee zunächst. Erst Ende des 17. und vor allem im 18. Jh. spitzte sich die Lage zu, als **1829 ein Goldrausch in Georgia** einsetzte und immer mehr Weiße auf der Suche nach Reichtum und Land in das Siedlungsgebiet der Cherokee vordrangen. Plötzlich waren sogar diese „zivilisierten" Indianer im Wege.

Trotz einer Entscheidung des *U.S. Supreme Court* zugunsten der Cherokee verabschiedete der Kongress nach hitzigen Debatten mit nur einer Stimme Mehrheit den **Indian Removal Act**. Selbst berühmte Unterstützer der Cherokee, wie die legendären Trapper *Daniel Boone* oder *David Crockett*, konnten das Gesetz nicht stoppen, das mit der Unterschrift des Präsidenten *Andrew Jackson*, dem einst Cherokee Chief *Junaluska* das Leben gerettet hatte, am 27. Mai 1830 in Kraft trat.

Der *Removal Act* betraf nicht nur die Cherokee, sondern alle sogenannten **Fünf Zivilisierten Stämme** – neben den **Cherokee** waren dies die befreundeten **Chickasaw**, **Choctaw**, **Muskogee (Creek)** und **Seminole**. 1831 wurden die Choctaw, ab 1832 Teile der sich vehement zur Wehr setzenden Seminole, 1834 die Creek und 1837 die Chickasaw gewaltsam ins *Indian Territory* umgesiedelt. 1838 trieb man schließlich mehr als 15.000 Cherokee zusammen und schaffte sie mit Wagen, Booten und zu Fuß Richtung Oklahoma. Nur etwa drei Viertel überlebten den vier bis sechs Monate dauernden Marsch über fast 2.000 km, viele – vor allem Alte und Kinder – starben an Seuchen, den Klimaunterschieden, der Überanstrengung und der Trauer.

Di-ge-tsi-lv-sv-I, „**The Trail Where They Cried**", heute besser bekannt als **Trail of Tears**, nennen seither die Cherokee dieses bittere Ereignis. Zur Erinnerung daran wurde 1987 der **Trail of Tears National Historic Trail** mit Informationstafeln zur Geschichte und Kultur der Indianer eingerichtet. Eine schwache Entschädigung, denn die Deportierten der fünf Stämme hatten zwar Land erhalten, doch erstens wenig und zweitens in einer für sie völlig ungewohnten Umgebung. Nur eine kleinere Gruppe, heute als „**Eastern Band of Cherokee**" bekannt, die sich in den Bergen versteckt hatte, und zahlreiche **Seminole**, die in den Sümpfen Floridas Zuflucht fanden, entgingen der Zwangsumsiedlung.

Die überlebenden Cherokee unter **Chief John Ross** siedelten sich um die 1839 gegründete Hauptstadt **Tahlequah** an und bildeten eine neue Nation, die in den 1950er-Jahren offiziell von der US-Regierung als „**Cherokee Nation**" anerkannt wurde. Bald wurden die alten Institutionen wiederbelebt, 1844 erschien wieder die Zeitung, 144 Schulen und zwei Hochschulen entstanden, Gerichtsbarkeit, Polizei und Stammesrat wurden geschaffen.

Die **Old Settlers**, also Cherokee wie Sequoyah, die schon lange vor der Vertreibung freiwillig in den Westen gezogen und seit 1817 von den USA als eigener Stamm anerkannt worden waren, und die Cherokee um *Chief Ross*, die sich, wenn auch zähneknirschend, der Deportation gebeugt hatten – die sogenannte **Treaty Party** – verbündeten sich schnell. Weniger versöhnlich verhielt sich eine kleine Gruppe, die weder auf die *Treaty Party* noch auf die US-Regierung gut zu sprechen war. Es kam 1838–45 daher zu bürgerkriegsähnlichen Zuständen. Erst 1846 gelang es *Chief Ross*, die Parteien zu vereinen – und es folgte das „**Golden Age**" der Cherokee. Der Stamm blühte auf, bis alte Wunden während des Bürgerkrieg 1861–65 wieder aufbrachen.

Bedeutung gewann nach dem Bürgerkrieg das sogenannte **Cherokee Outlet**, das fast 25.000 km^2 umfassende Jagdgebiet der Cherokee im zentralen und westlichen Oklahoma. In den 1860er- bis 1880er-Jahren vermieteten die Indianer das Land an Cowboys, die hier mit ihren Rindern auf dem Weg nach Norden Station machten. Das *Outlet* und die anderen gemeinschaftlich genutzten Ländereien der Indianer erlebten 1887 jedoch ein jähes Ende: Mit dem **Dawes Act** wurde das Reservatsland auf die einzelnen Stammesmitglieder aufgeteilt und das übrige Land weißen Siedlern zur Verfügung gestellt. Dies führte im *Indian Territory* zum berühmten **Land Run 1889**. Zwar wurde der *Dawes Act* 1932 wieder aufgehoben, doch viel Reservatsland war inzwischen verloren gegangen. Heute kaufen Stämme wie die Cherokee vielfach ihr altes Land wieder zurück.

1975 gab sich die *Cherokee Nation* eine **eigene Stammesverfassung**, die 2006 eine Überarbeitung erfuhr. Danach gibt es **drei Regierungsorgane**: den gewählten **Principal Chief** – 1985 war mit *Wilma Mankiller* (1945–2010) zum ersten Mal eine Frau als Stammesoberhaupt gewählt worden –, der als *Exekutive* die Tagesgeschäfte leitet; der gewählte **Tribal Council** mit 17 Mitgliedern als *Legislative* und der **Cherokee Nation Supreme Court** als oberste Gerichtsbarkeit *(Judikative)*. Seine fünf Mitglieder werden vom *Chief* ernannt und vom *Council* bestätigt. Daneben gibt es verschiedene Verwaltungskommissionen und eine eigene **Polizei**, die derzeit aus 35 *Marshals* besteht.

Für ein geregeltes Einkommen sorgen seit 1990 die **Casinos** – wie ein großes in Catoosa (s. unten). Als finanziell stabile und traditionell gewachsene Nation setzen sich die Cherokee verstärkt auch für die Interessen anderer, schwächerer Indianerstämme ein.

Reisepraktische Informationen Cherokee Nation/OK

i Information

Ein modernes **VC** eröffnet 2012 in Tahlequah an der Hauptstraße (Muskogee St.) nahe dem Hauptplatz. Infos zu **Tahlequah**: www.tourtahlequah.com.
Infos zu **Reisen in der Cherokee Nation**: www.cherokeetourismok.com.

Unterkunft

Tenkiller Lodge Motel $$, 26247 Hwy. 82, Park Hill/Tahlequah, ☏ (918) 453-9000, www.tenkillerlodge.com. Rustikales Motel im Blockhausstil nahe Tahlequah, Lake Tenkiller und Illinois River, mit 25 gemütlichen Zimmern, Garten und Pool.
Hard Rock Hotel & Casino $$$, 777 W. Cherokee St., Catoosa, ☏ 1-800-760-6700, www.hardrockcasinotulsa.com. Neu renoviertes bzw. neu gebautes Hotel mit geräumigen Zimmern und allem Komfort. Zugehörig sind mehrere Restaurants, ein großes Casino sowie eine Eventhalle (mehrere Konzerte pro Woche, meist Countrymusic).
Western Hills Guest Ranch $$$, 19808 Park 10, Hulbert, ca. 15 mi/24 km westlich Tahlequah, ab SR 51, http://westernhillsok.blogspot.com. Keine gewöhnliche Ranch, sondern eher ein Resorthotel im Ranchstil im Sequoyah SP. Über 100 Zimmer und mehr als 40 Cottages direkt am Lake Gibson mit Freizeitangeboten von Reiten über Wandern bis Golfen und Wassersport.

Restaurants

Restaurant of the Cherokees, 17793 Hwy. 62, Tahlequah. Vom Stamm selbst im Tribal Complex, einer Art Gemeindezentrum, betriebenes Lokal mit Souvenirshop. Besonders das preiswerte Mittagsbuffet ist empfehlenswert, unbedingt das „fry bread" (in Fett ausgebackene Teigfladen) mit Honig probieren!
Restaurants im Hard Rock Hotel & Casino (s. oben): **McGill's on 19** (Steaks und Fischgerichte) und **Toby Keith's** (Steaks sowie typische lokale Gerichte wie „chicken fried steak").

Einkaufen

Cherokee Nation Gift Shop, mehrere Filialen, u. a. 17725 S. Muskogee Ave., Tahlequah, www.cherokeegiftshop.com. Souvenirs und Kunsthandwerk, aber auch Bücher, T-Shirts und andere Produkte der CN.
Cherokee Gallery, im Hard Rock Hotel & Casino, 777 W. Cherokee St., Catoosa. Schwerpunktmäßig Souvenirs, aber auch Kunsthandwerk und Kunst indianischer Künstler.

Touren

Die touristische Abteilung der CN, Cherokee Tourism OK, veranstaltet verschiedene mehrstündige **von Cherokee geführte Touren** durch die Region, $ 50 (inkl. Mittagessen), Infos: ☏ 1-877-779-6977, www.cherokeetourismok.com.

Veranstaltungen

Cherokee National Holiday, Anfang Sept., Tahlequah, http://holiday.cherokee.org. Seit 1953 erinnern die Cherokee mit diesem mehrtägigen Fest an die Unterzeichnung der Cherokee Constitution von 1839. Kulturelle und sportliche Veranstaltungen, Kunst(handwerks)markt, Imbissbuden mit indianischen Spezialitäten. Es zählt inzwischen zu den größten Festivals in Oklahoma mit mehr als 90.000 Besuchern.

„Terracotta City" Tulsa

Gewöhnlich ist es die Skyline, die einer Stadt ihr unverwechselbares Gepräge gibt. In Tulsa/OK ist es eine 23 m hohe senffarbene Betonfigur, die sich einprägt: der **„Golden Driller" (1)**. 1953 während der *International Petroleum Exposition* aufgestellt, wurde die 19.700 kg schwere Betonfigur eines Ölarbeiters, der sich mit der rechten Hand auf einen Bohrturm stützt, 1959 für die gleiche Ausstellung noch einmal neu errichtet. Wegen der herrschenden Euphorie fand der *Golden Driller* nach der 1966er-Show im **Tulsa Expo Square (2)** (21st. St./Pittsburg Ave.), dem modernisierten und ausgebauten Messegelände, eine dauerhafte Heimat. Weithin sichtbar erinnert die Figur an die einstige Bedeutung der Stadt als „*Oil Capital of the World*" und widerstand bisher erfolgreich Vandalismus, Naturkatastrophen und sonstigen Zweckentfremdungen; außer als Zielscheibe – im Rücken soll ein Pfeil stecken.

Wahrzeichen „Golden Driller"

Die heute mit über 390.000 Einw. nach OKC **zweitgrößte Stadt Oklahomas** wurzelt in den 1830er-Jahren, als sich hier eine Gruppe Creek-Indianer nach ihrer Vertreibung aus dem Südosten niederließ. Reich geworden durch **Ölfunde in den 1920er-Jahren** im Norden der Stadt, entwickelte sich Tulsa zum Zentrum der Ölindustrie. Vermögende „Ölbarone" trugen dazu bei, dass die Stadt sogar zum „**Schmuckstück der Prärie**" aufstieg. Noch heute rechtfertigen zahlreiche gut erhaltene Art-déco-Bauten in **Downtown Tulsa (3)**, wie das sehenswerte 1925 erbaute **Mayo Hotel** (115 W. 5th St.) oder die 1929 eingeweihte **Boston Avenue Methodist Church** (1301 S. Boston Ave.), den Spitznamen, der vom Baumaterial herrührt: „**Terracotta City**". Inzwischen haben sich zu den beispielhaft renovierten Altbauten im Stadtzentrum sehenswerte moderne Bauten gesellt, die mittlerweile für

Tulsas Wahrzeichen, der Golden Driller auf dem Expo Square

Downtown Tulsa

eine ansehnliche Skyline sorgen. Dazu gehören die Sport- und Eventhalle **BOK Center** (200 S. Denver St.), nach Plänen von *César Pelli* 2005–2008 erbaut, oder der 203 m hohe **BOK Tower**, der höchste Bau in den Präriestaaten zwischen Oklahoma und den Dakotas. Das Gebäude von 1975 stammt vom Reißbrett des Japaners *Minoru Yamasaki*, jenes Architekten, der auch das World Trade Center in New York geplant hatte.

Revival der Innenstadt

Tulsa, jahrzehntelang dank der Ölindustrie eine boomende Metropole, geriet in den 1970er-Jahren etwas in Vergessenheit. Heute erlebt die Innenstadt wieder ein Revival und die Wirtschaft basiert auf unterschiedlichen Industrien. Im östlichen Vorort **Catoosa** – dort wo auch das ein riesiges Hotel-Casino der Cherokee, das *Hard Rock Hotel & Casino* (s. oben), steht – befindet sich beispielsweise der **Tulsa Port of Catoosa**. Dieser große Hafen ist über das *McClellan-Kerr Arkansas River Navigation System*, ein Kanalsystem, an den Mississippi und damit an den Rest der Welt angeschlossen.

Weltweit berühmt ist Tulsa jedoch als Station an der **Route 66**; für viele gilt die Stadt sogar als eine der „**Geburtsstätten der Mother Road**" (s. INFO S. 348). Schließlich stammte *Cyrus Cyrus Stevens Avery* (1871–1963), einer der beiden Planer der legendären Überlandstraße zwischen Chicago und Los Angeles, aus Tulsa.

Sightseeing in Tulsa

Downtown Tulsa (3), das sich auf ca. 3,5 km^2 Fläche ausdehnt, liegt an einer Schleife des Arkansas River und wird von einer Ringautobahn (I-244, US Hwy. 64 und 75) umschlossen. Hier kann man die historische Architektur im **Business District** anschauen oder das BOK Center, Convention Center und Tulsa Performing Arts Center besuchen. Zu den interessanten Vierteln gehört der **Brady Arts District** um die

Kreuzung Main/Brady St. mit Galerien, Bars und Theatern wie dem **Brady Theater** (105 W. Brady St.) von 1911.

Ein weiterer sehenswerter Stadtteil ist der **Greenwood Historical District** um die Kreuzung Archer St./Greenwood Ave. Heute wird das Viertel im Nordosten der Innenstadt leider von der I-244 durchschnitten, aber dennoch vermittelt es noch etwas vom Glanz der 1920er-Jahre mit Bauten wie der **Vernon Chapel A.M.E. Church**, der **Mt. Zion Church** oder dem **Mabel B. Little Heritage House** (alle Greenwood Ave.). An der parallel verlaufenen Elgin Ave. wurde 2010 das **ONEOK Field**, ein schmuckes, neues Baseballstadion für den Minor League-Club *Tulsa Drillers*, eröffnet.

Sehenswertes in Tulsa

Im Süden der Innenstadt wurde die **Historic Route 66** wieder belebt und man kann der alten Überlandstraße durch Tulsa folgen (ausgeschildert). Interessante Punkte befinden sich dabei im **Route 66 District**, der sich zwischen der *Historic Route 66* und dem Autobahn-Loop erstreckt (s. unter „Reisepraktische Informationen").

Der Arkansas River trennt Tulsa von **West Tulsa**, einem Areal mit einerseits großen Park- und Naturarealen, aber auch mit Ölraffinerien. Nördlich der Innenstadt befin-

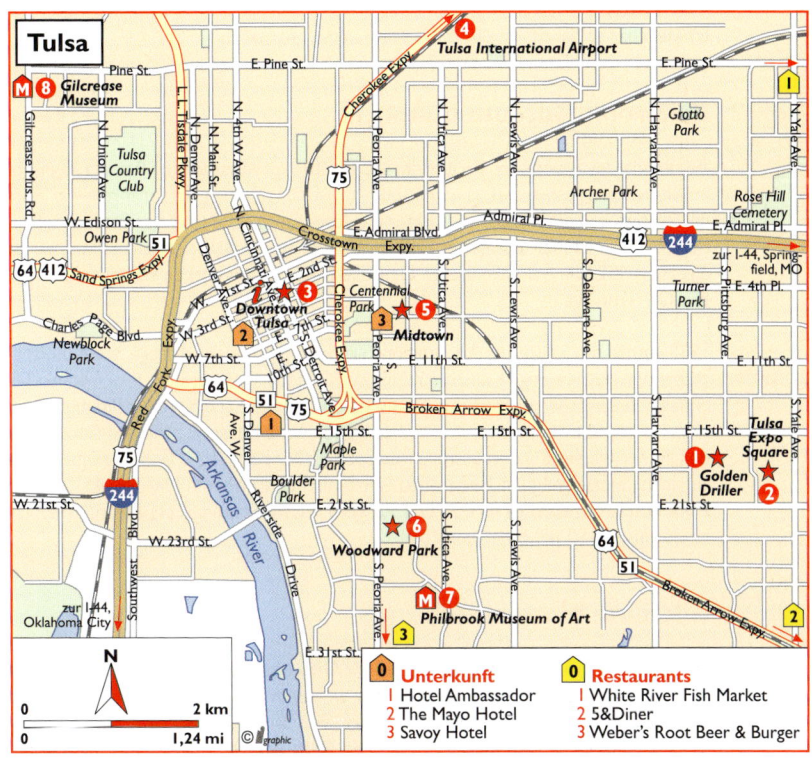

den sich der **Tulsa International Airport (4)** mit dem **TASM (Tulsa Air and Space Museum & Planetarium)**. Diese Sammlung historischer Flugzeuge informiert über die Fluggeschichte, speziell auch über *American Airlines*, die hier eines ihrer größten Wartungszentren unterhalten. Nördlich davon erstreckt sich der **Mohawk Park**, der drittgrößte kommunale Park der USA.
TASM, *3624 N. 74th E. Ave., www.tulsaairandspacemuseum.com, Di–Sa 10–17, So 13–17 Uhr, $ 12.*

Die historischen Wohnviertel aus der Blütezeit in den 1920er-Jahren liegen in **Midtown (5)**, der Region südöstlich der Innenstadt. Im Zentrum mit der 1894 gegründeten **University of Tulsa** befinden sich um **Utica Square** und **Cherry Street** beliebte Shoppingareale sowie der **Expo Square**. Hier erstreckt sich zugleich mit dem **Woodward Park (6)** eine weitere große Grünfläche. Auch in Tulsa sind Bemühungen im Gange, grüne Oasen, Promenaden und Freizeitareale in den Uferbereichen des Arkansas River zu schaffen.

Baum-
skulpturen
Am Utica Square sind einige Beispiele des Projekts „**Trees of Tulsa**" zu bewundern. Der Künstler *Clayton Coss* kreiert mit Motorsägen faszinierende Holzskulpturen. Weit über die Stadtgrenzen hinaus bekannt wurde er mit dem Auftrag, zahlreiche durch einen Eissturm geschädigte Eichen zu eindrucksvollen Skulpturen umzugestalten. Mittlerweile hat er bereits an die 2.500 Kunstwerke geschaffen.

Philbrook Museum of Art (7)

Am Rande des Woodward Park bildet das **Philbrook Museum of Art** ein Highlight im Besuchsprogramm. Das Kunstmuseum mit seiner schönen Gartenanlage war einst das Wohnhaus von *Waite Phillips*, einer der legendären Ölbarone der Stadt und Bruder des Gründers der bekannten Ölfirma *Phillips*, *Frank Phillips* (s. unten). Erbaut wurde das Haus 1927 im Stil italienischer Landvillen, wie diese umgeben von einer prächtigen Gartenanlage.

Hochkarätige
Kunst-
sammlung
1938 vermachte *Phillips* die 72-Zimmer-Villa der Stadt mit der Auflage, seine umfangreiche und hochkarätige Kunstsammlung der Öffentlichkeit zugänglich zu machen. Sie umfasst indianische, afrikanische, asiatische und europäische Kunstwerke aller Epochen, es gibt aber auch moderne und zeitgenössische Kunst zu sehen und dazu werden immer wieder Sonderausstellungen gezeigt. Der Botanische Garten ringsum lädt zu einem Spaziergang ein; hier stehen einheimische Pflanzen im Mittelpunkt.
Philbrook Museum of Art, *2727 S. Rockford Rd., www.philbrook.org, Di–So 10–17, Do bis 20 Uhr, $ 7,50, mit Laden und Café.*

Gilcrease Museum (8)

Ein weiteres Muss für Tulsa-Besucher ist das **Gilcrease Museum**. Es liegt nicht weit von der Innenstadt entfernt, nordwestlich, an einem Ausläufer der Osage Hills. Die hochkarätige Sammlung von **Western Art** wird durch die weltberühmte Skulptur eines bogenschießenden Indianers, „**Sacred Rain Arrow**", angekündigt. Geschaffen wurde sie von dem indianischen Künstler *Allan Houser*, einem Chiricahua Apache.

Wie das Philbrook Museum of Art befindet sich auch diese Kunstsammlung im ehemaligen Wohnhaus eines der reichen Öl-barone der Stadt, *Thomas Gil-crease* (1890–1962). Der Creek-Indianer, im fernen Louisiana ge-boren, hegte eine besondere Sammelleidenschaft für *Western Art*. Im Laufe der Zeit kam eine der größten Spezialsammlungen der Welt mit über 10.000 Kunst-werken und einem Archiv mit über 100.000 Büchern und Ma-nuskripten zusammen.

1943 hatte *Gilcrease* ein erstes privates Museum in San Antonio eröffnet, dann kehrte er nach Tulsa zurück und machte 1949 seine Sammlung in einer auf ei-genem Land erbauten Galerie der Öffentlichkeit zugänglich. Von Schulden geplagt, verkaufte er 1955 den gesamten Besitz – Wohnhaus (heute Sitz der Ver-waltung), Gartenanlage und Mu-

„Sacred Rain Arrow" – Skulptur eines bogenschießenden Indianers vor dem Gilcrease Museum in Tulsa

seum – an die Stadt, welche die Betreuung der Uni Tulsa übertrug. Besucher können nun im Museumsbau **eine der besten Sammlungen von Western Art** bestaunen. Qualitätvolle Werke von Künstlern wie *Alfred Jacob Miller*, *Olaf C. Seltzer*, *Thomas Moran* (das Gilcrease besitzt die umfangreichste Sammlung seiner Bilder), *Joseph Henry Sharp* und natürlich *Charles M. Russell* und *Frederic Remington* sind ausgestellt. Natürlich sind auch indianische Künstler wie der erwähnte *Houser* oder *Acee Blue Eagle* sowie in-dianisches Kunsthandwerk vertreten. Darüber hinaus werden interessante Sonder-ausstellungen und Events veranstaltet.

Sehenswerte Western-Art-Sammlung

In der weitläufigen **Gartenanlage** mit vorwiegend einheimischer Flora verteilen sich sehenswerte Skulpturen unterschiedlicher Künstler. Die verschiedenen Parkbereiche spiegeln thematisch auch die Sammlung wider: *American West*, *Pre-Columbian*, *Pioneer*, *Co-lobial* und *Victorian*.
Gilcrease Museum, *1400 N. Gilcrease Museum Rd., www.gilcrease.org, Di–So 10–17 Uhr, $ 8, mit interessantem Laden (neben Souvenirs auch Kunsthandwerk und umfassende Buchauswahl) und empfehlenswertem* **Restaurant at Gilcrease** *für Feinschmecker (Di–So 11–15 Uhr, ☎ 918-596-2720.).*

info

Get your kicks on Route 66

In seinem Monumentalwerk „Früchte des Zorns" beschreibt der Literaturnobelpreisträger *John Steinbeck* die Bedeutung der legendären **Route 66** und spricht erstmals von der „**Mother Road**", der Mutter aller Straßen. Während ihr in Deutschland ein besonderes Flair anhaftet und sie mit Motorrädern und Oldtimern, Freiheit und Weite assoziiert wird, verbinden die meisten Amerikaner – im Sinne *Steinbecks* – mit der Route 66 die „Straße eines Volkes auf der Flucht". In den 1930er-Jahren, während der Wirtschaftskrise und in der Zeit der Naturkatastrophen, dem „Dust Bowl", zogen Hunderttausende verarmter Siedler auf der Route 66 aus dem Mittleren Westen Richtung Kalifornien.

Inzwischen haben die Menschen, die an der alten Route leben, gemerkt, dass diese Straße auch ein Stück Geschichte in sich birgt. 1926 war sie als **erste durchgehende Verbindung** zwischen Chicago im Mittleren Westen und Los Angeles an der Westküste konstruiert worden. Bis dahin hatte es nur eine einzige Straße gegeben, die Ost- und Westküste miteinander verband: der 1913 eröffnete, 5.454 km lange **Lincoln Highway** zwischen dem Times Square New York und dem Lincoln Park in San Francisco.

Als Väter der „Mother Road" gelten **Cyrus Stevens Avery** aus Tulsa und **John T. Woodruff** aus Springfield (Missouri). Auf ihre Initiative hin machte man sich 1926 daran, die Route 66 Stück für Stück auszubauen, zunächst, indem man bestehende Straßen miteinander verband. Bei der Planung der damals knapp **4.000 km langen Strecke zwischen Chicago und Los Angeles** war nicht der kürzeste Weg das Ziel, sondern es sollten möglichst viele Ortschaften angebunden werden. Landstraßen wurden zu einem nationalen Netz ausgebaut und in mancher entlegener Gegend hielt plötzlich die Moderne Einzug.

1926 wurde feierlich das erste Teilstück der Route 66 zwischen Chicago und St. Louis eröffnet. Die weiteren Bauarbeiten zogen sich dann hin. Erst der „New Deal", eine Arbeitsbeschaffungsmaßnahme während der Wirtschaftskrise 1933–37, ermöglichte den zügigen Weiterbau. **1938** war die gesamte Strecke durchgehend gepflastert und der Verkehr nahm zu.

Unter den damaligen Reisenden befand sich auch der Musiker **Robert William „Bobby" Troup, Jr.** aus Harrisburg, Pennsylvania. Er verfasste auf der Fahrt auf der Route 66 eine „lyrische Landkarte" und komponierte den Ohrwurm „**Get Your Kicks on Route 66**". Erstmals tönte das Lied 1946 aus den Lautsprechern, von einer Platte von *Nat King Cole*; weltberühmt machten es die *Rolling Stones* 1964.

Im Laufe der Jahrzehnte entwickelte sich entlang der Strecke eine **Infrastruktur** mit Motels, *Diners*, Tankstellen und Werkstätten – heute, sofern erhalten, **historische Attraktionen**. Die schmale, oft kurvenreiche Landstraße war jedoch als wichtige Transkontinentalverbindung schon bald dem Verkehr nicht mehr gewachsen. Sie wurde auf vier Fahrbahnen erweitert, Begradigungen und Ortsumfahrungen entstanden und der erste Schritt in Richtung **Interstate-System** war getan. Präsident *Dwight D. Eisenhower* initiierte 1956 den *„Federal Interstate Highway Act"* und damit überall im Land moderne Autobahnen.

Die 66, die einst acht Bundesstaaten durchquert hatte, geriet mehr und mehr in Vergessenheit. Offiziell aus den Karten gestrichen wurde sie 1985, doch die „**Main Street of America**", das Symbol für Freiheit, Ungebundenheit und die „Good Old Times", erlebte bald ein **Revival**: Erste **Route 66 Associations** wurden 1987 in Arizona und 1989 in Missouri gegründet. Diese Zusammenschlüsse von Freunden und Förderern wollten nicht nur die Erinnerung an die Straße wachhalten, sondern auch die noch vorhandenen Teilstücke, Bauten und Erinnerungsmale am Weg schützen und renovieren. Inzwischen verfügt jeder der acht einstigen Anrainerstaaten über eine eigene Gesellschaft. 1999 unterzeichnete *Bill Clinton* ein Gesetz zum Schutz der Strecke und stellte zugleich Geldmittel zur Verfügung. Seit September 2005 sind Teilstücke der Route 66 in den Bundesstaaten Illinois, Oklahoma, New Mexico und Arizona unter der Bezeichnung „**Historic Route 66**" als *„National Scenic Byway"* ausgewiesen.

Daten und Fakten zur Route 66
Bauzeit: 1926–38
Länge: 2.448 mi (3.917 km)
Verlauf: Von Chicago (Adams St./Michigan Ave., Grand Park) durch acht US-Bundesstaaten (Illinois, Missouri, Kansas, Oklahoma, Texas, New Mexico, Arizona, California) sowie drei Zeitzonen bis Los Angeles (Santa Monica Pier).
National Scenic Byway: Als „**Historic Route 66**" stehen die gesamten Abschnitte in Illinois, Oklahoma und New Mexico sowie Teile in Arizona unter Denkmalschutz.
Infos: www.historic66.com, www.national66.com, www.legendsofamerica.com/ 66-main.html und www.nps.gov/history/nr/travel/route66

Reisepraktische Informationen Tulsa/OK

i   **Information**
VisitTulsa, *Williams Center Tower II, 2 W. Second St.,* ☎ *1-800-558-331, www. visittulsa.com.*

✈   **Flughafen**
Der **Tulsa International Airport (TUL)** (4) *liegt nur rund 8 km nordöstlich der Innenstadt. Die Zufahrtsstraße, der* **Gilcrease Expressway** *(SR 11), führt westwärts zum* **Hwy. 75** *und dieser nach Süden zur Umgehungsautobahn* **I-244** *und in die Stadt hinein. Fährt man auf dem SR 11 nach Osten, stößt man ebenfalls auf die I-244 und gelangt in die Innenstadt.*
Alle bekannten US-Fluggesellschaften fliegen den angenehm überschaubaren, modernen Flughafen an, es gibt jedoch keine Direktflüge aus Europa. Im Terminal sind Niederlassungen der großen Autovermietungen zu finden. Außer **Taxis** *fährt auch der öffentliche* **Bus Nr. 203** *nach Downtown (Mo–Sa $ 1,50, www.tulsatransit.org).* **Infos***: www.tulsaairports.com.*

Meadowlake Ranch

Seit über zehn Jahren betreiben *Tom Warren* und seine Frau *Suelynn* eine Gästeranch, die **Meadowlake Ranch** in Sand Springs vor den Toren Tulsas. Auf über 110 ha ist ihr Land inzwischen angewachsen. Tom, studierter Kunsthistoriker, der sich wie seine Frau nebenher noch als Antiquitätenhändler und Schätzer betätigt, legt Wert darauf, dass es sich um keine schicke Gästeranch handelt, kein luxuriöses „Hotel mit Pferden", sondern um eine „**Dude Ranch**", auf der auch gearbeitet wird.

Die *Warrens* und ihr Team bieten eine breite Palette an **Freizeitaktivitäten**. Derzeit stehen 15 Pferde auf der Weide und *Tom* ist ein ebenso energischer wie sachkundiger Lehrmeister, wenn es um Reiten oder Rancharbeit geht. Dazu kommen **Seen** auf dem Gelände – aufgelassene Steinbrüche –, die zum Schwimmen, Kanufahren oder Angeln einladen. In den dichten Waldarealen ringsum kann gejagt werden; beliebt sind überdies Aktivitäten wie Pfeil-und-Bogen-Schießen, Tomahawk- und Lasso-Werfen oder Schießen am eigenen Schießstand.

Nach dem Abendessen, das je nach Wetter im Freien, am Lagerfeuer, oder im modernen Gemeinschaftshaus, umgeben von Wasserfällen und Lichtspielen, eingenommen wird, zieht man sich in eine der drei **Cabins**, schlicht und doch gemütlich, oder in eines der **Tipis** zurück.

Meadowlake Ranch $$$, *3450 S. 137th W. Ave., Sand Springs, www.meadow lakeranch.com. Drei gut ausgestattete Cabins sowie preiswerte Tipis für Familien und Gruppen mitten in der Natur; mit Verpflegung.*

Unterkunft

Cedar Rock Inn $$$, *4501 W. 41st. St.,* ☎ *(918) 447-4493, www.cedarrock inn.com. Liebevoll „grün" und umweltschonend modernisiertes und renoviertes Haus von 1890; fünf Suiten mit jeweils anderem Dekor und Ausstattung, inkl. Frühstück. Westlich der Stadt in den Osage Hills gelegen, umgeben von viel Grün.*

Savoy Hotel $$$ (3), *631 S. Peoria Ave.,* ☎ *(918) 347-2869, www.tulsasavoy.com. Ruhig am Centennial Park gelegenes Boutiquehotel mit Ausblick auf die Skyline; sieben gut ausgestattete und gemütliche Suiten in historischem Ambiente, inkl. Frühstück.*

Hotel Ambassador $$$–$$$$ (1), *1324 S. Main St.,* ☎ *(918) 587-8200, www.hotel ambassador-tulsa.com. Ein historisches Juwel, neu renoviert in altem Glanz und mit modernen Errungenschaften; dazu ausgezeichnetes* **Chalkboard Restaurant**.

The Mayo Hotel $$$$–$$$$$ (2), *115 W. 5th St.,* ☎ *(918) 582-6296, www.themayo hotel.com. In den 1920er-Jahren galt das Hotel als größter Bau Oklahomas und luxuriöseste Herberge in der Prärie. 2009 neu eröffnet mit allem Luxus in den 102 Suiten und 76 Apartments; zugehörig:* **Trula Restaurant** *und* **Topéca Coffee**.

Restaurants

White River Fish Market (1), *1708 N. Sheridan Rd., North Tulsa, nahe dem Flughafen. Mitten in der Prärie gibt es hier eine großes Angebot an frischem Fisch (zwei-/dreimal pro Woche eingeflogen), der an der Theke ausgesucht und dann frisch und in belie-*

biger Weise zubereitet wird. Seit 1932 eine Institution, preiswert und billig!

5&Diner (2), Memorial Dr./37th St. Diner im Stil der 1950er-Jahre mit Souvenirshop, auch Infos zur Route 66. Nebenan befindet sich ein großer Harley-Davidson-Laden „Route 66 HD". Ab 6 Uhr Frühstück, auch Burger und Sandwiches.

Weber's Root Beer & Burger (3), S. Peoria Ave./Brookside Dr. Legendärer Imbiss, der seit 1933 für das hausgemachte **Root Beer** – „Tulsa's Best Brew" – sowie für Burger bekannt ist.

Nachtleben & Einkaufen

Brady Arts District, E. Brady St. (Downtown). Kunst- und Kulturzentrum der Stadt mit kleinen Galerien, Boutiquen, Cafés und Lokalen.

Brookside, S. Peoria Ave., 33rd–52nd St. – eines der angesagten Viertel der Stadt mit Boutiquen, Antiquitäten, Galerien, Lokalen und Bars, Infos: www.brooksidetheplacetobe.com.

Cavender's, 8035 E. 31st St./Memorial Dr. Riesiger Westernwear-Store.

Beliebtes Lokal an der Route 66: der 5&Diner in Tulsa

Cherry Street/15th St. District, 15th St. (östlich S. Peoria Ave.). Zahlreiche kleine Läden und Boutiquen, samstags Farmers' Market und viele beliebte und preiswerte Hangouts, z. B. Bars/Kneipen wie **Boston Street Café**, **Kilkenny's**, **Camille's**, **Palace Café**, **Pink**, **Rehab Lounge** oder **Oscars**.

Utica Square, 21st St./S. Utica Ave., www.uticasquare.com. Zahlreiche kleine Läden in parkartigem Ambiente.

Veranstaltungen

Tulsa Oktoberfest – eines der Top Ten Events in den USA. Informationen: www.tulsaoktoberfest.org.

Tulsa Indian Art Festival, im Mai Ausstellung mit traditioneller und moderner Kunst, dazu Musik, Tänze, Storytelling u. a.

Zuschauersport

Tulsa Drillers (Minor League Baseball), Profi-Nachwuchsteam der Texas Rangers, Spiele im neuen **ONEOK Field**, Mai–Sept., http://web.minorleaguebaseball.com.

Tulsa Shock (WNBA), Frauen-Profibasketball von Feinsten im **BOK Center** (200 S. Denver St.), Juni–Sept., www.wnba.com/shock.

Tulsa Oilers (CHL, Minor League Hockey), Profi-Nachwuchsteam der Colorado Avalanche, Spiele im **BOK Center**, s. oben, Okt.–April, www.tulsaoilers.com.

Osage Hills

Die Region im **Norden Oklahomas** diente lange Zeit als „**Cherokee Outlet**", als gemeinschaftlich genutztes Jagdgebiet der Cherokee. Während der Tage der *Cattle Drives* in den 1860er- bis 1880er-Jahren nutzte man das Gebiet auch als Rinderweide – und das ließen sich die Cherokee gut bezahlen. Gegen Ende des 19. Jh. waren die Flächen, wie so viele andere indianische Ländereien, wegen des Siedlungsdrucks zur weißen Besiedlung freigegeben worden. Es änderte sich optisch nicht allzu viel, denn die Prärie und die sich hier ausbreitenden Osage Hills, Ausläufer der Flint Hills (s. S. 304), dienten weiterhin als Viehweiden.

Zu den weit über Oklahomas Grenzen hinaus bedeutenden Ranches gehörte die **Miller Brothers 101 Ranch** mit ihren 45.000 ha Fläche nahe dem heutigen Städtchen **Ponca City**. In den 1890er-Jahren von *George Washington Miller* gegründet, setzte die Ranch damals schon Zeichen in der nachhaltigen Bewirtschaftung. Berühmt werden sollte die *101 Ranch* jedoch wegen der drei Söhne *Joseph, George Jr.* und *Zack*. Sie riefen zusammen mit ihrem Nachbarn *Gordon W. Lillie*, besser bekannt als „Pawnee Bill",

„101 Ranch Wild West Show" 1907 in Anlehnung an dessen und an *Buffalo Bills* Westernshow ihre eigene „**101 Ranch Wild West Show**" ins Leben und tingelten durch die USA und Europa. Auch bei der Entdeckung der Ölfelder im Norden Oklahomas spielte die Ranch eine Rolle. Einer der *Miller*-Brüder gründete zusammen mit *E. W. Marland* (s. unten) die „**101 Ranch Oil Company**", die 1911 auf dem Ranchland Öl fand. Noch heute sind die beiden Hauptorte Ponca City und Bartlesville, getrennt durch die Osage Hills, von der Ölindustrie geprägt, wenn auch die Glanzzeiten längst vorbei sind. Die Ranch selbst ging während der Wirtschaftskrise in den 1930er-Jahren bankrott und das Land wurde verkauft. Heute erinnern nurmehr Namen wie *101 Ranch Memorial Road* (SR 156) und eine Gedenktafel an dieser Straße etwa 20 km südwestlich von Ponca City an den einst bedeutenden Betrieb.

Wie die sich weiter nördlich erstreckenden Flint Hills gehören die Osage Hills, von Einheimischen kurz **The Osage** genannt, botanisch zur **Tallgrass Prairie**. Auch hier prägen „rolling hills", eine sanfte Hügellandschaft, und ausgedehnte, unberührte Hochgras-Landschaft das Bild. Wie der Name andeutet, waren und sind hier bis heute die Osage-Indianer zu Hause, einst einer der mächtigen Stämme in der südlichen Prärieregion. Nahe Bartlesville war man schon 1897 auf Öl gestoßen; davon profitieren heute die Osage-Indianer, da sie die Schürfrechte auf ihrem Land nie offiziell abgegeben haben. Sie zählen damit zu den reichsten indianischen Nationen Nordamerikas.

 Hinweis zur Route

Einen ersten Eindruck von den Osage Hills bekommt man bereits beim Besuch des **Gilcrease Museum** in Tulsa, da dieses schon auf einem Ausläufer liegt. Bei der Weiterfahrt auf dem OK Hwy. 11 geht es nördlich von Tulsa mitten hinein in die Prärie- und Hügellandschaft. Kurz vor der Ortschaft Barnsdall biegt man auf den OK Hwy. 123 Richtung Bartlesville ab. Nach wenigen Meilen ist die Zufahrt (ausgeschildert) zu **Woolaroc** erreicht (von Tulsa ca. 44 mi/70 km). Von dort sind es dann noch einmal 14 mi (22 km) auf dem Hwy. 123 zur nächsten Station, Bartlesville.

Woolaroc

„**Woolaroc**" – die Kurzform für *„woods, lakes and rocks"*, jene Elemente, die das Land ausmachen – ist alles andere als eine gewöhnliche Ranch. *Frank Phillips* (1873–1950), auf dessen Bruder *Waite* das Philbrook Museum of Art in Tulsa zurückgeht, hat sich hier einen Traum verwirklicht. *Frank* stammte aus Nebraska und hatte dort *Jane Gibson*, die Tochter eines Bankdirektors geheiratet. Er arbeitete zunächst als Aktienhändler, dann gründete er mit dem einsetzenden Ölboom in Oklahoma mit seinen beiden Brüdern *L.E.* und *Waite* eine Ölfirma, pachtete Land und fand Öl. Er zog mit seiner Familie nach Bartlesville, rief dort eine eigene Bank ins Leben und 1917 die *Phillips Petroleum Company*, heute *ConocoPhillips*.

Anders als sein Bruder *Waite*, der das gediegene Leben eines Adeligen vorzog, war *Frank* am „Wilden Westen" interessiert und baute sich 1925 als **Rückzugs- und Erholungsort** die Ranch Woolaroc. „**Uncle Frank**", wie ihn alle nannten, sammelte nicht nur *Western Art* und Kunsthandwerk, er liebte auch exotische Tiere. In den 1940er-Jahren entstand neben der 1925 erbauten, rustikalen **Lodge** ein **Museumsbau** im Art-déco-Stil. *Phillips* Engagement für die lokalen Osage-Indianer wurde 1931 belohnt: Der Stamm ernannte ihn zum Ehrenmitglied, und darauf war er immer besonders stolz.

Uncle Frank's kuriose Ranch

Ist schon die **Fahrt über das Ranchland** zum Museum ein Erlebnis – allerhand Tiere tummeln sich hier, darunter auch eine Bisonherde –, fällt vor dem Museum und Ranchgebäude zunächst die umfangreiche **Skulpturensammlung** auf. Im **Museum** selbst sollte man sich von der etwas altertümlichen, angestaubten Anordnung nicht ab-

Woolaroc, ein einzigartiges Westernmuseum, aber nicht nur das …

Gesamt-
kunstwerk
Woolaroc

schrecken lassen – sie ist Teil des Gesamtkunstwerks Woolaroc. Selten findet man außerdem eine derart umfangreiche Sammlung bekannter und weniger bekannter **Western Art**.

Interessant ist beispielsweise eine **Porträtgalerie** bekannter Westernhelden und Indianerhäuptlinge (von *Robert Lindneux*), es gibt Originalgegenstände, u. a. von *Buffalo Bill* oder *Geronimo*, und kuriose Dinge wie das „Powwow-Karusell" (von *A.L. Nixon*), ein Modell mit unzähligen sich bewegenden Figuren, die ein indianisches Powwow im Kleinformat aufführen. Eines weiteres Aushängeschild des Museums ist die weltgrößte Colt-Waffensammlung.

Im Kopf behalten sollte man die zwölf ausgestellten Modell-Skulpturen der **Pioneer Women**. Der zweite große Ölbaron der Region, *E. W. Marland* aus Ponca City (s. unten), hatte 1928 einen Kunstwettbewerb für die Skulptur einer Pioniersfrau ausgerufen, um so die Leistung der Frauen bei der Besiedlung des Westens zu würdigen. Die siegreiche Skulptur wurde ausgeführt und in Ponca City aufgestellt, die Modelle verkaufte *Marland* später an *Uncle Frank*. Auch über historische Ereignisse oder die oben erwähnte *101 Ranch* erfährt man mehr im Museum. Der *Phillips Petroleum Company* ist ebenfalls ein eigener Raum gewidmet. Sehenswert ist hier das Flugzeug, das *Phillips* gesponsort hat und das 1927 als erstes Flugzeug von Los Angeles nach Hawaii flog.

Auf dem Gelände finden verschiedene **Events** statt, wie das Treffen der *Mountain Men* alljährlich im Frühjahr. Dann wird die Zeit der Trapper im Wilden Westen wieder lebendig. Im Herbst sind es *Cowthieves & Outlaws*, die im Mittelpunkt eines unterhaltsamen Festes in Erinnerung an die Tage der Banditen stehen. *Phillips* selbst hat dieses ins Leben gerufen und damals sollen tatsächlich einige Outlaws bei ihm zu Gast gewesen sein.
Woolaroc, *Hwy. 123, Barnsdall/OK (südlich Bartlesville), www.woolaroc.org, Mi–So 10– 17 Uhr, $ 8 (Museum und Lodge), Events siehe unter https://woolaroc.org/pages/events.*

Bartlesville

Elegantes,
schlichtes
Wohnhaus

Die Ranch war sein „Spielplatz", zu Hause war *Frank Phillips* in einer schlichten, aber komfortablen Villa in Bartlesville/OK, dem sogenannten **Phillips Home**. Das Wohnhaus war 1909 mit dem Umzug der *Phillips*-Familie nach Bartlesville erbaut, 1917 und 1930 umgebaut und modernisiert worden. In der Garage befindet sich heute das **VC**, von dem aus Touren durch das Haus veranstaltet werden.

„Schlicht" bedeutet hier jedoch nicht, dass das Wohnhaus der *Phillips* „gewöhnlich" ist. Es gilt vielmehr als die „**Grand Lady of Cherokee Avenue**", als das auffälligste Wohnhaus im *Historic District*, wo einst die durch Öl reich gewordenen Leute lebten. Doch anders als beispielsweise *Marland* (s. Ponca City) liebten die *Phillips* eher schlichte Eleganz statt Pomp und Größe. Ein Rundgang durch das Haus, in dem noch rund 95 % der Originalausstattung erhalten ist, belegt dies: wenig Überflüssiges, dafür jedoch modernste Ausstattung.
Phillips Home, *1107 Cherokee Ave., www.frankphillipshome.org, Touren Mi–Fr 10, 11, 14, 15, 16, Sa 10, 11 und stündl. 13–16 Uhr, $ 3; Director's Tour ($ 10) Mo, Do, Fr 9 Uhr.*

Bartlesville wäre ohne den Ölboom ein trostloses Kaff in der Prärie geblieben – heute leben hier jedoch fast 35.000 Menschen. Hier haben die *Phillips* 1917 die Zentrale der *Phillips Petroleum Company* gegründet und bis heute ist **ConocoPhillips** Hauptarbeitgeber der Region mit über 2.200 Arbeitsplätzen. Daneben hat sich eine weitere Tochterfirma des Unternehmens hier niedergelassen: **Chevron Phillips**. Mehr über die Geschichte des Ölbooms und des *Phillips*-Imperiums erfährt man im **Phillips Petroleum Company Museum**. Themen sind neben Forschung und Firmengeschichte die Vermarktung von *Phillips 66* als das Benzin des Automobilzeitalters. Überdies wird hier klar, wie nachhaltig das Öl die moderne Gesellschaft geprägt hat.
Phillips Petroleum Company Museum, *410 Keeler St., www.phillips66museum.com, Mo–Sa 10–16 Uhr, frei.*

Bartlesville ist mehr als nur eine Ölmetropole, die Stadt birgt ein **architektonisches Juwel**, das seinesgleichen sucht: den **Price Tower**. Weithin sichtbar war das Hochhaus 1956 von keinem Geringeren als **Frank L. Wright** für die Firma *Price International Pipe Co.* errichtet worden. Als „Baum, der dem dichten Wald entkommen ist" bezeichnete *Wright* sein Meisterwerk, den einzigen von ihm entworfenen Wolkenkratzer. Fast 70 m oder 19 Stockwerke überragt der Bau weithin sichtbar die Stadt und Region und würde wohl eher nach Chicago passen als ins ländliche Oklahoma. Andererseits schätzt die Stadt ihr architektonisches Erbe und nutzt es als touristischen Anziehungspunkt. 1981 war der Turm an *Phillips* verkauft und von ihm zehn Jahre lang als Bürobau genutzt worden. Dann drohte das Hochhaus zu verfallen, aber engagierten Bürgern und Kunstfreunden war es zu verdanken, dass durch eine Spendenaktion und die Unterstützung der *Phillips Co.* das Gebäude erworben und renoviert werden konnte.

Price Tower, Wolkenkratzer von Frank L. Wright mitten in der Prärie

Es handelt sich um einen **ungewöhnlichen Bau**: Bestehend aus vier zentralen vertikalen Schäften ist er modulartig zusammengesetzt, d. h. die Außenwände sind nicht tragend. Kupferne Jalousien wurden als Sonnenschutz angebracht, die durch Oxidation inzwischen dem Bau einen grünen Farbton verleihen und von Weitem wie Äste eines Baums wirken. Dieser organische Effekt war von *Wright* durchaus geplant. Die vier Quadranten, in die der Bau sich gliedert, verfügen jeweils über einen eigenen Aufzug. Die Räume weisen keinen rechteckigen, sondern meist dreieckigen Grundriss auf. Auch für die Innenausstattung war *Wright* selbst verantwortlich. Während der angebotenen **Touren** kann man die Architektur und die Details im Inneren bewundern. Dabei besichtigt man auch das Büro des Auftraggebers *Harold C. Price* im obersten

Ungewöhnliches Hochhaus

Stockwerk, das noch unverändert im *Wright*-Stil erhalten ist. Wer möchte, kann in den oberen Stockwerken eines der 21 Zimmer des kleinen **Boutiquehotels**, im Design *Frank L. Wrights* ausgestattet, beziehen (**Inn at Price Tower**, s. unten).

Im Erdgeschoss befindet sich das **Price Tower Arts Center**, das neben einer Dauerustellung zu *Wright* und dem Price Tower auch Wechselausstellungen zeigt. Im Auftrag des Kunstzentrums entsteht derzeit ein Neubau von der weltberühmten Architektin *Zaha Hadid* neben dem Turm. Bereits eröffnet ist in der Nähe der moderne Komplex des **Community Center**. Es stammt vom Reißbrett von *Wrights* Schwiegersohn.

Price Tower, *510 Dewey Ave., www.pricetower.org*; **Arts Center**: *Di–Sa 10–17, So 12–17 Uhr, $ 4*; **Tower Tours**: *Di–Sa 11, 14, So 14 Uhr, $ 10. Mit* **Inn at Price Tower** *und* **Copper Restaurant & Bar**.

Heimatort von Tom Mix

Nur wenige Meilen nördlich von Bartlesville liegt die kleine Ortschaft **Dewey/OK**, die Heimat eines der legendärsten Film-Cowboys aller Zeiten war: *Tom Mix* (1880–1940). In Pennsylvania geboren und aufgewachsen, heiratete er 1909 *Olive Stokes* aus Dewey, zog in die Heimat seiner Frau und arbeitete zunächst auf der *Miller Brothers 101 Ranch*. Als guter Reiter und Pferdekenner bekannt, wurde er 1910 für einen Western engagiert – der Anfang einer grandiosen Karriere, die über 300 Filmauftritte einschloss. An den berühmtesten Einwohner von Dewey, seine Filmkarriere und den „Wilden Westen" erinnert das kleine, aber sehenswerte **Tom Mix Museum**.

Tom Mix Museum, *721 N. Delaware St., Dewey, www.tommixmuseum.com, Di–Sa 10–16.30, So 13–16.30 Uhr, $ 5.*

Reisepraktische Informationen Bartlesville/OK

ℹ Information
Downtown Visitor Information Center, *201 SW Keeler St., Mo–Fr 8–17 Uhr, www.visitbartlesville.com.*

🛏 Unterkunft
Inn at Price Tower $$$–$$$$, *510 Dewey Ave.,* ☎ *(918) 336-1000, www.pricetower.org/innatpricetower. Nächtigen in einem ursprünglich von Frank Lloyd Wright gestalteten Ambiente. 21 ungewöhnliche, geräumige Zimmer mit allem Komfort und traumhaftem Ausblick, außerdem Suiten, die über zwei Stockwerke gehen. Eines der ungewöhnlichsten Hotels in ganz Nordamerika, zu erschwinglichem Preis!*

🍴 Restaurants
Copper Restaurant & Bar, *510 Dewey Ave.,* ☎ *(918) 336-1000. Das eleganteste Restaurant der Region hoch oben im Price Tower, mit ebenfalls beliebter Bar, allein schon wegen des Ausblicks lohnend.*
Frank & Lola's, *200 SE 2nd/Dewey St.,* ☎ *(918) 336-5652. Das beste Lokal des Orts, ausgezeichnete kreative Speisekarte und hervorragende Steaks, serviert in einem alten, renovierten Bau an der Hauptstraße. Gemütliche Atmosphäre und Treff der Locals.*
Weeze's Café, *328 SE Dewey St. Kleines Café, in dem sich die Einheimischen zum Frühstück oder zur Mittagspause treffen. Einfache, sättigende Kost, gut und preiswert.*

☞ **Hinweis zur Route**

Der US Hwy. 60 führt über die Osage Hills und durch das Reservat der Osage-Indianer von Bartlesville nach Ponca City (70 mi/110 km). Unterwegs lohnen Zwischenstopps im **Osage Hills State Park** (www.stateparks.com/osage_hills.html) oder in der **Tallgrass Prairie Reserve** (www.travelok.com/listings/view.profile/id.7647), die einen Einblick in die Landschaft der Region geben.

Ponca City

Auch in **Ponca City/OK** erinnern überall Raffinerien daran, dass seit den 1920er-Jahren das Öl die erste Geige spielt. Besonders ein gewisser *E. W. Marland* (1874–1941) stieg hier zum reichsten Ölbaron auf und gründete die Firma *Conoco* – nach dem Zusammenschlus mit *Phillips* heute unter dem Namen *ConocoPhillips* firmierend. Der Ort (ca. 25.000 Einw.) selbst erinnert schon durch seinen Namen an die **Ponca-Indianer**. Sie waren zwischen 1877 und 1880 aus ihrer Heimat Nebraska hierher zwangsumgesiedelt worden. Unter **Chief Standing Bear** (1834?–1908, s. INFO S. 358) kehrten Teile des Stammes dorthin zurück, ein Teil blieb allerdings und lebt nun in und um Ponca City. Die Ortschaft wurde 1893 am **Arkansas River** gegründet, nachdem das **Cherokee Outlet** zur Besiedlung freigegeben worden war. Noch heute prägt der Fluss die Region, besonders nachdem er durch einen Damm zum **Kaw Lake** – ein beliebtes Freizeitareal – aufgestaut worden ist.

Erdöl und Indianer

Weit über Oklahomas Grenzen hinaus bekannt ist der Ort wegen des **Standing Bear Powwow**, zu dem sich Ende September Hunderte von Indianern treffen, um für Geld und Ehre zu tanzen, zu trommeln und Familienbande zu pflegen. Eine fast 7 m hohe Statue erinnert hier wie das Museum (s. unten) an *Standing Bear* und steht in etwas kuriosem Kontrast zu der sich im Hintergrund aufbauenden *Ponca City Refinery*, der größten Ölraffinerie von Oklahoma und Teil von *ConocoPhillip*, bis heute größter Arbeitgeber der Region.

Nähert man sich auf dem US Hwy. 60 der Stadt, kann man die mächtige **Statue von Standing Bear** nicht übersehen. Auch wenn gerade kein Powwow oder ein anderes Fest auf dem sich dahinter befindlichen Festplatz stattfindet, sollte man dem legendären Ponca-Chief seine Aufwartung machen. Die 1995 von *Oreland C. Joe* geschaffene Statue steht im **Standing Bear Memorial Park**, einer Parkanlage, in der ein Stück ursprüngliche Prärielandschaft bewahrt wurde.

Erinnerung an Standing Bear

Am Rande des Parks befindet sich das kleine, aber lohnende **Standing Bear Museum**. Es informiert nicht nur über den Ponca-Häuptling und sein Volk, sondern dient gleichzeitig als Kulturzentrum für die sechs in der Region um die Stadt lebenden Indianer-Nationen, die **Ponca**, **Osage**, **Otoe**, **Kanza (Kaw)**, **Pawnee** und **Tonkawa**.
Standing Bear Memorial Park & Museum, *2401 S. 7th St., Hwy. 77/177–Hwy. 60, am südl. Ortsrand von Ponca City, www.standingbearpark.com, Museum: Mo–Fr 9–17, Sa 10–14 Uhr, Park: tgl. 6–23 Uhr, frei.*

„I am a Man!" – Standing Bears friedlicher Kampf

Namen wie *Sitting Bull, Crazy Horse, Geronimo, Chief Joseph* – allesamt Führer indianischer Nationen, die sich militärisch gegen die Landnahme der Weißen zur Wehr setzten, haben inzwischen weltweit mythischen Klang. Doch wer kennt schon **Standing Bear**? Dabei hat **Ma-chu-nah-zha** (1834?–1908), wie der **Führer der Ponca-Indianer** in seiner Sprache heißt, als Einziger einen bleibenden Sieg gegen die weiße Übermacht errungen. Und das, ohne dabei einen Tropfen Blut zu vergießen. *Standing Bear* setzte vor dem *U.S. District Court* in Omaha/Nebraska 1879 durch, dass Indianer vor dem Gesetz als gleichberechtigte Personen anerkannt werden müssen und somit das in der Verfassung der USA verbriefte Recht auf *habeas corpus*, das Recht auf richterliche Haftprüfung, in Anspruch nehmen können.

Eingezwängt zwischen den mächtigen Sioux, denen die USA 1868 eine große Reservation und dabei illegal auch Ponca-Land zugesichert hatten, und den sich immer weiter ausbreitenden weißen Siedlern, war das **Heimatland der Ponca** an der Mündung des Niobrara River in den Missouri im heutigen Nebraska in den 1870er-Jahren immer mehr zusammengeschmolzen. 1875 mussten die Ponca dann einen Vertrag unterzeichnen, der sie zum Umzug ins Indian Territory zwang.

Doch dabei war es zu einem **Missverständnis** gekommen: Die Ponca verstanden unter *Indian Territory* das Reservat nur wenige Meilen weiter südlich ihrer alten Heimat nahe der Stadt Omaha (Nebraska), die US-Regierung dachte jedoch an das von ihr eingerichtete Territorium weit im Süden, im heutigen Oklahoma. Nichtsdestotrotz mussten sie auf dem **Ponca Trail of Tears** 1877 nach Oklahoma umsiedeln. Viele Stammesmitglieder überlebten die Wanderung und Ansiedlung in dieser allein klimatisch ungewohnten Region nicht. Unter den Toten war auch *Bear Shield, Standing Bears* ältester Sohn. Ihm hatte er versprochen, ihn in der Heimat zu beerdigen und deshalb zog er mit seiner Familie und seinem toten

Denkmal für eine große Persönlichkeit: Ponca-Häuptling Standing Bear

Sohn, ein Trupp von rund 30 Menschen, im Januar 1879 zurück an den Niobrara River.

In Nebraska wurden sie jedoch von General *George Crook* auf Weisung des Innenministers *Carl Schurz* verhaftet und sollten nach Oklahoma zurückgebracht werden. Gegen diese Verhaftung legte *Standing Bear* unter Berufung auf den *habeas corpus*-Zusatz in der Verfassung im April 1879 Einspruch ein. Am **12. Mai 1879** verkündete schließlich Richter *Elmer S. Dundy* ein wegweisendes Urteil: **Ein Indianer ist als Rechtsperson anzusehen** und darf nicht ohne Anschuldigung oder Urteil verhaftet werden. *Standing Bear* und seine Leute wurden freigelassen und auf Druck des Präsidenten *Rutherford B. Hayes* durften sie und weitere Stammesmitglieder an den Niobrara River zurückkehren und erhielten dort eine eigene kleine Reservation.

Dort lebte *Standing Bear* als Farmer und Rancher bis zu seinem Tod. Zwischen 1879 und 1883 war er auf Einladung weißer Bürgerrechtler im Osten der USA unterwegs und sprach über die **Rechte der indianischen Völker**. Dabei beeindruckte er auch Dichter wie *Henry Wadsworth Longfellow*. Haben andere indianische Führer durch ihre Kampfkraft überzeugt, waren es bei *Standing Bears* **Standhaftigkeit und Rechtsbewusstsein**. Unvergessen sind seine Worte vor dem Gericht: „Diese Hand hat nicht die gleiche Farbe wie eure, aber wenn ich sie anritze, wird sie bluten und mir Schmerzen bereiten. Und das Blut wird die gleiche Farbe haben wie eures. Gott hat nämlich auch mich geschaffen – und das als Mensch!" Diese letzten Worte **„I am a Man"** hallen bis heute nach …

 Lesetipp
Joe Starita, **I am a Man. Chief Standing Bear's Journey to Justice** (2008).

Auf der Fahrt in die kleine Innenstadt (Hwy. 77) stößt man auf ein weiteres, ungewöhnliches Denkmal namens **„Pioneer Woman"**. Wer bereits **Woolaroc** (s. oben) besucht hat, kennt die Geschichte schon: 1928 hatte der Ölbaron *E. W. Marland* eine Statue zu Ehren der Pionierfrauen und ihrer Verdienste in Auftrag gegeben und einen Wettbewerb mit zwölf beteiligten Künstlern ausgeschrieben. Nach einer Ausstellung in New York und einer Tour durch zahlreiche US-Metropolen wurde das Modell von *Bryant Baker* (1881–1970), einem Künstler, der zugleich durch die bis heute legendären Plakate für die Nationalparks bekannt wurde, ausgewählt.

Pioneer Woman

Am 22. April 1930 wurde das fast 9 m hohe Monument, das eine Frau mit einem Jungen an der Hand zeigt, eingeweiht und am Ortsrand von Ponca City aufgestellt. Im Umkreis der Figur wurde der **Pioneer Woman State Park** angelegt und das **Pioneer Woman Museum** eingerichtet. Neben Originalstücken wie Möbel, Kleidung und sonstigen Gegenständen früher Siedler beschäftigt sich das Museum mit der Rolle der Siedlerfrauen. Die neueste Abteilung widmet sich Frauen, die sich als „Pioniere" in allen Lebensbereichen einen Namen gemacht haben.
Pioneer Woman Monument & Museum, *701 Monument Rd. (14th St./Hwy. 77– Lake Rd.), www.pioneerwomanmuseum.com, Di–Sa 9–17, So 13–17 Uhr, $ 4.*

Marland Mansion

Nicht weit entfernt von der „Pioneer Woman", an derselben Straße, steht das High-light der Region: die **Marland Mansion**. Dabei handelt es sich um alles andere als die

Schloss mitten in der Prärie

gewöhnliche Villa eines reichen Ölbarons. Man steht vielmehr vor dem „**Palace on the Prarie**", einem Schloss mitten in der Prärie. *E. (Ernest) W. (Whitworth) Marland* (1874–1941), geboren und aufgewachsen in Pittsburgh/Pennsylvania, war ein Rechts-anwalt, der Ende des 19. Jh. ins Ölgeschäft einstieg. Wenige Jahre später war er Mil-lionär, doch ebenso schnell verlor er beim Börsencrash 1907 sein gesamtes Vermö-gen wieder.

Mittellos, aber den Kopf voller Ideen, zog er 1908 mit seiner ersten Frau *Mary Virginia Collins Marland* nach Ponca City. Hier gründete er mit den *Miller*-Brüdern (s. S. 352) die **101 Ranch Oil Company** – und hatte Glück: 1920 war *Marland* wieder zu Geld ge-kommen und gründete eine eigene Ölfirma, die *Marland Oil Company*, die 1929 in *Continental Oil Company* (CONOCO) umbenannt wurde und heute **ConocoPhillips** heißt. Doch das Pech verfolgte ihn, er verlor erneut sein Vermögen und musste sein Unternehmen verkaufen. Fortan war er in der Politik engagiert und fungierte 1933–35 als Abgeordneter Oklahomas im Kongress in Washington, D.C. 1935 wurde er zum 10. Gouverneur von Oklahoma gewählt. Nach einer erfolgreichen Amtsperiode – *Marland* war als Politiker ebenso beliebt wie als Firmenchef und galt als „*working man's man*" – zog er sich 1939 zurück und starb 1941. Zuvor hatte er sein Schloss für $ 50.000 an die Barfüßer verkauft, eine katholische Ordensgemeinschaft, die wiederum den Bau 1949 einem Frauenorden als Schule überließ. *Marland* selbst bezog in seinem letzten Lebensjahr eine Wohnung über der Garage der Villa. 1975 gelangte die Villa in

Ein Schloss in der Prärie, die Marland Mansion

den Besitz der *Marland Foundation*, die eigens zum Erhalt des Anwesens gegründet worden war. Die Stiftung ließ den Bau grundlegend renovieren und bemühte sich um den Rückerwerb des alten Inventars, was im Laufe der Zeit auch zu fast 85 % gelang.

Nach dem Tod seiner ersten Frau 1926 hatte *Marland* erneut geheiratet: *Lydie Roberts*, seine adoptierte Tochter. Nach seinem Tod verschwand sie spurlos und wurde 1975 durch Zufall als Obdachlose in Washington, D.C., entdeckt. Die *Marland Foundation* stellte ihr über der einstigen Garage die Wohnung, in der sie früher mit ihrem Mann gewohnt hatte, zur Verfügung. Sie lebte dort bis zu ihrem Tod 1987. Eine Statue in der Eingangslobby erinnert – neben ihrem Bruder *George Marland* – an *Lydie*.

Kuriose Heimkehr

Jeder, der das ungewöhnliche, mittelalterlich wirkende Schloss zum ersten Mal betritt, wird angesichts des detailreichen und üppigen Schmucks staunen. Kunstwerke und handwerkliche Details, Antiquitäten, Stuckaturen, Holz- und Schmiedearbeiten sowie Deckenfresken sind zu bewundern. Das Haus verfügt über riesige, hohe Säle, wie etwa den *South Salon* oder *Ballroom*. Erstaunlich ist auch die für die damalige Zeit hochmoderne Ausstattung mit Zentralheizung, Elektrizität und Bädern. Das Anwesen wurde nach dem Vorbild einer italienischen Landvilla erbaut. *E. W. Marland* ließ dazu eigens italienische Bauleute und Künstler einfliegen. Ergebnis war ein Gesamtkunstwerk, zu dem eine prachtvolle Gartenanlage, einst mit Swimmingpool, gehörte. Selbst die nicht allzu große Wohnung der *Marlands* im Garagenbau zeugt noch von dem erlesenen Geschmack der Besitzer.

Marland Estate Mansion, *901 Monument Rd., www.marlandmansion.com, Mo–Sa 10–17, So 13–17 Uhr, $ 7, Touren (im Eintritt inkl.) tgl. 13.30 Uhr, am Wochenende auch 15 Uhr.*

Conoco Museum und Marland's Grand Home

Über die von *Marland* gegründete Ölfirma informiert im Süden der Stadt das interessante **Conoco Museum**. Der historische Ortskern liegt im Umkreis der Grand Ave., der Hauptstraße der Kleinstadt, mit einigen kleinen Läden und historischen Bauten. Ins Auge fällt in diesem Viertel ein anderes Haus von *Marland*, **Marland's Grand Home**. Es diente dem Ehepaar als erstes Wohnhaus, ehe die Mansion (s. oben) gebaut wurde, und ähnelt in seiner schlichten Eleganz dem Wohnhaus von *Frank Phillips* in Bartlesville.

Conoco Museum, *501 W. South Ave., www.conocomuseum.com, Mo–Sa 10–17, So 13–17 Uhr, frei.*

Marland's Grand Home, *1000 E. Grand Ave., www.marlandgrandhome.com, Di–Sa 10–17 Uhr, frei.*

Reisepraktische Informationen Ponca City/OK

i Information
Ponca City Tourism, *420 E. Grand Ave.,* ☎ *(580) 765-4400, www.poncacity tourism.com, Mo–Fr 8–17 Uhr.*

Unterkunft
Comfort Inn & Suites $$, *3101 N. 14th St. (Hwy. 77),* ☎ *(580) 765-2322, www.comfortinn.com/hotel-ponca_city-oklahoma-OK137. Empfehlenswertes Kettenmotel mit*

großen, gemütlichen, gut ausgestatteten Zimmern und Innenpool. Mehrere weitere Motels/ Hotels finden sich entlang dem Hwy. 77.

🍴 Restaurants

Blue Moon BBQ & Restaurant, *1418 E. South Ave. Eines der beliebten Lokale des Ortes, unkompliziert, gemütlich und bekannt für BBQ-Gerichte (Ribs probieren!).*
Head Country BBQ, *1217 E. Prospect St. Typisches, außen wie innen schlicht wirkender BBQ-Schuppen, wo es in Selbstbedienung tolles Grillfleisch oder Würste mit beliebigen Beilagen gibt.*

Veranstaltung

Standing Bear Powwow, *Ende Sept., Standing Bear Park, Ponca City, www. standingbearpark.com. Hierbei handelt es sich um eines der größten Powwows in der ganzen Region; sogar Tänzer und Musiker aus den nördlichen Plains reisen an diesem ganz speziellen Wochenende an.*

👉 Hinweis zur Route

Der schnellste Weg von **Ponca City** zurück nach Oklahoma City führt zunächst etwa 14 mi (ca. 22 km) auf dem Hwy. 77/177 westwärts, bis die I-35 erreicht ist (90 mi/144 km). Es lohnt jedoch, sich Zeit zu nehmen und statt auf der Autobahn auf dem **Hwy. 177 im Hinterland** nach Süden zu fahren. Nachdem man das Unistädtchen Stillwater passiert hat, geht es auf dem Hwy. 33 nach **Guthrie**, bereits vor den Toren OKCs gelegen (110 mi/176 km).

Zurück nach Oklahoma City

Auf der Fahrt zurück nach OKC geht es durch die Grenzregion zwischen den **Osage Hills** und dem sogenannten **Red Carpet Country**. Östlich der Strecke liegt das Hügelland und westlich dehnt sich wie ein rötlich schimmernder Teppich die Kurzgras-
„No Man's Land" prärie aus. Einst als **„No Man's Land"** bekannt, ist die **wenig besiedelte Region**, die sich bis nach Colorado und New Mexico hinein erstreckt, geprägt von rauer Schönheit, von Grasebenen und den aus Westernfilmen bekannten *tumbleweeds* (Kalisalzkraut, *Kali tragus*), die über die Straße kullern.

Stillwater

Mit etwa 36.000 Einw. kann man **Stillwater/OK** eher als Ortschaft denn als Stadt bezeichnen. Dennoch pulsiert hier das Leben, was in erster Linie der **Oklahoma State University** (OSU) mit ihrem rund 24.000 Studenten zu verdanken ist. 1890 war die Hochschule zusammen mit der zweiten großen Staatsuni in Norman (s. unten) gegründet worden. Während an der **Oklahoma University in Norman** alle Fakultäten zu finden sind, liegt der Schwerpunkt in OSU auf Agrarwissenschaften und Technik. Besonders wenn die Uni-Sportteams, die *Cowboys*, im *College Football* oder Basketball in den großen Sportarenen antreten, scheint die ganze Region auf den Beinen zu sein.

Historisch spielte der Ort eine wichtige Rolle bei der **Besiedlung der Region**: 1879 von US-Präsident *Rutherford B. Hayes* als „geschütztes Indianerland" ausgewiesen, hielten sich die Siedler nicht an seine Anweisung. Zudem erklärte 1884 ein Bundesgericht in Kansas die Besiedlung des Landes nachträglich für rechtmäßig und im gleichen Jahr entstand Stillwater als erste Ortschaft – d. h. noch bevor 1889 der erste offizielle *Land Run* stattfand.

Eigentlich „geschütztes Indianerland"

Das Leben in dem Studentenstädtchen spielt sich entlang der **Washington Street** ab, allgemein nur als „**The Strip**" bekannt. Hier reihen sich nicht nur Läden und Cafés, sondern auch Lokale und Bars auf, in denen bekannte Bands aus Oklahoma wie die *All-American Rejects* oder *Cross Canadian Ragweed* auftreten und **Red Dirt Music** (s. S. 83) darbieten.

Guthrie

Ganz anders, stärker touristisch geprägt, präsentiert sich das nur etwa 35 mi (56 km) südwestlich, vor den Toren von Oklahoma City gelegene **Guthrie/OK** mit seinen kaum 10.000 Einw. Die **Main Street** mit ihren hübsch renovierten historischen Bauten, in die kleine Läden und Lokale eingezogen sind, hat den Ort zum beliebten Ausflugsziel gemacht.

„*An jenem Montag existierte um 12 Uhr die Ortschaft Guthrie noch gar nicht; bei Sonnenuntergang lebten hier fast 10.000 Menschen, waren Straßen und Grundstücke vermessen und ein Stadtrat gewählt.*" Mit Staunen berichtete ein Reporter vom „Harper's Weekly" vom legendären **Oklahoma Land Run** am 22. April 1889. Dass ausgerechnet an dieser Stelle Guthrie entstanden ist, liegt an der Eisenbahn, die hier auf dem Weg zwischen Kansas und Texas schon 1887 einen Haltepunkt im Niemandsland eingerichtet hatte.

Oklahoma Land Run

Man muss sich diesen *Land Run* fast wie ein Rennen vorstellen: Zehntausende von Siedlern hatten sich zu Pferd oder mit Planwagen aufgestellt und warteten auf den Startschuss, der exakt um 12 Uhr mittags fiel. In rasantem Tempo machten sich rund 50.000 Menschen in alle Himmelsrichtungen auf, um sich in den Weiten der Prärie ein Stück Land zu sichern und eine neue Existenz aufzubauen. 1889 hatte die US-Regierung entschieden, dem wachsenden Siedlungsdruck nachzugeben und 2 Mio. Morgen Land im Zentrum des heutigen Bundesstaates, im ursprünglichen **Indian Territory**, für die Besiedlung freizugeben.

1907 wurde dann das Territorium unter dem Namen „**Oklahoma**" als **46. Staat** in die Union aufgenommen und Guthrie kurzzeitig zur **Hauptstadt** erklärt. Bereits drei Jahre später wählten die Bewohner des neuen Bundesstaates dann Oklahoma City zur neuen Kapitale – und Guthrie versank in einen Dornröschenschlaf.

Die historische Main Street in Guthrie

National
Historic
Landmark

Noch heute hat man den Eindruck, die Zeit sei stehen geblieben. Dass man nicht Hauptstadt blieb, erwies sich im Nachhinein als Glücksfall, denn so blieb Guthrie als historisches Ensemble erhalten. Über 2.100 historische Gebäude auf dem Stadtgelände wurden 1976 zum *National Historic Landmark* erklärt. Mittelpunkt der **Historic Downtown** ist das *Logan County Courthouse*, auch als **Old State Capitol** (301 E. Harrison Ave.) bekannt.

Das **Oklahoma Frontier Drugstore Museum** gibt nicht nur eine Vorstelllung davon, wie eine Apotheke um 1900 aussah, sondern betreibt seit 2006 auch einen eigenen Apothekergarten. Das **Oklahoma Territorial Museum** in der *Carnegie Library* widmet sich der Geschichte der Region.
Oklahoma Frontier Drugstore Museum & Apothecary Garden, *214 W. Oklahoma Ave., www.drugmuseum.org, Di–Sa 10–17 Uhr, $ 2.*
Oklahoma Territorial Museum & Carnegie Library, *406 E. Oklahoma Ave., www.okhistory.org/outreach/museums/territorialmuseum.html, Di–Sa 10–17 Uhr, $ 4.*

Abstecher zur Lazy E Arena

Einige Meilen östlich von Guthrie liegt mitten in der Prärie die **Lazy E Arena**. In den frühen 1980er-Jahren gegründet von dem Zeitungsmogul *E. K. Gaylord* aus OKC und heute im Besitz einiger Geschäftsleute aus Las Vegas, ist diese Veranstaltungshalle mit großem Freigelände Teil einer Pferdezuchtranch. Die Arena gilt als eine der größten Rodeo-Arenen mit Platz für 7.200 Zuschauer und dient als Austragungsort verschiedener Pferdesport-Veranstaltungen. An fast 40 Wochenenden im Jahr wird hier etwas

geboten. Highlight ist Ende September die **Oklahoma Wildlife Expo**, eine Veranstaltung der *Fish&Wildlife*-Behörde von Oklahoma, die mit Infoständen, Demonstrationen, Freizeit- und Sportangebot Besucher über Umwelt und Natur informiert.
Lazy E Arena & Ranch, *9600 Lazy E Dr., östlich Guthrie, Anfahrt, Termine und Infos: www.lazye.com.*

Tipp: Zurück zur Route 66

Von Guthrie ist es auf der I-35 ein Katzensprung nach OKC (30 mi/48 km). Bei **Edmond** (I-35/Exit 141) lohnt jedoch vorher noch ein 5 mi (8 km) kurzer Abstecher über die **Historic Route 66** zur Ortschaft **Arcadia** im Osten. Direkt an der alten Route 66 steht nicht nur die **Old Round Barn** von 1898 (mit kleinem Souvenirladen, www.arcadiaroundbarn.org) sondern auch ein ungewöhnliches modernes Route 66-Highlight namens „**POPS**".

POPS – umgangssprachlich für Softdrink oder Limo – ist eine architektonisch gelungene, moderne Mischung aus **Tankstelle und Diner** und zudem ein beliebter Treff der Biker an der Route 66. Die futuristisch anmutende Tankstelle wird durch eine 20 m hohe, beleuchtete Limoflasche markiert. Noch ungewöhnlicher ist aber der zugehörige *Diner*, vor dem sich Harleys und andere fette Bikes aufreihen und der immer voll ist. Viele kommen wegen der Super-Hamburger oder der Frühstückskarte, die meisten aber fasziniert die angebotene Getränkevielfalt, die bereits im Fenster Blicke anzieht. Es gibt keinen Alkohol, dafür kann man aber aus **fast 600 Softdrinks aus aller Welt** – *root beers, cream sodas* oder auch *shakes* –, sortiert nach Farben und Geschmäckern, auswählen und sie zum Essen trinken oder als Sixpack mit nach Hause nehmen. Ein Geschäftsmann aus Oklahoma City mit Vorliebe für Limonaden hatte eine alte Tankstelle an gleicher Stelle gekauft und im Sommer 2007 diese ungewöhnliche neue Attraktion eröffnet (Infos unter www.pops66.com).

Reisepraktische Informationen Red Carpet Country/OK

Information
Red Carpet Country: *www.redcarpetcountry.com;*
Stillwater: *www.visitstillwater.org;* **Guthrie**: *www.guthrieok.com/TOURISM.html.*

Unterkunft
Im historischen **Guthrie** *übernachtet man stilecht in einem* **B&B**. *Es gibt 13 davon im Ort, weswegen man Guthrie auch „Bed & Breakfast Capital of Oklahoma" nennt, und man hat die Qual der Wahl. Infos und Details: www.guthriebb.com, z. B.* **Railroad House**, **Redstone Country Inn**, **Bettie Jean** *oder* **Rosa Bella Guest Rooms** *(alle:* **$$$–$$$$**).

Restaurant
POPS, *660 W. Hwy. 66,* **Arcadia**, *www.pops66.com. An der Route 66, östlich von OKC. Moderner Diner mit Tankstelle, in dem außer Burgern, Sandwiches und Salaten rund 600 verschiedene kunterbunte Softdrinks aus aller Welt angeboten werden.*

POPS – moderne Attraktion an der Historic Route 66

 Veranstaltungen
Oklahoma Wildlife Expo, *Ende Sept.,* **Lazy E Arena** *(s. oben). Große Out-door-, Umwelt- und Naturausstellung mit Vorführungen und „Mitmach-Angebot". Infos: www.wildlifedepartment.com/wildlifeexpo.htm.*
Oklahoma International Bluegrass Festival, *Ende Sept./Anfang Okt. in* **Guthrie**. *Größtes Bluegrass-Musikfestival der Region, das regelmäßig um die 15.000 Besucher an-zieht, Infos: www.oibf.com.*

 Zuschauersport
Die Studentenmannschaften der **Oklahoma State University**, *die* **Cowboys** *bzw.* **Cowgirls**, *gehören im College Football und Basketball sowie beim Reiten zu den Top-teams des Landes. Infos und Tickets unter www.okstate.com.*

👉 **Hinweis zur Route**

OKC ist geeigneter Ausgangs- oder Endpunkt einer Reise durch Oklahoma und Kansas. Wer aber wegen der Flugverbindung zurück **nach Texas** muss, oder aber die KS/OK-Route mit Texas kombinieren möchte, kann das leicht **von OKC** aus tun: auf der Autobahn **I-35** sind es bis zum Metroplex Dallas–Fort Worth gerade einmal 200 mi (320 km). Auch hier sollte man sich Zeit lassen und einige Abstecher, wie unten vorgeschlagen, einplanen.

Von Oklahoma City nach Dallas/Ft. Worth

Auf dem Weg nach Texas passiert man gleich südlich von OKC das Universitätstädtchen **Norman** mit einigen sehenswerten Museen. Südwestlich davon erstrecken sich die **Wichita Mountains** und liegt die Ortschaft **Duncan** mit dem **Chisholm Trail Heritage Center** – ein Muss für jeden an der Geschichte des Westens interessierten Reisenden!

Kurz vor der Grenze nach Texas fährt man durch eine Region namens „**Lake Country**" mit dem **Lake Texoma** als größten von Menschenhand geschaffenen See der USA. Er ist ein Paradies für Wassersportler und Fischer, dazu gibt es aber noch drei Flüsse – **Red**, **Blue** und **Washita River** –, die das Gebiet der Chickasaw-Indianer durchqueren. Die Szenerie prägen die bis zu 500 m hohen **Arbuckle Mountains**, in denen sich mit den **Turner Falls** ein besonderes Naturschauspiel verbirgt. Diese 23 m hohen Wasserfälle nahe den beiden größten Ortschaften der Region, **Davis** und **Sulphur**, gehören zu den meistbesuchten Attraktionen Oklahomas.

Neueste Errungenschaft in der Heimat der Chickasaw-Indianer ist das überaus besuchenswerte **Chickasaw Cutural Center**. Im östlich angrenzenden **Kiamichi Country** sind das Tal des **Mountain Fork River**, der **Broken Bow Lake** oder der **Robbers Cave State Park** Belege für die bislang wenig bekannte landschaftliche Vielfalt im Südosten Oklahomas.

Redaktionstipps

Sehens- und Erlebenswertes
➤ in Norman/OK: das **Fred Jones Jr. Museum of Art** (S. 368) und das **Sam Noble Oklahoma Museum of Natural History** (S. 368)
➤ das älteste Wildschutzgebiet der USA, die **Wichita Mountains National Wildlife Refuge** (S. 370)
➤ in Duncan/OK das einzigartige „Cowboy-Museum", das **Chisholm Trail Heritage Center** (S. 373)
➤ und in Sulphur/OK das **Chickasaw Cultural Center** (S. 376), ein sehenswertes Indianermuseum.

Norman

Während in Stillwater die Oklahoma State University mit Schwerpunkt Agrar- und technische Wissenschaften beheimatet ist, befindet sich in **Norman/OK** mit der **Oklahoma University** die zweite große Hochschule im Staat. An der „**OU**" studieren etwa 27.000 Studenten. Gegründet wurde die Uni 1890 als staatliche Hochschule mit einem breit gestreuten Angebot an Studienfächern. Herausragend sind die Fakultäten für *Meteorologie* – auf dem Campus ist das **National Weather Center** beheimatet –, Ingenieurs- und Naturwissenschaften. Darüber hinaus unterhält OU 170 Austauschprogramme mit 77 Ländern weltweit und genießt das *Athletic Department* ausgezeichneten Ruf.

Heimat von „OU"

National Weather Center, *120 David L. Boren Blvd. (Campus OU), Touren Mo, Mi, Fr 13 Uhr, Infos: www.nwc.ou.edu/visitors.php.*

Neben der College Football-Mannschaft gehören auch die Baseball-, Softball- und Basketball-Teams zu den besten im Land. Bereits die riesigen Sportanlagen um das **Gaylord Family Oklahoma Memorial Stadium**, das bei Spielen der Football-Mannschaft bis auf den letzten der 82.000 Plätze gefüllt ist, zeigen die Bedeutung des Unisports. Der Campus umfasst rund 12 km² und nimmt einen Großteil des Stadgebiets von Norman in Anspruch. Die Stadt zählt inzwischen über 110.000 Einw. und ist inzwischen auch eine beliebte Wohnadresse für Leute aus Oklahoma City. Nach OKC und Tulsa heute die **drittgrößte Stadt Oklahomas**, ist auch Norman im Zuge des *Land Run* 1889 entstanden und war 1891 zur Stadt erklärt worden.

Normans kulturelles und sportliches Leben wird von der Uni bestimmt und das Geschehen spielt sich in Campusnähe ab. Dieser erstreckt sich einige Blocks südlich der zentralen **Main Street**, an der die Hauptattraktion das seit 1929 betriebene **Sooner Theatre** (101 E. Main St., www.soonertheatre.com) ist. Beliebtes Shopping- und Nightlifeareal ist **Campus Corner**, der sich über vier Blocks um Boyd St., University Blvd. und Buchanan Ave. hinzieht.

Zwei sehenswerte Museen

Auf dem Campus (Infos zu Touren im VC) stellen zwei Museen Highlights dar: das **Fred Jones Jr. Museum of Art** und das naturgeschichtliche Museum. Der Neubau des Museum of Art von 2004 von *Hugh Howell Jacobson* widmet sich der zeitgenössischen Kunst und zeigt Sonderausstellungen, während der renovierte alte Bau neben moderner Kunst auch die Sammlung von *Clara Rosenthal Weitzenhoffer* mit bedeutenden impressionistischen und nachimpressionistischen Werken, u. a. von *Renoir, Monet, Degas* und *Van Gogh*, zeigt. Zu den interessanten Veranstaltungen zählen etwa jeden zweiten Freitag im Monat „Art à la Carte" oder das „Dead Center Film Festival".

Im S. Noble Oklahoma Museum of Natural History in Norman

Fred Jones Jr. Museum of Art, 555 Elm Ave. (Campus OU), www.ou.edu/fjjma, Di–Sa 10–17, So 13–17, Do bis 21 Uhr, $ 5.

Das 1899 gegründete **Sam Noble Oklahoma Museum of Natural History**, ebenfalls in modernem architektonischem Ambiente, gibt Besuchern – speziell Familien – auf höchst unterhaltsame und informative Weise eine Einführung in die Geschichte, die Natur und Bevölkerung Oklahomas. Im Einführungsbereich geht es auf eine multimediale Zeitreise in die Region, daneben begeistert die Dinosaurierabteilung; in Oklahoma wurden zahlreiche Funde gemacht. Die Abteilung „People of Oklahoma" befasst sich mit den ersten Spuren der Menschen vor etwa 30.000 Jahren. Zu den Höhepunkten gehört hier ein etwa 10.000 Jahre alter, bemalter Bisonkopf, eines der ältesten jemals entdeckten Kunstwerke Nordamerikas.

Sam Noble Oklahoma Museum of Natural History, 2401 Chautauqua Ave. (Campus OU), www.snomnh.ou.edu, Mo–Sa 10–17, So 13–17 Uhr, $ 5.

Reisepraktische Informationen Norman/OK

Information
Norman CVB, 223 E. Main St., ☎ (405) 366-8095, www.visitnorman.com.
Oklahoma University VC, 550 Parrington Oval (OU-Campus), Mo–Fr 8–17, Sa 9–12 Uhr, Touren Mo–Fr 9, 14, Sa 9.30 Uhr, Anmeldung: ☎ (405) 325-1188, Karten und sonstiges Infomaterial zur Uni ist hier erhältlich.

Unterkunft
Casa Bella B&B $$$, 642 E. Brooks, ☎ (405) 329–2289, www.casabellabedandbreakfast.com. Kleine mexikanische Casita in einem ruhigen Wohnviertel mit zwei gemütlichen und bunt südländisch ausgestatteten Zimmern, inkl. Frühstück.
Montford Inn $$$–$$$$, 322 Tonhawa St., ☎ (405) 321-2200, www.montfordinn.com. B&B in einem elegant-modernen Haus mit 10 komfortablen und hervorragend ausgestatteten Gästezimmern im Inn oder in separaten Cottages; mit Garten und Frühstück.

Restaurants
Café Plaid, 333 W. Boyd St. Besonders zum Frühstück zu empfehlen, der Kaffee ist gut und stark, man kann auch draußen sitzen. Auch Lunch (tgl. bis 16 Uhr geöffnet).
The Mont, 1300 Classen Blvd., ☎ (405) 329-3330. Beliebter Treff zum Abendessen, z. B. „H Burger" und mexikanische Gerichte.
Van's Pig Stands, 320 N. Porter St. Leckeres, preisgünstiges BBQ, meist vom Schwein.

Nachtleben & Einkaufen
Campus Corner, W. Boyd/Asp St., www.oucampuscorner.com. Konglomerat kleiner Läden, Lokale, Cafés und Bars am Nordrand des Campus.
Historic Downtown District, E. Main St. In historische Gebäude sind viele nette kleine Läden, Cafés und Kneipen eingezogen.
Brookhaven Village, Robinson/36th St. NW. Boutiquen, Galerien und Cafés.
Sooner Mall, W. Main St./I-35. Größtes Einkaufszentrum mit über 70 Läden, Lokalen und Filialen großer Kaufhäuser wie „Sears".

Zuschauersport
Die Studentenmannschaften der **Oklahoma University**, die **Sooners**, gehören in allen Sportarten zu den Topteams des Landes. Besonders die College Footballer spielen Jahr für Jahr bei der Meisterschaftsvergabe eine Rolle. Infos und Tickets: www.soonersports.com.

☞ Hinweis zur Route
Die schnellste Verbindung von Norman Richtung Texas wäre die Autobahn **I-35**. Nachfolgend soll eine kurze Rundtour durch den Süden Oklahomas vorgeschlagen werden: auf dem Hwy. 9 von Norman einige Meilen westwärts bis zur I-44, die in die **Wichita Mountains** und den beliebten, kleinen Ferienort **Medicine Park**, führt. Zur nächsten Station, **Duncan** am *Chisholm Trail*, gelangt man ebenfalls auf der I-44 und dann weiter auf dem Hwy. 7 ostwärts. Letzterem folgt man in die **Arbuckle Mountains**, in die Heimat der Chickasaw-Indianer. Von hier geht es dann auf die I-35 nach Texas.

Wichita Mountains

Die etwa 500 Mio. Jahre alten Wichita Mountains ragen aus der Prärielandschaft im südwestlichen Oklahoma weithin sichtbar heraus. Lange Zeit als Teil der Comanche-Reservation unzugänglich, kursierten Gerüchte über Goldfunde in den Bergen. Diese erwiesen sich aber nach dem erwähnten *Land Run*, der es Weißen offiziell erlaubt hatte, sich in der Gegend anzusiedeln, als falsch – zum Glück, denn so konnte das älteste Wildtier-Schutzgebiet der USA, in dem neben Bisons auch Longhorns leben, eingerichtet werden.

Tier- und Pflanzen-vielfalt

Das **Wichita Mountains National Wildlife Refuge** wurde bereits 1901 zum Wildschutzgebiet erklärt und umfasst heute ein Gebiet von rund 240 km² mit ungewöhnlicher Tier- und Pflanzenvielfalt: Es soll über 800 Pflanzen-, 240 Vogelarten, 36 Fisch- und über 60 Reptilien- und Amphibienarten geben. Die **Bisons** waren auch hier ausgestorben, deshalb war 1907 eine kleine Herde aus dem Bronx Zoo/New York hierher gebracht worden. Sie teilen sich nun die Prärieregionen mit wild lebendenen **Longhorn-Rindern**, Nachkommen von entlaufenen Tieren der *Cattle Drives* im 19. Jh.

Das Schutzgebiet ist über eine Stichstraße, Teil des **Wichita Mountains Byway**, zugänglich. Ein modernes, interessant aufgemachtes **VC** informiert über Flora, Fauna und Geschichte der Region. Es gibt Wanderwege und eine Straße führt hinauf auf den 750 m hohen **Mt. Scott**. Von seiner Spitze bietet sich bei klarem Wetter ein unvergleichlicher Ausblick über die Prärie.
Wichita Mountains National Wildlife Refuge – VC, *Hwy. 49, www.fws.gov/south west/refuges/oklahoma/wichitamountains, tgl. 8–16.30/18 Uhr, frei.*
Wichita Mountains Byway: *www.byways.org/explore/byways/6334/itinerary/78028.*

Eher kurios wirkt eine andere Attraktion auf dem Schutzgebiet, sie erinnert zudem ein bisschen an die Passionsspiele in Oberammergau: **The Holy City of the Wichitas**. Diese „Heilige Stadt", die 1926 gegründet worden war und deren erhaltene Bauten überwiegend aus den 1930er-Jahren stammen, ist der Veranstaltungsort der ältesten, kontinuierlich aufgeführten Passionsspiele in den USA.
The Holy City of the Wichitas: *www.theholycitylawton.com, Vorführungen um Ostern.*

Sommer-frische

Zu Füßen der Bergkette liegt im Osten die kleine Ortschaft **Medicine Park**, seit jeher beliebt als Sommerfrische. Einst hatten die Comanche-Indianer hier Ruhe gesucht, jetzt leben sie im benachbarten Reservat **Fort Sill** – wo übrigens der legendäre Indianerhäuptling **Geronimo** bestattet wurde. Heute zieht es vor allem Städter aus der nahen Universitätsstadt Norman und der Hauptstadt Oklahoma City in den Ort und ins nahe gelegene *Wichita Mountains National Wildlife Refuge*. Medicine Park gilt als erstes „Resort" von Oklahoma, so etwas wie ein „Kurort". Es geriet jedoch im Laufe des 20. Jh. in Vergessenheit. Inzwischen erlebt der Ort wieder einen Boom und viele der alten Steinhäuschen wurden renoviert und als Wochenendhäuser genutzt.

Über die Geschichte der Region, die Heimat der **Comanche-Indianer** (s. INFO S. 264), und über den wichtigen Militärposten **Fort Sill** informiert das **Comanche National Museum and Cultural Center** (CNMCC). Es liegt in **Lawton**, dem größten Ort der Region, wenige Meilen südlich von Medicine Park (I-44). Das CNMCC

Der Wilde Westen lebt: Die Medicine Park Marauders in Aktion

wurde von dem Stamm selbst eingerichtet und beleuchtet ausführlich die Geschichte der Comanches aus ihrer Sicht. Daneben zeigt das schon mehrfach ausgezeichnete Museum Wechselausstellungen und bietet Veranstaltungen.
Comanche National Museum, *701 NW Ferris Ave., Lawton, www.comanchemuseum. com, Mo–Fr 8–17, Sa 10–14 Uhr, frei.*

Neueste Attraktion in Medicine Park soll das **Medicine Park Museum of Natural Science** werden, das im Sommer 2012 eröffnen soll. Es handelt sich dabei um einen Komplex aus Naturkundemuseum, Zoo und Botanischem Garten, der sich ganz der Natur, den Pflanzen, Tieren und Menschen der Region und ihrer Geschichte verschrieben hat.
Medicine Park Museum of Natural Science, *Infos: www.mpmns.org.*

Reisepraktische Informationen Wichita Mountains/OK

ℹ Information
Medicine Park: *www.medicinepark.com. Interessante Artikel und Informationen bietet die lokale e-Zeitung* **Cobblestone Gazette**: *www.cobblestonegazette.com.*
Comanche Nation Tourism Center, *410 SE I-44, Lawton, www.comanchenation tourism.com, Mo–Fr 8–18, Sa 10–14 Uhr. Auskünfte sowie Laden mit Souvenirs und indianischem Kunsthandwerk.*
Lawton/Fort Sill: *www.lawtonfortsillchamber.com.*

Unterkunft

Lone Oak Cottage $$, 122 A W. Lake Dr., Medicine Park, ☎ (405) 919-5262, www.theloneoakcottage.com. Tish und Ed Marek haben eines der historischen Steinhäuschen liebevoll renoviert und vermieten es für mindestens zwei Tage Aufenthaltsdauer an Gäste.

The Plantation Inn $$, E. Lake Dr. Medicine Park, ☎ (580) 529-6161, www.plantation innok.com. Ehemaliges Clubhaus der OK Press Association, das in ein schönes, kleines Motel mit 20 einfachen, aber gut ausgestatteten Zimmern umgewandelt wurde.

Restaurants

The Master's Kitchen, 19857 Hwy. 49, Lawton, ☎ (580) 529-3939. Tony und Anna Garcia betreiben am Ortseingang ein kleines Lokal, das die Einheimischen lieben und wo vom Frühstück bis zum Abendessen Mexikanisches und Hausmacherküche serviert werden.

Old Plantation Restaurant, E. Lake Dr., Medicine Park, ☎ (580) 529-6262. In einem 1910 erbauten Hotel; vor allem bekannt für Steaks und Seafood.

WOW – Winery of the Wichitas, 182 Hwy. 49, Medicine Park, www.wineryofthe wichitas.com. Kleines familiäres Weingut (Di–Do 11.30–21, Fr/Sa 11.30–22, So 11.30–21 Uhr), in der seit einigen Jahren Besitzerin Marty Hazelwood Weine produziert. Angeschlossen ist das **Buffalo Bistro**, ☎ (580) 529-2351 mit kreativen, international angehauchten Gerichten von Chefköchin Anna Banda. Di: „Pizza&Beer Night" 17–21, Mi/Do 17–21, Fr/Sa 17–22, So 11.30–21 Uhr geöffnet.

Veranstaltungen

Medicine Park Marauders, April–Juni lässt eine lokale Gruppe von Re-enactors den Wilden Westen wiederaufleben, Shoot-out, Musik u. a. Vergnügungen. Informationen unter www.medicineparkmarauders.com.

Medicine Park bietet das ganze Jahr über interessante kleinere **Musikfestivals** wie den **Mayor's Blues Ball** (Sept.) oder das **Flute Gathering** (Okt.). Infos und Termine: www.medicinepark.com/events.php.

Ende Sept. findet im Rahmen des **Medicine Lodge Peace Treaty Pageant**, in Erinnerung an den Friedensvertrag 1867, das **Kansas Championship Ranch Rodeo** (Amateur-Rodeo) statt (www.peacetreaty.org).

Duncan

Es duftet nach Erde und frisch gebrühtem Kaffee. Doch die Ruhe am Lagerfeuer nahe den friedlich grasenden Rindern irgendwo in den Weiten der nordamerikanischen Prärie trügt: Wind kommt auf, es donnert und blitzt und der Himmel öffnet alle Schleusen. Plötzlich kommt Unruhe auf und die Tiere rasen in wilder Panik los. Der Boden unter Tausenden von donnernden Hufen beginnt zu vibrieren.

Chisholm Trail Heritage Center — Spätestens jetzt wird so mancher Besucher im Filmsaal des **Chisholm Trail Heritage Center** in der Kleinstadt **Duncan/OK** unruhig. Noch vom künstlich erzeugten Wind und Regen zerzaust und ein bisschen nass, duckt sich so mancher unwillkürlich in den Sitz, als die Herde scheinbar direkt aus Leinwand herausgaloppiert. Die Illusion der von Cowboys gefürchteten *Stampede* ist in dem unvergleichlichen Museumsfilm – quasi im „4-D-Format" mit Wind, Regen und unterschiedlichen Gerüchen –, der im „Experience Theater" gezeigt wird, derart eindrucksvoll gestaltet, dass viele noch lange über das harte Cowboy-Leben während eines Viehtriebs nachdenken werden.

Zwischen den **Wichita Mountains** und den östlich gelegenen **Arbuckle Mountains** verlief einst der **Chisholm Trail**, der von den 1860er- bis 1880er-Jahren für *Cattle Drives* zwischen Texas und Kansas benutzt wurde. Das Städtchen Duncan war einst Station am Trail, woran auf eindrucksvolle Weise das Chisholm Trail Heritage Center erinnert. Dort illustrieren der Einführungsfilm ebenso wie die Ausstellung das harte, entbehrungsreiche Leben der Cowboys und die drohenden Gefahren, allen voran die gefürchteten *Stampedes*, plötzlichen Fluchtbewegungen in einer Viehherde. Im Museum, das zu den besten Westernmuseen der USA zählt, erfährt man alles über die Viehtriebe im 19. Jh. – über Organisation und Dauer, Aufgaben und Tagesablauf. Vor dem Museum zeigt eine **Skulpturengruppe** einen solchen Viehtrieb in Originalgröße. Sie stammt von dem lokalen Künstler *Paul Moore* und wurde 1998 aufgestellt.

Leben der Cowboys

Wer heute durch das ländliche Oklahoma fährt, vorbei an Ranches und Weideland, auf dem sich Rinder und Pferde fast verlieren, kann sich kaum mehr vorstellen, welcher Betrieb hier einmal herrschte: Etwa 3 Mio. Rinder sind allein in den zehn Jahren zwischen 1867 und 1877 über den *Chisholm Trail* gezogen. Höhepunkt war das Jahr 1873: Da wurden während eines Sommers 30.000 Rinder von der Kings Ranch im Süden von Texas (s. S. 226) nach Kansas getrieben.
Chisholm Trail Heritage Center, *1000 Chisholm Trail Pkwy., Duncan, www.onthe chisholmtrail.com, Mo–Sa 10–17, So 13–17 Uhr, $ 6.* **Western Spirit Celebration: A Cowboy Gathering** – *Mitte Sept. werden Wildwest-Traditionen lebendig gemacht.*

Der Chisholm Trail und die Cattle Drives

info

Die Idee, Rinderherden aus Texas zu den Eisenbahnknoten in Kansas zu treiben, kam Mitte des 19. Jh. auf. Man wollte damit nach dem Bürgerkrieg der gestiegenen Nachfrage an Fleisch in den wachsenden Metropolen des Ostens entgegenkommen. Zwischen den 1860er- und 1880er-Jahren trieben *Cow Puncher*, wie sich die Cowboys gerne selbst nannten, etwa 20 Mio. texanische Longhorn-Rinder auf den **Cattle Trails** hinauf in den Norden, zu den Bahnhöfen in Kansas oder weiter.

Eine der Hauptrouten war ab 1867 der **Chisholm Trail** vom Rio Grande über San Antonio, Waco, Fort Worth und Wichita nach Abilene/Kansas. Ab 1872 löste Dodge City dann Abilene als Endpunkt ab und von dort wurden bis in die 1880er-Jahre große Herden auf dem **Western Trail** weiter nach Colorado, Wyoming oder Montana gebracht.

Heute kann man dem *Chisholm Trail*, benannt nach *Jesse Chisholm*, einem Händler, der den besten Weg von Texas nach Kansas ausfindig gemacht haben soll (s. INFO S. 302), auf einer interessanten Route über gut 1.000 km mitten durch das

Skulpturengruppe vor dem Chisholm Trail Heritage Center

„Heartland", das Herz des Mittleren Westens, von San Antonio bis Abilene/KS folgen. Dem zentralen Streckenabschnitt **zwischen Fort Worth/TX und Wichita/KS** entspricht in etwa der **US Hwy. 81**. Nicht nur das Landschaftserlebnis ist ungewöhnlich – weites offenes Prärieland –, sondern vor allem interessant sind die Spuren der wechselvollen Geschichte der Region und die hier lebenden, hart arbeitenden, ehrlichen und gastfreundlichen Menschen am Wegesrand.

Etwa **3 Mio. Rinder** waren allein in den zehn Jahren zwischen 1867 und 1877 auf dem *Chisholm Trail* unterwegs, allein 1873 in einem Sommer 30.000 Rinder von der Kings Ranch im Süden von Texas nach Kansas. Normalerweise wurde das Vieh in Gruppen von rund **2.000 bis maximal 3.000 Stück** getrieben; für etwa 350 Tiere war ein Cowboy zuständig. Für jeden standen mehrere Extrapferde zur Verfügung, die in der *Remuda* am Ende der Herde, betreut von einem *Wrangler*, mitgeführt wurden.

Gleich nach dem *Foreman* oder *Trail Boss* spielte der Koch die wichtigste Rolle. Mit seinem **Chuck Wagon**, einer Art rollenden Küche, von vier Mulis oder Pferden gezogen, fuhr er dem Viehtrieb voraus, um zur Mittags- und Nachtpause rechtzeitig am Lagerfeuer das Essen fertig zu haben – und vor allem den wichtigen Kaffee; Alkohol war verboten. Der Koch war Herr über die Vorräte und mit ihm verscherzte man es sich besser nicht.

Bis zu 40 km konnte man täglich zurücklegen, doch **Ziel war nicht Schnelligkeit**, denn die Tiere sollten ja unterwegs an Gewicht zulegen. Deshalb trieb man die Herde meist nicht mehr als 20 km pro Tag, mit großen Pausen mittags und nachts zum Ruhen und Fressen. Anders als heute wurden die **Longhorns** als besonders **zähe und genügsame Rinderrasse** geschätzt. Ein Viehtrieb auf dem rund 1.600 km langen *Chisholm Trail* vom südlichen Texas bis in den Norden von Kansas dauerte zwei bis drei Monate. Die Cowboys arbeiteten in Schichten, damit die Herde rund um die Uhr unter Aufsicht stand, und schliefen unter freiem Himmel, allzeit bereit für den Fall einer *Stampede.*

Eine einzelne Herde konnte sich über fast über eine Meile erstrecken und vorweg ritten links und rechts **point riders**, dann die **swing** oder **flank riders**, die die Herden schmal und auf der richtigen Bahn hielten. Das Ende des Trosses bildeten die drei **drags** oder **tail riders**, der undankbarste, weil staubigste Job.

Es gab neben dem *Chisholm Trail* zwischen 1866 und 1886 etliche **andere Viehtriebrouten**, z. B. den *Western Trail* oder den *Goodnight-Loving Trail*. Ausgangspunkt war jedoch stets Texas. Nach dem Ausbau der Eisenbahn in den 1880er-Jahren südwärts, bis dorthin, und einem verheerenden Winter von 1886/87, der in weiten Teilen des Nordens die Viehzucht fast zum Erliegen brachte, war die Zeit der *Cattle Drives* ebenso schnell vorüber, wie sie begonnen hatte – und viele Orte fielen in einen Dornröschenschlaf.

 Lesetipp
Andy Adams, **The Log of a Cowboy. A Narrative of the Old Trail Days**, 1903. Immer wieder neu aufgelegter Augenzeugenbericht eines Cowboys auf einem *Cattle Drive* von Texas nach Montana; einzigartiges Dokument über das „wahre" Leben und die Arbeit der Cowboys.

Arbuckle Mountains

Nur wenige Meilen östlich von Duncan breitet sich mit den **Arbuckle Mountains** die zweite Bergkette im Süden Oklahomas aus. Wie bei den Wichita Mountains handelt es sich um eine alte Formation, die jedoch kaum höher als 420 m ist. Benannt wurden die Berge nach General *Matthew Arbuckle*, der in der erste Hälfte des 19. Jh. hier einen Militärposten zum Schutz einer Handelsroute Richtung Westen leitete.

Zwei ganz unterschiedliche Gebiete stehen in den Arbuckle Mountains unter Naturschutz: der **Turner Falls State Park** zum einen und die **Chickasaw National Recreation Area** zum anderen. Anziehungspunkt im Turner Falls SP sind die etwa 23 m hohen, dramatischen Wasserfälle – die höchsten in Oklahoma. Sie bilden einen natürlichen Pool, der als Badesee genutzt wird, und machen den State Park zu einem der beliebtesten Erholungsziele Oklahomas.

Zwei Naturschutzgebiete

Die *Chickasaw National Recreation Area* war einst Indianerland. Die in den 1830er-Jahren aus dem Südosten vertriebenen Chickasaw-Indianer verkauften die rund 3 km² Fläche um den Lake of the Arbuckles an den Staat, der hier 1902 zunächst den **Platte National Park** einrichtete. 1976 wurde der Park ausgeweitet und zur **Chickasaw**

NRA umstrukturiert. Neben dem See, Flussläufen und kleinen Wasserfällen prägen Wald- und Grasebenen das Gebiet, bewohnt von vielerlei Tieren, von Klapperschlangen über *roadrunner* (eine Kuckucksart) und wilden Truthähnen bis hin zu Koyoten und *bobcats* (Rotluchsen). Sehenswert sind neben dem VC eine Reihe historischer Bauten, die in den 1930er-Jahren im Rahmen von *Roosevelts* Arbeitsbeschaffungsmaßnahmen während der Depression vom *Civilian Conservation Corps* (CCC) – wie in vielen anderen Nationalparks auch – erbaut worden sind.

Heimat der
Chickasaw
Nation
Hauptorte der Region, die jedes Jahr dank der Naturparks etwa 1,3 Mio. Besucher begrüßen kann, sind die beiden benachbarten Orte **Davis** und **Sulphur**. Sie bilden nicht nur das Zentrum des Landkreises mit seinen etwa 12.000 Einw., sondern sind auch die Heimat der **Chickasaw Nation**. Dank Casinos wie dem **WinStar**, an der I-35 an der Staatsgrenze Oklahoma–Texas, verfügt der Stamm über eine solide finanzielle Basis. Diese ermöglichte es auch, dass mit dem *Chickasaw Cultural Center* eines der besten Indianermuseen des Landes erbaut werden konnte.

Die wie die Cherokee in den 1830er-Jahren aus ihrer Heimat im Südosten – den heutigen Bundestaaten Kentucky, Tennessee, Alabama und Mississipi – vertriebenen Chickasaw haben hier im Südosten Oklahomas eine neue Heimat gefunden. In ihrem großen, eindrucksvollen **Chickasaw Cultural Center** erzählen die Chickasaw unter Zuhilfenahme modernster Technik ihre Geschichte und führen Besuchern ihre Traditionen, Gebräuche, ihr Verhältnis zur Natur u. a. vor. Zum Komplex gehören zudem ein großes Kino, ein Amphitheater, das auch für Powwows genutzt wird, und der Nachbau eines Dorfes, so wie es in ihrer alten Heimat ausgesehen hat. Darüber hinaus soll

Die Turner Falls, die höchsten Wasserfälle Oklahomas

in dem Zentrum die Sprache wiederbelebt werden, gibt es indianische Spezialitäten zum Probieren und werden typische Spiele wie *Stickball* (eine Urform des Baseball) gezeigt.

Chickasaw Cultural Center, *867 Charles Cooper Memorial Rd., Sulphur, www.chicka sawculturalcenter.com, Di–Sa 10–17, So 12–16 Uhr, frei, mit dem interessantem Laden,* **Aachompa' Gallery Gift Shop**, *und empfehlenswertem* **Aaimpa' Café**.

Reisepraktische Informationen Arbuckle Mountains/OK

i Information
Arbuckle Country: *www.arbuckles.com.*
Chickasaw Nation: *www.chickasaw.net.*

Unterkunft
Sulphur Springs Inn B&B and Cottages $$–$$$, *1102 W. Lindsay, Sulphur,* ☎ *(580) 622-5930, www.sulphurspringsinn.com. Um 1900 befand sich hier bereits eines Badeanlage, die die heilbringenden Schwefelquellen nutzte. Heute ist in eines der Gebäude von 1925 ein empfehlenswertes B&B eingezogen.*
Echo Canyon Spa Resort $$$–$$$$, *350 Lawton Ave., Sulphur,* ☎ *(580) 421-5076, www.echocanyonmanor.com. Luxuriöses, kleines Hotel mit 13 schönen, unterschiedlich gestalteten Suiten, dazu „Aloha Spa" und empfehlenswertes* **Baron of Beef Restaurant**.

Restaurants
Nancy's Fried Pies, *Hwy. 77 (I-35/Exit 51), Davis. Dieser kleine Familienbetrieb bäckt* **pies** *nach altem Familienrezept, süß (z. B. peach oder pecan pie) und salzig (egg & sausage pie). Sie sind am besten frisch aus dem Frittierfett, aber man kann sie auch gefroren kaufen und mitnehmen.*
Smokin' Joe's Rib Ranch BBQ, *1793 Hwy. 77 South (I-35/Exit 51), Davis. Handfestes BBQ, auf Butterbrotpapier serviert. Gegrilltes (z. B. ribs, beef brisket, chicken oder sausages) in gigantischen Portionen mit frei wählbaren Beilagen zu Schnäppchenpreisen.*

Hinweis zur Route

Von den Arbuckle Mountains ist auf der Autobahn I-35 nach etwa 130 mi (208 km) der Metroplex **Dallas/Ft. Worth** erreicht.

„Der Mississippi … ist kein gewöhnlicher Fluss, er ist im Gegenteil in allen Aspekten bemerkenswert. Zusammen mit seinem Hauptzufluss, dem Missouri, ist er der längste Fluss der Welt …"

So beginnt der berühmte Schriftsteller **Mark Twain** sein Buch über das „Leben auf dem Mississippi" („Life on the Mississippi", 1883). Er kannte den mächtigen Fluss wie seine Westentasche, schließlich war er hier aufgewachsen und als Lotse auf den legendären *steamboats* (Dampfschiffen) unterwegs gewesen. Der Fluss hat ihn auch zu seinen beiden Meisterwerken „The Adventures of Tom Sawyer" (1876) und „Adventures of Huckleberry Finn" (1884 GB/1885 USA) inspiriert.

Der Name „**Mississippi**" kommt aus der Sprache der Ojibwa-Indianer, die vom *misi ziibi* oder *gichi ziibi*, dem „großen Wasser" sprachen. 1542 war der mächtige Fluss erstmals von einem Weißen, dem Spanier **Hernando de Soto** (ca. 1496/97–1542), gesichtet worden. Ende des 17. Jh. folgte eine französische Expedition, die im Auftrag *Ludwigs XIV.* den Nachweis erbrachte, dass der Mississippi in den Golf von Mexiko und nicht, wie vermutet, in den Golf von Kalifornien mündet.

Mississippi, das „Große Wasser"

Der Mississippi legt knapp 3.800 km Strecke vom **Lake Itasca** im nördlichen Minnesota durch das Heartland Nordamerikas zurück, um etwa 150 km südlich von New Orleans in den **Golf von Mexiko** zu münden. Zusammen mit dem **Missouri**, mit über 4.000 km der längste Fluss auf dem nordamerikanischen Kontinent, bildet der **Ol' Man River** eines der mächtigsten Flusssysteme der Welt, zusammenfassend als die „**Great Rivers**" bezeichnet. In diese strömen auf dem Weg zum Golf Flüsse und Bäche aus heute 31 Bundesstaaten von den Rocky Mountains im Westen bis zu den Appalachen im Osten.

Great Rivers Mississippi und Missouri

Seit jeher prägen die **beiden mächtigen Ströme** das Leben in den nördlichen Plains und spielten bereits für die Indianer eine zentrale Rolle: als Garanten für das lebenswichtige Wasser zum einen, aber auch, weil ihre fruchtbaren Täler beliebte und vor den Winterwinden geschützte Siedlungsgebiete waren. Auch die Besiedlung der Prärie durch weiße Zuwanderer wurde durch die beiden Flüsse ermöglicht, denn sie dienten bis zum Anbruch des Eisenbahnzeitalters als **wichtige Transportwege**.

Die Flusstäler gehören zudem dank der Ablagerungen beim Rückzug der Gletscher am Ende der letzten Eiszeit zu den **fruchtbarsten Regionen** Nordamerikas. Die Great Rivers waren **Lebens- und Transportader**, aber sie markierten auch **Grenzen**: zunächst zwischen Indianervölkern, dann zwischen den Interessenssphären der europäischen Kolonialmächte Frankreich und Spanien und bis heute zwischen einer Reihe von US-Bundesstaaten.

Transportwege und Grenzverlauf

Jahrhundertelang haben sich die beiden mächtigen Ströme ihren Weg nach Belieben gebahnt, was zu regelmäßigen Überschwemmungen führte. Je mehr Menschen sich im Umkreis der Flüsse ansiedelten, umso katastrophaler wirkten sich die Überflutungen aus. Auch erkannte man schnell, wie nützlich Wasserkraft ist und es entstanden nicht nur **Hunderte Kilometer an Deichen**, sondern auch **zahlreiche Dämme**, um den Wasserstrom zu kontrollieren und Energie zu gewinnen.

Routen zwischen den Great Rivers

Zudem wurde besonders nach der großen Flut von 1927 das Flussbett begradigt und ausgebaut sowie neue Kanäle geschaffen, um eine reibungslose Schifffahrt zu ermöglichen. Wie unberechenbar und gefährlich die **Dampfschifffahrt** im 19. Jh. war, kann man bei *Mark Twain* nachlesen. Sie hatte in den 1840er- und 1850er-Jahren eine Blüte erlebt. Dank des geringen Tiefgangs der Schaufelraddampfer konnte man fast überall anlegen und so waren Fahrten auf dem Missouri bis nach Montana zu Füßen der Rocky Mountains möglich.

Dienten die **Paddlewheelers**, die Raddampfer, zwar in erster Linie dem Gütertransport, war auf manchen eine gewisse Anzahl von Fahrgästen zugelassen. In der zweiten Hälfte des 19. Jh. entstanden sogar „**Schwimmende Paläste**", große Luxushotels auf dem Wasser. Mit ihnen kam ein *Down-by-the-riverside*-Mythos auf, eine Romantisierung des Flusses, bei der *Belles* (Südstaatenschönheiten) in Krinolinen, *Riverboat Dandys* und raubeinig-berüchtigte Hafenarbeiter eine Rolle spielten.

Luxushotels auf dem Wasser

Dabei war die Realität weit weniger romantisch: Die Dampfschiffe waren schmutzig, oft sehr langsam und zudem **gefährliche Transportmittel**. Nicht selten führten Navigationsfehler zum Kentern der Boote. Nicht ohne Grund wurden die Schiffe auch „schwimmende Vulkane" genannt; Kesselexplosionen standen beinahe an der Tagesordnung und Unfälle kosteten nicht nur *Mark Twains* Bruder *Henry* das Leben. Die Navigation war auf den ungebändigten Flüssen, deren Bett sich ständig veränderte, kein Kinderspiel.

Deshalb wurden die **Lotsen** wie Halbgötter verehrt und hatten sogar über den Kapitän Befehlsgewalt. Ihnen oblag es, die schweren Dampfer sicher über die mäandernden Wasserwege mit all ihren Untiefen, Riffs und Wracks, unter sich ständig verändernden Uferbedingungen, zum Heimathafen zu manövrieren. Wie *Mark Twain* eindrucksvoll schildert, bestand die Ausbildung in erster Linie aus dem Auswendiglernen der Strecke, seiner markanten Punkte, Strömungen und Untiefen sowie aus ständigem Informationsaustausch mit anderen Lotsen über Uferverlauf, Wetterbedingungen und neue Entwicklungen.

Die wachsende **Bedeutung der Eisenbahn** ab Ende des 19. Jh. leitete den Niedergang der Dampfschifffahrt ein. Erst in den letzten Jahrzehnten hat man die Vorteile der Flussschifffahrt wieder erkannt und so frequentieren heute wieder Binnen- und sogar Kreuzfahrtschiffe aller Größen den Mississippi. Besonders am Unterlauf von Mississippi und Missouri ist im Laufe der letzten Jahrhunderte eine florierende Landwirtschafts- und Industriezone entstanden. Vermutlich würden die Mitglieder der ersten US-Forschungsexpedition, des **Corps of Discovery** (s. INFO S. 418), das 1804–06 den Missouri und den Nordwesten erkundete, das Flusstal kaum mehr wiedererkennen.

Niedergang der Dampfschifffahrt

Inzwischen werden die Stimmen lauter, die mehr Umweltschutz fordern und auf die Bedeutung eines intakten Ökosystems verweisen. So werden an den Flussläufen Regionen **renaturiert** und naturbelassene Areale **unter Naturschutz** gestellt. Auf der Reise im Land der Great Rivers wird man immer wieder auf solche Schutzzonen stoßen und sich plötzlich wieder in jene Zeiten zurückversetzt fühlen, als noch Bisons über die Ebenen zogen und die Flüsse durch die Prärie mäanderten. Und auch wenn die braun-trübe Brühe träge dahinzufließen scheint, strotzen der „**Old Devil Mississippi**" und der „**Muddy Missouri**" noch immer vor Kraft. Das zeigen die immer noch regelmäßig auftretenden Überschwemmungen im Frühjahr.

 Hinweis zur Route

Idealer Ausgangs- bzw. Endpunkt einer Reise durch die nördliche Prärie zwischen Mississippi und Missouri River sind die „**Twin Cities**" Minneapolis/St. **Paul**. Von hier führt die Rundreise durch das **Minnesota River Valley** westwärts zum **Red River of the North**, dem einzigen Fluss in der Prärie, der nicht in den Missouri/Mississippi mündet, sondern nach Norden in die Hudson Bay fließt.

Westlich des Red River geht es hinein in den nördlichen Bundesstaat **North Dakota** und über Fargo, Grand Forks, Devils Lake und Minot zum **Missouri**. Dem Fluss in südöstliche Richtung folgend, sozusagen auf den Spuren des *Corps of Discovery* –, folgen auf Bismarck und Pierre – die Hauptstädte von North bzw. South Dakota – Omaha (Nebraska) und Kansas City (Kansas bzw. Missouri) (S. 313). Dort angelangt, ist eine Kombination mit der Route durch die Great Plains (S. 329) möglich. Bei Weiterfahrt von KC nach St. Louis geht es auf der **Great River Road** am Mississippi entlang nach Norden, zurück in die Twin Cities.

Twin Cities – Minneapolis und St. Paul

„*Mnisota – mit Himmel gefärbtes Wasser.*" Es waren die Dakota-Indianer, die dem nördlichen US-Bundestaat Minnesota seinen Namen gaben. Im „**Land of 10.000 Lakes**" spiegelt sich der Himmel tatsächlich in den unzähligen Seen, doch Minnesota ist mehr als nur Seen und Himmel. Der Staat präsentiert sich überraschend vielseitig und hat landschaftlich wie kulturell eine Menge zu bieten. Minnesota ist zwar nach Alaska der nördlichste (und zweitkälteste) US-Bundesstaat – und nennt sich deshalb auch „**North Star State**" –, doch können die Sommer gerade im Süden durchaus heiß und feucht sein.

„Land of 10.000 Lakes"

Minnesotas Beiname ist keine Übertreibung, denn nach offizieller Zählung gibt es in dem

Minnesota, das „Land der 10.000 Seen"

Bundesstaat tatsächlich **11.842 Seen** – vom Tümpel bis zum größten, dem einem Meer gleichenden **Lake Superior**. In Minnesota entspringt der **Mississippi** und sein Oberlauf mit schroffen Ufern und Laubwäldern bildet ein **sehenswertes Naturareal**. Dieses leitet bereits zum **äußersten Norden Minnesotas** über, eine Region, die nur aus Wasser, Felsen und Wald zu bestehen scheint. Völlig anders präsentieren sich der **Westen und Südwesten** des Staates, denn bis dorthin erstrecken sich die Ausläufer der Prärie.

Angesichts der **weitläufigen Natur- und Seenlandschaften** wundert es nicht, dass das 1858 als 32. Staat in die Union aufgenommene Minnesota nicht eben dicht besiedelt ist. Von den etwa 5,3 Mio. *Minnesotans* leben allein 3,5 Mio. im Großraum der Twin Cities – in Minneapolis (mit 383.000 Einw. die größte Stadt) und der Hauptstadt St. Paul (287.000 Einw.). Bis heute sind die indianischen Ureinwohner, **Dakota** und **Ojibwe**, in vielen Teilen des Landes, besonders im Norden (Ojibwe), zahlenmäßig stark vertreten, die beiden größten ethnischen Gruppen sind jedoch mit fast 2 Mio. **Deutsch-Minnesotans** (40 %) und **Skandinavier** (32 %), vor allem Norweger und Schweden.

Redaktionstipps

Sehens- und Erlebenswertes
➤ in den Twin Cities/MN: das **Mill City Museum** (S. 386), das **Walker Art Center** mit Minneapolis Sculpture Garden (S. 387), das **Minnesota State Capitol** (S. 392), die **Cathedral of St. Paul** (S. 393), das **Minnesota History Center** (S. 393) und das **Science Museum of Minnesota** (S. 394)
➤ ein **Eishockeyspiel** in Minnesota (S. 395), etwa mit den **Minnesota Wild** (S. 399)

Essen und Trinken
➤ Toplokale in Minneapolis/MN: **112 Eatery** (S. 397) und der **Dakota Jazz Club & Restaurant** (S. 397, 398)

Einkaufen
➤ ein unvergessliches Einkaufserlebnis mit Unterhaltungswert bietet die gigantische **Mall of America (MOA)** nahe dem Minneapolis-St. Paul International Airport (S. 390)

Die weitgehend unbekannte **Vielseitigkeit Minnesotas** spiegeln auch die städtischen Metropolen wieder, allen anderen voran die **Twin Cities**, die beiden Schwesterstädte am Mississippi, Minneapolis und St. Paul. Für Außenstehende mögen sie wie eine Einheit wirken, doch bei genauerer Betrachtung handelt es sich um zwei ungleiche Schwestern. So präsentiert sich **Minneapolis** am Westufer des Mississippi als moderne Metropole mit Wolkenkratzern und Sportstadien, das nur 12 km entfernte **St. Paul** am Ostufer hingegen könnte man, obwohl Staatshauptstadt, als „überschaubar-beschaulich" bezeichnen.

Vielseitiges Minnesota

Minneapolis

Die Wurzeln der Twin Cities liegen im **Historic Fort Snelling**, am Zusammenfluss von Mississippi und Minnesota River. Es war 1819 zur Sicherung des 1803 von den Franzosen mit dem *Louisiana Purchase* erworbenen Landes erbaut worden. Auch wenn 1838 nach einem Vertrag mit den lokalen Indianern Teile des *Minnesota Territory* zur Besiedlung freigegeben worden waren, ließen sich erste Siedler zunächst im späteren St. Paul, um 1848 auch am Ostufer des Mississippi nahe den St. Anthony Falls nieder. Die Wasserkraft dieser Wasserfälle nutzte man, um eine Sägemühle zu betreiben; ringsum entstand der Ort **St. Anthony**. 1854 wurden dann auch am Westufer Häuser gebaut und Straßen angelegt – die bescheidene Geburtsstunde von **Minneapolis**.

1872 schlossen sich beide Siedlungen unter dem Namen „Minneapolis" zusammen. Dank der Wasserkraft entwickelte sich die Stadt zum **Holzzentrum**; hier wurden die im Norden geschlagenen Bäume weiterverarbeitet und verschifft. Außerdem entstanden Getreidemühlen und der Getreideumschlag florierte. Minneapolis galt einmal als „**Flour Milling Capital of the World**". Erst 1965 schloss die letzte Mühle.

Pulsierendes Zentrum

Obwohl in den 1950/60er-Jahren viele der alten Bauten in der Innenstadt durch moderne ersetzt worden sind, ist **Downtown Minneapolis** ein pulsierendes Zentrum geblieben. Hier wird gearbeitet, gelebt und sich vergnügt und daher sind in Minneapolis' Innenstadt mehr Menschen zu Hause (etwa 40.000) als in den Downtowns der Metropolen Houston, Dallas und Denver zusammen. Besonders die Kernbereiche am Mississippi, um die Sportstadien Metrodome und Target Field, oder um den Campus der University of Minnesota, sind lebhafte, viel besuchte Viertel.

Mississippi Riverfront an den St. Anthony Falls in Minneapolis

Downtown – Mississippi Riverfront

Wenn es um zwei der wichtigsten Bauten in Downtown Minneapolis geht, legen die *Minneapolitans* einen besonderen Humor an den Tag: So vergleicht man den spektakulären Neubau des **Guthrie Theaters** der Form wegen mit einer „IKEA-Filiale". Als „Gigantic Marshmallow" bezeichnet man wiederum den **Hubert H. Humphrey Metrodome (8)**, die Sportarena, deren Dach an eine riesige Traglufthalle erinnert.

Vom 2010 eröffneten **Target Field (9)**, dem neuen 40.000 Zuschauer fassenden Baseballstadion, sind dagegen alle hellauf begeistert. Dieser Bau fügt sich gelungen in die umgebende Skyline ein, wurde aus Materialen der Region, Granit und Kalkstein, errichtet und ist Heimat der heiß geliebten **Minnesota Twins**. Gleichfalls Beispiele für wegweisende Architektur des 21. Jh. sind der 2005 eröffnete Neubau des **Walker Art Center** und das von *Frank Gehry* geplante **Weisman Art Museum** der University of Minnesota.

Die neue Heimat der Twins

Die **Mississippi Riverfront (1)** gilt als die gute Stube der Stadt, hier trifft man sich, genießt die Sonnenstunden, es finden Events und ein Bauernmarkt statt. Mit dem **Guthrie Theater (2)** und dem **Mill City Museum** liegen hier zwei Hauptattraktionen der Stadt. 2006 nach Plänen von *Jean Nouvel* direkt am Mississippi erbaut, fungiert das Theater als neue Heimat des 1963 von *Sir Tyrone Guthrie* gegründeten Ensembles, übrigens nur eines von über hundert in der Stadt. Sie machen Minneapolis nach New York zur **zweitwichtigsten Theaterstadt** Nordamerikas. Das Guthrie bietet auf drei Bühnen eine enorme Vielfalt und zieht damit ein breites Publikum an. **Mississippi Riverfront**: *www.minneapolis-riverfront.com.*

Guthrie Theater, *818 S. 2nd St., www.guthrietheater.org,* ☎ *(612) 377-2224 (Tickets), Backstage-Touren: Fr/Sa/So/Mo 10 Uhr, $ 10.*

Größte Ge-
treidemühle

Das benachbarte **Mill City Museum (3)** liegt ebenso direkt am Flussufer und auch von hier bieten sich spektakuläre Ausblicke auf die **St. Anthony Falls** und die historische **Stone Arch Bridge**. Das Museum wurde auf gelungene Weise in die Ruinen der einst größten Getreidemühle der Welt eingebaut. Hier erfährt man nicht nur alles über die Geschichte der Mühlen, sondern auch über den Mississippi und die Stadt.

Mill City Museum, *704 S. 2nd St., www.millcitymuseum.org, Di–Sa 10–17, So 12–17 Uhr, $ 10.*

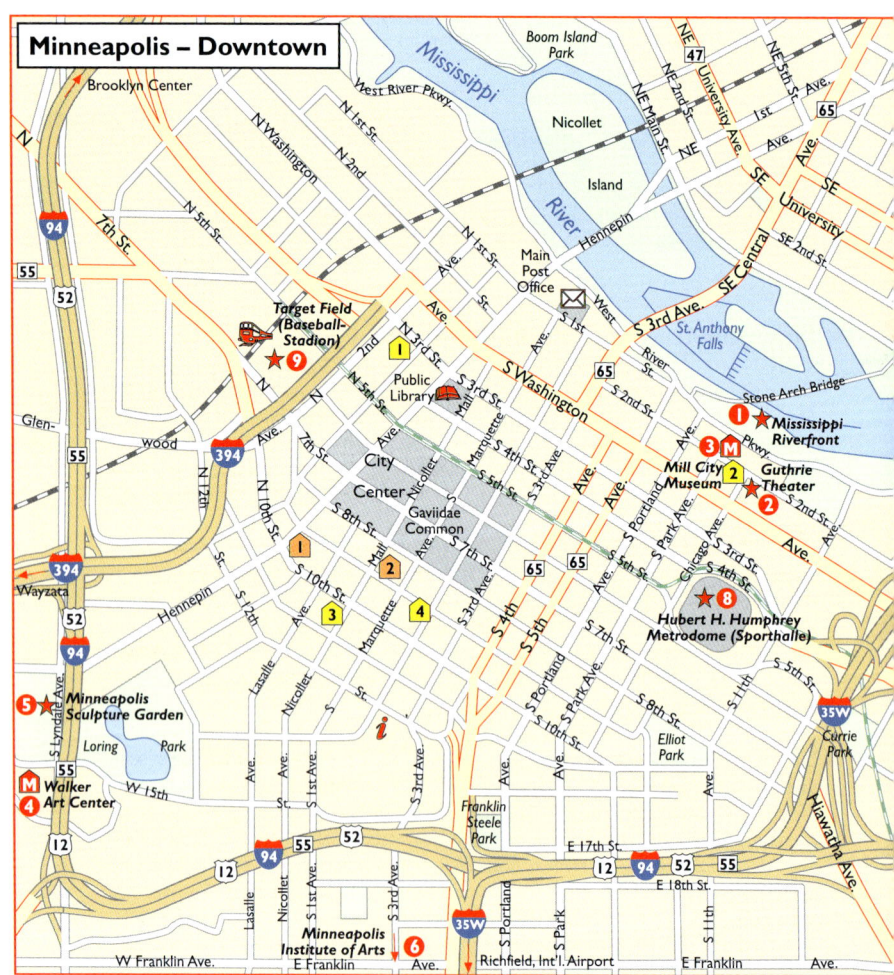

Die „Kunststadt" Minneapolis

Die Wurzeln des **Walker Art Center (4)** liegen in der Privatsammlung des Holz-
händlers *Thomas Barlow Walker*, der 1879 für seine ausufernde Kunstsammlung einen
eigenen Bau errichten musste und diesen der Öffentlichkeit zugänglich machte. Inzwischen gehört die Kunstsammlung zu den umfangreichsten und besten der Welt.
1971 wurde ein Neubau zugefügt, der 2005 wiederum durch einen modernen Komplex erweitert wurde. Neben den 10.000 überwiegend modernen und zeitgenössischen Kunstwerken werden hier stets gleichzeitig mehrere Sonderausstellungen gezeigt.

*Walker Art
Center*

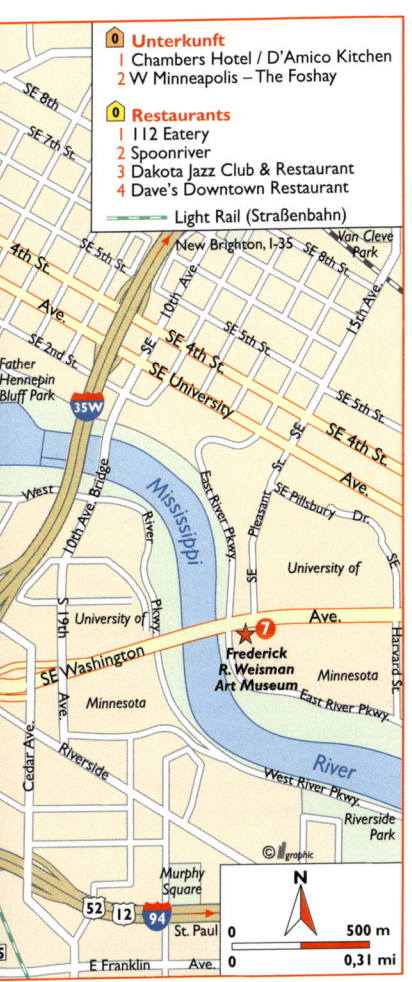

0 **Unterkunft**
1 Chambers Hotel / D'Amico Kitchen
2 W Minneapolis – The Foshay

0 **Restaurants**
1 112 Eatery
2 Spoonriver
3 Dakota Jazz Club & Restaurant
4 Dave's Downtown Restaurant

Light Rail (Straßenbahn)

Walker Art Center, *1750 Hennepin Ave.,
www.walkerart.org, Di–So 11–17, Do bis 21
Uhr, $ 10 (Do 17–21 Uhr frei), mit schickem
Museumsladen sowie* **20.21 Restaurant &
Bar** *und* **Gallery 8 Café**, *beide unter der
Regie des österreichischen Gastronomen Wolf-
gang Puck.*

Den gegenüberliegenden, zum Museum
gehörigen **Minneapolis Sculpture Garden (5)** kann man nicht übersehen. Er ist
mit über 40 Skulpturen einer der größten
der USA. Sozusagen ein Wahrzeichen der
Stadt ist hier die Pop-Art-Skulptur
„**Spoonbridge and Cherry**" – ein Löf-
fel mit einer Kirsche darauf – von *Claes Ol-
denburg*. Im Park befindet sich auch das
Cowles Conservatory, ein Glasge-
wächshaus mit einer kleinen botanischen
Sammlung. Hier sticht eine sehenswerte
Stahlskulptur, genannt „**Standing Glass
Fish**", von *Frank Gehry* ins Auge.
Minneapolis Sculpture Garden, *gegen-
über dem Walker Art Center, tgl. 6–24 Uhr,
frei.*
Cowles Conservatory, *Minneapolis
Sculpture Garden, Di–Sa 10–20, So 10–17
Uhr, frei.*

*Über 40
Skulpturen*

1883 gründeten 25 Bürger die *Minneapo-
lis Society of Fine Arts* und legten damit den
Grundstein für das heutige **Minneapolis
Institute of Arts (MIA) (6)**. Den ersten
Museumsbau schuf 1915 die renommierte
New Yorker Architekturfirma *McKim,
Mead and White* im klassizistischen Stil. Es
folgten moderne Anbauten, 1974 durch
den Japaner *Kenzo Tange* und 2006 durch

„Spoonbridge and Cherry" im Minneapolis Sculpture Garden

den postmodernen Architekten *Michael Graves*. Im Museum werden rund 100.000 Objekte aller Epochen und von allen Kontinenten in verschiedenen Abteilungen wie *Africa, Oceania, The Americas, Architecture, Design, Decorative Arts & Craft, Sculpture, Asian Art, Paintings & Modern Sculpture, Photographs, Prints & Drawings* sowie *Textiles* ausgestellt. **Minneapolis Institute of Arts (MIA)**, *2400 3rd Ave. S., www.artsmia.org, Di–Sa 10–17, Do bis 21, So 11–17 Uhr, frei.*

Kunstsamm-
lung der Uni

Einen Leckerbissen für Freunde moderner und zeitgenössischer Kunst stellt das **Frederick R. Weisman Art Museum (7)** der **University of Minnesota** dar. Neben Wechselausstellungen sind Teile der permanenten Kunstsammlung der Uni, großteils Werke amerikanischer Künstler aus dem 20. Jh., zu sehen. Das Highlight ist jedoch der Bau selbst, 1993 von keinem Geringeren als *Frank Gehry* entworfen. Die Einheimischen bezeichnen das Gebäude wegen der für *Gehry* typischen Bauweise mit organischen Formen und Stahlplatten als „*exploding silver artichoke*", als aufplatzende silberne Artischoke. Von der Terrasse im zweiten Stock bietet sich eine spektakuläre Aussicht auf den Mississippi und Downtown. Noch bis Ende 2011 ist *Gehry* erneut hier tätig, zuständig für einen Anbau mit fünf neuen Galerien, die u. a. die Keramiksammlung und amerikanische Kunst aufnehmen sollen.
Frederick R. Weisman Art Museum, *333 E. River Rd., www.weisman.umn.edu, Di–Fr 10–17, Do bis 20, Sa/So 11–17 Uhr, frei (bis Ende 2011 wegen Renovierung geschl.).*

Historic Fort Snelling

An die frühe Stadtgeschichte erinnert **Historic Fort Snelling**, ein Steinfort, das zwischen 1819 und 1825 über dem Zusammenfluss von Minnesota River und Mississippi

erbaut worden ist. Nach der Aufgabe des Forts 1858 wurde es ab 1861 als Trainings- *Historischer*
basis der *US Army* wiederbelebt und bis zum Ende des Zweiten Weltkriegs als solche *Militärposten*
genutzt. Als die Bauten in den 1950er-Jahren einer Autobahn Platz machen sollten,
regte sich Widerstand. Auf Druck der Bevölkerung wurde 1960 das Fort restauriert
und unter Denkmalschutz gestellt. Heute betreibt es die *Minnesota Historical Society* als
interessantes Freiluftmuseum, in dem das Leben im Fort des frühen 19. Jh. nachge-
zeichnet wird. Der historische Militärposten liegt im **Fort Snelling State Park**,
einem Stadtpark mit über 25 km Wanderwegen. Im Süden der Twin Cities bildet er
eine Art Pufferzone zwischen den beiden Städten.
Historic Fort Snelling, Hwy. 5/55 *(nahe MN/SP International Airport), www.mnhs.org/
places/sites/hfs, Ende Mai–Anfang Sept. Di–Sa 10–17, So 12–17 Uhr, Sept./Okt. Sa 10–
17 Uhr, $ 10.*

Minnehaha Park – Mississippi National River and Recreation Area

Zwischen Fort Snelling und Downtown Minneapolis (Hwy. 55/Hiawatha Hwy.) liegt
am Westufer des Mississippi mit dem **Minnehaha Park** ein weiterer beliebter Stadtpark. Sein Zentrum markieren 16 m hohe Wasserfälle, die durch ein 1855 entstande-
nes Epos von *Henry Wadsworth Longfellow* „The Song of Hiawatha" unsterblich wurden:
„*In the land of the Dakotahs – where the Falls of Minnehaha – flash and gleam among the
oak-trees – laugh and leap into the valley …*"

Deshalb stehen an den Wasserfällen Statuen von **Hiawatha**, dem indianischen Helden des Epos, das auf Legenden der Ojibwa-Indianer zurückgeht, und seiner Geliebten **Minnehaha**. Im Park befinden sich überdies drei sehenswerte Bauten: das **Minnehaha Depot**, ein kleiner Bahnhof aus dem Jahr 1879 mit dem **Minnesota Transportation Museum**, das **John H. Stevens House**, „*The Birthplace of Minneapolis*",
welches 1849 als erstes Siedlerhaus am Westufer entstanden ist, sowie das **Longfellow House**, das eine verkleinerte Replik des Wohnhauses des Dichters in Massachusetts ist.
Minnesota Transportation Museum, *Hwy. 55/Minnehaha Pkwy., www.mtmuseum.org/
mhdepot.shtml, nur HS: So 14–18 Uhr.*
John H. Stevens House, *4901 Minnehaha Ave., www.johnhstevenshouse.org, im Sommer
13–15 Uhr, $ 2.*
Longfellow House, *4800 Minnehaha Ave., www.nps.gov/miss/planyourvisit/longhous.htm,
Mi–Sa 10–17, So 12–16 Uhr, frei.*

Der Park ist Teil der **Mississippi National River and Recreation Area**. Auch wenn *Naturnahes*
der *National Park Service* – d. h. die Bundesregierung – kaum Land am Mississippi be- *Mississippi-*
sitzt und keine Nationalparks betreibt, versucht man, einen über 110 km langen Ab- *Ufer*
schnitt des Flusses zwischen den Ortschaften Anoka nördlich und Hastings südlich
der Twin Cities als Freizeitareal möglichst naturnah zu erhalten. Über die *Mississippi
National River and Recreation Area* informiert ein eigenes **VC** im Science Museum in
St. Paul (s. dort) ausführlich.
Mississippi National River and Recreation Area VC, *120 Kellogg Blvd. W,
www.nps.gov/miss, tgl. 9.30–21.30 Uhr, frei.*

info

MOA – Einkaufsparadies der Extraklasse

Eine Attraktion wird gleichermaßen von Minneapolis wie St. Paul heiß und innig geliebt: die **Mall of America (MOA)** – zumal sie in keiner der beiden Städte liegt, sondern im südlichen Vorort von Minneapolis **Bloomington**, nahe dem Flughafen. Mit diesem und Downtown Minneapolis ist das Einkaufszentrum per **Light Rail** (s. unten) verbunden.

Jährlich geben über 40 Mio. Besucher aus aller Welt in der 1992 eröffneten Shopping Mall Geld aus, vergnügen sich, kaufen ein und essen hier. MOA ist die **drittgrößte Mall** in Nordamerika – nach der *West Edmonton Mall* in der kanadischen Prärie-Metropole und der *King of Prussia Mall* bei Philadelpia – und nimmt die unvorstellbar große Fläche von derzeit 390.000 m² ein. Wohlgemerkt, derzeit, denn es ist eine Expansion um mehr als das Doppelte geplant!

Die Besucher stehen vor der Qual der Wahl unter mehr als 520 Läden, 50 Restaurants, Attraktionen wie dem *Nickelodeon Universe Indoor Amusement Park* – einem Vergnügungspark mit rund 30 Fahrgeschäften und den bekannten Figuren des TV-Senders *Nickelodeon*, z. B. *Sponge Bob* –, dem *Sea Life Minnesota Aquarium*, einem *LEGO Playland*, Jet-Simulatoren, Kletterwänden und 14 Kinos. Zudem finden das ganze Jahr über Veranstaltungen statt, insgesamt rund 400, für jeden Geschmack und jedes Alter, etwa Konzerte, Autogrammstunden mit Hollywoodstars oder Familienevents.

MOA, *8100 24th Ave. S. (I-494/Exit 2), Bloomington, Mo–Sa 10–21.30, So 11–19 Uhr, Infos: www.mallofamerica.com, mit herunterladbarem Visitor Guide.*

Einkaufszentrum der Superlative: die Mall of America

St. Paul

Ein in die Jahre gekommener *voyageur*, ein ehemaliger französischer Trapper und Händler, hatte nach dem Landabtretungsvertrag zwischen den USA und den lokalen Indianern 1838 ein paar Meilen flussabwärts von Fort Snelling am Ostufer des Mississippi einen Saloon eröffnet. Günstig an einer flachen Furt gelegen, entwickelte sich hier

St. Paul – Downtown

- ★❶ Minnesota State Capitol
- Ⓜ❷ Minnesota History Center
- ▲❸ Cathedral of St. Paul
- ★❹ Summit Avenue
- ★❺ Xcel Energy Center (Sporthalle)
- Ⓜ❻ Science Museum of Minnesota
- ★❼ Landmark Center
- ★❽ City Hall & Ramsey County Courthouse

❶ Unterkunft
1 Covington Inn B&B
2 Holiday Inn River Centre

N

| 0 | | 400 m |
| 0 | | 0,25 mi |

© graphic

schnell ein kleiner Hafenort, den man 1841 nach dem Bau einer Holzkapelle, die dem *Apostel Paulus* geweiht worden war, „St. Paul" nannte.

Die **Wurzeln** des Bundesstaates Minnesota gehen zurück auf den *Louisiana Purchase* 1803. Die riesigen Ländereien zwischen Mississippi, Missouri und den Rocky Mountains wurden zunächst als **Missouri Territory** verwaltet und im Laufe der Zeit in kleinere Parzellen aufgeteilt. So wurde 1849 der nördliche Teil als „Minnesota Territory" ausgewiesen und man wählte St. Paul schon wegen seines Mississippi-Hafens zur ersten Hauptstadt. Diese Funktion behielt die Stadt auch bei, als Minnesota **1858 zum US-Bundesstaat** wurde.

„Gateway to the North-west"

Dank lebhafter Zuwanderung, besonders von Deutschen, wuchs die Stadt schnell heran. Die Ankunft der ersten **Eisenbahn 1862** machte St. Paul zum „**Gateway to the Northwest**" und zur wichtigsten Stadt am Oberlauf des Mississippi. Zur Blütezeit im späten 19. Jh. fuhren 150 Züge durch St. Paul, die meisten von ihnen voll mit Auswanderern, die in Europa ein Ticket nach North Dakota oder Montana erworben hatten. Im Laufe des 20. Jh. wurd es ruhig um die Stadt, dafür boomte das benachbarte Minneapolis und entwickelte sich zur neuen Metropole Minnesotas.

Minnesota State Capitol (1)

Minnesota State Capitol in St. Paul

„St. Paul ist eine wunderschöne Stadt," schwärmte 1882 *Mark Twain* bei einem Besuch. Dabei konnte er damals das prachtvolle **State Capitol** noch gar nicht bewundern. Denn es wurde erst 1895–1905 nach Plänen von *Cass Gilbert*, der u. a. den *US Supreme Court* in Washington, D.C., und das New Yorker *Woolworth Building* geplant hatte, erbaut. Der mächtige Kuppelbau dominiert noch heute das Stadtbild. Das monumentale sakrale Gegenstück ist die *Cathedral of St. Paul*. Sie entstand Anfang des 20. Jh. nach Vorbild des Petersdoms in Rom und stellt die viertgrößte Kirche der USA dar (s. S. 393).

Sehenswert am Minnesota State Capitol ist die größte frei schwebende **Marmorkuppel** mit fast 68 m Höhe und 27 m Durchmesser. Wahrzeichen des Baus ist die ver-

goldete **Quadriga**, deren vier Pferde die Elemente Erde, Wasser, Feuer und Luft symbolisieren, während die beiden Wagenlenkerinnen die wichtigsten wirtschaftlichen Standbeine des Staates darstellen: Industrie und Landwirtschaft. Sehenswert im Inneren sind der **Governor's Reception Room** und die beiden Parlamentssitzungssäle.
Minnesota State Capitol, *Aurora Ave., Mo–Fr 9–16, Sa 10–15, So 13–16 Uhr, frei.*

Minnesota History Center (2)

Zu Füßen des State Capitols fällt ein mächtiger Bau ins Auge, der komplett aus lokalen Materialien erbaut wurde: das **Minnesota History Center**. Es gibt auf unterhaltsame Weise Einblick in die Geschichte der Region von den Indianern bis zur Moderne. Dabei durchläuft der Besucher mehrere Abteilungen, die mit multimedialen Ausstellungen u. a. über die Staatsgeschichte, verschiedene ethnische Gruppen oder Einzelaspekte aus Geschichte und Kultur des Staates informieren. Dabei zeigt das Center regelmäßig Wechselausstellungen aus dem großen Fundus der Sammlung.
Geschichte und Kultur der Region

Minnesota History Center, *345 Kellogg Blvd., www.minnesotahistorycenter.org, Di 10–20, Mi–Sa 10–17, So 12–17 Uhr, $ 10, mit Laden (schöne MN-Souvenirs) und* **Café Minnesota**.

Cathedral of St. Paul und Summit Avenue

Die **Cathedral of St. Paul (3)** wurde zwischen 1906 und 1915 nach Plänen des Franzosen *Emmanuel Masqueray* erbaut. In dem Bau mit zentraler, 53 m hoher Kuppel haben etwa 5.000 Gläubige Platz. Die sechs Kapellen sind jeweils einem anderen Schutzheiligen der katholischen Kirche gewidmet.
Cathedral of St. Paul, *Summit Ave., tgl. 7.30/8–18 Uhr, kostenlose Touren Mo, Mi, Fr 13 Uhr.*

Die Kathedrale steht am Anfang der **Summit Avenue (4)**, der architektonischen Prachtstraße der Stadt. Entlang einer etwa 6 km langen Strecke ist die größte Ansammlung von Privatvillen in den USA zu sehen, erbaut zwischen den 1850er- und 1880er-Jahren in verschiedenen viktorianischen Stilen. Von innen zu besichtigen ist nur das **James J. Hill House**, 1891 als geräumiges Wohnhaus aus rotem Sandstein im Renaissancestil für den Besitzer der *Great Northern Railway*, einem der zehn reichsten Männer der USA, errichtet. Vom Haus starten auch Walking-Touren entlang der Allee. Doch nicht alle waren begeistert von den hier versammelten Prachtbauten. Der berühmte Architekt *Frank Llyod Wright* meinte einmal dazu, es sei „die schlechteste Ansammlung an Architektur in der Welt".
Viktorianische Prachtbauten

James J. Hill House, *240 Summit Ave., www.mnhs.org/places/sites/jjhh, Mi–Sa 10–15.30, So 13–15.30 Uhr, $ 8, Touren Summit Ave. Sa 11 und 14, So 14 Uhr, $ 10.*

Downtown St. Paul

Südlich der beiden repräsentativen Bauten, State Capitol und Cathedral, breitet sich Downtown St. Paul mit dem **RiverCenter Convention Complex** und dem **Xcel**

Energy Center (5) am Ufer des Mississippi aus. Die Innenstadt durchlief in den letzten Jahren eine Revitalisierung und hat seither enorm an Attraktivität zugelegt. Neben dem neuen **Science Museum of Minnesota (6)** am Ufer des Mississippi, das mit Abteilungen wie „Body Worlds" oder „King Tut" unterhaltsam in die Welt der Wissenschaften einführt, ist das Xcel Energy Center der dominante Bau im Stadtzentrum. Hier sind die **Minnesota Wild** zu Hause, das heiß geliebte Profi-Eishockeyteam. Darauf ist St. Paul besonders stolz, denn Eishockey ist in Minnesota Nationalsport. Ein Beleg dafür ist auch die Tatsache, dass in den Twin Cities jeden Januar die WM im „**Pond Hockey**" – das größte Freiluft-Eishockeyturnier der Welt auf einem zugefrorenen See – stattfindet.

Heiß geliebtes Eishockey

Science Museum of MN, *120 Kellogg Blvd. W, www.smm.org, tgl. 9.30–21.30 Uhr, $ 11, mit Omnitheater $ 17, Museumsladen und Cafeteria, mit* **Mississippi National River and Recreation Area VC** *(www.nps.gov/miss).*

Zentraler Platz in Downtown ist der neben dem RiverCenter Convention Complex gelegene **Rice Park**. Hier steht seit 1902 das schlossartige *Old Federal Courts Building*, das heute als **Landmark Center (7)** als Kulturzentrum fungiert und mehrere kleinere Kunstsammlungen wie das **Schubert Club Museum of Musical Instruments** beherbergt.

Landmark Center, *75 W. 5th St., www.landmarkcenter.org (mit Infos zu Öffnungszeiten und zu den verschiedenen Sammlungen).*

👉 Hinweis

Das **Minnesota Museum of American Art** *(Verwaltung derzeit im Landmark Center), veranstaltet im Moment nur sporadisch Ausstellungen und Veranstaltungen. Für die interessante Sammlung amerikanischer Kunst des 19. und 20. Jh. mit Schwerpunkt lokale Künstler wird derzeit nach einem neuen Standort gesucht. Infos: www.mmaa.org.*

Blick auf Downtown St. Paul

Zu den weiteren sehenswerten Bauten der Stadt gehört schließlich auch das 1932 errichtete **City Hall & Ramsey County Courthouse (8)** (15 W. Kellogg Blvd. W), das sich als Art-déco-Meisterwerk am Mississippi-Ufer nahe Rice Park und Science Museum erhebt.

State of Hockey

info

Nicht nur im „Mutterland des Sports", in Kanada, ist **Eishockey** ein Volkssport. Im Bundesstaat Minnesota scheint jedes Kind mit Schlittschuhen und Schläger auf die Welt zu kommen. Man wird seinem Ruf als „**State of Hockey**", als „Heimat des Eishockey", voll und ganz gerecht, nicht nur weil zwischen Oktober und April überall gespielt wird, auch auf zugefrorenen Seen, sondern auch, weil fast 200 Eisarenen – so viele wie in keinem anderen Bundesstaat – zur Verfügung stehen.

Pond Hockey ist in Minnesota ein alters-, geschlechts- und klassenübergreifendes Phänomen. Da Körpereinsatz verboten ist und man nur Schlittschuhe und Schläger braucht, kann jede(r) mitmachen. Zugefrorene Flächen gibt es zuhauf und so ist die Urform des Eishockeys, wie sie Indianer und frühe Siedler im Freien praktizierten, hier noch weit verbreitet. Höhepunkt der Saison ist die **US-Meisterschaft**, die auf einem See in der Metropole Minneapolis ausgetragen wird. An die 200 Teams stehen sich dann an einem Januar-Wochenende auf über 20 Spielfeldern gegenüber.

Bei Highschool-Hockey-Spielen sind Tausende von Fans keine Seltenheit, die Universitätsmannschaften wie die **University of Minnesota** in Minneapolis oder der Ableger der **University of MN at Duluth** locken weit mehr Zuschauer in ihre Eis-Arenen. Die Mannschaft, die jedoch alle *Minnesotans* gleichermaßen in den Bann zieht, sind die **Minnesota Wild**, die seit 2000 in der NHL *(National Hockey League)* spielen, der besten Eishockeyliga der Welt. Bei Heimspielen ist das topmoderne **Xcel Energy Center** in der Bundeshauptstadt St. Paul bis auf den letzten der 18.568 Plätze ausverkauft.

Nicht nur Minnesota ist eine Eishockey-Hochburg, auch im benachbarten North Dakota ist „Hockey" Nationalsport. Doch während sich in Minnesota die Gunst der Fans auf viele Teams verteilt, fiebern die *North Dakotans* nur mit einer Mannschaft mit, der Studentenauswahl der **University of North Dakota**. Das UND-Team nannte sich bis 2011 „Fighting Sioux", muss aber jetzt aus Gründen der *Political Correctness* auf diesen Spitznamen verzichten. UND, beheimatet in Grand Forks (s. S. 409), zählt zu den besten und mit sieben errungenen Meisterschaften auch erfolgreichsten Teams im sogenannten **College Hockey**.

Fristet Universitätssport hierzulande ein eher tristes Dasein als Randsportart, fesselt in den USA „**College Sport**" Millionen sportbegeisterter Zuschauer. Wenn beispielsweise die Football-Studententeams der Universitäten von Texas oder Oklahoma ihre Heimspiele austragen, zieht es fast 90.000 Fans in die Stadien auf dem Campus. Basketball ist ebenfalls ein beliebter *College Sport* und manches Bas-

info

ketball-Uniteam lockt mehr Zuschauer an als die hochdotierten Profis der NBA *(National Basketball Association)*. Auch im Universitäts-Eishockey – *College Hockey* genannt – haben sich Hochburgen wie North Dakota und Minnesota herausgebildet, die, was Umfeld und Zulauf angeht, mit den Profiligen mithalten können.

Minnesota, State of Hockey

 Information
www.minnesotahockey.org (Eishockey im „State of Hockey") und **www.wild.com** (Webpage der *Minnesota Wild*); **www.uspondhockey.com** (Pond Hockey).

 Filmtipp
Ein interessanter Film über das Phänomen Eishockey ist zu sehen unter **www.pondhockeymovie.com**.

 Lesetipp für Kinder
Andrew Sherburne, **Ben and Lucy Play Pond Hockey** (2011, z. B. über Amazon zu beziehen).

Reisepraktische Informationen Twin Cities/MN

 Information
Meet Minneapolis, *VC im Convention Center, 1301 2nd Ave. S, Mo–Fr 11–14, 14.30–18 Uhr, www.minneapolis.org.*
St. Paul Downtown VC, *Landmark Center, 75 W. 5th St., Mo–Sa 10–16, So 12–16 Uhr, www.visitsaintpaul.com.*
Bloomington: *www.bloomingtonmn.org.*

Unterkunft
Minneapolis
Chambers Hotel $$$$ (1) *(Karte Minneapolis – Downtown, S. 386), 901 Hennepin Ave., Minneapolis, ☎ (612) 767-6900, www.lemeridienchambers.com. Schickes, künstlerisch gestaltetes Boutiquehotel im Hennepin Theatre District mit 60 eleganten und luxuriösen Zimmern. Dazu gehört das empfehlenswerte Lokal* **D'Amico Kitchen**.
W Minneapolis – The Foshay $$$$ (2) *(Karte Minneapolis – Downtown, S. 386), 821 Marquette Ave., Minneapolis, ☎ (612) 215-3700, www.starwoodhotels.com/whotels. In*

einen historischen Art-déco-Wolkenkratzer aus den 1920er-Jahren, den Foshay Tower, einst Minneapolis' höchster Bau, ist ein W (Boutique-)Hotel eingezogen, mit **Manny's**, einem der besten Steakrestaurants im Westen, und der **Prohibition Bar**.

St Paul

Holiday Inn River Centre $$–$$$ (2) *(Karte St. Paul – Downtown, S. 391), 175 W. 7th St., St. Paul,* ☏ *(651) 225-1515, www.holidayinn.com. Zentral und gleich gegenüber der Eishockey-Arena Xcel Energy Center gelegenes Hotel der bekannten Kette mit geräumigen Zimmern.*

Covington Inn B&B $$$ (1) *(Karte St. Paul – Downtown, S. 391), 100 Harriet Island Rd. B6, St. Paul,* ☏ *(651) 292-1411, www.covingtoninn.com. Ungewöhnliches B&B mit vier gut ausgestatteten Suiten auf dem historischen Schleppkahn „Covington".*

 ## Restaurants
Minneapolis

112 Eatery (1) *(Karte Minneapolis – Downtown, S. 386), 112 N. 3rd St., Minneapolis,* ☏ *(612) 343-7696. Isaac Beckers Restaurant zählt zu den besten in den Twin Cities mit kreativen – und relativ preiswerten – Gerichten in gemütlichem Ambiente.*

Dave's Downtown Restaurant (4) *(Karte Minneapolis – Downtown, S. 386), 900 2nd Ave., tgl. 6.30–14 Uhr. Ideal zum ausgiebigen Frühstück oder Lunch. Handfeste Kost, preiswert.*

D'Amico Kitchen, *im Chambers Hotel (s. oben),* ☏ *(612) 767-6960, sowie in der Walker Art Gallery:* **Gather by D'Amico**. *Ein weiteres Toplokal mit italienischer Küche, das Minneapolis' Ruf als kulinarische Hochburg manifestiert. Frühstück, Lunch und Dinner sowie Brunch an Wochenenden.*

Dakota Jazz Club & Restaurant (3) *(Karte Minneapolis – Downtown, S. 386), 1010 Micollet Mall, Minneapolis,* ☏ *(612) 332-1010. Ausgezeichnete Küche mit Schwerpunkt auf regionalen Gerichten des Mittleren Westens; gleichzeitig beliebte Jazzkneipe (s. unten).*

Spoonriver (2) *(Karte Minneapolis – Downtown, S. 386), 750 S. 2nd St., Minneapolis (Riverfront),* ☏ *(612) 436-2236. Chefin Brenda Langton hat am Mississippi ein Lokal eröffnet, das sich der organisch-gesunden Biokost aus saisonalen, lokalen Produkten verschrieben hat.*

St. Paul

Bennett's Chop & Railhouse, *1305 7th St. W., St. Paul,* ☏ *(651) 228-1408. Gemütliches, „fleischlastiges" Lokal, gut sortierte Bar und günstige Happy Hour (Mo–Fr 15–18 Uhr) sowie Daily Specials.*

Twisted Fork Grille, *342 Grand/Hamline Ave., St. Paul,* ☏ *(651) 690-5901. Super-Frühstück (bis 15 Uhr), Lunch und Dinner, toll sortierte Bar, Happy Hour und Gerichte wie „Bison Meatloaf" (Bisonhackbraten) oder „Walleye Fish Cakes" (Fischfrikadellen).*

 ## Einkaufen
MOA – Mall of America, *s. INFO, S. 390.*

Mill City Farmers Market, *Riverfront Minneapolis, Mitte Mai–Ende Okt. jeden Sa stattfindender, großer Bauernmarkt (mit vielen Imbissbuden); www.millcityfarmersmarket.org.*

 ## Tipp
Summit Brewing Co., *910 Montreal Circle, www.summitbrewing.com, Touren Di, Do 13, Sa 10.30 und 13 Uhr, Laden Mo–Fr 8.30–16.30, Sa 10.30–15 Uhr, keine Gastro-*

nomie. Die lokale *Summit Brewing Co.* bietet Brauereitouren und Verkostungen in der modernen, kleinen Brauerei an.

Nachtleben

Die Musikszene der Twin Cities ist legendär, erinnert werden soll etwa an berühmte Musiker aus dem Staat wie Bob Dylan oder Prince. Minneapolis gilt zudem als Jazzhochburg.

Dakota Jazz Club (s. oben), www.dakotacooks.com. Einer der besten Jazzclubs in den USA, bekannt für hochklassige Konzerte, aber auch für gutes Essen; Konzertreihen wie „Live at the Dakota".

Fine Line Music Café, 318 N. 1st Ave., Minneapolis, www.finelinemusic.com. Seit über 20 Jahren Livebands verschiedener Richtungen.

First Avenue, 701 1st Ave., Minneapolis, www.first-avenue.com. Legendäre Musikkneipe/Club, 1970 eröffnet und durch Konzerte und den Film „Purple Rain" von Prince zu landesweitem Ruhm gelangt.

Rossi's Blue Star, 80 S. 9th St., Minneapolis, www.bluestarjazz.com. Beliebtes Steakhouse mit Bühne, auf der Jazzer in intimem Ambiente auftreten.

The Cabooze, 917 Cedar Ave. S, Minneapolis, www.theaftermidnightgroup.com/locations-venues/cabooze. Am Rande des Unicampus gelegener Livemusik-Club, in dem viele lokale Indie-Rock-Bands auftreten.

Minnesota Orchestra, Orchestra Hall, Nicollet Mall, Minneapolis, ☎ (612) 371-5656 www.minnesotaorchestra.org. Unter Leitung des Finnen Osmo Vänskä finden rund 200 Vorstellungen im Jahr statt, dazu das „Sommerfest" (s. unten).

Veranstaltungen

Bloomington Winter und **Sommer Fête** sowie **River Rendezvous** (erinnert an die Tage der Trapper in den 1830–1870er-Jahren), Infos: www.ci.bloomington.mn.us.

Festival of Nations, RiverCentre, St. Paul, größte multikulturelle Veranstaltung in MN mit über 90 ethnischen Gruppen, ein Wochenende Anfang Mai, Infos: www.festivalofnations.com.

Grand Old Day (www.grandave.com/grandoldday) ist ein Sommer-Straßenfest in St. Paul mit Konzerten, historischen Vorführungen und anderen Veranstaltungen.

Sommerfest, Peavey Plaza (Downtown Minneapolis), Mitte Juli–Anfang Aug. freie Konzerte des Minnesota Orchestra, aber auch bekannter Bands und Künstler von Jazz bis Broadway-Songs, inkl. „Rheinfest on the Mississippi" (German Day). Informationen: www.minnesotaorchestra.org/sommerfest.

St. Paul Winter Carnival, Rice Park, St. Paul, www.winter-carnival.com. Seit 1886 neben dem Karnevalstreiben Paraden, Rodelwettbewerbe, Eislaufen, Kinderfest und Eisskulpturen-Wettbewerbe.

Twin Cities Jazz Festival, Peavey Plaza (Downtown Minneapolis) und Mears Park (St. Paul, Lowertown Neighborhood), Ende Juni findet das größtes Jazz-Event im Mittleren Westen mit bis zu 75.000 Besuchern statt, Infos und Tickets: www.hotsummerjazz.com.

U.S. Pond Hockey Championships, Ende Jan. auf dem Lake Nokomis nahe dem Minneapolis/St. Paul International Airport. Infos: www.uspondhockey.com.

Zuschauersport

Minnesota Timberwolves (NBA – Basketball), Spiele Nov.–April im **Target Center** (Downtown Minneapolis), www.nba.com/timberwolves.

Minnesota Twins (MLB – Baseball), Spiele April–Okt. im neuen **Target Field** (Downtown Minneapolis), http://minnesota.twins.mlb.com.

Minnesota Vikings *(NFL – American Football), Spiele Sept.–Jan. im* **Hubert H. Humphrey Metrodome** *(Downtown Minneapolis), www.vikings.com.*
Minnesota Wild *(NHL – Eishockey), Spiele Okt.–April im* **Xcel Energy Center** *(Downtown St. Paul), www.wild.com.*

Touren

Fahrten auf dem Mississippi werden sowohl von St. Paul als auch von Minneapolis aus angeboten, z. B. mit:
Padelford Riverboats, *Padelfords Landing, Harriet Island (Dr. Justus Ohage Blvd.), St. Paul, www.riverrides.com, ab $ 16. Das Unternehmen betreibt seit 1958 auch das* **Centennial Showboat** *mit eigenem Theater.*
Minneapolis Queen, *Boom Island Park (Riverfront, 700 Sibley St. NE), Minneapolis, www.twincitiescruises.com. Fahrten (ab $ 17,50) mit einem Paddlewheeler auf dem Mississippi.*

Flughafen

Die Twin Cities sind idealer Ausgangs- bzw. Endpunkt einer Reise in den Mittleren Westen. Der Flughafen ist ein **wichtiger Knotenpunkt von Skyteam**, *dem Zusammenschluss großer Fluggesellschaften wie Delta und Air France/KLM. Zahlreiche Flüge aus Europa landen hier, günstig ist z. B. die Verbindung* **Amsterdam–Minneapolis**, *da es täglich mehrere Flüge gibt.* **Infos**: *www.mspairport.com.*
Der **Minneapolis-St. Paul International Airport** *(s. Karte Twin Cities, S. 384) liegt im Süden der Twin Cities, nahe dem Zusammenfluss von Minnesota River und Mississippi, am Hwy. 5. Die I-454, die Stadt-Ringautobahn, führt weiter in alle Richtungen. Der Flughafen ist durch die* **Hiawatha Light Rail**, *einer Straßenbahnlinie, mit der Mall of America und der Innenstadt von Minneapolis verbunden.*
Autovermietungen *unterhalten am Flughafen ihre Filialen (kostenlose Shuttlebusse vom Ankunftsbereich zu den Parkplätzen).*

Nahverkehr

Eine Straßenbahnlinie, die **Hiawatha Light Rail**, *verbindet MOA, den Flughafen und die Innenstadt von Minneapolis (bis Target Field) miteinander. In der Innenstadt von Minneapolis kann man auf ein Auto verzichten und die Tram benutzen; auch St. Paul ist überschaubar und lässt sich sogar teils gut zu Fuß erkunden. Derzeit ist eine zweite Light Rail-Linie (Central Corridor) im Bau; sie soll ab 2014 die beiden Innenstädte verbinden.*
Infos: *www.metrotransit.org/light-rail.aspx.* **Tickets**: *$ 1,75 bzw. während des Berufsverkehrs 6–9, 15–18.30 Uhr, $ 2,25, Tageskarte $ 6.*

 Hinweis zur Route

Von den Twin Cities folgt man dem Minnesota River nach Westen. Zunächst geht es auf dem **Hwy. 169** immer am Fluss entlang in südwestliche Richtung, bis ins Städtchen **Mankato**. Dort biegt der Fluss nach Westen um und der Hwy. 68 folgt ihm zur nächsten Station, **New Ulm**.

Minnesota River Valley

Startpunkt für viele deutsche Siedler auf ihrer Reise in den Mittleren Westen bzw. an die Pazifikküste war nicht New York, sondern Chicago. Auch ein gewisser *Frederick Beinhorn* war dort angekommen und hatte mit anderen Deutschen 1853 die **Chicago Land Society** gegründet. Ziel dieser Gruppe war es, in den Weiten der Prärie sozialistisch organisierte deutsche Mustersiedlungen aufzubauen. Den ersten Versuch startete man 1854 im fruchtbaren Tal des Minnesota River mit der Ortschaft **New Ulm**. Der Lage war geschickt gewählt worden, denn anders als sonst im Südwesten von Minnesota, wo eintönig wirkende Prärie die Landschaft prägt, hat sich hier der Minnesota River ein bewaldetes Tal in die Grasebene gegraben, dessen Fruchtbarkeit landwirtschaftlich genutzt werden konnte. Infos: www.exploresouthernminnesota.com.

Deutsche Muster-siedlungen

New Ulm

Schlendert man heute durch die beschauliche Innenstadt von New Ulm/MN, sind deutsche Traditionen, Schriftzüge und Namen noch präsent. Und nicht ohne Grund bezeichnet man sich als „**Most German City in the USA**". Doch im Unterschied zu vielen anderen *German Towns* in den USA widersetzt sich New Ulm energisch allen Versuchen, ein „deutsches Disneyland" zu werden. Deshalb werden deutsche Traditionen hier nicht oberflächlich im Älplerlook mit Schnitzel und Sauerkraut, Lederhosen und Blasmusik demonstriert, sondern finden sich tief verwurzelt in den Menschen, die hier leben, und wollen entdeckt werden.

1854 hatte eine deutsche Vorhut der *Chicago Land Society*, die das Land erkunden sollte, begeistert von der Gegend als perfektem Siedlungsort berichtet. Fortan wurden verstärkt deutsche Siedler angeworben, denn der Ort sollte gezielt zur „**German Utopia**", zur Mustersiedlung, ausgebaut werden. Zu den ersten Siedlern, die meist aus dem Südwesten Deutschlands kamen – daher der Name „New Ulm" –, gesellten sich weitere Einwanderer, vermittelt durch die *Turner Colonization Society of Cincinnati*, die mit der *Chicago Land Society* zusammenarbeitete. Die Ortschaft wuchs schnell heran, begann sich selbst zu versorgen und unterhielt einen wichtigen Flussschifffahrtshafen.

Doch lange sollte das Idyll in den Weiten der Prärie nicht bestehen. Im Sommer des Jahres 1862 ging der Traum von *German Utopia* buchstäblich in Flammen auf, da der Ort während des **Dakota-Indianer-Aufstands** (s. INFO unten) zerstört wurde. Zwar bauten die Deutschen nach Ende des Konflikts – die Indianer mussten vor der militärischen Übermacht der Bundestruppen kapitulieren – ihr Städtchen wieder auf, doch von einer Mustersiedlung konnte nicht mehr die Rede sein. Immerhin blühte die Siedlung wieder auf und mauserte sich zu einem gemütlichen Städtchen mit gut 13.000, überwiegend deutschstämmigen Einwohnern.

Verheerender Indianer-Aufstand

Die Lage am Minnesota River machte aus New Ulm eine bedeutende **Mühlenstadt**, nach Buffalo (New York) und Minneapolis war sie einmal die drittwichtigste der USA. Als *John Lind* aus New Ulm 1899 zum Gouverneur gewählt wurde, erlebte die kleine Stadt eine Blüte. Die Ära der Mühlen ist längst vorbei, doch in letzter Zeit hat man den

Reiz des Flusses wiederentdeckt und eine Uferpromenade und Grünanlagen angelegt. Um den Tourismus anzukurbeln und Besucher anzulocken, nennt man sich stolz „**City of Charm and Tradition**". Dabei sind die deutschen Wurzeln noch in der Architektur oder in Sachen Sauberkeit und Ordnung zu merken und gibt es zahlreiche typische Festivals, deutsche Läden und Lokale.

Der Beginn der Sioux-Kriege

Erbost über fortwährende Vertragsbrüche und wachsenden Siedlungsdruck hatten sich die Dakota-Indianer, eine der drei Hauptgruppen der als „Sioux" bekannten Prärieindianer (s. INFO S. 427), zur Wehr gesetzt. 1838 und ein zweites Mal 1851 hatten sie schließlich mit der US-Regierung Verträge geschlossen, die ihnen ihre Heimat am Oberlauf des Minnesota River rechtlich zusicherte, doch seither wurde ihr Land von Siedlern und Bodenspekulanten überrannt und immer mehr reduziert.

Als „**Dakota Uprising**" ging der Aufstand der Dakota 1862 in die Geschichtsbücher ein. Ihr Versuch, ein Leben als sesshafte Bauern zu führen, war an Missernten und der mangelhaften Versorgung durch die Regierung und deren Ingoranz gescheitert. „Sie sollten doch Gras essen", hat angeblich einer der weißen Beamten verächtlich geäußert. Obwohl Anführer der Dakota wie **Little Crow** *(Taoyateduta)* militärische Aktionen ablehnten, begannen im Sommer 1862 erste Übergriffe, die schnell entgleisten und zu **heftigen Kämpfen** führten. Am Ende sollen 500 bis 800 Siedler, Soldaten und eine unbekannte Zahl an Indianern ums Leben gekommen sein. Nach sechswöchigem Feldzug der überlegenen US-Truppen wurden die Dakota dann besiegt und in eine Reservation nach South Dakota deportiert. 392 Indianer landeten vor Militärtribunalen und 303 wurden kurzerhand zum Tode verurteilt.

Viele Minnesotans empörten sich über das **willkürliche Vorgehen des Militärs**. Besonders der Bischof der Episkopalkirche, *Henry Benjamin Whipple*, protestierte und fuhr sogar nach Washington, D.C., zu Präsident *Abraham Lincoln*. *Whipple* konnte zwar für die meisten Verurteilten ein Gnadenersuch bewirken, doch am 26. Dezember 1862 wurden in der **größten Massenexekution** der US-Geschichte 38 der Verurteilten gehängt.

Die von den US-Behörden als Abschreckung gedachte Verurteilung und Vertreibung der Dakota sollte Folgen haben. Dem Militär unterlief nämlich ein schwerwiegender Fehler: Bei dem Versuch flüchtige Dakota zu stellen, hatten die US-Truppen weit im Westen, im heutigen North Dakota, im Sommer 1864 ein Lakota-Sioux-Dorf am Fuße der Killdeer Mounains angegriffen und somit das Fass zum Überlaufen gebracht. Die Lakota, der kämpferischste der drei Sioux-Unterstämme, die den Weißen schon immer skeptisch gegenüberstanden, sollten sich in der Folge, bis Ende des 19. Jh., vehement gegen die Weißen zur Wehr setzen. Als „**Sioux Wars**" sind diese Kämpfe der Indianer um ihre Heimat zwischen dem Aufstand 1862 und dem Massaker bei *Wounded Knee* (South Dakota) im Winter 1890 in die Geschichte eingegangen.

info

Das Hermann Monument in New Ulm

Das Hermann Monument

Über die Stadt wacht seit 1897 der legendäre Cheruskerfürst *Arminius*, dessen Germanenheer im Jahr 9 n. Chr. die römischen Legionen des *Varus* in den Wäldern Norddeutschlands vernichtend geschlagen hatte. Mit über 30 m Höhe überragt das „Hermannsdenkmal" die Prärie im Südwesten Minnesotas. „*Hermann the German*" dient zugleich auch als Symbol für die deutsch-amerikanische Freundschaft. Die zweitgrößte Bronzestatue der USA nach der *Statue of Liberty* in New York soll wegen ihrer Besonderheit und Bedeutung in naher Zukunft zum *National Monument* erklärt werden. Erbauen ließen es die *Sons of Hermann*, ein Verein deutschstämmiger US-Bürger, die damit Ende des 19. Jh. auf die Bedeutung deutscher Siedler in der US-Geschichte aufmerksam machen wollten.

Hermann Monument, *10 Monument St., www.hermannmonument.com, Ende Mai–Anfang Sept. tgl. 10–19 Uhr, im Okt. nur Fr/Sa, $ 2.*

Weitere Attraktionen

Glocken-spielturm

Weitere Attraktionen in New Ulm sind ein fast 13 m hohes **Glockenspiel**, einer der seltenen freistehenden Glockenspieltürme der Welt, außerdem das **German-Bohemian Immigrant Monument** *(German St./2nd. St. N.)* von 1991, das eine Siedlerfamilie zeigt. Im Jahr 1893 wurde die **Cathedral of the Holy Trinity** *(605 N. State St.)* erbaut.

Glockenspiel, *Minnesota St./4th St. N. (Downtown), tgl. 12, 15, 17 Uhr.*

Das **John Lind House** – der schwedisch-gebürtige Immigrant fungierte als Minnesotas 14. Gouverneur – stammt aus dem Jahr 1887.

John Lind House, *622 Center St., www.thelindhouse.com, Touren im Sommer 13–16 Uhr, April/Mai, Sept./Okt. nur Fr–So, $ 2.*

Das **Brown County Historical Museum** informiert über die Geschichte der deutschen Besiedlung. Es befindet sich im optisch an deutsche Ämter erinnernden Postamt von 1910.

Brown County Historical Museum, *2 N. Broadway, www.browncountyhistorymn.org, Mo–Fr 9–16, Sa 13–17 Uhr, $ 3.*

Die **August Schell Brewing Company** war 1860 von *August Schell* gegründet worden und gilt nach der *Yingling Brewery* in Pennsylvania als zweitälteste noch immer betriebene Familienbrauerei in den USA. Die Brauerei liegt malerisch über der Ortschaft am Talrand und betreibt neben einem Laden auch ein kleines Museum zur Firmengeschichte. Nach dem Besuch kann man sich im Garten der alten, nicht zu besichtigenden Gründervilla erholen.

Zweitälteste Brauerei

August Schell Brewing Company, *1860 Schell Rd., www.schellsbrewery.com, Touren Sept.–Mai Fr 15, Sa stündl. 12–16, So stündl. 13–16 Uhr, im Sommer Touren Mo–Fr 13, 14.30, 16 Uhr, Sa/So wie im Winter, $ 3*; **Brewery Gift Shop** *tgl. 11–17 Uhr.*

Reisepraktische Informationen New Ulm/MN

 ### Information
New Ulm CVB, *1 N. Minnesota St., ☎ 1-888-463-9856, www.newulm.com.*

Unterkunft
The Bohemian B&B $$$, *304 S. German St., ☎ (507) 354-2268, www.the-bohemian.com. Romantische viktorianische Villa von 1899, liebevoll renoviert mit fünf Gästezimmern und zwei Suiten sowie Zimmer im ehemaligen Kutschenhaus, inkl. Gourmetfrühstück. Besitzerin Bobbi McCrea ist eine hervorragende Köchin und liebt deutsche Dirndl und Spezialitäten.*

Restaurants
George's Fine Steaks & Spirits, *301 N. Minnesota St., ☎ (507) 354-7440. Nicht nur die Steaks empfehlen sich, das „Prime Rib" ist ein Toptipp; dazu große Auswahl an Bieren und Weinen.*
Veigel's Kaiserhoff, *221 N. Minnesota St., ☎ (507) 359-2071. Wie der Name andeutet, gibt es hier deutsche Spezialitäten von Sauerkraut über Bratwurst bis Schnitzel.*

Einkaufen
Lambrecht's, *119 N. Minnesota St. Großer Geschenkeladen, nette Mitbringsel und Souvenirs, auch Kleidung und Modeschmuck.*
Sven & Ole's Books, *2 N. Minnesota St. Neue und gebrauchte Bücher in gemütlichem Ambiente.*

Veranstaltungen
Bock Fest, *alljährlich im Januar auf dem Gelände der Schell-Brauerei mit Tausenden von begeisterten Bierfreunden (Infos: www.schellsbrewery.com).*
Fasching, *Höhepunkt ist traditionell das Karnevalswochenende vor Aschermittwoch, mit Kostümball und deutschem Essen und Musik, vor allem treten die lokalen „Concord Singers" auf.*
Morgan Creek Jazz Nights, *Musik, Essen und lokaler Wein an Sommerabenden auf dem Gelände der* **Morgan Creek Vineyards**, *Infos: www.morgancreekvineyards.com.*
Oktoberfest, *am 1. und 2. Oktoberwochenende, mit deutschem Essen, Musik u. a. Unterhaltung, Infos: www.newulmoktoberfest.com.*
Christmas City, *die romantische Vorweihnachtszeit beginnt mit einer* **Parade of Lights** *(Lichterumzug) am Freitag nach Thanksgiving (letzte Woche im Nov.).*

Hinweis zur Route

Ein Muss auf der Fahrt nach Westen, zum Missouri, ist ein Abstecher nach **Pipestone**. Von New Ulm führt der Hwy. 14 westwärts. Zunächst lohnt ein Stopp in **Walnut Grove**, wo die Autorin *Laura Ingalls Wilder* ihre Kindheit verbrachte. Berühmt wurde sie durch ihren Roman „Home on the Prairie" („Meine kleine Farm") – dazu gibt es Informationen im **Laura Ingalls Wilder Museum** (330 8th St., www.walnutgrove.org). Wenige Meilen westlich gelangt man von hier auf dem Hwy. 23 nach Pipestone (von New Ulm ca. 105 mi/168 km).

Pipestone und die „Heiligen Steinbrüche"

Pipestone wäre eines von zahlreichen verschlafenen Präriestädtchen mit historischer Main Street und umgeben von Feldern mit Mais oder Sojabohnen bzw. Zuchtfarmen und Weiden für Schweine- und Milchkuhzucht, gäbe es da nicht die nördlich der Ortschaft gelegenen „Heiligen Steinbrüche".

Winnetous Friedenspfeife

„*Dieses Calumet sendet dir Intschu tschuna, mein Vater. Er hat den Ton dazu aus den heiligen Steinbrüchen geholt, und ich habe den Kopf daraus geschnitten.*" – so lautet eine Passage aus *Karl Mays* „**Winnetou I**". Die beiden Helden waren Freunde geworden und nun überreichte *Nscho-tschi, Winnetous* Schwester, schüchtern und verliebt *Old Shatterhand* eine Friedenspfeife als Gastgeschenk. Bekanntlich war *May* nur einmal, als alter Mann, in Nordamerika unterwegs gewesen und nicht über die Niagara-Fälle hinausgekommen, doch sein Wissen über Indianer und den nordamerikanischen Westen bezog er aus Büchern – wie jenem des Malers **George Catlin** (1796–1872) mit dem Titel „Die Indianer Nordamerikas" („*Manners, Customs and Conditions of the North American Indians*", zwei Bände, 1841).

Catlinit-Steinbrüche

Catlin war es gewesen, der als erster Weißer in der Geschichte der Friedenspfeife und ihrer Herkunft nachging. Die Dakota-Indianer hatten ihm nicht nur von der Herkunft der „Heiligen Pfeifen", sondern auch von den „**Heiligen Steinbrüchen**" berichtet. Diese fand *Catlin* 1836 in der Südwestecke Minnesotas und ihm zu Ehren wurde der hier vorkommende Tonstein „**Catlinit**" genannt. Dünne Schichten des durch Spuren von Hämatit rot gefärbten Gesteins lagern bei der Ortschaft Pipestone zwischen dickeren Quarzitstreifen.

Die Steinbrüche sind seit dem 17. Jh. von den Dakota-Indianern kontrolliert und ausgebeutet worden. Als sie in ein Reservat in South Dakota umgesiedelt wurden, verkauften sie in den 1920er-Jahren die Steinbrüche an die Bundesregierung – unter der Auflage, dass der Abbau des Gesteins **zu zeremoniellen Zwecken** ausschließlich den Indianern vorbehalten bliebe. So wurde 1937 das Areal nahe der gleichnamigen Ortschaft als **Pipestone National Monument** unter Schutz gestellt. Bis heute sind spezielle Lizenzen und die Mitgliedschaft in der *Keepers of the Sacred Tradition of Pipemakers*-Gesellschaft nötig, um mit einfachen Werkzeugen in Handarbeit und in kleinen Mengen, in 4–6 m tiefen Gruben den wertvollen Pfeifenstein abbauen zu dürfen.

Über die Pfeifen und die Indianer, aber auch über die kleine unter Schutz gestellten Region um die Steinbrüche – eine der wenigen ursprünglichen und nie landwirtschaftlich genutzten Hochgras-Prärien Nordamerikas – erfährt der Besucher mehr im zugehörigen **Visitor Center**. Hier kann man zugleich indianischen Kunsthandwerkern bei der Arbeit zusehen und sich anschließend im südlich gelegenen „Vereinssitz" und Laden der „Pfeifenmachergilde", dem **Keepers Gift Shop & Gallery** umsehen, betreut von *Bud Johnston*, Chippewa-Indianer und Vorsitzender der Pfeifenmachergilde. **Pipestone National Monument**, *36 Reservation Ave., www.nps.gov/pipe, tgl. 8–17 Uhr, $ 3.*
Keepers Gift Shop & Gallery, *400 N. Hiawatha Ave. (Zufahrtstraße zum National Monument), www.pipekeepers.org.*

„Pfeifenmachergilde" und Bud Johnston

Reisepraktische Informationen Pipestone/MN

Information
Pipestone Area Chamber of Commerce, *117 8th Ave SE*, ☎ *(507) 25-3316, www.pipestoneminnesota.com.*

Unterkunft
Historic Calumet Inn, *104 W. Main St.*, ☎ *(507) 825-5871, www.calumet inn.com. 40 Zimmer in einem historischen Hotel von 1888, das inzwischen unter Denkmalschutz steht. Vom Komfort her modernen Zeiten angepasst, aber dennoch typisches „Wildwest"-Flair.*

Restaurants
Historic Calumet Restaurant, *im gleichnamigen Hotel (s. oben), vom Frühstück über einen Imbiss bis zum Abendessen gibt es hier gute, regionale und preiswerte Kost.*
Lange's Café, *Hwy. 75/23. Seit 1956 betrieben ist dieser klassische Diner eine Institution an der Durchgangsstraße. Hierher gehen die Locals vor allem wegen des üppigen Frühstücks, aber es gibt auch Lunch und Dinner.*

Veranstaltung
Keepers Traditional Powwow, *letztes Wochenende im Juli. Großes Tanzfest der Indianer mit „Land of the Love Rendezvous" (Re-enactment der Zeit der Trapper), Infos: www.pipekeepers.org.*

Bud Johnston, Vorsitzender der indianischen Pfeifenmachergilde

Red River of the North

Redaktionstipps

Übernachten
➤ ein ungewöhnliches Boutiquehotel mit luxuriöser Eleganz ist in Fargo/ND das **Hotel Donaldson** (S. 408)

Essen und Trinken
➤ zum Hotel Donaldson (s. oben) in Fargo/ND gehören das **HoDo Restaurant** und die **HoDo Lounge**, deren Spezialität Bison-Steaks sind (S. 409)

Einkaufen
➤ ein Paradies für Sportler und Naturfreunde sind die riesigen Freizeitsportgeschäfte **Scheels** in Fargo/ND (S. 407, 409) und **Cabela's** in East Grand Forks/MN (S. 411)

Heute quert der **US Hwy. 75**, der **King of Trails** (**KT**), von Galveston/TX das Zentrum Nordamerikas in Süd-Nord-Richtung bis hinauf ins kanadische Winnipeg. Schon 1917 als Überlandroute angelegt, geht der KT auf alte indianische Verbindungsrouten zurück, die später die ersten Siedler mit ihren Ochsengespannen nutzten. Inzwischen ist die Strecke gut ausgebaut und bietet auf der Fahrt von Pipestone nach Norden ein Stück beschauliches, ländliches Amerika, kleine Orte, Farmland und erhaltene Abschnitte der **Tallgrass Prairie**.

Kurz vor den Twin Cities Fargo/Moorhead lohnt ein Stopp an der **Fort Abercrombie State Historic Site**, auf der Westseite des Red River bereits in North Dakota gelegen. Als „**Gateway to the Dakotas**" war dies der erste Militärposten in den Dakotas, 1857 errrichtet. Sechs Wochen lang hatten die Dakota wärend des Aufstandes 1862 (s. INFO S. 401) das Fort belagert, ohne den Posten einnehmen zu können. Damals war der Stützpunkt mit einer Palisade umgeben, die später fiel, als das Fort nur noch als Versorgungsstation für die weiter westlich errichteten Militärposten diente. 1877 wurde es aufgegeben und großteils abgetragen. Teile davon wurden 1939/40 rekonstruiert. Heute kann man sich auf dem Gelände einen Eindruck von der Landschaft ringsum verschaffen, einige Bauten und ein interessantes Museum im VC besichtigen.
Fort Abercrombie SHS, *Abercrombie/ND, Hwy. 75, http://history.nd.gov/historicsites/ abercrombie/index.html, Mai–Sept. tgl. 9–17 Uhr, $ 7.*

Fargo und Moorhead

Deutsche und Skandinavier sind es, die den Westen Minnesotas und vor allem North Dakota prägen. Auf ein erstes eindrucksvolles Relikt der skandinavisch-stämmigen Minnesotans stößt man im Tal des **Red River of the North**, in den „**Other Twin Cities**", Moorhead/MN und Fargo/ND.

Nachgebautes Wikingerschiff

In **Moorhead** befindet sich direkt am Ostufer des Red River das **Hjemkomst Center**, dessen Attraktion ein nachgebautes Wikingerschiff ist. Der in der Schulverwaltung tätige *Robert Asp* hatte zusammen mit seinen Kindern in den späten 1970er-Jahren dieses Schiff nach Originalvorbild gebaut, um damit in die Heimat seiner Vorfahren, nach Norwegen, zu segeln. Zwar starb er vor Fertigstellung des Bootes, doch seine Kinder begaben sich 1982 auf die lange Fahrt von Duluth nach Bergen – ein abenteuerlicher Trip, wie ein Film im Museum zeigt.

Mit etwa 38.000 Einw. ist das 1871 gegründete Moorhead am Ostufer des Red River der kleinere Teil der Twin Cities. Zweite Attraktion neben dem Hjemkomst Center ist der nebenan gelegene Nachbau einer norwegischen **Stave Church**, einer pagodenartig hohen „Stabkirche" ganz aus Holz. Sie wurde von einem pensionierten Schreiner als detailtreue Replik der *Hopperstad Stave-Kirche* in Vik aus dem 12. Jh. erbaut. Heute gibt es selbst in Norwegen keine 30 Originalbauten dieses Bautyps mehr.
Hjemkomst Center, *202 1st. Ave. N, Moorhead, www.hjemkomstcenter.com, Mo–Sa 9– 17, Di bis 21, So 12–17 Uhr, frei. Im selben Bau befindet sich eine Infostelle des Chamber of Commerce of Fargo Moorhead.*

Zusammen mit dem ebenfalls 1871 gegründeten **Fargo**, der Schwesterstadt (ca. 105.500 Einw.) am westlichen Ufer des Red River und damit schon in North Dakota gelegen, bildet Moorhead die größte Metropolregion im Nordwesten der USA zwischen Minneapolis und Spokane/Washington. Seit der Besiedlung des fruchtbaren Red-River-Tals in den 1820er-Jahren blüht diese Region als **Agrarzentrum** auf. Neben Getreide sind es besonders Zuckerrüben, die hier großflächig angebaut und geerntet werden. Im übrigen Amerika wird Zucker vor allem aus Zuckerrohr gewonnen.

Agrarzentrum des Nordens

Die Landwirtschaft steht auch im September in Fargo bei der „**Big Iron Farm Show**" im Mittelpunkt, einer der größten Landwirschaftsmessen Nordamerikas. Neben Maschinen von hierzulande unbekannten Dimensionen werden u. a. Zuchtvieh und Saatgut bei verschiedensten Demonstrationen gezeigt. An Verkaufsständen wird u. a. Kunsthandwerk und Kulinarisches angeboten.

Fargo wartet mit **Scheels** mit einem weiteren Superlativ auf: Das angeblich größte Sportfachgeschäft der Welt mit Hauptsitz in Fargo bietet auf zwei Stockwerken alles für Freizeitsportler und Naturfreunde sowie eine Schieß- und eine Golfanlage. Mitten im Laden steht ein Riesenrad und bei **Gramma Ginna's** kann man einen Imbiss einnehmen. Der 1902 als Eisenwarenhandlung gegründete Laden verkaufte seit den 1950er-Jahren auch Sportzubehör, stellte aber erst 1989 sein Sortiment komplett auf Sportartikel um. Mittlerweile gibt es 23 Filialen in acht Staaten, vor allem im Mittleren Westen.

Rund um den **Broadway** schlägt das Herz der Stadt. Hier erheben sich das 1894 erbaute **Hotel Donaldson** und daneben das **Fargo Theater**, ein reno-

Scheels in Fargo – ein Sportladen, wie man ihn selten sieht

Fargo Theater in Downtown Fargo

viertes Art-déco-Kino aus den 1920er-Jahren. Lohnend ist ein Besuch im **Plains Art Museum**. Das Museum in einem umgebauten Lagerhaus zeigt neben moderner Kunst (Schwerpunkt regionale Künstler) viele Sonderausstellungen.

Plains Art Museum, 704 1st. Ave. N., www.plainsart.org, Di–Fr 11–17, Do bis 20, Sa 10–17, So 13–17 Uhr, $ 5, mit empfehlenswertem **Café Muse**.

Ebenfalls in eines der renovierten alten Lagerhäuser (1st Ave. N./Roberts St. N.) ist eine Abteilung der lokalen **North Dakota State University** (NDSU) eingezogen. Die NDSU hat damit einen Schritt in Richtung Wiederbelebung der Innenstadt getan und plant nun, weitere alte Bauten umzubauen und neue zu errichten.

Im Westen der Stadt erstreckt sich neben den *Red River Valley Fairgrounds* das **Freiluftmuseum Bonanzaville**. Die über 40 Gebäude des *Pioneer Village*, allerlei Memorabilien und Dokumente geben Einblick in die Geschichte des Red River Valley. Zum Komplex gehören eine Auto-, Flugzeug- und Kutschensammlung. Im neu errichteten Hauptbau finden Ausstellungen statt.

Bonanzaville, 1351 W. Main Ave., West Fargo, www.bonanzaville.com, Ende Mai–Anfang Sept. tgl. 9–17 Uhr, $ 8.

Reisepraktische Informationen Moorhead/MN und Fargo/ND

i Information
Fargo/Moorhead CVB, 2001 44th St. S. (I-94/Exit 348), Fargo/ND, ☎ (701) 282-3653, www.fargomoorhead.org, Mo–Fr 7.30–18, Sa 9–16, So 10–16 Uhr, im Winter Mo–Fr 8–17, Sa 10–16 Uhr, So geschl., Infostelle auch im **Hjemkomst Center**.

Unterkunft
Hotel Donaldson $$$–$$$$, 101 Broadway, Fargo, ☎ (701) 478-1000, www.hoteldonaldson.com. Das „HoDo" wurde 1894 erbaut und 2003 von Karen Burgum zu einem der Top-Boutique-Hotels der USA umgewandelt. Jede der 17 Suiten ist unterschiedlich gestaltet, allen gemeinsam ist die gelungene Kombination von historischem Bestand, neutralen Farben und modernen, fast minimalistischem Dekor und Möbeln. Jedes Zimmer wurde von einem anderen regionalen Künstler mitgestaltet. In der Gäste-Lounge trifft man sich zu Wein und Häppchen bzw. zum Frühstück. Die Bibliothek bzw. die „Sky Prairie on the Roof", stehen Hotelgästen offen: Auf dem bepflanzten Hoteldach kann man beim Bad im „Hot Tub" oder an der Bar beim Drink den Blick über die Stadt und die Prärie schweifen lassen.

Restaurants

HoDo Restaurant sowie **HoDo Lounge**, beide im Erdgeschoss des Hotels Donaldson (s. oben), ☎ (701) 478-8888. Bekannt für die Bisonsteaks und die Verwendung lokaler und biologisch-angebauter Produkte.

Kroll's Diner, 1033 45th St/10th Ave SW, Fargo. Legendärer historischer Diner.

Gramma Ginna's, Imbiss im Sportkaufhaus Scheels (s. unten), mit kleinen, preiswerten Gerichten wie „Buffalo Pastrami Sandwich" oder „Buffalo Meatballs", außerdem hausgemachte Pies zum Nachtisch.

Einkaufen

Carol Widman's Candy, 4330 13th Ave. S, Fargo. Schokolade in allen Variationen, Spezialität sind „Chippers" (Chips mit Schokoladenüberzug).

Scheels, 1551 45th St. S., Fargo, www.scheelssports.com. Sportkaufhaus, s. S. 407.

West Acres Mall, 3902 13th Ave. S., Fargo. Größtes Einkaufszentrum der Region mit **R. Maris Museum** in Erinnerung an den lokalen Baseballstar der New York Yankees, Infos: www.rogermarismuseum.com.

Veranstaltung

Big Iron Farm Show, sehenswerte Landwirtschaftsmesse Mitte Sept. auf den Red River Valley Fairgrounds, West Fargo (I-94/Exit 343), Infos: www.bigironfarmshow.com.

Zuschauersport

NDSU Bison, im College Football gehört diese Studentenmannschaft zu den besten der Region. Spiele finden im etwa 20.000 Zuschauer fassenden **Fargodome** (1800 University Dr. N) statt; Infos und Tickets unter www.gobison.com.

Grand Forks

Sowohl auf der Autobahn I-29 als auch auf dem Hwy. 75, der dem Lauf des Red River folgt, sind es rund 80 mi (128 km) nordwärts zur **Doppelstadt Grand Forks/ND** und **East Grand Forks/MN**. Auch hier liegt die kleinere Stadt, East Grand Forks (ca. 8.600 Einw.), auf der Ostseite des Flusses und damit noch in Minnesota. Grand Forks, am Westufer, ist mit etwa 53.000 Einw. nach Fargo und Bismarck die drittgrößte Stadt von North Dakota und zugleich Heimat der **University of North Dakota** (UND), der wichtigsten Hochschule im Bundesstaat.

Sehenswerte Universitätsstadt

Der **Universitätscampus** mit seinen etwa 12.500 Studenten prägt die Twin Cities. In die Schlagzeilen geriet das ganze Tal zwischen Fargo, Grand Forks und dem nördlich gelegenen Winnipeg, als im Frühjahr 1997 eine gewaltige **Überschwemmung** alles unter Wasser setzte. Obwohl die Städte schwer betroffen waren, sieht man heute kaum noch Spuren davon. Ein Deichsystem wurde neu angelegt und dort, wo einst Häuser zu dicht am Flussufer standen, befinden sich ausgedehnte Grünflächen und Auenlandschaften. Dieses Naherholungsgebiet mit dem Namen „**Greenway**" (www.grandforksgov.com/greenway) trägt wie die renovierten, sauberen Innenstädte zu mehr Attraktivität bei.

Zu den Hauptsehenswürdigkeiten von Grand Forks zählen das **NDMOA** (North Dakota Museum of Arts), das interessante Ausstellungen zur modernen Kunst zeigt, und das **Myra Museum**. Letzteres wurde 1976 als Heimat- und Freiluftmuseum um einige historische Bauten errichtet und erzählt von der Besiedlung und der Geschichte des Red River Valley.

NDMOA, *261 Centennial Dr. (UND Campus), Grand Forks, www.ndmoa.com, Mo–Fr 9–17, Sa/So 13–17 Uhr, frei.*

Myra Museum, *2405 Belmond Rd., Grand Forks. www.grandforkshistory.com, Mitte Mai–Mitte Sept. tgl. 13–17 Uhr, $ 5.*

Die Ralph Engelstadt Arena in Grand Forks

Wie man auf der Fahrt durch North Dakota immer wieder feststellen wird, kommt niemand am indianischen Erbe vorbei, obwohl heute nur noch gut 5 % aller Einwohner North Dakotas indianischer Abstammung sind. So wundert es nicht, dass vor der **Ralph Engelstadt Arena**, dem Eishockeystadion der University of North Dakota, eine monumentale Bronzestatue von **Sitting Bull**, dem legendären Lakota-Seher steht. Grund dafür ist, dass sich die Sportmannschaften der Uni bis 2011 „Fighting Sioux" nannten. Nach einem Streit zwischen Universität und verschiedenen Sioux-Stämmen über den Namen hat sich die Uni entschlossen, diesen abzulegen (Infos: http://nickname.und.edu/logo). Die **Eishockeyhalle** gilt als eine der architektonisch gelungensten und modernsten der Welt und wurde komplett privat finanziert. Sie und die Eishockey-Mannschaft der Uni haben dem Staat zu Ruhm und Ansehen verholfen. Schließlich hat das Team bereits siebenmal den Meistertitel gewonnen und zählt jedes Jahr zu den besten Uni-Eishockeyteams im Land.

Streit um einen Namen

Reisepraktische Infos East Grand Forks/MN und Grand Forks/ND

Information
Greater Grand Forks CVB: *4251 Gateway Dr. (I-29/Exit 141–US Hwy. 2), Grand Forks/ND, ☏ (701) 746-0444, www.visitgrandforks.com. Vielerlei Infomaterial sowie interessantes Video.*

Unterkunft
Canad Inns Destination Center, *1000 S. 42nd St., Grand Forks/ND, ☏ (701) 772-8404, www.canadinns.com/index.php. Mit über 200 geräumigen und modern ausge-*

statteten Zimmern eines der größten und besten Hotels der Region. Neben dem Alerus Center gelegen, der großen Sporthalle der Stadt.

Restaurants

Blue Moose Bar & Grill, *507 2nd St. NW, East Grand Forks/MN. Schön am Ufer des Red River gelegenes Lokal mit Terrasse, Bar und Speisekarte mit vielerlei Tapas, aber auch Klassikern der amerikanischen Küche.*

Dakota Harvest Bakers, *17 N. 3rd St., Grand Forks/ND. Bäckerei mit Café und Imbiss (Mo–Fr 7–19, Sa bis 17, So Brunch 8–14 Uhr). Bekannt für gute Brote, aber auch komplettes Frühstück, hausgemachte Suppen und Salate, Sandwiches und Kuchen, auch „Brown Bags" zum Mitnehmen!*

Sanders 1907 Restaurant, *22 S. 3rd. St., Grand Forks/ND,* ☎ *(701) 746-8970, tgl. außer So/Mo Dinner. Wohl bestes Lokal der Stadt mit kreativer Küche und ungewöhnlichen Gerichten wie „Pork and Kraut" oder „Maroccan Lamb Saté".*

Einkaufen

Amazing Grains, *214 Demers St. Lohnender Bioladen mit großer Auswahl an lokalen und frischen saisonalen Produkten.*

Cabela's, *210 Demers Ave. NW, East Grand Forks/MN, www.cabelas.com. Wie Scheels in Fargo (s. oben) ist Cabela's ein riesiges Sport- und Freizeit-/Outdoor-Kaufhaus.*

Zuschauersport

University of North Dakota UND, *die Eishockeymannschaft der Universität spielt Nov.–März in der* **Ralph Engelstad Arena** *(1 Ralph Engelstad Dr.), einer der modernsten Eishockeyhallen der Welt. Infos: www.fightingsioux.com bzw. www.theralph.com.*

Legendary North Dakota

„**Wide Open Spaces**" – endlose Weite und Leere prägen große Teile von North Dakota, kein Wunder bei nur rund 675.000 Einwohnern! Über die Prärie fegt stets ein Wind, im Sommer kann es heiß werden und im Winter gehört dieser Teil der USA zu den kältesten Regionen Nordamerikas. Während der Südwesten mit seinen Badlands, dem Roosevelt National Park und Medora das Aushängeschild darstellt, bietet der Nordosten des Staates ein Kontrastprogramm in Gestalt einer wildromantischen Wald- und Seenlandschaft, die eher an die Natur um die Großen Seen und in Minnesota erinnert als an die Prärielandschaften von Texas oder Oklahoma und Kansas. North Dakota verdankt seinen Reichtum neben der **Landwirtschaft** – insbesondere Weizen, aber auch Viehzucht – besonders den **Braunkohle- und Erdöllagerstätten** im Westen des Bundeslandes um die Ortschaft **Dickinson**.

Endlose Weite und Leere

Die größten Siedlerströme stammen sowohl aus **Norwegen** als auch aus dem **deutschsprachigen Raum**; insbesondere handelt es sich um Russland- und Ungarn-Deutsche. Noch heute stellen diese beiden ethnischen Gruppen die Mehrheit der *North Dakotans*: Jeweils etwa 45 % der Bevölkerung berufen sich auf norwegische oder deutsche Vorfahren. Etwa 5 % sind **indianischer Herkunft** – neben Dakota und Lakota vor allem Mandan, Hidatsa und Arikara –, mit steigender Tendenz. Diese drei eth-

Redaktionstipps

Sehens- und Erlebenswertes

➤ in North Dakota: **Fort Totten** (S. 413), der **International Peace Garden** (S. 415), das **Lewis & Clark Interpretive Center** in Washburn (S. 417), das **North Dakota Heritage Center** in Bismarck (S. 419), **Fort Abraham Lincoln State Park** und **On-a-Slant Village** in Mandan (S. 420) sowie die heiligen **weißen Bisons** in Jamestown (S. 422)

➤ ein **Eishockeyspiel** in der University of North Dakota (S. 411)

➤ das **United Tribes International Powwow** in Bismarck/ND gilt als eines der größten und besten im Land (S. 422)

Übernachten

➤ in die Offiziersquartiere des historischen Fort Totten/ND ist das **Totten Trail Historic Inn** (S. 414) eingezogen

Einkaufen

➤ indianisches Kunsthandwerk gibt es im **Five Nations Arts** in Mandan/ND (S. 421)

nischen Komponenten prägen bis heute das Leben im Staat – von der Küche bis hin zu Festen und Gebräuchen. Die letzte deutschsprachige Zeitung existierte bis 1969 und noch heute sprechen etwa 45.000 *North Dakotans* zumindest bruchstückhaft Deutsch bzw. einen der alten Dialekte der einstigen Zuwanderer.

Der **Missouri** teilt North Dakota geografisch in die **östlichen Prairie Drifts** und die **westlichen Badlands**. 1804/05 überwinterte die *Lewis & Clark*-Expedition, das *Corps of Discovery,* auf deren Spuren man entlang dem Missouri in South und North Dakota überall stößt, nahe den Mandan- und Hidatsa-Siedlungen mitten im heutigen North Dakota. Die Weißen staunten damals nicht schlecht, als Tausende von Indianern zusammenliefen, um sie zu sehen. Schließlich übertrafen die Bevölkerungszahlen in den Indianerstädten jene von St. Louis und sogar der US-Hauptstadt Washington; und das, obwohl eine verheerende Masernepidemie im Jahr 1781 bereits 80 % der Mandan das Leben gekostet hatte. Eine zweite Seuche dezimierte 1837 beide Stämme weiter und bewirkte, dass sie sich mit den einstigen benachbarten Feinden, den Arikara, zu den **Three Affiliated Tribes** zusammenschlossen. Diese sind heute in der **Fort Berthold Reservation** im Nordwesten des Staates zu Hause.

 Buchtipp

Routen im Westen North Dakotas sind ausführlich im folgenden Reise-Handbuch des Iwanowski's Reisebuchverlags beschrieben: Margit Brinke, Peter Kränzle, **USA-Nordwesten***, ISBN: 978-3-86197-015-6 (regelmäßige Neuauflagen).*

☞ Hinweis zur Route

Die Reiseroute durch North Dakota beginnt in **Grand Forks** und folgt zunächst dem Hwy. 2 nach Westen bis **Minot**. Abstecher führen zum **Devils Lake** und dem **International Peace Garden** an der Grenze zu Kanada. Ab Minot geht es südwärts nach **Washburn** am Missouri. Dem mächtigen Fluss folgend, führt der Weg weiter südwärts durch North Dakota, South Dakota, Nebraska und Iowa nach **Kansas City**. Dabei fährt man zumeist auf den Highways 1804 bzw. 1806, die an die legendäre Forschungsreise des *Corps of Discovery* (s. INFO S. 418) erinnern.

Auf dem Hwy. 2 nach Westen

Devils Lake und Fort Totten

Aus der Landschaft im Nordosten North Dakotas heraus ragt **Sullys Hill**, zwei Autostunden westlich von Grand Forks (I-94), am Südufer des **Devils Lake**. Die Lage des Hügels zwischen North Dakotas größtem natürlichen See und dem **Sheyenne River** hat dafür gesorgt, dass die in der Prärie verbreiteten Wildfeuer diese Region verschont haben. So konnte sich eine ausgedehnte Marsch- und Waldlandschaft inmitten der Prärie erhalten, in der sogar eine kleine Bisonherde ein Rückzugsgebiet gefunden hat. Ursprünglich wollte *Teddy Roosevelt* das Gebiet zum Nationalpark erklären, letztlich wurde daraus „nur" ein **National Game Reserve** (Wildschutzgebiet). Das Land am Südufer des Devils Lake gehört zur **Spirit Lake Indian Reservation**, Heimat der Santee-Dakota-Indianer, die bis zum legendären (gescheiterten) Aufstand 1862 bei New Ulm (s. INFO S. 401) im Südosten Minnesotas zu Hause waren.

Am Devils Lake

Auf Reservatsgrund befindet sich ein einmaliges historisches Denkmal: die **Fort Totten State Historic Site**. 1867–72 hatte man die Festung als Militärbasis zum Schutz der Handelsrouten und Siedlertrails in den Westen und nach Kanada errichtet und später als Nachschubbasis genutzt. Überwiegend war hier eine Infanterie-Einheit mit hundert Mann stationiert, zeitweise auch die legendäre *7th Cavalry* von General *Custer*. Das Fort war zugleich Grenzposten nach Kanada, da der Grenzverlauf lange umstritten war. Zudem wollte

Im historischen Fort Totten befindet sich heute auch ein Hotel

man die zahlreich angesiedelten Indianer „im Auge behalten", denn nachdem viele Dakota aus Minnesota hierher geflüchtet waren, kam es ständig zu Konflikten mit den hier lebenden Chippewa.

Von 1891 bis 1959 diente der Komplex als **Indianerschule** – Zeugnis eines wenig rühmlichen Kapitels in der amerikanischen Geschichte. Dennoch ist es letztendlich der Existenz dieser Schule zu verdanken, dass das Fort mit seinen 17 Originalbauten zu den besterhaltenen im Westen zählt und unter Denkmalschutz steht. Eine Besonderheit ist, dass im ehemaligen Offiziersbau ein kleines Hotel Gäste aufnimmt.

Unter Denkmalschutz

Fort Totten SHS, *Ft. Totten (ab Hwy. 57), http://history.nd.gov/historicsites/totten/index. html, Mitte Mai–Mitte Sept. tgl. 8–17 Uhr, $ 5.*
Sullys Hill National Game Preserve, *Fort Totten (ab Hwy. 57), www.fws.gov/sullyshill, Mai–Okt. Sonnenauf- bis -untergang, $ 2; VC (Mai–Okt. tgl. 8–17 Uhr), verschiedene Trails und Aussichtspunkte (vor allem Lake View und Sullys Hill empfehlenswert).*

Reisepraktische Informationen Devils Lake und Fort Totten/ND

 Information
www.devilslakend.com

 Unterkunft
Totten Trail Historic Inn $$, Fort Totten SHS, Fort Totten, ☎ *(701) 766-4874,
www.tottentrailinn.com. Museal ausgestattete Zimmer mit historischem Flair (teils eigene
Bäder, teils gemeinschaftlich genutzt) in den ehemaligen Offiziersunterkünften auf dem Fort-
grund. Inkl. Frühstück und Nachmittagstee, nur Mitte Mai–Mitte Sept. geöffnet.*

 Hinweis zur Route

Bevor man **Minot** (s. unten) erreicht, lohnt ein Abstecher nach Norden in die
Turtle Mountains an der kanadischen Grenze. In der Ortschaft **Rugby** biegt
man auf den Hwy. 3 nach Norden ab. In Rugby erhebt sich der **Northern Lights
Tower**, eine fast 27 m hohe beleuchtete Stahlkonstruktion, die als Symbol für
die *Aurora Borealis* (Nordlichter) steht, die hier im Winter zu sehen sind.

Turtle Mountains und International Peace Garden

„Vor der beängstigend flachen Landschaft wirkte der Ort wehrlos und läppisch, fand Fidelis,
sah aus wie ein Provisorium … Argus – er las den Ortsnamen auf dem Schild und prägte
ihn sich ein." Irgendwo im Nordosten North Dakotas soll dieser Ort liegen – doch wie
William Faulkners Yoknapatawpha findet man das Prärienest auf keiner Landkarte. Es
ist nämlich eine „Erfindung" von Schriftstellerin *Louise Erdrich* (* 1954), dem wohl be-
rühmtesten Mitglied der *Turtle Mountain Band of Chippewa Indians*. Sie hat den fiktiven
Ort „Argus" in zahlreichen Romanen verewigt und damit ihrer Heimat in den Turtle
Mountains ein Denkmal gesetzt.

*Berge und
Seen*

Der **Turtle Mountain** hebt sich gute 100 m von der umgebenden Prärie ab, doch bei
einer Ausdehnung von 32 km in Nord-Süd- und 64 km in Ost-West-Richtung kann
man durchaus von einem „Gebirge", den „Turtle Mountains", sprechen, die die ge-
samte Region bis hinein in die kanadische Provinz Manitoba dominieren.

Da sich das Plateau auf über 600 m Höhe befindet, gedeihen hier mitten in den **Nor-
thern Plains** ausgedehnte Mischwälder mit Espen, Pappeln, Birken und Eichen, durch-
setzt von unzähligen Seen als Überbleibsel der letzten Eiszeit. Der größte ist **Lake
Metigoche**, der teilweise Kanadas Grenze ignoriert und vor allem bei Anglern und
Jägern, aber auch bei Wanderern und Kajakern beliebt ist.

Zu Hause sind hier die **Anishinabe**, wie sich die Ojibwe-Indianer selbst nennen. 1882
wurde die **Turtle Mountain Indian Reservation** am Südabhang des Hochplateaus
eingerichtet. Seither leben hier, wie auch in Reservaten in Minnesota und Manitoba, ei-
nige Gruppen der weit um die Great Lakes verstreuten Stämme der Ojibwe (auch als
Chippewa bekannt). Darüber hinaus haben viele der im Laufe der zweiten Hälfte des

19. Jh. aus Kanada geflohenen *Métis*, Mischlinge, die Ehen französischer Trapper mit meist Cree-Indianerinnen entsprungen sind, hier eine neue Heimat gefunden. Musik, Sprache und Geschichte spiegeln das hier existierende **Völkergemisch** wider. Und so erzählt man sich nicht nur Anishinabe-Geschichten, sondern auch die Legende von *Roogaroo*, einem Werwolf, dessen Name sich vom französischen *loup-garou* ableitet und der in den dichten Wäldern sein Unwesen treiben soll. Zur **französisch-indianischen Bevölkerung** stießen Ende des 19. Jh. deutsche Zuwanderer, die bis heute den größten Anteil in North Dakota stellen. *Louise Erdrichs* Vorfahren stammten aus eben diesen drei Volksgruppen.

Eine ungewöhnliche Attraktion in den Hügeln ist der **International Peace Garden** (IPC) Fast 10 km² Fläche bedeckt das Areal beidseitig der Grenze zwischen North Dakota (USA) und Manitoba (Kanada). Die Mischung aus Parklandschaft und Wildnis, die unter dem

Der International Peace Garden, hier die Towers, an der Grenze USA–Kanada

Motto „Frieden auf der Welt" steht, geht auf eine Idee des kanadisch-britischen Landschaftsarchitekten *Henry Moore* zurück; umgesetzt wurde sie ab 1930. Der **kanadische Teil** verkörpert unberührte Natur, die **US-Seite** präsentiert hingegen ein Stück gestaltete Landschaft mit Blumenrabatten und einem *Athletic* und *Music Park*, in denen im Sommer Sportler bzw. Musiker gemeinsam ihrem Hobby frönen. Seit der Kanadier *Doug Hevenor*, studierter Biologe, Gärtner und Friedenswissenschaftler, vor einigen Jahren den Posten des Direktors (CEO) des Parks übernommen hat, erlebt der International Peace Garden eine Renaissance. Das zeigt sich allein optisch an einer groß angelegten Umgestaltung des Zentralbereichs um den **Sunken Garden**. Auf amerikanischer Seite ist ein neues **Interpretive Center** mit Ausstellung zum CCC *(Civilian Conservation Corps)*, das 1934–41 hier tätig war, entstanden, und gegenüber, auf kanadischer Seite, ein **Conflict Resolution Centre**. Es gibt einen Glockenturm mit Westminster-Klang, verschiedene Themengärten, eine floral gestaltete Flagge, ein *9/11 Memorial*, eine *Peace Chapel* und einen 37 m hohen *Peace Tower* auf der oberen Terrasse. Wunsch der „Macher" ist, dass sich bald mehr als die bisher etwa 150.000 Besucher im Jahr hier einfinden. Denn trotz der zugegebenermaßen etwas abseitigen Lage der Turtle Mountains ist die hier praktizierte **grenzüberschreitende Zusammenarbeit** einzigartig; sie hat außerdem dazu geführt, dass North Dakota den Beinamen „**Peace Garden State**" trägt.

Internationaler Friedenspark

International Peace Garden (IPC), *10939 Hwy. 281, Dunseith/ND, www.peace garden.com, tgl. 24 Std. geöffnet, Zufahrt besetzt Ende Mai–Anfang Sept tgl. 9–19 Uhr, ansonsten Selbstregistrierung. Nur bei der Grenzüberschreitung auf dem Rückweg, in die USA, findet eine Ausweis- und Zollkontrolle statt (ggf. Wartezeit einplanen!)*.
Infos zur Turtle Mountains Region: *www.turtlemountains.org*.

Hinweis zur Route

Auf dem Hwy. 3 oder dem weiter westlich verlaufenden Hwy. 14 gelangt man nach dem Besuch des Peace Garden wieder zurück zum Hwy. 2, der direkt nach **Minot** führt (ca. 110 mi/176 km). Von dort verläuft dann der Hwy. 83 nach Süden, Richtung **Bismarck** (ca. 110 mi/176 km).

Minot

Die Kleinstadt **Minot** (ca. 41.000 Einw.) im Zentrum von North Dakota lebt während des **Norsk Hostfest** Anfang Oktober auf, ist aber auch sonst einen kurzen Stopp wert. 1886 war die Ortschaft quasi über Nacht entstanden, als man wegen des Wintereinbruchs genau hier die Bauarbeiten an der *Great Northern Railway* unterbrach. Innerhalb weniger Monate hatten sich 5.000 Menschen niedergelassen und so die Basis für die Ortschaft gelegt.

Skandinavisches Zentrum Die Eisenbahn brachte ausgerechnet hierher besonders viele skandinavische Einwanderer. Eine der Attraktionen ist deshalb das **Scandinavian Heritage Center**, wo in einer Parkanlage um ein VC und Museum mit dem Nachbau einer *Stave Church* mit Tafeln und historischen Bauten an die skandinavische Heimat der Siedler erinnert wird. **Scandinavian Heritage Center**, 1020 S. Broadway, www.scandinavianheritage.org, VC Mo–Fr 9–17 Uhr, Park Mitte Mai–Anfang Sept. Mo–Fr 9–21, Sa 9–12.30, So 13–16 Uhr, frei.

Reisepraktische Informationen Minot/ND

Das Scandinavian Heritage Center ist Mittelpunkt beim Norsk Hostfest

i **Information**
Minot CVB, VC im Scandinavian Heritage Center, 1020 S. Broadway, Mo–Fr 9–17 Uhr, www.visitminot.org.

Unterkunft
Dakotah Rose B&B $$–$$$, 510 4th Ave. NW, ☏ (701) 838-3548, www.dakotahrose.com. Sechs Suiten in einer liebevoll renovierten viktorianischen Villa, ein gutes Frühstück ist inbegriffen.

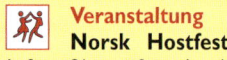 **Veranstaltung**
Norsk Hostfest, Anfang Okt., größtes skandinavisches (norwegisches) Fest in Nordamerika. Zum einen Verkaufsausstellung, zum anderen Unterhaltung, Essen und Trinken (skandinavische Spezialitäten) und Konzerte auf fünf Bühnen, auch bekannter Stars. Infos: www.hostfest.com.

Am mächtigen Missouri

Die beiden Dakotas, North und South Dakota, zählen mit rund 675.000 bzw. 820.000 Einw. zu den bevölkerungsärmsten US-Bundesstaaten und sind Heimat zahlreicher verschiedener **Indianernationen**. Eine Fahrt entlang dem Missouri führt zunächst durch mehrere Reservate der Sioux (*Yankton Sioux, Crow Creek, Lower Brule, Cheyenne River* und *Standing Rock*), die zwischen Bismarck (ND) und Pierre (SD) durch den **Native American Scenic Byway** (s. S. 425) miteinander verbunden sind.

Der Nordwesten North Dakotas wird vom **Lake Sakakawea** geprägt. Benannt ist der See und die ganze Region nach *Sakakawea*, jener Indianerin, die während der *Lewis & Clark*-Expedition eine wichtige Rolle spielte. Beim Lake Sakakawea handelt es sich um einen der größten von Menschenhand geschaffenen Stauseen mit einer Uferlinie von über 2.500 km. Der **Staudamm** des hier gebändigten Missouri selbst liegt bei Pick City, nördlich von Bismarck. Der See dient nicht nur der Energiegewinnung und Wasserversorgung, sondern fungiert inzwischen auch als wichtiges Naherholungsgebiet.

Riesiger Stausee: Lake Sakakawea

Washburn und Umgebung

Rund 60 km nördlich von Bismarck und 80 km südlich von Minot stößt man auf Hinterlassenschaften der Indianer und der *Lewis & Clark*-Expedition. Im **Lewis & Clark Interpretive Center** in Washburn/ND werden neben einem kompletten Drucksatz der Zeichnungen *Karl Bodmers* interessante Wechselausstellungen gezeigt und ein instruktiver Überblick über die Expedition sowie deren Auswirkungen auf die Region gegeben. In nächster Nähe zum Museum befinden sich ein Besucherzentrum (mit sehenswertem Film!) und ein Nachbau von **Fort Mandan**, der Lagerstätte des Expeditionstrupps im Winter 1804/05.
Lewis & Clark Interpretive Center / Fort Mandan, *US Hwy. 83/ND 200A, Washburn, www.fortmandan.com, tgl. 9–17, So 12–17 Uhr, $ 7,50 inkl. Fort Mandan.*

Um mehr über die Mandan- und Hidatsa-Indianer zu lernen, empfiehlt sich der etwa 15 mi/24 km lange Abstecher auf dem Hwy. 200 A westwärts zur **Knife River Indian Villages National Historic Site** bei **Stanton**. Erdmulden und Pfostenlöcher der Palisaden wiesen auf die ursprünglich hier befindlichen drei **Dörfer der Hidatsa-Indianer** hin. Eine der ursprünglichen *earth lodges* – runde Hütten aus Lehm um ein Holzgerüst waren die Wohnform der Plainsindianer – wurde der besseren Anschaulichkeit wegen rekonstruiert und kann besichtigt werden.

Historische Indianerdörfer

Es wird vermutet, dass die Hidatsa-Dörfer bereits um 1.300 entstanden sind, wobei die Region am Knife River wohl schon um 11.000 v. Chr. besiedelt war. Die Mandan und Hidatsa hatten sich früh als Ackerbauern bewährt – übrigens eine Domäne der Frauen, während die Männer jagten und zu Kriegern ausgebildet wurden. Zudem waren die Indianer als gewiefte Händler bekannt. Ihre Handelsbeziehungen reichten bis zu den Großen Seen und südwärts bis zum Golf von Mexiko. Während einer etwa 1775 bis 1782 kursierenden Masernepidemie hatten sich zu den Hidatsa die ebenfalls dezimierte Gruppe der Mandan gesellt (s. S. 420, „On-a-Slant Village"). Beide lebten bis zur zweiten Masernwelle 1837 in zwei benachbarten Dörfern am Knife River.

Blick in eine Earth Lodge im Knife River Indian Villages NHS

Knife River Indian Villages NHS, *Hwy. 200 A, Stanton, www.nps.gov/knri, tgl. 8–16.30, im Sommer 7.30–18 Uhr, frei.*

Südlich des Mandandorfs war 1830 die **Fort Clark Trading Post** entstanden, bis zum Ausbruch der Seuche ein wichtiger Handelsort und Ort zum Informationsaustausch; davon ist heute nichts mehr erhalten. Hier waren beispielsweise neben *George Catlin* auch *Maximilian zu Wied* und sein Maler *Karl Bodmer* im Winter 1832/33 zu Gast und ein Großteil der berühmten Bilder *Bodmers* entstanden hier (s. INFO S. 434).

Fort Clark, *Infos: http://history.nd.gov/ historicsites/clark/index.html, frei.*

Ins Ungewisse – die erste Forschungsreise in den Westen

info

Am 22. Mai 1804 war in St. Louis eine wegweisende Expedition „ins Ungewisse" aufgebrochen. Die beiden US-Offiziere *Meriwether Lewis* und *William Clark* wollten mit dem **Corps of Dicovery** den weitgehend unbekannten Westen des nordamerikanischen Kontinents erkunden und einen schiffbaren Weg zum Pazifik finden.

Im November 1805 erreichte das Expeditionscorps das **Ziel der Reise**, den Ozean, nahe dem heutigen Astoria/Oregon. Ein Jahr später, im Herbst 1806, war die Truppe bereits wieder zurück in St. Louis. Die treibende Kraft hinter diesem Abenteuer war US-Präsident *Thomas Jefferson*. Er hatte 1803 für nur $ 15 Mio. eine riesige Fläche Land zwischen Mississippi und Rocky Mountains den Franzosen unter *Napoleon* abgekauft und mit diesem sogenannten **Louisiana Purchase** das Staatsgebiet der USA um ein Vielfaches vergrößert.

Es galt nun, die amerikanischen Machtansprüche auf die neuen Besitzungen nicht nur gegenüber Briten und Spaniern anzumelden, sondern auch die Indianer über die neuen Besitzer in Kenntnis zu setzen; zudem sollte das **weitgehend unbekannte Land** in allen Aspekten erforscht werden. Aus diesem Grunde beauftragte *Jefferson* seinen langjährigen Vertrauten und Privatsekretär, den Offizier *Meriwether Lewis*, einen **Expeditionstrupp** zusammenzustellen. Die erste Person, die dieser zur Unterstützung rief, war sein Freund aus alten Militärzeiten, *William Clark*.

„Wir werden nun in ein Land eindringen ..., das noch kein zivilisierter Mensch je betreten hat." Als am 7. April 1805 *Lewis* diese Worte in sein Tagebuch eintrug, war er sich seiner schweren Aufgabe durchaus bewusst. Bis Fort Mandan, wo das Corps 1804 ein Winterlager nahe den Mandan-Hidatsa-Dörfer im heutigen North Dakota eingerichtet hatte, hatte man entlang dem Missouri durch Trapper und Händler bekanntes Terrain durchquert, dann aber stieß man in bis dato **unbekanntes Neuland** vor. Mit 26 Soldaten, *George Drouillard*, einem Shawnee-Halbblut, der als Jäger und Fährtenleser wichtige Aufgaben erfüllte, *York*, dem schwarzen Sklaven *Clarks*, *Sacagawea*, einer jungen Shoshone-Indianerin mit Baby *Jean-Baptiste* („Pomp") und frankokanadischem Ehemann *Charbonneau* sowie *Lewis'* schwarzem Neufundländer *Seaman* brach die Truppe von **Fort Mandan** auf. Eine schiffbare Verbindung vom Mississippi zum Pazifik fand man letzten Endes zwar nicht – insofern war die Unternehmung ein Misserfolg –, doch die überlieferten **Tagebücher** der beiden Offiziere mit detaillierten Aufzeichnungen zu Landschaft, Flora, Fauna und Indianern, illustriert durch Karten und Zeichnungen, gelten heute als **bedeutendes historisches Dokument** und eine der wichtigsten wissenschaftlichen Feldstudien Nordamerikas.

Durch die **Lewis & Clark-Expedition** wurde jene Basis geschaffen, die in den folgenden Jahrzehnten unzähligen Siedlern aus aller Welt eine neue Existenz eröffnete und damit die Eroberung des Westens einläutete. Dies alles geschah allerdings auf Kosten der Indianer, die bis zum Auftauchen der Weißen in einer intakten Landschaft im Einklang mit der Natur gelebt hatten.

 Lesetipp
Stephen E. Ambrose, **Undaunted Courage** (1996) – fesselnd geschriebene Schilderung der Expedition.

North Dakotas Hauptstadt Bismarck

Bismarck wurde offiziell erst 1873 gegründet und bildet mit der Nachbarstadt **Mandan** zugleich das geografische und wirtschaftliche Zentrum von North Dakota. Seinen Namen verdankt das 61.000-Einw.-Städtchen der Tatsache, dass die Erbauer der *Northern Pacific Railway* zur Zeit des „Eisernen Kanzlers" Investoren aus Deutschland anlocken wollten, um den teuren Schienenstrang von St. Paul nach Seattle vollenden zu können. Bereits vor der Stadtgründung galt die Stelle am Missouri als beliebter Flusshafen und Fährpassage und war bekannt als „**The Crossing**".

Die indianische Lebensweise und Kultur steht im **North Dakota Heritage Center** im Mittelpunkt und dieses Museum stellt besichtigungstechnisch ein Highlight in der Staatshauptstadt dar. Es birgt eine der **größten Sammlungen indianischer Artefakte** weltweit und widmet sich auf instruktive und anschauliche Weise der Geschichte North Dakotas. An einem modernen Anbau wird seit Ende 2010 gearbeitet, er soll rechtzeitig zur 125-Jahrfeier der Aufnahme in die Union 2014 fertiggestellt sein. Die Hauptattraktion in diesem „**Smithsonian of the Plains**" wird ein im Südwesten des Staates gefundener **Dinosaur** namens „Dakota" sein, insofern spektakulär, als hier sogar Reste der Haut entdeckt wurden.
North Dakota Heritage Center, *612 E. Boulevard Ave., www.nd.gov/hist, im Sommer tgl. 8–17 Uhr, sonst Mo–Fr 8–17, Sa 9–17, So 11–17 Uhr, frei.*

Indianische Artefakte

Das benachbarte **State Capitol** ist ein für einen Repräsentativbau untypisches Hochhaus – genannt „*Skyscraper of the West*". Es wurde 1933 errichtet und ist deshalb vor allem im Inneren reich mit Art-déco-Elementen ausgestattet. Vom obersten Stock-

werk *(18th floor)* genießt man einen brillianten Ausblick auf die Stadt und das Umland.

State Capitol, *N. 6th St., Mo–Fr 8–11, 13–16 Uhr, stündl. Touren, im Sommer auch an Wochenenden, frei.*

Im benachbarten, auf der Westseite des Missouri gelegen kleineren **Mandan** (knapp 18.000 Einw.) ist der **Fort Abraham Lincoln State Park** Hauptanziehungspunkt. Ein informatives Besucherzentrum informiert über das **On-a-Slant Village** und die Mandan-Indianer, aber auch

Das North Dakota State Capitol in Bismarck

über den Militärposten selbst. Ein kurzer Pfad führt vom VC zum On-a-Slant Village. Hier haben Nachkommen der Mandan/Hidatsa, die heute in der **Fort Berthold Reservation** im Nordwesten North Dakotas leben, fünf (von ursprünglich 85) *earth lodges* – darunter ein größeres Versammlungshaus – rekonstruiert und im traditionellen Stil ausgestattet. Die Lage über dem Missouri und der **Nachbau eines Teil des Dorfes** vermitteln ein gutes Bild, wie die Mandan lebten, bis eine Masernepidemie 1781 die hier gelegenen Dörfer ausradierte. Nachdem fast 80 % der Indianer gestorben waren, zogen die wenigen Überlebenden zu ihren Verwandten, den Hidatsa, an den Knife River (s. oben).

*Heimat der
7th Cavalry*

In der Nähe des Besucherzentrums sind die Reste und Nachbauten von **Fort Abraham Lincoln** und das **Custer House** zu sehen. Während der zweiten Hälfte des 19. Jh. waren hier die **7th Cavalry** und eine Infanterie-Einheit stationiert, um den Bau der Eisenbahn zu schützen. Berühmt wurde das Fort, da von hier *George Armstrong Custer* mit einem Teil der Kavallerie aufbrach und am 25. Juni 1876 am Little Bighorn von den Indianern geschlagen wurde. Heute kann man den ehemaligen Exerzierplatz der Reitereinheit, die spartanischen Mannschaftsunterkünfte, in denen Namensplaketten belegen, wie viele Deutsche in der Armee dienten, das letzte Wohnhaus *Custers*, einen Armeefriedhof, die Pferdeställe und einen nachgebauten Aussichtsturm der Infanterie besichtigen. Vorführungen und kostümierte Führer informieren über die regionale Militärgeschichte und die legendäre Schlacht. In der *Commissary* (Proviantlager) am Parkplatz befindet sich ein Laden mit Souvenirs und gutem Buchsortiment.

Fort Abraham Lincoln SP *und* **On-a-Slant Village**, *4 mi/6,4 km südlich Mandan, Hwy. ND 1806 (ausgeschildert), www.fortlincoln.com, Mai–Sept. 9–17 Uhr, Touren (Fort und Village) halbstündlich, $ 6.*

Tipp: Cowboy Experience

Die **Rolling Plains Adventures Ranch** ist eine *Working Cattle Ranch*, auf der Black Angus-Rinder gehalten werden und es ist ein Ort, der Gästen eine „True Cowboy Experience" bietet. Die Herde muss kontrolliert und zwischen den Weiden bewegt werden und Besucher dürfen dabei helfen. Das Spektrum reicht von Ausritten über Cattle Drives und wird individuell an Reitkenntnisse und Bedürfnisse angepasst. Die Unterbringung erfolgt im Haupthaus (3 Zimmer) oder in rustikalen Cabins; Mahlzeiten sind inklusive. Die *Doans* – beginnend mit *Moses Doan* – waren 1696 aus Massachusetts in den Westen gekommen, jedoch als Outlaws eher wenig sesshaft und flüchteten nach Kanada. 1882 kehrten Nachkommen von dort zurück und gründeten die *Black Leg Ranch* (heute: *Rolling Plains Ranch*) im North Dakota Territory. Heute wird die *Cattle Ranch* in der 5. Generation betrieben. **Rolling Plains Adventures Ranch**, *24401 62nd Ave SE, McKenzie, knapp 40 km südöstlich von Bismarck, ☏ (602) 510-6094, www.rollingplainsadventures.com/guestranch.html.*

Reisepraktische Informationen Bismarck/ND

 Information
Bismarck-Mandan CVB, *I-94/Exit 157, 1600 Burnt Boat Dr., ☏ (701) 222-4308, www.discoverbismarckmandan.com.*

 Unterkunft
Best Western Ramkota Hotel Bismarck $$$–$$$$, *800 S. 3rd St., ☏ (701) 258-7700, www.ramkota.com/bismarck. Neu renoviertes Hotel mitten in Bismarck mit über 300 geräumigen Zimmern, eigenem Restaurant und Waterpark. Günstig gelegen gegenüber Kirkwood Mall und Captain Jack's (s. unten).*

 **Restaurants**
Bistro & American Cafe, *1103 E. Front Ave., ☏ (701) 258-7222. Top-Steaks und andere Grillgerichte in edler Atmosphäre, allerdings etwas teurer.*
East 40 Chophouse and Tavern, *1401 Interchange Ave., ☏ (701) 258-7222. Ausgezeichnetes Restaurant mit großer Auswahl an kreativen Gerichten, außerdem Sonntagsbrunch. Salate und Steaks, aber auch die Fischgerichte sind empfehlenswert.*
Famous Dave's, *401 E. Bismarck Expy. Berühmt für BBQ-Gerichte, speziell Spareribs, tgl. Lunch und Dinner.*
Space Aliens Grill & Bar, *1304 E. Century Ave., ☏ (701) 223-6220. Kuriose Ausstattung, ideal mit Kindern. Gute Burger, Pizza, Steaks und karibisch angehauchte Gerichte.*
Peacock Alley, *422 E. Main Ave., ☏ (701) 255-7917. Amerikanische Kost in historischem Hotelbau von 1915.*

 Einkaufen
Five Nations Arts, *401 W. Main St., Mandan. Schöne Kunst und Kunsthandwerk der Indianer in großer Auswahl, auch nette erschwingliche Souvenirs.*
Kirkwood Mall, *7th St./Bismarck Expressway (I-94 Bus Loop). Größte Mall der Region mit Läden wie Eddie Bauer, JC Penney, Marshall Field's sowie einer Filiale von Scheels, dem angeblich weltgrößten Sportgeschäft.*

Tänzer beim United Tribes International Powwow

Captain Jack's Liquor Land, *808 S. 2nd St. Getränkemarkt der Extraklasse, neben riesiger Bier- und Weinauswahl auch „harte Sachen" und Verkostungen.*

Touren
Lewis & Clark Riverboat, *Port of Bismarck, River Rd.,* ☎ *(701) 255-4233, www.lewisandclarkriverboat. com, Mai–Sept. Tages- und Dinner-(Pizza)-Cruises, ab $ 17. Mit einem nachgebauten Schaufelraddampfer unterwegs auf dem Missouri.*
Fort Lincoln Trolley, *Straßenbahn zwischen Mandan (3rd St. SE) und Fort Abraham Lincoln SP, rund 15 km entlang dem Heart River, Memorial–Labor Day 13–17 Uhr zur vollen Stunde ab Mandan, 13.30–17.30 zur halben Stunde ab Fort Lincoln, $ 7 Roundtrip.*

Veranstaltung
United Tribes International Powwow, *www.unitedtribespowwow.com, Anfang Sept. auf dem Campus des United Tribes Technical College. Eines der bedeutendsten und größten Powwows in Nordamerika.*

👉 **Hinweis zur Route**

Wer den unten beschriebenen **Ausflug nach Jamestown** plant: Es liegt 100 mi (160 km) östlich von Bismarck an der I-94. Wer von dort nicht zurückfahren möchte und die Hauptroute über den *Native American Scenic Byway* entlang des Missouri wählt, kann von Jamestown direkt nach **Pierre/SD** fahren. Man folgt dabei dem **Hwy. 281** südwärts bis kurz vor Wolsey/SD und biegt dann auf den **Hwy. 14** nach Westen Richtung Pierre ab (insgesamt 260 mi/416 km).

Ausflug in die „Buffalo City" Jamestown

Die Lakota erzählen, dass ihnen einst *White Buffalo Woman* die heilige Pfeife brachte. Als weiße Wolke – **Mahpiya Ska** *(White Cloud)* – war sie erschienen, als weiße Bisonkuh verließ die heilige Frau die Lakota wieder. Seither ist jeder weiße Büffel den Indianern heilig. Kein Wunder, dass *White Cloud*, eine Albino-Bisonkuh, die seit 1997 Teil der kleinen Herde des **National Buffalo Museum** in **Jamestown/ND** ist, von den Prärieindianern verehrt und von Besuchern bewundert wird. Das Museum ist Teil des **Frontier Village**, das an die Gründertage von Jamestown Ende des 19. Jh. erinnert. Für einen Eintrag ins Guinnessbuch sorgte die Albinokuh jedoch erst, als sie Ende August 2007 den weißen Stier „**Dakota Miracle**" zur Welt brachte. Als dann im Mai 2008 auch noch eine andere, braune Kuh ein weißes Bullenkalb – „**Dakota Legend**"

– gebar, war die Sensation perfekt. Die Indianer sahen darin ein Zeichen: Einst hatte *White Buffalo Woman* versprochen, zurückzukehren, um ihrem Volk in Notzeiten zu helfen, und das tat sie jetzt gleich mehrfach.

Der kleine Ort Jamestown, der sich stolz „**Buffalo City**" nennt, lohnt nicht nur wegen der weißen Bisons einen Ausflug, sondern auch wegen seines berühmtesten Einwohners: Westernautor **Louis L'Amour** (s. INFO S. 424). Derzeit erinnert man an ihn im **Writer's Shack** im Frontier Village; ein eigenes

Dakota Miracle, einer der legendären weißen Bisons von Jamestown

Museum im Ort ist geplant. Vormittags trifft man hier oft den über 90-jährigen *Reese Hawkins* an, der zusammen mit seiner inzwischen verstorbenen Frau *Margaret* eine enge Freundschaft mit dem 1988 verstorbenen *L'Amour* und dessen Ehefrau pflegte und Besucher lebhaft auf eine Zeitreise in *L'Amours* Westernwelt mitnimmt.

Legendäre weiße Bisons

National Buffalo Museum und **Frontier Village**, *500 17th St. SE (I-94/Exit 258), Jamestown, www.buffalomuseum.com, Mo–Fr 9–17, Sa 10–17, So 12–17 Uhr, $ 5, Village frei, verschiedene Veranstaltungen wie Stagecoach-Fahrten. Die Bisonherde wird auf dem weitläufigen Gelände nahe dem Museum gehalten, die Museumsmitarbeiter informieren über deren gegenwärtigen Aufenthaltsort.*

Der Bison – Lebensspender der Prärieindianer

info

Der Bison war für die Prärieindianer notwendige **Lebensgrundlage**. Zumeist fälschlich als „Buffalo" (Büffel) bezeichnet, sollen um 1850 noch 13 Mio. der 630–1.000 kg schweren Tiere auf der Prärie umhergezogen sein. Gut 30 Jahre später zählte man nurmehr 200 Exemplare und gleichzeitig waren die Indianer in Reservate verbannt worden. Ihr nomadisches Leben auf den Spuren der Bisonherden stand der weißen Vorstellung von Sesshaftigkeit und Urbarmachung des Landes entgegen. Einst war die **Bisonjagd** Hauptbestandteil im Leben der Prärieindianer. Gemeinschaftlich und streng reglementiert jagte man die mächtigen Tiere, anfangs, indem man sie über *Buffalo Jumps* (Felsabbrüche) trieb und später durch Verfolgung per Pferd – eine gefährliche und großes Geschick erfordernde Jagdmethode. Nach dem Töten folgte die harte Arbeit des Zerlegens und Verwertens der Tiere, in erster Linie Frauenarbeit. Dabei wurden alle Teile des Tieres auf irgendeine Art und Weise verwendet, nicht nur das Fleisch, sondern auch Häute, Knochen, Hörner, Sehnen und Innereien. Mit den späteren vergnüglichen Jagdgesellschaften der Weißen, die nur Trophäen sammelten und die getöteten Tiere einfach liegen und verrotten ließen, hatte das nichts zu tun.

Reisepraktische Informationen Jamestown/ND

ℹ Information

Tourism Information Center, *404 Louis L'Amour Lane (vor dem Frontier Village, I-94/Exit 258)*, ☎ *1-800-222-4766, www.tourjamestown.com.*

🛏 Unterkunft

Gladstone Inn $$–$$$, *111 2nd St. NE (US 281)*, ☎ *(701) 252-0700, www.gladstoneinn.com. Historisches, nach einem Brand neu erbautes Hotel neben dem ehemaligen Bahnhof; neben Zimmern auch thematisch unterschiedlich gestaltete Suiten wie „Louis L'Amour Suite", „Gambler's Suite" oder „Fishing Lodge Suite".*

🍴 Restaurant

Buffalo City Grille, *101 1st Ave.*, ☎ *(701) 952-9529. Hier trifft man sich nicht nur, hier gibt es auch die besten Steaks weit und breit; dazu gehört eine Bar.*

---

info

Erzähler des Wilden Westens, Louis L'Amour

Louis Dearborn LaMoore erblickte am 22. März 1908 als jüngstes von sieben Kindern in Jamestown/ND das Licht der Welt. Über Nacht berühmt wurde er als **Louis L'Amour** mit der Geschichte von **Hondo**, des Titelhelden seines 1953 erschienenen Westerns. Denn zur selben Zeit kam der gleichnamige Film mit *John Wayne* in der Hauptrolle in die Kinos.

Bis zu *L'Amours* Tod 1988 hatte sein Verlag, *Bantam Books*, schon 200 Mio. Bücher verkauft und noch heute wandern Jahr für Jahr Millionen über die Ladentische. Eine beachtliche Leistung für einen Mann, für den der Schulbesuch ein Gräuel war und der lange Jahre von Job zu Job durch die Lande tingelte. War das Geld knapp, verdiente er sich ein paar Dollar als Boxer dazu. Bis 1923 lebte *L'Amour* mit seiner Familie in Jamestown im Herzen von North Dakota, dann entschloss sich sein Vater, ein Tierarzt, zum Neuanfang in Oklahoma. *Louis* dagegen zog übers Land, verdingte sich als Cowboy, als Farmgehilfe, als Minenarbeiter und fuhr zur See. Daneben begann der neugierige Bücherwurm ab 1937 Kurzgeschichten in sogenannten **Pulp Magazines** – Romanheftchen – zu veröffentlichen. Kurioserweise erschien *L'Amours* erster Westernroman, „Westward the Tide", 1950 in Großbritannien. Erst als *John Wayne* die Filmrechte an seiner Kurzgeschichte „Gift of Cochise" erwarb, brachte sie ihm unter dem Titel „Hondo" den Durchbruch. Von da an veröffentlichte *L'Amour* bis zu seinem Tod jährlich mehrere Western, darunter Meisterwerke wie „Flint", „Shalako", „The Sky-Liners" oder 17 Bände, die die Abenteuer der Sackett-Brüder beschreiben.

Noch hat Jamestown kein Museum zu Ehren des legendären Autors zu bieten, der später in Los Angeles und in den Bergen Süd-Colorados lebte. Bis es so weit ist, erinnert der **Writer's Shack** im *Frontier Village* von Jamestown an den großen Wildwestromanschreiber und einen der auflagenstärksten Autoren Nordamerikas.

Land of Plenty –
Von South Dakota nach St. Louis

Native American Scenic Byway

Die Prärie um das Tal des Missouri zwischen den beiden Hauptstädten der Dakotas, Bismarck/ND und Pierre/SD, ist kein gewöhnliches Stück Land – es ist die **Heimat der Sioux-Indianer**, der „**Warriors of the Plains**".Auf der als *Native American Scenic Byway* ausgewiesenen Route geht es von Bismarck/ND bis Chamberlain/SD und mitten durch die Heimat der Sioux-Nation, die hier heute in mehreren Reservaten leben: *Crow Creek* (Dakota), *Lower Brule* (Lakota), *Cheyenne River* (Lakota) und *Standing Rock* (Dakota und Lakota). Unberührte Areale endlosen Graslandes mit seiner spezifischen Vielfalt an Flora und Fauna sowie einige Bisonherden gehören hier zum Landschaftsbild, das man aus dem berühmten Film von und mit *Kevin Costner*, „**Dances with Wolves**" kennt.

Der **Native American Scenic Byway** beginnt in der **Standing Rock Reservation** südlich von Bismarck/Mandan. Er entspricht dem Hwy. ND 1806, der ab Mandan dem Westufer des Missouri folgt. Hauptort im nördlichen Teil des *Standing Rock Reservation*, die sich über beide Dakotas hinzieht, ist **Fort Yates** mit dem Grab des legendären Lakota-Sehers und Medizinmanns *Sitting Bull* (ausgeschildert).

Westlich der Ortschaft **Mobridge**, immer noch auf dem Gebiet von Standing Rock, nun jedoch bereits in South Dakota, stößt man hoch über dem **Lake**

Redaktionstipps

Sehens- und Erlebenswertes
▶ in South Dakota: das **South Dakota Cultural Heritage Center** in Pierre (S. 426) und das **Akta Lakota Museum and Cultural Center** (S. 426) in Chamberlain
▶ in Omaha/NE das **Durham Western Heritage Museum** (S. 433) und das **Joslyn Art Museum** (S. 433)
▶ das **Western Historic Trails Center** in Council Bluffs/IA (S. 435)
▶ das **Lewis & Clark Boats House & Nature Center** in St. Charles/MO (S. 439)

Übernachten
▶ von der modernen **Pension Eagle's View B&B** (S. 427) in Ft. Pierre/SD bietet sich ein unvergleichlicher Blick auf die Prärie und den Missouri
▶ im **Hotel Baker** in St. Charles/MO (S. 440) lebt der Charme der Vergangenheit weiter

Essen und Trinken
▶ der **ROX City Grill** im Hotel Baker (s. oben) in St. Charles/MO (S. 440) bietet Spezialitäten aus dem Mittleren Westen

Oahe, wie hier der aufgestaute Missouri genannt wird, auf zwei interessante Monumente (ab Hwy. 1806): Eines erinnert an **Sacagawea**, jenes Indianer-Mädchen, das die erste Expedition unter den Offizieren *Lewis* und *Clark* durch den Westen begleitete, das andere an **Sitting Bull**. Südlich von Mobridge führt der Byway über den Hwy. 212 westwärts nach **Eagle Butte** und dann südwärts über die Hwy. 63 und 14 zur Hauptstadt von South Dakota, **Pierre**, am Ostufer des Missouri.

👉 **Hinweis**
*Von Pierre/SD bietet sich ein Abstecher in den **Badlands National Park** (www.nps.gov/badl) an (ca. 125 mi westlich). Südlich des Badlands NP erstreckt sich die Pine Ridge Indian Reservation mit der **Wounded Knee Historic Site**, einem der traurigsten*

Schauplätze in der amerikanischen Geschichte. Vier Präsidenten in Stein dagegen sind am **Mt. Rushmore National Memorial** *(www.nps.gov/moru) nahe Rapid City/SD verewigt (von Pierre ca. 190 mi entfernt). Das nahe gelegene, in den Fels gemeißelte* **Crazy Horse Memorial** *(www.crazyhorse.org) huldigt dagegen dem legendären Sioux-Führer Crazy Horse.*

> **Buchtipp**
> *Wer sich intensiver für die Routen im Westen der Dakotas interessiert, sollte folgendes Reise-Handbuch aus Iwanowski's Reisebuchverlag zu Rate ziehen: Margit Brinke, Peter Kränzle,* **USA-Nordwesten,** *ISBN: 978-3-86197-015-6 (regelmäßig Neuauflagen).*

Pierre

Hauptattraktionen von **Pierre/SD** – mit nur gut 14.000 Einw. die zweitkleinste Hauptstadt der USA – sind das **State Capitol**, schön gelegen an einem See und umgeben von einem Pärkchen, und das moderne **South Dakota Cultural Heritage Center**. Die sehenswerte Abteilung über die Sioux wurde von einem Gremium der verschiedenen Indianergruppen selbst konzipiert.
State Capitol, *500 E. Capitol Dr., Pierre, tgl. 8–20 Uhr, frei.*
South Dakota Cultural Heritage Center, *900 Governor's Dr., Pierre, http://history. sd.gov/museum, Mo–Sa 9–16.30/ 18.30, So 13–16.30 Uhr, $ 4.*

Neues Kulturzentrum der Sioux

Ergänzend dazu sollte man sich neben dem einstigen **Fort Pierre Chouteau**, nördlich des kleinen Schwesterorts von Pierre, Fort Pierre, den **Wakpa Sica Reconciliation Place** (Hwy. 1806, www.wakpasica.org) ansehen. Dieser Komplex aus mehreren Gebäuden, u. a. einem Cultural Center für die elf Sioux-Stämme *(United Sioux Tribes)*, ist aufgrund von Baustopps und Geldmangel noch immer in Arbeit und soll in den nächsten Jahren fertiggestellt werden. Gelegentlich finden bereits Veranstaltungen statt. **Fort Pierre** (2.100 Einw.), gegenüber Pierre am Westufer des Missouri gelegen, war 1832 als Handelsposten entstanden und beherbergt heute das interessante **Casey Tibbs South Dakota Rodeo Center**, das sich dem Nationalsport der Cowboys verschrieben hat.
Casey Tibbs South Dakota Rodeo Center, *210 Verendrye Dr., Fort Pierre, www. caseytibbs.com, Di–Sa 10–17, So 13–16 Uhr, $ 5.*

Von Pierre führt der *Native American Scenic Byway* (Hwy. SD 1806) weiter südwärts am Westufer des Missouri durch die Crow-Creek- und Lower-Brule-Reservate zur Kleinstadt **Chamberlain**. Auch im **Akta Lakota Museum and Cultural Center** auf dem Gelände der lokalen **St. Joseph's Indian School** geht es um die hier lebenden Sioux. Die Schule war einst von deutschen Mönchen gegründet worden, um armen Indianerkindern eine Schulbildung und vorübergehende Unterkunft zu bieten. Das Museum, von Sioux eingerichtet und betrieben, informiert auf eindrucksvolle Weise in verschiedenen Abteilungen mit Modellen und Originalobjekten über die Geschichte und das Leben dieser Indianer.
Akta Lakota Museum and Cultural Center, *N. Main St., www.aktalakota.org, Mai– Okt. Mo–Fr 8–18, So 9–17, sonst Mo–Sa 8–17 Uhr, frei, mit Shop (indianisches Kunsthandwerk).*

Reisepraktische Infos Native American Scenic Byway/Pierre/SD

Information
Native American Scenic Byway: *www.standingrockbyway.org bzw. www.byways.org/explore/byways/2596.*
Pierre Area Chamber of Commerce, *800 W. Dakota Ave.,* ☎ *(605) 224-7361, www.pierre.org.*

Unterkunft
Log Heaven Resort $$–$$$, *20050 284th Ave., Pierre,* ☎ *(605) 280-8169, www.logheavenresort.com. Schön gelegen am Lake Oahe, zwölf große, rustikal möblierte, luxuriöse Zimmer und eigenes Restaurant.*
Eagle's View B&B $$$, *710 Verendrye Dr., Fort Pierre,* ☎ *(605) 224-4053, www.eaglesview.org. Jim und Linda Steele betreiben in ihrem modernen, komfortablen Haus über dem Tal des Missouri (mit Ausblick) ein B&B mit vier Zimmern und kümmern sich hilfsbereit um ihre Gäste.*
Cedar Shore Resort $$$–$$$$, *1500 Shoreline Dr. (I-90/Exit 260), Chamberlain-Oacoma,* ☎ *(605) 734-6376, www.cedarshore.com. Traumhaft am aufgestauten Missouri River gelegenes Hotel, rustikal-elegant mit allem Komfort, Pool, Bootsverleih und gutem Restaurant.*

Tipp: Ranchaufenthalt
Triple U Buffalo Ranch, *SD 1806, 26314 Tatanka Rd.,* ☎ *(605) 567-3624, www.tripleuranch.com. Gut 40 km nordwestlich von Fort Pierre gibt die Triple U Buffalo Ranch eine Vorstellung von der Landschaft, in der „Dances with Wolves" („Der mit dem Wolf tanzt") gedreht wurde. Auf dem Gelände der Ranch, die Jagdausflüge veranstaltet und Bisonfleisch verkauft, entstanden große Teile des Films von Kevin Costner.*

Restaurants
Jake's Goof Times Place Sports Bar & Steakhouse, *E. Hwy. 83, Pierre. Uriges Lokal mit leckeren Steaks und Burgern.*
Outpost Lodge/Lakefront Steakhouse, *28229 Cow Creek Rd., nördlich von Fort Pierre am Lake Oahe,* ☎ *(605) 264-5450, www.theoutpostlodge.com. Große Portionen schmackhafter Hausmannskost und Steaks; Bar und Lodge zugehörig.*

„Warriors of the Plains"

Zwar sprechen viele indianische Völker einen Sioux-Dialekt, doch wurde unter dem Namen „**Sioux**" jene Gruppe berühmt, die in den Great Plains zu Hause ist. Die **Great Sioux Nation** oder „**Pte Oyate**", *Buffalo Nation*, setzte sich ursprünglich aus sieben Stämmen – den „Sieben Ratsfeuern" oder *Oceti Sakowin* – zusammen. Nachdem die Sioux im frühen 18. Jh. aus dem Waldlandgebiet um die Großen Seen von anderen Stämmen in die Prärien verdrängt worden waren, gliederten sie sich nur noch in drei Gruppen: Im Osten, jenseits des Missouri, lebten die **Santee** oder **Dakota**, zu denen die *Wahpekute, Mdewakantonwan, Wahpetonwan* und *Sisitonwan* gerechnet werden. Im Westen, zwischen Black Hills und Big Horn Mountains, siedelten die **Teton** oder **Lakota**, bestehend aus *Oglala, Sicangu* oder *Brulé, Hunk-*

info

papa, Minneconjou, Itazipcho, Oohenonpa und Sihasapa. Geografisch zwischen beiden Gruppen, um den Missouri, lebten die **Nakota** oder **Yankton**, zusammengesetzt aus Ihanktonwan oder Yankton und Ihanktonwana oder Yanktonai.

Mit der **Einführung von Pferd und Feuerwaffen** Mitte des 18. Jh. entwickelten sich die Sioux, insbesondere die Teton/Lakota, zur **dominanten Macht** in den
Great Plains. Als hervorragende Jäger und gefürchtete Kämpfer wurden sie zu den
wahren „Herren der Prärie", zu den **Warriors of the Plains**. Ihre Gesellschaftsstruktur basierte auf Kriegerbünden und deren Ehren- und Moralkodex. So waren
nicht die Vernichtung oder Tötung eines Gegners, sondern Mut und Tapferkeit
vorrangig. Das Landen eines Coups, d. h. die Berührung eines Gegners, galt mehr
als dessen Tötung. Auseinandersetzungen zwischen den Stämmen wurden damit
als eine Art **Wettkampf** betrachtet und dienten der Reviersicherung; das Pfer-
destehlen galt als „sportliche Disziplin". Erlangte Coups und Pferde steigerten das
Ansehen, grundsätzlich gab es nämlich keine allgemein anerkannten Anführer.
Wer im Moment das höchste Prestige genoss und die besten Fähigkeiten an den
Tag legte, führte eine willkürlich zusammengesetzte Gruppe bei einer ganz bestimmten Aufgabe an.

Das Leben der Sioux war durch **Mobilität** geprägt, man folgte stets den Bisonherden, die die Lebensgrundlage darstellten – daher auch die Eigenbezeichnung
als **Pte Oyate** – „Volk des Bison". Ein wichtiger Teil der Tradition war neben der
Büffeljagd die Suche nach einer Vision, der Sonnentanz und Kriegerbünde oder
Soldier Societies.

Sitting Bull, legendärer Führer der Lakota

info

Lesetipps

Royal B. Hassrick, **Das Buch der Sioux** (1964, dt. 1982), beschäftigt sich ausführlich mit dem Leben, den Traditionen und der Geschichte der Sioux.

Norman Bancroft-Hunt und *Werner Forman*, **Die Indianer. Auf der Fährte der Büffel** (1986), umfassende Schilderung der Kultur der Plains-Indianer.

Ruth Beebe Hill, **Hanta Yo** (1979, dt. 1980), faszinierende Erzählung über eine Mdewakantonwan-Dakota-Sippe (1794–1835); sogar in Dakota-Sprache erschienen.

Mari Sandoz, **Crazy Horse. The Strange Man of the Oglalas** (1942) – noch immer das beste Buch über den bedeutendsten Führer der Sioux sowie über Leben und Traditionen der Oglalas.

Joseph Marshall III, **To You We Shall Return: Lessons About Our Planet from the Lakota** oder **A Lakota History**; **The Day the World ended at Little Bighorn**; **The Journey of Crazy Horse** u. v. a. interessante Bücher von *Marshall*, selbst Lakota, über sein Volk (u. a. über Amazon).

Hinweis zur Route

In Chamberlain endet der *Native American Scenic Byway*. Entlang dem Missouri folgt man nun dem **SD Hwy. 50**, der teilweise als **Lewis & Clark Trail** ausgeschildert ist, nach **Yankton** und **Vermillion** (beide SD). Östlich letztgenannter Ortschaft stößt man auf die I-29, der man nach Süden bis **Sioux City/IA** folgt.

Im Südosten von South Dakota

Weiter geht die Reise am Ostufer des Missouri entlang Richtung Süden, in den Fußstapfen des *Corps of Discovery* auf dem SD Hwy. 50 nach Yankton im Südosten von South Dakota. Hier versteht man die begeisternden Beschreibungen der Great Plains in den Tagebüchern der Forscher, die die Prärie als „**Land of Plenty**" bezeichneten (Tagebucheintrag 11. September 1804).

Diese Euphorie kann man auf dem kaum 21 m hohen **Spirit Mound** nachvollziehen, dem heiligen Berg der Indianer. An jener Stelle standen am 25. August 1804 auch Männer des Corps und bewunderten die „*most butifull landscape*" *(William Clark)*. Konstant fegt hier ein Westwind über die Prärie, der Horizont scheint endlos, in der Graslandschaft tummeln sich Fasane und wilde Truthähne, Weißwedelhirsche und Gabelböcke, Enten und Tauben, Weißkopf- und Fischadler, Klapperschlangen und Baumstachelschweine, Kojoten und Präriehunde. Auch die Bisons kehrten mittlerweile zurück; allein in den Sioux-Reservaten South Dakotas sollen es wieder über 15.000 sein.

Auf dem heiligen Berg

Der sich über die flache Prärie erhebende Spirit Mound liegt zwischen den beiden Kleinstädten Yankton und Vermillion (ausgeschildert ab Hwy. 19). **Yankton** war in den 1880er-Jahren als *Riverboat Town*, als Anlegepunkt der Dampfschiffe auf dem Weg zwischen Montana und St. Louis entstanden. Der **Riverside Park** am Missouri ist davon ein Überbleibsel. Hier stößt man zudem auf ein unscheinbares Haus, das als erstes

Kapitol des *Dakota Territory* diente. An das Gelände schließen sich die **Historic Downtown** (www.historicdowntownyankton.com) sowie der **Old Historic Home District** an.

Spirit Mound, *31148 SD Hwy. 19, mit ca. 2 km langem Fußweg auf den Berg, frei.*

Gavins Point Dam bei Yankton/SD

Hauptattraktion ist jedoch der **Missouri National Recreational River**. Im Grenzgebiet zwischen Nebraska und South Dakota hat man dem **Missouri** seine Ursprünglichkeit zurückgegeben und ihn auf etwa hundert Meilen östlich und westlich des **Lewis & Clark Lake** unter Naturschutz gestellt. Der See entstand durch den **Gavins Point Dam** bei Yankton, der den Missouri River aufstaut; er ist der erste und schmalste von sechs Missouri-Dämmen; drei weitere gibt es in South Dakota, je einen in North Dakota und Montana. Vom Gavins Point Dam und dem südöstlich gelegenen **Mulberry Bend Overlook**, der am Westufer des Missouri schon im benachbarten Nebraska nahe der Ortschaft Vermillion liegt, bietet sich ein weiter Ausblick auf die Prärie und das Missouri River Valley.

Gavins Point Dam

Gavins Point Dam/Lewis & Clarke Lake, *55245 NE Hwy. 121, www.nwo.usace.army. mil/html/Lake_Proj/gavinspoint/welcome.html, mit VC (tgl. 8–18/19 Uhr, sonst kürzer) und Shop sowie großartigem Ausblick auf Fluss und See, frei.*

Neben dem **Lewis & Clark VC**, das über den Fluss und den Damm informiert, gibt das **Corps of Discovery Welcome Center** Einblick in die Geschichte der damaligen Forschungsreise. Beide Infozentren stehen am Westufer des Missouri in Nebraska, wo sich einst die Heimat der Ponca-Indianer und des legendären Führers *Standing Bear* (s. INFO S. 358) befand. Heute leben die Ponca ohne eigenes Reservat, jedoch mit eigener Verwaltung in und um **Niobrara**, den kleinen Hauptort der Region in Nebraska.

Missouri NRR, *www.nps.gov/mnrr, mit* **Lewis & Clark VC** *(am Damm, NE Hwy. 121), sowie* **Corps of Discovery Welcome Center** *(Hwy. 81, ebenfalls in Nebraska), im Sommer tgl. 8–18/19 Uhr, sonst kürzer geöffnet, frei.*

   Hinweis zur Route

Von Sioux City/Iowa folgt man weiter der I-29 nach Süden, nach **Council Bluffs/IA** (ca. 100 mi/160 km). Von Sioux City wäre es aber auch möglich, auf dem US Hwy. 75 nordwärts nach Pipestone/MN (S. 404) zu fahren und dann die Dakota-Rundreise in den Twin Cities Minneapolis/St. Paul zu beenden.

Reisepraktische Informationen Yankton/SD

i **Information**
Yankton Area Chamber of Commerce/CVB, *803 E. 4th St.,* ☎ *1-800-888-1460, www.yanktonsd.com.*
Vermillion: *www.vermillionchamber.com.*

🛏 **Unterkunft/Restaurant**
Lewis and Clark Resort $$, *5 km westlich von Yankton, Hwy. 52,* ☎ *(605) 665-3435, www.lewisandclarkpark.com. Idyllisch am aufgestauten Missouri gelegenes Resort mit einzelnen, gut ausgestatteten Cabins, Freizeitangebot sowie Camping und RV-Plätze – ideal für Ruhe- und Erholungssuchende.*
Buffalo Run Resort B&B at Valiant Vineyards Winery $$, *1500 W. Main, Vermillion,* ☎ *(605) 624-4500, www.valiantvineyardswinery.com. Eldon und Sherry Nygaard bieten fünf gemütliche und gut ausgestattete Gästezimmer in ihrem zwischen Yankton und Vermillion traumhaft gelegenen kleinen Weingut an; dazu gehört ein* **Lokal***.*

Von den Loess Hills nach Omaha

Direkt am „Dreiländereck" South Dakota, Nebraska und Iowa liegt die Kleinstadt **Sioux City/IA**, fast ein mystischer Ort. Das **Sergeant Floyd Monument** befindet sich auf einem Hügel hoch über dem Missouri River am „Floyd's Bluff". Dort hat das *Corps of Discovery* 1804 seinen einzigen Toten während der ganzen Expedition beerdigt: *Charles Floyd (1782–1804),* der an einem Blinddarmdurchbruch gestorben ist. Steht man heute am Fuße des gut 30 m hohen Obelisks, der 1901 errichtet wurde und seit 1960 als *National Historic Landmark* gilt, schlägt einen der Blick auf die unendliche Weite der Prärie ungeachtet des Verkehrslärms der unterhalb verlaufenden I-29 in den Bann.

Monument am „Dreiländereck"

Das **Lewis & Clark Interpretive Center** in Sioux City zählt dank seiner eindrucksvollen Multimedia-Präsentation zu den Topattraktionen der Region. Das am Fluss gelegene Museum wurde um das **Betty Strong Encounter Center** ergänzt, das sich mit multimedialen Ausstellungen allgemein mit dem Aufeinandertreffen zwischen Indianern und Weißen in der Region beschäftigt.
Lewis & Clark Interpretive Center & Betty Strong Encounter Center, *Larsen Park Rd, Missouri Riverfront, Sioux City/Iowa (I-29/Exit 149), www.siouxcitylcic.com, Di, Mi, Fr 9–17, Do 9–20, Sa/So 12–17 Uhr, frei.*

Die Weiterfahrt entlang dem Ostufer des Missouri River nach Council Bluff und Omaha führt an den **Loess Hills** vorbei. Wie bei den Flint Hills in Kansas oder den Osage Hills in Oklahoma handelt es sich um eine Hügelkette mitten in der Prärie, die großteils unter Naturschutz steht. Die Hügel gehen auf Endmoränen zurück, die beim Rückzug der eiszeitlichen Gletscher und durch im Laufe der Jahrhunderte vom Wind abgelagertes Sediment – Löss – entstanden sind. Zwar finden sich solche Ablagerungen überall in der Welt, doch diese Hügel in Iowa gehören zu den größten Lössanhäufungen der Welt.

Information
Sioux City/Siouxland Chamber of Commerce: *www.sioux-city.org* bzw. *www.siouxlandchamber.com*.
Loess Hills Scenic Byway: *www.byways.org/explore/byways/2187*.

Omaha und Council Bluffs

Kein Provinznest

Spätestens seit dem Film „About Schmidt" mit *Jack Nicholson* in der Hauptrolle ist **Omaha/NE**, die größte Stadt im Bundesstaat Nebraska, mehr als nur ein Punkt auf der Landkarte. Und ein gesichtsloses Provinznest im Mittleren Westen ist es auch nicht. Zugegeben, hektisch geht es selbst in Downtown Omaha nicht zu, man hat Zeit. Moderne Hochhäuser prägen die Skyline, renovierte und mittels Kneipen und Läden reanimierte Lager- und Markthallen laden zum Bummeln ein, eine neue begrünte Uferpromenade am Missouri, genannt „Riverfront Park", zum Spaziergang, und zahlreiche Events und Kultureinrichtungen sorgen für eine lebhafte Szene unter scheinbar verschlafener Oberfläche.

Gut 450.000 Menschen leben in der Stadt. Die **Metro Area**, die auch das am Ostufer des Missouri gelegene **Council Bluffs**/IA (60.000 Einw.) einschließt, zählt über 865.000 Einw. Seit der Gründung im Jahr 1854 gilt Omaha als wichtigstes Agrar- und Verkehrszentrum im Mittleren Westen. Der Name Omaha erinnert an den gleichnamigen Indianerstamm, „*the people, who live upstream*".

Auch wenn die Landwirtschaft noch immer die erste Geige spielt und Nebraska nicht umsonst „**Cornhusker State**" heißt – frei übersetzt „Maispflücker-Staat", der Name taucht erstmals 1900 in einer Zeitung als Spitzname der Universitätsmannschaften der University Nebraska auf –, haben sich längst auch Hightech- und Dienstleistungsbetriebe in Omaha angesiedelt. Auch **Union Pacific Railroad**, eine der legendären *Eisenbahn-* Eisenbahngesellschaften, die half, das Land zu erschließen, unterhält noch immer seine *knotenpunkt* Headquarters in Omaha.

Während baseballbegeisterte Amerikaner die Stadt kennen, da im Stadion neben dem sehenswerten, modernen **Henry Doorly Zoo** alljährlich die Finalspiele der besten Universitätsmannschaften stattfinden, ist Omaha hierzulande eher ein unbeschriebenes Blatt.
Henry Doorly Zoo, *3701 S. 10th St., I-80/Exit 454, www.omahazoo.com, tgl. 9/10–16/17 Uhr, $ 13,50, mit Scott Aquarium und Lozier IMAX Theater.*

Omaha in Nürnberg

Und dabei ist die Stadt sogar in Deutschland zu sehen: Im **Verkehrsmuseum Nürnberg** lebt der Eisenbahnknotenpunkt Omaha zu seiner Blütezeit 1940–65 im Maßstab 1:64 (d. h. in der seltenen Modellbahn-Spurweite S) fort. Ohne die Stadt je besucht zu haben, schuf der Nürnberger Geologe *Dr. Wolfram Bismarck* auf ca. 30 m² Fläche zwischen 1950 und 1974 eine detaillierte, am wirklichen Betriebsablauf orientierte Anlage. Im Mittelpunkt steht dabei die **Union Station** in Omaha und der, auf der anderen Seite des Missouri, bereits in Iowa gelegene Verschiebebahnhof von Council Bluffs.

Sehenswertes in Omaha

Im akribisch restaurierten Originalbahnhof der *Union Pacific* in Downtown Omaha/NE ist heute das sehenswerte **Durham Museum** untergebracht. In den 1990er-Jahren wurde der einstige Hauptbahnhof vor dem Verfall gerettet und das sehenswerte Heimat- und Eisenbahnmuseum zog ein. Unter dem Motto *„artifacts don't tell stories, people do"* wird hier die Geschichte der Stadt mit 1:1-Modellen, Dokumenten, Fotos und Erinnerungsstücken unter verschiedenen Gesichtspunkten („Families", „Heritage", „Omaha at Work" etc.) präsentiert. Einige Originalloks und Zugwagen und ein *Conestoga*-Planwagen der Firma *Studebaker* sind zu sehen. Die ausgestellte *Byron Reed Collection* zählt zu den vollständigsten Münzsammlungen in den USA.

Sehenswertes Stadtmuseum

An die 10.000 Reisenden passierten einst täglich den Bahnhof und bis zu 100 Züge neun verschiedener Eisenbahngesellschaften hielten hier bis zum 2. Mai 1971. Seit Präsident *Lincoln* 1862 Omaha zum **Startpunkt der ersten transkontinentalen Eisenbahnlinie** wählte, entwickelte sich Omaha/Council Bluffs zu einem der wichtigsten Knotenpunkte der USA. 1931, auf dem Höhepunkt der Entwicklung, wurde die **Union Station** von *Gilbert Stanley Underwood* (1890–1960) im Art-déco-Stil eröffnet; sie zählt bis heute zu den schönsten Bahnhöfen in den USA. Leider hält heute

The Durham Museum befindet sich in der historischen Omaha Union Station

kein Zug mehr, obwohl das Horn der Güterzüge noch zur Lautkulisse der Stadt gehört. Dennoch ist der Traum von einer Fahrt durch die Weiten des Westens realisierbar geblieben: Nur einen Steinwurf entfernt hält der „California Zephyr", ein Personenzug von Amtrak, der auf höchst erholsame, wenn auch langsame Art Chicago und San Francisco miteinander verbindet.
The Durham Museum/Union Station, *801 S. 10th St., www.durhammuseum.org, Di 10–20, Mi–Sa 10–17, So 13–17 Uhr, $ 7.*

Das ehemalige Bahnhofsviertel mit seinen Lagerhäusern erlebt zwischen Union Station und Missouri um die 10th St. als **Old Market District** derzeit wieder ein Revival, da Läden und Lokale eingezogen sind.

Old Market District

Hauptattraktion der Stadt ist zweifellos das **Joslyn Art Museum**. Im Mittelpunkt dieses sehenswerten Kunstmuseums steht die Abteilung „**Art of the American West**". Neben Werken von *George Catlin, George Caleb Bingham, Seth Eastman, Carl Wimar, Charles M. Russell, Thomas Moran* und *Frederic Remington* ist es ein ebenfalls ruheloser Reisender, der besondere Beachtung verdient: der Deutsch-Schweizer Maler **Karl Bodmer**. Er begleitete den deutschen Prinzen *Maximilian zu Wied*, der 1832–34 den Spuren von *Lewis & Clark* folgte, und illustrierte dessen Bericht mit eindrucksvollen

Berühmte In-
dianer-Bilder

und vor Leben sprühenden Bildern, die besonders in Deutschland die Vorstellungen von Indianern bis heute prägen. Im Kunstmuseum in Omaha sind die Originale zu bewundern; hier befindet sich nämlich die umfangreichste und beste Sammlung von *Bodmers* Indianer-Bildern. Darüber hinaus stellt das Museum insgesamt ein breites Kunstspektrum aus, das u. a. altägyptische, asiatische und lateinamerikanische Kunst umfasst. Beachtlich sind auch die Abteilungen **American Indian Art** – überwiegend mit moderner indianischer Kunst – und **Modern & Contemporary Art**.

Joslyn Art Museum, *2200 Dodge St., www.joslyn.org, Di–Sa 10–16, Do bis 20, So 12–16 Uhr, $ 8, mit Shop und Café Durham.*

info

„Reise in das innere Nordamerikas"

Es sind eindrucksvolle Bilder, bunt und detailliert. Seine Indianerporträts – als wohl bekanntestes das des Mandan-Häuptling **Mató-Tópe** – haben den in der Schweiz gebürtigen, später in Deutschland und Frankreich lebenden Maler **Karl Bodmer** (1809–93) unsterblich gemacht.

Der 23-jährige Künstler hatte sich 1832 erfolgreich bei **Prinz Maximilian von Wied** (1782–1867), früherer preußischer Militär, als Begleiter auf dessen „**Reise in das innere Nordamerikas**" beworben. Zusammen mit seinem Diener und

dem Künstler folgte Prinz *Max* in den Jahren 1833/34 dreizehn Monate lang der **Route des Corps of Discovery**, von St. Louis bis Fort McKenzie bei Great Falls, Montana. Zuvor hatte man sich von keinem Geringeren als *William Clark* beraten und mit Karten ausstatten lassen. Während der fünf Monate im Winterlager in Fort Clark, unter Mandan und Hidatsa, entstand ein Großteil der Indianer- und Landschaftsbilder, die nach Rückkehr in Form kolorierter Kupferstiche, als separates Portfolio, *Maximilians* detaillierte Tagebuchaufzeichnungen illustrierten. Das vom Prinzen später publizierte Werk „Reise in das innere Nordamerikas" zählt heute zu den bedeutendsten Werken der Völkerkunde und ist eines der letzten authentischen Zeugnisse über die Prärieindianer und ihre Lebensweise, ehe sie von Epedemien heimgesucht und verdrängt wurden.

Karl Bodmers Porträt des Mandan-Häuptlings Mato-Tópe im Joslyn Art Museum

Zwei weitere Attraktionen der Stadt liegen etwas außerhalb. **El Museo Latino**, eine 1993 gegründete Institution, widmet sich der lateinamerikanischen Kunst. Im Mittelpunkt stehen die Geschichte Lateinamerikas und die Hispanics in den USA. Neben der Dauerausstellung werden Sonderschauen gezeigt und es finden regelmäßig Events statt. Im **Strategic Air & Space Museum**, 1959 auf einer Militärbasis gegründet, können Flugzeuge und Raketen bestaunt werden. Es handelt sich um eine der besten Sammlungen an Militärflugzeugen.

El Museo Latino, *4701 S. 25th St., South Omaha, www.elmuseolatino.org, Mo, Mi, Fr 10–17, Di, Do 13–17, Sa 10–14 Uhr, $ 5.*

Strategic Air & Space Museum, *28210 W. Park Highway, Ashland (südwestl. Omaha über I-80), www.sasmuseum.com, tgl. 10–17 Uhr, $ 12.*

Council Bluffs

Council Bluffs/IA mag als Eisenbahnverschiebebahnhof bekannt geworden sein, den Namen erhielt der Ort aber schon am 3. August 1804 von den beiden US-Offizieren *Lewis* und *Clark*. Sie hielten hier auf einem Hügel direkt am Missouri, auf einem *Bluff*, ein erstes offizielles Ratstreffen ab, ein *Council* zwischen den USA und den hier lebenden Indianerstämmen. Das *Corps of Discovery* verbrachte im heutigen Gebiet um Omaha/Council Bluffs insgesamt 35 Tage – der längste Aufenthalt nach den Winterlagern in Ft. Mandan/ND und Ft. Clatsop/OR. Das mag nicht allein an den friedlich gesonnenen, hilfsbereiten Indianern gelegen haben, sondern auch daran, dass man hier letztmals Holz einlagern konnte. Schließlich gab es tiefer in der Prärie kaum mehr Bäume. Anders stellt sich die Situation heute dar, da die weißen Siedler Bäume gepflanzt haben. Omaha und der Schwesterstadt Council Bluffs im Bundesstaat Iowa am Ostufer des Missouri haftet der Ruf an, **Durchgangsstation** zu sein: Den Anfang machte das *Corps of Discovery* im Sommer 1806. Dieser Expeditionstrupp veranstaltete dort, wo in den 1830er-Jahren **Fort Atkinson** als Handels- und Militärposten entstanden war und heute als historischer Park zu besichtigen ist, ein erstes großes Treffen mit den lokalen Indianerstämmen. Ziel war es, diese Stämme davon zu überzeugen, dass nun mit den USA ein neuer „Boss" die Macht übernommen hatte und dass man friedlich zusammenleben und Handel treiben möchte.

Historische „Durchgangs- station" am Missouri

Fort Atkinson SHP, *Ft. Calhoun/NE, www.cr.nps.gov/nr/travel/lewisandclark/atk.htm, tgl. 9–17 Uhr in der HS, frei, Veranstaltungen/Re-enactments (Infos: www.fortatkinsononline.org).*

Erst nach Tagen des Palaverns und des Austauschens von Geschenken setzte die Truppe den langen Weg nach Nordwesten fort. Dem Corps sollten bald unzählige Siedler ins „Promised Land" folgen. Darüber berichtet das **Western Historic Trails Center** in Council Bluffs. Ähnlich wie im Museum in Independence (s. S. 322) werden anhand von lebensgroßen Modellen und Ausstellungen die verschiedenen Routen in den Westen anschaulich dargestellt.

Western Historic Trails Center, *3434 Richard Downing Ave., Council Bluffs, südl. I-80/I-29, www.iowahistory.org/historic-sites/western-historic-trails, tgl. 9–17 Uhr, Nov.–März außer Mo.*

Ähnlich aufgemacht ist das **Mormon Trail Center** in Omaha. Von hier aus machten sich die Mormonen schwerpunktmäßig zwischen 1847 und 1852 auf in ihr „Gelobtes

Land" im heutigen Utah. Eine alte Cabin, Kutschen, Handwagen u. a. Relikte berichten von der harten Reise.

Mormon Trail Center, *3215 State St., www.lds.org/placestovisit/location, tgl. 9–21 Uhr, frei.*

Reisepraktische Informationen Omaha/NE & Council Bluffs/IA

Hinweis
Sofern nicht anders angegeben, befinden sich die Adressen in Omaha/NE.

Information
Greater Omaha CVB, *1001 Farnam St.,* ☏ *(402) 444-4660, www.visitomaha.com.*

Unterkunft
Cornerstone Mansion Inn $$–$$$, *140 N. 39th St.,* ☏ *(402) 558-7600, www.cornerstonemansion.com. Im Gold Coast District gelegenes Historic Inn mit superluxuriösen Zimmern und Gratis-WiFi, Garten und üppigem Frühstück.*
Hilton Garden Inn Omaha Downtown $$$, *1005 Dodge St.,* ☏ *(402) 341-4400, www.hiltongardeninnomaha.com. Empfehlenswertes Hotel mit komfortablen, großen Zimmern, Pool und Restaurant direkt am Old Market mitten in der Stadt.*

Restaurants
Vivace Italian Restaurant at the Old Market, *1108 Howard St.,* ☏ *(402) 342-2050. Überaus kreative mediterrane Küche mit vielerlei Antipasti, Pizza, Salaten und Sandwiches. Tgl. Lunch und Dinner, So 10–14 Uhr Brunch, 17–22 Uhr Dinner.*
Rick's Boatyard Café, *345 N. 6th St.,* ☏ *(402) 345-4545. Direkt am Missouri, im Riverfront Park gelegenes Lokal, das bekannt ist für Fisch und Meeresfrüchte; dazu gute Weinkarte.*

Einkaufen
Old Market District, *Farnam–Leavenworth St./10th–4th St. Viele Shops und zahlreiche Restaurants, Imbissstände u. a.*
The Shops of Legacy, *168th & W. Center Rd., www.theshopsoflegacy.com. Eines der größten Shopping Center in Nebraska, eher gehobene Kategorie.*
Village Pointe, *168th & W. Dodge Rd., www.villagepointeshopping.com. Mehr als 60 Shops, Lokale und Imbissmöglichkeiten im „Open-Air-Ambiente".*

Von Omaha nach St. Louis

St. Joseph

Die Autobahn I-29 führt weiter den Missouri flussabwärts nach **St. Joseph/MO**, mit etwa 77.000 Einw. die größte Stadt im Nordwesten des Bundesstaates Missouri. Es wäre schade, wenn man das Städtchen am Ostufer links liegen lassen würde, denn St. Joseph ist wegen zweier Ereignisse in die Geschichte eingegangen. Zunächst als

Ausgangspunkt des legendären **Pony Express**: Zu Beginn des Bürgerkriegs in den 1860er-Jahren bestand Bedarf an schneller Nachrichtenübermittlung zur Pazifikküste. Da Telegrafenleitungen und Eisenbahn noch nicht existierten, wurde der *Pony Express* ins Leben gerufen, mit dem zwischen dem 4. April 1860 und dem 24. Oktober 1861 Nachrichten und Briefe zur Westküste und zurück befördert wurden. Für die zurückzulegenden 3.200 km wurden etwa zehn Tage benötigt, dabei waren 80 Reiter und 500 Pferde in Staffetten im Einsatz. Die Reiter, die mit jeweils rund 10 kg Eilpost rund um die Uhr unterwegs waren, wurden, wie die Pferde, in regelmäßigen Abständen an einer der über 150 Stationen ausgewechselt. Mit der Einrichtung einer transkontinentalen Telegrafenleitung im Oktober 1861 wurde der Postservice eingestellt, sein legendärer Ruf blieb allerdings haften. Schließlich soll während der gesamten 18-monatigen Betriebszeit nur ein einziger Brief verloren gegangen sein und manche behaupten, *Buffalo Bill Cody* habe ebenfalls als Pony-Express-Reiter gearbeitet. An diese reitenden Postboten erinnert das **Pony Express Museum** in der Innenstadt.

Die Reiter des Pony Express

Pony Express Museum, *914 Penn St./Mitchell St., www.ponyexpress.org, Mo–Sa 9–17, So 13–17 Uhr, $ 5.*

Das zweite historische Ereignis, das den Ort berühmt gemacht hat, bezieht sich auf den 3. April 1882. Damals wurde der berühmt-berüchtigte Bandit **Jesse James** (s. INFO S. 458) in seinem Wohnzimmer – beim Bilderabstauben – hinterrücks erschossen. Daran und an die *James*-Brüder allgemein erinnert man im **Jesse James Home Museum**, nur wenige Schritte vom Pony Express Museum entfernt. In dem unscheinbaren Haus verbrachte der Bandit seine letzten Lebensjahre. Man kann sogar noch das Einschussloch sehen.

Jesse James

Jesse James Home Museum, *12th/Mitchell St., www.ponyexpressjessejames.com, April–Okt. Mo–Sa 10–16, So 13–16 Uhr, sonst nur an Wochenenden, $ 3, die gleichen Zeiten gelten für das nahe* **Patee House Museum** *von 1858 ($ 6).*

Atchison

Von St. Joseph geht es auf dem Hwy. 59 zum Westufer des Missouri und damit zurück nach Kansas. Unter den vielen gleichförmig erscheinenden Ortschaften im Mittleren Westen mit ihren in die Jahre gekommenen Main Streets und mehr oder weniger „historischen" Wohnvierteln ragt **Atchison/KS** heraus. Man ist stolz auf seine Tradition als Eisenbahnknotenpunkt, denn hier nahm in den 1860er-Jahren die berühmte **Atchison, Topeka & Santa Fe Railroad** ihren Anfang.

Zudem war hier eine große Fliegerin zu Hause: **Amelia Earhart** (1897–1937). Sie ging als erste Frau, die den Atlantik und als ers-

Amelia Earhart Birthplace Museum

ter Mensch überhaupt den Pazifik überquert hat, in die Geschichte ein. Um sie ranken sich noch heute Legenden, denn sie verschwand mit ihrem Navigator *Fred Noonan* bei dem Versuch, mit ihrem Flugzeug den Äquator zu umfliegen 1937 spurlos über dem Pazifik. In ihrem Geburtshaus erinnert ein interessantes Museum an sie.
Amelia Earhart Birthplace Museum, *223 N. Terrace St., www.ameliaearhartmuseum. org, Mo–Fr 9–16, Sa 10–16, So 13–16 Uhr, $ 4.*

Leavenworth

Nach nur rund 25 mi (40 km) erreicht man von Atchison aus auf dem Hwy. 73/7 **Leavenworth/KS**, fast schon ein Vorort der Metropole Kansas City (s. S. 313). Berühmt wurde der 1854 gegründete Ort als typische **Wildwest Town**; hier ist beispielsweise *Buffalo Bill Cody* aufgewachsen. An die „wilden" Zeiten erinnern noch die **Delaware Street**, die ehemalige Hauptstraße, gesäumt von Saloons und Bordellen, der alte Bahnhof (heute Gemeindezentrum) und der 1854 eingerichtete **Union Park**, der älteste Stadtpark der USA.

Legendärer Militärposten

Schon 1827 war nördlich des heutigen Zentrums das **Fort Leavenworth** entstanden, einer der bedeutendsten und ältesten, immer noch betriebenen Militärposten im Westen. Zunächst diente der nach dem ersten Kommandanten *Colonel Henry Leavenworth* (1783–1834) benannte Posten zur Sicherung des *Santa Fe Trails*, ab Mitte des 18. Jh. dann außerdem als Duchgangsstation für viele Siedler und Truppen Richtung Westen. Zu den berühmtesten hier stationierten Einheiten gehörte die *10th Cavalry*,

eine 1866 ins Leben gerufene Truppe, die wie drei weitere solche Abteilungen ausschließlich aus Afroamerikanern bestand. Die „schwarzen" Kavallerie-Einheiten wurden bald von den Indianern wegen ihrer Kampfkraft und ihrer krausen Haare „**Buffalo Soldiers**" genannt. Vor dem Zugang zum Posten erinnert heute ein Denkmal an sie.

1875 wurde neben dem Fort ein legendäres Gefängnis eingerichtet, das ebenso bis heute betrieben wird wie der Militärposten. 1881 hatte General *William Tecumseh Sherman* ein Ausbildungslager für Infanterie und Kavallerie im Fort einrichten lassen. Diese Funktion als Ausbildungsstätte, u. a. für militärisches Führungspersonal, erfüllt es noch immer.

Denkmal für die Buffalo Soldiers vor Fort Leavenworth

Reisepraktische Informationen Atchinson & Leavenworth/KS

i Information
Atchinson: *www.atchisonkansas.net.*
Leavenworth: *www.lvarea.com.*

Unterkunft
St. Martin's B&B $$–$$$, *324 Santa Fe St., Atchison,* ☏ *(913) 367-4964, www.stmartinsbandb.com. John und Janet Settich haben in einem unter Denkmalschutz stehenden Wohnhaus auf einem Hügel über der Stadt ein schönes B&B mit fünf elegant-modernen Zimmern eingerichtet; Kaminfeuer, Garten, „hot tub" und gutes Frühstück.*

Restaurant
The Riverhouse Restaurant, *101 Commercial St., Atchison,* ☏ *(913) 367-1010. Gute Küche in einem Restaurant direkt am Fluss, mit Terrasse. Es zog in das 1872 erbaute historische Büro der Atchinson & Nebraska Railroad ein.*

☞ Hinweis zur Route

Leavenworth grenzt fast an den **Großraum Kansas City** (S. 313) an, in die Innenstadt sind es knapp 50 km. Von KC folgt die Autobahn I-70 grob dem Lauf des Missouri ostwärts nach **St. Louis/MO** (250 mi/400 km). Wer sich Zeit lassen möchte, kann Nebenstrecken benutzen, die dem Flussufer näher liegen, z. B. den Hwy. 24 von KC über **Fort Osage** (S. 325) nach Marshall. Dann geht es auf der SR 41 weiter in das Universitätsstädtchen **Columbia** und auf dem Hwy. 63 südwärts zur Hauptstadt von Missouri, **Jefferson City**. Die SR 94 folgt dann dem Missouri River nach Osten, nach **St. Charles**, vor den Toren von St. Louis. Dabei passiert man das Nest **Hermann**, wie der Name andeutet, ein vormaliges Zentrum deutscher Siedler.

St. Charles

In **St. Charles/MO** wird erneut das *Corps of Discovery* lebendig. Direkt am Missouri befindet sich das sehenswerte **Lewis & Clark Boats House & Nature Center**. Während im Obergeschoss des Gebäudes das **Lewis & Clark Museum** über die Expedition, die Teilnehmer, ihre Mission und ihren Verlauf informiert, befindet sich im Erdgeschoss der originalgetreue **Nachbau eines Keelboat**. Dieses plump wirkende und etwas an spanische Galeeren erinnernde Boot diente dem Trupp neben zwei kleineren, wendigeren Pirogen als Haupttransportmittel, allerdings nur bis zum Winterlager in Fort Mandan, denn weiter flussaufwärts wäre das *Keelboat* wegen der Untiefen nicht manövrierfähig gewesen. Das von dem inzwischen verstorbenen *Glen Bishop* nach Originalzeichnungen nachgebaute, fast 17 m lange Boot ist das Schmuckstück des Museums. Es wird zu bestimmten Terminen von der *Discovery Expedition of St. Charles*, einer historischen Gruppe, reaktiviert und auf dem Missouri zu Wasser gelassen *(Infos und Termine: www.lewisandclark.net/discovery_expedition.html).*

Lewis & Clark Museum

Lewis & Clark Boats House & Nature Center, Bishop's Landing, *1050 S. Riverside Dr., St. Charles, www.lewisandclark.net, Mo–Sa 10–17, So 12–17 Uhr, $ 4, mit Trading Post (Museumsladen).*

Das Center liegt im **Riverfront Park** von St. Charles. Der 1769 von Franzosen gegründete kleine Ort wenige Kilometer westlich von St. Louis hat außerdem eine ansehnliche **Historic Downtown** zu bieten. Hauptachse ist die **Main Street**, an der sich historische Bauten aus den 1850er-Jahren aufreihen, in die kleine Läden, Cafés und Lokale eingezogen sind. Die Gebäude stammen vielfach von den hier siedelnden deutschen Einwanderern. Im historischen **General Store** war kurioserweise zwischen 1821 und 1826 kurzfristig das State Capitol untergebracht.

Erinnerung an Daniel Boone

Berühmtester Sohn der Stadt war der legendäre **Trapper Daniel Boone** (1734–1820). In Pennsylvania geboren, gehörte er zu jenen rastlosen Neusiedlern, die es nie lange an einem Ort hielt und die deshalb immer weiter nach Westen zogen. Über North Carolina, Kentucky und Tennessee gelangte *Boone* 1799 auf Einladung des spanischen Vizegouverneurs ins heutige Missouri, nach St. Charles. Bis ins hohe Alter unternahm er immer wieder Jagdzüge; 1810 soll er sogar bis zum Yellowstone River gekommen sein. Er starb im Kreise seiner Familie in St. Charles einige Wochen vor seinem 86. Geburtstag.

Reisepraktische Informationen St. Charles/MO

Information

St. Charles CVB, *311 N Second St., www.visitstcharles.com,* ☏ *1-800-777-4373.*

Unterkunft

Hotel Baker $$$, *100 W. Main St.,* ☏ *(630) 584-2100, www.hotelbaker.com. Das 1928 eröffnete Hotel mitten in der historischen Altstadt bietet 53 luxuriöse Zimmer und Suiten, ein zugehöriges Lokal und Frühstück.*

Restaurants

Copper Fox Café, *305 W. Main St.,* ☏ *(630) 945-3435. Nettes, kleines Lokal in der Altstadt, das bekannt ist für sein Frühstück (tgl., außerdem Mo–Sa Lunch/Dinner, So nur Dinner). Bunt gemischte, kreative Weltküche mit frischen Zutaten zu günstigen Preisen.*

ROX City Grill, *im historischen Hotel Baker (s. oben),* ☏ *(630) 845-5800. Empfehlenswerte Steaks und Fischgerichte, dazu gibt es regelmäßig an den Wochenenden Livemusik von Jazz bis Blues.*

Trailhead Brewing Co., *921 S. Riverside Dr. Ausgezeichnete kleine Brauerei mit Pub, in dem außer den süffigen Bieren schmackhafte Gerichte von Sandwiches und Salaten über Burger und Chicken Wings bis hin zu Steaks serviert werden.*

St. Louis – Gateway to the West

1764 gegründet, galt das bis zum *Louisiana Purchase*, 1803, französisch-spanisch geprägte **St. Louis/MO** schon im 18. Jh als „**Gateway to the West**" und als multikulturelle Stadt. Hier kamen Händler und Trapper aller Nationen ebenso zusammen wie Indianer unterschiedlicher Stämme. Von hier wurden Pelze flussabwärts Richtung New Orleans verschifft und von dort andere Waren heraufgebracht und weiter in den Westen geschafft. Nachdem die Stadt **1803 Teil der USA** geworden war, wuchs die Bedeutung als Handelszentrum und Hafen weiter und St. Louis galt im frühen 20. Jh. als wichtigstes **Zugangstor in den Westen**.

Während zunächst Franzosen und Spanier das Sagen hatten, waren es ab Mitte des 19. Jh. deutsche Einwanderer. Um 1900 war die Stadt die viertgrößte in den USA und mehrheitlich deutsch. Bis heute bilden St. Louis mit Milwaukee/Wisconin und Cincinnati/Ohio die Eckpunkte des sogenannten **German Triangle**, einer Region, in der bis heute die Deutschen mit großem Abstand die größte ethnische Gruppe sind. Zu den berühmtesten Deutschen in St. Louis zählten *Eberhard Anheuser* und sein Schwiegersohn *Adolphus Busch*, die Gründer der berühmten **Anheuser-Busch-Brauerei**.

Redaktionstipps

Sehens- und Erlebenswertes

➤ in St. Louis/MO: das **Jefferson National Expansion Memorial** mit Gateway Arch und dem Museum of Westward Expansion (S. s. unten), der **Forest Park** (S. 443) u. a. mit dem Missouri History Museum und dem St. Louis Art Museum (S. 445) und natürlich die **Anheuser-Busch-Brauerei** (S. 446)

➤ die **Cahokia Mounds**, Spuren einer längst vergangenen Indianerkultur in East St. Louis/IL (S. 447)

Essen und Trinken

➤ ein Bayer braut nicht nur ausgezeichnetes Bier in der **Urban Chestnut Brewery** in St. Louis/MO (S. 449), es gibt auch gute Küche.

➤ allerlei Varianten des Klassikers Maccaroni & Cheese gibt es bei **Cheese-ology** in St. Louis/MO (S. 449)

Einkaufen

➤ ideal für einen Shoppingbummel, aber auch zum Essengehen oder auf einen Drink ist **The Loop** in St. Louis/MO (S. 449, 450)

Heute ist vom Mythos des „Gateway to the West" in der **modernen Innenstadt** kaum mehr etwas spürbar. Der alte Hafen wurde durch einen modernen Industriehafen in den Außenbezirken ersetzt und der Mississippi zur breiten, schnurgeraden Wasserstraße ausgebaut. St. Louis ist mit rund 320.000 Einw. nach Kansas City die zweitgrößte Stadt des Bundesstaates Missouri, der Großraum dagegen gehört mit 2,9 Mio. Einw. zu den 20 größten in den USA.

Gateway Arch – das Tor zum Westen (1)

Der weithin sichtbare **Gateway Arch**, das Wahrzeichen von St. Louis direkt am Mississippi River, symbolisiert die frühere Rolle der Stadt als Tor zum Westen. Der 192 m hohe, weit ausgreifende Stahlbogen, dessen Farben sich je nach Sonnenstand und Sonneneinstrahlung verändern, geht auf einen Entwurf des finnischen Stararchitekten *Eero Saarinen* aus den Jahren 1963–65 zurück. Der Bogen gilt als **höchstes von Menschenhand geschaffenes Monument** der USA. Nach einem Einführungsfilm geht es mit einer Tram zum Scheitelpunkt, der **Gateway Arch Observation Area** – von dort ist der Ausblick spektakulär.

Der Gateway Arch gilt als Wahrzeichen von St. Louis

An der Gateway Arch Riverfront

Am Fuße des Bogens verbirgt sich im Sockelbereich das **Museum of Westward Expansion**, das sich ausführlich mit der „Eroberung des Westens" beschäftigt. Im Zentrum des Foyers grüßt *Thomas Jefferson*. Von seiner Statue ausgehend breitet sich die Geschichte von 1800 bis 1900 Jahresringen gleich in einer **Multivisionsausstellung** mit lebensgroßen Figuren, Filmen und Ausstellungsstücken in verschiedenen Abschnitten aus. So wird es Besuchern unterhaltsam ermöglicht, in die Vergangenheit einzutauchen. Seltene Stücke der *Lewis & Clark*-Expedition sind ebenso ausgestellt wie indianisches Kunsthandwerk und Gebrauchsgegenstände sowie Relikte der Pioniere.

Gateway Arch & Museum of Westward Expansion, *St. Louis Riverfront, 707 N. 1st St., www.gatewayarch.com bzw. www.nps.gov/jeff, tgl. 9–5 Uhr, Ende Mai–Anfang Sept. 8–22, sonst 9–18 Uhr, Kombiticket (Film und Tram) $ 14, nur Tram $ 10, Museum frei.*

Gateway Arch und Museum of Westward Expansion liegen in der **Gateway Arch Riverfront** genannten Parkanlage am Westufer des Mississippi. Sie bilden zusammen mit dem **Old Courthouse (2)** das **Jefferson National Expansion Memorial**, das dem *National Park Service* untersteht. Das Old Courthouse, das sich westlich von Park und Autobahn I-44/70 erhebt, wirkt von Weitem wie ein State Capitol. Mit dem Gateway Arch im Hintergrund ist es ein beliebtes Fotomotiv. Das Gebäude von 1828 hat schon viele bedeutende Gerichtsverhandlungen erlebt. Darüber und über die Geschichte der Stadt, auch unter spanischer und französischer Flagge, informiert eine Ausstellung im Gebäude.

Historic Old Courthouse, *11 N. 4th St., www.nps.gov/jeff, tgl. 8–16.30 Uhr, frei.*

Zwischen dem Bogen und dem Gerichtsbau steht mit der **Old Cathedral (3)** *(Basilica of St. Louis, King of France)* die älteste Kirche der Stadt. Zwar stammt der erhaltene Bau von 1834, doch die Wurzeln der Gemeinde reichen in die Zeit der Stadtgründung zurück. 1766 feierte man Gottesdienste noch in einem Zelt. Aus einem Blockhaus wurde dann 1818 eine Ziegelkirche. 1828 begann der Neubau der Basilika, die als erste Kathedrale westlich des Mississippi gilt.

Old Cathedral, *209 Walnut St., tgl. 8–18 Uhr, frei.*

 Kartenhinweis

Der Stadtplan St. Louis – Downtown befindet sich in der hinteren Umschlagklappe.

Unterwegs im Stadtzentrum

Südlich und nördlich des Gateway Arch fallen zwei Sportarenen ins Auge: das offene **Busch Stadium (4)** – dort sind die **St. Louis Cardinals**, die beliebten Baseballer der Stadt zu Hause – und das überdachte **Edward Jones Dome (5)** für die **Rams**, die lokale Profifootball-Mannschaft.

Vom Old Courthouse führt die **Market Street** Richtung Westen, flankiert von einer Reihe von Parkanlagen wie der **Kiener Plaza (6)**, der **Gateway Mall (7)** und dem **Poelker Park (8)**. Am Ende dieses Grünstreifens liegt die **St. Louis Union Station (9)**. Der 1894 erbaute und inzwischen unter Denkmalschutz stehende Bahnhof war einst der größte und geschäftigste der Welt. Züge von 22 verschiedenen Eisenbahnlinien kamen hier an und 100.000 Passagiere sollen täglich ein und aus gegangen sein. Nach dem Niedergang der Eisenbahn konnte der Verfall verhindert werden: Der Bahnhof wurde aufwändig renoviert und in ein Entertainment- und Shopping Center umgewandelt. Auch Züge halten hier noch, wenn auch nur Nahverkehrszüge und die beiden U-Bahnlinien der Stadt.

Mehr als ein geschäftiger Bahnhof

St. Louis Union Station, *1820 Market St., www.stlouisunionstation.com.*

Nahe dem Bahnhof befindet sich das **City Museum** mit dem **World Aquarium (10)**. Es handelt sich um eine faszinierende Mischung aus Spielplatz und Museum, in dem Wissenswertes über Geschichte, Wissenschaft und Natur vermittelt wird. Spannende Einblicke in die Welt der Meere gewährt das große Aquarium.

City Museum und World Aquarium, *701 N. 15th St., www.citymuseum.org und www.worldaquarium.org, Mo–Do 9–17, Fr 9–1, So 11–17 Uhr, $ 12.*

Forest Park und Umgebung

1876 wurde im Westen der Innenstadt in Anlehnung an den New Yorker Central Park mit dem **Forest Park (1)** einer der größten Stadtparks der USA geschaffen. Mit über 5 km² ist er sogar doppelt so groß wie sein Vorbild. Hier fand 1904 die Weltausstellung, die „**Louisiana Purchase Exposition**", statt. Im und um den Park finden sich einige interessante Sehenswürdigkeiten. Dazu gehört die **Jewel Box**, ein 1936 eröffnetes Gewächshaus im Art-déco-Stil.

The Jewel Box/St. Louis Floral Conservatory, *Forest Park, Mo–Fr 9–16, Sa 9–1, So 9–14 Uhr, $ 1.*

Der Forest Park in St. Louis

St. Louis – Großraum

Im **Missouri History Museum (2)** erhält man einen umfassenden und kurzweiligen Überblick über die Geschichte der Stadt und der Region. Hier lockt das empfehlenswerte **Bixby's Restaurant** zur Einkehr, das leichte Gerichte mit lokalem Flair und aus Bioprodukten anbietet.
Missouri History Museum, *5700 Lindell Blvd., www.mohistory.org, tgl. 10–18, Di bis 20 Uhr, frei.*

Das **St. Louis Art Museum (3)** ist in den *Fine Arts Palace* der Weltausstellung eingezogen und beherbergt eine Kunstsammlung, die so gut wie alle Epochen und Regionen abdeckt.
St. Louis Art Museum, *1 Fine Arts Dr., www.slam.org, Di–So 10–17, Fr bis 21 Uhr, frei.*

Das dritte große Museum ist das **St. Louis Science Center (4)**, ein Wissenschaftsmuseum mit Omnimax-Kino, Planetarium und interessanten Sonderausstellungen.
St. Louis Science Center, *5050 Oakland Ave., www.slsc.org, Mo–Sa 9.30–16.30, So 11– 16.30 Uhr, frei.*

Sehenswert ist auch die **Cathedral Basilica of St. Louis (New Cathedral) (5)**. Die neue Kathedrale wurde 1914 als Nachfolgerin der alten (s. oben) im byzantinischen Stil erbaut. Zwischen 1912 und 1988 wurde sie mit Mosaiken ausgestattet und heute bedecken 7000 (!) Farben 7.700 m^2 der Innenfläche. Im Detail informiert über diesen Schmuck das zur Kirche gehörige kleine **Mosaikmuseum**. Zur Basilika erho-

Das St. Louis Art Museum

ben wurde die Kirche 1997 während des Besuchs von Papst *Johannes Paul II.*
Cathedral Basilica of St. Louis (New Cathedral), *Lindell Blvd./Newstead Ave., www.cathedralstl.org, Touren Mo–Fr 10–15, So 13 Uhr $ 2, Museum $ 1.*

Südlich vom Forest Park erstreckt sich der **Missouri Botanical Garden (6)**, 1859 gegründet und als einer der ersten unter Denkmalschutz gestellt. Auf 32 ha Fläche bieten sich Hobbygärtnern und botanisch Interessierten unterschiedliche Themengärten mit Pflanzen aus aller Welt, ein tropischer Regenwald und ein japanischer Garten. Erhalten ist das alte Wohnhaus des Gartengründers *Henry Shaw.*
Missouri Botanical Garden, *4344 Shaw Blvd., www.mobot.org, tgl. 9–17 Uhr, $ 8.*

Botanischer Garten

Auf eine ungewöhnliche Attraktion stößt man nördlich des Parks im sogenannten **Loop (7)**, der beliebten Shopping- und Vergnügungsmeile am Delmar Blvd. (Nr. 6000– 6600): der **St. Louis Walk of Fame** *(www.stlouiswalkoffame.org)*. Auf den Bürgersteigen sind wie in Hollywood über 120 Berühmtheiten, die eine Verbindung zur Stadt haben, verewigt, darunter *John Goodman, Chuck Berry, Bob Costas* und *Tina Turner*. St. Louis verfügt mit dem **Gateway Classic Walk of Fame (8)** *(www.stlgatewayclassic. org)* sogar über einen zweiten „Ruhmesweg". Auf dem **Dr. Martin Luther King Jr. Drive** werden berühmte Afroamerikaner wie *Roy Wilkins, William L. Clay, Sr., Roscoe Robinson* oder *Lou Brock* geehrt.

Weitere Sehenswürdigkeiten in St. Louis

Zu Besuch in der Anheuser-Busch Brewery

Besuch in der weltgrößten Brauerei

St. Louis ist Sitz einer der größten Brauereien der Welt, **Anheuser-Busch (9)**. 1860 hatte *Eberhard Anheuser* (1805–80) aus Bad Kreuznach eine Brauerei in St. Louis erworben und damit zusammen mit seinem Schwiegersohn *Adolphus Busch* (1839–1913) den Grundstein für sein Bierimperium gelegt. Bei einer Europareise war der bei Mainz geborene *Busch* vom Bier in Budweis (Tschechien) derart begeistert gewesen, dass er in seiner Brauerei 1876 ein eigenes **Budweiser** brauen ließ; es ist noch heute das Aushängeschild der Brauerei.

Etliche Stellen auf dem riesigen Gelände im Süden der Innenstadt wie die historischen **Ställe** für die *Clydesdales*, die berühmten Pferde der Brauerei, oder das historische **Zentralgebäude** der inzwischen **weltweit größten Brauerei** erinnern noch an die Anfänge Ende des 19. Jh. Allerdings verbirgt sich heute hinter den historischen Backsteinfassaden eine hypermoderne Firma – wovon man sich während der kostenlosen Führungen überzeugen kann. Bis zum Zusammenschluss von Anheuser-Busch 2008 mit der belgischen InBev zum Brauereikonzern **ABInBev** *(www.ab-inbev.com)* war die Brauerei als Familienunternehmen geführt worden. Heute gehören zur Produktpalettte neben *Budweiser* und *Bud Light* z. B. auch *Stella Artois, Michelob* und das deutsche *Beck's*.

Anheuser-Busch Brewery Tours, *12th/Lynch St., www.budweisertours.com. Touren Mo–Sa 9–17, So 11.30–17 Uhr (Winter verkürzt geöffnet), mit Kostproben zum Abschluss, frei.*

Zu den ungewöhnlichsten Attraktionen der Stadt gehört der **Laumeier Sculpture Park (10)** im Südwesten der Stadt, eine Grünanlage mit über 80 modernen Skulpturen. Im Sommer ist der Park Schauplatz von Kunstevents und anderen kulturellen Veranstaltungen.

Laumeier Sculpture Park, *12580 Rott Rd., www.laumeiersculpturepark.org, tgl. 8 Uhr bis Sonnenuntergang, mit kleinem Museum Di–Fr 10–15, Sa/So 12–17 Uhr, frei.*

Ebenfalls im Südwesten befindet sich die **Ulysses S. Grant National Historic Site (11)**, wo einst die Familie des ehemaligen US-Präsidenten und Bügerkriegshelden lebte. Hier hatte *Ulysses S. Grant* 1848 seine Frau *Julia Dent* kennengelernt und geheiratet. Immer wenn ihn seine Militärlaufbahn nach St. Louis oder Umgebung verschlug, wohnte er mit Frau und Kindern im Haus der Schwiegereltern, einem eher bescheiden wirkenden Wohnhaus namens „White Haven" (Touren).
Ulysses S. Grant NHS, *7400 Grant Rd., www.nps.gov/ulsg, tgl. 9–17 Uhr, frei.*

Ein ungewöhnliches Museum ist das im Norden der Stadt gelegene **Griot Museum of Black History (12)**. Anhand von lebensgroßen Wachsfiguren berühmter Afroamerikaner wie *George Washington Carver, Dred* und *Harriett Scott* oder *Josephine Baker* soll den Besuchern das afroamerikanische Erbe des Bundesstaates Missouri erläutert werden. *Griot* bezeichnet in einigen afrikanischen Ländern einen Geschichtenerzähler und -sammler – und in dieser Tradition sehen sich auch die Macher dieses Museums.
Griot Museum of Black History, *2505 St. Louis Ave., www.thegriotmuseum.com, Mi– Sa 10–17 Uhr $ 7,50.*

Wachsfigu- renkabinett

Ein Hauch von Geschichte weht noch im **Bellefontaine Cemetery (13)**, dem ältesten Friedhof der Stadt im nördlich gelegenen **Bellefontaine Neighborhood**. Unter den Grabmälern vieler alteingesessener Familien befindet sich auch jenes der *Clarks*. Ein mächtiger Obelisk markiert die Ruhestätte *William Clarks*, eines der beiden Offiziere des *Corps of Discovery*.
Bellefontaine Cemetery, *4947 W. Florissant Ave., www.bellefontainecemetery.com, tgl. 8–16.30 Uhr, frei.*

Zwei weitere Sehenswürdigkeiten lohnen den Abstecher ins Bellefontaine Neighborhood: das **General Daniel Bissell House (14)**, das der erste Kommandant von **Fort Belle Fontaine (15)** 1819 hatte erbauen lassen. Die Reste des Forts liegen nicht weit entfernt. Es war 1805 als erster US-Militärposten westlich des Mississippi entstanden.
General Daniel Bissell House, *10225 Bellefontaine Rd., www.stlouisco.com/parks/ bissell.html, Besichtigung nach Anmeldung.*
Fort Belle Fontaine, *am Nordende der Bellefontaine Rd. am Missouri River, www. stlouisco.com/parks/ftbellefontaine.html, Sonnenauf- bis -untergang, frei.*

Gegenüber St. Louis liegt am Ostufer des Mississippi und damit bereits im Nachbarstaat Illinois **East St. Louis**. Im Süden des Ortes befand sich zwischen dem 7. und 15. Jh. die größte präkolumbische (vor *Kolumbus* entstandene) Stadt Nordamerikas. Im Zentrum der **Cahokia Mounds State Historic Site (16)** befinden sich ungewöhnlich große Erdaufschüttungen *(mounds)*, auf denen Tempel, Amtsgebäude und Wohnhäuser der Adeligen standen. Es handelt sich um ein zeremonielles Zentrum der Mississipi-Kultur aus der Zeit zwischen 1200 und 1500 n. Chr.
Cahokia Mounds SHS, *30 Ramey St, Collinsville/IL (I-255/Exit 24), www.cahokia mounds.org, Interpretive Center Mai–Okt. tgl. 9–17 Uhr, sonst Mo, Di geschl., Gelände tgl. 8 Uhr bis Sonnenuntergang, $ 4.*

Präkolumbi- sche Stadt

info

Die Mississippi-Kultur

Die nordamerikanischen Ureinwohner waren weder blutrünstige unzivilisierte Nomaden, noch friedliebende Ackerbauern – die Wahrheit liegt irgendwo dazwischen. Ein Blick auf die sogenannte **Mississippi-Kultur** hilft, falsche Vorstellungen zu zu korrigieren. Diese **indianische Kulturstufe**, die vom Südosten bis zum Mississippi und hinauf bis zum heutigen Bundesstaat Illinois siedelte, lässt sich auf die Zeit zwischen 800 und 1500 n. Chr. eingrenzen.

Eine hochzivilierte Gesellschaft errichtete große Siedlungen, und z. B. in **Cahokia** lebten zur Blütezeit auf 19 ha Fläche zwischen 8.000 und 40.000 Menschen. In den Siedlungen entwickelte sich eine komplexe Sozialstruktur, die vom Häuptling, der Adelskaste und den Priestern über Krieger und Handwerker bis hin zu den einfachen Bauern reichte und an den Aufbau griechischer Stadtstaaten erinnert.

Die **Dörfer** waren von Palisaden umgeben, im Zentrum befanden sich eine Platzanlage und künstlich aufgeschüttete Hügel, **Mounds**. Auf diesen fand man Spuren von Bauten, die sowohl kultischen als auch repräsentativen Zwecken dienten. Die Bewohner dieser Städte trieben Handel (vermutlich bis nach Mittelamerika) und lebten in erster Linie von der Landwirtschaft (Mais, Bohnen, Kürbis, Tabak).

Unklar ist bis heute, was den **Untergang dieser hochzivilisierten Kultur** herbeigeführt hat, den die Forschung kurz vor Eintreffen der ersten Europäer ansetzt – 1540 war *Hernando de Soto* am Mississippi aufgetaucht. Ähnlich wie bei den *Anasazi*, dem indianischen Volk des Südwestens, das im 13./14. Jh. spurlos verschwunden war, vermutet man auch beim Untergang der **Mississippian Culture** ein Zusammenspiel mehrerer Faktoren: Klimawandel (um 1150 begann eine etwa 300 Jahre während Trockenheit, *Great Drought* genannt), Überbevölkerung und Verdrängung sowie Raubbau an der Natur (Rodungen, Monokulturen, Jagd) und der Ausbruch von Seuchen.

Die ersten Weißen stießen nur noch auf Reste der Hochkultur und trugen durch eingeschleppte Kranheiten wie Gelbfieber oder Windpocken dazu bei, sie völlig auszurotten. Die französischen Siedler, die sich einst im heutigen Louisiana und am Mississippi niedergelassen hatten, lernten immerhin noch die **Natchez** kennen, eine Restgruppe der *Mississipian Culture*. Ihnen setzte *Francois-René de Chateaubriand* ein Denkmal mit seinem 1826 veröffentlichen Roman „Les Natchez", Ergebnis einer Amerikareise 1771, und vermittelte damit eine Vorstellung von dieser untergegangenen Kultur.

Reisepraktische Informationen St. Louis/MO

i **Information**
St. Louis Convention & Visitors Commission, *www.explorestlouis.com*, ☎ *(314) 421-1023* oder *1-800-916-8938*, betreibt fünf VCs (tgl. 9–17 Uhr):
- **Kiener Plaza VC**, *6th/Chestnut St., westlich des Old Courthouse;*
- **America's Center VC**, *7th/Washington St., im Convention Center;*

• **Dennis & Judith Josen Visitor & Education Center**, *5595 Grand Dr./Forest Park, am Missouri History Museum;*
• **Lambert-St. Louis International Airport**, *Main und East Terminal, Lower Level;*
• **St. Louis Union Station**, *South Plaza Entrance.*

Kartenhinweis
Unterkünfte/Restaurants siehe Karte St. Louis – Downtown, hintere Umschlagklappe.

Unterkunft
Dwell 912 $$$ (3), *912 Hickory St.*, ☎ *(314) 599-3100, www.dwell912.com. Ungewöhnliches B&B in einem Apartmentbau in Innenstadtnähe. Wohnung auf zwei Stockwerken sowie kleineres Studio, modern und geschmackvoll ausgestattet, zudem mit allem Komfort.*

Beall Mansion B&B Inn $$$-$$$$, *407 E. 12th St., Alton/IL,* ☎ *(618) 474-9100, www.beallmansion.com. Nur wenige Autominuten von der Innenstadt am Ostufer des Mississippi gelegenes romantisches B&B mit fünf Suiten in renovierter Villa aus dem späten 19. Jh.*

Millennium Hotel St. Louis $$$$ (2), *200 S. 4th St.,* ☎ *(314) 421-9500, www.millenniumhotels.com/millenniumstlouis/index.html. Mitten in der Stadt, nahe dem Arch und Busch Stadium gelegenes Nobelhotel mit eleganten, geräumigen Zimmern, Pool, Fitnessraum sowie vier Lokalen (**Top of the Riverfront** im 28. Stock mit traumhaftem Ausblick!).*

The Roberts Mayfair $$$$ (1), *806 St. Charles St.,* ☎ *(314) 421-2500, www.wyndhammayfair.com. Mitten in der Innenstadt gelegenes historisches Hotel in modernem Outfit (Wyndham-Kette).*

Restaurants
Blueberry Hill (4), *6504 Delmar Blvd./The Loop,* ☎ *(314) 727-4444. Von morgens bis spät nachts gibt es in dieser stadtbekannten Legende, gefüllt mit Memorabilien der Pop-Ära, gutes, preiswertes Essen (Burger, Salate, Sandwiches, Suppen, Vegetarisches u. a.).*

Caleco's Bar & Grill (2), *101 N. Broadway,* ☎ *(314) 421-0708. Eines der angesagten Lokale der Stadt mit einer Mischung aus italienischen (Pasta/Pizza), mexikanischen und amerikanischen Gerichten, beliebte Bar.*

Cheese-ology (5), *6602 Delmar Blvd./The Loop. Mehr als ein Dutzend Varianten des amerikanischen Klassikers Macaroni & Cheese, dazu Salate. Tgl. außer Mo Lunch/Dinner.*

Brauereien
St. Louis ist eine Stadt mit Brautradition und es gibt mehrere empfehlenswerte Kleinbrauereien, z. B.:

Fitz's American Grill & Bottling Works (6), *6605 Delmar Blvd./The Loop. Außer Bier gibt's seit 1947 „Fitz's Premium Root Beer" (alkoholfreie „Limo").*

Morgan Street Brewery (1), *721 N. 2nd St. Beliebter Brewpub mit günstigen Tagesgerichten, vor allem gute Pasta.*

Schlafy Bottleworks Restaurant (7), *7260 Southwest Ave bzw.* **Schlafy Tap Room**, *2100 Locust St. – gutes Bier und im* **Tap Room** *auch europäische Gerichte.*

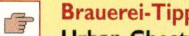

Brauerei-Tipp
Urban Chestnut Brewery (8), *3229 Washington Ave., www.urbanchestnut. com. Florian Kuplent, der schon bei Anheuser-Busch gearbeitet und 1997–2000 an der Uni*

Weihenstephan Brauwesen studierte, hat in St. Louis den Traum von einer eigenen Klein-brauerei mit Kneipe verwirklicht. Benannt hat er seine Brauerei nach den Kastanienbäumen in den Biergärten seiner Heimat Bayern. Es gibt verschiedene Biersorten, „moderne-ameri-kanische" (Revolution Series) und „traditionell europäische" (Reverence Series), auch im Bier-garten serviert, der stilecht mir Oktoberfest-Sitzgarnituren ausgestattet ist.

Einkaufen & Unterhaltung

Baked T's, 6368 Delmar Blvd./The Loop. T-Shirts mit den kuriosesten Aufschriften zum Selbstwählen (10 Min. Druckdauer).

Dunaway Books, 3111 S. Grand Blvd. Größter Gebrauchtbuchladen der Stadt.

Laclede's Landing, 710 N. 2nd St., http://lacledeslanding.com. Im Sommer Konzerte im Freien, ansonsten Live-Entertainment in zahlreichen Bars und Clubs.

The Loop, 6000–6600 Delmar Blvd., www. visittheloop.com. Top-Bummelmeile in den USA; Lokale und Bars (mit Livemusik), ausgefallene Läden, Boutiquen und Galerien.

St. Louis Union Station, 1820 Market St., www.stlouisunionstation.com. In den alten renovierten Bahnhof sind Läden und Lokale eingezogen.

Zuschauersport

St. Louis Blues (NHL – Eishockey), Okt.–April Spiele im **Scottrade Center** (19–150 Plätze), nahe Unon Station an der Market St.; Infos und Tickets: http://blues.nhl.com.

St. Louis Cardinals (MLB – Baseball), April–Okt., **Busch Stadium** (44.000 Plätze), http://stlouis.cardinals.mlb.com.

St. Louis Rams (NFL – American Football), Sept.–Jan., **Edward Jones Dome** (67.000 Plätze), www.stlouisrams.com.

Touren

Gateway Arch Riverboats, Gateway Arch Riverfront, 707 N. 1st St., www.gatewayarch.com. Rundfahrten auf dem Mississippi März–Okt. 10.30–21.30 Uhr, verschie-dene Touren ab $ 7.

Walking Tours, ☏ (314) 662-3187, www.explorestlouis.com, Sa 10–12 Uhr, $ 5. Histo-rische und architektonische Touren.

Flughafen

Der **Lambert-St. Louis International Airport (17)** liegt nur 13 mi (21 km) nordwestlich der Stadt (via I-70). Es gibt von Deutschland aus keine Direktflüge, doch der Flug-hafen wird von allen großen US-Fluggesellschaften angeflogen und ist daher gut als Ausgangs-oder Endpunkt einer Reise geeignet. **Infos**: www.lambert-stlouis.com.

GO Best Express, Shuttlebusse in die Stadt, ☏ 1-877-785-4682, www.gobestexpress.com

MetroLink, Züge der **Red Line** fahren vom Flughafen (Terminal 1 und 2) direkt in die Stadt (mehrere Stationen zwischen Union Station und Arch), Infos: www.metrostlouis.org, $ 2,25.

Nahverkehr

MetroLink betreibt zwei Linien – **Red und Blue Line** –, eine Mischung aus S- und U-Bahn, die durch das Stadtzentrum fahren. Die Red Line verbindet die Stadt mit dem Flughafen.

Infos: www.metrostlouis.org.

Tickets: MetroLink $ 2,25, MetroBus $ 2, Tagesticket $ 7,50.

Hinweis zur Route

Zurück nach Minneapolis/St. Paul geht es auf der **Great River Road**, die dem Lauf des Mississippi auf verschiedenen Highways folgt. Die Route ist durch spezielle grün-weiße Schilder markiert, in deren Mitte ein Dampfschiff zu sehen ist.

Von St. Louis aus ließe sich die Route aber auch nach Westen fortsetzen, entweder auf der **Historic Route 66** Richtung Kansas und Oklahoma (S. 331) oder auf der **I-70** nach Kansas City (S. 313).

Auf der Great River Road zurück in die Twin Cities

„**The Mighty Mississippi**" – der mächtige Mississippi – entspringt bekanntlich in der Seen- und Wälderregion im Norden von Minnesota und mündet in den Golf von Mexiko. Auf der ganzen Strecke durch das Heartland folgt ihm die 1938 ausgewiesene **Great River Road** über etwa 3.800 km durch zehn Bundesstaaten. Auf der Fahrt geht es vorbei an zahlreichen *Steamboat Towns* wie sie schon *Mark Twain* beschrieben hat.

Infos Great River Road: *www.experiencemississippi river.com/great-river-road.cfm* bzw. *www.byways.org/ex plore/byways/2279*

In Mark Twains Heimat

Von St. Louis aus folgt man dem US Hwy. 40 hinüber auf die Ostseite des Mississippi nach **East St. Louis** und damit in den Nachbarstaat **Illinois**. Nordwärts auf dem Hwy. 3 *(Great River Road)* unterwegs, stößt man gegenüber der Einmündung des Missouri – die Stelle wird „**Meeting of the Great Rivers**" genannt –, auf das sehenswerte und didaktisch hervorragend aufgemachte **Lewis & Clark Interpretive Center**

Redaktionstipps

Sehens- und Erlebenswertes
➤ das **Lewis & Clark Interpretive Center** in Hartford/IL (s. unten)
➤ das **Oktoberfest USA** in La Crosse/WI gilt als eines der größten deutschen Feste in den USA (S. 453)
➤ im **National Eagle Center** in Wabasha/MN lernt man das Wappentier der USA näher kennen (S. 456)
➤ der „Wilde Westen" lebt alljährlich im September während der **Defeat of Jesse James Days** in Northfield/MN (S. 457, 458)

Übernachten
➤ als wäre die Schießerei mit der Jesse-James-Bande erst gestern passiert: das **Archer House River Inn** in Northfield/MN (S. 459)

Essen und Trinken
➤ ausgezeichnete Gerichte aus lokalen Produkten gibt es im **Waterfront Restaurant and Tavern** in La Crosse/WI (S. 455)

in Hartford, einem Vorort von Alton/IL, ca. 40 km nordöstlich von St. Louis. Hier lag einst *Camp River Dubois*, jener Ort, an dem die beiden Offiziere *Lewis* und *Clark* vom 12. Dezember 1803 bis 14. Mai 1804 handverlesene Soldaten auf ihre Rolle im Expeditionscorps vorbereitet hatten. Das Museum führt nicht nur das Leben im Camp und die Ladung der (nachgebauten) Schiffe anschaulich vor, sondern gibt zugleich einen tieferen Einblick in Organisaton und Ablauf dieses geschichtsträchtigen Unternehmens.

Lewis & Clark Interpretive Center in Hartford/Illinois

Lewis & Clark Interpretive Center, *National Trail Site #1, IL Rte. 3, Hartford/IL, Mi–So 10–17 Uhr, frei.*

Auf der Weiterfahrt passiert man Dörfer wie das am Westufer, und damit in Missouri, gelegene **Hannibal**. In diesem malerischen Ort wuchs *Mark Twain* auf und machte ihn mit seinen beiden Werken „Die Abenteuer des Tom Sawyer" und „Die Abenteuer des Huckleberry Finn" unsterblich. Hannibal nennt sich stolz *America's Hometown*. Hauptattrakion ist das **Mark Twain Boyhood Home & Museum**, in dem die Kindheit und Jugend des Dichters lebendig wird.

Mark Twain Boyhood Home & Museum, *208 Hill St., www.marktwainmuseum.org, tgl. 9–17 Uhr, $ 9.*

Weiter führt die Great River Road vorbei an **Nauvoo** (Illinois), berühmt geworden als Durchgangsstation der Mormonen auf ihrer Reise ins „Gelobte Land" in Utah. Die als „**Quad Cities**" bekannten Orte **Moline** und **Rock Island** (am Ostufer) sowie **Davenport** und **Bettendorf** (im Westen, d. h. in Iowa) locken jeden Sommer mit dem **Mississippi Valley Blues Festival** und dem **Bix Memorial Jazz Festival** Tausende von Besuchern an.

Musikfestivals in den „Quad Cities"

Schließlich überrascht das 1823 gegründete und durch Bleierz reich gewordene **Galena** mit einer ungewöhnlich großen und intakten Altstadt inklusive dem zu besichtigenden **Wohnhaus von Präsident Ulysses S. Grant**. Das etwa 3.000 Einw. zählende Städtchen am Mississippi entstand an einem traditionellen Siedlungsort der Saux- und Fox-Indianer, wo sich im späten 17. Jh. Franzosen niederließen und im 19. Jh. weitere Siedler folgten. Einst eine bedeutende Station der Mississippi-Schiffe zwischen St. Louis und St. Paul versank der Ort nach dem Niedergang der Dampfschifffahrt in einen Dornröschenschlaf – ein Glück für die historische Innenstadt aus dem 19. Jh., die nahezu unversehrt erhalten blieb.

Ulysses S. Grant Home SHS, *500 Bouthiller St., Galena/IL, www.granthome.com, Mi–Sa 9–16.45 Uhr, $ 4.*

Reisepraktische Informationen St. Louis/MO–Galena/IL

Information
Infos zu **Hannibal***: www.visithannibal.com;*
Infos zu **Nauvoo***: www.historicnauvoo.net;*
Infos zu den **Quad Cities***: www.quadcities.com; Infos zu* **Galena***: www.galena.org.*

Unterkunft

Sowohl in Hannibal als auch in Galena stehen etliche schöne und erschwingliche B&Bs zur Auswahl, z. B.

Reagan's Queen Anne B&B $$–$$$, *313 N. 5th St., Hannibal/MO,* ☎ *(573) 221-0774, www.reagansqueenanne.com. Vier Zimmer und zwei Suiten in einer viktorianischen Villa von 1889, inkl. ausgezeichnetem Frühstück.*

Bernadine's Stillman Inn $$–$$$, *513 Bouthiller St., Galena/IL,* ☎ *1-866-777-0557, www.stillmaninn.com. Direkt gegenüber dem Grant Home gelegenes B&B in einer Villa aus den 1850er-Jahren, mit sechs Zimmern und einer Suite, historisch mit modernem Komfort.*

 Hinweis zur Route

Von **Galena/IL** aus folgt man dem Hwy. 20/84 bis Dubuque/IA am Westufer des Mississippi. Von dort geht es immer auf dem Hwy. 61 durch das südwestliche Wisconsin nach **La Crosse/WI** (135 mi/216 km).

„O'zapft is!" – Oktoberfest in La Crosse

Lederhosen, Dirndl und Blaskapellen soweit das Auge reicht. Lediglich die *High School Marching Bands* und der nahe, braun und träge dahinfließende Mississippi stören die Illusion, man befände sich zur Oktoberfestzeit irgendwo in Bayern. Ein Umzug läutet im Städtchen **La Crosse/WI** das Oktoberfest ein. Angeführt vom Bürgermeister und der *Royal Family*, dem Festkomitee, ziehen Trachtengruppen, Blaskapellen, Schulbands und Honoratioren des 51.000-Einw.-Städtchens durch die Straßen zum Festplatz.

Seit 1961 veranstaltet die Gemeinde ein einwöchiges „**Oktoberfest USA**", das weit über die Grenzen Wisconsins hinaus als eines der größten und als authentischstes deutsches Fest in Nordamerika berühmt geworden ist. Nach der amerikanischen Hymne erklingt die kanadische, zu Ehren der zahlreich aus dem nördlichen Nachbarstaat angereisten Gruppen und Vereine, und schließlich die deutsche. Und dann ist es soweit: „**O'zapft is!**" ruft der Bürgermeister auf Bayerisch und das Bier fließt in Strömen.

Berühmtes „Oktoberfest USA"

La Crosse liegt an der Great River Road. Erstmals wurde der Name 1805 erwähnt, als der Forscher *Zebulon Pike* auf der Suche nach der Quelle des Mississippi die Region „**Prairie La Crosse**" nannte. Er hatte hier nämlich Indianer *Stick Ball* spielen sehen, das die Franzosen *LaCrosse* nannten. Die Wurzeln der Siedlung gehen jedoch auf einen Handelsposten von 1841 zurück. Einen Boom erlebte der Ort mit der Ankunft der ersten Eisenbahn 1858. Er entwickelte sich zu einem wichtigen Umschlagplatz für Holz aus dem Hinterland Minnesotas und Wisconsins. Heute sind fast 20.000 der Einwohner Studenten, die an den drei Hochschulen eingeschrieben sind.

Bier, Bratwurst und Käse, Oktoberfest und Vereine – das **deutsche Erbe** ist nicht nur in La Crosse, sondern in ganz Wisconsin und im benachbarten Minnesota weniger zugkräftiges Werbemittel als vielmehr gelebte Tradition. Es waren vor allem bayerisch-

„O'zapft is!" – Oktoberfest in La Crosse

stämmige Auswanderer, die einen Teil ihrer alten Heimat mit in die Neue Welt brachten. Die deutschen Zuwanderer bildeten eine starke, stolze ethnische Gruppe in Nordamerika. Das Selbstbewusstsein schwand erst mit den Weltkriegen und brauchte lange, um wieder aufzukeimen. In den letzten Jahrzehnten besinnen sich die deutschstämmigen Amerikaner, die immer noch mit rund 17 % die **größte ethnische Minderheit** in den USA stellen, wieder auf ihre Wurzeln. Gerade in und um Milwaukee, die größte Stadt Wisconsins, soll die Hälfte der Bevölkerung deutschstämmig sein. Zusammen mit St. Louis und Cincinnati bildet Milwaukee das **German Triangle**, das einstige Hauptsiedlungsgebiet deutscher Einwanderer zwischen Ohio, Missouri und den Großen Seen.

*Selbstbe-
wusste
Deutsch-
amerikaner*

Ein deutsches Erbe in La Crosse ist das **Brauereiwesen**. Einst waren hier zehn *Breweries* beheimatet, erhalten blieb die **City Brewery**, 1858 als *Heileman Brewery* gegründet. Wiederbelebt wurde das Brauwesen jedoch durch neue Kleinbrauereien wie die **Pearl Street Brewery**.

Vom rund 180 m hohen **Grandad Bluff** östlich der Stadt hat man einen tollen Ausblick auf die Stadt und den Mississippi. Der Hügel ist zugleich Zentrum eines *State Parks* mit zahlreichen Wanderwegen. Zu den Attraktionen in der Stadt gehören drei von der *Historical Society* betreute Museen: das **Riverside Museum** mit den Funden eines 1870 hier gesunkenen Dampfschiffs, das **Hixon House**, 1859 von einem der reichen Holzunternehmer erbaut, und das **Swarthout Museum**, in dem Wechselausstellungen zur Geschichte der Stadt gezeigt werden.

*Attraktionen
in La Crosse*

Riverside Museum, *Riverside Park, www.lchsweb.org/riverside-museum, Mai–Sept. tgl. 10.30–16.30 Uhr, $ 2.*

Hixon House, *7th/Badger St., www.lchsweb.org/hixon-house, Mai–Sept. tgl. außer Mo 10–17 Uhr, sonst nur Sa/So, $ 8.*

Swarthout Museum, *9th/Main St., www.lchsweb.org/swarthout-museum, Di–Fr 10–17, Sa/So 13–17 Uhr, frei.*

Reisepraktische Informationen La Crosse/WI

 Information
La Crosse Area CVB, *410 Veterans Memorial Dr., am Riverside Park,* ☎ *(608) 782-2366, www.explorelacrosse.com.*

Unterkunft
Best Western Midway Hotel Riverfront $$–$$$, *1835 Rose St.,* ☎ *(608) 781-7000, www.bestwestern.com. Komfortabel und schön am Mississippi gelegene Filiale der bekannten Motelkette mit geräumigen Zimmern.*
Wilson School House Inn $$$, *4703 Hwy. 14/61,* ☎ *(608) 787-1982, www.wilson-schoolhouseinn.com. In einer alten Schule von 1917, die bis 1965 in Betrieb war, entstand ein ungewöhnliches B&B; südlich der Stadt, von Wald umgeben.*

 Restaurants/Brauerei
Waterfront Restaurant and Tavern, *328 Front St. S. (Riverfront Center),* ☎ *(608) 782-5400. In elegantem Ambiente werden amerikanische Klassiker wie Steaks oder Lachs serviert. Restaurant, Pianobar und Terrasse mit Blick auf den Mississippi.*
The Wine Guyz, *122 King St. Weinbar mit großer Auswahl an dem mit Recht hoch ge-lobten Käse aus Wisconsin; dazu große Weinauswahl.*
Longhorn Saloon, *128 N. 3rd St. Kneipe und Bar, gemütlich und von den Locals viel be-sucht.*
Pearl Street Brewery, *1401 Saint Andrew St., www.pearlstreetbrewery.com. Microbre-wery mit guten Bieren, Touren nur am Sa 12–17 Uhr, Tasting Room (mit Verkauf) Di–Fr 16–20, Sa 12–17 Uhr.*

Veranstaltung
Oktoberfest USA, *Ende Sept./Anfang Okt., Infos: www.oktoberfestusa.com.*

Touren
Mississippi Explorer Cruises, *ab Riverside Park, www.mississippiexplorer.com,* ☎ *(563) 586-4444. Mit der „Explorer" auf dem Mississippi, verschiedene Touren Mai–Okt. Mi–So, z. B. 90-minütige* **Wildlife Eco Tour** *($ 14,99) oder zweistündige* **Wildlife Sun-set Cruise** *($ 19,99).*

Zurück in Minnesota

Von La Crosse aus folgt man dem Hwy. 14/61 über French Island auf die Westseite des Mississippi und zurück nach Minnesota. Entlang dem Fluss nordwärts lohnt ein Stopp in **Winona/MN** (32 mi/51 km) am **Minnesota Marine Art Museum**. Beeindru-ckend ist dort die Sammlung impressionistischer Werke von *Claude Monet, Pierre-Auguste Renoir, Camille Pissarro, Alfred Sisley, Paul Signac* oder *Frederick Childe Hassam.* Sehenswert ist auch die Landschaftsmalerei der *Hudson River School.* Von Winona er-reicht der Hwy. 61 nach weiteren 33 mi (53 km) Wabasha.
Minnesota Marine Art Museum, *800 Riverview Dr., Winona/MN, www.minnesota marineart.org, Di–So 10–17 Uhr, $ 6.*

Maritime Kunst der Extraklasse

Wabasha

Sehenswertes „Adler-Museum"

In **Wabasha/MN**, einem ehemaligen Dampfschifffahrtshafen, befindet sich seit 2007 ein besonderes, wohl einmaliges Naturzentrum: Direkt am Mississippi-Ufer beschäftigt sich das **National Eagle Center** mit Weißkopfseeadlern *(bald eagles)* – dem US-Wappentier – und Steinadlern *(golden eagles)*. In Minnesota soll es rund 13.000 Seeadler-Paare geben, die zweitgrößte Population nach Alaska. Einen Steinwurf vom Center entfernt, am jenseitigen Flussufer, im **Upper Mississippi River National Wildlife Refuge** (UMNWR), sind allein über 130 Paare zu Hause. Die meisten nisten hier und ziehen dann weiter, andere überwintern, da der Mississippi wegen der starken Strömung an dieser Engstelle nie komplett zufriert und daher immer Nahrung bietet. Dank der Zusammenarbeit mit der **Prairie Island Indian Reservation**, wo Nachfahren des Ojibwa-Häuptlings *Wabasha* leben, nach dem der Ort benannt wurde, geht es im „Adler-Museum" nicht nur um ökologisch-biologische Aspekte wie Anatomie und Lebensweise der Greifvögel, sondern auch um ihre Bedeutung in Mythologie und Geisteswelt der Indianer. So haben Adlerfedern beispielsweise für Indianer eine besondere Symbolik: Sie werden einem *warrior* für eine besondere Leistung verliehen, und fällt eine Feder während eines Powwows herunter, wird der Tanz unterbrochen. Der Adler ist aber auch ein patriotisches Emblem auf Flaggen und Münzen. Kranke oder verletzte Adler werden hier im Center aufgepäppelt und stellen während der „Reha" bei Demonstrationen hautnahes Anschauungsmaterial dar.

National Eagle Center, *50 Pembroke Ave, Wabasha/MN, www.nationaleaglecenter.org, So–Do 10–17, Fr/Sa 9–18 Uhr, $ 8.*

Reisepraktische Informationen Wabasha/MN

 Information
Wabasha-Kellogg CVB, *137 Main St., Wabasha/MN, www.wabashamn.org,* ☏ *(651) 565-4158.*

 Unterkunft
The River Nest B&B $$, *20073 Co. Rd. 77, Reads Landing/MN (nördl. von Wabasha, ab Hwy. 61),* ☏ *(651) 560-4077, www.TheRiverNest.com. Zwei Suiten in einem neu gebauten Wohnhaus mit Blick auf den Mississippi.*

🍴 **Restaurant**
Stacy's Kitchen, *116 E. Main St. Das beliebteste Lokal im Ort, bekannt fürs Frühstück und für die günstigen Tagesgerichte.*

👉 Hinweis zur Route

Auf dem Rückweg nach Minneapolis/St. Paul sollte man einen Abstecher in das Städtchen **Northfield/MN** einplanen. Dazu geht es von Wabasha auf dem Hwy. 61 bis Red Wing und von dort auf dem Hwy. 19 nach Northfield (ca. 70 mi/112 km). Von dort führt der Hwy. 19 einige Meilen nach Westen, zur I-35, die wiederum direkt nach **Minneapolis/MN** führt (ca. 44 mi/70 km).

Wildwest in Minnesota

Banküberfälle und Schießereien, Outlaws und Sheriffs – nicht nur im klassischen „Wilden Westen" zwischen Prärie und Rocky Mountains ging es drunter und drüber, auch im Mittleren Westen, in dem riesigen Gebiet zwischen den Großen Seen und Missouri River trieben sich dubiose Figuren wie die legendäre *Jesse-James*-Bande herum. Deren letzter großer Banküberfall im Kleinstädtchen **Northfield/MN** endete einst im Fiasko. Die *James-Younger*-Gang, wie sie offiziell hieß, ist das wohl bekannteste Beispiel für eine der legendären Banditengangs im Westen: Sie bestand im Kern aus den Brüdern *Jesse* (1847–82) und *Frank James* (1843–1915) sowie den drei *Younger*-Brüdern, *Bob* (1853–89), *Cole* (1844–1916) und *Jim* (1848–1902). Bandenanführer waren die beiden ältesten Brüder *Frank* und *Cole*, die auf Farmen im US-Bundesstaat Missouri aufgewachsen waren.

Die Erinnerung an die „wilden" Zeiten der Banküberfälle und Schießereien wird in Northfield wachgehalten. 1948 beschloss eine Gruppe von Northfieldern, die Geschehnisse an einem sonnigen Herbsttag im September 1876 lebendig zu halten. Damals hatten beherzte Bürger einen Banküberfall der *James-Younger*-Bande vereitelt und nur die beiden Brüder *Frank* und *Jesse James* waren entkommen. Mit einem Schauspiel wollte man an den Mut und die Opferbereitschaft der Vorfahren erinnern: die „Defeat of Jesse James Days" waren geboren. Anfangs noch improvisiert, ist daraus inzwischen eines der besten **Re-enactments** – nachgespielte historische Ereignisse – geworden. Dank einer Vielzahl aussagekräftiger Quellen und engagierter Forschung können sich die Laiendarsteller auf eine sichere historische Basis berufen.

Erinnerung an einen Banküberfall

Jede zweite Septemberwoche strömen nun Tausende von Schaulustigen in den Ort, um die Schießerei hautnah mitzuerleben. Die Ereignisse jenes **7. Septembers 1876** werden von Freitag bis Sonntag mehrmals täglich nachgespielt. Zum einwöchigen Rahmenprogramm gehören Veranstaltungen wie eine Parade, ein Rodeo, musikalische und sportliche Events. Zudem wird in alter Wildwestmanier für das leibliche Wohl gesorgt.

Die **Division Street**, die uramerikanische *Main Street* des beschaulichen Kleinstädtchens, bietet mit ihren kleinen Läden und Cafés den idealen Background.

Unvergessen: der gescheiterte Überfall auf die First National Bank in Northfield

Die meisten historischen Bauten stammen aus dem 19. Jh., darunter auch die **First National Bank**, und sind in ausgezeichnetem Zustand. Die damals im Zentrum der Ereignisse stehende Bank ist heute Teil des **Northfield Historical Society Museum**; dort erfährt man alles über den Überfall, Outlaws und die Ortschaft.
Northfield Historical Society Museum, *408 Division St., Northfield/MN, www.north fieldhistory.org, Mai–Sept. Mo–Sa 9.30–18, So 13–16, im Winter 16/17 Uhr, $ 4.*

info

„Bankraub! Bankraub!"

„Die Bank ist geschlossen!" – der Kaufmann *J.S. Allen* schenkte den barschen Worten des suspekten Fremden vor der Tür keine Aufmerksamkeit und versuchte durchs Fenster der **First National Bank** zu spähen. *„Bist du taub? Verpiss' dich, die Bank ist zu!"* zischte *Clell Miller*, einer der acht Banditen der **James-Younger-Gang**. *Allen* schlug jedoch Alarm: *„Zu den Waffen, Jungs! Die wollen die Bank ausrauben!"* Überall im Ort traten Bürger, die zuvor schon die acht berittenen Fremden in den weißen Staubmänteln mit Skepsis beobachtet hatten, auf den Plan, griffen zu den Waffen oder brachten sich in ihren Häusern in Sicherheit, denn es brach eine wilde Schießerei los. *Jesse James*, *Cole* und *Jim Younger* sowie *Bill Chadwell* ritten wild um sich feuernd die Division Street auf und ab, um die Menschen zu vertreiben. Unterdessen versuchten *Frank James*, *Charlie Pitts* und *Bob Younger* die Bank auszurauben. Nachdem sich draußen die Unruhe verstärkt hatte, stürmten die drei Banditen schließlich aus der Bank, zuvor wurde jedoch einer der Angestellten vom flüchtenden *Frank James* kaltblütig erschossen. Mit einer **Beute von blamablen $ 26,70** ergriffen die Banditen die Flucht – unwissend, dass sich an jenem Tag über $ 15.000 im unverschlossenen Banktresor sowie in einer Schublade vor ihrer Nase befunden hatten. Als sich Staub und Pulverrauch verzogen hatten und Ruhe eingekehrt war, lagen zwei Outlaws, *Miller* und *Chadwell*, erschossen in der Division Street. Die ganze Schießerei hatte lediglich sieben Minuten gedauert und die sechs anderen beteiligten Banditen hatten sich – alle verwundet – aus dem Staub gemacht.

Schon am Abend machte sich ein Bürgertrupp an die **Verfolgung der Banditen**. Nach zweiwöchiger Verfolgung durch den Südwesten Minnesotas und einer letzten heftigen Schießerei konnten Sheriff *James Glispin* und seine Gehilfen vier der überlebenden sechs Outlaws dingfest machen: *Pitts* wurde dabei getötet und die drei *Younger*-Brüder, *Cole*, *Bob* und *Jim*, waren schwer verletzt. Wo die beiden *James*-Brüder steckten, gaben die *Coles* jedoch nie preis. Ihnen war es gelungen, sich nach South Dakota und schließlich zurück in ihre Heimat Missouri abzusetzen. Dort, in St. Joseph (s. S. 437), wurde *Jesse James* am 3. April 1882 hinterrücks erschossen. *Frank* stellte sich am 5. Oktober 1882 den Behörden, wurde jedoch nach einem jahrelangen Indizienprozess freigesprochen und lebte als freier Mann bis zu seinem natürlichen Tod 1915 auf der alten Familienfarm in Missouri.

Wie sehr den Banditen der **Mythos edler und heldenhafter Outlaws** anhaftete, zeigt eine dokumentierte Szene kurz nach der Verhaftung der *Younger*-Brüder: Trotz seiner schweren Verwundung marschierte *Cole* aufrecht durch die gaffende Menschenmenge und lüftete sogar seinen Hut, um sie zu grüßen. „*Viele von uns hegten an diesem Tag Bewunderung für seinen Mut, er zeigte sich als Mann, der etwas ertragen und trotzdem lächeln konnte,*" schrieb später eine Lokalzeitung. Auch in ihrer Heimat Missouri begegneten viele Menschen den *James*-Brüdern mit Hochachtung. Die Lebensumstände und der Bürgerkrieg hätten sie auf die schiefe Bahn gebracht. Seit 1869 beging die **James-Younger-Gang** – *Frank James* und *Cole Younger* waren alte Freunde – eine Reihe von Bank- und Zugüberfällen nicht nur in ihrer Heimat Missouri, sondern auch in Kansas, Arkansas und Kentucky. *Jesse James* ließ dabei „Presse-Mitteilungen" an den Orten der Überfälle zurück, in denen er die Obrigkeit beschimpfte. Als die Bande ins Visier der Pinkerton-Detektei (Chicago) geriet, die den Behörden bei der Jagd auf Banditen behilflich war, und die Luft in Missouri zu heiß wurde, setzen sie sich ins nördliche Minnesota ab – und was dann passierte, ist bis heute im beschaulichen Northfield ein Stück gelebte Geschichte …

Lesetipp

Dietmar Kuegler, **Der Northfield Raid 1876**. Der letzte große Bankraub der *Jesse-James*-Bande (Tatanka Press, 2005; Infos: www.amerikanistik-verlag.de).

Reisepraktische Informationen Northfield/MN

Information

Northfield Area Chamber of Commerce, *205 3rd St. W.,* ☎ *(507) 645-5604, www.visitingnorthfield.com.*

Unterkunft

Archer House River Inn $$$, *212 Division St.,* ☎ *(507) 645-5661, www.archerhouse.com. Das mitten in der Altstadt gelegene Hotel eröffnete 1877 und hat sich – trotz aller Modernisierungen – den Charme des späten 19. Jh. erhalten.*
Historic Hutchinson House B&B $$$, *305 2nd St.,* ☎ *(507) 384-3291, www.historichutchhouse.com. Zwei Zimmer und drei Suiten in einem liebevoll renovierten historischen Wohnhaus in der Altstadt. Hier wird die Zeitreise in die Tage des „Wilden Westens" perfekt; inkl. üppigem Frühstück.*

Restaurants & Nachtleben

Bittersweet Eatery & Gathering Place, *im Archer House River Inn (s. oben). Gemütliche Mischung aus Café und Bistro, Spezialitäten wie French Toast, Cowboy Sandwich oder Wraps, daneben Daily Specials, Mo–Sa 7–17 Uhr.*
The Contented Cow, *302 B Division St. Beliebte Bar (tgl. ab 15 Uhr), ausgezeichnete Auswahl an Bieren und Weinen, kleine Gerichte; Veranstaltungen, s. http://contentedcow.com.*
J. Grundy's Rueb'n'Stein, *503 Division St.* ☎ *(507) 645-6691. Joe Grundhoefer betreibt in drei historischen Bauten ein Lokal mit großer Speisepalette, die von Suppen und Salaten über ausgefallene Sandwiches und „Rueb Burgern" bis hin zu kompletten Menüs reicht. Beliebter Treff auch wegen der tgl. Drink-Specials!*

Veranstaltung

Defeat of Jesse James Days, *am 1. Sept.-Wochenende seit 1948, www.djjd.org.*

8. ANHANG

Weiterführende Literatur

Die nachfolgende Titelauswahl soll lediglich Anregung geben, sich näher mit Texas und dem Mittleren Westen zu beschäftigen bzw. Hintergrundinformationen liefern.

Reiseführer

Für zusätzliche Informationen zu angrenzenden Regionen sei auf die anderen Reise-Handbücher im Iwanowski's Reisebuchverlag verwiesen, die in regelmäßigen Zeitabständen aktualisiert werden:

➤ Margit **Brinke** und Peter **Kränzle**, Reise-Handbuch USA/Westen
➤ Margit **Brinke** und Peter **Kränzle**/Dirk **Kruse-Etzbach**, Reise-Handbuch USA/Nordwesten
➤ Dirk **Kruse-Etzbach**, Reise-Handbuch USA/Südwesten
➤ ders., **Marita Bromberg**, Reise-Handbuch USA/Große Seen

Alte Reiseberichte

➤ George **Catlin**, Die Indianer Nordamerikas: Abenteuer und Schicksale 1832–1840 (Edition Erdmann 1992; engl. Original 1841).
➤ M. **Lewis** & W. **Clark**, Tagebuch der ersten Expedition … (Verlag Zweitausendeins, 2000), grandiose Übersetzung ausgewählter Passagen aus den Originaltagebüchern des Corps of Discovery von Friedhelm Rathjen.
➤ Gary E. **Moulton**, The Lewis and Clark Journals. An American Epic of Discovery (University of Nebraska Press 2003), in einen Band zusammengefasste Auszüge aus dem Tagebuch der Expedition von 1804–1806.
➤ Maximilian **Prinz zu Wied**, Reise in das Innere Nordamerika (1832–1834), Neuauflage 1995 (leider nurmehr antiquarisch erhältlich), Bericht von der Reise des Prinzen mit dem Maler Karl Bodmer in den Westen in der ersten Hälfte des 19. Jh.

Sachbücher

➤ Andy **Adams**, The Log of a Cowboy. A Narrative of the Old Trail Days (1903), immer wieder neu aufgelegter Augenzeugenbericht eines Cowboys auf einem Cattle Drive von Texas nach Montana; einzigartiges Dokument über das „wahre" Leben und die Arbeit der Cowboys.
➤ Norman **Bancroft-Hunt** und Werner **Forman**, Die Indianer. Auf der Fährte der Büffel (1986), umfassende Schilderung der Kultur der Plains-Indianer.
➤ Claus **Biegert**, Seit zweihundert Jahren ohne Verfassung. 1976: Indianer im Widerstand (1986), immer noch eines der wegweisenden Bücher über die Misere und den Widerstand in den Indianerreservaten.
➤ ders., Indianerschulen. Als Indianer überleben – von Indianern lernen (1985), faszinierender Bericht über indianische Weltsicht, Kindererziehung und den Willen, die eigene Traditionen und Vorstellungen gegen die moderne Welt zu behaupten.
➤ Dee **Brown**, Begrabt mein Herz an der Biegung des Flusses (1970, seither zahlreiche Neuauflagen), beeindruckende Schilderung des Schicksals der Indianer zwischen 1860 und 1890.
➤ Wolfgang **Büscher**, Hartland: Zu Fuß durch Amerika: Zu Fuß in das Herz Amerikas, 3500 km von Nord nach Süd (rowohlt Berlin 2011).
➤ Rainer **Eisfeld**, Wild Bill Hickok. Westernmythos und Wirklichkeit (1994), hervorragende Fallstudie zum Mythos „Wilder Westen".

➤ Pekka **Hämäläinen**, Comanche Empire (Yale University Press, 2008) – das derzeit beste wissenschaftliche Buch über das Reich der Komantschen und ihre politische und wirtschaftliche Machtstellung in den Great Plains.

➤ Royal B. **Hassrick**, Das Buch der Sioux (1964, dt. 1982), beschäftigt sich ausführlich mit dem Leben, den Traditionen und der Geschichte der Sioux.

➤ Stephen R. **Jones**/Ruth Carol **Cushman**, The North American Prairie, Peterson Field Guides (2004), umfassende Einführung in das Ökosystem Prärie mit all seinen Pflanzen und Tieren, zudem werden Bundesstaat für Bundesstaat die Naturschutzgebiete vorgestellt.

➤ Alvin M. **Josephy Jr.** (Hrsg.), Lewis and Clark Trough Indian Eyes (2006), Ansichten bedeutender indianischer Autoren und Persönlichkeiten zu den Kontakten mit den Weißen seit der US-Forschungsexpedition durch den Nordwesten vor 200 Jahren.

➤ Dietmar **Kuegler**, Der Northfield Raid 1876. Der letzte große Bankraub der Jesse-James-Bande (Tatanka Press, 2005 – Info im Internet: www.amerikanistik-verlag. de).

➤ Gregory **F. Michno**, Encyclopedia of Indian Wars. Western Battles and Skrimishes 1850–1890 (2003), Übersicht über den Freiheitskampf der Indianer im Westen der USA.

➤ Kai **Moorschlatt**, Unterwegs im großen Nichts: Die Prärie von North Dakota bis Texas (Norderstedt 2010).

➤ Bill **Neely**, The Last Comanche Chief. The Life and Times of Quanah Parker (1995) – fesselnde Schilderung des Übergangs vom Comanche Empire in die Moderne am Beispiel des legendären Führers.

➤ Philip Ashton **Rollins**, The Cowboy. An unconventional History of Civilization on the Old-Time Cattle Range (1922 und 1936, weitere Neuauflagen), immer noch das umfassendste Handbuch über das Alltagsleben der Cowboys.

Belletristik und Western

➤ Stephen E. **Ambrose**, Undaunted Courage (1996), fesselnd geschriebene Schilderung der Expedition des Corps of Discovery.

➤ **ders.**, Crazy Horse and Custer. The Parallel Life fo two American Warriors (1975).

➤ Ruth **Beebe Hill**, Hanta Yo (1979, dt. 1980), faszinierende Erzählung über eine Mdewakantonwan-Dakota-Sippe (1794–1835); sogar in Dakota-Sprache erschienen.

➤ Mike **Blakely**, u. a. Come Sundown (2006), fesselnde Western, die zumeist in Texas spielen und in denen die Indianer (Comanches) eine wichtige Rolle spielen.

➤ Ralph **Compton**, The Chisholm Trail (1993), einer von zahlreichen Western des Autors, die als Trail Drive Series die Tage der Cowboys und der Cattle Drives zwischen 1860–80 lebendig werden lassen.

➤ Ian **Frazier**, Great Plains (1989), grandiose Beschreibung der Prärie.

➤ Elmer **Kelton**, u. a. The Day the Cowboys Quit (1971), Massacre at Goliad (1965), The Good Old Boys (1978) oder The Wolf and the Buffalo (1980), einer der besten modernen Westernautoren, die Geschichten spielen zumeist in Texas.

➤ Louis **L'Amour**, u. a. Hondo, Flint sowie die Abenteuer der Sackett-Brüder (mehrere Bände)

➤ Joseph **Marshall III**, To You We Shall Return: Lessons About Our Planet from the Lakota oder A Lakota History; The Day the World ended at Little Bighorn; The Journey of Crazy Horse u. v. a. interessante Bücher von Marshall, selbst Lakota, über sein Volk (u. a. bei Amazon).

➤ Cormac **McCarthy**, Blood Meridian or the Evening Redness in the West (1985, dt. Die Abendröte im Westen); einer der besten Romane über den skrupellosen und gewalttätigen Westen, drastische Schilderung, etwas schwer zu lesen, jedoch eines der besten literarischen Werke des 20. Jh.

➤ Larry **McMurtry**, u. a. Lonesome Dove (1985), Streets of Laredo (1993), Dead Man's Walk (1995) und Comanche Moon (1997), Romanserie um zwei Texas Ranger, die zudem als TV-Serie u. a. mit Robert Duvall und Tommy Lee Jones verfilmt wurde.

➤ William **Least Heat-Moon**, Prairy Earth (1991) – lesenswerte Schilderung der Landschaft und der Bewohner des Chase County inmitten der Flint Hills.

➤ Lauran **Paine**, Open Range (1990), fesselnder Western der Zeit des Übergangs von Viehzucht ohne Land und Zäune im weiten Land (Open Range) zu Zucht auf abgezäuntem Landbesitz, verfilmt 2003 mit Kevin Costner und Robert Duvall.

➤ Charles **Portis**, True Grit (1968), 2010 verfilmter fesselnder Roman eines Mädchens, das den Mörder ihres Vaters mit einem alternden Marshal und einem Texas Ranger im Indian Territory (Oklahoma) jagte.

➤ Mari **Sandoz**, Crazy Horse. The Strange Man of the Oglalas (1942), noch immer das beste Buch über den bedeutendsten Führer der Sioux sowie über Leben und Traditionen der Oglalas.

➤ Jack **Schaefer**, Monte Walsh, Geschichte über einen der letzten Cowboys, 2003 mit Tom Selleck verfilmt.

➤ **ders.**, Shane (1949), gilt nach Wisters „Virginian" als zweitbester Western der Literaturgeschichte, 1953 verfilmt.

➤ Andrew **Sherburne**, Ben and Lucy Play Pond Hockey (2011, z. B. über Amazon), unterhaltsames Kinderbuch über Eishockey.

➤ Owen **Wister**, The Virginian (1902), der erste und immer noch beste Western der Literaturgeschichte, verfilmt 1929 mit Gary Copper.

Bildnachweis

Alle Abbildungen stammen von Margit Brinke, außer

Titelfoto: Heeb / laif
Abilene CVB, S. Butman: S. 255
Fredericksburg CVB, M. Bennett, S. 241
Joslyn Art Museum, Omaha/NE, S. 434
Kansas Travel & Tourism Division/Oklahoma Tourism: S. 20, 75, 78 (und hintere Umschlagklappe), 99, 138, 289, 297, 311, 329, 437
Kansas Travel & Tourism Division, P. Beaver: S. 438
Lewis & Clark Interpretive Center Washburn/ND: S. 460
Missouri Division of Tourism: S. 321, 443, 445
Terri Thiel, Dickinson/ND: S. 131
Texas Tourism: S. 60, 187, 189, 195, 211, 229, 251, 258
Visit Pennsylvania: S. 41

Stichwortverzeichnis

USA individuell

Eine Reise durch den Südwesten der USA gehört zu den schönsten Erlebnissen, die man in Amerika haben kann. Unzählige Wildwest- oder Tierfilme nutzen die beeindruckenden Kulissen in Texas, New Mexico, Colorado, Arizona und Utah. Doch das Gebiet ist riesig: selbst wer nur die Highlights bereisen möchte, benötigt dafür mehr als die üblichen drei Wochen Urlaub. Daher lautet der Rat der beiden Autoren des neuen Reisehandbuches „USA-Südwesten" aus dem Iwanowski Reisebuchverlag: Weniger ist mehr! Eine Tourenplanung vorab ist aufgrund der riesigen Entfernungen dringend angeraten. Die zahlreichen reisepraktischen Informationen finden sich bei den jeweiligen Ortsbeschreibungen.

„Den Westen der USA mit seiner Faszination beschreibt der Amerikakenner Ulrich Quack in seinem Reisehandbuch mit großer Detailgenauigkeit, und dabei stets interessant für eigene Entdeckungsreisen. Der Reiseführer liefert eine Fülle an hilfreichen Informationen, um sich selbst ein Bild der Weststaaten machen zu können. Quack bietet Vorschläge zu Rundreisen, die von einer Woche bis zu vier Wochen reichen, und sorgt mit jeder Menge Tipps und Kartenmaterial für den richtigen Überblick beim Individualreisenden. Ein großer Teil des Buches widmet sich den Sehenswürdigkeiten und Freizeittipps, aber auch Land und Leuten. Seine Erfahrungen werden in den Beschreibungen spürbar." **Fränkischer Tag**

Das komplette Verlagsprogramm unter
www.iwanowski.de

KANSAS & OKLAHOMA
The HEARTLAND STATES of AMERICA
www.travelks.com | www.travelok.com

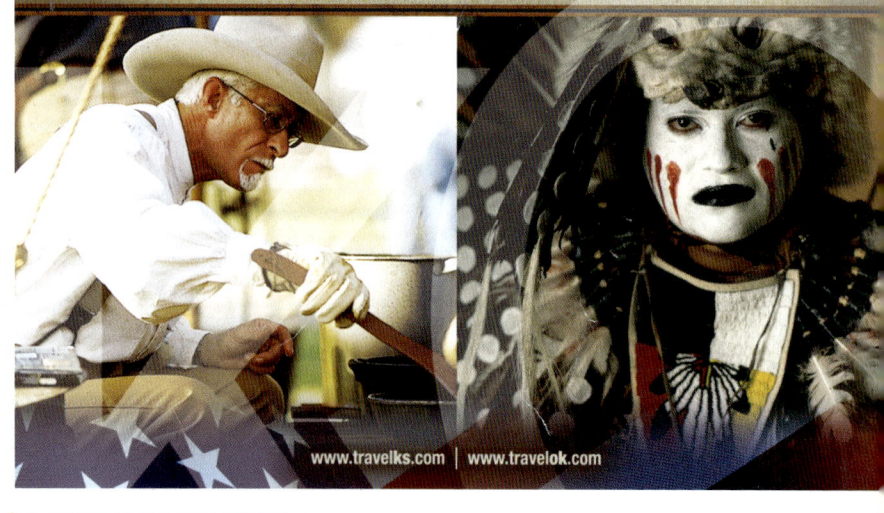

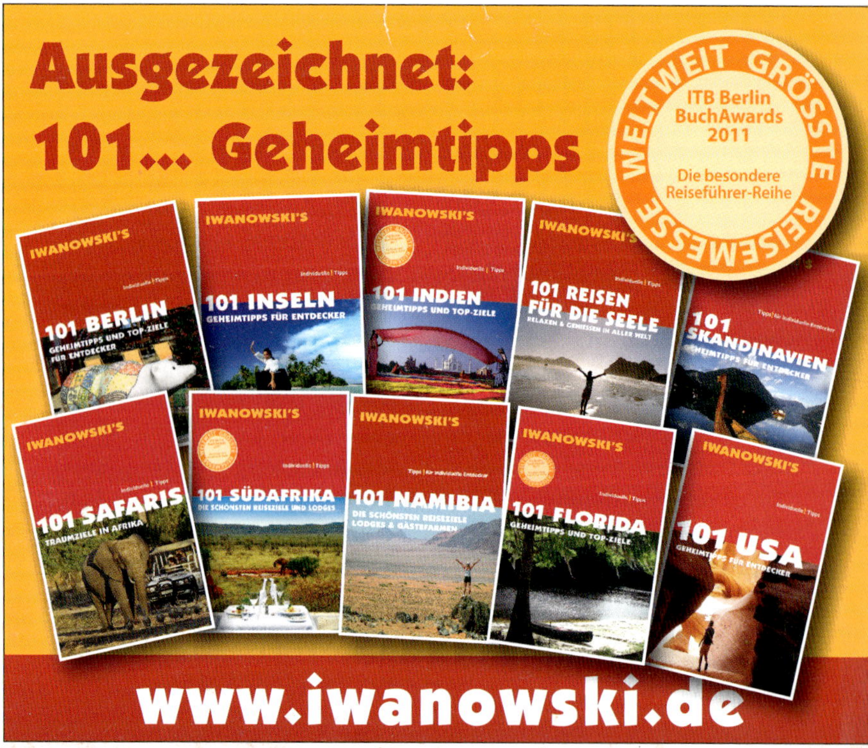
Ausgezeichnet:
101... Geheimtipps
WELTWEIT GRÖSSTE REISEMESSE
ITB Berlin
BuchAwards
2011
Die besondere
Reiseführer-Reihe
IWANOWSKI'S
101 BERLIN
GEHEIMTIPPS UND TOP-ZIELE FÜR ENTDECKER
IWANOWSKI'S
101 INSELN
GEHEIMTIPPS FÜR ENTDECKER
IWANOWSKI'S
101 INDIEN
GEHEIMTIPPS UND TOP-ZIELE
IWANOWSKI'S
101 REISEN FÜR DIE SEELE
RELAXEN & GENIESSEN IN ALLER WELT
101 SKANDINAVIEN
IWANOWSKI'S
101 SAFARIS
TRAUMZIELE IN AFRIKA
IWANOWSKI'S
101 SÜDAFRIKA
DIE SCHÖNSTEN REISEZIELE UND LODGES
IWANOWSKI'S
101 NAMIBIA
DIE SCHÖNSTEN REISEZIELE LODGES & GÄSTEFARMEN
IWANOWSKI'S
101 FLORIDA
GEHEIMTIPPS UND TOP-ZIELE
IWANOWSKI'S
101 USA
www.iwanowski.de